Golden®

# हिंदी

[आठवीं कक्षा के विद्यार्थियों के लिए]

AF813776

Based on New NCERT Textbooks

*Golden®*

# हिंदी

## [आठवीं कक्षा के विद्यार्थियों के लिए]

[एन.सी.ई.आर.टी. की नई पाठ्यपुस्तकों और सी.बी.एस.ई. के नवीनतम पाठ्यक्रम पर आधारित]

- अर्थग्रहण संबंधी प्रश्नोत्तर
- एन.सी.ई.आर.टी. पाठ्यपुस्तक के प्रश्नोत्तर
- अन्य महत्त्वपूर्ण प्रश्नोत्तर
- बहुविकल्पी प्रश्नोत्तर

लेखक
**सौम्य चंद्र**

- वसंत-3
- भारत की खोज
- व्याकरण तथा रचना
- संवाद-लेखन
- अपठित बोध
- पत्र-लेखन
- निबंध-लेखन
- अनुच्छेद-लेखन
- सूचना-लेखन
- प्रतिवेदन
- विज्ञापन-लेखन
- चित्र-वर्णन
- सैंपल पेपर्स

*Committed to Educate the Nation*

NEW AGE

*Publishing Globally*

IN INDIA

NEW AGE INTERNATIONAL (P) LIMITED, PUBLISHERS

LONDON • NEW DELHI

Bangalore • Chennai • Cochin • Guwahati
Hyderabad • Kolkata • Mumbai

Visit us at www.newagegolden.com

Published by New Age International (P) Ltd., Publishers
**New Edition**



**GLOBAL OFFICES**

- **New Delhi** — **NEW AGE INTERNATIONAL (P) LIMITED, PUBLISHERS**
  7/30 A, Daryaganj, New Delhi-110002, (INDIA), **Tel.:** (011) 23253472, 23253771, **Mob.:** 9315905300
  **E-mail: contactus@newagepublishers.com • Visit us at www.newagepublishers.com**
- **London** — **NEW AGE INTERNATIONAL (UK) LTD.**
  27 Old Gloucester Street, London, WC1N 3AX, UK
  **E-mail: info@newacademicscience.co.uk • Visit us at www.newacademicscience.co.uk**

**BRANCHES**

- **Bangalore** — 37/10, 8th Cross (Near Hanuman Temple), Azad Nagar, Chamarajpet, Bangalore- 560 018
  **Tel.:** (080) 26756823, **Mob.:** 9315905288, **E-mail: bangalore@newagepublishers.com**
- **Chennai** — 26, Damodaran Street, T. Nagar, Chennai-600 017, **Tel.:** (044) 24353401, **Mob.:** 9315905309
  **E-mail: chennai@newagepublishers.com**
- **Cochin** — CC-39/1016, Carrier Station Road, Ernakulam South, Cochin-682 016
  **Tel.:** (0484) 4051304, **Mob.:** 9315905289, **E-mail: cochin@newagepublishers.com**
- **Guwahati** — Hemsen Complex, Mohd. Shah Road, Paltan Bazar, Near Starline Hotel
  Guwahati-781 008, **Tel.:** (0361) 2513881, **Mob.:** 9315905296, **E-mail: guwahati@newagepublishers.com**
- **Hyderabad** — 105, 1st Floor, Madhiray Kaveri Tower, 3-2-19, Azam Jahi Road, Near Kumar Theater
  Nimboliadda Kachiguda, Hyderabad-500 027, **Tel.:** (040) 24652456, **Mob.:** 9315905326
  **E-mail: hyderabad@newagepublishers.com**
- **Kolkata** — RDB Chambers (Formerly Lotus Cinema) 106A, 1st Floor, S N Banerjee Road
  Kolkata-700 014, **Tel.:** (033) 22273773, **Mob.:** 9315905319, **E-mail: kolkata@newagepublishers.com**
- **Mumbai** — 142C, Victor House, Ground Floor, N.M. Joshi Marg, Lower Parel, Mumbai-400 013
  **Tel.:** (022) 24927869, 24915415, **Mob.:** 9315905282, **E-mail: mumbai@newagepublishers.com**
- **New Delhi** — 22, Golden House, Daryaganj, New Delhi-110 002, **Tel.:** (011) 23262368, 23262370
  **Mob.:** 9315905300, **E-mail: sales@newagepublishers.com**

**C-23-01-13456**

Printed in India at Parmanand Offset, Delhi.
Typeset at In-house, Delhi.

**NEW AGE INTERNATIONAL (P) LIMITED, PUBLISHERS**
7/30 A, Daryaganj, New Delhi-110002
Visit us at **www.newagegolden.com**
**(CIN: U74899DL1966PTC004618)**

# दो शब्द

''चाहते हैं सफलता की ओर बढ़ना तो गोल्डन की पुस्तकें ही पढ़ना।''

पुस्तक की निम्नलिखित विशेषताएँ हैं–

1. एन.सी.ई.आर.टी. की नई पाठ्यपुस्तक पर आधारित।
2. सी.बी.एस.ई. के नवीनतम पाठ्यक्रम पर आधारित।
3. बहुवैकल्पिकता के आधार पर निर्मित विशेष प्रश्न।
4. प्रश्न–अभ्यास कार्य विद्यार्थियों की सुविधानुसार।
5. सभी पाठों के बौद्धिक प्रश्नों का पूर्णतया हल।
6. अर्थग्रहण संबंधी बहुविकल्पी प्रश्नोत्तर।
7. क्रियात्मक प्रश्नों का यथासंभव हल।
8. भाषा से संबंधित प्रश्नों का सरल रूप में हल।
9. परीक्षोपयोगी अन्य प्रश्नों का पूर्ण विवरण।
10. व्याकरण तथा रचना, अपठित बोध, पत्र–लेखन, अनुच्छेद लेखन, निबंध–लेखन, सूचना लेखन, विज्ञापन लेखन, प्रतिवेदन, चित्र–वर्णन एवं संवाद लेखन की विस्तार से प्रस्तुति।
11. अभिव्यक्ति की सरलता तथा भाषा की सरसता का विशेष ध्यान।

यह पुस्तक विद्यार्थियों के हाथों सौंपते हुए मुझे अपार प्रसन्नता है। इसके द्वारा वे हिंदी विषय के प्रति अपनी कठिनाइयों व प्रश्नों को हल करते समय मन में उठने वाले संशयों को आसानी से दूर कर सकेंगे।

इस पुस्तक में सरल, स्पष्ट व सटीक भाषा का प्रयोग किया गया है।

आशा करता हूँ कि यह 'गोल्डन पुस्तक' आपके लिए अत्यधिक उपयोगी सिद्ध होगी और विषयानुसार पूर्ण रूप से आपका मार्गदर्शन करेगी।

मेधावी विद्यार्थियों व कुशल शिक्षकों के सुझाव आमंत्रित हैं।

–लेखक

# विषय-सूची

## 1. वसंत-3

*(1–145)*


| | | | पृष्ठ |
|---|---|---|---|
| 1. | **लाख की चूड़ियाँ** *(कामतानाथ)* | ... | 2 |
| 2. | **बस की यात्रा** *(हरिशंकर परसाई)* | ... | 16 |
| 3. | **दीवानों की हस्ती** *(भगवतीचरण वर्मा)* | ... | 29 |
| 4. | **भगवान के डाकिए** *(रामधारी सिंह 'दिनकर')* | ... | 37 |
| 5. | **क्या निराश हुआ जाए** *(हजारी प्रसाद द्विवेदी)* | ... | 43 |
| 6. | **यह सबसे कठिन समय नहीं** *(जया जादवानी)* | ... | 55 |
| 7. | **कबीर की साखियाँ** *(कबीर)* | ... | 63 |
| 8. | **सुदामा चरित** *(नरोत्तमदास)* | ... | 72 |
| 9. | **जहाँ पहिया है** *(पी. साईनाथ)* | ... | 84 |
| 10. | **अकबरी लोटा** *(अन्नपूर्णानंद वर्मा)* | ... | 96 |
| 11. | **सूरदास के पद** *(सूरदास)* | ... | 111 |
| 12. | **पानी की कहानी** *(रामचंद्र तिवारी)* | ... | 117 |
| 13. | **बाज और साँप** *(निर्मल वर्मा)* | ... | 131 |


## 2. भारत की खोज

*(147–256)*


| | | | |
|---|---|---|---|
| 1. | अहमदनगर का किला | ... | 148 |
| 2. | तलाश | ... | 151 |
| 3. | सिंधु घाटी सभ्यता | ... | 163 |
| 4. | युगों का दौर | ... | 188 |
| 5. | नयी समस्याएँ | ... | 207 |
| 6. | अंतिम दौर–एक | ... | 224 |
| 7. | अंतिम दौर–दो | ... | 235 |
| 8. | तनाव | ... | 242 |
| 9. | दो पृष्ठभूमियाँ–भारतीय और अंग्रेज़ी | ... | 245 |
| | उपसंहार | ... | 249 |
| | पाठ्यपुस्तक के प्रश्न-अभ्यास | ... | 251 |

## 3. व्याकरण–भाग

*(257–370)*


1. भाषा ··· 258
2. वर्ण–विचार ··· 261
3. शब्द–विचार ··· 266
4. संज्ञा ··· 268
5. संज्ञाओं का रूप परिवर्तन ··· 271
6. सर्वनाम ··· 281
7. विशेषण ··· 285
8. क्रिया ··· 289
9. काल ··· 292
10. वाच्य ··· 294
11. क्रियाविशेषण ··· 296
12. संबंधबोधक अव्यय ··· 298
13. समुच्चयबोधक अव्यय ··· 300
14. विस्मयादिबोधक अव्यय ··· 301
15. समास ··· 302
16. संधि ··· 306
17. **शब्द संपदा** (एकार्थी–पर्यायवाची शब्द, विलोम शब्द, अनेकार्थी शब्द, अनेक शब्दों के लिए एक शब्द, समानार्थक शब्द) ··· 315
18. पद–भेद एवं पद–परिचय ··· 327
19. उपसर्ग और प्रत्यय ··· 331
20. पदबंध ··· 337
21. वाक्य ··· 340
22. वर्तनी की सामान्य अशुद्धियाँ और उनका शुद्ध रूप ··· 345
23. वाक्य संबंधी अशुद्धियाँ और उनका शुद्ध रूप ··· 349
24. विराम चिह्न ··· 353
25. मुहावरे ··· 355
26. लोकोक्तियाँ ··· 363
27. अलंकार ··· 366


## रचना–भाग

*(371–419)*


1. अपठित बोध ··· 372
2. पत्र–लेखन ··· 387
3. अनुच्छेद–लेखन ··· 398
4. निबंध–लेखन ··· 402
5. संवाद–लेखन ··· 410
6. सूचना लेखन ··· 411
7. प्रतिवेदन ··· 413
8. विज्ञापन लेखन ··· 415
9. चित्र–वर्णन ··· 416

- **सैंपल पेपर्स** **S-1–S-15**

# आप

# गोल्डन की पुस्तकें

# ही क्यों खरीदें

# ?

क्योंकि—

1. गोल्डन की पुस्तकें पूर्णतया पाठ्यक्रमानुसार लिखी गई हैं।
2. सी.बी.एस.ई. के नवीनतम पाठ्यक्रम पर आधारित।
3. बहुवैकल्पिकता के आधार पर निर्मित विशेष प्रश्न।
4. परीक्षा की दृष्टि से आवश्यक तथा संभावित सभी प्रश्नों को पुस्तक में यथास्थान अपेक्षित विस्तार के साथ दिया गया है।
5. पुस्तकों में विषय-वस्तु का प्रतिपादन तथा विवेचन सर्वत्र विद्यार्थियों के बौद्धिक-स्तर को ध्यान में रखकर किया गया है।
6. अभिव्यक्ति की सरलता तथा भाषा की सरसता गोल्डन की पुस्तकों की अपनी विशेषता है।

**अपनी इन विशेषताओं के कारण गोल्डन की पुस्तकें परीक्षा में सफलता प्राप्त करने की निश्चित कुंजी है।**

# वसंत-3

## कक्षा-8

# 1 लाख की चूड़ियाँ

*कामतानाथ*

इस पाठ में लेखक ने यह दर्शाना चाहा है कि वर्तमान समय में मशीनीकरण का प्रभाव निरंतर बढ़ता जा रहा है। हाथ से काम करने वाले कारीगर बेरोज़गार होते जा रहे हैं और साथ ही उनके पैतृक (पूर्वजों के) उद्योग-धंधे भी समाप्त होते जा रहे हैं। हथकरघा उद्योगों का स्थान मशीने लेती जा रही हैं।

## 1. पाठ का सार

**लेखक का ननिहाल जाना**—लेखक जब छोटा था तो हर वर्ष अपने स्कूल की गरमी की छुट्टियों में ननिहाल अपने मामा के पास जाया करता था और एक-डेढ़ महीना रहकर आता था।

**गाँव में लेखक का प्रिय 'बदलू काका'**—गाँव में एक बदलू नामक व्यक्ति था। जिसे मामा के गाँव का होने के कारण लेखक को उसे 'बदलू मामा' कहना चाहिए था, लेकिन सभी बच्चे उसे 'बदलू काका' कहते थे इसलिए लेखक भी उसे 'बदलू काका' ही कहता था। वह पेशे से मनिहार अर्थात् चूड़ियाँ बनाने वाला था। वह लाख की सुंदर-सुंदर रंगबिरंगी चूड़ियाँ बनाता था। यह उसके पूर्वजों का कारोबार था जिसे वह आगे बढ़ा रहा था। उसकी बनाई चूड़ियाँ इतनी प्रसिद्ध थीं कि उसके गाँव के साथ-साथ दूसरे गाँवों की स्त्रियाँ भी उससे चूड़ियाँ लेने आती थीं।

**लेखक का मामा के घर जाने का चाव**—लेखक का मामा के घर जाने के चाव का कारण था, लाख की रंगबिरंगी गोलियाँ जो उसे बदलू दिया करता था। ये गोलियाँ सभी का मन मोह लेती थीं।

**चूड़ियाँ बनने की प्रक्रिया**—बदलू का मकान गाँव में कुछ ऊँचाई पर था। मकान के सामने बड़ा-सा आँगन था। जिसमें एक नीम का वृक्ष था। उसी के नीचे वह अपना काम करता। पास में तेज भट्ठी पर वह लाख पिघलाता। लकड़ी की चौखट पर लाख को मुलायम करके पतली सलाख का रूप देकर चूड़ी का आकार प्रदान करता। खूब सारी चूड़ियों को एक साथ बनाकर उसे बेलननुमा लकड़ी के गोल गुटके पर चढ़ा देता। फिर जब लाख के रूप में चूड़ियाँ जम जातीं तो उन्हें एक-एक करके रंगता था।

**वस्तु-विनिमय**—वस्तु विनिमय का अर्थ है वस्तुओं का आदान-प्रदान करना। जैसे बदलू अपनी बनाई चूड़ियों को बेच कर पैसे न लेकर अनाज लेता था।

**बदलू की लाख की चूड़ियों के दाम**—बदलू चूड़ियों को पैसों के भाव नहीं बेचता था लेकिन जब भी कोई विवाह के अवसर पर 'सुहाग की चूड़ियों का जोड़ा' उससे बनवाता तो उन्हीं चूड़ियों के दाम इतने बढ़ जाते कि रुपए-पैसों के साथ-साथ उसकी पत्नी के सारे वस्त्र, ढेरों अनाज और उसकी पगड़ी भी उसे मिलती। एक बार जमींदार ने अपनी लड़की की शादी पर उसे केवल दस आने देकर 'सुहाग की चूड़ियों का जोड़ा' खरीदना चाहा तो उसने देने से साफ़ इंकार कर दिया।

**बदलू का स्वभाव**—बदलू बड़े ही सीधे स्वभाव का था। वह कभी भी किसी से लड़ता झगड़ता न था। कभी-कभी जिद्दी अवश्य हो जाता था। जैसे जब भी कोई विवाह शादी के लिए चूड़ियों का जोड़ा लेता तो मनमानी चीज़ें व पैसे उनसे लेता। वह अत्यधिक स्वाभिमानी भी था। जमींदार ने चूड़ियों के जोड़े के पूरे पैसे न दिए तो उसने चूड़ियाँ देने से ही इंकार कर दिया। इसके अतिरिक्त प्रेमभाव उसमें अत्यधिक भरा था। इतने वर्षों के बाद भी जब लेखक उससे मिलने गया तो उसने उसकी खातिरदारी में कोई कसर न छोड़ी। बचपन में तो वह उसके लिए विशेष रूप से मलाई बचाकर रखता था व रोज़ आम खाने को देता।

**बदलू की चिढ़**—बदलू को काँच की चूड़ियों से अत्यधिक चिढ़ थी। यदि किसी स्त्री को काँच की चूड़ियाँ पहने देखता तो अंदर ही अंदर ईर्ष्या से जल जाता। कभी कभी तो दो-चार बातें भी सुना देता था।

**शहर के प्रति बदलू का नज़रिया**—बदलू को शहरी जीवन अधिक पसंद न था। वह लेखक से शहरी जीवन के बारे में हमेशा बातें करता था। उसकी पढ़ाई व घर के बारे में पूछता। लेखक के उसे यह कहने पर कि शहर में स्त्रियाँ काँच की चूड़ियाँ पहनती हैं, वह स्पष्ट रूप से कहता कि शहरों की तो बात ही निराली है। वहाँ तो स्त्रियाँ पुरुषों का हाथ पकड़कर घूमती हैं और उनकी कलाइयाँ इतनी कमज़ोर होती हैं कि लाख की चूड़ियाँ पहनने पर उनकी कलाइयों में मोच आ जाती है। जब लेखक अधिक आम खाने से इंकार करता है तो भी वह व्यंग्य करता है कि शहर के लोग अधिक खा नहीं सकते।

**लेखक का आठ-दस वर्ष बाद गाँव जाना**—पिता की बदली दूर शहर में होने के कारण लेखक एक लंबी अवधि तक गाँव न जा सका। वह लगभग आठ-दस वर्ष के बाद गाँव गया। अब उसका बदलू से लाख की रंगबिरंगी गोलियाँ लाने का चाव समाप्त हो चुका था। अब उसे बदलू का ध्यान ही न आया।

**अचानक बदलू का ध्यान आना**—एक दिन अचानक लेखक के मामा की बेटी आँगन में फिसलकर गिर गई। उसके हाथ की काँच की चूड़ी टूटकर उसकी कलाई में घुस गई और खून बहने लगा। लेखक ने उसकी मरहम पट्टी की तो उसे अचानक लाख की चूड़ियाँ बनाने वाले बदलू काका की याद आ गई। शाम को वह घूमते-घूमते बदलू के घर पहुँच गया। बदलू का ठिकाना आज भी वहीं था, आज भी वह उसी नीम के पेड़ के नीचे चारपाई बिछाकर लेटा था। लेखक द्वारा अपना परिचय देने पर ही उसने लेखक को पहचाना। अब बदलू का शरीर क्षीण हो चुका था। उसके हाथों और माथे पर नसें उभर आई थीं। दमे की तरह खाँसी भी उसे आ रही थी।

**बदलू के मन की व्यथा**—लेखक ने जब काका से उनके काम के बारे में पूछा तो उसने जवाब दिया कि काम तो कई वर्षों से बंद पड़ा है। अब मेरी बनाई चूड़ियाँ कोई नहीं पूछता। अब तो गाँव-गाँव में काँच की चूड़ियों का प्रसार हो गया है। फिर जो सुंदरता काँच की चूड़ियों में होती है वह लाख की चूड़ियों में कहाँ? ये शब्द कहते-कहते लग रहा था कि काका के अंतर्मन में कोई व्यथा घर कर गई हो जिसे वह शब्दों के आवरण से ढकना चाहता था। लेकिन यह दुख छिपाए न छिप सका कि लाख की चूड़ियों का कारोबार बंद होने से बदलू काका अंदर ही अंदर टूट चुका था।

**मशीनी युग पर कटाक्ष**—बदलू काका ने अपने काम के बंद हो जाने के बारे में लेखक को बताया तो साथ ही यह भी कहा कि आजकल मशीन का युग है, सभी काम मशीन से होते हैं। यहाँ तक कि खेत भी मशीनों से जोते जाते हैं। मशीनी काँच की चूड़ियाँ भी लाख की चूड़ियों से अधिक सुंदर होती हैं। उसका यह कहना कि—'मशीन युग ने कितने हाथ काट दिए' लेखक को सोचने पर मज़बूर कर देता है। क्योंकि यह सत्य है कि दिन-प्रतिदिन बढ़ती मशीनें मनुष्यों का स्थान लेती जा रही हैं और अधिक संख्या में लोगों के कारोबार ठप्प हो रहे हैं। अमीर आदमी अधिक अमीर और गरीब आदमी अधिक गरीब होता जा रहा है।

**लेखक का लाख की चूड़ियाँ देखकर ठिठकना**—जब लेखक की खातिरदारी करते हुए बदलू की बेटी रज्जो ने हथेली में आम लाकर लेखक की ओर बढ़ाए तो लेखक उसकी गोरी-गोरी कलाइयों पर लाख की चूड़ियाँ देखकर ठिठक गया अर्थात् हैरान हो गया क्योंकि वे बहुत सुंदर लग रही थीं। तभी बदलू ने कहा कि यह मेरी बनाई चूड़ियों का अंतिम जोड़ा है। जमींदार की बहन के लिए बनाया था लेकिन सुहाग के जोड़े के केवल दस आने दे रहे थे। इसलिए मैंने देने से इंकार कर दिया।

**बदलू का स्वाभिमानी व्यक्तित्व**—लेखक को जब यह पता चला कि जमींदार द्वारा उसकी बहन की शादी का 'सुहाग का जोड़ा' कम दामों में खरीदने पर बदलू ने देने से ही इंकार कर दिया तो उसे बदलू काका पर गर्व हो आया कि हालातों ने उसे भले ही हरा दिया हो लेकिन उसने अपने-आप से हार नहीं मानी। उसका व्यक्तित्व काँच की चूड़ियों की भाँति टूटने वाला नहीं है वह तो स्वाभिमानी है, तभी तो चूड़ियों के जोड़े को कम दामों में बेचकर उसने अपने नियम को नहीं तोड़ा। भले ही जोड़ा न बिका।

## 2. शब्दार्थ और टिप्पणी

### *पृष्ठ 1*

**लाख**—लाल रंग का एक पदार्थ। **चाव**—शौक। **ढेर**—बहुत-सी। **मन मोह लेना**—आकर्षित करना। **ऊँचे पर**—ज़मीन से थोड़ी ऊँचाई पर। **सहन**—आँगन। **भट्ठी**—अँगीठी। **दहकना**—जलना। **चौखट**—दरवाज़े का फ्रेम।

### *पृष्ठ 2*

**मुलायम**–नरम। **सलाख**–लोहे की छड़। **विभिन्न**–तरह-तरह की। **आकार**–रूप देना। **बेलननुमा**–गोलाईकार। **मुँगेरियाँ**–लकड़ी का गोल गुटका। **चूड़ी**–कलाई में पहनने का आभूषण। **पश्चात**–बाद में। **कार्य**–काम। **मचिये**–पीढ़ी (बैठने की चौकी)। **नव-वधू**–नई दुलहन। **मनिहार**–चूड़ी बनाने वाला। **पैतृक**–पूर्वजों का। **पेशा**–धंधा, कारोबार, व्यापार। **खपत**–समाप्त। **वस्तु-विनिमय**–वस्तुओं का आदान-प्रदान। **स्वभाव**–आदत। **ज़िद पकड़ना**–किसी बात पर अड़ जाना। **मुफ़्त**–बिना पैसों या किसी चीज़ के। **सुहाग का जोड़ा**–शादी के समय पहनने वाला। **बिगड़ना**–नाराज़ होना। **लोहे लगाना**–कठिनाई से। **पगड़ी**–सिर पर पहनने का वस्त्र।

### *पृष्ठ 3*

**संसार**–विश्व। **चिढ़**–खीझना। **कुढ़**–जलना/ईर्ष्या करना। **मरद**–आदमी। **नाज़ुक**–कमज़ोर। **मोच**–शरीर के किसी भी भाग में मांसपेशियों का बल खाना (पाठ के आधार पर–हाथ मुड़ जाना)। **खातिर**–आवभगत।

### *पृष्ठ 4*

**अतिरिक्त**–फालतू। **लगभग**–तकरीबन। **बहुधा**–बहुत बार। **अवधि**–समय। **रुचि**–शौक/चाव। **स्त्रियाँ**–औरतें। **विरले**–किसी-किसी के। **सहसा**–अचानक। **ध्यान हो आया**–याद आ गया। **आँगन**–दालान। **मरहम-पट्टी**–उपचार करना। **खाट**–चारपाई। **निहारना**–अचरज से एकटक देखना। **परिचय**–जान-पहचान। **स्मृति पटल**–यादाश्त। **अतीत**–बीता हुआ समय। **चित्र उतारना**–तसवीर खींचना।

### *पृष्ठ 5*

**शांति**–चुपचाप। **दृष्टि**–नज़र। **प्रचार**–फैलाना। **मशीन युग**–मशीनों का समय/मशीनीकरण। **संभव**–जो हो सके। **अवस्था**–आयु। **ढल चुका**–क्षीण होना। **नसें उभरना**–शरीर की नाड़ियाँ दिखाई देना। **शंका**–शक। **भाँप ली**–पहचान ली। **व्यथा**–दुख/परेशानी। **हाथ काट दिए**–पंगु बना देना। **लहककर**–खुश होकर। **मुखातिब**–'संबोधन' सामने की ओर।

### *पृष्ठ 6*

**डलिया**–टोकरी। **ढेर**–बहुत। **उमर**–आयु। **चौगुने**–चार गुने। **बखत**–समय। **सिंदूरी**–लाल। **अंजुली**–हथेली। **ठिठक गई**–ठहर गई। **फब**–खिल। **दस आने**–60 पैसे (एक आने में छः पैसे होते थे)। **प्रसन्नता**–खुशी। **हारकर भी हार न मानना**–अपनी बात पर अड़े रहना।

## 3. अर्थग्रहण संबंधी एवं बहुविकल्पी प्रश्नोत्तर

### *नीचे लिखे गद्यांशों को पढ़िए और पूछे गए प्रश्नों के उत्तर दीजिए–*

**1** वैसे तो मेरे मामा के गाँव का होने के कारण मुझे बदलू को 'बदलू मामा' कहना चाहिए था परंतु मैं उसे 'बदलू मामा' न कहकर बदलू काका कहा करता था जैसा कि गाँव के सभी बच्चे उसे कहा करते थे। बदलू का मकान कुछ ऊँचे पर बना था। मकान के सामने बड़ा-सा सहन था जिसमें एक पुराना नीम का वृक्ष लगा था। उसी के नीचे बैठकर बदलू अपना काम किया करता था। बगल में भट्ठी दहकती रहती जिसमें वह लाख पिघलाया करता। सामने एक लकड़ी की चौखट पड़ी रहती जिस पर लाख के मुलायम होने पर वह उसे सलाख के समान पतला करके चूड़ी का आकार देता। पास में चार-छह विभिन्न आकार की बेलननुमा मुँगेरियाँ रखी रहतीं जो आगे से कुछ पतली और पीछे से मोटी होतीं। लाख की चूड़ी का आकार देकर वह उन्हें मुँगेरियों पर चढ़ाकर गोल और चिकना बनाता और तब एक-एक कर पूरे हाथ की चूड़ियाँ बना चुकने के पश्चात वह उन पर रंग करता।

(*पृष्ठ 1-2*)

**प्रश्न** *(Set I)*–

**(क)** *बदलू कहाँ का रहने वाला था? लेखक उसे क्या कहकर पुकारता था?*

**(ख)** *बदलू क्या काम करता था?*

**(ग)** *लाख की चूड़ियाँ कैसे बनती हैं?*

**उत्तर**–

(क) बदलू लेखक के मामा के गाँव का रहने वाला था। लेखक उसे 'बदलू काका' कहकर बुलाता था क्योंकि गाँव के सारे बच्चे उसे इसी नाम से पुकारते थे।

(ख) बदलू लाख की चूड़ियाँ बनाने का काम करता था।

(ग) लाख की चूड़ियाँ बनाने के लिए पहले लाख को पिघलाया जाता है। फिर उसे सलाख के समान पतला करके चूड़ी का आकार दिया जाता है। इसके पश्चात् उन्हें बेलननुमा लकड़ी के गुटकों पर चढ़ाकर गोल और चिकना बनाया जाता है और फिर जब एक-एक हाथ की पूरी चूड़ियाँ बन जाती हैं तो उन पर रंग किया जाता है।

**बहुविकल्पी प्रश्न** *(Set II)*–

1. *लेखक बदलू को क्या कहकर पुकारता था?*

   (क) बदलू मामा (ख) बदलू काका (ग) बदलू भैया (घ) बदलू बाबू

2. *बदलू कैसी चूड़ियाँ बनाता था?*

   (क) काँच की (ख) लाख की (ग) सोने की (घ) चाँदी की

3. *लाख की चूड़ियाँ बनाने के लिए वह किसका प्रयोग करता था?*

   (क) चपटी मुँगेरियाँ (ख) गोल बाँस (ग) बेलननुमा मुँगेरियाँ (घ) लकड़ी की कटोरियाँ

4. *चूड़ियों को गोल आकार कैसे दिया जाता था?*

   (क) साँचे में ढालकर

   (ख) लाख मुलायम करके उन्हें गोल चूड़ियों का आकार देने के लिए बेलननुमा मुँगेरियों पर चढ़ाकर।

   (ग) मशीन में लाख डालकर।

   (घ) इनमें से कोई नहीं।

**उत्तर–** 1. (ख) 2. (ख) 3. (ग) 4. (ख)

**2** गाँव में मेरा दोपहर का समय अधिकतर बदलू के पास बीतता। वह मुझे 'लला' कहा करता और मेरे पहुँचते ही मेरे लिए तुरंत एक मचिया मँगा देता। मैं घंटों बैठे-बैठे उसे इस प्रकार चूड़ियाँ बनाते देखता रहता। लगभग रोज ही वह चार-छह जोड़े चूड़ियाँ बनाता। पूरा जोड़ा बना लेने पर वह उसे बेलन पर चढ़ाकर कुछ क्षण चुपचाप देखता रहता मानो वह बेलन न होकर किसी नव-वधू की कलाई हो। (*पृष्ठ 2*)

**प्रश्न** *(Set I)*–

**(क)** *लेखक का दोपहर का अधिकतर समय कहाँ और किसके पास बीतता था?*

**(ख)** *बदलू लेखक को क्या कहकर पुकारता व उसे कहाँ बिठाता?*

**(ग)** *बदलू को चूड़ियों से सजा बेलन नव-वधू की कलाई क्यों लगता था?*

**उत्तर–**

(क) गाँव में लेखक का दोपहर का अधिकतर समय बदलू के पास उसे चूड़ियाँ बनाते हुए देखने में बीतता था।

(ख) बदलू लेखक को 'लला' कहकर पुकारता और उसे सदा लकड़ी की चौकी पर बिठाता।

(ग) जिस प्रकार नई दुलहन की कलाई चूड़ियों से खिल उठती है वैसे ही जब एक हाथ की चूड़ियाँ सही आकार के लिए बेलन पर चढ़ाई जातीं तो वह भी खिला हुआ प्रतीत होता।

**बहुविकल्पी प्रश्न** *(Set II)*–

1. *गाँव में लेखक का अधिकतर समय कहाँ बीतता था?*

   (क) खेत-खलिहानों में (ख) खेल के मैदान में (ग) बदलू काका के पास (घ) मामा के घर में

2. *लेखक को बदलू क्या कहकर बुलाता था?*

   (क) बेटा (ख) बच्चा (ग) लला (घ) कामतानाथ

3. *बदलू लेखक को किस पर बैठाता?*

   (क) चारपाई पर (ख) चबूतरे पर (ग) सहन में (घ) मचिया पर

4. *बदलू चूड़ियाँ बनने के बाद उन्हें निहारता क्यों रहता?*

   (क) क्योंकि वे चूड़ियाँ रंगबिरंगी होती थीं।

   (ख) क्योंकि वे चूड़ियाँ 'सुहाग का जोड़ा' होती थी।

(ग) क्योंकि बेलन पर चढ़ी-चूड़ियाँ नववधू की कलाई की भाँति खिली हुई सुंदर लगती थी।
(घ) इनमें से कोई नहीं।

**उत्तर–** 1. (ग) 2. (ग) 3. (घ) 4. (ग)

☞ **3** बदलू मनिहार था। चूड़ियाँ बनाना उसका पैतृक पेशा था और वास्तव में वह बहुत ही सुंदर चूड़ियाँ बनाता था। उसकी बनाई हुई चूड़ियों की खपत भी बहुत थी। उस गाँव में तो सभी स्त्रियाँ उसकी बनाई हुई चूड़ियाँ पहनती ही थीं आस-पास के गाँवों के लोग भी उससे चूड़ियाँ ले जाते थे। परंतु वह कभी भी चूड़ियों को पैसों से बेचता न था। उसका अभी तक वस्तु-विनिमय का तरीका था और लोग अनाज के बदले उससे चूड़ियाँ ले जाते थे। बदलू स्वभाव से बहुत सीधा था। मैंने कभी भी उसे किसी से झगड़ते नहीं देखा। हाँ, शादी-विवाह के अवसरों पर वह अवश्य ज़िद पकड़ जाता था। जीवन भर चाहे कोई उससे मुफ़्त चूड़ियाँ ले जाए परंतु विवाह के अवसर पर वह सारी कसर निकाल लेता था। आखिर सुहाग के जोड़े का महत्त्व ही और होता है। मुझे याद है, मेरे मामा के यहाँ किसी लड़की के विवाह पर जरा-सी किसी बात पर बिगड़ गया था और फिर उसको मनाने में लोहे लग गए थे। विवाह में इसी जोड़े का मूल्य इतना बढ़ जाता था कि उसके लिए उसकी घरवाली को सारे वस्त्र मिलते, ढेरों अनाज मिलता, उसको अपने लिए पगड़ी मिलती और रुपये जो मिलते सो अलग।

**[Imp.]** (*पृष्ठ 2*)

**प्रश्न** *(Set I)*–

*(क) बदलू की बनाई चूड़ियों की खपत अधिक क्यों थी?*
*(ख) 'वस्तु-विनिमय' से आप क्या समझते हैं?*
*(ग) विवाह के जोड़े का मूल्य क्या था?*

**उत्तर–**

(क) बदलू की बनाई चूड़ियों की खपत अधिक थी क्योंकि उसके हाथों से बनी चूड़ियाँ सुंदर व सजीली होती थीं। ये चूड़ियाँ उसके अपने गाँव के साथ-साथ आसपास के गाँव में भी मशहूर थीं।

(ख) 'वस्तु-विनिमय' का अर्थ है वस्तु के बदले वस्तु का लेन-देन करना न कि अपनी किसी वस्तु को पैसों में बेचना। बदलू भी केवल सुहाग की चूड़ियों के जोड़े को छोड़कर अपनी बनाई चूड़ियाँ अनाज व अन्य सामान के बदले में देता था।

(ग) विवाह के जोड़े का मूल्य अत्यधिक बढ़ जाता था। इसमें बदलू को उसकी स्त्री के वस्त्र, उसकी पगड़ी, ढेरों अनाज व रुपए मिलते।

**बहुविकल्पी प्रश्न** *(Set II)*–

1. *'मनिहार' शब्द का प्रयोग बदलू के लिए क्यों किया गया है?*
(क) क्योंकि वह चूड़ियाँ बनाने वाला है
(ख) क्योंकि वह लकड़ी का काम करने वाला है
(ग) क्योंकि वह चाट-पापड़ बेचने वाला है
(घ) इनमें से कोई नहीं।

2. *बदलू की बनाई चूड़ियाँ सबसे ज़्यादा क्यों बिकती थी?*
(क) क्योंकि वे सस्ती होती थीं।
(ख) क्योंकि उसके हाथ से बनी चूड़ियाँ सुंदर व सजीली होती थी।
(ग) क्योंकि वहाँ कोई और मनिहार न था।
(घ) क्योंकि वह लोगों से बहुत प्रेमपूर्वक बोलता था।

3. *विवाह के जोड़े का मूल्य क्या था?*
(क) पाँच हजार रुपए
(ख) दो हजार रुपए
(ग) बदलू की पत्नी के वस्त्र, ढेरों अनाज, उसकी पगड़ी व रुपए आदि।
(घ) उसके वस्त्र व रुपए।

4. *'लोहे लगाना' मुहावरे का क्या अर्थ है?*
(क) मनाना (ख) टक्कर लेना
(ग) मुकाबला करना (घ) दीवार बनकर खड़े होना

**उत्तर–** 1. (क) 2. (ख) 3. (ग) 4. (क)

**4** मुझसे तो वह घंटों बातें किया करता। कभी मेरी पढ़ाई के बारे में पूछता, कभी मेरे घर के बारे में और कभी यों ही शहर के जीवन के बारे में। मैं उससे कहता कि शहर में सब काँच की चूड़ियाँ पहनते हैं तो वह उत्तर देता, ''शहर की बात और है, लला! वहाँ तो सभी कुछ होता है। वहाँ तो औरतें अपने मरद का हाथ पकड़कर सड़कों पर घूमती भी हैं और फिर उनकी कलाइयाँ नाजुक होती हैं न! लाख की चूड़ियाँ पहनें तो मोंच न आ जाए।''

कभी-कभी बदलू मेरी अच्छी खासी खातिर भी करता। जिन दिनों उसकी गाय के दूध होता वह सदा मेरे लिए मलाई बचाकर रखता और आम की फसल में तो मैं रोज़ ही उसके यहाँ से दो-चार आम खा आता। परंतु इन सब बातों के अतिरिक्त जिस कारण वह मुझे अच्छा लगता वह यह था कि लगभग रोज़ ही वह मेरे लिए एक-दो गोलियाँ बना देता। *(पृष्ठ 3-4)*

**प्रश्न** *(Set I)*–

**(क)** *बदलू लेखक से क्या-क्या बातें करता था?*
**(ख)** *शहर की औरतों के बारे में बदलू ने क्या कहा?*
**(ग)** *बदलू लेखक की खातिर कैसे करता था?*

**उत्तर–**

(क) बदलू लेखक से उसकी पढ़ाई, उसके घर व शहर के जीवन के बारे में बातें किया करता था।

(ख) शहर की औरतों के बारे में बदलू ने कहा कि वहाँ की औरतें अपने पति का हाथ पकड़कर सड़क पर घूमती हैं और उनकी कलाइयाँ इतनी नाजुक होती हैं कि लाख की चूड़ियाँ पहनने से उनमें मोच आ जाए।

(ग) बदलू लेखक की अच्छी खातिर करता था जिन दिनों उसकी गाय के दूध होता तो वह उसके लिए मलाई बचाकर रखता और आम की फसल में तो रोज़ लेखक को आम खाने को मिलते।

**बहुविकल्पी प्रश्न** *(Set II)*–

1. *बदलू लेखक से किस प्रकार की बातें किया करता था?*
(क) लेखक के घर की (ख) लेखक की पढ़ाई की
(ग) लेखक के शहर व शहरी जीवन की (घ) दिए गए सभी

2. *शहर की औरतों के बारे में बदलू के क्या विचार थे?*
(क) वे बिना डर के कहीं भी आने-जाने में संकोच नहीं करती।
(ख) वे अपने पति का हाथ पकड़कर घूमती हैं, उनकी कलाइयों में तो लाख की चूड़ियाँ पहनने से मोच आ जाती है।
(ग) वे घर का कोई कामकाज नहीं करती।
(घ) वे ग्रामीण सभ्यता के बारे में कुछ नहीं जानतीं।

3. *बदलू लेखक की मेहमानदारी कैसे करता था?*
(क) उसे खूब छाछ पिलाकर (ख) शरबत व अन्य ठंडे पेय पिलाकर
(ग) मलाई व आम खिलाकर (घ) उसे गाँव में खूब घुमाकर

4. *ऐसा क्या था जिसके कारण लेखक बदलू काका के पास दौड़ा चला जाता था?*
(क) बदलू का लेखक के प्रति स्नेह व प्रेमभाव (ख) वह लेखक का मामा था।
(ग) वह उसके मामा का मित्र था। (घ) वह लेखक को अपना बेटा समझता था।

**उत्तर–** 1. (घ) 2. (ख) 3. (ग) 4. (क)

**5** मैं बहुधा हर गर्मी की छुट्टी में अपने मामा के यहाँ चला जाता और एक-आध महीने वहाँ रहकर स्कूल खुलने के समय तक वापस आ जाता। परंतु दो-तीन बार ही मैं अपने मामा के यहाँ गया होऊँगा तभी मेरे पिता की एक दूर के शहर में बदली हो गई और एक लंबी अवधि तक मैं अपने मामा के गाँव न जा सका। तब लगभग आठ-दस वर्षों के बाद जब मैं वहाँ गया तो इतना बड़ा हो चुका था कि लाख की गोलियों में मेरी रुचि नहीं रह गई थी। अतः गाँव में होते हुए भी कई

दिनों तक मुझे बदलू का ध्यान न आया। इस बीच मैंने देखा कि गाँव में लगभग सभी स्त्रियाँ काँच की चूड़ियाँ पहने हैं। विरले ही हाथों में मैंने लाख की चूड़ियाँ देखीं। तब एक दिन सहसा मुझे बदलू का ध्यान हो आया। बात यह हुई कि बरसात में मेरे मामा की छोटी लड़की आँगन में फिसलकर गिर पड़ी और उसके हाथ की काँच की चूड़ी टूटकर उसकी कलाई में घुस गई और उससे खून बहने लगा। मेरे मामा उस समय घर पर न थे। मुझे ही उसकी मरहम-पट्टी करनी पड़ी। तभी सहसा मुझे बदलू का ध्यान हो आया और मैंने सोचा कि उससे मिल आऊँ। अत: शाम को मैं घूमते-घूमते उसके घर चला गया। बदलू वहीं चबूतरे पर नीम के नीचे एक खाट पर लेटा था। (*पृष्ठ 4*)

**प्रश्न** *(Set I)*–

**(क)** *गर्मी की छुट्टियों में लेखक कहाँ और कितने समय के लिए रहने जाता था?*

**(ख)** *जब एक बार आठ-दस वर्ष के बाद लेखक गाँव गया तो उसने क्या बदलाव देखा?*

**(ग)** *लेखक को बदलू का ध्यान कैसे आया?*

**उत्तर**–

(क) लेखक गरमी की छुट्टियों में अपने मामा के यहाँ लगभग एक डेढ़ महीने के लिए रहने जाता।

(ख) जब लेखक आठ-दस वर्ष के बाद गाँव आया तो उसने देखा कि सभी स्त्रियाँ काँच की चूड़ियाँ पहनने लगी थीं। कोई-कोई स्त्री ही लाख की चूड़ियाँ पहने थीं।

(ग) लेखक के मामा की लड़की आँगन में फिसलकर गिर गई। उसकी काँच की चूड़ी टूटकर उसकी कलाई में घुस गई। लेखक जब उसकी मरहम-पट्टी कर रहा था। तो उसे अचानक बदलू का ध्यान आ गया।

**बहुविकल्पी प्रश्न** *(Set II)*–

1. *लेखक लंबी अवधि तक गाँव क्यों नहीं गया?*
   (क) क्योंकि अब उसका गाँव में मन नहीं लगता था। (ख) क्योंकि उसके मामा ने गाँव वाला घर छोड़ दिया था।
   (ग) क्योंकि उसके पिता का तबादला हो गया था। (घ) क्योंकि वह अब विदेश में रहने लगा था।
2. *जब लेखक आठ-दस वर्ष के बाद गाँव गया तो उसने क्या बदलाव देखा?*
   (क) गाँव अत्यधिक विकसित हो गया था।
   (ख) बदलू का व्यापार काफी बढ़ गया था।
   (ग) गाँव में मुद्रा का प्रचलन हो गया था।
   (घ) सभी स्त्रियाँ लाख की चूड़ियों की बजाय काँच की चूड़ियाँ पहनने लगी थी।
3. *लेखक को बदलू की याद कैसे आ गई?*
   (क) जब उसने लाख के सामान की प्रदर्शनी देखी।
   (ख) जब उसे मामा के घर आम खाने को न मिले।
   (ग) जब उसके मामा की बेटी के हाथ में काँच चुभ गया।
   (घ) जब उसके मामा ने उससे पूछा कि क्या तुम बदलू काका से मिले?
4. *लेखक को बदलू कहाँ मिला?*
   (क) नीम के पेड़ के नीचे खाट पर लेटा हुआ। (ख) पहले की तरह अपने उसी स्थान पर चूड़ियाँ बनाते हुए।
   (ग) मंदिर के पास काँच की चूड़ियाँ बेचते हुए। (घ) अपने घर में बीमार अवस्था में।

**उत्तर**– 1. (ग) 2. (घ) 3. (ग) 4. (क)

☞ **6** काम तो कई साल से बंद है। मेरी बनाई हुई चूड़ियाँ कोई पूछे तब तो। गाँव-गाँव में काँच का प्रचार हो गया है। वह कुछ देर चुप रहा, फिर बोला, मशीन युग है न यह, लला! आजकल सब काम मशीन से होता है। खेत भी मशीन से जोते जाते हैं और फिर जो सुंदरता काँच की चूड़ियों में होती है, लाख में कहाँ संभव है? **[Imp.]** (*पृष्ठ 5*)

**प्रश्न** *(Set I)*–

**(क)** *काम के बारे में पूछे जाने पर बदलू ने क्या कहा?*

**(ख)** *बदलू का काम बंद होने का क्या कारण था?*

**(ग)** *मशीन युग के बारे में बदलू ने क्या विचार प्रकट किए?*

**उत्तर–**

(क) जब लेखक आठ-दस वर्ष के बाद गाँव आया तो उसने बदलू को चूड़ियाँ बनाते न देखकर उसके काम के बारे में पूछा तो उसने उत्तर दिया कि काम तो कई वर्षों से ही बंद है क्योंकि अब मशीन से बनी काँच की चूड़ियों का प्रचलन हो गया है।

(ख) बदलू का काम बंद होने का कारण था मशीनी युग। क्योंकि हाथ से बनी लाख की चूड़ियों के सामने मशीन से बनी काँच की चूड़ियाँ अधिक सुंदर व आकर्षक लगती थीं।

(ग) मशीन युग के बारे में बदलू ने कहा कि आजकल तो सभी कार्य मशीनें करती हैं, खेत भी मशीनों से जोते जा रहे हैं और काँच की सुंदर चूड़ियाँ भी मशीन से बनती हैं। वास्तव में उसे अपना कारोबार बंद हो जाने का दु:ख अंदर ही अंदर सता रहा था।

**बहुविकल्पी प्रश्न** *(Set II)*–

1. *बदलू का काम क्यों बंद हो गया था?*
   (क) अब लाख की चूड़ियाँ कोई नहीं पहनता था।
   (ख) मशीन से बनी चूड़ियों का प्रचलन बढ़ गया था।
   (ग) काँच की चूड़ियाँ मशीन से बनती थी और वे लाख की चूड़ियों से सस्ती व सुंदर होती थी।
   (घ) उपर्युक्त सभी।
2. *आजकल गाँवों में महिलाएँ कैसी चूड़ियाँ पसंद करने लगी थीं?*
   (क) काँच की (ख) पीतल की (ग) सोने की (घ) लाख की
3. *मशीन युग के बारे में बदलू के क्या विचार थे?*
   (क) आजकल सभी काम मशीन से होते हैं।
   (ख) खेत भी मशीन से जोते जाते हैं।
   (ग) मशीन पर बनी काँच की चूड़ियों में लाख की चूड़ियों से अधिक सुंदरता होती है।
   (घ) उपर्युक्त सभी।
4. *बदलू के व्यथित होने का कारण क्या था?*
   (क) क्योंकि उसका काम बंद हो गया था। (ख) क्योंकि उसे लोगों ने गाँव से बाहर निकाल दिया था।
   (ग) क्योंकि उसका काम अब चलता न था। (घ) क्योंकि अब वह बहुत बीमार था।

**उत्तर–** 1. (घ) 2. (क) 3. (घ) 4. (क)

**7** रज्जो ने चार-पाँच आम अंजुली में लेकर मेरी ओर बढ़ा दिए। आम लेने के लिए मैंने हाथ बढ़ाया तो मेरी निगाह एक क्षण के लिए उसके हाथों पर ठिठक गई। गोरी-गोरी कलाइयों पर लाख की चूड़ियाँ बहुत ही फब रही थीं।

बदलू ने मेरी दृष्टि देख ली और बोल पड़ा, यही आखिरी जोड़ा बनाया था जमींदार साहब की बेटी के विवाह पर। दस आने पैसे मुझको दे रहे थे। मैंने जोड़ा नहीं दिया। कहा, शहर से ले आओ।

मैंने आम ले लिए और खाकर थोड़ी देर पश्चात चला आया। मुझे प्रसन्नता हुई कि बदलू ने हारकर भी हार नहीं मानी थी। उसका व्यक्तित्व काँच की चूड़ियों जैसा न था कि आसानी से टूट जाए। (*पृष्ठ 6*)

**प्रश्न** *(Set I)*–

**(क)** *लेखक की निगाह रज्जो की कलाई पर क्यों ठिठक गई?*

**(ख)** *रज्जो की चूड़ियों के बारे में बदलू ने क्या कहा?*

**(ग)** *बदलू ने हार कर भी हार क्यों नहीं मानी?*

**उत्तर–**

(क) रज्जो की कलाइयों पर सुंदर लाख की चूड़ियाँ देखकर लेखक की निगाह ठिठक गई अर्थात् नज़र टिक गई।

(ख) रज्जो की चूड़ियों के बारे में बदलू ने बताया कि यह उसके द्वारा बनाया गया अंतिम जोड़ा है जो ज़मींदार की बेटी के लिए उसने बनाया था लेकिन उनके द्वारा कम पैसे देने के कारण मैंने इसे न बेचा।

(ग) बदलू के गाँव में काँच की चूड़ियों का प्रचलन बढ़ने से लाख की चूड़ियों का काम बंद हो गया। बदलू ने लाख की चूड़ियाँ बनानी बंद कर दीं, लेकिन काँच की चूड़ियाँ बनाने का काम उसने शुरू न किया। तभी ही कहा गया है कि बदलू ने हार कर भी हार न मानी।

**बहुविकल्पी प्रश्न** *(Set II)*–

1. *रज्जो लेखक के लिए क्या लाई?*
   (क) अंजुली में भरकर आम (ख) पानी का गिलास
   (ग) दूध का लोटा (घ) चाय-नाश्ता।
2. *लेखक की दृष्टि रज्जो की कलाई की चूड़ियों पर क्यों ठिठक गई?*
   (क) क्योंकि वह बहुत पतली लग रही थी।
   (ख) क्योंकि उसने काँच की चूड़ियाँ पहन रखी थी।
   (ग) क्योंकि उसने बहुत सुंदर लाख की चूड़ियों का जोड़ा पहना हुआ था।
   (घ) इनमें से कोई नहीं।
3. *बदलू की स्वाभिमानी किस बात में झलकती है?*
   (क) वह आज भी लाख की चूड़ियों को महत्त्व देता था।
   (ख) क्योंकि काँच की चूड़ियों का प्रचलन होने से भले उसने लाख की चूड़ियों का काम बंद कर दिया लेकिन काँच की चूड़ियाँ बेचने का काम शुरू न किया।
   (ग) उसने अपने मन की व्यथा को अपने मन में ही रखा।
   (घ) उपर्युक्त सभी।
4. *बदलू ने जमींदार को चूड़ियों का जोड़ा क्यों न दिया?*
   (क) क्योंकि ज़मींदार को चूड़ियों का जोड़ा पसंद नहीं आया था।
   (ख) क्योंकि ज़मींदार चूड़ियों के जोड़े के पूरे दाम न दे रहा था।
   (ग) क्योंकि ज़मींदार मुफ्त में लेना चाहता था।
   (घ) क्योंकि बदलू ने यह चूड़ियों का जोड़ा उसके लिए बनाया नहीं था।

**उत्तर**– 1. (क) 2. (ग) 3. (ख) 4. (ख)

## 4. पाठ्यपुस्तक के प्रश्न-अभ्यास

*(पृष्ठ 6-8)*

### *कहानी से*

☞**प्रश्न 1. बचपन में लेखक अपने मामा के गाँव चाव से क्यों जाता था और बदलू को** 'बदलू मामा' **न कहकर** 'बदलू काका' **क्यों कहता था? [Imp.]**

**उत्तर**–बचपन में लेखक अपने मामा के घर चाव से जाता था क्योंकि वहाँ 'बदलू' नामक मनिहार उसे लाख की रंग-बिरंगी गोलियाँ बनाकर देता था। ये गोलियाँ इतनी सुंदर होती थीं कि कोई भी बच्चा इनकी ओर आकर्षित हुए बिना नहीं रह सकता था।

वह बदलू को 'बदलू मामा' न कहकर 'बदलू काका' इसलिए कहता था क्योंकि गाँव के सारे बच्चे उसे 'बदलू काका' के नाम से पुकारते थे।

**प्रश्न 2. वस्तु-विनिमय क्या है? विनिमय की प्रचलित पद्धति क्या है?**

**उत्तर**–वस्तु-विनिमय अर्थात् वस्तुओं का आदान-प्रदान करना। पहले लोग एक वस्तु देकर दूसरे से दूसरी वस्तु ले लेते थे जैसे बदलू लोगों से चूड़ियों के बदले पैसे न लेकर आवश्यकता का सामान ले लिया करता था। यही वस्तु-विनिमय पद्धति थी।

वर्तमान में विनिमय की प्रचलित पद्धति मुद्रा है अर्थात् धन देकर वस्तु खरीदना।

☞**प्रश्न 3.** 'मशीनी युग ने कितने हाथ काट दिए हैं।'–**इस पंक्ति में लेखक ने किस व्यथा की ओर संकेत किया है? [Imp.]**

**उत्तर**–'मशीनी युग ने कितने ही हाथ काट दिए हैं'-इस पंक्ति के माध्यम से लेखक कहना चाहता है कि हाथ से किए जाने वाले उद्योग-धंधे मशीनों द्वारा किए जाने लगे हैं। ऐसे में हाथ से काम करने वाले लोग या तो बेरोजगार हो गए हैं या फिर अपने पैतृक (पूर्वजों के) कार्यों को छोड़कर दूसरे कार्य करने के लिए मजबूर हो गए हैं।

इस पाठ में भी जब लेखक को यह पता चलता है कि बदलू की हाथ से बनने वाली लाख की चूड़ियों का स्थान मशीन से बनने वाली काँच की चूड़ियों ने ले लिया है तो उसे बहुत दुःख होता है।

**प्रश्न 4. बदलू के मन में ऐसी कौन-सी व्यथा थी जो लेखक से छिपी न रह सकी।**

**उत्तर**–मशीनी काँच की चूड़ियों का चलन बढ़ जाने से बदलू की लाख की चूड़ियाँ अब कोई न खरीदता था। इसी कारण उसका चूड़ियों का काम बंद हो गया। यही व्यथा थी जिसे बदलू लेखक के समक्ष छिपा न सका।

☞ **प्रश्न 5. मशीनी युग से बदलू के जीवन में क्या बदलाव आया?** **[Imp.]**

**उत्तर**–बदलू एक मनिहार अर्थात् चूड़ियाँ बनाने वाला था। उसकी बनाई लाख की रंग-बिरंगी चूड़ियाँ इतनी प्रसिद्ध थीं कि उसके गाँव के साथ-साथ दूसरे गाँवों से भी स्त्रियाँ उसकी बनाई चूड़ियाँ लेने आती थीं। अचानक मशीनी युग आने से मशीन पर बनी काँच की चूड़ियाँ अधिक बिकने लगीं और बदलू की चूड़ियाँ सबने लेनी बंद कर दीं। ऐसा होने पर उसका पैतृक पेशा जाता रहा। उसे अपना काम ही बंद करना पड़ा। अब हरदम प्रसन्नचित्त रहने वाला बदलू मन ही मन व्यथित रहने लगा।

## *कहानी से आगे*

**प्रश्न 1.** आपने मेले-बाज़ार आदि में हाथ से बनी चीज़ों को बिकते देखा होगा। **आपके मन में किसी चीज़ को बनाने की कला सीखने की इच्छा हुई हो और आपने कोई कारीगरी सीखने का प्रयास किया हो तो उसके विषय में लिखिए।**

**उत्तर**–पिछले वर्ष मैं अपने सहपाठियों के साथ सूरजकुंड के मेले में गया। वहाँ मैंने धागे व ऊन से निर्मित सुंदर-सुंदर छाते देखे। उन्हें देखकर ऐसा लगा कि ये बनने में बहुत ही आसान हैं। उन छातों को बेचने वाली स्त्रियाँ वहीं बैठकर और छाते भी बना रही थीं।

घर आकर मैंने भी खूब ऊन व धागे एकत्रित किए। बड़े-बड़े तिनकों का भी प्रबंध कर लिया। लेकिन जब बनाने का प्रयास किया तो पूरी तरह सफलता न मिली और माँ की यही बात सुननी पड़ी कि 'जिसका काम उसी को साजे।'

**प्रश्न 2. लाख की वस्तुओं का निर्माण भारत के किन-किन राज्यों में होता है? लाख से चूड़ियों के अतिरिक्त क्या-क्या चीज़ें बनती हैं? ज्ञात कीजिए।**

**उत्तर**–लाख की वस्तुओं का सबसे अधिक निर्माण राजस्थान में होता है। इसके अलावा मध्यप्रदेश, आंध्रप्रदेश व गुजरात में भी लाख पाई जाती है। इसलिए वहाँ भी लाख का सामान बनाया जाता है।

लाख से चूड़ियों के अतिरिक्त कई प्रकार के आभूषण, खिलौने व सजाने का सामान बनाया जाता है। डाकघर व अन्य स्थानों पर सामान पैक करके सीलबंद करने हेतु भी लाख का प्रयोग किया जाता है।

## *अनुमान और कल्पना*

**प्रश्न 1. घर में मेहमान के आने पर आप उसका अतिथि-सत्कार कैसे करेंगे?**

**उत्तर**–घर में किसी के आने पर सबसे पहले हम प्रेमपूर्वक उसका स्वागत करेंगे। आदर से उन्हें बैठने के लिए कहेंगे। फिर सादरपूर्वक उनका हाल-चाल पूछकर जलपान करवाएँगे।

यह भी मेहमान के आने पर निर्भर करता है कि वह किस समय आता है। यदि सुबह का समय होगा तो चाय-नाश्ता करवाएँगे, दोपहर के समय उसे प्रीतिभोज व रात्रि में मेहमान आए तो रात्रिभोज करवाना हमारा कर्तव्य बनता है।

**प्रश्न 2. आपको छुट्टियों में किसके घर जाना सबसे अच्छा लगता है? वहाँ की दिनचर्या अलग कैसे होती है? लिखिए।**

**उत्तर**–छुट्टियों में मुझे अपनी बड़ी बहन के घर जाना सबसे अच्छा लगता है। मैं अपनी दीदी से बेहद प्यार करता हूँ। अपने घर में तो यही दिनचर्या होती है कि सुबह उठो, तैयार होकर विद्यालय जाओ, घर आकर खाना खाओ, फिर थोड़ी देर सो जाओ। शाम को एक घंटा टी.वी. देखो या खेलकर पढ़ने बैठो। रात को पिताजी के आते ही खाना खाकर थोड़ी देर टहलो और फिर सो जाओ।

दीदी के घर तो सुबह आराम से उठो। फिर थोड़ी देर टी.वी. देखो और नहा धोकर तैयार हो जाओ। मनपसंद नाश्ता करने के बाद आसपास के दोस्तों के साथ मज़े करो। दोपहर को खाना खाओ और टी.वी. देखो, सो जाओ या मनपसंद कंप्यूटर गेम खेलो। मुझे तो इंटरनेट पर नई-नई जानकारियाँ प्राप्त करना भी बहुत अच्छा लगता है। साथ ही मेरी दीदी भी मुझे इसमें काफी मदद करती हैं। शाम को जीजा जी के साथ घूमने जाना तो मुझे बेहद पसंद है। वे रोज़ मुझे नई-नई जगह ले जाते हैं व अच्छी-अच्छी चीजें खिलाते हैं। रात को गर्मागर्म खाना खाओ और टहलने के बाद सो जाओ। न कोई पढ़ाई की चिंता न माता-पिताजी की रोक-टोक इसीलिए तो सबसे अच्छा लगता है मुझे दीदी का घर।

प्रश्न 3. मशीनी युग में अनेक परिवर्तन आए दिन होते रहते हैं। **आप अपने आस-पास से इस प्रकार के किसी परिवर्तन का उदाहरण चुनिए और उसके बारे में लिखिए।**

उत्तर–मशीनी युग के कारण बड़े से बड़े व छोटे से छोटे उद्योगों में अपार परिवर्तन आए हैं। हमारे घर के पास एक घर में ही लकड़ी का फर्नीचर बनता था। कितने ही कारीगर दिन-रात लकड़ियाँ चीर-चीर कर फर्नीचर बनाया करते थे। पिछले कुछ वर्षों में मैंने देखा कि कारीगर तो निरंतर कम होते जा रहे हैं लेकिन फर्नीचर और भी सुंदर बनने लगा है। मुझे उत्सुकता हुई कि एक बार अंदर जाकर देखकर आऊँ कि फर्नीचर कैसे बनता है। जब मैं उस लकड़ी के कारखाने में गया तो देखा कि लकड़ी काटने, साफ़ करने व उसे आकार देने का सभी कार्य मशीनें बखूबी कर रही थीं। मुझे देखकर बहुत अच्छा लगा कि काम कितनी जल्दी और सफ़ाई से होता है लेकिन जब एक बढ़ई (लकड़ी का सामान बनाने वाला) ने मुझे यह बताया कि एक समय था कि इस कारखाने में बीस लोग काम करते थे लेकिन अब केवल पाँच ही पूरा काम निबटा लेते हैं तो मुझे अफसोस हुआ कि मशीनों के कारण कितने लोग बेरोजगार भी हो जाते हैं। तभी मैंने यह सोचा कि मशीनी युग परिवर्तन के साथ-साथ परेशानियाँ भी ला रहा है।

प्रश्न 4. बाज़ार में बिकने वाले सामानों की डिज़ाइनों में हमेशा परिवर्तन होता रहता है। **आप इन परिवर्तनों को किस प्रकार देखते हैं? आपस में चर्चा कीजिए।**

उत्तर–बाज़ार में बिकने वाले सामानों के डिज़ाइनों में हमेशा परिवर्तन होता रहता है क्योंकि एक ही डिज़ाइन की वस्तु का प्रयोग करते-करते लोग ऊब जाते हैं। कुछ नयापन लाने व रुचि के अनुसार परिवर्तन करने से वस्तुओं का रूप सौंदर्य बदलता रहता है। हम इन परिवर्तनों को केवल फैशन के रूप में ही देखते हैं।

इसी प्रकार की चर्चा आप कक्षा में कर सकते हैं।

प्रश्न 5. हमारे खान-पान, रहन-सहन और कपड़ों में भी बदलाव आ रहा है। **इस बदलाव के पक्ष-विपक्ष में बातचीत कीजिए और बातचीत के आधार पर लेख तैयार कीजिए।**

उत्तर–वर्तमान में दिन-प्रतिदिन आधुनिकता बढ़ती जा रही है। और इसका विशेष प्रभाव पड़ रहा है हमारे खान-पान, रहन-सहन और पहनावे पर। इस आधार पर मैंने बहुत लोगों से बातचीत की। कुछ ने इसके पक्ष में व कुछ ने इसके विपक्ष में अपने विचार रखे अर्थात् कुछ इस बदलाव को सही कहते हैं और कुछ सही नहीं मानते।

लेकिन मैंने सभी के विचारों से यह निष्कर्ष निकाला कि बदलाव भी जीवन का एक विशेष पहलू है। कुछ बड़े-बुज़ुर्ग आधुनिकता को जल्दी से अपना लेते हैं; रूढ़िवादी विचारों को त्यागने या उनमें बदलाव लाने में वे संकोच नहीं करते। ऐसे लोग युवाओं के भी प्रिय हो जाते हैं व समयानुसार उनका मार्ग-दर्शन भी कर सकते हैं लेकिन दूसरी ओर वे बड़े-बुज़ुर्ग भी हैं जिन्हें समाज में होता बदलाव अच्छा नहीं लगता। वे अपने प्राचीन विचारों के साथ ही जीना चाहते हैं। ऐसे में उनका बात-बात पर नवीन वर्ग के विचारों के साथ मतभेद होता है। ऐसा होने पर बच्चे भी उन्हें उतना सम्मान नहीं दे पाते जितना उन्हें देना चाहिए।

### *भाषा की बात*

प्रश्न 1. 'बदलू को किसी बात से चिढ़ थी तो काँच की चूड़ियों से' और बदलू स्वयं कहता है–''जो सुंदरता काँच की चूड़ियों में होती है लाख में कहाँ संभव है?'' ये पंक्तियाँ बदलू की दो प्रकार की मनोदशाओं को सामने लाती हैं। दूसरी पंक्ति में उसके मन की पीड़ा है। उसमें व्यंग्य भी है। हारे हुए मन से, या दुखी मन से अथवा व्यंग्य में बोले गए वाक्यों के अर्थ सामान्य नहीं होते। **कुछ व्यंग्य वाक्यों को ध्यानपूर्वक समझकर एकत्र कीजिए और उनके भीतरी अर्थ की व्याख्या करके लिखिए।**

**उत्तर**–(क) 'अब पहले जैसी औलाद कहाँ?'

किसी भी बुज़ुर्ग के मुख से आमतौर पर यह सुनने को मिल जाता है जिसमें स्पष्ट रूप से यह दुख और व्यंग्य छिपा रहता है कि आजकल की संतान बुज़ुर्गों को अधिक सम्मान नहीं देती।

(ख) 'आजकल के खाद्य-पदार्थों में शुद्धता कहाँ?'

इस वाक्य से यह व्यंग्य किया जाता है कि दिन-प्रतिदिन खाद्य-पदार्थों में मिलावटी चीज़ों से उनकी शुद्धता समाप्त होती जा रही है।

**प्रश्न 2.** **'बदलू'** कहानी में दृष्टि से **पात्र** है और भाषा की बात (व्याकरण) की दृष्टि से **संज्ञा** है। किसी भी व्यक्ति, स्थान, वस्तु, विचार अथवा भाव को संज्ञा कहते हैं। संज्ञा को तीन भेदों में बाँटा गया है **(क) व्यक्तिवाचक संज्ञा,** जैसे–लला, रज्जो, आम, काँच, गाय इत्यादि **(ख) जातिवाचक संज्ञा,** जैसे–चरित्र, स्वभाव, वज़न, आकार आदि द्वारा जानी जाने वाली संज्ञा। **(ग) भाववाचक संज्ञा,** जैसे–सुंदरता, नाजुक, प्रसन्नता इत्यादि जिसमें कोई व्यक्ति नहीं है और न आकार या वज़न। परंतु उसका अनुभव होता है। **पाठ से तीनों प्रकार की संज्ञाएँ चुनकर लिखिए।**

**उत्तर–(क) व्यक्तिवाचक**–लेखक, बदलू, नीम, मनिहार, संसार, रज्जो, जमींदार साहब।

**(ख) जातिवाचक**–आदमी, लाख, गोलियाँ, मकान, सहन, भट्ठी, सलाख, शहर, मलाई, आन, फसल, खाट, वृक्ष, मशीन, ढेर।

**(ग) भाववाचक**–चाव, स्वभाव, नाजुक, रुचि, कुढ़, चिढ़, निहारना, शांति, व्यथा, भाँप, लहकना, फब, प्रसन्नता, व्यक्तित्व।

**प्रश्न 3.** गाँव की बोली में कई शब्दों के उच्चारण बदल जाते हैं। कहानी में बदलू वक्त (समय) को बखत, उम्र (वय/आयु) को उमर कहता है। **इस तरह के अन्य शब्दों को खोजिए जिनके रूप में परिवर्तन हुआ हो, अर्थ में नहीं।**

**उत्तर**–पाठ से–मचिया–चौकी, खातिर–आवभगत, अंजुली–हथेली, फवना–जँचना, सुंदर लगना, मुखातिब. संबोधन/सामने।

**अन्य–**

| | | | | | | | |
|---|---|---|---|---|---|---|---|
| ज़िंदगी | – जीवन | दुनिया | – संसार | आलम | – जगत |
| इंसान | – मनुष्य | औरत | – स्त्री | औलाद | – संतान |
| गम | – मायूसी | रंज | – दुख | | |

## 5. अन्य महत्त्वपूर्ण परीक्षोपयोगी प्रश्नोत्तर

### *लघु प्रश्नोत्तर*

**प्रश्न 1. बचपन में लेखक को *'बदलू काका'* सबसे अच्छा क्यों लगता था?**

**उत्तर**–बचपन में लेखक को बदलू काका सबसे अच्छा लगता था क्योंकि वह उसे छोटी-छोटी रंग-बिरंगी लाख की गोलियाँ बनाकर देता था। यही चाव था जो लेखक को अपने मामा के घर गाँव की ओर खींचता था।

**प्रश्न 2. बदलू क्या काम करता था? पैतृक पेशे से आप क्या समझते हैं?**

**उत्तर**–बदलू मनिहार था अर्थात् चूड़ियाँ बनाने वाला था। वह लाख की सुंदर व रंग-बिरंगी चूड़ियाँ बनाया करता था। गाँव व गाँव से बाहर भी उसकी चूड़ियों की प्रसिद्धि थी।

पैतृक पेशे का अर्थ है पूर्वजों के कार्य को आगे बढ़ाना। बदलू भी अपने बाप-दादाओं के पेशे को ही कर रहा था।

**प्रश्न 3. लाख की चूड़ियाँ किससे व किस प्रकार बनती हैं?**

**उत्तर**–लाख की चूड़ियाँ लाख नामक पदार्थ से बनती हैं। पहले लाख को गर्म करके पिघलाया जाता है। फिर लकड़ी की चौखट पर उसे सलाख के समान पतला करके चूड़ी का आकार दिया जाता है। तत्पश्चात् गोल बेलन जैसे गुटके पर डालकर उन्हें सही आकार देकर रंगा जाता है।

☞ **प्रश्न 4. शादी-विवाह के अवसर पर बदलू क्या जिद्द पकड़ लेता था?** **[Imp.]**

**उत्तर**–बदलू लाख की चूड़ियों को पैसों में न बेचकर वस्तु-विनिमय के आधार पर देता था अर्थात् चूड़ियाँ देकर अनाज

ले लिया करता था। लेकिन शादी–विवाह के अवसर पर 'सुहाग की चूड़ियों के जोड़े' का मुँह माँगा दाम लेता था। यहाँ तक कि उसे लेने पर लोग उसे उसकी पत्नी के कपड़े, उसकी पगड़ी व रुपए–पैसे भी दिया करते थे।

**प्रश्न 5. बदलू लेखक की खातिरदारी कैसे करता था?**

**उत्तर**–बदलू लेखक को दिल से चाहता था इसलिए उसकी बड़ी खातिरदारी करता था। जिन दिनों उसकी गाय के दूध होता तो वह सदा मलाई बचाकर लेखक को देता और आम की फसल में लेखक को रोज़ आम खाने को मिलते। इसके अतिरिक्त वह उसे लाख की गोलियाँ भी देता जो लेखक को अत्यधिक प्रिय थीं।

**प्रश्न 6. बदलू को किस बात से चिढ़ थी?**

**उत्तर**–बदलू को काँच की चूड़ियाँ पहनने से अत्यधिक चिढ़ थी। यदि किसी स्त्री को काँच की चूड़ियाँ पहने देख लेता तो अंदर ही अंदर जल–भुन जाता और कभी–कभी तो दो–चार बातें भी सुना देता था।

**प्रश्न 7. काफी वर्ष बाद गाँव में आने पर लेखक को बदलू की याद कैसे आई?**

**उत्तर**–पिताजी के तबादले के पश्चात् जब लेखक आठ–दस वर्ष के बाद गाँव आया तो उसे बदलू की याद नहीं आई लेकिन एक दिन उसके मामा की बेटी की कलाई में काँच की चूड़ी चुभ जाने से खून आ गया तो उसे बदलू और उसकी लाख की चूड़ियों की याद आ गई।

**प्रश्न 8. एक बार आठ–दस वर्ष के बाद जब लेखक गाँव गया तो उसने क्या बदलाव देखा?**

**उत्तर**–जब एक बार आठ–दस वर्ष के बाद लेखक गाँव गया तो उसने देखा कि अब अधिकतर सभी स्त्रियाँ काँच की चूड़ियाँ पहनती थीं। विरले हाथों में ही लाख की चूड़ियाँ दिखाई दीं। बदलू को मिलकर तो लेखक हैरान ही रह गया क्योंकि अब उस बेचारे का काम ही बंद हो गया था। लाख की चूड़ियों का स्थान काँच की चूड़ियाँ ले चुकी थीं।

**प्रश्न 9. बदलू की आर्थिक दशा क्यों बिगड़ गई?**

**उत्तर**–लाख की चूड़ियों का स्थान काँच की चूड़ियों ने ले लिया। उसका कामकाज ठप्प हो गया। उसने अपनी गाय भी बेच दी। वह बीमार रहने लगा इसीलिए उसकी आर्थिक स्थिति बिगड़ गई।

**प्रश्न 10. बदलू ने ज़मींदार को चूड़ियों का जोड़ा क्यों न दिया?**

**उत्तर**–ज़मींदार साहब ने अपनी बेटी की शादी के लिए लाख की चूड़ियों का जोड़ा बदलू से बनवाया। बदलू शादी का जोड़ा मुँह माँगे दामों में बेचता था, साथ में उसे पत्नी के वस्त्र, एक पगड़ी व ढेरों अनाज भी मिलता था, लेकिन ज़मींदार विवाह की चूड़ियों का जोड़ा केवल दस आने पैसे में खरीदना चाहता था इसलिए बदलू ने उसे जोड़ा देने से इंकार कर दिया।

## *दीर्घ प्रश्नोत्तर*

**☞प्रश्न 11. मशीनी युग से आप क्या समझते हैं? बदलू ने मशीनी युग के बारे में लेखक से क्या कहा?** **[Imp.]**

**उत्तर**–मशीनी युग अर्थात् ऐसा युग जिसमें मनुष्य के हाथ से काम नहीं होता बल्कि सारा काम मशीनें करती हैं। इसमें एक ओर तो वस्तुओं का निर्माण सुंदर व कम समय में होता है तो दूसरी ओर बड़ी संख्या में बेरोजगारी बढ़ती जा रही है।

बदलू के मन में कहीं न कहीं मशीनी युग के लिए व्यथा भरी थी, तभी तो उसने लेखक को कहा कि मशीनी युग में उसकी चूड़ियों को अब कोई नहीं पूछता। अब तो काँच की चूड़ियों का प्रचार हो गया है, खेती के काम भी मशीनों से होने लगे हैं। यहाँ तक कि अपनी लाख की चूड़ियों को अत्यधिक प्रेम करने वाला बदलू काँच की चूड़ियों को अधिक सुंदर कहता है।

**☞प्रश्न 12. *'मशीनी युग ने हाथ काट दिए'* क्या लेखक का यह सोचना सही है?** **[Imp.]**

**उत्तर**–लेखक का यह सोचना बिल्कुल सही है क्योंकि दिनोंदिन बढ़ते मशीनीकरण ने गरीब मज़दूर वर्ग को बेरोजगार बना दिया है। क्योंकि मशीनें खरीदना व उन पर बड़ी लागत से खर्च करना हर व्यक्ति के बस की बात नहीं है।

हाथ कट जाना अर्थात् रोजगार का अवसर समाप्त हो जाना। यही लेखक का विचार है। कभी बदलू को भी अपने हाथों पर गर्व था कि वह कितनी सुंदर चूड़ियाँ बनाता है लेकिन वह भी काँच की चूड़ियों के सामने घुटने टेक बैठा और उसका काम ठप्प हो गया।

**☞प्रश्न 13. बदलू की किस बात से लेखक को उसकी स्वाभिमानी पर गर्व हो आया?** **[Imp.]**

**उत्तर–**जब लेखक ने बदलू की बेटी रज्जो की कलाइयों में लाख की चूड़ियाँ देखीं तो वह सुंदर चूड़ियों को देखकर ठिठक गया। तभी बदलू ने उसे बताया कि यह मेरा बनाया अंतिम जोड़ा है। ज़मींदार ने अपनी बेटी की शादी के लिए बनवाया था लेकिन केवल दस आने पैसे में इसे खरीदना चाहता था। मैंने देने से ही इंकार कर दिया क्योंकि शादी के जोड़े का दाम मैं मुँह माँग लेता था। यह सुनकर लेखक को बदलू की स्वाभिमानी पर गर्व हो आया कि बदलू ने लाख की चूड़ियाँ न बिकने के दिनों में भी अपने उसूल न तोड़े और कम पैसों में 'सुहाग की चूड़ियों का जोड़ा' न दिया।

**☞प्रश्न 14. श्रमिक वर्ग हेतु हमारे क्या कर्तव्य बनते हैं?**

**उत्तर–** श्रमिक वर्ग हमारे समाज का एक ऐसा वर्ग है जो सदा उच्च और मध्यम वर्ग हेतु सुविधाएँ प्रदान करता है। स्वयं मुश्किलों में रहकर भी यह वर्ग दूसरों हेतु कार्यरत रहता है। हमारा यह कर्तव्य बनता है कि हम भी उनकी सुविधाओं का पूरा ध्यान रखें। इस हेतु सबसे जरूरी है कि हम उन्हें पूरा पारिश्रमिक दें ताकि वे भी सुचारू रूप से जीवनयापन कर सकें। सरकार द्वारा बनाई गई योजनाओं से उन्हें अवगत करवाएँ। समाज सेवी संस्थाओं से उन्हें अधिक-से-अधिक सुविधाएँ दिलवाएँ। उनके बच्चों के लिए भी हमें विशेष सुविधाएँ देनी चाहिए।

# 2 बस की यात्रा

*हरिशंकर परसाई*

यह एक व्यंग्यात्मक कहानी है। इसमें लेखक ने यह चर्चा करनी चाही है कि किस प्रकार पुराने घिसे हुए और जर्जर अवस्था के वाहन सड़कों पर चलते हैं। उनके मालिक धन के लोभ में, उनमें नवीनीकरण किए बिना उन्हें निरंतर चलाते रहते हैं। लोगों के जान-माल के बारे में उन्हें कोई चिंता नहीं होती।

## 1. पाठ का सार

**लेखक व उसके मित्र**—लेखक व उसके मित्र कंपनी के काम से पन्ना गए। वापसी पर उन्हें जबलपुर से गाड़ी लेनी थी जो सुबह उन्हें उनके घर पहुँचाती। उन्होंने पन्ना से सतना कंपनी की बस से जाना चाहा। क्योंकि सतना से गाड़ी, अब यही बस दिला सकती थी और किसी बस का समय न था।

**बस की दशा**—इस बस की दशा अत्यधिक जर्जर थी। यह बिल्कुल एक बुजुर्ग की भाँति थी। उसे देखकर ही ऐसा आभास होता था कि यह चलेगी भी कि नहीं। ऐसा लगता था कि यदि इस बस में बैठेंगे तो इसे कष्ट होगा। यह तो केवल पूजा के योग्य थी इसमें कैसे बैठा जा सकता है।

**लोगों का विचार**—जो लोग इन पाँचों मित्रों को बस पर चढ़ाने आए थे उनका मत था कि जो समझदार लोग होते हैं वे इस बस में सफर नहीं करते क्योंकि इस पर भरोसा नहीं किया जा सकता। वे सभी इन मित्रों को इस प्रकार देख रहे थे जैसे अंतिम विदाई दे रहे थे। उन्हें लग रहा था कि इस धरती पर जो आया है उसे तो जाना ही है अर्थात् एक न एक दिन मृत्यु को वरण करना ही है चाहे वह राजा हो, भिखारी हो या साधु। आदमी को आगे बढ़ने के लिए कोई कारण तो चाहिए।

**लेखक के डॉक्टर मित्र का विचार**—लेखक के डॉक्टर मित्र ने सभी डरे हुए मित्रों को सांत्वना देने हेतु कहा कि डरो मत, यह तो अनुभवी बस है। नई बसों पर तो विश्वास करना भी कठिन है। यह तो हमें अपने बेटों की भाँति प्यार से अपनी गोद में लेकर जाएगी।

**बस कंपनी के हिस्सेदार**—इसी बस में बस कंपनी का एक हिस्सेदार भी सफ़र कर रहा था। उसका मानना था कि यह बस अच्छी तरह चलेगी।

**बस की अंदरूनी हालत व उसका स्टार्ट होना**—जब लेखक और उसके मित्र बस में बैठे तो जाना कि बस की अंदरूनी हालत तो बाहरी दशा से भी अधिक खराब थी। खिड़कियों के काफी शीशे तो थे ही नहीं और जो थे उनसे बचकर बैठने का प्रयास करना पड़ा। सीटें पूरी तरह से खस्ता हालत में थीं। जैसे ही बस स्टार्ट हुई तो उसके इंजन ने सारी बस को ही हिला दिया। ऐसा प्रतीत होने लगा कि जैसे सारी बस ही इंजन हो।

**लेखक द्वारा बस की गांधीजी के असहयोग व सविनय अवज्ञा आंदोलन से तुलना**—जैसे ही बस चली तो लेखक को गांधीजी के असहयोग व सविनय आंदोलन की याद हो आई क्योंकि शुरू में तो बस का कोई भी हिस्सा किसी भी दूसरे हिस्से से मिलकर काम नहीं कर रहा था, ठीक गांधीजी के असहयोग आंदोलन की भाँति जिसमें लोगों ने धीरे-धीरे उनका साथ दिया।

आठ दस मील चलने के बाद बस थोड़ी सहज हो गई जैसे उसके सारे हिस्सों के पुर्जों के भेदभाव समाप्त हो गए और बस तालमेल से चलने लगी। लेखक को ऐसा लगा कि जैसे यह बस गांधीजी के सविनय अवज्ञा आंदोलन की भाँति कर रही हो जिसमें गांधीजी ने अंग्रेज़ों द्वारा नमक पर टैक्स लगाने के कारण विरोध किया। उस समय भारतीय वर्ग व जाति भेद में जकड़े थे अलग-अलग धार्मिक संप्रदाय, गुटों आदि के कारण देश विखंडित था लेकिन गांधीजी ने कुशल ड्राइवर की भाँति सभी को एक करने का प्रयास करके दांडी यात्रा कर समुद्र तट पर नमक बनाकर अंग्रेजों को सबक सिखाया।

**लेखक का बस से भरोसा उठना**–चलते-चलते अचानक ही बस रास्ते में रुक गई। खोजबीन से पता करने पर पता चला कि पेट्रोल की टंकी में छेद हो गया है। ड्राइवर ने पेट्रोल निकाला और नली के साथ इंजन में डालने लगा। यहाँ लेखक को बस की दशा बिल्कुल ऐसी लग रही थी कि वह चलने के काबिल नहीं है। अब उसे चलाना या उस पर यात्रियों को ढोना उस पर अत्याचार करना है। तभी तो उसके मन में यह भाव आया कि अब बस कंपनी का हिस्सेदार बस के इंजन को गोद में रखकर नली से पेट्रोल पिलाएगा जैसे माँ बच्चे को बोतल से दूध पिलाती है। यानी बस में अब चलने का दम नहीं था। उसका इंजन एकदम कमज़ोर व क्षीण हो चुका था। बड़ी मुश्किल से बस चली वह भी पंद्रह बीस मील की रफ़्तार से। लेकिन रह-रहकर लेखक को अपने अंदर ही अंदर से यह डर था कि बस की कभी भी ब्रेक फेल हो सकती है या स्टीयरिंग टूट सकता है। सफर करते समय प्रकृति के नज़ारे बहुत ही मनभावन लगते हैं। लेकिन लेखक को तो हर पेड़ ही दुश्मन लगता था क्योंकि जब भी कोई पेड़ दिखाई देता तो उसे ऐसा प्रतीत होता कि कहीं बस इसी से न टकरा जाए। यदि कहीं झील दिखाई दे जाती तो उसे ऐसा लगता कि बस इसमें ही गिर जाएगी। इस प्रकार उसका सफर डर-डर कर बीतने लगा।

**बस का यकायक रुकना**–थोड़ी दूर और चलने के बाद अचानक ही बस फिर रुक गई। ड्राइवर ने बड़ी कोशिश की लेकिन बस थी कि चलने का नाम न लेती थी। ऐसे में बस कंपनी का हिस्सेदार फिर से कहने लगा कि बस है तो बहुत अच्छी लेकिन न जाने कैसा संयोग हुआ है कि यह बंद हो गई है। उस समय लेखक को वह कंपनी का हिस्सेदार बिल्कुल अंग्रेज़ शासनकर्ता की भाँति लगा। जिन्हें केवल अपना ही ध्यान था। भारतीयों की जरा भी परवाह तक न थी ऐसे ही इसे भी बस में सवार यात्रियों की परवाह नहीं थी। हल्की छिटकी चाँदनी में लेखक को वृक्षों की छाया में खड़ी बस बड़ी ही लाचार हालत में लग रही थी। ऐसा प्रतीत हो रहा था कि कोई बुढ़िया थककर बैठ गई हो और आगे बढ़ने का उसमें साहस न हो। हमें अपने-आप में शर्म महसूस हुई कि कैसे हम उस पर अपना बोझ डालकर आए हैं। यदि अभी इसके प्राण निकल जाएँ तो इस सुनसान जंगल में ही इसका अंतिम संस्कार करना पड़ेगा अर्थात् बस बिल्कुल भी आगे चलने की दशा में न थी।

**बस का फिर गंतव्य की ओर चलना**–हिस्सेदार साहब ने कुछ प्रयास से उसे चलने लायक बना तो दिया लेकिन वह लेखक को अभी भी एक बुढ़िया की भाँति ही लग रही थी। वह बहुत धीमी गति से चल रही थी। ऐसा जान पड़ता था कि बुढ़ापे के कारण उसकी आँखों की रोशनी कम हो गई और वह सड़क पर धीरे-धीरे रेंग रही हो। वह सभी वाहनों को संकेत देती हुई यही कहती प्रतीत होती कि बेटी तुम निकल जाओ मेरी उम्र अब तुमसे मुकाबला करने की नहीं है।

**बस का टायर पंचर हो जाना**–बस एक पुलिया को पार कर रही थी कि अचानक ही उसका एक टायर बैठ गया। वह ज़ोर से हिलकर रुक गई। यदि बस थोड़ी भी स्पीड से चल रही होती तो उछलकर नाले में गिर जाती। लेखक ने पहली बार कंपनी के हिस्सेदार को आदर भाव से देखा और यह अहसास दिलाने का प्रयत्न किया कि टायरों की इतनी खराब हालत के बावजूद वे यात्रियों की जान पर खेलकर उन्हें बस में सफ़र करवा रहे हैं।

**बस कंपनी के हिस्सेदार का महान लगना**–लेखक को बस कंपनी का हिस्सेदार महान व्यक्तित्व का लग रहा था। लेखक ने सोचा कि इसे तो किसी क्रांतिकारी आंदोलन का नेता होना चाहिए जो केवल अपनी विचारधारा से लोगों को अपने पीछे चलाता है। उसे दूसरे की भावनाओं से कुछ लेना-देना नहीं होता। लेखक सोचने लगा कि यदि बस नाले में गिर जाती तो हम सब मारे जाते। ऐसे में देवता भी शायद इस व्यक्ति का स्वागत करते और कहते कि यह वह महान आदमी है जिसने बस के टायर न बदले लेकिन अपने प्राण दे दिए।

**लेखक व उसके मित्रों का निश्चिंतता से बस में बैठना**–दूसरा घिसा टायर बस में लगाया गया और बस फिर से चल दी। अब लेखक व उसके मित्र आराम से बैठ गए। उनकी जल्दी पहुँचने की चाहत सब समाप्त हो गई। उन्होंने तो पन्ना पहुँचने की उम्मीद भी छोड़ दी। अब उन्होंने सब कुछ भाग्य पर छोड़कर सोच लिया कि उन्हें तो इसी बस में सारा जीवन गुजारना है। उन्हें ऐसा अहसास होने लगा कि धरती पर जाने का उनका कोई लक्ष्य ही नहीं है। उन्हें तो इसी बस से ही स्वर्ग भी जाना है। उनकी बेचैनी अब समाप्त हो गई थी। बस चल रही थी और लोग बस में हँसी मज़ाक कर रहे थे।

## 2. शब्दार्थ और टिप्पणी

*पृष्ठ 9*

**ट्रेन**–रेलगाड़ी। **हाज़िर**–मौजूद। **डाकिन**–डाका डालने वाली। **श्रद्धा**–आदरभाव। **वयोवृद्ध**–बहुत बूढ़ी। **सदियों**–युगों से। **अनुभव**–तजुरबा। **निशान**–चिह्न। **वृद्धावस्था**–बुढ़ापा। **कष्ट**–दुख। **योग्य**–लायक।

*पृष्ठ 10*

**हिस्सेदार**–भागीदार। **गज़ब**–अज़ीब बात। **अनुभवी**–योग्यता प्राप्त। **नवेली**–नई। **विश्वसनीय**–विश्वास करने योग्य। **अंतिम**–आखिरी। **विदा**–छोड़कर जाना। **रंक**–भिखारी। **फकीर**–साधु। **कूच करना**–आगे बढ़ना, चलना। **निमित्त**–कारण, उद्देश्य। **दूर सरकना**–थोड़ी दूरी पर हो जाना।

*पृष्ठ 11*

**असहयोग**–साथ न देना। **सविनय**–प्रार्थना सहित। **अवज्ञा**–न मानना। **वक्त**–समय। **ट्रेनिंग**–प्रशिक्षण। **दौर**–समय। **बॉडी**–ढाँचा। **भेदभाव**–वर्गभेद। **पेट्रोल**–एक ज्वलनशील व ऊर्जा से परिपूर्ण तरल पदार्थ। **बगल**–पास। **नली**–पाइप। **उम्मीद**–आशा। **शीशी**–बोतल। **भरोसा**–विश्वास। **लुभावने**–मनभावन। **दुश्मन**–शत्रु। **गोता**–डुबकी। **तरकीबें**–योजनाएँ। **फर्स्ट क्लास**–एकदम बढ़िया। **इत्तफ़ाक**–संयोग। **क्षीण**–मद्धम। **दयनीय**–दया दिखाने योग्य। **वृद्धा**–बुढ़िया। **ग्लानि**–अपने आप पर शर्म महसूस होना। **प्राणांत**–मृत्यु। **बियाबान**–सुनसान। **अंत्येष्टि**–अंतिम क्रिया कर्म।

*पृष्ठ 12*

**पुलिया**–नदी या नाले के ऊपर बना आने-जाने का रास्ता। **श्रद्धाभाव**–आदर से। **उत्सर्ग**–त्याग, किसी वस्तु को छोड़ देना। **दुर्लभ**–कठिन। **साहस**–हिम्मत। **उपयोग**–प्रयोग। **बाँहें पसारे**–स्वागत करने को तैयार। **वक्त**–समय। **उम्मीद**–आशा। **प्रयाण**–जाना। **बेताबी**–व्याकुल। **तनाव**–मानसिक दबाव। **इत्मीनान**–निश्चिंत।

## 3. अर्थग्रहण संबंधी एवं बहुविकल्पी प्रश्नोत्तर

***नीचे लिखे गद्यांशों को पढ़िए और पूछे गए प्रश्नों के उत्तर दीजिए–***

☞ **1** बस को देखा तो श्रद्धा उमड़ पड़ी। खूब वयोवृद्ध थी। सदियों के अनुभव के निशान लिए हुए थी। लोग इसलिए इससे सफ़र नहीं करना चाहते कि वृद्धावस्था में इसे कष्ट होगा। यह बस पूजा के योग्य थी। उस पर सवार कैसे हुआ जा सकता है!

**[Imp.]** (*पृष्ठ 9*)

**प्रश्न** *(Set I)*–

**(क)** *लेखक व पाठ का नाम लिखिए।*

**(ख)** *लेखक के मन में बस को देखकर श्रद्धा क्यों उमड़ पड़ी?*

**(ग)** *लोग इस बस में सफ़र क्यों नहीं करना चाहते थे?*

**उत्तर**–

(क) *लेखक* – हरिशंकर परसाई

*पाठ* – बस की यात्रा

(ख) बस की जीर्ण-शीर्ण अवस्था देखकर लेखक के मन में बस के प्रति श्रद्धा भाव उमड़ पड़ा।

(ग) यह बस अपनी जर्जर अवस्था के कारण कहीं भी धोखा दे सकती थी अर्थात् खराब या दुर्घटनाग्रस्त हो सकती थी इसलिए लोग उसमें सफ़र नहीं करना चाहते थे।

**बहुविकल्पी प्रश्न** *(Set II)*–

1. *लेखक के मन में बस को देखकर कैसा भाव उमड़ा?*

(क) प्रेम (ख) श्रद्धा (ग) दया (घ) इनमें से कोई नहीं।

2. *लोग इस बस में सफर क्यों नहीं करना चाहते थे?*

(क) क्योंकि बस के चलने के आसार ही दिखाई नहीं देते थे।

(ख) क्योंकि बस में सीटें बहुत कम थीं।
(ग) क्योंकि बस अपनी जर्जर अवस्था के कारण कहीं भी धोखा दे सकती थी।
(घ) इनमें से कोई नहीं।

3. *'बस पूजा के योग्य है' ऐसा भाव लोगों के मन में क्यों आता था?*
(क) क्योंकि वह बहुत सजी-धजी थी। (ख) क्योंकि वह सफर के योग्य नहीं थी।
(ग) क्योंकि लोग उस पर अपार विश्वास करते थे। (घ) क्योंकि बस सरपट भाग सकती थी।

4. *लेखक ने बस का मानवीकरण एक वयोवृद्धा के रूप में क्यों किया है?*
(क) क्योंकि वह बहुत साफ़ सुथरी थी।
(ख) क्योंकि वह लेखक को एक बूढ़ी महिला की भाँति लगी।
(ग) क्योंकि वह वृद्धों को ही बैठाती थी।
(घ) क्योंकि वृद्धों ने उसे चलने से रोक दिया था।

**उत्तर–** 1. (ख) 2. (ग) 3. (ख) 4. (ख)

**2** बस-कंपनी के एक हिस्सेदार भी उसी बस से जा रहे थे। हमने उनसे पूछा–"यह बस चलती भी है?" वह बोले–"चलती क्यों नहीं है जी! अभी चलेगी।" हमने कहा–"वही तो हम देखना चाहते हैं। अपने आप चलती है यह? हाँ जी, और कैसे चलेगी?"

गज़ब हो गया। ऐसी बस अपने आप चलती है।

हम आगा-पीछा करने लगे। डॉक्टर मित्र ने कहा–"डरो मत, चलो! बस अनुभवी है। नयी-नवेली बसों से ज्यादा विश्वसनीय है। हमें बेटों की तरह प्यार से गोद में लेकर चलेगी।"

हम बैठ गए। जो छोड़ने आए थे, वे इस तरह देख रहे थे जैसे अंतिम विदा दे रहे हैं। उनकी आँखें कह रही थीं–"आना-जाना तो लगा ही रहता है। आया है, सो जाएगा–राजा, रंक, फकीर। आदमी को कूच करने के लिए एक निमित्त चाहिए।"

(*पृष्ठ 10*)

**प्रश्न** *(Set I)*–

**(क)** *डॉक्टर मित्र ने बस के बारे में क्या कहा?*
**(ख)** *बस पर चढ़ाने वाले लोग लेखक और उसके मित्रों को कैसी विदाई दे रहे थे?*
**(ग)** *'आया है सो जाएगा–राजा, रंक, फकीर'–पंक्ति से क्या आशय है?*

**उत्तर–**

(क) डॉक्टर मित्र ने बस के बारे में कहा कि हमें डरना नहीं चाहिए। यह नई बसों की भाँति धोखा नहीं देगी क्योंकि इसे काफी अनुभव है। यह तो हमें अपने बेटों की तरह प्यार से गोदी में लेकर चलेगी अर्थात् रास्ते में धोखा नहीं देगी।

(ख) बस पर चढ़ाने आए लोग लेखक व उसके मित्रों को इस प्रकार देख रहे थे कि जैसे अंतिम विदाई दे रहे हों। क्योंकि वे जानते थे कि इस बस का कोई भरोसा नहीं है।

(ग) 'आया है सो जाएगा–राजा, रंक, फकीर'–इस पंक्ति का आशय है कि जिस भी व्यक्ति ने इस धरती पर जन्म लिया है उसे एक-न-एक दिन तो मृत्यु को वरण करना ही है चाहे वह राजा हो, भिखारी हो या साधु संत हो।

**बहुविकल्पी प्रश्न** *(Set II)*–

1. *लेखक और उसके मित्रों ने जब बस को देखा तो उन्हें कैसा महसूस हुआ?*
(क) कि यह बस तो जल्दी पहुँचा देगी। (ख) कि यह बस चलेगी भी या नहीं।
(ग) कि यह बस धीरे-धीरे चलेगी (घ) कि यह बस यात्रियों से ज़्यादा ही भरी हुई है।

2. *डॉक्टर मित्र ने उसके बारे में क्या कहा?*
(क) यह अनुभवी है हमें प्यार से अपनी गोद में बिठाएगी, कहीं धोखा नहीं देगी।
(ख) इस बस का तो इलाज करवाना चाहिए।
(ग) यह बस सवारियाँ लादने के काबिल नहीं।
(घ) यह बस गंतव्य तक नहीं पहुँच पाएगी।

3. *बस पर चढ़ाने वाले लोग लेखक व उसके मित्रों को भावभीनी विदाई क्यों दे रहे थे?*
   (क) उन्हें लग रहा था कि अब उनका अंतिम समय पास है।
   (ख) अब वे कभी लौट कर नहीं आएँगे।
   (ग) वे अपने गंतव्य पर नहीं पहुँच पाएँगे।
   (घ) उपर्युक्त सभी।
4. *'कूच करने के लिए एक निमित्त चाहिए' पंक्ति का क्या आशय है?*
   (क) आगे बढ़ने से पूर्व कुछ उद्देश्य होना चाहिए।
   (ख) आगे बढ़ने से पहले सोचो।
   (ग) आगे बढ़कर पीछे नहीं हटना चाहिए।
   (घ) आगे बढ़कर हार के बारे में न सोचो।

**उत्तर–** 1. (ख) 2. (क) 3. (घ) 4. (क)

☞ **3** बस सचमुच चल पड़ी और हमें लगा कि यह गांधीजी के असहयोग और सविनय अवज्ञा आंदोलनों के वक्त अवश्य जवान रही होगी। उसे ट्रेनिंग मिल चुकी थी। हर हिस्सा दूसरे से असहयोग कर रहा था। पूरी बस सविनय अवज्ञा आंदोलन के दौर से गुज़र रही थी। सीट का बॉडी से असहयोग चल रहा था। कभी लगता सीट बॉडी को छोड़कर आगे निकल गई है। कभी लगता कि सीट को छोड़कर बॉडी आगे भागी जा रही है। आठ-दस मील चलने पर सारे भेदभाव मिट गए। यह समझ में नहीं आता था कि सीट पर हम बैठे हैं या सीट हम पर बैठी है। **[Imp.]** (*पृष्ठ 11*)

**प्रश्न** *(Set I)*–

**(क)** *ऐसा लेखक ने क्यों कहा कि गांधीजी के असहयोग और सविनय अवज्ञा आंदोलनों के वक्त यह जवान रही होगी?*
**(ख)** *हर हिस्सा दूसरे से असहयोग क्यों कर रहा है?*
**(ग)** *आठ-दस मील के पश्चात् क्या हुआ?*

**उत्तर–**

(क) लेखक का यह कहना कि गांधीजी के असहयोग व सविनय अवज्ञा आंदोलनों के समय यह जवान रही होगी एक व्यंग्यात्मक कथन है। वास्तव में जब बस चली तो बस का कोई पुर्जा या भाग एक-दूसरे के साथ संबंध स्थापित नहीं कर पा रहा था इसलिए उन्होंने असहयोग का नाम दिया। दूसरी ओर सविनय अवज्ञा आंदोलन में अंग्रेजों के प्रति नमक कानून को लेकर गहरा रोष व्यक्त किया गया था। उसी प्रकार बस को जबरदस्ती चलाने पर वह भी विरोध करती प्रतीत हो रही थी।

(ख) ऐसा लेखक ने इसलिए कहा क्योंकि बस का कोई भी हिस्सा दूसरे हिस्सों के साथ मिलकर चलने को तैयार न था। सबकी अपनी अलग-अलग आवाज़ आ रही थी।

(ग) आठ-दस मील चल चुकने के बाद बस सहज हो गई ऐसा लगा कि अब उसके सभी पुर्जों का आपस में तालमेल बैठ गया और वह कुछ आराम से चलने लगी। ठीक वैसे ही जैसे सविनय अवज्ञा आंदोलन के समय गांधीजी ने धार्मिक व सामाजिक भेदभावों को समाप्त कर सभी को इस आंदोलन में शामिल कर लिया था।

**बहुविकल्पी प्रश्न** *(Set II)*–

1. *लेखक ने बस की तुलना गांधीजी के असहयोग और सविनय अवज्ञा आंदोलनों के साथ क्यों की?*
   (क) बस का साथ सभी लोग नहीं दे रहे थे।
   (ख) जिस प्रकार असहयोग आंदोलन में लोग पहले गांधीजी का साथ नहीं दे रहे थे वैसे ही बस के सभी पुर्जे भी मिलकर नहीं चल रहे थे।
   (ग) बस गांधीजी के समय की थी।
   (घ) बस पर अंकित चिह्न स्वतंत्रता आंदोलन की कहानी कह रहे थे।
2. *'बस का हर हिस्सा दूसरे हिस्से से असहयोग कर रहा था'–ऐसा लेखक ने क्यों कहा?*
   (क) क्योंकि बस बीचोंबीच से टूट रही थी।
   (ख) क्योंकि सभी हिस्से टूटे हुए थे।
   (ग) क्योंकि बस का कोई हिस्सा दूसरे से मिलकर नहीं चल रहा था।
   (घ) क्योंकि टूटी बस में लोग बैठ नहीं पा रहे थे।

3. *आठ-दस मील के बाद बस की चाल में क्या परिवर्तन आया?*

(क) बस सहज हो गई, बिल्कुल आराम से चलने लगी। (ख) बस का टायर खराब हो गया।

(ग) बस धीमी गति से चलने लगी। (घ) बस चलते-चलते बंद हो गई।

4. *बस की सीटें कैसी थी?*

(क) बस की सीटें मज़बूत थीं। (ख) बस की सीटें सुंदर थीं।

(ग) बस की सीटें बहुत बुरी दशा में थी। (घ) इनमें से कोई नहीं।

**उत्तर–** 1. (ख) 2. (ग) 3. (क) 4. (ग)

**4** बस की रफ़्तार अब पंद्रह-बीस मील हो गई थी। मुझे उसके किसी हिस्से पर भरोसा नहीं था। ब्रेक फेल हो सकता है, स्टीयरिंग टूट सकता है। प्रकृति के दृश्य बहुत लुभावने थे। दोनों तरफ़ हरे-भरे पेड़ थे जिन पर पक्षी बैठे थे। मैं हर पेड़ को अपना दुश्मन समझ रहा था। जो भी पेड़ आता, डर लगता कि इससे बस टकराएगी। वह निकल जाता तो दूसरे पेड़ का इंतज़ार करता। झील दिखती तो सोचता कि इसमें बस गोता लगा जाएगी। (पृष्ठ *11*)

**प्रश्न** *(Set I)*–

**(क)** *लेखक को बस पर भरोसा क्यों नहीं रहा?*

**(ख)** *सड़क के दोनों ओर प्रकृति के कैसे दृश्य थे?*

**(ग)** *लेखक को हर पेड़ दुश्मन क्यों लग रहा था?*

**उत्तर–**

(क) बस में बैठने के बाद लेखक को यह मालूम हो गया कि इस बस में बैठना खतरे से खाली नहीं है इसलिए उसे बस पर भरोसा न रहा। उसे लगने लगा कि इस बस का कभी भी ब्रेक फेल हो सकता है या स्टीयरिंग टूट सकता है।

(ख) सड़क के दोनों ओर हरे-भरे पेड़ थे जिन पर पक्षी बैठे थे।

(ग) जैसे ही सामने से कोई पेड़ बस की ओर आता तो वह उसे अपना दुश्मन समझता। उसे ऐसा लगता कि बस पेड़ से टकरा जाएगी और हम मारे जाएँगे।

**बहुविकल्पी प्रश्न** *(Set II)*–

1. *बस किस रफ़्तार से चल रही थी?*

(क) पंद्रह से बीस मील प्रति घंटा (ख) पाँच से दस मील प्रति घंटा

(ग) दो से चार मील प्रति घंटा (घ) आठ से दस मील प्रति घंटा

2. *लेखक को बस पर भरोसा क्यों नहीं रहा?*

(क) क्योंकि बस बीच-बीच में रुक रही थी?

(ख) क्योंकि उसने सोच लिया था कि कभी भी बस का ब्रेक फेल हो सकता है या स्टीरिंग टूट सकता है।

(ग) क्योंकि बस तेजी नहीं पकड़ रही थी।

(घ) क्योंकि ड्राइवर परेशान था।

3. *गद्यांश में सड़क के दोनों ओर के दृश्य को कैसे प्रस्तुत किया है?*

(क) हरे-भरे पेड़ थे जिस पर पक्षी बैठे थे। (ख) नदी बह रही थी।

(ग) झीलें ही झीलें थीं। (घ) चारों ओर बादल छाए थे।

4. *झील को देखते ही लेखक के मन में क्या ख्याल आता था?*

(क) कि बस झील में डुबकी लगाएगी।

(ख) झील के पास बस खड़ी हो जाएगी।

(ग) झील का जल सड़क पर फैल जाएगा।

(घ) गर्मी अधिक होने के कारण लेखक झील में नहाना चाहता था।

**उत्तर–** 1. (क) 2. (ख) 3. (क) 4. (क)

**5** क्षीण चाँदनी में वृक्षों की छाया के नीचे वह बस बड़ी दयनीय लग रही थी। लगता, जैसे कोई वृद्धा थककर बैठ गई हो। हमें ग्लानि हो रही थी कि बेचारी पर लदकर हम चले आ रहे हैं। अगर इसका प्राणांत हो गया तो इस बियाबान में हमें इसकी अंत्येष्टि करनी पड़ेगी।
(*पृष्ठ 11*)

**प्रश्न** *(Set I)*–

*(क) बस के खराब हो जाने पर ड्राइवर ने उसे कहाँ रोका?*
*(ख) लेखक को बस दयनीय क्यों लग रही थी?*
*(ग) लेखक व उसके मित्र ग्लानि क्यों महसूस कर रहे थे?*

**उत्तर**–

(क) बस के खराब हो जाने पर ड्राइवर ने बस को धीमी-धीमी चाँदनी में पेड़ों की छाया के नीचे रोका।

(ख) लेखक को बस दयनीय लग रही थी क्योंकि उसकी हालत इतनी खराब थी कि अब वह आगे का सफ़र तय करने के काबिल न थी।

(ग) अपने आप को उस बस पर लादकर चले आने के कारण उन्हें ग्लानि महसूस हो रही थी क्योंकि उन्हें बस एक वृद्धा के रूप में नज़र आ रही थी जो अब थककर बैठ गई थी।

**बहुविकल्पी प्रश्न** *(Set II)*–

1. *लेखक को बस की दशा कैसी लगी और क्यों?*
   (क) दयनीय क्योंकि उसके मालिक उस पर तरस न खाते थे।
   (ख) दयनीय क्योंकि उसकी हालत इतनी खराब थी कि वह आगे का सफर तय करने के काबिल न थी।
   (ग) दयनीय क्योंकि वह थककर चूर हो गई थी।
   (घ) इनमें से कोई नहीं।
2. *लेखक व उसके मित्रों को बस में सफ़र करने में ग्लानि क्यों महसूस हुई?*
   (क) उनका ड्राइवर से झगड़ा हो गया था।
   (ख) उन्हें ऐसा लग रहा था कि बस एक वृद्धा है और हम उसमें बैठकर उसे सता रहे हैं।
   (ग) उनका बस के हिस्सेदार से झगड़ा हो गया था।
   (घ) उन्हें चालक ने बस से उतार दिया था।
3. *लेखक के मन में बस के बारे में क्या विचार आया?*
   (क) यात्रियों को किसी दूसरी बस में बिठा देना चाहिए जिससे बस परेशान न हो।
   (ख) बस को ठीक करने के लिए किसी अच्छे कारीगर को बुलाना चाहिए।
   (ग) उसे लगा कि यदि इस वृद्धा का देहांत हो गया तो क्रिया-कर्म इसी जंगल में करना पड़ेगा अर्थात् यदि यहाँ बस ठस्स हो गई तो इसके पुर्जे भी हाथ न आएँगे।
   (घ) इनमें से कोई नहीं।
4. *'बियाबान' शब्द से आप क्या समझते हैं?*
   (क) खतरनाक (ख) डरावना (ग) भयानक (घ) सुनसान

**उत्तर**– 1. (ख) 2. (ख) 3. (ग) 4. (घ)

**6** एक पुलिया के ऊपर पहुँचे ही थे कि एक टायर फिस्स करके बैठ गया। वह बहुत ज़ोर से हिलकर थम गई। अगर स्पीड में होती तो उछलकर नाले में गिर जाती। मैंने उस कंपनी के हिस्सेदार की तरफ़ पहली बार श्रद्धाभाव से देखा। वह टायरों की हालत जानते हैं फिर भी जान हथेली पर लेकर इसी बस से सफ़र कर रहे हैं। उत्सर्ग की ऐसी भावना दुर्लभ है। सोचा, इस आदमी के साहस और बलिदान भावना का सही उपयोग नहीं हो रहा है। इसे तो किसी क्रांतिकारी आंदोलन का नेता होना चाहिए। अगर बस नाले में गिर पड़ती और हम सब मर जाते तो देवता बाँहें पसारे उसका इंतज़ार करते। कहते–''वह महान आदमी आ रहा है जिसने एक टायर के लिए प्राण दे दिए। मर गया, पर टायर नहीं बदला।''
(*पृष्ठ 12*)

**प्रश्न** *(Set I)*–

**(क)** *पुलिया पर पहुँचते ही क्या हुआ?*

**(ख)** *लेखक ने कंपनी के हिस्सेदार की ओर श्रद्धाभाव से क्यों देखा?*

**(ग)** *'उत्सर्ग की ऐसी भावना दुर्लभ है' ऐसा लेखक ने क्यों कहा?*

**उत्तर**–

(क) पुलिया पर पहुँचते ही बस का टायर पंचर हो गया।

(ख) लेखक ने कंपनी के हिस्सेदार को श्रद्धाभाव से इसलिए देखा क्योंकि यह जानते हुए भी कि बस के पहिए खराब हैं, लोगों की जान खतरे में पड़ सकती है, वे निरंतर अपने लोभ-लालच के कारण बस को सड़क पर भगा रहे थे।

(ग) 'उत्सर्ग की ऐसी भावना दुर्लभ है' ये शब्द बस के हिस्सेदार के लिए प्रयुक्त हुए। कंपनी के हिस्सेदारों का बस के प्रति ऐसा लगाव व उसे न छोड़ने का मोह बहुत ही कठिनाई से देखने को मिलता है। इस पाठ में भी कंपनी के हिस्सेदार बस की जर्जर अवस्था होने के बावजूद भी उसे छोड़ने को तैयार न थे।

**बहुविकल्पी प्रश्न** *(Set II)*–

1. *बस कहाँ खराब हुई?*
   (क) जंगल में (ख) झील के पास
   (ग) पुलिया पर (घ) इनमें से कोई नहीं।
2. *लेखक के मन में कंपनी के हिस्सेदार के प्रति श्रद्धाभाव क्यों उमड़े?*
   (क) वह जानता था कि बस के पहिए खराब हैं।
   (ख) उसे अपना लोभ-लालच सता रहा था।
   (ग) उसे मालूम था कि बस की ऐसी अवस्था से लोगों की जान जा सकती है।
   (घ) उपर्युक्त सभी।
3. *'उत्सर्ग की भावना दुर्लभ है' इन शब्दों का क्या अर्थ है?*
   (क) निरंतर आगे बढ़ने की चाह
   (ख) मुश्किल से उद्देश्य पाना
   (ग) कंपनी का बस के प्रति मोह न त्यागना और उसे निरंतर चलाना
   (घ) लोगों के प्रति सचेत न होना।
4. *बस के हिस्सेदार को क्रांतिकारी का नाम लेखक क्यों देना चाहता था?*
   (क) उसे बस में बैठे लोगों की चिंता न थी।
   (ख) जिस प्रकार क्रांतिकारी एक उद्देश्य से बढ़ते हैं वैसे ही बस का हिस्सेदार भी किसी की परवाह किए बिना केवल बस को चलाने व लाभ कमाने के उद्देश्य से प्रेरित था।
   (ग) वह अपने उद्देश्य के प्रति कटिबद्ध था।
   (घ) वह अपनी बुद्धि से सही-गलत सोच पाने में भी असमर्थ था।

**उत्तर**– 1. (ग) 2. (घ) 3. (ग) 4. (ख)

## 4. पाठ्यपुस्तक के प्रश्न-अभ्यास

(*पृष्ठ 13–15*)

### *कारण बताएँ*

☞**प्रश्न 1.** "मैंने उस कंपनी के हिस्सेदार की तरफ़ पहली बार श्रद्धाभाव से देखा।"

• **लेखक के मन में हिस्सेदार साहब के लिए श्रद्धा क्यों जग गई?** **[Imp.]**

**उत्तर**–पुलिया के ऊपर बस का टायर पंचर (फिस्स) हो गया। जिससे बस जोर से हिलकर रुक गई। अगर यह बस तेज गति से चल रही होती तो अवश्य ही उछलकर नाले में गिर जाती। ऐसे में लेखक ने कंपनी के हिस्सेदार की ओर श्रद्धाभाव से देखा। यह श्रद्धा इसलिए जागी क्योंकि हिस्सेदार केवल अपने स्वार्थ हेतु लाचार था। वह जानता था कि बस के टायर खराब हैं

और कभी भी लोगों की जान खतरे में पड़ सकती है। फिर भी निरंतर बस को सड़क पर दौड़ा रहा था। यात्रियों की चिंता किए बिना धन बटोरने पर लगा था।

☞**प्रश्न 2.** ''लोगों ने सलाह दी कि समझदार आदमी इस शाम वाली बस से सफ़र नहीं करते।''

• **लोगों ने यह सलाह क्यों दी?** **[Imp.]**

**उत्तर**–'समझदार आदमी इस शाम वाली बस में सफ़र नहीं करते' लोगों ने लेखक और उसके मित्रों को यह सलाह इसलिए दी क्योंकि वे जानते थे कि बस की हालत बहुत खराब है। रास्ते में बस कभी भी और कहीं भी धोखा दे सकती है।

**प्रश्न 3.** ''ऐसा जैसे सारी बस ही इंजन है और हम इंजन के भीतर बैठे हैं।''

• **लेखक को ऐसा क्यों लगा?**

**उत्तर**–जब बस को चालक ने स्टार्ट किया तो सारी बस में अजीब-सी धड़कन उत्पन्न हुई। ऐसे में लेखक और उसके मित्रों को लगा कि जैसे सारी बस ही इंजन है और हम इंजन के अंदर बैठे हैं। अर्थात् इंजन के स्टार्ट होने पर इंजन के पुर्जों की भाँति बस के यात्री हिल रहे थे और पूरी बस में इंजन का शोर गूँज रहा था।

☞**प्रश्न 4.** ''गज़ब हो गया। ऐसी बस अपने आप चलती है।''

• **लेखक को यह सुनकर हैरानी क्यों हुई?** **[Imp.]**

**उत्तर**–जब लेखक ने बस को जर्जर व क्षीण अवस्था में देखा तो उसे यह विश्वास नहीं था कि वह सफ़र तय कर सकेगी। इसी कारण उसने कंपनी के हिस्सेदार से यह पूछा कि यह बस चलती भी है तो उन्होंने उत्तर दिया कि यह अपने-आप चलती है। यही लेखक की हैरानी का कारण था।

**प्रश्न 5.** ''मैं हर पेड़ को अपना दुश्मन समझ रहा था।''

• **लेखक पेड़ों को दुश्मन क्यों समझ रहा था?**

**उत्तर**–लेखक को हर पेड़ दुश्मन दिखाई दे रहा था यानी उसे हर पेड़ से डर लग रहा था। वास्तव में बस की दशा ऐसी थी कि उसे जबरदस्ती चलाया जा रहा था। कभी भी इसकी ब्रेक फेल हो सकती थी या कोई पुर्जा खराब हो सकता था। इसीलिए लेखक को लग रहा था कि कहीं बस की किसी पेड़ से टक्कर न हो जाए।

## *पाठ से आगे*

☞**प्रश्न 1.** 'सविनय अवज्ञा आंदोलन' **किसके नेतृत्व में, किस उद्देश्य से तथा कब हुआ था? इतिहास की उपलब्ध पुस्तकों के आधार पर लिखिए।** **[Imp.]**

**उत्तर**–सविनय अवज्ञा आंदोलन महात्मा गांधीजी के नेतृत्व में सन् 1930 में अंग्रेज़ों के खिलाफ़ हुआ। उस समय भारतीय समाज की दशा अत्यंत दयनीय थी। गरीब लोग केवल नमक के साथ रोटी खाकर पेट भर लेते थे। ऐसे में अंग्रेजों ने नमक पर भी टैक्स लगा दिया। इससे गांधीजी तिलमिला उठे। उन्होंने गुजरात के साबरमती आश्रम से 250 किलोमीटर की पैदल यात्रा करके समुद्र किनारे बसे दांडी गाँव में नमक बनाकर कानून भंग किया। आज भी यह नमक गांधी संग्रहालय में सुरक्षित है। इस आंदोलन में सरोजिनी नायडू ने उनका पूरा साथ दिया। इसे दांडी यात्रा, नमक सत्याग्रह व सविनय अवज्ञा आदि नामों से पुकारा जाता है।

**प्रश्न 2. सविनय अवज्ञा का उपयोग व्यंग्यकार ने किस रूप में किया है? लिखिए।**

**उत्तर**–'सविनय अवज्ञा' का उपयोग व्यंग्यकार ने बस के द्वारा दर्शाया है। लेखक जब जीर्ण-शीर्ण बस में बैठ जाता है तो बस के चलने पर उसे उसका एक भी हिस्सा सही नहीं प्रतीत होता, लेकिन थोड़ी देर के बाद बस इस प्रकार चलने लगती है जैसे सभी भाग मिलकर धीरे-धीरे एक हो गए हों। लेखक को यह बिल्कुल गांधीजी के अंग्रेजों के खिलाफ़ किए गए 'सविनय अवज्ञा आंदोलन' की भाँति दिखाई देती है। जिसमें अंग्रेजों द्वारा भारत में नमक पर टैक्स लगाने पर गांधीजी तिलमिला उठे थे क्योंकि वे जानते थे कि भारत की जनता तो नमक के साथ भी खाना खा लेती है। ऐसे में नमक पर टैक्स क्यों? उन्होंने इसके विरोध में सविनय अवज्ञा आंदोलन की शुरुआत की। उस समय देश धर्म, संप्रदाय, जातीयता, वर्ग आदि के भेदभावों में डूबा था। सभी को साथ लेकर चलना अत्यधिक कठिन था लेकिन उन्होंने कुशल भूमिका निभाई और गुजरात के साबरमती आश्रम से 250 किलोमीटर की पैदल यात्रा करके दांडी गाँव में समुद्री तट पर नमक बनाकर नमक कानून तोड़ा। ऐसा करने पर सभी भारतीयों ने आपसी भेदभाव मिटाकर उनका पूरा साथ दिया।

**प्रश्न 3. आप अपनी किसी यात्रा के खट्टे-मीठे अनुभवों को याद करते हुए एक लेख लिखिए।**

उत्तर–पिछले वर्ष मैं अपने विद्यालय की ओर से जयपुर घूमने गया। हम पचास बच्चे थे व पाँच अध्यापिकाएँ हमारे साथ थीं। बड़ी खुशी-खुशी हमारी बस शाम को पाँच बजे जयपुर के लिए रवाना हुई। हमें कहा गया कि सुबह पाँच बजे तक हम लोग जयपुर पहुँच जाएँगे। जैसे ही बस चली ऐसा लगा कि जैसे मनचाही मुराद पूरी होने जा रही हो। हमने खूब खेल खेलने व नाच-गाना शुरू कर दिया। अध्यापिकाएँ भी बड़े आनंदभाव से हमारा साथ दे रही थीं। हमने नौ बजे अपने-अपने खाने के डिब्बे खोले और मज़े से सब अपने मनपसंद भोजन का आनंद लेने लगे। फिर अध्यापिकाओं ने कहा कि हमें थोड़ी देर आराम करना चाहिए लेकिन हमें चैन कहाँ हमने फिर अंताक्षरी खेलनी प्रारंभ कर दी। रात के दो बज गए लेकिन किसी की आँखों में नींद न थी। लगभग तीन बजे के करीब एकदम सुनसान जंगल में भरतपुर के पास अचानक हमारी बस का टायर पंचर हो गया। न चाहते हुए भी बस रोकनी पड़ी। हम सब डर गए थे। अचानक दो लुटेरे बस में चढ़ आए उन्होंने हम सबसे नगदी बटोर ली। हम व हमारी अध्यापिकाएँ सभी डर गए। टायर के ठीक होते ही हम सोच में पड़ गए कि क्या करें? वापिस घरों की ओर जाएँ या जयपुर। तभी हमारी अध्यापिका ने प्रधानाचार्य को फोन किया तो उन्होंने कहा कि बच्चों का उत्साह बनाए रखो और सीधा जयपुर गोल्डन होटल में ही जाकर ठहरो। शाम तक वे स्वयं वहाँ आ रही हैं। उन्होंने शाम को वहाँ पहुँच कर जैसे सबके चेहरों को मुस्कुराहट दे दी और अगले दिन सुबह से लगातार तीन दिन तक हमें घुमाती रहीं और जिस बच्चे ने जो भी पसंद किया उन्होंने उसे लेकर दिया। हम लुटेरों की बात भूल भी गए और जयपुर का मज़ा लेने लगे।

### *मन-बहलाना*

- **अनुमान कीजिए यदि बस जीवित प्राणी होती, बोल सकती तो वह अपनी बुरी हालत और भारी बोझ के कष्ट को किन शब्दों में व्यक्त करती? लिखिए।**

उत्तर–यदि बस जीवित प्राणी होती तो अवश्य अपनी दर्दभरी गाथा अपने शब्दों में कहती। वह स्पष्ट रूप से ही कह देती कि मेरी अवस्था अब ढल चुकी है। मैं अब सवारियाँ ढोने के काबिल नहीं रही। मेरा इंजन चल नहीं पाता। जब उसे जबरदस्ती स्टार्ट किया जाता है तो मेरा अंग-अंग दर्द होता है। मैं रह-रह कर काँप जाती हूँ। मेरे शीशे टूट चुके हैं। मेरी हालत जर्जर है। टायर भी अब मेरा साथ नहीं देते, कभी भी कहीं भी धोखा दे देते हैं। मेरी आपसे विनती है कि मुझे बस अब आराम से खड़ा रहने दें, मुझ पर सवार होकर मुझे कष्ट न दीजिए।

### *भाषा की बात*

प्रश्न 1. बस, वश, बस तीन शब्द हैं—इनमें बस सवारी के अर्थ में, वश अधीनता के अर्थ में, और बस पर्याप्त (काफी) के अर्थ में प्रयुक्त होता है, जैसे—बस से चलना होगा। मेरे वश में नहीं है। अब बस करो।

- **उपर्युक्त वाक्यों के समान वश और बस शब्द से दो-दो वाक्य बनाइए।**

उत्तर– 1. (क) ईश्वर की करनी मनुष्य के वश में नहीं।

(ख) लुटेरों ने ऐसी चाल चली कि सब उनके वश में हो गए।

2. (क) बस चलते ही ठंडी हवा के झोंके आने लगे।

(ख) बस करो, कितना खाओगे?

प्रश्न 2. "हम पाँच मित्रों **ने** तय किया कि शाम चार बजे **की** बस **से** चलें। पन्ना से इसी कंपनी की बस सतना के लिए घंटे भर बाद मिलती है।"

ऊपर दिए गए वाक्यों में ने, की, से आदि शब्द वाक्य के दो शब्दों के बीच संबंध स्थापित कर रहे हैं। ऐसे शब्दों को कारक कहते हैं। इसी तरह दो वाक्यों को एक साथ जोड़ने के लिए 'कि' का प्रयोग होता है।

- **कहानी में से दोनों प्रकार के चार वाक्यों को चुनिए।**

उत्तर– • **कारक शब्द से निर्मित वाक्य–**

1. पन्ना **से** इसी कंपनी **की** बस सतना **के लिए** घंटे भर बाद मिलती है।
2. यह बस पूजा **के** योग्य थी।
3. बस कंपनी **के** एक हिस्सेदार भी उसी बस में जा रहे थे।
4. नई नवेली बसों **से** ज़्यादा विश्वसनीय है।

- **कि योजक शब्द से बनने वाले वाक्य–**
  1. लोगों **ने** सलाह दी **कि** समझदार आदमी इस शाम वाली बस **से** सफ़र नहीं करते।
  2. हमें लग रहा था **कि** हमारी सीट **के** नीचे इंजन है।
  3. कभी लगता **कि** सीट **को** छोड़कर बॉडी आगे भागी जा रही है।
  4. मालूम हुआ **कि** पेट्रोल **की** टंकी **में** छेद हुआ है।

**प्रश्न 3.** ''हम फ़ौरन खिड़की से दूर सरक गए। चाँदनी में रास्ता टटोलकर वह रेंग रही थी।''

दिए गए वाक्यों में आई *'सरकना'* और *'रेंगना'* जैसी क्रियाएँ दो प्रकार की गतियाँ दर्शाती हैं। **ऐसी कुछ और क्रियाएँ एकत्र कीजिए जो गति के लिए प्रयुक्त होती हैं,** *जैसे–घूमना इत्यादि।* **उन्हें वाक्यों में प्रयोग कीजिए।**

**उत्तर–** गति के प्रयुक्त होने वाले शब्द–

**दौड़ना**–मुझे तेज दौड़ना अच्छा लगता है।

**चलना**–बुढ़ापे के कारण बुढ़िया का चलना मुश्किल था।

**टहलना**–हमें रोज़ हरी घास पर टहलना चाहिए।

**प्रश्न 4.** ''काँच बहुत कम बचे थे। जो बचे थे, उनसे हमें बचना था।''

इस वाक्य में *'बच'* शब्द को दो तरह से प्रयोग किया गया है। एक *'शेष'* के अर्थ में और दूसरा *'सुरक्षा'* के अर्थ में। **नीचे दिए गए शब्दों को वाक्यों में प्रयोग करके देखिए।** ध्यान रहे, एक ही शब्द वाक्य में दो बार आना चाहिए और शब्दों के अर्थ में कुछ बदलाव होना चाहिए।

**(क)** *जल* **(ख)** *हार*

**उत्तर–** (क) वह बुरी तरह **जल** गई थी इसलिए उस पर **जल** डाला जा रहा था।

(ख) अगर तुम दौड़ में **हार** जाते तो इनाम में मोतियों का **हार** तुम्हें प्राप्त न होता।

**प्रश्न 5.** बोलचाल में प्रचलित अंग्रेजी शब्द फर्स्ट क्लास में दो शब्द हैं–फर्स्ट और क्लास। यहाँ क्लास का विशेषण है फर्स्ट। चूँकि फर्स्ट संख्या है, फर्स्ट क्लास संख्यावाचक विशेषण का उदाहरण है। 'महान आदमी' में किसी आदमी की विशेषता है महान। यह गुणवाचक विशेषण है। **संख्यावाचक विशेषण और गुणवाचक विशेषण के दो-दो उदाहरण खोजकर लिखिए।**

**उत्तर–** **संख्यावाचक विशेषण**–पाँच, चार, आठ-दस, पंद्रह-बीस

**गुणवाचक विशेषण**–समझदार, श्रद्धा, वृद्धावस्था, अनुभवी, लुभावने, दुर्लभ, महान।

## 5. अन्य महत्त्वपूर्ण परीक्षोपयोगी प्रश्नोत्तर

### *लघु प्रश्नोत्तर*

**प्रश्न 1. 'बस की यात्रा' पाठ की विधा क्या है?**

**उत्तर–**'बस की यात्रा' पाठ एक व्यंग्यात्मक रचना है। इसमें लेखक हरिशंकर परसाई ने पुरानी बस के माध्यम से यह इंगित करना चाहा है कि समयानुसार वस्तुओं में नवीनीकरण की आवश्यकता होती है।

**प्रश्न 2. लेखक व उसके मित्र कहाँ जा रहे थे?**

**उत्तर–**लेखक व उसके मित्रों को जबलपुर जाना था। वे पन्ना किसी काम से आए थे।

☞**प्रश्न 3. लोगों ने उन्हें शाम वाली बस से न जाने की सलाह क्यों दी? [Imp.]**

**उत्तर–**शाम को जाने वाली बस बड़ी ही जर्जर अवस्था में थी। वह कहीं भी चलते-चलते बंद हो सकती थी या दुर्घटना-ग्रस्त हो सकती थी। इसीलिए लोगों ने उन्हें शाम वाली बस से जाने को मना किया।

☞**प्रश्न 4. लेखक को बस वयोवृद्ध क्यों लगी? [Imp.]**

**उत्तर–**बस देखने में अत्यधिक पुरानी व खस्ता हालत में थी। उसे देखकर ही लग रहा था कि वह बैठने की हालत में भी नहीं है। इसलिए लेखक ने उसे वयोवृद्ध कहा। उसका तो यह भी मानना था कि अगर हम इस पर सवार होंगे तो इसे कष्ट होगा।

**प्रश्न 5. बस कंपनी के हिस्सेदार से लेखक ने यह क्यों पूछा कि क्या यह बस चलती है?**

उत्तर–बस देखने में लग ही नहीं रही थी कि यह यात्रियों को बिठाकर चलने के लायक है। इसलिए लेखक ने पूछा कि क्या यह बस चलती है?

**प्रश्न 6. बस के स्टार्ट होने पर लेखक को ऐसा क्यों लगा कि हम इंजन के भीतर बैठे हैं?**

उत्तर–बस के स्टार्ट होने पर लेखक को ऐसा लगा कि वे बस के भीतर बैठे हैं क्योंकि बस के स्टार्ट होते ही सारी बस ज़ोर से हिलने लगी। यात्री भी इंजन के पुर्जों की भाँति हिल रहे थे।

**प्रश्न 7. लेखक एवं उसके मित्र निश्‍चिंतता से बस में कब बैठे?**

उत्तर–बस के पंचर होने पर जब उसमें दूसरा घिसा टायर लगाया गया तो बस फिर से चल दी। अब लेखक व उसके मित्रों ने अपने गंतव्य पर जल्दी पहुँचने की चाह छोड़ दी और सब कुछ भाग्य पर डाल दिया। ऐसा करने से उनकी बेचैनी समाप्त हो गई और वे निश्‍चिंतता से बस में बैठ गए।

☞**प्रश्न 8. लेखक ने कंपनी के हिस्सेदार के लिए ऐसा क्यों कहा कि इसे तो किसी क्रांतिकारी आंदोलन का नेता होना चाहिए?** **[Imp.]**

उत्तर–लेखक ने कंपनी के हिस्सेदार के लिए यह कहा कि इसे तो किसी क्रांतिकारी आंदोलन का नेता होना चाहिए क्योंकि जिस प्रकार क्रांतिकारी अपनी कार्यवाही व इरादे पर पक्के रहते हैं उसी प्रकार यह भी मानने को कतई तैयार न था कि बस की अवस्था जीर्ण-शीर्ण हो चुकी है।

☞**प्रश्न 9. हरिशंकर परसाई की रचना 'बस की यात्रा' आज के समाज में भी कैसे सार्थक है?** **[Imp.]**

उत्तर–हरिशंकर परसाई की रचना 'बस की यात्रा' आज के समाज में भी सार्थक है क्योंकि आज भी हम कई बार देखते हैं कि सड़क पर पुराने वाहन धड़ाधड़ चल रहे होते हैं। उनके मालिकों को लोगों की जान की कोई परवाह नहीं होती। इस हेतु सरकार भी भरसक प्रयत्न करती है लेकिन फिर भी स्वार्थ हेतु लोग अपनी मनमानी करते रहते हैं।

**प्रश्न 10. 'बस की यात्रा' पाठ से क्या संदेश मिलता है?**

उत्तर–इस पाठ से यह संदेश मिलता है कि समयानुसार प्रत्येक वस्तु का नवीनीकरण आवश्यक होता है और यदि नवीनीकरण करने से भी कोई वस्तु सही रूप से कार्य न करे तो उसका प्रतिस्थापन करना चाहिए अर्थात् उसकी जगह नई वस्तु ले लेनी चाहिए। जैसे बस के हिस्सेदारों का कर्तव्य बनता था कि बस की समयानुसार मरम्मत करवाते या अधिक जर्जर होने पर उसे सड़कों पर न चलाते बल्कि उसकी जगह नई बस लेते।

## *दीर्घ प्रश्नोत्तर*

**प्रश्न 11.** *'माँ बच्चे के मुँह में दूध की शीशी लगाती है'* **ऐसा कब और क्यों कहा गया?**

उत्तर–अचानक जब बस चलते-चलते रुक गई तो पता चला कि पेट्रोल की टंकी में छेद हो गया है। तभी ड्राइवर ने बाल्टी में पेट्रोल निकालकर उसे पास में रखा और नली द्वारा इंजन में डालने लगा। तब लेखक ने व्यंग्य रूप में ऐसा कहा कि कंपनी के हिस्सेदार अब इंजन को गोद में बिठाकर शीशी से पेट्रोल पिलाएँगे एक माँ की भाँति। वास्तव में उनका इशारा इस ओर है कि बस की जर्जर अवस्था में भी वे उसे छोड़ने या त्यागने को तैयार नहीं हैं। हर संभव प्रयत्न से यह चाहते हैं कि वह निरंतर चलती रहे।

☞**प्रश्न 12. लेखक का यह कहना कहाँ तक उचित है कि यह बस गांधीजी के असहयोग और सविनय अवज्ञा आंदोलनों के वक्त अवश्य जवान रही होगी?** **[Imp.]**

उत्तर–जब लेखक ने बस के चलने पर उसके किसी भी हिस्से का आपसी सहयोग न देखा तो उसे गांधीजी के 'असहयोग आंदोलन' अर्थात् भारतीयों का अंग्रेज़ों के विरुद्ध साथ न देना याद आ गया। बस का सही रूप में न चलना बार-बार रुक कर विरोध करना, लेखक को 'सविनय अवज्ञा आंदोलन' की याद दिलाता है। जिसमें गांधीजी ने अंग्रेज़ों द्वारा नमक पर टैक्स लगाने पर दांडी यात्रा करके, समुद्री नमक बनाकर उनके कानून को तोड़ा था इसीलिए लेखक ने कहा कि यह बस गांधीजी के असहयोग और सविनय अवज्ञा आंदोलन के वक्त जवान रही होगी अर्थात् अपने-आप को स्वतंत्र करवाने के सभी दावपेंच जानती है। लेखक का कहना पूर्णतया उचित है।

**प्रश्न 13. आप अपने विचार से बताइए कि क्या बस के हिस्सेदार लोगों के साथ न्याय कर रहे थे? वर्तमान समय में वाहनों के रखरखाव हेतु क्या कानून है?**

**उत्तर**–नहीं, बस के हिस्सेदार लोगों के साथ न्याय नहीं कर रहे थे। वे स्वार्थी प्रवृत्ति के थे। उनका उद्देश्य केवल धन कमाना था। उन्हें इस बात की जरा भी परवाह न थी कि यदि बस दुर्घटनाग्रस्त हो गई तो बस में सवार लोगों की जान भी जा सकती है। यही कारण है कि वर्तमान समय में सरकार द्वारा यह निश्चित है कि कौन-सा वाहन कितने समय के लिए सड़क पर चलाने हेतु मान्य है। इससे वाहनों की स्थिति सही रहती है और लोग भी सुरक्षित रहते हैं। यदि कोई इस नियम का पालन नहीं करता तो उसे दंडित किया जाता है।

**☞प्रश्न 13. जीवन में नवीनीकरण क्यों आवश्यक है?**

**उत्तर**–नवीनीकरण का अर्थ है–नए की ओर अग्रसर होना। जीवन में नवीनीकरण अति आवश्यक है। नवीनीकरण ही मनुष्य को आगे बढ़ने के लिए प्रेरित करता है। इससे ही हम नई-नई खोजों एवं जानकारियों को प्राप्त करते हैं। यदि हम नवीनीकरण को न अपनाएँ तो विश्व की दौड़ में ही पिछड़ जाएँगे। नित-दिन नए आविष्कार नवीनीकरण का ही परिणाम है। एक समय था कि किसान खेतों में खेती का पूरा कार्य अपने हाथों से करता था लेकिन वर्तमान समय में प्रत्येक कार्य हेतु नए-नए साधनों का प्रयोग होने लगा है। आज संचार, मनोरंजन, चिकित्सा, शिक्षा, यातायात आदि में कोई क्षेत्र ऐसा नहीं जो नवीनीकरण न अपनाता हो। यदि हम प्राचीन वस्तुओं एवं विचारों के साथ चिपके रहें तो कभी भी समाज की दौड़ के साथ नहीं दौड़ पाएँगे। इसीलिए सभी के लिए अनिवार्य है कि नई-नई वस्तुओं का प्रयोग सकारात्मक रूप में करते हुए समाज को निरंतर उन्नति की ओर ले जाने में कार्यरत रहें।

# 3 दीवानों की हस्ती

*भगवतीचरण वर्मा*

यह कविता स्वाधीनता पूर्व की है। इसमें कवि ने राष्ट्र पर बलिदान होने वाले बलि-वीरों की मनोदशा का वर्णन किया है।

## 1. कविता का सार

इस कविता में भारत के सच्चे सपूतों का वर्णन है, जो देश पर बलिदान देने से कतराते नहीं। उनका मानना है कि हम तो आज़ादी के दीवाने हैं इस देश की महानता के समक्ष हमारी क्या औकात है। हम तो आज यहाँ हैं और कल न जाने कहाँ होंगे। ऐसा वे इसलिए कहते हैं क्योंकि ब्रिटिश सरकार उन्हें जेलों में बंद करके यहाँ-वहाँ भेजती रहती थी या वे स्वयं ही सरकार से छिपते रहते थे। लेकिन वे जिस ओर भी कदम बढ़ाते हैं उसी ओर उनके जोश की धूल उड़ती है और सारा आल्म अर्थात् सारे वातावरण में खुशी और हर्ष छा जाता है। वे किसी को उल्लास प्रदान करते हैं और कभी किसी की आँखों में उनके कारण आँसू आ जाते हैं। उनके बंधु बांधव यही कहते हैं कि अभी तो आए थे और अभी चल पड़े। लेकिन बलिदानी वीरों का मानना है कि उनसे यह प्रश्न न पूछा जाए कि हमें किस ओर व कहाँ जाना है? उनका काम तो आगे बढ़ना है। बलिदानी पथ पर ही वे इस संसार से कुछ भावनाएँ ले जाते हैं और अपनी कुछ यादें दे जाते हैं। इसी स्थिति में ही किसी से दुख-सुख की बातें करके हँस-रो लेते हैं। उनका मानना है कि वे सुख-दुख की भावनाओं को एक समान मानते हैं व सदा संतुष्ट रहते हैं। वे अपने लक्ष्य में पूर्णतया दृढ़ रहते हैं। इन वीरों का मानना है कि यह स्वार्थी दुनिया सदैव उनसे कुछ-न-कुछ माँगती रहती है। परंतु हम इस भीख-मंगी दुनिया में अपना संपूर्ण प्रेम न्योछावर कर आगे बढ़ जाते हैं। परंतु हमारे मन पर असफलता की निशानी की छाप है कि प्रयास करने पर भी अभी आज़ादी कोसों दूर है। अंत में बलि-वीर अपने व पराए का भाव त्यागकर देशवासियों के लिए शुभ-कामनाएँ देते हुए कहते हैं कि हमने तो स्वयं बंदी बनना स्वीकार किया है और देश में बसने वाले लोगों से रिश्ते नाते तोड़कर जा रहे हैं। उनके मन में यही आशा है कि जीवनकाल में तो वे स्वाधीनता का मुँह नहीं देख पाए किंतु संभव है कि उनके मरने के बाद देशवासी स्वाधीनता का मूल्य समझेंगे और इस हेतु प्रयासरत रहेंगे।

## 2. अर्थग्रहण संबंधी एवं बहुविकल्पी प्रश्नोत्तर

*निम्नलिखित पद्यांशों को पढ़कर पूछे गए प्रश्नों के उत्तर दीजिए–*

**1**

हम दीवानों की क्या हस्ती,
हैं आज यहाँ, कल वहाँ चले,
मस्ती का आलम साथ चला,
हम धूल उड़ाते जहाँ चले।

आए बनकर उल्लास अभी,
आँसू बनकर बह चले अभी,
सब कहते ही रह गए, अरे,
तुम कैसे आए, कहाँ चले?

(पृष्ठ *16*)

*शब्दार्थ :* **दीवाने**–स्वाधीनता सेनानी। **मस्ती**–खुशी। **आलम**–संसार। **धूल**–मिट्टी। **उल्लास**-प्रसन्नता। **आँसू**–अश्रु।

**प्रश्न** *(Set I)*–

(क) *प्रस्तुत पद्यांश की सप्रसंग व्याख्या कीजिए।*

(ख) *'दीवाने' शब्द किनके लिए प्रयुक्त किया गया है? वे एक स्थान पर टिककर क्यों नहीं रहते?*

(ग) *दीवानों के आने से हर्ष और जाने से दुख किन्हें होता है?*

**उत्तर–**

(क) **प्रसंग–** प्रस्तुत पद्यांश हमारी हिंदी की पाठ्यपुस्तक **'वसंत'** की कविता **'दीवानों की हस्ती'** से लिया गया है। इसके कवि भगवतीचरण वर्मा ने कहना चाहा है कि देश पर मर मिटने वाले वीर बहुत मस्तमौला स्वभाव के होते हैं। वे कभी टिक कर एक स्थान पर नहीं रहते बल्कि जहाँ भी जाते हैं, अपने जोश से वातावरण में खुशियाँ बिखेर देते हैं।

**व्याख्या–** इस पद्यांश में भारत के सच्चे सपूतों का वर्णन है जो देश पर बलिदान देने हेतु सदैव तैयार हैं। उनका मानना है कि हम तो आज़ादी के दीवाने हैं। इस देश की महानता के समक्ष हमारी कोई औकात नहीं है। हम तो आज यहाँ हैं और कल न जाने कहाँ होंगे? लेकिन जिस ओर भी हम कदम बढ़ा देते हैं, वहाँ हमारे जोश से खुशी और हर्ष छा जाता है।

उनका मानना है कि हमारे आने से हमारे भाई-बांधवों यानी रिश्तेदार संबंधियों के चेहरों पर उल्लास छा जाता है और जब अचानक ही जाना पड़ जाए तो उनकी खुशी आँसुओं में परिवर्तित हो जाती है। सभी यही कह उठते हैं कि अभी तो तुम आए थे और अभी ही जाना है। ऐसा इसलिए होता था क्योंकि स्वतंत्रता सेनानियों को ब्रिटिश सरकार कभी भी कहीं भी गिरफ़्तार करने से न चूकती थी।

(ख) दीवाने शब्द बलिदानी वीरों के लिए प्रयुक्त हुआ है, जो देश को स्वाधीन कराने के सपने बुन रहे थे। वे एक स्थान पर टिककर नहीं रहते थे क्योंकि कभी तो ब्रिटिश सरकार उन्हें पकड़कर एक से दूसरी जेल में भेजती रहती थी और कभी वे स्वयं ही उनसे छिपते फिरते थे।

(ग) उनके आने से उनके भाई-बांधवों के चेहरे खुशी से खिल जाते लेकिन सहसा ही जाने की खबर सुनकर खुशी विलुप्त होकर अश्रुधारा में बदल जाती। सबके चेहरों पर एक ही प्रश्न उभर आता कि अभी तो आए हो और अभी ही चल दिए।

**बहुविकल्पी प्रश्न** *(Set II)*–

1. *दीवाने शब्द से क्या तात्पर्य है?*
   (क) प्रेम करने वालों के लिए
   (ख) देश पर मर मिटने वालों के लिए
   (ग) सामान्य सैनिकों के लिए
   (घ) नव-युवकों के लिए
2. *वे टिककर एक स्थान पर क्यों नहीं बैठते?*
   (क) क्योंकि उन्हें घूमना अच्छा लगता था?
   (ख) क्योंकि वे स्थान-स्थान पर घूमकर शक्ति बटोर रहे थे?
   (ग) क्योंकि वे अपनी नीतियों को ब्रिटिश सरकार से छिपकर अंजाम देते हैं।
   (घ) क्योंकि उनका घर-बाहर नहीं था।
3. *'धूल उड़ाते जहाँ चले' शब्दों का क्या अर्थ है?*
   (क) उनके कदमों से धूल उठती है।
   (ख) बलिदानी वीर जहाँ भी जिस ओर जोश से बढ़ते हैं उनके कदमों से सारे वातावरण में धूल छा जाती है अर्थात् सब ओर उनका अस्तित्व दिखाई देता है।
   (ग) तेज कदमों से चलना
   (घ) मिट्टी के रास्ते पर बढ़ना
4. वे चाहते हुए भी अपने भाई-बांधवों के पास क्यों नहीं रह पाते?
   (क) क्योंकि उनका लक्ष्य अंग्रेज़ी सरकार का विरोध करना है।
   (ख) क्योंकि वे एक स्थान पर टिककर नहीं रह सकते।
   (ग) क्योंकि परिवार वाले उनके विचारों से प्रेरित नहीं होते।
   (घ) क्योंकि उनका लक्ष्य स्पष्ट नहीं।

**उत्तर–** 1. (ख) 2. (ग) 3. (ख) 4. (क)

☞ **2**

किस ओर चले? यह मत पूछो,
चलना है, बस इसलिए चले,
जग से उसका कुछ लिए चले,
जग को अपना कुछ दिए चले,
दो बात कही, दो बात सुनी;
कुछ हँसे और फिर कुछ रोए।
छककर सुख-दुख के घूँटों को
हम एक भाव से पिए चले।

**[Imp.]** (*पृष्ठ 16*)

*शब्दार्थ :* **ओर**–तरफ। **जग**–संसार। **छककर**–जी भरकर। **सुख-दुख के घूँट**–जीवन के सुख-दुख के अनुभव। **भाव**–एक रस/रूप।

**प्रश्न** *(Set I)*–

(क) *प्रस्तुत काव्यांश की सप्रसंग व्याख्या कीजिए।*

(ख) *बलि-वीरों की राह निश्चित क्यों नहीं है?*

(ग) *बलि वीर संसार के लोगों से मिलकर कुछ हँसते और कुछ रोते क्यों हैं?*

**उत्तर**–

(क) **प्रसंग**–प्रस्तुत काव्यांश हमारी हिंदी की पाठ्यपुस्तक 'वसंत' की कविता 'दीवानों की हस्ती' से लिया गया है। इसके कवि सूर्यकांत त्रिपाठी 'निराला' ने कहना चाहा है कि 'दीवाने वीरों की कोई निश्चित राह नहीं होती।' वे देश के सभी लोगों से समान भाव रखते हैं।

**व्याख्या**–इस पद्यांश में बताया गया है कि स्वाधीनता की राह हेतु बढ़ने वालों के लिए कोई राह निश्चित नहीं है। वे तो अपने लक्ष्य प्राप्ति हेतु किसी भी राह पर चल सकते हैं। वे इस संसार के लोगों को कुछ अपनी यादें देकर और उनकी भावनाएँ लेकर आगे की ओर बढ़ते हैं।

वीर जन संसार के लोगों से मिलते हैं तो कुछ अपनी कहते हैं और कुछ दूसरों की सुनकर हँस-रो लेते हैं। जी भरकर सुख-दुख के अनुभवों को सहते हैं। लेकिन चाहे दुख हो या सुख सभी को समान भाव से ही देखते हैं अर्थात् सुख-दुख दोनों को समान मानते हैं।

(ख) बलि-वीरों की राह निश्चित नहीं है क्योंकि उनका लक्ष्य केवल स्वाधीनता प्राप्त करना है। इस हेतु जिस भी राह पर मुड़ना पड़े वे राहें मोड़ लेते हैं।

(ग) बलि वीर संसार के लोगों से जब मिलते हैं तो कुछ अपनी कहते हैं और कुछ उनकी सुनते हैं। सुख की बातों पर हँसते यानी प्रसन्न होते हैं व दुख की बातों पर रोते हैं अर्थात् उनका हृदय द्रवित हो उठता है।

**बहुविकल्पी प्रश्न** *(Set II)*–

1. *बलि वीरों की राह निश्चित क्यों नहीं है?*
   (क) क्योंकि वे बिना लक्ष्य के आगे बढ़ते हैं।
   (ख) क्योंकि वे बिना-सोचे समझे चलते हैं।
   (ग) क्योंकि उनका उद्देश्य अंग्रेज़ों को मात देना व स्वतंत्रता प्राप्त करने हेतु जहाँ मुड़ना पड़े वहाँ राहें मोड़ देना है।
   (घ) क्योंकि उन्हें अंग्रेज़ी सरकार से बचना होता है।
2. *वे संसार से कैसा संबंध रखते हैं?*
   (क) समान भाव का (ख) मैत्री भाव का
   (ग) ईर्ष्या भाव का (घ) भावुकता से भरा
3. *संसार के लोगों से मिलकर वे कुछ हँसते और कुछ रोते हैं, ऐसा कवि ने क्यों कहा?*
   (क) हँसना सुख का व रोना दुख का प्रतीक है।
   (ख) जब वे अपने भाई-बांधवों से मिलकर सुख की बातें करते हैं तो हँसते हैं और जब दुख की बातें करते हैं तो रोते हैं।

(ग) कभी बहुत खुश होते हैं कभी रो पड़ते हैं।

(घ) उपर्युक्त सभी।

4. *बलि वीरों के मन में बलि होने की चाहत किसके लिए है?*

(क) परिवार के लिए (ख) राज्य के लिए

(ग) देश के लिए (घ) अपने-आप के लिए

**उत्तर–** 1. (ग) 2. (क) 3. (ख) 4. (ग)

**3**

हम भिखमंगों की दुनिया में,
स्वच्छंद लुटाकर प्यार चले,
हम एक निसानी-सी उर पर,
ले असफलता का भार चले।
अब अपना और पराया क्या?
आबाद रहें रुकनेवाले!
हम स्वयं बँधे थे और स्वयं
हम अपने बंधन तोड़ चले।

**[Imp.]** (*पृष्ठ 17*)

*शब्दार्थ :* **भिखमंगों**–भीख माँगने वाले। **स्वच्छंद**–स्वतंत्र, बंधन रहित। **निसानी**–निशानी। **उर**–हृदय। **असफलता**–चाह के अनुरूप प्राप्त न होना। **आबाद**–बसना। **स्वयं**–अपने आप। **बंधन**–बेड़ियाँ।

**प्रश्न** *(Set I)*–

**(क)** *प्रस्तुत काव्यांश की सप्रसंग व्याख्या कीजिए।*

**(ख)** *दुनिया को भिखमंगा क्यों कहा गया है?*

**(ग)** *वीरों के हृदय पर कैसी असफलता के निशान हैं? वे देशवासियों के लिए क्या कामना करते हैं?*

**उत्तर–**

(क) **प्रसंग**–प्रस्तुत काव्यांश में कवि ने समाज की वास्तविकता का चित्रण करते हुए कहा है कि भले ही लोग वीरों को कुछ न दे पाएँ लेकिन वे अपना सर्वस्व लुटाने में कभी संकोच नहीं करते।

**व्याख्या**–इस पद्यांश में कवि ने संसार को भिखमंगा कहा है क्योंकि इस संसार की प्रकृति है कि वे दूसरों से कुछ-न-कुछ प्राप्त करना चाहते हैं। किसी को कुछ देना उनकी प्रवृत्ति नहीं है। लेकिन बलि-वीर सभी को समान रूप से अपना प्रेम लुटाते हैं। उनके हृदय पर एक ही असफलता की निशानी है कि अत्यधिक प्रयत्न करने के बावजूद भी वे स्वाधीनता प्राप्त न कर सके।

बलिदानी वीर किसी के भी साथ, किसी प्रकार का भेदभाव नहीं करते अर्थात् जाति, वर्ग, संप्रदाय व धर्म के आधार पर उनके मन में किसी के लिए कोई भेदभाव नहीं होता वे तो यही चाहते हैं कि उनके बाद इस देश में रहने वाले सभी आबाद व प्रसन्न रहें। उनका मानना है कि वे अपनी इच्छा से देश में बसने वाले लोगों से रिश्ते-नाते तोड़कर स्वयं बलिदान की ओर बढ़ रहे हैं।

(ख) संसार को भिखमंगा कहा है क्योंकि इस संसार के पास देने हेतु कुछ नहीं यह तो केवल लेना ही जानता है। प्यार, मोहब्बत व यशगान गाकर यह वीरों के हौंसले नहीं बढ़ा सकता लेकिन वीर सेनानी सभी पर स्वच्छंद प्रेम लुटाते हुए आगे बढ़ते हैं। वे सभी से प्रेम करते हैं। उनके लिए अपने-पराए सभी समान हैं।

(ग) अत्यधिक परिश्रम करने के बावजूद भी वे स्वतंत्रता प्राप्त न कर सके। यही निशानी उनके हृदय पर बोझ डालती है। वे पूरे देश व देशवासियों को अपना मानते हैं। उनके लिए कोई अपना-पराया नहीं होता। वे देशवासियों के लिए कामना करते हैं कि वे सदा आबाद रहें।

**बहुविकल्पी प्रश्न** *(Set II)*–

1. *दुनिया को भिखमंगा क्यों कहा गया है?*

(क) क्योंकि वे कुछ देने में असमर्थ हैं।

(ख) क्योंकि वे केवल लेना जानते हैं?

(ग) क्योंकि वे बलिदानी वीरों का यशगान करके उनका हौसला बढ़ाने में असमर्थ हैं।
(घ) इनमें से कोई नहीं।

2. *वीरों के हृदय पर कैसी असफलता के निशान हैं?*
(क) स्वतंत्रता न प्राप्त कर सकने की।
(ख) अंग्रेज़ी सरकार का मुकाबला न कर पाने की।
(ग) अपने रिश्तेदारों से न मिल पाने की।
(घ) इनमें से कोई नहीं।

3. *बलिदानी वीर किसी के साथ भेदभाव क्यों नहीं रखते?*
(क) क्योंकि उनका लक्ष्य स्वार्थ रहित है वे तो पूरे देश की स्वतंत्रता चाहते हैं।
(ख) क्योंकि उन्होंने धर्मनिरपेक्ष धर्म को अपनाया है।
(ग) क्योंकि वे जातीयता में विश्वास नहीं करते।
(घ) उपर्युक्त सभी।

4. *पद्यांश में कैसे बंधन तोड़ने की बात कही गई है?*
(क) देश के लोगों से जातीयता के बंधन
(ख) बंद जेलों के बंधन
(ग) सगे-संबंधियों से प्रेमभाव के क्योंकि वे स्वतंत्रता की राह पर बढ़ना चाहते हैं।
(घ) इनमें से कोई नहीं।

उत्तर– 1. (ग) 2. (क) 3. (क) 4. (ग)

## 3. पाठ्यपुस्तक के प्रश्न-अभ्यास

*(पृष्ठ 17–18)*

### *कविता से*

प्रश्न 1. कवि ने अपने आने को 'उल्लास' और जाने को 'आँसू बनकर बह जाना' **क्यों कहा है?** **[Imp.]**

उत्तर–कवि का मानना है कि जब वे अपने बंधु-बांधवों से मिलने आते हैं तो सबके चेहरों पर खुशी छा जाती है और जब सहसा जाने की बात आती है तो वही खुशी अश्रुओं का रूप धारण कर लेती है अर्थात् उनके जाने का दुख सहन नहीं होता। लेकिन वीरों को तो अपने चुने मार्ग पर बढ़ना ही होता है।

प्रश्न 2. भिखमंगों की दुनिया में बेरोक प्यार लुटानेवाला कवि ऐसा क्यों कहता है कि वह अपने हृदय पर असफलता का एक निशान भार की तरह लेकर जा रहा है? **क्या वह निराश है या प्रसन्न है?**

उत्तर–कवि संसार के लोगों के प्रति स्वच्छंद रूप में प्रेम लुटाता है क्योंकि उसका मानना है कि इस दुनिया के लोग सदैव दूसरों से पाने की चाहत रखते हैं। सभी को प्रसन्न रखने पर भी उसका हृदय द्रवित है, उसके हृदय पर असफलता का निशान है कि अपने जीवनकाल में उसने बहुत प्रयत्न करके भी स्वतंत्रता प्राप्त नहीं की।

इसके लिए कवि निराश तो नहीं लेकिन यह टीस उसके मन में अवश्य है कि उसके भरसक प्रयत्नों से भी देश आज़ाद न हो सका। साथ ही उसे प्रसन्नता इस बात की है कि उसने स्वतंत्रता प्राप्ति हेतु हर संभव प्रयत्न किया है।

प्रश्न 3. **कविता में ऐसी कौन-सी बात है जो आपको सबसे अच्छी लगी?**

उत्तर–कविता में हमें सबसे अच्छी लगी दीवानों की 'मस्ती'। सुख-दुख सब सहते हुए भी वे मस्त हैं उन्हें किसी की परवाह नहीं। मस्ती में जीकर जान हथेली पर रखकर देश को स्वतंत्र करवाना चाहते हैं।

### *कविता से आगे*

- जीवन में मस्ती होनी चाहिए, लेकिन कब मस्ती हानिकारक हो सकती है? **सहपाठियों के बीच चर्चा कीजिए।**

उत्तर–यह सही है कि जीवन में मस्ती अर्थात् मज़ा होना चाहिए क्योंकि इससे ही व्यक्ति जीवन में आनंद व हर्ष अनुभव करता है। लेकिन यदि हमारे द्वारा की गई मस्ती किसी को नुकसान पहुँचाए तो उसे हम मस्ती का नाम नहीं दे सकते।

हम बलि-वीरों की मस्ती को सर्वश्रेष्ठ व आनंददायक मानते हैं क्योंकि लाख कठिनाइयाँ सहने पर भी वे संतुष्ट व आनंदित रहते हैं। उनके हृदय में सदा आगे बढ़ने की चाह बनी रहती है। अपने जीवनकाल में कुछ विशेष कार्य करके वे लोगों के लिए प्रेरक बनना चाहते हैं।

### *अनुमान और कल्पना*

• एक पंक्ति में कवि ने यह कहकर अपने अस्तित्व को नकारा है कि ''हम दीवानों की क्या हस्ती, हैं आज यहाँ, कल वहाँ चले।'' दूसरी पंक्ति में उसने यह कहकर अपने अस्तित्व को महत्त्व दिया है कि ''मस्ती का आलम साथ चला, हम धूल उड़ाते जहाँ चले।'' यह फाकामस्ती का उदाहरण है। अभाव में भी खुश रहना फाकामस्ती कही जाती है। **कविता में इस प्रकार की अन्य पंक्तियाँ भी हैं उन्हें ध्यानपूर्वक पढ़िए और अनुमान लगाइए कि कविता में परस्पर विरोधी बातें क्यों की गई हैं?**

उत्तर–ऐसे परस्पर विरोधी विचारों का समावेश कविता में इसलिए किया गया है क्योंकि बलिदानी वीर अपने विचारों, उद्यम व बलिदान पथ के स्वयं ही मालिक थे। उनके विचारों में दुख-सुख, उल्लास-अश्रु, बंधन-मुक्ति आदि शब्दों का कोई महत्त्व न था। उनका लक्ष्य तो था देश को स्वाधीन करवाना और इस हेतु वे निरंतर कार्यरत रहते हैं।

### *भाषा की बात*

• संतुष्टि के लिए कवि ने 'छककर' 'जी भरकर' और 'खुलकर' जैसे शब्दों का प्रयोग किया है। **इसी भाव को व्यक्त करनेवाले कुछ और शब्द सोचकर लिखिए, जैसे–***हँसकर, गाकर*।

उत्तर–खुश होकर, प्रसन्न होकर।

## 4. अन्य महत्त्वपूर्ण परीक्षोपयोगी प्रश्नोत्तर

### *लघु प्रश्नोत्तर*

**प्रश्न 1. दीवाने शब्द किनके लिए प्रयुक्त हुआ है? उनका अपने जीवन में लक्ष्य क्या है?**

उत्तर–'दीवाने' शब्द का प्रयोग देश के वीरों के लिए हुआ है जिनका उद्देश्य अपने देश की स्वाधीनता हेतु अपने जीवन का पूर्ण समर्पण करना है।

**प्रश्न 2. बलि-वीर एक स्थान पर टिककर क्यों नहीं रहते?**

उत्तर–बलि-वीर कभी भी एक स्थान पर टिक कर नहीं रहते इसके दो कारण हैं एक तो उन्हें अपनी नीतियों में कामयाब होने हेतु ब्रिटिश सरकार से छिपना पड़ता है और दूसरा यह कि यदि वे सरकार द्वारा पकड़े जाते हैं तो उन्हें एक से दूसरी जेल में भेजा जाता है ताकि एक स्थान पर टिककर वे नई योजनाएँ न बनाने लगें जो ब्रिटिश सरकार के लिए अहितकर हो।

**प्रश्न 3. वे मस्ती में जीवन क्यों जीते हैं?**

उत्तर–वे अपने मन में ठान लेते हैं कि उनका जीवन केवल देश हेतु है। कब, कहाँ और कैसे मृत्यु का आलिंगन करना पड़े इस हेतु उन्हें कोई डर या पछतावा नहीं। वे तो केवल अपने लक्ष्य 'देश को स्वाधीन करवाना है' में कामयाब होना चाहते हैं इसलिए मस्त होकर इसके लिए निरंतर कार्यरत रहते हैं।

☞**प्रश्न 4. वीरों के जीवन में उल्लास व अश्रु कैसे साथ-साथ जुड़े हैं?** **[Imp.]**

उत्तर–वीरों का अपने परिचितों के पास आना उल्लास लाता है लेकिन अचानक उसी समय ही उनका लौट जाना सबके चेहरे के उल्लास को आँसुओं में बदल देता है।

**प्रश्न 5. एक भाव में रहकर सुख और दुख दोनों पीने का भावार्थ क्या है, कविता की पंक्तियों के आधार पर स्पष्ट कीजिए।**

उत्तर–कवि के अनुसार वीर पुरुषों के मन में केवल आज़ादी या आज़ादी हेतु बलिदान की भावना ही जागृत होती है। सांसारिक सुख-दुख के भावों से उन्हें कोई वास्ता नहीं होता वे सुख-दुख दोनों को समान महत्त्व देते हैं।

**प्रश्न 6. वीरों की डगर निश्चित क्यों नहीं?**

उत्तर–वीर सेनानी अपने लक्ष्य को साधकर आगे बढ़ते हैं। इसके लिए कहीं भी उन्हें रास्ते बदलने पड़ें तो वे संकोच नहीं करते इसलिए वे निश्चित राह पर नहीं बढ़ते।

**☞प्रश्न 7. वे सांसारिक सुख-दुख के भावों को समान क्यों मानते हैं?** **[Imp.]**

**उत्तर–** वे सांसारिक बंधनों में रहते हुए भी दुख-सुख को समान मानते हैं क्योंकि भले ही उनके रिश्ते-नाते हैं लेकिन अपना हार्दिक समर्पण वे देश हेतु करते हैं इसलिए वे सांसारिक दुखों-सुखों से विचलित न होकर सभी को समान भाव से देखते हैं।

**प्रश्न 8. उन्होंने संसार को भिखमंगा क्यों कहा है?**

**उत्तर–** वीर सेनानी संसार को भिखमंगा कहते हैं क्योंकि उनका मानना है कि यह संसार केवल लेना जानता है। दूसरों के प्रति अपने कर्तव्यों को निभाने में लोग आगे नहीं आते। यहाँ तक कि वीर सेनानियों के साहस को बढ़ावा देने हेतु यशगान करना भी उनके बस की बात नहीं। वे तो स्वार्थपूर्ण जीवन व्यतीत करने में ही अपनी सफलता समझते हैं।

**प्रश्न 9. वे इस संसार को क्या देना चाहते हैं?**

**उत्तर–** वे इस संसार को खुशियाँ देना चाहते हैं और बेहद प्रेम लुटाना चाहते हैं ताकि सभी प्रसन्न रहें।

**प्रश्न 10. वे हृदय पर असफलता की कैसी निशानी रखते हैं?**

**उत्तर–** उन्हें अपने अंतर्मन से इस बात का दुख है कि भरसक प्रयत्न करने के बावजूद भी उनके जीते-जी यह देश स्वाधीन न हो पाया। यही बोझ उनके हृदय पर है।

## *दीर्घ प्रश्नोत्तर*

**☞प्रश्न 11. दीवाने कैसा जीवन व्यतीत करते हैं?**

**उत्तर–** 'दीवाने' शब्द देशभक्तों के लिए प्रयुक्त हुआ है। वे साहसपूर्ण एवं निडरता का जीवन व्यतीत करते हैं। उन्होंने अपने रिश्तेदार संबंधियों से नाता तोड़ दिया है वे सभी को समान दृष्टि से देखते हैं। अपना घर-द्वार त्यागकर देश को स्वतंत्र करवाने के लिए इधर-उधर भागते फिरते हैं। अंग्रेज़ी सरकार से छिपकर अपनी योजनाओं को अंजाम देते हैं। न जाने कितनी बार जेल भी जाते हैं। वे अपने जीवन में दुख-सुख की भावनाओं को समान मानते हैं। सदा संतुष्ट रहते हैं और निरंतर देश की आज़ादी हेतु प्रयासरत रहते हैं।

**प्रश्न 12.** *'दीवानों की हस्ती'* **कविता किस समय की परिस्थितियों से अवगत करवाती है? उस समय हमारे समाज की स्थिति कैसी थी?**

**उत्तर–** 'दीवानों की हस्ती' कविता 'भगवतीचरण वर्मा' द्वारा रचित है। यह कविता स्वतंत्रता से पूर्व लिखी गई। उस समय देश का अधिकांश युवा वर्ग देश को स्वतंत्र करवाने के लिए कार्यरत था। इन्हीं युवाओं को 'दीवानों' की संज्ञा दी गई है। इस समय अंग्रेज़ी सरकार के अत्याचार अत्यधिक थे। सामान्य जनता बहुत दुखी थी। युवा वर्ग घर त्यागकर देश की सेवा में जुटा था। हर पल, हर घड़ी यही आशा लोगों के मन में रहती थी कि कब स्वतंत्रता प्राप्त होगी। वीरों को यह भी मालूम था कि कभी भी, कहीं भी मृत्यु का आलिंगन करना पड़ सकता है क्योंकि अंग्रेज़ी का इनके प्रति क्रूर रवैया था। वीरों के मन में जोश और यह आशा थी कि हम भले न रहे लेकिन हमारे बलिदान के बाद भारतीय अवश्य स्वतंत्र होंगे।

**प्रश्न 13. अपने जीते-जी दीवानों का देश को स्वतंत्र न करवाने का भार उनके हृदय पर क्यों है?**

**उत्तर–** 'दीवानों की हस्ती' कविता में 'दीवाने' कहा गया है देश को स्वतंत्र करवाने वाले वीरों को। उन्होंने देश को स्वतंत्र करवाने के लिए अपना घर-बार त्याग दिया। अपने रिश्तेदार-संबंधियों से नाता तोड़ डाला। वे कष्टपूर्ण जीवन व्यतीत करते हैं। अंग्रेज़ी सरकार से बचने के लिए और अपने कार्यों को अंजाम देने के लिए इधर-उधर भटकते रहते हैं। उनके जीवन का उद्देश्य केवल देश को स्वतंत्र करवाना है। यही कारण है कि अपने निजी जीवन के दुख-सुख का उन पर समान प्रभाव पड़ता है। वे देश के लोगों से किसी प्रकार की कोई उम्मीद नहीं रखते। उनके मन पर देश को स्वतंत्र न करवा पाने का भार है क्योंकि उनके भरसक प्रयत्नों के द्वारा भी देश को आज़ादी नहीं मिल सकी। उनके मन में यह आशा भी अवश्य है कि अपने जीवनकाल में तो वे स्वाधीनता का मुँह नहीं देख पाए किंतु संभव है कि उनके मरने के बाद देशवासी स्वाधीनता का मूल्य समझेंगे और इस हेतु प्रयासरत रहेंगे।

**प्रश्न 14. इस कविता से हमें क्या संदेश मिलता है?**

**उत्तर–** इस कविता से हमें यह संदेश मिलता है कि हमारे मन में देशप्रेम की भावना होनी चाहिए। हमें केवल 'स्व' हेतु नहीं बल्कि 'पर' हेतु जीना चाहिए। अपने रिश्ते-नातों से भी बढ़कर सभी देशवासियों के बारे में सोचना चाहिए और देश पर

यदि कोई विपत्ति आ जाए तो सर्वस्व समर्पण करने में संकोच नहीं करना चाहिए। जिस प्रकार 'दीवानो की हस्ती' कविता में वीर सेनानी केवल देश हेतु ही जीवन जीता है बाकी सभी बंधनों को तोड़ देने में विश्वास करता है।

**प्रश्न 15.** *'प्रत्येक नागरिक देश का सिपाही है'*–**कैसे?**

**उत्तर**–यह सत्य है कि प्रत्येक नागरिक देश का सिपाही है क्योंकि केवल सीमा पर लड़ने वाला ही सिपाही नहीं होता। सभी नागरिक भी प्रत्यक्ष रूप से नहीं तो अप्रत्यक्ष रूप से देश के लिए ही कार्य करते हैं। खेतों में काम करने वाला किसान पूरे देश के लोगों की जिम्मेदारी अपने कंधे पर रखता है। अध्यापक वर्ग देश के भावी नागरिकों को शिक्षित करते हैं। ऐसे ही डॉक्टर, इंजीनियर एवं विभिन्न क्षेत्रों में कार्य करने वाले देश हेतु ही अपनी सेवाएँ प्रदान करते हैं। इस प्रकार सभी देश के रक्षक ही होते हैं।

# 4 भगवान के डाकिए

*रामधारी सिंह 'दिनकर'*

इस कविता में कवि ने पक्षियों और बादलों को भगवान के डाकिए माना है और यह कहना चाहा है कि यही हैं जो, मुक्तभाव से एक स्थान से दूसरे स्थान पर जाते हैं। ये ईश्वर के संदेशवाहक हैं।

## 1. कविता का सार

दिनकर जी का कहना है कि पक्षी और बादल ईश्वर के संदेशवाहक हैं। आकाश में पक्षी निरंतर एक स्थान से दूसरे स्थान पर विचरण करते हैं और बादल घुमड़-घुमड़ कर इधर से उधर दौड़ते हैं। ये दोनों भगवान के डाकिए प्रतीत होते हैं। क्योंकि इनको देखकर ऐसा अहसास होता है कि ये भगवान का संदेश पाकर एक विशाल देश को पार करते हुए दूसरे विशाल देश में जाते हैं और ईश्वर का संदेश बाँटते हैं। कवि का मानना है कि हम अपने आपको अत्यधिक विद्वान समझते हैं और पेड़-पौधों आदि को जड़ तथा बेजान कहते हैं, जो हमारी मूर्खता है। वास्तव में पक्षियों व बादलों द्वारा जो संदेश एक स्थान से दूसरे स्थान पर पहुँचाया जाता है उसे मनुष्य समझने में असमर्थ रहता है जबकि पेड़, पौधे, सरोवर, सरिताएँ, समुद्र एवं पर्वत आदि उनके द्वारा लाए संदेश पढ़ लेते हैं। कवि का मत है कि हम प्राकृतिक तत्त्वों की क्रियाओं को मात्र सामान्य रूप में देख लेते हैं लेकिन उनके पीछे निहित उद्देश्य को समझ नहीं पाते। हम तो सब यही जान पाते हैं कि पृथ्वी के एक प्रदेश के फूलों की सुगंध बिना किसी बाधा के दूसरे देश को जाती है। यह सुगंध मुक्त हृदय के प्रेममय संदेश की भाँति पक्षियों के उड़ते पंखों के सहारे सर्वत्र फैल जाती है। बादलों के रूप में एक देश का पानी भाप बनकर उड़ता है और दूसरे देश में जाकर बरस जाता है। इस कविता का यही अभिप्राय है कि पक्षी और बादल एक देश से दूसरे देश में बिना किसी वैर भावना के मुक्त भाव से जाते हैं। यही भगवान का संदेश है कि विश्व एक है, सबके लिए है, हमें किसी के प्रति भेदभाव नहीं रखना चाहिए। मनुष्य ईश्वर के इस संदेश को समझ नहीं पाता।

## 2. अर्थग्रहण संबंधी एवं बहुविकल्पी प्रश्नोत्तर

***निम्नलिखित पद्यांशों को पढ़कर पूछे गए प्रश्नों के उत्तर दीजिए–***

**1**

पक्षी और बादल,  
ये भगवान के डाकिए हैं,  
जो एक महादेश से  
दूसरे महादेश को जाते हैं।  
हम तो समझ नहीं पाते हैं  
मगर उनकी लाई चिट्ठियाँ  
पेड़, पौधे, पानी और पहाड़  
बाँचते हैं। (पृष्ठ *19*)

*शब्दार्थ :* **डाकिए**–पत्र लाने वाले। **महादेश**–विशाल देश। **चिट्ठियाँ**–पत्र, खत। **बाँचते हैं**–पढ़ लेते हैं।

**प्रश्न** *(Set I)*–

**(क)** *प्रस्तुत काव्यांश की सप्रसंग व्याख्या कीजिए।*

**(ख)** *कवि ने डाकिए किन्हें और क्यों कहा है?*

**(ग)** *पक्षी व बादलों के संदेश, कौन पढ़ने में सक्षम होते हैं?*

**उत्तर**–

(क) **प्रसंग**–प्रस्तुत पद्यांश हमारी हिंदी की पाठ्यपुस्तक 'वसंत' की कविता 'भगवान के डाकिए' से अवतरित है। इसके कवि श्री रामधारी सिंह 'दिनकर' इसमें बताना चाहते हैं कि पक्षी और बादल भगवान के डाकिए हैं जो मुक्त भाव से विश्व-बंधुत्व का संदेश एक देश से दूसरे देश में पहुँचाना चाहते हैं।

**व्याख्या**–कवि के अनुसार पक्षी और बादल ईश्वर के डाकिए हैं। पक्षी एक देश से दूसरे देश में विचर-विचरकर व बादल इधर से उधर उमड़-घुमड़कर अपना विश्वबंधुत्व का संदेश पूरी प्रकृति अर्थात् पेड़-पौधों, सरोवर, सरिताओं, समुद्र व पर्वतों को पहुँचाते हैं। कवि का मानना है कि पक्षी व बादलों के संदेश को प्रकृति तो समझ लेती है लेकिन मनुष्य नहीं समझ पाते।

**विशेष**– 1. खड़ी बोली का सहज प्रयोग है।
2. भाषा सरल, सुगम एवं बोधगम्य है।
3. 'पेड़, पौधे, पानी और पहाड़' में 'प' वर्ण की आवृत्ति के कारण अनुप्रास अलंकार है।
4. प्रकृति को ईश्वर का संदेशवाहक माना गया है।

(ख) कवि ने पक्षियों और बादलों को भगवान के डाकिए कहा है।

(ग) पक्षियों और बादलों रूपी डाकियों के संदेश पेड़, पौधे, सरोवर, पर्वत आदि पढ़ और समझ लेते हैं। लेकिन मनुष्य इन्हें समझने में असमर्थ रहता है।

**बहुविकल्पी प्रश्न** *(Set II)*–

1. *'बादल व पक्षी' क्यों डाकिए कहलाते हैं?*
   (क) क्योंकि वे ईश्वर का संदेश लाते हैं। (ख) क्योंकि वे चिट्ठियाँ बाँटते हैं।
   (ग) क्योंकि वे लोगों के सुख-दुख जान लेते हैं। (घ) इनमें से कोई नहीं।
2. *इनके संदेश कौन पढ़ने में सक्षम होते हैं?*
   (क) प्रकृति अर्थात् पेड़-पौधे, सरोवर, सरिताएँ, समुद्र व पर्वत (ख) सभी जीव-जंतु
   (ग) संसार में रहने वाले सभी लोग (घ) संसार के कुछ विशेष लोग
3. *'महादेश' शब्द से क्या तात्पर्य है?*
   (क) महान देश (ख) विशेष देश (ग) विशाल देश (घ) दूर-दराज का देश
4. *भगवान के डाकिए इस संसार को क्या संदेश देना चाहते हैं?*
   (क) आपसी प्रेम का (ख) विश्वबंधुत्व का (ग) जातिभेद न करने का (घ) निरंतर आगे बढ़ने का

**उत्तर**– 1. (क) 2. (क) 3. (ग) 4. (ख)

☞ **2**

हम तो केवल यह आँकते हैं
कि एक देश की धरती
दूसरे देश को सुगंध भेजती है।
और वह सौरभ हवा में तैरते हुए
पक्षियों की पाँखों पर तिरता है।
और एक देश का भाप
दूसरे देश में पानी
बनकर गिरता है।

**[Imp.]** (*पृष्ठ 19*)

*शब्दार्थ :* **आँकते हैं**–समझते हैं। **धरती**–भूमि। **सुगंध**–मधुर गंध। **सौरभ**–सुगंध, खुशबू। **पाँखों**–पंखों।

**प्रश्न** *(Set I)*–

**(क)** *प्रस्तुत काव्यांश की सप्रसंग व्याख्या कीजिए।*

**(ख)** *इस पद्यांश में पक्षियों व बादलों की किस क्रिया का वर्णन किया गया है?*

**(ग)** *कवि इन पंक्तियों में क्या कहना चाहता है?*

**उत्तर**–

(क) **प्रसंग**–प्रस्तुत पद्यांश हमारी हिंदी की पाठ्यपुस्तक 'वसंत' की कविता 'भगवान के डाकिए' से अवतरित है। इसके कवि श्री रामधारी सिंह 'दिनकर' इसमें बताना चाहते हैं कि पक्षी और बादल भगवान के डाकिए हैं जो मुक्त भाव से विश्व-बंधुत्व का संदेश एक देश से दूसरे देश में पहुँचाना चाहते हैं।

**व्याख्या**–इन पंक्तियों में कवि ने इस विचार को स्पष्ट करना चाह है कि पृथ्वी पर एक प्रदेश के फूलों की सुगंध हवा में तैरकर व पक्षियों के पंखों द्वारा दूसरे देश में बिना किसी बाधा के जाती है। एक देश में बादल बनते हैं और दूसरे देश नें बरसते हैं। भाव यह है कि प्रकृति किसी बंधन में नहीं बंधती और न ही किसी के प्रति कोई भेदभाव रखती है। मनुष्य को भी इस राह पर चलना चाहिए। आपसी भेदभाव को मिटाकर प्रेमपूर्वक रहना चाहिए। कवि विश्व एकता का संदेश देना चाहता है।

**विशेष**– 1. खड़ी बोली का प्रयोग किया गया है।
2. 'पक्षियों की पाँखों पर' शब्दों में अनुप्रास अलंकार है।
3. भाषा लयबद्ध, सरस एवं बोधगम्य है।
4. 'विश्व-बंधुत्व' का संदेश दिया गया है।

(ख) इस पद्यांश में कवि का कहना है कि पृथ्वी पर एक प्रदेश के फूलों की सुगंध बिना किसी बाधा के दूसरे देश को जाती है। यह सुगंध पक्षियों के उड़ते पंखों के सहारे सर्वत्र फैल जाती है और बादलों के द्वारा एक देश का पानी भाप बनकर दूसरे देश में बरस जाता है।

(ग) इस कविता के माध्यम से कवि ने विश्व-बंधुत्व की भावना के प्रसार का संदेश दिया है। जैसे पक्षी व बादल बिना किसी भेदभाव के एक देश से दूसरे देश में सुगंध-फैलाते हैं, पानी बरसाते हैं वैसे ही–मानव जाति को भी आपसी प्रेमभाव से सीमाओं में न बँधकर एकता का संदेश विश्व में फैलाना चाहिए।

**बहुविकल्पी प्रश्न** *(Set II)*–

1. *पक्षियों व बादलों की किस विशेषता को उजागर किया गया है?*
   (क) पक्षियों के पंखों द्वारा एक देश के फूलों का सौरभ दूसरे देश में चला जाता है एवं बादल एक देश में बनते हैं और दूसरे देश में बरसते हैं।
   (ख) पक्षी व बादल दोनों ही आकाश में उड़ते हैं।
   (ग) पक्षी व बादल दोनों आगे बढ़ने में विश्वास रखते हैं।
   (घ) इनमें से कोई नहीं।
2. *ये पंक्तियाँ हमें क्या संदेश देती हैं?*
   (क) लोगों को सदा आगे बढ़ते रहना चाहिए।
   (ख) मानव जाति को सीमाओं में न बँधकर एकता का संदेश विश्व में फैलाना चाहिए।
   (ग) नए साधनों को अपनाना चाहिए।
   (घ) अंतर्मन की आवाज़ सुननी चाहिए।
3. *एक देश का सौरभ दूसरे देश में कैसे पहुँचता है।*
   (क) पक्षियों के पंखों से व हवा के झोंकों में तैरकर (ख) वर्षा के साथ बहकर
   (ग) लोगों के द्वारा (घ) छोटे-छोटे जीव-जंतुओं द्वारा
4. *प्रकृति की क्या विशेषता है?*
   (क) किसी बंधन में नहीं बँधती (ख) किसी के साथ किसी प्रकार का भेदभाव नहीं करती।
   (ग) विश्वबंधुत्व का संदेश देती है। (घ) दिए गए सभी।

**उत्तर**– 1. (क) 2. (ख) 3. (क) 4. (ग)

## 3. पाठ्यपुस्तक के प्रश्न-अभ्यास

*(पृष्ठ 20–21)*

### *कविता से*

☞**प्रश्न 1. कवि ने पक्षी और बादल को भगवान के डाकिए क्यों बताया है? स्पष्ट कीजिए। [Imp.]**

**उत्तर–**पक्षी व बादल देशों की सीमा रेखाओं को नहीं मानते। वे ईश्वर का विश्व-बंधुत्व का संदेश सभी को समान रूप से बाँटते हैं। पक्षी के पंखों द्वारा फूलों की सुगंध दूर-दूर के देशों तक जाती है और बादल एक देश के पानी से बनकर दूसरे देश में बरसते हैं अर्थात् ये दोनों न कोई बंधन अपने पर रखते हैं और न किसी बंधन को मानते हैं। जबकि मनुष्य इस विश्व-बंधुत्व की भावना को समझ नहीं पाते और अपनी ही बनाई सीमा रेखाओं में बंद रहते हैं। इसीलिए कवि ने पक्षी और बादल को भगवान के डाकिए माना है।

**प्रश्न 2. पक्षी और बादल द्वारा लाई गई चिट्ठियों को कौन-कौन पढ़ पाते हैं? सोचकर लिखिए।**

**उत्तर–**पक्षी और बादलों द्वारा लाई गई चिट्ठियों को पेड़, पौधे, नदियाँ, झरने, पानी और पहाड़ यानी प्रकृति के सभी रूप पढ़ लेते हैं।

**प्रश्न 3. किन पंक्तियों का भाव है–**

**(क)** *पक्षी और बादल प्रेम, सद्भाव और एकता का संदेश एक देश से दूसरे देश को भेजते हैं।*

**(ख)** *प्रकृति देश-देश में भेदभाव नहीं करती। एक देश से उठा बादल दूसरे देश में बरस जाता है।*

**उत्तर–(क)**
पक्षी और बादल,
ये भगवान के डाकिए हैं,
जो एक महादेश से
दूसरे महादेश को जाते हैं।
हम तो समझ नहीं पाते हैं
मगर उनकी लाई चिट्ठियाँ
पेड, पौधे, पानी और पहाड़
बाँचते हैं।

**(ख)**
हम तो केवल यह आँकते हैं
कि एक देश की धरती
दूसरे देश को सुगंध भेजती है।
और वह सौरभ हवा में तैरते हुए
पक्षियों की पाँखों पर तिरता है।
और एक देश का भाप
दूसरे देश में पानी
बनकर गिरता है।

**प्रश्न 4. पक्षी और बादल की चिट्ठियों में पेड़-पौधे, पानी और पहाड़ क्या पढ़ पाते हैं?**

**उत्तर–**पक्षी और बादल की लाई हुई चिट्ठियों से पेड़-पौधे, पानी और पहाड़ ईश्वर का दिया विश्व बंधुत्व का संदेश पढ़ लेते हैं। वे यह अहसास करते हैं कि हवा व पक्षियों के पंखों से उड़-उड़कर आने वाली सुगंध और एक देश के जल की भाप से बना बादल दूसरे देश में बरसकर विश्व-बंधुत्व की भावना का ही प्रसार करते हैं। जबकि मानव सीमाओं के बंधनों में बँधे होने के कारण यह कार्य नहीं कर सकता परंतु वे बंधन मुक्त होने के कारण यह कार्य स्वच्छंदतापूर्वक कर सकते हैं।

☞**प्रश्न 5.** "एक देश की धरती दूसरे देश को सुगंध भेजती है"**–कथन का भाव स्पष्ट कीजिए। [Imp.]**

**उत्तर–**कवि का कथन है कि पक्षी तथा बादल भगवान के डाकिए हैं। जो विश्व-बंधुत्व, एकता व आपसी सहयोग की चिट्ठियाँ बाँटते हैं। उनके द्वारा ईश्वर से लाई चिट्ठियों को पेड़-पौधे, पानी और पहाड़ ही पढ़ पाते हैं। एक देश में खिलने वाले फूलों की सुगंध दूसरे देश में हवा व पक्षियों के पंखों द्वारा पहुँच जाती है। इसी प्रकार एक देश का भाप बना जल बादलों द्वारा दूसरे देश में बरसता है। भाव यह है कि बादल व पक्षियों द्वारा विश्व-बंधुत्व का ईश्वरीय संदेश संपूर्ण विश्व को प्रेरित करता है।

### *पाठ से आगे*

**प्रश्न 1. पक्षी और बादल की चिट्ठियों के आदान-प्रदान को आप किस दृष्टि से देख सकते हैं?**

**उत्तर–**पक्षी और बादलों की चिट्ठियों के आदान-प्रदान को हम वास्तविक रूप में समझ नहीं पाते। जबकि पक्षियों द्वारा फूलों की सुगंध को एक से दूसरे देश में पहुँचाना व बादलों का एक देश के पानी को भाप बनाकर दूसरे देश में बरसाना विश्व-बंधुत्व की भावना को दर्शाता है। मनुष्य को चाहिए कि उनसे सीख लेकर वर्ण व जातीय बंधन की बेड़ियों को तोड़ दें और एकता का संदेश चारों ओर फैलाए।

**प्रश्न 2.** आज विश्व में कहीं भी संवाद भेजने और पाने का एक बड़ा साधन इंटरनेट है। **पक्षी और बादल की चिट्ठियों की तुलना इंटरनेट से करते हुए दस पंक्तियाँ लिखिए।**

**उत्तर**–आज विश्व में कहीं भी संवाद भेजने और पाने का एक बड़ा साधन इंटरनेट है। इससे व्यक्ति जब चाहे, जहाँ चाहे, घर बैठे-बैठे बात कर सकता है। अपने विचार लिखकर भेज सकता है और साथ ही दूसरे का उत्तर भी पा सकता है।

दूसरी ओर बादल व पक्षियों की चिट्ठियाँ शांत हैं। वे चुपचाप बहकर अपना ईश्वरीय संदेश दूर-दराज़ के देशों तक पहुँचा कर विश्व-बंधुत्व की भावना फैलाना चाहते हैं। ये पूर्णतया मौन रहते हैं। इनके अंतर्मन की आवाज़ व ईश्वर के संदेश को प्रकृति अर्थात् पेड़-पौधे, पानी और पहाड़ समझ लेते हैं लेकिन मनुष्य उनका संदेश समझने में असमर्थ रहता है।

☞**प्रश्न 3. हमारे जीवन में डाकिए की 'भूमिका' क्या है? इस विषय पर दस वाक्य लिखिए।** **[Imp.]**

**उत्तर**–हमारे जीवन में डाकिया अहम् भूमिका निभाता है क्योंकि यह देशीय व अंतर-देशीय पत्र व संदेश एक मनुष्य से दूसरे मनुष्य तक पहुँचाता है। आज धन कमाने की लालसा व एकांकी परिवारों के प्रचलन से संयुक्त परिवार टूटते जा रहे हैं। जिससे सगे-संबंधी भी दूर-दूर निवास करने लगे हैं। ऐसे में उनके विचार, भावनाएँ व ज़रूरी बातें पत्राचार द्वारा एक स्थान से दूसरे स्थान पर पहुँचाई जाती हैं। डाकिया ही है जो जब आता है तो किसी के लिए खुशियाँ, किसी के लिए प्रेम संदेश, किसी की आर्थिक मजबूरियों से या दुख से भरे आदि पत्र लाता है। जो किसी के चेहरे की मुस्कुराहट बन जाते हैं व किसी को शोक में डुबो देते हैं। डाकिए मनीआर्डर लाने का भी कार्य करता है। इस प्रकार हमारे जीवन में डाकिया महत्त्वपूर्ण भूमिका निभाता है।

## *अनुमान और कल्पना*

**प्रश्न**–डाकिया, इंटरनेट के वर्ल्ड वाइड वेब (डब्ल्यू. डब्ल्यू. डब्ल्यू. www.) तथा पक्षी और बादल–**इन तीनों संवादवाहकों के विषय में अपनी कल्पना से एक लेख तैयार कीजिए। लेख लिखने के लिए आप ''चिट्ठियों की अनूठी दुनिया'' पाठ का सहयोग ले सकते हैं।**

**उत्तर**–प्रश्न परीक्षोपयोगी नहीं।

## 4. अन्य महत्त्वपूर्ण परीक्षोपयोगी प्रश्नोत्तर

## *लघु प्रश्नोत्तर*

**प्रश्न 1. भगवान के डाकिए कौन हैं?**

**उत्तर**–भगवान के डाकिए पक्षी एवं बादल हैं।

**प्रश्न 2. '*महादेश*' शब्द से क्या अभिप्राय है?**

**उत्तर**–'महादेश' शब्द से अभिप्राय है–एक बड़ा देश।

**प्रश्न 3.** *प्रकृति भगवान का संदेश जान जाती है*–**इसके माध्यम से कवि का क्या तात्पर्य है?**

**उत्तर**–प्रकृति अर्थात् पेड़, पौधे, नदियाँ, पहाड़ आदि भगवान का संदेश अर्थात् एक दूसरे के प्रति प्रेमभाव रखना चाहिए इसके माध्यम से कवि का तात्पर्य है कि हमें देश की सीमाओं में बंधकर नहीं रहना चाहिए। ईश्वर ने सभी धरतीवासियों को समान सुविधाएँ प्रदान की हैं लेकिन सीमाओं की रेखाएँ मनुष्य ने खींची हैं।

☞**प्रश्न 4.** *'एक देश का भाप दूसरे देश में पानी बन बरसता है'*–**इस वक्तव्य से आप क्या समझते हैं?**

**उत्तर**–'एक देश का भाप दूसरे देश में पानी बन बरसता है'–इस वक्तव्य का अर्थ है कि एक देश में बादल निर्मित होते हैं और दूसरे देश में जाकर बरस जाते हैं अर्थात् उनके मन में किसी प्रकार का कोई भेदभाव नहीं हैं।

☞**प्रश्न 5. 'भगवान के डाकिए' कविता से क्या संदेश मिलता है?** **[Imp.]**

**उत्तर**–'भगवान के डाकिए' कविता से यह संदेश मिलता है कि हमें संसार में मिलजुलकर रहना चाहिए। अपने जीवन काल में हमें ऐसे कार्य करने चाहिए जिनकी सुगंध पूरे विश्व में फैल जाए।

## दीर्घ प्रश्नोत्तर

**प्रश्न 6.** *पेड़-पौधे, पानी और पहाड़ ही भगवान के डाकिए का संदेश समझने में सक्षम हैं।* **क्यों?**

**उत्तर**–पेड़-पौधे, पानी और पहाड़ ही भगवान के डाकिए का संदेश समझने में सक्षम होते हैं क्योंकि ये सब ईश्वरीयकृत हैं। इनके मन में किसी के प्रति कोई भेदभाव की भावना नहीं होती। ये भगवान के डाकिए अर्थात् पक्षी व बादलों के संदेश से पूरी तरह सहमत होकर अपना विस्तार पाते हैं। इनकी सीमा रेखाएँ तो मानव द्वारा ही खींची जाती हैं।

**प्रश्न 7. पक्षी व बादलों को भगवान के डाकिए क्यों कहा गया है?**

**उत्तर**–डाकिया एक मनुष्य का संदेश दूसरे को पहुँचाने में सक्षम होता है उसी प्रकार पक्षी व बादल भगवान का यह संदेश कि सभी को एक-दूसरे से प्रेम, सहयोग व बंधुत्व की भावना से रहना चाहिए, सभी को देते हैं। तभी तो पक्षी अपने पंखों से फूलों की सुगंध को दूर-दराज़ तक के देशों में फैलाते हैं। बादल एक देश से भाप लेकर बादल बन दूसरे देश में पानी के रूप में बरसते हैं अर्थात् लोगों को संदेश देना चाहते हैं कि मिलजुलकर रहना चाहिए व परोपकार की भावना को साकार रूप देना चाहिए। इसी कारण पक्षी और बादल को भगवान के डाकिए कहा गया है।

☞**प्रश्न 8. 'भगवान के डाकिए' कविता का मूलभाव स्पष्ट कीजिए।** **[Imp.]**

**उत्तर**–'भगवान के डाकिए' कविता विश्व-बंधुत्व अर्थात् सभी देशों के लोगों को परस्पर मिलजुलकर रहना चाहिए इस बात की ओर संकेत करती है। जिस प्रकार प्रकृति अपने खज़ानों को लुटाने में किसी से भेदभाव नहीं करती ऐसे ही मनुष्य को भी किसी प्रकार का वर्ग या जातीय भेदभाव नहीं करना चाहिए। यही इस कविता का मूलभाव है।

☞**प्रश्न 9. विश्वबंधुत्व की भावना उजागर करने हेतु हम सबका क्या कर्तव्य बनता है?**

**उत्तर**–विश्वबंधुत्व की भावना का तात्पर्य सभी जातीय भेदभाव भुलाकर पूरे विश्व में बंधुत्व अर्थात् भाई-चारे की भावना को उजागर करना। आज पूरा विश्व न जाने कितने ही देशों में विभक्त है और कितने ही देश ऐसे हैं जिनके आपसी संबंध अच्छे नहीं हैं। ऐसे में उनकी किसी न किसी मुद्दे को लेकर टकरार होती है और आम जनता को मुश्किलों का शिकार होना पड़ता है। जिस प्रकार प्रकृति के सभी साधन बिना किसी भेदभाव के परोपकारी स्वभाव रखते हैं। ऐसे ही हमें भी सभी भेदभावों को भुलाकर विश्व स्तर पर सभी का सहयोगी होना चाहिए। एक-दूसरे देश की मुश्किलों को समझना चाहिए। नकारात्मक भावनाओं को मन में नहीं लाना चाहिए। यदि विश्व के सभी लोग मिल-जुलकर रहने का प्रयास करें तो पूरा विश्व उन्नति की ओर बढ़ सकता है।

# 5 क्या निराश हुआ जाए

*हजारी प्रसाद द्विवेदी*

प्रस्तुत पाठ में लेखक ने दर्शाया है कि सच्चाई, ईमानदारी, प्रेमभाव, परोपकार, दया, करुणा आदि ऐसे भाव हैं जो समाज का आधार हैं। परिस्थितियाँ कितनी भी परिवर्तित होती रहें लेकिन इनका अस्तित्व कभी भी समाप्त नहीं होता। साथ ही लेखक ने इस ओर भी संकेत किया है कि जीवन में अच्छे और बुरे सभी प्रकार के काम करने वाले लोग देखने को मिलते हैं परंतु हमें अच्छे काम करने वालों को देखकर जीवन के प्रति आशावादी दृष्टिकोण अपनाना चाहिए।

## 1. पाठ का सार

**लेखक का वर्तमान परिस्थितियों हेतु मत**—लेखक जब भी समाचार पत्रों को देखता है तो उसे चारों ओर ठगी, डकैती, चोरी, तस्करी और भ्रष्टाचार के ही समाचार छपे मिलते हैं। कोई भी व्यक्ति ईमानदार प्रतीत नहीं होता। हर व्यक्ति में कुछ न कुछ दोष ही नज़र आते हैं। दोषों को उभारने से गुण छिप जाते हैं। यह अवश्य ही चिंता का विषय है। लेकिन लेखक को लगता है कि भारत की धरती मनीषियों की धरती है, मानवता इसका आधार है। आर्य और द्रविड़, हिंदू और मुसलमान यूरोपीय और भारतीय आदर्शों की मिलन भूमि 'मानव महा समुद्र' कभी सूख नहीं सकता अर्थात् भारत तो सभी संस्कृतियों के मिलन का स्थान है। यह तो मानवता का विशाल सागर है जहाँ विभिन्न प्रकार की जातीय बूँदें मिलकर एक रूप ग्रहण करती हैं।

**जीवन के महान मूल्यों के प्रति आस्था कम होना**—लेखक का मानना है कि आजकल के माहौल में ईमानदारी, सच्चाई, मेहनत आदि को भीरुता व बेबसी समझा जाने लगा है। इससे जीवन के महान मूल्यों के प्रति लोगों की आस्था डगमगाने लगी है।

**आंतरिक भावनाओं की महत्ता**—लेखक का मत है कि भारत में कभी भी भौतिक चीजों को महत्त्व नहीं दिया गया। मनुष्य के अंतर्मन के भावों को ही विशेष माना गया है। भले ही सभी के हृदय में लोभ-मोह, काम-क्रोध का भाव रहता है। परंतु उन्हें प्रधान मानकर अपने मन को उनके इशारों पर चलाना उचित नहीं माना गया बल्कि संयम से उन्हें बाँधने का प्रयास किया गया है। लेकिन जब कभी इनकी आवश्यकता पड़ जाए तो इनका प्रयोग किया ही जाता है जैसे बीमार हेतु दवा आवश्यक होती है।

**लोगों का स्वार्थी होना**—लेखक सोचता है कि देश के करोड़ों दरिद्रजनों को लाभ पहुँचाने वाले कार्यों की व्यवस्था की जाती है जिससे कृषि, उद्योग, वाणिज्य, शिक्षा और स्वास्थ्य की स्थिति को सुधारा जा सके लेकिन लक्ष्य तो साधे जाते है परंतु उन्हें पूरा नहीं किया जाता। ऐसे में जिन लोगों को सुख-सुविधाएँ दी जानी चाहिए वे तो वंचित रह जाते हैं, दूसरे स्वार्थी लोग उनका फायदा उठाते रहते हैं।

**कानून को धर्म के रूप में देखना**—भारतवर्ष की विशेषता रही है कि यहाँ कानून को सदा धर्म के रूप में देखा जाता रहा है। लेकिन वर्तमान में कानून और धर्म में अंतर आ गया है। लोग मानने लगे हैं कि धर्म को धोखा नहीं दिया जा सकता। लेकिन कानून को दिया जा सकता है। यही कारण है कि लोग धर्म से तो डरते हैं लेकिन कानूनी कार्यों से लाभ उठाने में चूकते नहीं हैं। ऊपर से भले ही चाहे कोई कुछ भी कहे, परंतु धर्म सदा कानून से बड़ा ही रहा है। अब भी सेवा, ईमानदारी, सच्चाई और आध्यात्मिकता के मूल्यों का महत्त्व बना हुआ है। वे दब गए हैं परंतु नष्ट नहीं हुए। भ्रष्टाचार के प्रति आक्रोश भी यही सिद्ध करता है कि हम ऐसी चीजों को गलत समझते हैं और उन तत्त्वों की अहमियत भी कम करना चाहते हैं जो गलत तरीकों से धन व मान संग्रह करते हैं।

**बुराई को उजागर करना**–लेखक का मंतव्य है कि लोग किसी की बुराई या गलत पक्ष को उजागर करके रस लेते हैं अर्थात् मज़ा लेते हैं जबकि किसी की बुराई में आनंद लेना बुरी बात है और अच्छाई को जानते हुए भी–उसे उजागर न करना और भी बुरी बात है। यदि हम अच्छी बातों को उजागर करेंगे तो औरों के मन में भी ऐसी भावनाएँ जागृत होंगी।

**लेखक के जीवन की मानवीय भावनाओं से प्रेरित घटनाएँ**–एक बार रेलवे स्टेशन पर टिकट लेते हुए लेखक ने गलती से दस रुपए की जगह 100 रुपए का नोट पकड़ा दिया और जल्दी से डिब्बे में आकर बैठ गया। थोड़ी देर के बाद वही टिकट बाबू आया और नब्बे रुपए हाथ में देकर बोला ये अपने रुपए ले लीजिए। मुझसे बहुत गलती हो गई, न आपने देखा और न मैंने ध्यान दिया। यह सब कहते हुए उसके चेहरे पर संतोष दिखाई दे रहा था।

दूसरी घटना के अनुसार एक बार लेखक अपने परिवार-सहित रात में बस यात्रा कर रहा था। बस एक ऐसे स्थान पर खराब हो गई, जहाँ से 10 मील तक कहीं गाँव व आबादी नहीं थी। रात के दस बजे थे। कंडक्टर बस के ऊपर रखी एक साइकिल लेकर तेज़ी से चला गया। लोगों ने समझा दाल में कुछ काला है। ड्राइवर-कंडक्टर डाकुओं-लुटेरों से मिले हुए हैं। सभी लोग डर रहे थे। लगभग डेढ़ घंटे के बाद कंडक्टर एक दूसरी खाली बस लेकर आ गया। साथ में एक लोटा दूध भी लेखक के बच्चों के लिए ले आया, क्योंकि उसने यात्रियों के बच्चों को भूख के कारण रोते देखा था। यह देख सबकी जान में जान आई। इन दोनों घटनाओं के आधार पर लेखक ने बताया है कि चाहे ऐसी घटनाएँ कम ही होती हों, परंतु संख्या की दृष्टि से कम होने पर भी जीवन आस्था की दृष्टि से ये बहुत मूल्यवान और प्रभावकारी हैं। ऐसी घटनाएँ ही हमें आस्थावान और आशावादी बनाती हैं।

**लेखक का विश्वास**–लेखक का मानना है कि कई बार जीवन में मैं ठगा भी गया हूँ, धोखा भी खाया है, कुछ विश्वासघात भी सहा है। लेकिन यदि जीवन में प्रसन्न रहना चाहते हैं, आशावान बनना चाहते हैं तो केवल उन्हीं बातों का हिसाब मत रखो जिनमें धोखा खाया है, इससे जीवन जीना कष्टकर हो जाएगा। बल्कि ऐसी बातों को भी याद करो जब लोगों ने तुम्हारी जान बचाई है, तुम्हारी किसी भी रूप में सहायता की है, तो निराशा भरे मन को आशा की किरण अवश्य दिखाई पड़ती है। रवींद्रनाथ ने भगवान से प्रार्थना करते हुए कहा है कि चाहे संसार में नुकसान उठाना पड़े, धोखा खाना पड़े तो भी प्रभो! मेरा विश्वास तुम पर सदा बना रहे अर्थात् दुखों में भी उस ईश्वर का स्मरण करना चाहिए।

**आशा की ज्योति**–अंत में लेखक इस परिणाम पर पहुँचता है कि मनुष्य की बनाई नीतियाँ गलत नतीजे तक पहुँच रही हैं इनमें बदलाव करना होगा और सही परिणामों की ओर बढ़ना होगा। इस हेतु बढ़ाना है आत्मविश्वास व निराश होने की आवश्यकता नहीं है। परिश्रम करने से अवश्य निराशा के बादल छट जाएँगे।

## 2. शब्दार्थ और टिप्पणी

### *पृष्ठ 25*

**मन बैठना**–निराश होना। **तस्करी**–चोरी का व्यापार। **आरोप**–इलज़ाम। **प्रत्यारोप**–बदले में इलज़ाम। **वातावरण**–माहौल। **संदेह**–शक। **दृष्टि**–नज़र। **दोष**–अवगुण। **खोजने**–ढूँढ़ने। **अतीत**–बीता हुआ। **गह्वर**–गड्ढा। **मनीषी**–विचारक। **जीविका**–कमाई का साधन। **निरीह**–कमज़ोर, असहाय, बेचारा। **श्रमजीवी**–मेहनत करने वाला। **फल-फूल रहे हैं**–उन्नति कर रहे हैं। **पर्याय**–दूसरा नाम। **भीरु**–डरपोक। **बेबस**–लाचार। **आस्था**–विश्वास।

### *पृष्ठ 26*

**भौतिक**–कृत्रिम। **संग्रह**–एकत्रित। **आंतरिक**–हृदय के। **चरम**–सबसे ऊपर, प्रधान। **लोभ**–लालच। **मोह**–प्रेम कामना। **काम**–विषय वासनाएँ। **क्रोध**–गुस्सा। **उपेक्षा**–जिसकी परवाह न की जाए। **कोटि**–करोड़। **दरिद्रजनों**–गरीब लोगों। **हीन**–कमज़ोर। **अवस्था**–दशा। **कायदे-कानून**–नियम। **सुचारु**–सही रूप से। **पवित्र**–साफ़। **एकाएक**–अचानक। **त्रुटियों**–कमियों। **संकोच**–शर्म। **पर्याप्त**–काफी। **प्रमाण**–सबूत। **भीतर**–अंदर। **आध्यात्मिकता**–ईश्वर की ओर, धार्मिक। **सम्मान**–आदर। **आक्रोश**–गुस्सा।

### *पृष्ठ 27*

**प्रतिष्ठा**–इज़्ज़त। **पर्दाफाश**–उजागर करना। **दोषोद्‌घाटन**–कमियों को दिखाना। **लोक-चित्त**–लोगों के हृदय में। **विचित्र**–अजीब। **संतोष**–शांति। **लुप्त**–समाप्त। **अवांछित**–अनचाहा। **वंचना**–अभाव।

*पृष्ठ 28*

**निर्जन**–सुनसान, जहाँ कोई मनुष्य न हो। **चेहरे पर हवाइयाँ उड़ना**–डर के मारे घबरा जाना। **कातर मुद्रा**–रोनी सूरत।

*पृष्ठ 29*

**भयभीत**–डर। **व्याकुल**–परेशान। **गिड़गिड़ाना**–मिन्नतें करना।

*पृष्ठ 30*

**विश्वासघात**–विश्वास तोड़ना। **कष्टकर**–दुख देनेवाला। **ढाँढ़स**–हौंसला। **शक्ति**–हिम्मत। **विधियाँ**–तरीके/ नीतियाँ। **आशा की ज्योति**–आगे बढ़ने की किरण।

## 3. अर्थग्रहण संबंधी एवं बहुविकल्पी प्रश्नोत्तर

### *निम्न गद्यांशों को पढ़कर पूछे गए प्रश्नों के उत्तर दीजिए–*

☞ **1** इन दिनों कुछ ऐसा माहौल बना है कि ईमानदारी से मेहनत करके जीविका चलानेवाले निरीह और भोले-भाले श्रमजीवी पिस रहे हैं और झूठ तथा फ़रेब का रोज़गार करनेवाले फल-फूल रहे हैं। ईमानदारी को मूर्खता का पर्याय समझा जाने लगा है, सचाई केवल भीरु और बेबस लोगों के हिस्से पड़ी है। ऐसी स्थिति में जीवन के महान मूल्यों के बारे में लोगों की आस्था ही हिलने लगी है। **[Imp.]** (*पृष्ठ 25*)

**प्रश्न** *(Set I)*–

**(क)** *लेखक और पाठ का नाम लिखिए।*
**(ख)** *इन दिनों किस प्रकार का माहौल है?*
**(ग)** *ईमानदारी को मूर्खता का पर्याय क्यों समझा जाने लगा है?*
**(घ)** *जीवन के महान मूल्यों के प्रति लोगों की आस्था क्यों हिलने लगी है?*

**उत्तर**–

(क) *लेखक* – हजारी प्रसाद द्विवेदी
*पाठ* – क्या निराश हुआ जाए

(ख) इन दिनों माहौल बड़ा ही विचित्र है। आज ऐसे व्यक्ति जो ईमानदारी से मेहनत करके जीवन निर्वाह करना चाहते हैं, अत्यधिक परेशान हैं। श्रम करके जीवन निर्वाह करने वाले पिस रहे हैं परंतु छल-कपट करके उद्योग-धंधे करने वाले फल-फूल रहे हैं।

(ग) ईमानदारी को मूर्खता का पर्याय समझा जाने लगा है क्योंकि समाज में ईमानदार लोग बहुत कम संख्या में रह गए हैं। यदि वे अपने नियम-कानूनों के आधार पर कोई कार्य करते हैं तो उन्हें मूर्ख माना जाता है।

(घ) आजकल ईमानदारी से काम करने वाले को मूर्ख समझा जाता है। भीरु व बेबस अर्थात् डरपोक व लाचार लोग ही सच्चाई के मार्ग पर चलते हैं। छली-कपटी और चतुर व्यक्ति ईमानदारी तथा सच्चाई की परवाह नहीं करते और खूब फल-फूल रहे हैं। ऐसे वातावरण में जीवन के महान मूल्यों के प्रति लोगों की आस्था कम होना स्वाभाविक है।

**बहुविकल्पी प्रश्न** *(Set II)*–

1. *इन दिनों किस प्रकार का माहौल है?*
   (क) श्रमजीवी पिस रहे हैं। (ख) छल-कपट का बोलबाला है।
   (ग) ईमानदारी समाप्त होती जा रही है। (घ) दिए गए सभी।
2. *ईमानदारी को मूर्खता का पर्याय क्यों समझा जाता है?*
   (क) ईमानदार का पर्यायवाची शब्द मूर्खता है।
   (ख) यदि लोग ईमानदारी से कार्य करते हैं तो चालाक लोग उसे मूर्खता समझते हैं।
   (ग) ईमानदार लोग वास्तव में मूर्ख होते हैं।
   (घ) ईमानदार लोगों को मूर्ख बना दिया जाता है।

3. *जीवन के महान मूल्यों के प्रति लोगों की आस्था क्यों हिलने लगी है?*
(क) लोगों का ईमानदारी में विश्वास नहीं रहा।
(ख) छल-कपट का बोलबाला है।
(ग) लोग ईमानदार बनना नहीं चाहते।
(घ) ईमानदार लोगों की सोच बदलने लगी है।

4. *'श्रमजीवी' शब्द से आप क्या समझते हैं?*
(क) श्रम पर जीवन व्यतीत करना
(ख) मेहनत करने वाला अर्थात् परिश्रमी
(ग) श्रम का महत्त्व
(घ) श्रम रूपी जीव

**उत्तर–** 1. (घ) 2. (ख) 3. (ख) 4. (ख)

**2** भारतवर्ष ने कभी भी भौतिक वस्तुओं के संग्रह को बहुत अधिक महत्त्व नहीं दिया है, उसकी दृष्टि से मनुष्य के भीतर जो महान आंतरिक गुण स्थिर भाव से बैठा हुआ है, वही चरम और परम है। लोभ-मोह, काम-क्रोध आदि विचार मनुष्य में स्वाभाविक रूप से विद्यमान रहते हैं, पर उन्हें प्रधान शक्ति मान लेना और अपने मन तथा बुद्धि को उन्हीं के इशारे पर छोड़ देना बहुत बुरा आचरण है। भारतवर्ष ने कभी भी उन्हें उचित नहीं माना, उन्हें सदा संयम के बंधन से बाँधकर रखने का प्रयत्न किया है। परंतु भूख की उपेक्षा नहीं की जा सकती, बीमार के लिए दवा की उपेक्षा नहीं की जा सकती, गुमराह को ठीक रास्ते पर ले जाने के उपायों की उपेक्षा नहीं की जा सकती। (*पृष्ठ 26*)

**प्रश्न** *(Set I)*–

**(क)** *भारत में भौतिक वस्तुओं के संग्रह को महत्त्व क्यों नहीं दिया जाता?*
**(ख)** *बुरा आचरण लेखक ने किसे और क्यों कहा है?*
**(ग)** *भारतवर्ष का क्या प्रयत्न रहा है?*

**उत्तर–**

(क) भारत में अंतर्मन की आवाज़, आध्यात्म चिंतन व प्राकृतिक संपदा को अधिक महत्त्व दिया जाता है इसलिए भौतिक अर्थात् कृत्रिम वस्तुओं के संग्रह पर बल नहीं दिया जाता।

(ख) लोभ-मोह, काम-क्रोध आदि की भावना से जीवन यापन करना बुरा आचरण कहलाता है क्योंकि इनसे मनुष्य केवल स्वार्थ की भावनाएँ ही सीखता है, वह समाज हेतु कोई कार्य नहीं कर सकता।

(ग) भारतवर्ष का प्रयत्न रहा है कि मनुष्य के स्वाभाविक गुण लोभ, मोह, अहंकार आदि को नियंत्रण में किया जाए। इन्हें कभी शक्ति के रूप में ग्रहण नहीं करना चाहिए।

## बहुविकल्पी प्रश्न *(Set II)*–

1. *भारत में किन वस्तुओं के संग्रह को महत्त्व नहीं दिया जाता?*
(क) भौतिक वस्तुओं के संग्रह को
(ख) कृत्रिम साधनों को
(ग) धार्मिक अनुष्ठानों को
(घ) इनमें से कोई नहीं

2. *चरम और परम किसे माना जाता है?*
(क) अकेला व एकसार
(ख) अग्रणी व प्रधान
(ग) अग्र व पीछे
(घ) इनमें से कोई नहीं।

3. *'बुरा आचरण' से क्या अभिप्राय है?*
(क) अंतर्मन की भावना पर गौर करना
(ख) दूसरों के प्रति सही व्यवहार न होना
(ग) बुद्धि व मन को अपने इशारों पर चलाना
(घ) दुनिया की परवाह न करना।

4. *मनुष्य को अपना आचरण शुद्ध क्यों रखना चाहिए?*
(क) ताकि अधिक से अधिक मित्र बनाए जा सकें।
(ख) ताकि विश्व में अपनी संस्कृति का ऊँचा स्थान बना रहे।
(ग) ताकि जीवन सुचारु रूप से चल सके।
(घ) ताकि लोगों का सही मार्ग दर्शन हो सके।

**उत्तर–** 1. (क) 2. (ख) 3. (ख) 4. (ग)

**3** इस देश के कोटि-कोटि दरिद्रजनों की हीन अवस्था को दूर करने के लिए ऐसे अनेक कायदे-कानून बनाए गए हैं जो कृषि, उद्योग, वाणिज्य, शिक्षा और स्वास्थ्य की स्थिति को अधिक उन्नत और सुचारु बनाने के लक्ष्य से प्रेरित हैं, परंतु जिन लोगों को इन कार्यों में लगना है, उनका मन सब समय पवित्र नहीं होता। प्रायः वे ही लक्ष्य को भूल जाते हैं और अपनी ही सुख-सुविधा की ओर ज़्यादा ध्यान देने लगते हैं। (पृष्ठ *26*)

**प्रश्न** *(Set I)*–

**(क)** *दरिद्रजनों हेतु बनाए गए नियमों का उद्देश्य क्या है?*

**(ख)** *नियमों को क्रियान्वित करने वालों का मन पवित्र क्यों नहीं होता?*

**(ग)** *क्या दरिद्रों हेतु बनाए गए नियम उनके लिए उपयोगी सिद्ध होते हैं?*

**उत्तर–**

(क) भारत देश के करोड़ों दरिद्रजनों हेतु बनाए नियमों का उद्देश्य है कि कृषि, उद्योगों, वाणिज्य, शिक्षा और स्वास्थ्य के क्षेत्रों को उन्नत बनाया जाए और लोगों को अधिक-से-अधिक सुविधाएँ प्रदान की जाएँ।

(ख) नियमों को क्रियान्वित करने वालों का मन पवित्र नहीं होता क्योंकि उन्हें स्वार्थ भावना सताती है। वह धन जो लोगों को सुविधाएँ देने हेतु खर्च किया जाना चाहिए उसे वे स्वयं हड़पना चाहते हैं।

(ग) दरिद्रों हेतु बनाए गए नियम उनके लिए उपयोगी तो होते हैं लेकिन जो लोग उन्हें क्रियान्वित करने वाले होते हैं उनकी स्वार्थ भावना के कारण वे पूर्णतया लाभान्वित नहीं हो पाते।

**बहुविकल्पी प्रश्न** *(Set II)*–

1. *दरिद्रजनों के लिए कैसे नियम बनाए गए हैं?*
   (क) उन्हें शिक्षित करने हेतु
   (ख) उन्हें विदेश भेजने हेतु
   (ग) उनका आर्थिक उत्थान करने हेतु
   (घ) उन्हें नवीनता की ओर अग्रसर करने हेतु
2. *ये नियम क्यों बनाए गए हैं?*
   (क) लोगों को शिक्षित करने हेतु।
   (ख) कृषि, उद्योगों, वाणिज्य, शिक्षा और स्वास्थ्य सभी क्षेत्रों का विकास करने हेतु
   (ग) दरिद्रजनों के जीवन को नियमित करने हेतु
   (घ) इनमें से कोई नहीं।
3. *दरिद्रों हेतु बनाए गए नियम उपयोगी सिद्ध क्यों नहीं होते हैं?*
   (क) क्योंकि वे नियम उनका उत्थान नहीं करते हैं।
   (ख) क्योंकि उनके लिए बनाए गए नियम, कानून व सुविधाएँ उन्हें मिल ही नहीं पातीं।
   (ग) वे लोग उन नियमों व सुविधाओं को प्राप्त करने में सक्षम नहीं होते।
   (घ) इनमें से कोई नहीं।
4. *'हीन अवस्था' शब्द किस संदर्भ में प्रयुक्त हुआ है?*
   (क) हर ओर से कमजोर
   (ख) गिरी हुई दशा
   (ग) शोचनीय आर्थिक अवस्था
   (घ) सही न सोच पाने की दशा।

**उत्तर–** 1. (ग) 2. (ख) 3. (ख) 4. (ग)

☞ **4** दोषों का पर्दाफाश करना बुरी बात नहीं है। बुराई यह मालूम होती है कि किसी के आचरण के गलत पक्ष को उद्‌घाटित करके उसमें रस लिया जाता है और दोषोद्‌घाटन को एकमात्र कर्तव्य मान लिया जाता है। बुराई में रस लेना बुरी बात है, अच्छाई में उतना ही रस लेकर उजागर न करना और भी बुरी बात है। सैकड़ों घटनाएँ ऐसी घटती हैं जिन्हें उजागर करने से लोक-चित्त में अच्छाई के प्रति अच्छी भावना जगती है। **[Imp.]** (पृष्ठ *27*)

**प्रश्न** *(Set I)*–

**(क)** *दोषों का पर्दाफाश करना बुरी बात क्यों नहीं है?*

**(ख)** *दोषों को प्रकट करने में आनंद लेने को लेखक ने बुरा क्यों बताया है?*

*(ग) लोक-चित्त में अच्छाई के प्रति अच्छी भावना कैसे जागृत की जा सकती है?*

**उत्तर–**

(क) दोषों का पर्दाफाश करना बुरी बात नहीं है क्योंकि समाज में दोषों का पर्दाफाश करके अर्थात् दोषों को उजागर करके ही उन्हें समाप्त किया जा सकता है जिससे स्वस्थ समाज की नींव रखी जा सकती है।

(ख) दोषों को प्रकट करने में आनंद लेने को लेखक ने बुरा बताया है क्योंकि ऐसा करने से जिसके दोष निकाले जाते हैं, वह अपने-आप में हीन भावना का शिकार होते हैं। समाज में उन्हें अपना अस्तित्व तुच्छ लगने लगता है। ऐसे में दोषों का निवारण भी नहीं हो पाता।

(ग) अच्छाई को रस लेकर बुराई की भाँति उजागर नहीं किया जाता जबकि लेखक का मानना है कि यदि अच्छाइयों को उजागर किया जाए तो लोक-चित्त अर्थात् लोगों के हृदय में अच्छाई के प्रति अच्छी भावनाएँ जागृत होंगी। इससे समाज के लोग लोकहित कार्यों की ओर अग्रसर होंगे।

**बहुविकल्पी प्रश्न** *(Set II)*–

1. *लेखक ने किसे बुरी बात कहा है?*
   (क) लोगों के मज़ाक उड़ाने को
   (ख) किसी के आचरण की कमियों को उजागर करने में आनंद लेना
   (ग) किसी की कमियाँ उजागर करने में
   (घ) किसी की बुराइयाँ करने में
2. *किसी की कमियों को उजागर करने में रस लेने को बुरी बात क्यों कहा गया है?*
   (क) क्योंकि इससे समाज में बुरी भावनाएँ बढ़ती हैं।
   (ख) क्योंकि किसी की कमियों को उजागर करने में रस लेने से दोषों का निवारण नहीं हो पाता।
   (ग) क्योंकि इससे लोग शर्मिंदा हो जाते हैं।
   (घ) इनमें से कोई नहीं।
3. *लोकचित्त में अच्छाई के प्रति अच्छी भावना कैसे जागृत की जा सकती है?*
   (क) अच्छाइयों को उजागर करके
   (ख) लोगों को महापुरुषों के कार्यों की शिक्षा देकर
   (ग) लोगों का सही मार्गदर्शन करके
   (घ) लोगों द्वारा की गई गलतियों को सुधारकर।
4. *'पर्दाफाश' शब्द से क्या अभिप्राय है?*
   (क) पर्दा उठाना
   (ख) वास्तविकता को सामने लाना
   (ग) नई दिशा देना
   (घ) पुरानी बातों को उजागर करना।

**उत्तर–** 1. (ख) 2. (ख) 3. (क) 4. (ख)

**5** एक बार रेलवे स्टेशन पर टिकट लेते हुए गलती से मैंने दस के बजाय सौ रुपये का नोट दिया और मैं जल्दी-जल्दी गाड़ी में आकर बैठ गया। थोड़ी देर में टिकट बाबू उन दिनों के सेकंड क्लास के डिब्बे में हर आदमी का चेहरा पहचानता हुआ उपस्थित हुआ। उसने मुझे पहचान लिया और बड़ी विनम्रता के साथ मेरे हाथ में नब्बे रुपये रख दिए और बोला, "यह बहुत गलती हो गई थी। आपने भी नहीं देखा, मैंने भी नहीं देखा।" उसके चेहरे पर विचित्र संतोष की गरिमा थी। मैं चकित रह गया।

(पृष्ठ *27*)

**प्रश्न** *(Set I)*–

*(क) लेखक ने टिकट बाबू को गलती से कितने का नोट दिया उसे कितने पैसे वापस मिलने थे?*

*(ख) टिकट बाबू लेखक को ढूँढ़ता हुआ क्यों आया?*

*(ग) लेखक चकित क्यों रह गया?*

**उत्तर–**

(क) लेखक ने टिकट बाबू को गलती से दस के नोट की बजाय सौ रुपए का नोट दे दिया।

(ख) टिकट बाबू लेखक को इसलिए ढूँढ़ता हुआ आया क्योंकि वह उनके पैसे लौटाना चाहता था।

(ग) लेखक ने तो गलती से सौ का नोट टिकट बाबू को दिया था। उसके ध्यान में भी न था कि उसने नब्बे रुपए वापस लेने हैं लेकिन जब अचानक टिकट बाबू ने उन्हें पैसे दिए तो वह हैरान रह गया। उसके मन में यह विचार कौंध गया कि अभी भी समाज में ईमानदारी विद्यमान है।

**बहुविकल्पी प्रश्न** *(Set II)*–

1. *लेखक ने टिकट बाबू को कितने का नोट दिया?*

(क) पचास का (ख) सौ का (ग) पाँच का (घ) बीस का

2. *टिकट बाबू से लेखक को कितने पैसे वापस मिलने थे?*

(क) नब्बे रुपए (ख) पचास रुपए (ग) साठ रुपए (घ) अस्सी रुपए

3. *टिकट बाबू लेखक को क्यों ढूँढ़ रहा था?*

(क) उनसे बकाया पैसे लेने के लिए (ख) उन्हें नब्बे रुपए देने के लिए

(ग) माफी माँगने के लिए (घ) उन्हें टिकट देने के लिए

4. *लेखक किस बात पर चकित था?*

(क) अपने पैसे वापिस मिलने पर (ख) टिकट बाबू की बात पर

(ग) टिकट बाबू की ईमानदारी देखकर (घ) इनमें से कोई नहीं।

उत्तर– 1. (ख) 2. (क) 3. (ख) 4. (ग)

## 4. पाठ्यपुस्तक के प्रश्न-अभ्यास

*(पृष्ठ 30-32)*

### *आपके विचार से*

प्रश्न 1. लेखक ने स्वीकार किया है कि लोगों ने उन्हें भी धोखा दिया है फिर भी वह निराश नहीं है। **आपके विचार से इस बात का क्या कारण हो सकता है?** **[Imp.]**

उत्तर–लेखक ने जीवन में दूसरे लोगों से कई बार धोखा खाया है, ठगा भी गया है लेकिन फिर भी वह निराश नहीं है। उसके जीवन में ऐसे अवसर भी आए हैं जब लोगों ने एक-दूसरे की सहायता की है, निराश मन को हौंसला भी दिया है। टिकट बाबू द्वारा बचे हुए पैसे लेखक को लौटाना, बस कंडक्टर द्वारा दूसरी बस व बच्चों के लिए दूध लाना आदि ऐसी ही घटनाएँ हैं। इसलिए उसे विश्वास है कि समाज में मानवता, प्रेम, आपसी सहयोग समाप्त नहीं हो सकते।

प्रश्न 2. समाचार-पत्रों, पत्रिकाओं और टेलीविज़न पर आपने ऐसी अनेक घटनाएँ देखी-सुनी होंगी जिनमें लोगों ने बिना किसी लालच के दूसरों की सहायता की हो या ईमानदारी से काम किया हो। **ऐसे समाचार तथा लेख एकत्रित करें और कम-से-कम दो घटनाओं पर अपनी टिप्पणी लिखें।**

उत्तर– **दैनिक जागरण**

**कॉलम–पाठकनामा**

**परोपकार**

उत्तराखंड में गंगा के विनाशकारी रूप में मृत्यु को प्राप्त सैकड़ों लोगों के छोटे-छोटे बच्चे अनाथ हो गए। इन अनाथ बच्चों के सुखद भविष्य हेतु समाजसेवी संस्था शिवसेना के वरिष्ठ अधिकारियों ने सभी बाल सुविधाओं से परिपूर्ण 'शिशुगृह' नामक अनाथालय का निर्माण करवाया। इसमें बच्चों को शिक्षा सहित सभी सुविधाएँ प्रदान की जाएगी।

**टिप्पणी**–इस समाचार को पढ़कर हम कह सकते हैं कि वर्तमान आधुनिक समाज के दौर में भले ही लोग आत्मकेंद्रित होते जा रहे हैं लेकिन मानवीय मूल्य आज भी समाज में विद्यमान है।

नवभारत टाइम्स *(सामान्य समाचार)*

**विकलांगों को आर्थिक प्रोत्साहन**

भारत की राजधानी दिल्ली के नवनिर्वाचित मुख्यमंत्री ने अपने प्रथम भाषण में यह ऐलान किया कि विकलांगों को आर्थिक रूप से सशक्त बनाने हेतु योग्यतानुसार सरकारी नौकरियों, कारोबार एवं बैटरी चालित ऑटो रिक्शा की सुविधाएँ बड़ी मात्रा में प्रदान की जाएँगी।

**टिप्पणी**–ऐसे कार्यों से समाज आत्मनिर्भरता की ओर बढ़ता है और लोगों के हृदय से हीन भावना कम होती है।

प्रश्न 3. लेखक ने अपने जीवन की दो घटनाओं में रेलवे के टिकट बाबू और बस कंडक्टर की अच्छाई और ईमानदारी की बात बताई है। **आप भी अपने या अपने किसी परिचित के साथ हुई किसी घटना के बारे में बताइए जिसमें किसी ने बिना किसी स्वार्थ के भलाई, ईमानदारी और अच्छाई के कार्य किए हों।**

उत्तर–समाज में नित दिन ऐसी बहुत-सी घटनाएँ घटती हैं जिन्हें मीडिया समाचार-पत्र आदि उजागर नहीं करते लेकिन नकारात्मक घटनाओं को जल्द ही प्रकाशित कर दिया जाता है। निम्न घटना सत्यता पर आधारित है जो मेरे मित्र के जीवन में घटी–

मेरे मित्र के पिता दुघर्टना ग्रस्त हो गए। उनकी टाँग की हड्डी टूट गई। डॉक्टर ने कहा कि ठीक होने में दो वर्ष लगेंगे। घर.चलाना व बच्चों को पढ़ाना मुश्किल हो गया। ऐसे में अचानक उनके एक मित्र जो कभी उनके साथ कॉलेज में पढ़ते थे, उनको पता चला तो उन्होंने कहा कि दो वर्ष वे उनकी फैक्ट्री का काम देखेंगे। उन्होंने अपने कहे वचन निभाएँ। मेरे मित्र के पिताजी का कारोबार सँभाला और जितनी सहायता हो सकती थी की। ऐसे व्यक्ति का तो सभी को कृतज्ञ होना चाहिए।

### *पर्दाफ़ाश*

प्रश्न 1. **दोषों का पर्दाफ़ाश करना कब बुरा रूप ले सकता है?**

उत्तर–दोषों का पर्दाफ़ाश करना तब बुरा रूप लेता है जब गलत लोगों के दोषों को उभारा जाए तो वे उग्र रूप ले लें या समाज में आतंक फैला दें।

प्रश्न 2. आजकल के बहुत से समाचार पत्र या समाचार चैनल 'दोषों का पर्दाफ़ाश' कर रहे हैं। **इस प्रकार समाचारों और कार्यक्रमों की सार्थकता पर तर्क सहित विचार लिखिए?**

उत्तर–आजकल बहुत से समाचार पत्र व समाचार चैनल 'दोषों का पर्दाफाश' कर रहे हैं। इसका कारण यह है कि लोग ऐसे समाचारों को पढ़कर या देखकर सचेत हो जाएँ और अपने आस-पास के माहौल में ऐसा न होने दें। इन कार्यक्रमों से लोगों को साहस और शक्ति मिलती है। वर्तमान में टी.वी. के समाचार चैनल 'आजतक' में प्रत्येक समाचार को विस्तार से दिखाया जाता है जिससे लोगों को अपने आसपास के वातावरण में घटने वाली घटनाओं के बारे में जानकारी रहती है। दूसरी ओर घरेलू व कानून संबंधी कार्यक्रम भी समाज की सच्चाई का प्रदर्शन करते हैं। इस क्षेत्र में समाचार पत्र भी अपनी विशेष भूमिका निभाते हैं।

### *कारण बताइए*

**निम्नलिखित के संभावित परिणाम क्या-क्या हो सकते हैं? आपस में चर्चा कीजिए,**

**जैसे**–*''ईमानदारी को मूर्खता का पर्याय समझा जाने लगा है।''* **परिणाम–भ्रष्टाचार बढ़ेगा।**

1. *''सच्चाई केवल भीरु और बेबस लोगों के हिस्से पड़ी है।''* ........................

उत्तर–सच्चाई केवल भीरु और बेबस लोगों के हिस्से पड़ी है–*तानाशाही बढ़ेगी।*

2. *''झूठ और फरेब का रोज़गार करनेवाले फल-फूल रहे हैं।''* ........................

उत्तर–झूठ और फरेब का रोज़गार करनेवाले फल-फूल रहे हैं–*भ्रष्टाचार बढ़ेगा।*

3. *''हर आदमी दोषी अधिक दिख रहा है, गुणी कम।''* ........................

उत्तर–'हर आदमी दोषी अधिक दिख रहा है, गुणी कम'–*अविश्वास बढ़ेगा।*

## दो लेखक और बस यात्रा

प्रश्न 1. आपने इस लेख में एक बस की यात्रा के बारे में पढ़ा। इससे पहले भी आप एक बस यात्रा के बारे में पढ़ चुके हैं। **यदि दोनों बस-यात्राओं के लेखक आपस में मिलते तो एक-दूसरे को कौन-कौन सी बातें बताते? अपनी कल्पना से उनकी बातचीत लिखिए।**

उत्तर–यदि 'बस यात्रा' और 'क्या निराश हुआ जाए' पाठों के लेखक आपस में बातें करें तो निम्न रूप से करेंगे–

**हरिशंकर** – अरे भाई हजारी, क्या बताऊँ? कल से बहुत परेशान हूँ।

**हजारी** – क्यों! क्या हो गया?

**हरिशंकर** – कल एक ऐसी बस में बैठ गया जिसकी हालत बहुत खराब थी।

**हजारी** – फिर!

**हरिशंकर** – पाँच घंटे का पहाड़ी सफर था, मेरा तो अंग-अंग दर्द हो रहा है।

**हजारी** – बस के मालिक भी किराया तो यात्रियों से पूरा लेते हैं लेकिन उनकी सुविधाओं की चिंता नहीं करते।

**हरिशंकर** – हजारी! तेरी उस दिन की बस यात्रा कैसी रही?

**हजारी** – उस दिन मेरी बस यात्रा में एक ऐसी घटना घटी कि मैं भुलाए नहीं भूल सकता।

**हरिशंकर** – क्या हो गया था?

**हजारी** – मैं अपनी पत्नी और बच्चों के साथ जब बस में जा रहा था तो अचानक बस खराब हो गई। लोग डर गए।

**हरिशंकर** – बस के खराब होने पर लोग डर गए!

**हजारी** – रास्ता सुनसान था हरिशंकर!

**हरिशंकर** – फिर क्या हुआ?

**हजारी** – अचानक कंडक्टर साइकिल पर सवार होकर चला गया!

**हरिशंकर** – कहाँ?

**हजारी** – यही तो पता नहीं था। इसलिए लोग कई प्रकार की बातें करने लगे कि ड्राइवर ने तो कंडक्टर को डाकुओं को बुलाने भेज दिया है। वे ड्राइवर को मारने को उतारू थे।

**हरिशंकर** – फिर क्या हुआ?

**हजारी** – थोड़ी देर में कंडक्टर खाली बस ले आया और छोटे बच्चों के लिए दूध आदि भी।

**हरिशंकर** – वाह भई वाह!

**हजारी** – इस बात से मन गद्‌गद हो गया कि आज भी मानवता जिंदा है।

## सार्थक शीर्षक

प्रश्न 1. **लेखक ने लेख का शीर्षक 'क्या निराश हुआ जाए' क्यों रखा होगा? क्या आप इससे भी बेहतर शीर्षक सुझा सकते हैं?**

उत्तर–'क्या निराश हुआ जाए'–लेखक के शीर्षक के मायने हैं कि मनुष्य को निराश नहीं होना चाहिए, समाज में अगर अराजकता के तत्त्व बढ़ रहे हैं तो मानवीय भाव भी जिंदा हैं। जिनके सहारे भारत की मानवता कभी मिट नहीं सकती। हम इसका अन्य शीर्षक दे सकते हैं–आशावादी।

प्रश्न 2. **यदि 'क्या निराश हुआ जाए' के बाद कोई विराम चिह्न लगाने के लिए कहा जाए तो आप दिए गए चिह्नों में से कौन-सा चिह्न लगाएँगे? अपने चुनाव का कारण भी बताइए। – , । . ! ? . ; – , .... ।**

उत्तर–'क्या निराश हुआ जाए' के बाद हमें प्रश्न चिह्न अर्थात् 'क्या निराश हुआ जाए?' लगाना सही समझेंगे। क्योंकि समाज में गलत कार्य चोरी, डकैती, ठगी, भ्रष्टाचार आदि को देखकर विचलित नहीं होना चाहिए। यह तो सदा से ही समाज में व्याप्त रहे हैं। मनुष्य तो वह है जो इनके बावजूद भी समाज में सकारात्मक कार्यों को बढ़ावा दे और समाज का रुख मोड़कर अपने पथ का स्वयं निर्माण करे।

☞• ''आदर्शों की बातें करना तो बहुत आसान है पर उन पर चलना बहुत कठिन है।'' **क्या आप इस बात से सहमत हैं? तर्क सहित उत्तर दीजिए।** **[Imp.]**

**उत्तर**–'आदर्शों की बातें करना तो आसान होता है, पर उन पर चलना बहुत कठिन है'–यह कथन पूर्णतया सत्य है क्योंकि किसी को उपदेश देना तो बहुत आसान है उन्हीं उपदेशों पर स्वयं खरा उतरना अत्यधिक कठिन। यह कहना कि 'सच बोलना चाहिए' बहुत आसान है लेकिन क्या हर व्यक्ति सच बोलकर ही जीवन व्यतीत कर रहा है? नहीं! अपनी सुविधा हेतु प्रत्येक मनुष्य झूठ बोलने से चूकता नहीं। किसी से फोन पर बात न करके यह कहलवाना भी कि 'वे घर पर नहीं हैं' भी झूठ बोलना ही है। झूठ चाहे छोटा हो या बड़ा झूठ तो झूठ ही कहलाता है।

### *सपनों का भारत*

**प्रश्न 1.** ''हमारे महान मनीषियों के सपनों का भारत है और रहेगा।'' **आपके विचार से हमारे महान विद्वानों ने किस तरह के भारत के सपने देखे थे? लिखिए।**

**उत्तर**–हमारे महान विद्वानों ने ऐसे भारत की कल्पना की थी जिसमें सभी एक-दूसरे से प्रेम व सहयोग की भावना से रहें। वे चाहते थे कि आर्य और द्रविड़, हिंदू और मुसलमान, यूरोपीय और भारतीय आदर्शों की मिलन भूमि भारत ही हो। उन्होंने इसे 'मानव महा समुद्र' के रूप में देखना चाहा।

लोग भौतिक वस्तुओं का संग्रह न करें, आंतरिक तत्त्वों को अधिक महत्त्व दें। वे लोगों में संयम, सादगी और सरलता के भाव को देखना चाहते थे।

☞**प्रश्न 2. आपके सपनों का भारत कैसा होना चाहिए? लिखिए।** **[Imp.]**

**उत्तर**–मैं चाहता हूँ कि मेरा भारत विश्व में सबसे अग्रणी हो। भ्रष्टाचार, बेकारी व बेरोजगारी का नामोनिशान तक भारत में न हो। सभी धर्मों के लोग मिलजुलकर रहें, सांप्रदायिक एकता का भाव हो। देश विज्ञान, शिक्षा, योग, व्यापार-उद्योगों के क्षेत्र में, अधिक-से-अधिक उन्नति करें। नई संस्कृतियों का मेल इस प्रकार किया जाए कि भारतीय संस्कृति जो विश्व विख्यात है डगमगा न जाए। लोगों के हृदय में एक-दूसरे के प्रति प्रेम, सहानुभूति व सहयोग की भावना हो।

### *भाषा की बात*

**प्रश्न 1.** दो शब्दों के मिलने से समास बनता है। समास का एक प्रकार है–द्वंद्व समास। इसमें दोनों शब्द प्रधान होते हैं। जब दोनों भाग प्रधान होंगे तो एक-दूसरे में द्वंद्व (स्पर्धा, होड़) की संभावना होती है। कोई किसी से पीछे रहना नहीं चाहता, जैसे–चरम और परम = चरम-परम, भीरु और बेबस = भीरू-बेबस। दिन और रात = दिन-रात।

'और' के साथ आए शब्दों के जोड़े को 'और' हटाकर (–) योजक चिह्न भी लगाया जाता है। कभी-कभी एक साथ भी लिखा जाता है। **द्वंद्व समास के बारह उदाहरण ढूँढ़कर लिखिए।**

**उत्तर**– (1) आरोप-प्रत्यारोप (2) फल-फूल (3) काम-क्रोध (4) लोभ-मोह
(5) कायदे-कानून (6) मारने-पीटने (7) गुण-दोष (8) सुख-सुविधा
(9) झूठ-फरेब (10) कानून-धर्म (11) लोक-चित्त (12) दया-माया

**प्रश्न 2. पाठ से तीनों प्रकार की संज्ञाओं के उदाहरण खोजकर लिखिए।**

**उत्तर**–**व्यक्तिवाचक**–भारतवर्ष, कविवर रविंद्रनाथ ठाकुर।

**जातिवाचक**–देश, आदमी, व्यक्ति, दरिद्रजनों, लोग, महिलाओं, रेलवे स्टेशन, परिवार, बच्चे, ड्राइवर, बस, कंडक्टर।

**भाववाचक**–मन, गुण, दोष, झूठ, फरेब, आस्था, लोभ, मोह, क्रोध, पवित्र, सेवा, भयभीत, व्याकुल, लायक, मनुष्यता, दया, माया।

## 5. अन्य महत्त्वपूर्ण परीक्षोपयोगी प्रश्नोत्तर

### *लघु प्रश्नोत्तर*

**प्रश्न 1. 'क्या निराश हुआ जाए' पाठ की विधा क्या है?**

**उत्तर**–'क्या निराश हुआ जाए' पाठ की विधा निबंध है। इसमें लेखक हजारी प्रसाद द्विवेदी ने केवल अपने विचारों को दर्शाया है।

**प्रश्न 2. लेखक ने भारत को *'मानव महासमुद्र'* क्यों कहा है?**

**उत्तर**–भारत की धरती मनीषियों की मानी जाती है और मानवता इसका आधार है। आर्य और द्रविड़, हिंदू और मुसलमान; यूरोपीय और भारतीय आदर्शों की मिलन भूमि है अर्थात् भारत सभी संस्कृतियों का मिलन स्थल है। यह मानवता का विशाल सागर है जो विभिन्न प्रकार की जातीय बूँदों से मिलकर बना है इसलिए लेखक ने भारत को 'मानव महासमुद्र' की संज्ञा दी है।

**प्रश्न 3. लेखक के अनुसार आज के समाज में कौन-कौन सी बुराइयाँ दिखाई देती हैं?**

**उत्तर**–लेखक के अनुसार आज के समाज में आरोप-प्रत्यारोप का कुछ ऐसा वातावरण बन गया है कि देश में कोई ईमानदार ही दिखाई नहीं पड़ता। जो व्यक्ति जितने ऊँचे पद पर है उसमें उतने ही अधिक दोष दिखाए जाते हैं। ईमानदारी को मूर्खता का पर्याय समझा जाने लगा है। सच्चाई केवल भीरु और बेबस लोगों के हिस्से पड़ी है। जीवन के महान मूल्यों के प्रति लोगों की आस्था नहीं रही।

**☞प्रश्न 4. जीवन के महान मूल्यों के प्रति आस्था क्यों हिलने लगी है?** **[Imp.]**

**उत्तर**–वर्तमान में समाज में ईमानदार और मेहनत करके अपना निर्वाह करने वाले को मूर्ख समझा जाता है। धोखा-धड़ी, झूठ और फरेब से काम करने वाले लोग फल-फूल रहे हैं। सच्चाई केवल डरपोक व कमज़ोर लोगों के लिए ही रह गई है। परिश्रमी, ईमानदार व सच बोलने वाले को अनेक कठिनाइयों का सामना करना पड़ता है। इसीलिए जीवन के महान मूल्यों के प्रति हमारी आस्था कम हो गई है।

**प्रश्न 5. भारतवर्ष की क्या विशेषता रही है?**

**उत्तर**–भारतवर्ष की विशेषता रही है कि यहाँ कभी भी भौतिक वस्तुओं के संग्रह को महत्त्व न देकर सदा नैतिक मूल्यों को अधिक महत्त्व दिया गया है। लोभ, मोह, क्रोध आदि विकारों को उचित न मानकर सदा संयम में रहने को प्रधानता दी गई है।

**प्रश्न 6.** ***समाज में सकारात्मक भावों को बढ़ावा मिले*****–इस हेतु लेखक क्या चाहता है?**

**उत्तर**–लेखक का मत है कि समाज में बुराइयों का पर्दाफ़ाश बहुत अधिक किया जाता है। इससे नकारात्मकता के भाव उत्पन्न होते हैं और लोगों का एक दूसरे पर से विश्वास उठ जाता है। इसके विपरीत यदि समाज में घटित होने वाले अच्छे कार्यों को उजागर किया जाए तो लोगों में सकारात्मक भावों को बढ़ाया जा सकता है।

**☞प्रश्न 7. लेखक का यह क्यों मानना है कि अच्छाई को उजागर करना चाहिए?**

**उत्तर**–हमारे समाज की यह विशेषता है कि लोग समाज में होने वाली बुराई का अधिक बखान करते हैं जबकि लेखक का मानना है कि समाज में बहुत-सी अच्छी घटनाएँ भी घटती हैं, जिन्हें समाज में उजागर करना चाहिए क्योंकि इससे दूसरे लोगों के मन में भी दूसरों के साथ अच्छा व्यवहार करने के भाव जागृत होंगे जिससे समाज में लोक कल्याण की भावना बढ़ेगी।

**☞प्रश्न 8. बस यात्रियों ने कंडक्टर पर संदेह क्यों किया?**

*अथवा*

**बस यात्रियों ने कंडक्टर को बुरा आदमी क्यों समझा?**

**उत्तर**–वर्तमान समय में धोखाधड़ी की घटनाएँ बढ़ती जा रही हैं। विश्वसनीय लोग भी विश्वासघात कर देते हैं। यही कारण था कि कंडक्टर बस और बच्चों के दूध का प्रबंध करने गया था और लोगों ने उस पर संदेह करके सोचा कि वह चोर-डाकूओं के साथ मिला हुआ है।

**☞प्रश्न 9. भ्रष्टाचार के विरुद्ध आक्रोश प्रकट करना किस बात को प्रमाणित करता है?** **[Imp.]**

**उत्तर**–भ्रष्टाचार आदि के विरुद्ध आक्रोश प्रकट करना यह प्रमाणित करता है कि हम अब भी सेवा, ईमानदारी, सच्चाई और आध्यात्मिकता को महत्त्व देते हैं और उन्हें अच्छा समझते हैं। समाज में ऐसे लोगों की प्रतिष्ठा कम करना जो गलत तरीके से धन और मान कमाते हैं, भी यह प्रदर्शित करता है कि हम भ्रष्टाचार के विरुद्ध हैं।

## दीर्घ प्रश्नोत्तर

**प्रश्न 10. *'भौतिक वस्तुओं के संग्रह'* से आप क्या समझते हैं? लेखक ने इन्हें महत्त्व क्यों नहीं दिया?**

**उत्तर–**'भौतिक वस्तुओं के संग्रह' का अर्थ है जीवन यापन हेतु बाहरी वस्तुओं का संग्रह करना जिनसे सुलभ तरीके से जीवन यापन किया जा सके। इन वस्तुओं से लोग सादा या वैभवपूर्ण जीवन बिताते हैं। लेखक ने भौतिक वस्तुओं के संग्रह को महत्त्व नहीं दिया क्योंकि उनके अनुसार मनुष्य के भीतर जो महान आंतरिक गुण स्थिर भाव से बैठे हैं वही चरम और परम हैं। हमें सदैव लोभ, मोह अहंकार आदि को त्यागकर सच्चाई, ईमानदारी, परोपकार, दया, करुणा आदि के भावों पर जीवन जीना चाहिए।

**प्रश्न 11. पाठ–'क्या निराश हुआ जाए' के आधार पर स्पष्ट कीजिए कि भारत में धर्म और कानून की स्थिति क्या रही है? वर्तमान में इसमें क्या बदलाव आ रहा है?**

**उत्तर–**भारतवर्ष की विशेषता रही है कि यहाँ कानून को सदा धर्म के समान माना गया है। ऐसा इसलिए था क्योंकि भारत के लोग धर्मभीरु थे उनका मन्तव्य था कि किसी भी व्यक्ति को कानूनी या नैतिक रूप में प्रताड़ित नहीं करना चाहिए। वर्तमान में कानून और धर्म में अंतर आ गया है। लोगों का मानना है कि धर्म को धोखा नहीं दिया जा सकता परंतु कानून को दिया जा सकता है। यही कारण है कि लोग धार्मिक कानूनों एवं विधि–विधानों से तो भयभीत होते हैं लेकिन कानूनों का गलत रूप से लाभ उठाने से चूकते नहीं हैं। वास्तव में लोगों की सोच में बदलाव आना चाहिए क्योंकि कानूनी एवं नैतिक सुरक्षा से ही मनुष्य का जीवन खुशहाल हो सकता है।

**प्रश्न 12. धर्म-भीरु लोग कानून की त्रुटियों से लाभ उठाने में संकोच क्यों नहीं करते?**

**उत्तर–**भारतवर्ष में सदा कानून को धर्म के रूप में देखा गया है। यहाँ कभी भी धर्म और कानून को अलग–अलग करके नहीं देखा। अतएव कानून का पालन करना धर्म माना गया है। पर आज वर्तमान में कानून और धर्म को अलग–अलग कर दिया गया है। धर्म को धोखा नहीं दिया जा सकता, पर कानून को धोखा देने में किसी को भी संकोच नहीं होता। यही कारण है कि धर्म–भीरु लोग कानून की त्रुटियों से लाभ उठाने में संकोच नहीं करते।

**प्रश्न 13. दरिद्र लोगों हेतु बनाई गई सुविधाएँ उन्हें प्राप्त क्यों नहीं हो पाती?**

**उत्तर–**देश में दरिद्रजनों की दशा में सुधार लाने हेतु अनेक कायदे–कानून बनाए गए हैं। जिनका लक्ष्य कृषि, उद्योगों, वाणिज्य, शिक्षा और स्वास्थ्य की स्थिति में सुधार लाना है। लेकिन जो लोग इन नीतियों को क्रियान्वित करने वाले हैं वे अपनी सुख–सुविधाओं की ओर अधिक ध्यान देते हैं। अपने लक्ष्य को ही भूल जाते हैं। इसीलिए दरिद्रजनों को उन सुविधाओं का लाभ नहीं मिल पाता। सरकार को चाहिए कि जो भी सुविधाएँ लोगों को दी जाए उनकी पूरी जानकारी भी दी जानी चाहिए ताकि लोग उन सुविधाओं का लाभ उठा सकें।

**☞प्रश्न 14. शाश्वत मूल्यों को जीवन का आधार क्यों माना जाता है?**

**उत्तर–**शाश्वत मूल्य ऐसे मूल्य जो समाज में सदैव अपना प्रभुत्व बनाए रखते हैं। जैसे–सच, ईमानदारी, दया, करुणा, परोपकार एवं सहयोग के भाव। समाज में कितने ही बदलाव आए या कितनी भी नकारात्मक घटनाएँ क्यों न घटे लेकिन ये भाव अपना स्वरूप कभी नहीं बदलते। नैतिकता के मूल्य इन्हीं भावों पर आधारित होते हैं। यदि समाज में ऐसे भाव न हो तो लोगों का जीना ही कठिन हो जाए। इन्हीं का ही प्रभाव है कि आज भी हमारे समाज में वृद्धाश्रम, अनाथालय, बालगृह, नारी निकेतन आदि निस्वार्थ भावना से चलाए जाते हैं। दुख–सुख में सभी जातीय भावनाओं को भुलाकर लोग एक–दूसरे के सहायक हो जाते है। इन मूल्यों के बिना न कभी समाज का आधार था, न है और न ही होगा।

# 6 यह सबसे कठिन समय नहीं

*जया जादवानी*

इस कविता में कवयित्री ने यह दर्शाना चाहा है कि अभी निराश होने का समय नहीं है, हम चाहें तो प्रयत्न करके अपने लक्ष्य की ओर बढ़ सकते हैं।

## 1. कविता का सार

कवयित्री कहती है कि हे मानव! अभी तुम्हारे सामने कठिन समय नहीं है। इस हेतु उन्होंने कई उदाहरण दिए हैं जैसे- अभी एक चिड़िया अपना नीड़ बनाने के लिए घास के तिनके एकत्रित कर रही है और वह उड़ान भरने के लिए तैयार है। इसी प्रकार वृक्ष से अंतिम पत्ती गिरते ही उसे थामने हेतु एक हाथ तैयार बैठा है अर्थात् यदि तुम अपने लक्ष्य पर भटक भी जाओगे तो तुम्हें सन्मार्ग पर लाने हेतु कोई अवश्य आगे आएगा। फिर उनका कहना है कि रेलगाड़ियाँ मनुष्य को उसकी मंजिल तक पहुँचाती हैं। अभी भी एक रेलगाड़ी गंतव्य तक जाने को तैयार है अर्थात् तुम अपनी मंजिल की ओर बढ़ने में संकोच न करो। अभी भी कोई प्रियजन तुम्हारे आने की प्रतीक्षा में आँखें बिछाए बैठा है अर्थात् तुम्हारे प्रति अपने प्रेम को दर्शाता है। इसमें कवयित्री ने ममता व वात्सल्य की ओर संकेत किया है कि सूर्य अस्त होते ही यानी शाम ढलते ही घर में स्वजनों का इंतजार होने लगता है। कवयित्री ने यह भी कहा है कि सदियों से बूढ़ी नानी जो संसार भर के वच्चों को कहानियाँ सुनाती है उनकी कहानी का अंतिम और महत्त्वपूर्ण हिस्सा शेष है, जो शिक्षाप्रद है अर्थात् तुम अभी आगे बढ़ सकते हो।

अंत में कवयित्री मार्मिकता से वर्णन करते हुए काल्पनिक रूप में कहती है कि अंतरिक्ष के पार जो बस लोगों को लेकर गई थी अर्थात् जो लोग अंतरिक्ष के पार की नई जानकारियाँ प्राप्त करने गए थे उनमें से कुछ मुश्किलों से जूझते हुए अपने प्राण गँवा बैठे लेकिन जो बच गए हैं उनकी खबर बस लाने वाली है, वे अंतरिक्ष के पार की नई जानकारियाँ लाएँगे।

अत: हे मानव! तुम अपने उत्कर्ष और आशावाद की ओर मुख करके निरंतर लक्ष्य की ओर बढ़ते चलो। तुम्हारे मार्ग में कोई बाधा, कोई निराशा और अवसाद नहीं है। तुम्हें लक्ष्य सिद्धि से पूर्व रुकना नहीं है क्योंकि अभी तुम्हारे जीवन में कठिन समय या निराशा का क्षण नहीं है।

## 2. अर्थग्रहण संबंधी एवं बहुविकल्पी प्रश्नोत्तर

*निम्नलिखित पद्यांशों को पढ़कर पूछे गए प्रश्नों के उत्तर दीजिए–*

☞ **1**

नहीं, यह सबसे कठिन समय नहीं!
अभी भी दबा है चिड़िया की
चोंच में तिनका
और वह उड़ने की तैयारी में है!
अभी भी झरती हुई पत्ती
थामने को बैठा है हाथ एक

**[Imp.]** (*पृष्ठ 33-34*)

*शब्दार्थ :* **कठिन**–मुश्किल। **झरती**–गिरती। **पत्ती**–पेड़ का एक छोटा पत्ता। **थामना**–सहारा देना।

**प्रश्न** *(Set I)*–

*(क) प्रस्तुत काव्यांश की सप्रसंग व्याख्या कीजिए।*

*(ख) चिड़िया चोंच में तिनका दबाए उड़ने की तैयारी में क्यों है?*

*(ग) 'झरती हुई पत्ती थामने को बैठा है हाथ एक' से क्या तात्पर्य है?*

**उत्तर–**

(क) **प्रसंग–**प्रस्तुत पंक्तियाँ हमारी हिंदी की पाठ्यपुस्तक 'वसंत' की कविता 'यह सबसे कठिन समय नहीं' से ली गई हैं। इसकी कवयित्री 'जया जादवानी' हैं। इसमें उन्होंने यह संदेश देना चाहा है कि आगे बढ़ने से पूर्व मनुष्य को कभी भी निराश नहीं होना चाहिए, हम कभी भी प्रयत्न करके अपने लक्ष्य को प्राप्त कर सकते हैं।

**व्याख्या–**इस पद्यांश में कवयित्री कहना चाहती है कि हे मानव! अभी तुम्हारे सामने कठिन समय नहीं है। तुम्हें अपने लक्ष्य की ओर बढ़ने हेतु संकोच नहीं करना चाहिए। अभी एक चिड़िया अपना नीड़ बनाने के लिए घास के तिनके एकत्रित कर रही है और उड़ान भरने हेतु तैयार है। इसी प्रकार वृक्ष से अंतिम पत्ती गिरते ही कोई हाथ उसे थामने के लिए तैयार बैठा है अर्थात् तुम अपने-अपने मार्ग पर आगे बढ़ो। यदि तुम लक्ष्य से भटक भी जाओगे तो पत्ती को सहारा देने की भाँति कोई अनुभवी हाथ तुम्हें भी सहारा अवश्य देंगे यानी तुम्हें सन्मार्ग पर लाने का प्रयास करेंगे।

**विशेष–** 1. भाषा अत्यधिक सरल एवं सहज है।
2. गद्यात्मक शैली का बोध होता है।
3. संकेतात्मक दृष्टिकोण है।

(ख) चिड़िया अपने बच्चों की सुरक्षा हेतु घोंसला बनाना चाहती है इसलिए चोंच में तिनका दबाकर उड़ने की तैयारी में है।

(ग) 'झरती हुई पत्ती थामने को बैठा है हाथ' पंक्ति का आशय है कि पेड़ से टूटकर गिरती हुई पत्ती को गिरने के पूर्व कोई सहारा दे देता है ठीक वैसे ही यदि हम अपने लक्ष्य तक पहुँचने में नाकामयाब हो रहे हों, तो कोई न कोई हमारा हौंसला अवश्य बढ़ाएगा।

**बहुविकल्पी प्रश्न** *(Set II)*–

1. *'नहीं, यह सबसे कठिन समय नहीं'–शब्दों से क्या तात्पर्य है?*
   (क) किसी भी काम को अभी किया जा सकता है।
   (ख) यह समय कठिन नहीं, अपने लक्ष्य की ओर बढ़ने हेतु संकोच नहीं करना चाहिए।
   (ग) कठिन समय में बढ़ने से ही सफलता मिलती है।
   (घ) निसंकोच आगे बढ़ना चाहिए।
2. *चिड़िया चोंच में तिनका दबाए उड़ने की तैयारी में क्यों है?*
   (क) क्योंकि वह घोंसले का निर्माण करना चाहती है।
   (ख) क्योंकि तिनका मुँह में दबाकर ऊँची उड़ान भरना चाहती है।
   (ग) तिनके एकत्रित करना चाहती है।
   (घ) इनमें से कोई नहीं।
3. *चिड़िया नीड़ का निर्माण क्यों करती है?*
   (क) ठंड से बचने के लिए (ख) अपने अंडे देने के लिए
   (ग) आराम से रहने के लिए (घ) धूप से बचने के लिए।
4. *झरती हुई पत्ती के माध्यम से कवयित्री क्या संदेश देना चाहती है?*
   (क) यदि तुम लक्ष्य पर रास्ता भटक जाओ तो कोई अनुभवी हाथ तुम्हें सहारा जरूर देगा।
   (ख) झरती पत्ती के माध्यम से कवयित्री संदेश देती है कि निरंतर बढ़ते रहो।
   (ग) लक्ष्य पर असफल होने पर कोई सहारा न भी दे तो भी बढ़ते रहो।
   (घ) धैर्यवान बनना चाहिए।

**उत्तर–** 1. (ख) 2. (क) 3. (ख) 4. (क)

**2**

अभी भी भीड़ है स्टेशन पर
अभी भी एक रेलगाड़ी जाती है
गंतव्य तक
जहाँ कोई कर रहा होगा प्रतीक्षा
अभी भी कहता है कोई किसी को
जल्दी आ जाओ कि अब
सूरज डूबने का वक्त हो गया

*( पृष्ठ 34)*

*शब्दार्थ :* **गंतव्य**–पहुँचने का स्थान। **प्रतीक्षा**–इंतजार। **वक्त**–समय।

**प्रश्न** *(Set I)*–

**( क )** *प्रस्तुत काव्यांश की सप्रसंग व्याख्या कीजिए।*

**( ख )** *रेलगाड़ियाँ यात्रियों को कहाँ पहुँचाती हैं?*

**( ग )** *किसी की प्रतीक्षा कौन करता है? उसकी क्या चाहत होती है?*

**उत्तर**–

(क) **प्रसंग**–प्रस्तुत पद्यांश हमारी हिंदी की पाठ्यपुस्तक 'वसंत' की कविता 'यह सबसे कठिन समय नहीं' से अवतरित है। इसकी कवयित्री 'जया जादवानी' कहना चाहती हैं कि लक्ष्य पर बढ़ने से पूर्व अधिक विचारना नहीं चाहिए। जब भी हम अपने मार्ग पर बढ़ते हैं तो रास्ते अपने-आप निकल आते हैं।

**व्याख्या**–इन पंक्तियों में कवयित्री का कहना है कि रेलगाड़ियाँ निरंतर अपने मार्ग पर चलकर यात्रियों को उनकी मंजिल तक पहुँचाती हैं। वे मनुष्य को प्रेरित करते हुए कहती हैं कि अभी कठिन समय नहीं है अभी भी स्टेशन पर एक रेलगाड़ी है जो तुम्हें गंतव्य तक पहुँचाएगी। जहाँ तुम्हारी कोई प्रतीक्षा करता है और सूरज डूबने अर्थात् शाम होने के समय तुम्हारे आने की इंतजार में है। तुम्हें अपने मार्ग की ओर बढ़ जाना चाहिए।

**विशेष**– 1. भाषा सरल व सहज है।
2. दृश्यात्मक शैली का प्रयोग है।
3. 'कोई किसी को' में अनुप्रास अलंकार है।

(ख) रेलगाड़ियाँ यात्रियों को उनकी मंजिल तक पहुँचाती हैं।

(ग) किसी की भी प्रतीक्षा उसके स्वजन करते हैं। उनकी चाहत होती है कि सूरज ढलने पर अर्थात् शाम होने से पूर्व सभी अपनों को घर आ जाना चाहिए।

**बहुविकल्पी प्रश्न** *(Set II)*–

1. *यात्री रेलगाड़ियों द्वारा कहाँ पहुँचते हैं?*
   (क) उनके घर (ख) उनके कार्यालय (ग) गंतव्य तक (घ) स्टेशन पर
2. *प्रतीक्षा करने वाले की क्या चाहत होती है?*
   (क) दोपहर से पूर्व घर आ जाए। (ख) सूरज ढलने से पूर्व सभी अपने घर आ जाए।
   (ग) रात्रि से पूर्व सब घर आ जाए। (घ) सुबह होने से पूर्व सब घर आ जाए।
3. *प्रतीक्षा का समय किस समय शुरू होता है?*
   (क) शाम होने पर (ख) रात होने पर (ग) सुबह होने पर (घ) अगला दिन होने पर
4. *इस पद्यांश में क्या संदेश दिया गया है?*
   (क) शाम ढले घर आना चाहिए। (ख) समयानुसार लक्ष्य की ओर बढ़ जाना चाहिए।
   (ग) रात होने पर घर आना चाहिए। (घ) घर आने का समय निश्चित होना चाहिए।

**उत्तर**– 1. (ग) 2. (ख) 3. (क) 4. (ख)

☞ 3

अभी कहा जाता है
उस कथा का आखिरी हिस्सा
जो बूढ़ी नानी सुना रही सदियों से
दुनिया के तमाम बच्चों को
अभी आती है एक बस
अंतरिक्ष के पार की दुनिया से
लाएगी बचे हुए लोगों की खबर!
नहीं, यह सबसे कठिन समय नहीं। **[Imp.]** (*पृष्ठ 34*)

*शब्दार्थ :* **कथा**–कहानी। **आखिरी**–अंतिम। **सदियों से**–युगों से/लंबे समय से। **तमाम**–बहुत अधिक। **खबर**– समाचार। **कठिन**–मुश्किल।

**प्रश्न** *(Set I)*–

(क) *प्रस्तुत काव्यांश की सप्रसंग व्याख्या कीजिए।*

(ख) *बूढ़ी नानी की कहानी का कौन-सा हिस्सा रहता है और यह वक्तव्य क्या संदेश देता है?*

(ग) *अंतरिक्ष के पार से आने वाली बस के बारे में कवयित्री क्या कहना चाहती है?*

**उत्तर**–

(क) **प्रसंग**–प्रस्तुत पद्यांश हमारी हिंदी की पाठ्यपुस्तक 'वसंत' की कविता 'यह सबसे कठिन समय नहीं' से ली गई हैं। इसकी रचयित्री 'जया जादवानी' ने इसमें संदेश देना चाहा है कि यदि मनुष्य समय निकल जाने पर भी आशावान बनकर अपने लक्ष्य की ओर बढ़ता है तो उसे कभी निराशा नहीं होती।

**व्याख्या**–इस पद्यांश में कवयित्री यही संदेश देना चाहती है कि मनुष्य को अपने अभीष्ट मार्ग पर बढ़ने से पूर्व घबराना या अधिक सोचना नहीं चाहिए। लक्ष्य साधकर उस हेतु कार्य करने का प्रयास करना चाहिए। इसके लिए उन्होंने नानी की कहानी और अंतरिक्ष के पार की बस के उदाहरण देकर करना चाहा है कि नानी जो सारी दुनिया के बच्चों को युगों से कहानियाँ सुनाती है उनकी कहानी का महत्त्वपूर्ण व शिक्षाप्रद हिस्सा अभी रहता है अर्थात् अभी तुम कहानी सुन सकते हो यानी लक्ष्य की ओर बढ़ सकते हो। साथ ही कवयित्री कहती है कि अंतरिक्ष की जानकारियाँ प्राप्त करके अंतरिक्ष के पार से एक बस उन बचे हुए लोगों का समाचार ला रही है जो मुश्किलों से जूझते हुए भी सफलता प्राप्त कर आ रहे हैं अर्थात् आशावान बनकर मनुष्य को अपने लक्ष्य की ओर बढ़ना चाहिए।

**विशेष**– 1. भाषा सरल व बोधगम्य है।
2. संकेतात्मक शैली का प्रयोग है।
3. 'अंतरिक्ष में जाने वाली बस' वैज्ञानिकता का सुंदर प्रयोग है।
4. काल्पनिकता का सहारा लिया गया है।

(ख) कवयित्री का मानना है कि अभी भी किसी कार्य करने की शुरुआत की देर नहीं हुई है। तुम चाहो तो अपना कार्य अभी भी शुरू कर सकते हो। अभी तो बूढ़ी नानी द्वारा सुनाई जाने वाली कहानी का अहम् और आखिरी हिस्सा बचा है जो कि शिक्षाप्रद है।

(ग) अंतरिक्ष के पार से आती बस के बारे में कवयित्री का कहना है कि अंतरिक्ष के पार से वह बस आने वाली है जो नई खोजों हेतु गई थी। वह उन बचे हुए लोगों का समाचार लाएगी जिन्होंने हिम्मत न हारकर मृत्यु से जूझते हुए अपने लक्ष्य में सफलता प्राप्त की।

**बहुविकल्पी प्रश्न** *(Set II)*–

1. *कहानी कौन सुना रही है?*
(क) नानी (ख) दादी (ग) अम्मा (घ) बुआ

2. *कहानी का कौन-सा हिस्सा बाकी रहता है?*
(क) बीच का भाग (ख) संदेश का भाग यानी शिक्षाप्रद हिस्सा
(ग) पहला भाग (घ) तीसरा भाग

3. *कहानी का अनकहा भाग महत्त्वपूर्ण क्यों है?*
(क) क्योंकि उसमें नई बातें बताई गई हैं। (ख) क्योंकि उसमें कहानी का शीर्षक है।
(ग) क्योंकि उसमें कहानी का संदेश है। (घ) क्योंकि वह सबके लिए सुनना जरूरी है।

4. *अंतरिक्ष के पार लोग क्यों गए थे?*
(क) नई जानकारियाँ प्राप्त करने (ख) घूमने
(ग) कुछ नए कार्य करने (घ) इनमें से कोई नहीं

उत्तर– 1. (क) 2. (ख) 3. (ग) 4. (क)

## 3. पाठ्यपुस्तक के प्रश्न-अभ्यास

(*पृष्ठ 34–35*)

*पाठ से*

☞प्रश्न 1. ''यह कठिन समय नहीं है?'' **यह बताने के लिए कविता में कौन-कौन से तर्क प्रस्तुत किए गए हैं? स्पष्ट कीजिए।** **[Imp.]**

उत्तर–यह बताने के लिए कि यह कठिन समय नहीं है कविता में निम्न उदाहरण दिए गए हैं–
1. चिड़िया तिनका चोंच में दबाए उड़ने को तैयार है क्योंकि वह नीड़ का निर्माण करना चाहती है।
2. पेड़ से गिरती हुई पत्ती को थामने हेतु एक हाथ है जो उसे सहारा दे रहा है।
3. एक रेलगाड़ी अभी भी गंतव्य अर्थात् पहुँचने वाले स्थान पर जाती है।
4. अभी भी घर में कोई किसी की प्रतीक्षा कर रहा है।
5. अभी नानी की कहानी का महत्त्वपूर्ण अंतिम हिस्सा बाकी है।
6. अभी एक बस अंतरिक्ष के पार की दुनिया में जाने वालों में से बचे हुए लोगों की खबर लेकर आएगी।

इन सब तर्कों से कवयित्री यही कहना चाहती है कि अभी कठिन समय नहीं है सभी कार्य हो रहे हैं। इसलिए अपने अभीष्ट मार्ग पर बढ़ने हेतु समय का विचार मत करो आगे बढ़ो और सफलता प्राप्त करो।

☞प्रश्न 2. **चिड़िया चोंच में तिनका दबाकर उड़ने की तैयारी में क्यों है? वह तिनकों का क्या करती होगी? लिखिए।** **[Imp.]**

उत्तर–यह एक स्वाभाविक क्रिया है कि चिड़िया जब तिनके चुनती है तो वह अपने लिए नया नीड़ (घोंसला) बनाने की तैयारी में होती है। वह नीड़ बनाकर एक ऐसा स्थान तैयार करना चाहती है जहाँ अपने अंडे दे सके और उन अंडों में से निकलने वाले बच्चों को सुरक्षा प्रदान कर सके।

प्रश्न 3. कविता में कई बार 'अभी भी' का प्रयोग करके बातें रखी गई हैं, **अभी भी का प्रयोग करते हुए तीन वाक्य बनाइए और देखिए उनमें लगातार, निरंतर, बिना रुके चलनेवाले किसी कार्य का भाव निकल रहा है या नहीं?**

उत्तर– अभी भी तुम परिश्रम कर सकते हो।
अभी भी तुम मंजिल पा सकते हो।
अभी भी तुम विजयी हो सकते हो।

वास्तव में 'अभी भी' से बनने वाले वाक्यों में निरंतरता का भाव विद्यमान है विराम या अवकाश नहीं।

प्रश्न 4. *''नहीं''* **और** *''अभी भी''* **को एक साथ प्रयोग करके तीन वाक्य लिखिए और देखिए** *'नहीं' 'अभी भी'* **के पीछे कौन-कौन से भाव छिपे हो सकते हैं?**

उत्तर–1. नहीं, अभी भी मेरी परीक्षा की तैयारी कम है। (अभी और परिश्रम करने का भाव)
2. नहीं, अभी भी गाड़ी के आने में देर है। (प्रतीक्षा का भाव)
3. नहीं, अभी भी उद्घाटन हेतु मुख्यातिथि आ सकते हैं। (आशा का भाव)

## कविता से आगे

**प्रश्न 1. घर के बड़े-बूढ़ों द्वारा बच्चों को सुनाई जानेवाली किसी ऐसी कथा की जानकारी प्राप्त कीजिए जिसके आखिरी हिस्से में कठिन परिस्थितियों से जीतने का संदेश हो।**

उत्तर–राजा शिवि एक महान शासक थे। उनके सब काम सराहनीय होते थे। वे बहुत दयालु और प्रजावत्सल थे। उन्हें पशु-पक्षियों से भी बहुत प्रेम था। उनके दानी रूप की चर्चा सुनकर भिक्षुक गण दूर-दूर से आ जाते थे। उनके दरवाजे से कोई खाली हाथ नहीं लौटता था। उनके यश की चर्चा दूर-दूर तक होती थी। यहाँ तक कि देवता भी राजा शिवि से ईर्ष्या करने लगे थे।

एक दिन राजा शिवि दरबार में बैठे थे तभी एक कबूतर उड़ता हुआ आया और उसने राजा की गोद में शरण ली। वह अत्यंत भयभीत था। कबूतर चिल्लाया–''हे राजा! मेरे शत्रु से मेरी रक्षा करो। वह मुझे मारने के लिए दौड़ा चला आ रहा है।''

राजा ने उत्तर दिया–''हे पक्षी! डरो मत। मेरी शरण में आ गए हो। अब कोई तुम्हारा कुछ नहीं बिगाड़ सकता।''

उसी समय एक बाज कबूतर का पीछा करते-करते वहाँ आ पहुँचा। बाज बोला–''यह पक्षी मेरा भोजन है। मेरे शिकार को मुझसे छीनने वाले तुम कौन हो? तुम्हें इसे छीनने का कोई अधिकार नहीं है। तुम राजा हो। अपनी प्रजा के कामकाज में हस्तक्षेप कर सकते हो। हम पक्षी तो स्वच्छन्द हैं। हमारी स्वतंत्रता में बाधा मत डालो। इससे पहले कि मैं भूखा मर जाऊँ, तुम मुझे इस कबूतर को लौटा दो।''

राजा शिवि ने उसे समझाते हुए कहा–''यदि तुम भूख से व्याकुल हो तो तुम्हारे लिए भोजन की व्यवस्था कर सकता हूँ। कहो, क्या खाना चाहोगे?''

बाज को यह प्रस्ताव स्वीकार नहीं था। उसने आवेश में कहा–''कबूतर मेरा प्राकृतिक भोजन है। इसके अतिरिक्त मुझे कुछ पसंद नहीं है।''

राजा के परामर्श और यहाँ तक कि अनुनय-विनय का भी बाज पर कोई प्रभाव नहीं पड़ा। कुटिलता से वह बोला–''यदि इस कबूतर से तुम्हें इतना ही स्नेह है तो तुम इसके मांस के वजन के बराबर मांस अपने शरीर से काट कर मुझे दे दो।''

राजा शिवि ने कबूतर को सुरक्षित रखने के लिए इस उपाय को सहर्ष स्वीकार कर लिया। तुरंत एक तराजू और तेज़ धार का चाकू मँगवाया गया। तराजू के एक पलड़े में कबूतर को रखा गया और दूसरे पलड़े में राजा ने अपना मांस काट-काटकर रखना प्रारंभ किया। रानी, मंत्री और सभासद व्यग्र हो उठे। राजा ने सभी को सांत्वना दी और शांत रहने के लिए कहा। तभी एक आश्चर्यजनक घटना घटी। राजा अपनी भुजाओं और टांगों से मांस काट-काटकर एक पलड़े में रखते जा रहे थे लेकिन कबूतर का पलड़ा अभी भी भारी था। राजा शिवि आश्चर्यचकित थे। अंत में वे स्वयं ही पलड़े में बैठ गए। यह क्या! राजा ने पलटकर बाज को संबोधित करना चाहा। लेकिन वहाँ न तो बाज था और न कबूतर। उन दोनों के स्थान पर इंद्रदेव और अग्निदेव उपस्थित थे। उन्होंने राजा के घावग्रस्त शरीर को पुनः पूर्ण और स्वस्थ कर दिया। दोनों देवताओं ने राजा की प्रशंसा करते हुए कहा कि वे धरती पर उनकी दानवीरता की परीक्षा लेने ही आए थे। अग्निदेव ने कबूतर का और इंद्रदेव ने बाज का रूप धारण किया था। उन्होंने प्रसन्न होकर राजा शिवि को आशीर्वाद दिया–''जब तक यह संसार रहेगा, तुम्हारी दानवीरता और तुम्हारा नाम अमर रहेगा। तुम वास्तव में दानी हो।''

राजा ने दोनों देवों को प्रणाम किया। दोनों देवता राजा को आशीर्वाद देते हुए स्वर्ग लौट गए।

प्रश्न 2. आप जब भी घर से स्कूल जाते हैं कोई आपकी प्रतीक्षा कर रहा होता है। सूरज डूबने का समय भी आपको खेल के मैदान से घर लौट चलने की सूचना देता है कि घर में कोई आपकी प्रतीक्षा कर रहा है**–प्रतीक्षा करनेवाले व्यक्ति के विषय में आप क्या सोचते हैं? अपने विचार लिखिए।**

उत्तर–प्रतीक्षा करने वाला सदा स्वजन ही होता है। जब हम विद्यालय से घर जाते हैं या शाम को खेल के मैदान में डूबता सूरज यह संदेश देता है कि घर जाना चाहिए, तो मन में केवल एक ही भाव उठता है कि माँ प्रतीक्षा कर रही होंगी। माँ सदा चाहती है कि स्कूल से बच्चे समय पर घर आएँ, मैदान में खेलते हुए दिन ढलने लगे तो वे घर आ जाएँ। वास्तव में वह अपनी नजरों से बच्चों को दूर नहीं करना चाहती। सदा अपना स्नेह और प्रेम उन पर बनाए रखना चाहती है। यदि किसी दिन माँ घर पर न हो तो हमारा मन ही नहीं लगता। सिर्फ माँ की याद ही सताती रहती है। हमें यह कभी नहीं भूलना चाहिए कि हमारी प्रतीक्षा सदा वही करता है, जो हमें सबसे अधिक प्रेम करता है।

### *अनुमान और कल्पना*

**प्रश्न 1. अंतरिक्ष के पार की दुनिया से क्या सचमुच कोई बस आती है जिससे खतरों के बाद भी बचे हुए लोगों की खबर मिलती है? आपकी राय में यह झूठ है या सच? यदि झूठ है तो कविता में ऐसा क्यों लिखा गया? अनुमान लगाइए यदि सच लगता है तो किसी अंतरिक्ष संबंधी विज्ञान कथा के आधार पर कल्पना कीजिए कि वह बस कैसी होगी, वे बचे हुए लोग खतरों से क्यों घिर गए होंगे? इस संदर्भ को लेकर कोई कथा बना सकें तो बनाइए।**

**उत्तर**–वैज्ञानिक रूप से बस ऐसा साधन नहीं है जो अंतरिक्ष के पार जा सकें। यह मात्र कवयित्री की कल्पना है क्योंकि कवि सदा कल्पना लोक में विचरण करते हैं। इसे सच या झूठ का नाम न देकर काल्पनिक अनुभव कहा जाना चाहिए। कविता में झूठ नहीं एक कल्पना की गई है। लेकिन कल्पना को शब्दों का आवरण इस प्रकार से पहनाया गया है कि यह सच प्रतीत होने लगता है। आशावादिता के अनुसार एक काल्पनिक तथ्य सामने आता है कि हमारे विकास और उत्थान के लिए अंतरिक्ष से संदेश लेकर कोई वाहन धरती पर आता है।

यहाँ तो कवयित्री ने अंतरिक्ष संबंधी विज्ञान कथा का आधार यह माना है कि बस कैसी होगी? वे बचे हुए लोग खतरों से क्यों घिर गए होंगे? इस संदर्भ पर कथा लिखने हेतु निम्न संकेत बिंदुओं का सहारा लिया जा सकता है–

1. बस का सुंदर रूप 15 से 20 लोगों के बैठने का स्थान।
2. बस में ऑक्सीजन व खाने-पीने के सामान का पूरा प्रबंध।
3. बस पहिए से नहीं ऊर्जा से चलने वाली।
4. अपने लक्ष्य में पूर्णतया सफल।
5. अचानक मौसम का खराब होना।
6. लोगों का बेहोश होना।
7. मुश्किल से राह मिलना।
8. बचे लोगों का वापिस आना।
9. लोगों का विभिन्न जानकारियाँ एकत्रित करना।
10. उनकी खुशी का ठिकाना न होना।
11. ऑक्सीजन की कमी हो जाना।
12. डॉक्टर का भरसक प्रयत्न।
13. कुछ लोगों की मृत्यु।
14. परिवारजनों की आँखें खुशी से नम हो जाना।

## 4. अन्य महत्त्वपूर्ण परीक्षोपयोगी प्रश्नोत्तर

### *लघु प्रश्नोत्तर*

☞ **प्रश्न 1. 'यह सबसे कठिन समय नहीं'–इस पंक्ति का क्या संदेश है?** **[Imp.]**

**उत्तर**–'यह सबसे कठिन समय नहीं'–इस पंक्ति के माध्यम से कवयित्री मनुष्य को यह संदेश देना चाहती है कि लक्ष्य की ओर बढ़ने हेतु कोई समय मुश्किल नहीं होता केवल मन में चाह रखकर आगे बढ़ने का प्रयास करना चाहिए।

**प्रश्न 2. सूरज डूबने के समय घर पर कोई प्रतीक्षा क्यों करता है?**

**उत्तर**–सूरज डूबने के समय घर पर कोई इसलिए प्रतीक्षा करता है क्योंकि परिवारजन चाहते हैं कि रात होने से पूर्व परिवार के सभी सदस्य घर पहुँच जाएँ।

☞ **प्रश्न 3. नानी की कहानी का अंतिम हिस्सा महत्त्वपूर्ण क्यों है?** **[Imp.]**

**उत्तर**–कहानी का सार यानी निचोड़ अंतिम हिस्से में ही है, कहानी का संदेश भी यही हिस्सा प्रकट करेगा। इसलिए नानी की कहानी का अंतिम हिस्सा महत्त्वपूर्ण है।

**प्रश्न 4. *'बचे हुए लोगों की खबर'* बस क्यों लाएगी?**

**उत्तर**–कवयित्री का मानना है कि बहुत से लोग अंतरिक्ष के पार बस से सवार होकर गए लेकिन रास्ते में आई कठिनाइयों के कारण कुछ बच न सके। अब जो शेष रह गए हैं वे ही उस बस द्वारा प्राप्त जानकारियाँ लेकर लौटेंगे।

**प्रश्न 5. इस कविता में सत्यता व कल्पना के भाग को अलग कीजिए।**

**उत्तर**–चिड़िया का तिनका लेकर उड़ना, गाड़ियों का यात्रियों को मंजिल तक पहुँचाना, घर पर किसी का इंतजार करना, बूढ़ी नानी का कहानी सुनाना तो सत्यता दर्शाने वाला भाग है। लेकिन अंतरिक्ष पर बस द्वारा लोगों का जाना कवयित्री की मात्र कल्पना है।

☞प्रश्न 6. यह कविता हमें क्या संदेश देती है? **[Imp.]**

उत्तर–'यह सबसे कठिन समय नहीं' कविता हमें जीवन में आगे बढ़ने का संदेश देती है। कवयित्री जया जादवानी का मानना है कि हमें अपना लक्ष्य साधना चाहिए व आगे बढ़ना चाहिए। समय तो सदा अच्छा ही होता है। आगे बढ़ने के लिए विशेष समय का इंतजार करना सही नहीं।

## दीर्घ प्रश्नोत्तर

प्रश्न 7. 'यह सबसे कठिन समय नहीं' कविता हमारे मन में कैसे भावों का संचार करती है?

उत्तर–'यह सबसे कठिन समय नहीं' कविता इस भाव का संचार करती है कि कोई भी कार्य करने की; कुछ भी सीखने की या कुछ भी नया जानने की कोई विशेष आयु नहीं होती। कवयित्री का मानना है कि यदि हमारे मन में कुछ भी कार्य करने की इच्छा हो तो परिस्थितियाँ भी स्वतः वैसी ही बन जाती हैं। मनुष्य को कोई भी कार्य करने से पूर्व डरना या घबराना नहीं चाहिए। इस कविता में भी दर्शाया गया है कि हमें निरंतर कार्यरत रहना चाहिए। अभीष्ट मार्ग पर बढ़ने से पूर्व घबराना नहीं चाहिए।

प्रश्न 8. नानी की कहानी की क्या विशेषताएँ होती हैं?

उत्तर–नानी की कहानी की निम्नलिखित विशेषताएँ हैं–

(1) नानी की कहानी अपनत्व से भरी हुई है।
(2) नानी की कहानी के कई भाग हैं।
(3) कहानी आशा से परिपूर्ण है।
(4) नानी की कहानियाँ सभी बच्चों के लिए है।
(5) कहानी शिक्षाप्रद है।

☞प्रश्न 9. अपनों को सदैव हमारे आने का इंतजार रहता है क्यों?

उत्तर–अपनों को सदा हमारे आने का इंतजार रहता है। क्योंकि हम परिवार में एक-दूसरे से प्रेम के आधार पर ही बँधे होते हैं। यही कारण है कि हम दिन भर कही भी चले जाए लेकिन रात होने से पूर्व या किसी भी सदस्य के घर आने के निश्चित समय पर उसका इंतजार होने लगता है। इस कविता में भी यही दर्शाया गया है कि अंतरिक्ष पार से अंतरिक्ष की जानकारियाँ प्राप्त कर एक बस आ रही है उसमें वे बचे लोग हैं जो मुश्क़िलों पर काबू या नई जानकारियाँ लाए हैं। सभी को उनका इंतजार है। उनके प्रति सभी का अपनत्व ही है कि सब उनका इतंजार कर रहे हैं।

# 7 कबीर की साखियाँ

*कबीर*

कबीर की सभी साखियाँ नीतिपरक हैं। जीवन हेतु कुछ-न-कुछ संदेश देती हैं।

## 1. साखियों का सार

अपनी साखियों में कबीर ने निम्न उपदेशात्मक तथ्यों को दर्शाना चाहा है—

- हमें साधु-संतों से उनके ज्ञान को प्राप्त करना चाहिए। उनके जातीय स्वरूप को जानने की इच्छा करना व्यर्थ है। जैसे—तलवार का मोल या महत्त्व जानना चाहिए न कि म्यान का।
- यदि हमें कोई अपशब्द कहता है तो उसका उत्तर मौन रहकर देना चाहिए क्योंकि यदि हम भी अपशब्द कहेंगे तो उनकी संख्या बढ़ जाएगी।
- हाथ में मोतियों की माला फेरने से और मुँह में जिह्वा चलाने से राम की प्राप्ति नहीं होती, इस हेतु तो मन को एकाग्रचित्त करना पड़ता है।
- पाँव के नीचे रौंदी जाने वाली घास को भी कम नहीं समझना चाहिए क्योंकि यदि उसका तिनका उड़कर आँख में चला जाए तो असहनीय पीड़ा होती है अर्थात् किसी की शक्ति को कम समझकर उसकी उपेक्षा नहीं करनी चाहिए।
- शांत और निर्मल स्वभाव वाले व्यक्ति का कोई दुश्मन नहीं होता इसलिए हमें अपना स्वभाव ऐसा निर्मल बनाना चाहिए जिससे सभी हम पर कृपाभाव बनाए रखें।

## 2. अर्थग्रहण संबंधी एवं बहुविकल्पी प्रश्नोत्तर

*निम्नलिखित पद्यांशों को पढ़कर पूछे गए प्रश्नों के उत्तर दीजिए—*

☞ 1

जाति न पूछो साध की, पूछ लीजिए ज्ञान।
मोल करो तरवार का, पड़ा रहन दो म्यान।। 1।। **[Imp.]** (*पृष्ठ 39*)

*शब्दार्थ :* **जाति**—जात। **पूछो**—पूछना। **ज्ञान**—ज्ञान, गुण। **मोल**—मूल्य। **करो**—करना। **म्यान**—जिसमें तलवार रखते हैं।

**प्रश्न** *(Set I)*—

(क) *साखी का काव्य-सौंदर्य स्पष्ट कीजिए।*
(ख) *साधु की जाति क्यों नहीं पूछनी चाहिए?*
(ग) *तलवार के समक्ष म्यान का महत्त्व क्यों नहीं होता?*

**उत्तर**—

***काव्य-सौंदर्य***

(क) **भाव-सौंदर्य**—अपनी इस साखी में कबीर जी का मानना है कि साधु-संतों की जाति के बारे में नहीं सोचना चाहिए बल्कि उनके ज्ञान की ओर ध्यान देना चाहिए। उनके अमूल्य ज्ञान को विनम्रतापूर्वक प्राप्त करने का प्रयास करना चाहिए। जैसे तलवार लेते समय तलवार का मोलभाव किया जाता है उसकी म्यान का नहीं।

**शिल्प-सौंदर्य–** 1. सधुक्कड़ी (मिली-जुली) भाषा का प्रयोग है।
2. उपदेशात्मक दोहा है।
3. ढोंग आडंबरों का विरोध किया गया है।
4. तलवार और म्यान शब्दों का प्रतीक रूप में प्रयोग किया गया है।
5. गयात्मकता का गुण है।

(ख) साधु की जाति इसलिए नहीं पूछनी चाहिए क्योंकि वह चाहे किसी भी जाति का हो हमें केवल उसके ज्ञान को प्राप्त करने की चेष्टा करनी चाहिए।

(ग) तलवार के समक्ष म्यान का कोई महत्त्व नहीं होता क्योंकि जब भी तलवार खरीदी जाती है तो उसकी धार देखी जाती है न कि म्यान।

**बहुविकल्पी प्रश्न** *(Set II)*–

1. *साधु की जाति न पूछकर क्या करना चाहिए?*
   (क) उसके बारे में जानने का प्रयास करना चाहिए।
   (ख) केवल उसके ज्ञान को प्राप्त करने का प्रयास करना चाहिए।
   (ग) उससे ज्ञान प्राप्त कर स्वयं विद्वान बनने का प्रयास करना चाहिए।
   (घ) इनमें से कोई नहीं।
2. *तलवार का ही मोल-भाव क्यों करना चाहिए?*
   (क) क्योंकि म्यान मुफ़्त मिलती है। (ख) क्योंकि तलवार की धार काम आती है म्यान नहीं।
   (ग) तलवार के आधार पर म्यान का मूल्य होता है। (घ) इनमें से कोई नहीं।
3. *'म्यान' किस काम आता है?*
   (क) ज्ञान बताने हेतु (ख) तलवार की धार तेज करने के लिए
   (ग) तलवार की सुंदरता बनाने हेतु (घ) तलवार रखने के लिए।
4. *इस दोहे में कबीर का वास्तविक संदेश क्या है?*
   (क) जातिप्रथा समाप्त करनी चाहिए।
   (ख) साधु या ज्ञानी की जाति न पूछकर उनके ज्ञान को विनम्रतापूर्वक प्राप्त करने का प्रयास करना चाहिए।
   (ग) ज्ञानी से महत्त्वपूर्ण ज्ञान होता है।
   (घ) उपर्युक्त सभी।

**उत्तर–** 1. (ख) 2. (ख) 3. (घ) 4. (ख)

**2**

आवत गारी एक है, उलटत होइ अनेक।
कह कबीर नहिं उलटिए, वही एक की एक।। 2।। (पृष्ठ *39*)

*शब्दार्थ :* **आवत**–आती है। **गारी**–गाली, अपशब्द। **उलटत**–पलटकर जवाब में। **होइ**–हो जाती है। **अनेक**–बहुत-सी। **नहिं**–नहीं।

**प्रश्न** *(Set I)*–

(क) *साखी का काव्य-सौंदर्य लिखिए।*
(ख) *एक से अनेक गालियाँ कब हो जाती हैं?*
(ग) *गाली की संख्या एक कैसे रह सकती है?*

**उत्तर–**

***काव्य-सौंदर्य***

(क) **भाव-सौंदर्य–**इस साखी में कबीर जी का मत है कि यदि हमें कोई गाली देता है और हम पलटकर उसे भी गाली दे दें तो गालियों की संख्या निरंतर बढ़ती चली जाएगी। यदि किसी के गाली देने पर हम मौन रहकर उसका उत्तर देते हैं अर्थात् कोई जवाब नहीं देते तो गाली की संख्या एक ही रहती है वे एक से अनेक नहीं होती। वास्तव में कबीर कहना चाहते हैं कि हमें किसी को अपशब्द नहीं कहने चाहिए।

**शिल्प-सौंदर्य–** 1. मिली-जुली अर्थात् सधुक्कड़ी भाषा का प्रयोग है।

2. दोहा सहज, सरल व बोधगम्य है।
3. उपदेशात्मक व गयात्मकता का गुण है।
4. 'कह कबीर' में 'क' वर्ण की पुनरावृत्ति के कारण अनुप्रास अलंकार है।

(ख) जब हमें कोई व्यक्ति एक गाली निकालता है और हम उसके जवाब में उसे पलटकर गाली देते हैं तो ऐसा करने से एक गाली की संख्या अनेक में बदलती जाती है।

(ग) जब कोई हमें गाली निकाले और हम उसका उत्तर मौन रह कर दें तो गाली की संख्या एक की एक ही रहेगी, बढ़ने न पाएगी।

**बहुविकल्पी प्रश्न** *(Set II)*–

1. *'गाली' शब्द से क्या अभिप्राय है?*
   (क) बेइज़्ज़ती करना (ख) अपशब्द कहना
   (ग) अनचाहे शब्द (घ) पलट कर जवाब देना।
2. *गालियों की संख्या कैसे बढ़ जाती है?*
   (क) जब एक गाली के कई अर्थ निकलते हों। (ख) जब एक व्यक्ति एक अप्शब्द बार-बार बोलता रहे।
   (ग) जब सुनने वाला कहने वाले को भी गाली दे। (घ) इनमें से कोई नहीं।
3. *गालियों की संख्या एक कैसे रह सकती है?*
   (क) जब गाली सुनने वाला मुस्कुराता रहे।
   (ख) जब गाली सुनने वाला कोई उत्तर न दे अर्थात् पलट कर गाली न दे।
   (ग) जब गाली सुनने वाला बुरा न माने।
   (घ) जब गाली सुनने वाला कहने वाले की परवाह न करे।
4. *कभी किसी को अपशब्द क्यों नहीं कहने चाहिए?*
   (क) क्योंकि अपशब्द किसी का भी दिल दुखाते हैं।
   (ख) क्योंकि अपशब्द बोलने से व्यक्तित्व का निखार नहीं होता।
   (ग) क्योंकि अपशब्द बोलने वाले का कहीं सम्मान नहीं होता।
   (घ) उपर्युक्त सभी।

**उत्तर**– 1. (ख) 2. (ग) 3. (ख) 4. (घ)

☞ **3**

माला तो कर में फिरै, जीभि फिरै मुख माँहि।
मनुवाँ तो दहुँ दिसि फिरै, यह तौ सुमिरन नाहिं।। 3।। **[Imp.]** (*पृष्ठ 39*)

*शब्दार्थ :* **माला**–मनकों की माला, जिसके मनकों को गिन-गिन कर ईश्वर का नाम लिया जाता है। **कर**–हाथ। **फिरै**–चलती है। **जीभि**–जीभ। **मुख**–मुँह। **माँहि**–में। **मनुवाँ**–मन। **दहुँ दिसि**–दसों दिशाओं की ओर। **तौ**–तो। **सुमिरन**–ईश्वर का स्मरण करना। **नाहिं**–नहीं।

**प्रश्न** *(Set I)*–

**(क)** *इन पंक्तियों का काव्य-सौंदर्य स्पष्ट कीजिए।*
**(ख)** *इन पंक्तियों में किस पाखंडपूर्ण भक्ति का उल्लेख है?*
**(ग)** *मन के बारे में कवि ने क्या कहना चाहा है?*

**उत्तर**–

*काव्य-सौंदर्य*

(क) **भाव-सौंदर्य**–इन पंक्तियों में कवि ने प्रभु भक्ति का उल्लेख करते हुए कहा है कि माला का मनका तो हाथ में फिर रहा हो, जिह्वा मुख के अंदर और मन दसों दिशाओं की ओर भटक रहा हो तो ऐसे में उसकी चंचलता पर अंकुश न होने के कारण हमारी भक्ति व्यर्थ चली जाती है। हमें ऐसे पाखंडवाद को छोड़कर मन को वश में करना चाहिए।

**शिल्प-सौंदर्य**– 1. सधुक्कड़ी भाषा है।
2. माला फेरने के ढोंग पर व्यंग्य कसा है।

3. नीतिपरक दोहा है।
4. 'मुख-माँहि' में अनुप्रास अलंकार है।

(ख) इन पंक्तियों में हाथ में मोतियों की माला व मुँह में निरंतर जीभ चलाते रहने को पाखंडपूर्ण भक्ति कहा गया है क्योंकि कवि के अनुसार ईश्वर की भक्ति मन को एकाग्र करके की जा सकती है इस हेतु किसी बाहरी दिखावे की आवश्यकता नहीं होती।

(ग) मन के बारे में कवि का कहना है कि मन तो दसों दिशाओं में घूम रहा हो अर्थात् मनुष्य का ध्यान तो ईश्वर स्मरण में न हो लेकिन मनकों की माला और मुँह में जीभ निरंतर चल रही हो तो ऐसी भक्ति का कोई लाभ नहीं।

**बहुविकल्पी प्रश्न** *(Set II)*–

1. *माला कहाँ फेरी जाती है?*
   (क) कर में (ख) मुँह में (ग) गर्दन में (घ) अंतर्मन में
2. *जीभ निरंतर किसका नाम लेती है?*
   (क) प्रियतम का (ख) राम का (ग) मित्रों का (घ) देवी-देवताओं का
3. *पाखंड किस रूप में दिखता है?*
   (क) दिखावे की भक्ति करने में
   (ख) छापे-तिलक लगाने में
   (ग) हाथ में मनकों की माला और मुँह में निरंतर राम का नाम लेकिन मन का दसों दिशाओं में भटकना
   (घ) एकाग्रचित्त न होने पर।
4. *पाखंडपूर्ण भक्ति में मन की क्या दशा होती है?*
   (क) मन एकाग्रचित्त होकर प्रभु भक्ति में न लगकर दसों दिशाओं की ओर घूमता है।
   (ख) मन केवल ईश्वर भक्ति करता है।
   (ग) मन की एकाग्रचित्तता माला फेरने व जीभ चलाने में रत रहती है।
   (घ) मन हर पल उस ईश्वर को पाना चाहता है।

**उत्तर**– 1. (क) 2. (ख) 3. (ग) 4. (क)

☞ **4**

कबीर घास न नींदिए, जो पाऊँ तलि होइ।
उड़ि पड़ै जब आँखि मैं, खरी दुहेली होइ।। 4।। **[Imp.]** (*पृष्ठ 39*)

***शब्दार्थ :*** **नींदिए**–निंदा करना, उपेक्षा करना। **पाऊँ**–पाँव। **तलि**–नीचे। **होइ**–होती है। **उड़ि**–उड़कर। **पड़ै**–पड़ जाता है। **आँखि**–आँख में। **खरी**–बहुत। **दुहेली**–कष्टकारी।

**प्रश्न** *(Set I)*–

**(क)** *साखी का काव्य-सौंदर्य स्पष्ट कीजिए।*
**(ख)** *'कबीर' ने 'घास' की निंदा करने से मना क्यों किया है?*
**(ग)** *यदि घास का तिनका आँख में पड़ जाए तो कैसा अनुभव होता है?*

**उत्तर**–

***काव्य-सौंदर्य***

(क) **भाव-सौंदर्य**–कबीर का मानना है कि पाँव के नीचे की घास को भी निर्बल या कमज़ोर नहीं समझना चाहिए क्योंकि इसका तिनका यदि उड़कर आँख में पड़ जाए तो अत्यधिक कष्टकारक होता है। अर्थात् हमें समाज में निम्नवर्गीय, कमज़ोर व निर्धन लोगों की कभी भी उपेक्षा नहीं करनी चाहिए क्योंकि अगर ये शक्ति पा जाएँ तो गहरा आघात पहुँचाते हैं।

**शिल्प-सौंदर्य**– 1. सधुक्कड़ी भाषा का प्रयोग किया गया है।
2. छोटे-से-छोटे व्यक्ति को भी पूर्ण महत्त्व देने की बात कही गई है।
3. गयात्मकता का गुण है।
4. उपदेशात्मक दोहा है।

(ख) कबीर ने घास की निंदा करने से मना किया है क्योंकि भले ही पाँव तले रौंदी जाने वाली घास निर्बल होती है लेकिन यदि उसका कोई तिनका आँख में पड़ जाए तो वह अत्यधिक कष्टकारी होता है। कवि के कहने का तात्पर्य है कि किसी मनुष्य को कभी छोटा या कमज़ोर नहीं समझना चाहिए। शक्ति पाकर वह भी कष्ट पहुँचा सकता है।

(ग) पाँव तले रौंदी जाने वाली घास का तिनका यदि आँख में पड़ जाए तो अत्यधिक कष्ट देता है। जैसे कोई छोटा या कमज़ोर व्यक्ति यदि शक्तिवान बन जाए तो गहरा आघात पहुँचाता है।

**बहुविकल्पी प्रश्न** *(Set II)*–

1. *किसकी निंदा नहीं करनी चाहिए?*
   (क) शक्तिशाली व्यक्ति की (ख) किसी भी व्यक्ति की
   (ग) पाँव तले रौंदी जाने वाली घास की (घ) अपने मित्रों की।
2. *'पाऊँ तलि होइ' शब्दों से क्या तात्पर्य है?*
   (क) पैर के नीचे दबने वाली (ख) पैर के नीचे रहने वाली
   (ग) पाँव के नीचे प्रभुत्व पाने वाली (घ) छोटे मनुष्य
3. *यदि आँख में घास का तिनका चला जाए तो कैसा अनुभव होता है?*
   (क) व्यक्ति शर्मिंदा हो जाता है। (ख) अत्यधिक कष्ट देता है।
   (ग) आँख खुल नहीं पाती। (घ) व्यक्ति को अपने-आप पर पछतावा होने लगता हैं।
4. *'दुहेली' शब्द का अर्थ लिखिए।*
   (क) कष्टकारी (ख) दो एक साथ
   (ग) दहलीज (घ) दमदार

उत्तर– 1. (ग) 2. (क) 3. (ख) 4. (क)

**5**

जग में बैरी कोइ नहीं, जो मन सीतल होय।
या आपा को डारि दे, दया करै सब कोय।। 5।। (पृष्ठ 39)

*शब्दार्थ :* **जग**–संसार। **बैरी**–दुश्मन। **नहीं**–नहीं। **मन**–हृदय। **सीतल**–शांत। **होय**–होता है। **आपा**–अहंकार। **दया**–करुणा। **करै**–करना। **कोय**–कोई।

**प्रश्न** *(Set I)*–

(क) *साखी का काव्य-सौंदर्य स्पष्ट कीजिए।*
(ख) *मनुष्य का मन कैसा होना चाहिए?*
(ग) *मनुष्य को अहंकार छोड़ने का संदेश क्यों दिया है?*

उत्तर–

*काव्य-सौंदर्य*

(क) **भाव-सौंदर्य**–अपनी इस साखी में कबीर का कहना है कि यदि व्यक्ति का मन शांत और निर्मल होता है तो संसार में उसका कोई शत्रु नहीं होता। इसलिए मनुष्य को अपने अंदर का अहंकार त्याग देना चाहिए क्योंकि अहंकार का त्याग करने से मनुष्य के स्वभाव में छल-कपट नहीं रहता। उसका हृदय निर्मल और पवित्र हो जाता है और ऐसा होने से सभी उस पर कृपाभाव बनाए रखते हैं।

**शिल्प-सौंदर्य**–
1. मिली-जुली अर्थात् सधुक्कड़ी भाषा का प्रयोग किया गया है।
2. नीतिपरक दोहा है।
3. 'होय' 'कोय' तुकांत शब्दों का प्रयोग है।
4. अहंकार न करने के लिए कहा गया है।

(ख) मनुष्य का मन शांत और निर्मल होना चाहिए क्योंकि जिस मनुष्य का मन शांत और निर्मल होता है उसका कोई दुश्मन नहीं होता, सभी उससे स्नेह करते हैं।

(ग) मनुष्य को अहंकार त्यागने का संदेश इसलिए दिया गया है क्योंकि जो अहंकार त्याग देता है उस पर सभी कृपाभाव बनाए रखते हैं।

**बहुविकल्पी प्रश्न** *(Set II)*–

1. *अहंकार क्यों त्यागना चाहिए?*
   (क) ताकि मन निर्मल हो जाए।
   (ख) ताकि मन का अज्ञान समाप्त हो जाए।
   (ग) जो अहंकार त्याग देता है उस पर सब कृपाभाव बनाए रखते हैं।
   (घ) इनमें से कोई नहीं।
2. *सभी किसी पर दया कब दिखाते हैं?*
   (क) जब कोई किसी के हित की बात करे।
   (ख) जब कोई अहंकार त्यागकर बात करता है।
   (ग) जब कोई प्रेम से बातचीत करे।
   (घ) जब कोई दीन दरिद्र हो।
3. *अहंकार त्यागने वाले का कोई दुश्मन क्यों नहीं होता?*
   (क) उसके मन में कभी किसी के प्रति बदले की भावना नहीं होती।
   (ख) क्योंकि वह सदा सबसे विनम्रता से बात करता है।
   (ग) वह कभी किसी से क्रोधपूर्ण व्यवहार नहीं करता।
   (घ) उपर्युक्त सभी।
4. *इस दोहे का संदेश क्या है?*
   (क) हमें सदा सच बोलना चाहिए।
   (ख) हमें कम से कम बोलना चाहिए।
   (ग) हमें अपना स्वभाव निर्मल बनाना चाहिए ताकि सभी हम पर कृपाभाव बनाए रखें।
   (घ) हमें कभी अपने पर गर्व नहीं करना चाहिए।

**उत्तर**– 1. (ग) 2. (ख) 3. (घ) 4. (ग)

## 3. पाठ्यपुस्तक के प्रश्न-अभ्यास

(*पृष्ठ 40–41*)

### *पाठ से*

☞**प्रश्न 1.** 'तलवार का महत्त्व होता है म्यान का नहीं'–**उक्त उदाहरण से कबीर क्या कहना चाहते हैं? स्पष्ट कीजिए।** **[Imp.]**

**उत्तर**–'तलवार का महत्त्व होता है म्यान का नहीं' इस उदाहरण से कबीर कहना चाहते हैं कि महत्त्व सदा मुख्य वस्तु का होता है जैसे हम तलवार लेना चाहें तो उसकी धार देखकर उसका मोल भाव करेंगे उसका म्यान कितना भी सुंदर क्यों न हो उसकी ओर हम ध्यान नहीं देते। ठीक वैसे ही जैसे साधु-संतों के ज्ञान की महत्ता होती है उनकी जाति से किसी को कोई सरोकार नहीं होता।

**प्रश्न 2. पाठ की तीसरी साखी–जिसकी एक पंक्ति है** 'मनुवाँ तो दहुँ दिसि फिरै, यह तो सुमिरन नाहिं' **के द्वारा कबीर क्या कहना चाहते हैं?**

**उत्तर**–'मनुवाँ तो दहुँ दिसि फिरै, यह तो सुमिरन नाहिं' इस पंक्ति के माध्यम से कबीर ने कहना चाहा है कि हमारा मन भक्ति के समय यदि दसों दिशाओं की ओर घूमता रहता है, ईश्वर के स्मरण में एकाग्रचित्त नहीं होता तो ऐसी भक्ति व्यर्थ है।

**प्रश्न 3. कबीर घास की निंदा करने से क्यों मना करते हैं। पढ़े हुए दोहे के आधार पर स्पष्ट कीजिए।**

**उत्तर**–कबीर के दोहे में घास का विशेष अर्थ है क्योंकि इसमें उन्होंने पैरों के नीचे रौंदी जाने वाली घास के बारे में कहा है कि हमें कभी उसे निर्बल या कमज़ोर नहीं समझना चाहिए क्योंकि उसका छोटा-सा तिनका भी यदि आँख में पड़ जाए तो कष्टकर होता है। इस घास का वास्तविक संदेश यह है कि हमें समाज में रहने वाले छोटे से छोटे व्यक्ति को भी कभी कमज़ोर नहीं समझना चाहिए, क्योंकि यदि वह शक्ति प्राप्त कर ले तो हमें गहरा आघात पहुँचा सकता है।

**प्रश्न 4.** मनुष्य के व्यवहार में ही दूसरों को विरोधी बना लेनेवाले दोष होते हैं। **यह भावार्थ किस दोहे से व्यक्त होता है?**

**उत्तर**– जग में बैरी कोइ नहीं, जो मन सीतल होय।
या आपा को डारि दे, दया करै सब कोय।।

## *पाठ से आगे*

**प्रश्न 1.** ''या आपा को डारि दे, दया करै सब कोय।''
''ऐसी बानी बोलिए मन का आपा खोय।''

इन दोनों पंक्तियों में 'आपा' को छोड़ देने या खो देने की बात की गई है। **'*आपा*' किस अर्थ में प्रयुक्त हुआ है? क्या '*आपा*' स्वार्थ के निकट का अर्थ देता है या घमंड का?**

**उत्तर–** ''या **आपा** को डारि दे, दया करै सब कोय।''
''ऐसी बानी बोलिए मन का **आपा** खोय।''

इन दोनों पंक्तियों में 'आपा' शब्द का प्रयोग घमंड अर्थात् अंहकार के लिए प्रयुक्त हुआ है।

पहली पंक्ति में कबीर का कहना है कि मनुष्य को अपने स्वभाव से अहंकार को त्याग देना चाहिए ताकि सभी उस पर कृपाभाव रखें।

दूसरी पंक्ति में कबीर का कहना है कि अपने मन के अहंकार को त्याग कर हमें ऐसी मीठी वाणी बोलनी चाहिए कि सभी हमारी ओर आकर्षित हो जाएँ।

**प्रश्न 2.** आपके विचार में आपा और आत्मविश्वास में तथा आपा और उत्साह में क्या कोई अंतर हो सकता है? **स्पष्ट करें।**

**उत्तर–आपा और आत्मविश्वास–**आपा का अर्थ है अहंकार जबकि आत्मविश्वास का अर्थ है अपने ऊपर विश्वास, जिसके बल पर मनुष्य बड़ी-से-बड़ी मुश्किल पर भी काबू पा जाता है।

**आपा और उत्साह–**आपा का अर्थ है अहंकार जबकि उत्साह का अर्थ है किसी काम को करने का जोश; उमंग या खुशी व साहस से आगे बढ़ने की इच्छा।

**प्रश्न 3.** सभी मनुष्य एक ही प्रकार से देखते-सुनते हैं पर एकसमान विचार नहीं रखते। सभी अपनी-अपनी मनोवृत्तियों के अनुसार कार्य करते हैं। **पाठ में आई कबीर की किस साखी से उपर्युक्त पंक्तियों के भाव मिलते हैं, एकसमान होने के लिए आवश्यक क्या है? लिखिए।**

**उत्तर–**कबीर की निम्न साखी समाज में सभी को समान मानने का उपदेश देती है–

कबीर घास न नींदिए, जो पाऊँ तलि होइ।
उड़ि पड़ै जब आँखि मैं, खरी दुहेली होइ।।

एक समान होने के लिए आवश्यक है कि समाज के अमीर-गरीब, ऊँच-नीच, जातीय व वर्गों के आधार पर बने भेदभाव सब समाप्त हो जाएँ। सभी धर्मों को समान महत्त्व दिया जाए। सभी केवल अपने स्वार्थ पूर्ति हेतु नहीं बल्कि परोपकार की भावना से जीवन व्यतीत करें।

**प्रश्न 4. कबीर के दोहों को साखी क्यों कहा जाता है? ज्ञात कीजिए।**

**उत्तर–**कबीर के दोहों को साखी कहा जाता है क्योंकि 'साखी' शब्द का एक अर्थ है 'प्रत्यक्ष रूप से' अर्थात् उन्होंने समाज में जैसा देखा वैसा ही कहा। वे समाज में फैली कुरीतियों, जातीय भावनाओं और बाह्य आडंबरों को समाप्त करना चाहते थे इसीलिए अपने दोहों में भी कबीर ने यही सीख देनी चाही है कि हमें साधु के ज्ञान को प्राप्त करना चाहिए, उनके जातीय स्वरूप को जानने की इच्छा नहीं रखनी चाहिए। यदि कोई अपशब्द कहे तो मौन रहना चाहिए क्योंकि हमारे द्वारा भी अपशब्द कहे जाने पर उनकी संख्या बढ़ेगी। ईश्वर प्राप्ति हेतु एकाग्रचित्त होकर भक्ति करनी चाहिए। किसी को निर्बल नहीं समझना चाहिए एवं हमें अपने स्वभाव को निर्मल और शांत बनाना चाहिए।

## *भाषा की बात*

• बोलचाल की क्षेत्रीय विशेषताओं के कारण शब्दों के उच्चारण में परिवर्तन होता है जैसे वाणी शब्द बानी बन जाता है। मन से मनवा, मनुवा आदि हो जाता है। उच्चारण के परिवर्तन से वर्तनी भी बदल जाती है। **नीचे कुछ शब्द दिए जा रहे हैं उनका वह रूप लिखिए जिससे आपका परिचय हो।**

*ग्यान, जीभि, पाऊँ, तलि, आँखि, बरी।*

उत्तर– ग्यान – ज्ञान    जीभि – जीभ
पाऊँ – पाँव    तलि – तले, नीचे
आँखि – आँख    बरी – बड़ी।

## 4. अन्य महत्त्वपूर्ण परीक्षोपयोगी प्रश्नोत्तर

### *लघु प्रश्नोत्तर*

☞प्रश्न 1. साधु की जाति क्यों नहीं पूछनी चाहिए? **[Imp.]**

उत्तर–साधु की जाति इसलिए नहीं पूछनी चाहिए क्योंकि हमें उनसे ज्ञान प्राप्त करना चाहिए। ज्ञानवान मनुष्य तो किसी भी जाति का हो सकता है और उसकी दृष्टि में सभी समान महत्त्व रखते हैं।

प्रश्न 2. म्यान का महत्त्व क्यों नहीं माना जाता?

उत्तर–तलवार को जिसमें रखा जाता है उसे म्यान कहते हैं। जब हम तलवार खरीदते हैं तो उसकी म्यान कितनी भी सुंदर हो लेकिन हमारा ध्यान तो तलवार की धार व मूल्य पर होता है म्यान का मोलभाव हम नहीं करते।

☞प्रश्न 3. क्या हमें पलटकर किसी को गाली देनी चाहिए? यदि नहीं तो क्यों? **[Imp.]**

उत्तर–हमें पलटकर किसी को भी गाली नहीं देनी चाहिए क्योंकि यदि हम गाली का उत्तर गाली में देते हैं तो गालियाँ एक से अनेक हो जाएँगी अर्थात् अधिक अपशब्द बोले जाएँगे और यदि मौन रहकर जवाब देंगे तो गालियों की संख्या बढ़ेगी नहीं।

प्रश्न 4. कबीर ने अपनी साखी में भक्ति के मार्ग पर पाखंडों का विरोध क्यों और कैसे किया है?

उत्तर–कबीर का यह कहना है कि माला हाथ में और जीभ मुँह में ईश्वर के नाम से घूमती है लेकिन मन दसों दिशाओं में भटक रहा हो तो ऐसी भक्ति का कोई लाभ नहीं। वास्तविक भक्ति तो मन की एकाग्रचित्तता से होती है। बाहरी पाखंडों से कभी ईश्वर प्राप्त नहीं होते।

प्रश्न 5. मनुष्य का स्वभाव शांत व निर्मल क्यों होना चाहिए?

उत्तर–कवि का मानना है कि मनुष्य का स्वभाव शांत व निर्मल होना चाहिए क्योंकि शांत व निर्मल स्वभाव वालों का संसार में कोई शत्रु नहीं होता। सभी उन पर कृपा भाव बनाए रखते हैं।

### *दीर्घ प्रश्नोत्तर*

☞प्रश्न 6. कबीर के अनुसार समाज में कभी किसी को कमज़ोर क्यों नहीं समझना चाहिए? **[Imp.]**

उत्तर–कबीर के अनुसार समाज में रहने वाले सभी लोगों से समान व्यवहार करना चाहिए किसी को छोटा, बड़ा या कमज़ोर नहीं समझना चाहिए? क्योंकि यदि हम असमानता का भाव रखते हैं तो कई बार हमें मुँह की खानी पड़ती है। जैसे कवि ने अपनी साखी में स्पष्ट रूप से कहा है कि पैर के नीचे दबने वाली घास को भी कम नहीं समझना चाहिए क्योंकि यदि उसका तिनका भी उड़कर आँख में पड़ जाए तो बड़ा कष्टकारी होता है वैसे ही समाज में जिसे हम छोटा समझते हैं, यदि वह शक्ति पा जाए तो हमें दुख दे सकता है।

☞प्रश्न 7. कबीर की साखियाँ क्या संदेश देती हैं? **[Imp.]**

उत्तर–कबीर की साखियाँ यह संदेश देती हैं कि हमें साधु-संतों की जाति न पूछकर उनसे ज्ञान प्राप्त करने की चेष्टा करनी चाहिए अर्थात् जातीय भावनाओं को ज्ञान प्राप्ति मार्ग में नहीं लाना चाहिए। यदि हमें कोई अपशब्द कहे तो उसे पलट कर जवाब नहीं देना चाहिए क्योंकि इससे अपशब्दों की संख्या बढ़ जाती है। मन को एकाग्र करके ईश्वर की भक्ति करनी चाहिए पाखंडों का रास्ता नहीं अपनाना चाहिए। समाज में सभी को समान भाव से देखना चाहिए व अपना स्वभाव निर्मल व शांत रखना चाहिए ताकि सभी हम पर कृपा दृष्टि बनाए रखें।

**☞प्रश्न 8. वर्तमान समय में भी 'कबीर की साखियाँ' कैसे सत्य प्रतीत होती हैं?**

**उत्तर**–कबीर की साखियाँ वर्तमान समय में भी सत्य प्रतीत होती हैं क्योंकि समय कोई भी हो शाश्वत मूल्य कभी समाप्त नहीं होते। ये तथ्य आज भी सत्य है कि हमें ज्ञान प्राप्त करते समय विद्वान की जाति नहीं पूछनी चाहिए। किसी को कभी अपशब्द नहीं कहने चाहिए। ईश्वर का एकाग्रचित्त होकर स्मरण करना चाहिए। बाह्य आडंबरों से ईश्वर प्राप्ति नहीं होती। कभी भी हमें छोटे से छोटे मनुष्य की भी जरूरत पड़ सकती है इसलिए अपने से छोटे लोगों का अपमान नहीं करना चाहिए। साथ ही कवि ने यह भी बताने का प्रयास किया है कि शांत और निर्मल स्वभाव वाले व्यक्ति का कोई शत्रु नहीं होता। हमें अपना स्वभाव इस प्रकार बनाना चाहिए कि सभी हम पर कृपा का भाव रखें।

# 8 सुदामा चरित

*नरोत्तमदास*

इस कविता में कवि ने कृष्ण व सुदामा की सच्ची मित्रता को दर्शाया है।

## 1. कविता का सार

सुदामा की आर्थिक दशा अच्छी न थी जबकि उसके मित्र श्रीकृष्ण द्वारिका के राजा थे। सुदामा की पत्नी सुदामा को अत्यधिक अनुरोध करके श्रीकृष्ण के पास सहायता हेतु भेजती है। जब सुदामा द्वारिका पहुँचकर श्रीकृष्ण के राजमहल में जाते हैं तो द्वारपाल उन्हें बाहर ही रोक लेता है। वह श्रीकृष्ण से जाकर कहता है कि बाहर कोई ब्राह्मण आया है जो बहुत दीन दिखाई पड़ता है। उसके सिर पर न पगड़ी है न शरीर पर कुरता न जाने किस गाँव का है? उसकी धोती फटी है और अंगवस्त्र भी लटक रहा है। पैरों पर जूते का निशान तक नहीं है। वह यहाँ की सुंदरता देखकर चकित है। वह अपना नाम सुदामा बताता है और आपसे मिलना चाहता है। कृष्ण भाव विह्वल होकर उससे मिलते हैं। उसकी फटी एड़ियाँ और काँटे चुभे पाँव देखकर द्रवित हो उठते हैं। अपने आँसुओं के जल से सुदामा के पाँव धोते हैं। सुदामा द्वारा चावलों की पोटली बगल में दबाने के कारण श्रीकृष्ण सुदामा से कहते हैं कि भाभी की भेजी सौगात हमें देते क्यों नहीं हो? क्या बचपन की चोरी की आदत तुम्हारी गई नहीं? बचपन में भी तुमने गुरुमाता के दिए चने अकेले ही खा लिए थे। चोरी की आदत में तो तुम बहुत कुशल हो। कृष्ण ने सुदामा का स्वागत व विदाई दोनों ही आदर सहित किया। जब कृष्ण ने सुदामा की स्पष्ट रूप से कोई मदद न की तो सुदामा को खीझ आ गई और वह सोचता है कि बचपन में कृष्ण जरा सी दही भी घर-घर माँगता फिरता था आज विपुल संपत्ति का मालिक बन गया तो क्या हुआ, किसी को कुछ दे नहीं सकता। जब सुदामा अपने गाँव पहुँचा तो हैरान था। वहाँ सब कुछ बदला हुआ था। उसे भ्रम हुआ कि कहीं वह फिर से द्वारिका तो नहीं पहुँच गया। उसकी कुटिया के स्थान पर बड़ा महल बन चुका था। उसे अपना घर भी लोगों से पूछना पड़ा कि सुदामा पांडे का घर कौन सा है? जहाँ कभी पैरों में पहनने को जूतियाँ नहीं थीं वहाँ अब घर के बाहर हाथी लेकर महावत खड़े थे। जहाँ कठोर धरती पर रात कटती थी वहाँ नरम गद्दे पर नींद नहीं आती और जहाँ मोटा अनाज खाने को नहीं मिलता था वहाँ प्रभु के प्रताप से अंगूर भी अच्छे नहीं लगते। वास्तव में कृष्ण ने सुदामा की मनोदशा जानकर उसे सब कुछ दे दिया। लेकिन अपने मुख से कहकर या स्पष्ट रूप में देकर अपनी और सुदामा की मित्रता को छोटा न होने दिया।

## 2. अर्थग्रहण संबंधी एवं बहुविकल्पी प्रश्नोत्तर

***नीचे लिखे काव्यांशों को पढ़िए और पूछे गए प्रश्नों के उत्तर दीजिए–***

☞ **1**

सीस पगा न झँगा तन में, प्रभु! जाने को आहि बसे केहि ग्रामा।
धोती फटी-सी लटी दुपटी, अरु पाँय उपानह को नहिं सामा।।
द्वार खड़ो द्विज दुर्बल एक, रह्यो चकिसों बसुधा अभिरामा।
पूछत दीनदयाल को धाम, बतावत आपनो नाम सुदामा।। **[Imp.]** (*पृष्ठ 42*)

*शब्दार्थ :* **सीस**–सिर पर। **पगा**–पगड़ी। **झँगा**–कुरता। **तन**–शरीर। **प्रभु**–ईश्वर। **जाने को**–न जाने कौन। **आहि**–आया है। **बसे**–बसने वाला। **केहि**–कहाँ। **ग्रामा**–गाँव। **लटी**–लटक रही है/फटी है। **दुपटी**–अंग वस्त्र। **अरु**–और। **पाँय**–पाँव।

**उपानह**–जूते। **सामा**–चिह्न। **द्वार**–दरवाज़ा। **द्विज**–ब्राह्मण। **दुर्बल**–कमज़ोर। **चकिसों**–चकित। **बसुधा**–धरती। **अभिरामा**–सुंदरता। **पूछत**–पूछता है। **दीनदयाल**–दीनों पर दया करने वाले। **धाम**–भवन। **बतावत**–बताता है। **आपनो**–अपना।

**प्रश्न** *(Set I)*–

*(क) प्रस्तुत पद्यांश की सप्रसंग व्याख्या कीजिए।*

*(ख) सुदामा कहाँ और क्यों गया था?*

*(ग) द्वारपाल ने कृष्ण को सुदामा के बारे में क्या बताया?*

**उत्तर**–

(क) **प्रसंग**–प्रस्तुत पद्यांश हमारी हिंदी की पाठ्यपुस्तक 'वसंत' की कविता 'सुदामा चरित' से अवतरित है। इसके कवि नरोत्तमदास जी हैं। इसमें उस समय का वर्णन है जब सुदामा अपनी पत्नी के कहने पर श्रीकृष्ण के पास जाते हैं तो उनकी दीनहीन दशा देखकर द्वारपाल उन्हें अंदर जाने से रोकते हैं।

**व्याख्या**–जब सुदामा अपनी आर्थिक परेशानियों से तंग आकर पत्नी के कहने पर श्रीकृष्ण से मिलने द्वारिका जाते हैं तो श्रीकृष्ण का द्वारपाल उन्हें देखकर अचंभित हो जाता है और कृष्ण जी से जाकर कहता है कि हे प्रभु द्वार पर एक निर्बल ब्राह्मण आया है जिसके सिर पर न पगड़ी है न शरीर पर कुरता। न जाने किस ग्राम का वासी है। उसकी धोती फटी हुई है और अंग वस्त्र लटक रहा है। उसके पैरों में जूते भी नहीं हैं। वह महलों व द्वारिका की धरती की सुंदरता को देखकर चकित हो रहा है। वह दीनों पर दया करने वाले श्रीकृष्ण का नाम पूछ रहा है और अपना नाम सुदामा बताता है।

**विशेष**–
1. ब्रजभाषा का सुंदर प्रयोग है।
2. 'फटी-सी' में उपमा अलंकार, 'द्विज दुर्बल' में अनुप्रास अलंकार का प्रयोग है।
3. 'ग्रामा सामा', 'अभिरामा सुदामा' तुकांत शब्दों की छटा है।
4. काव्यांश सरल, सरस व गयात्मक है।
5. सुदामा की दीनहीन दशा का चित्रण किया गया है।

(ख) सुदामा की आर्थिक दशा बहुत खराब थी। वह दीनों की भांति जीवन व्यतीत कर रहा था। अपनी पत्नी के आग्रह करने पर वह अपने मित्र कृष्ण के पास सहायता हेतु गया।

(ग) द्वारपाल ने कृष्ण जी को सुदामा के बारे में बताया कि द्वार पर एक ब्राह्मण खड़ा है उसके सिर पर न पगड़ी है, न शरीर पर कुरता और न जाने किस गाँव का है उसकी धोती फटी हुई है और अंगवस्त्र लटक रहा है। उसके पैरों में जूते तक नहीं हैं। वह इस धरती की सुंदरता देखकर चकित है। वह अपना नाम सुदामा बताता है और आपसे मिलना चाहता है।

**बहुविकल्पी प्रश्न** *(Set II)*–

1. *सुदामा कहाँ जा रहा है?*
   (क) जंगल में ईश्वर पूजन हेतु
   (ख) अपने मित्र कृष्ण के पास
   (ग) अपनी पत्नी के गाँव
   (घ) गुरुमाता से मिलने।
2. *सुदामा की दीन-दशा का वर्णन कीजिए।*
   (क) न सिर पर पगड़ी, न शरीर पर कुरता, फटी हुई धोती व अंग वस्त्र, न पैरों में जूते।
   (ख) न मुकुट, न अंगरखा, न बाजे गाजे
   (ग) न धन-दौलत, न घोड़े-हाथी, न साज-सेना
   (घ) इनमें से कोई नहीं।
3. *कृष्ण द्वार पहुँचकर सुदामा चकित क्यों था?*
   (क) वह कृष्ण के महल व ठाठ-बाट देखकर चकित था।
   (ख) वह कृष्ण के द्वारपाल देखकर चकित था।
   (ग) वह कृष्ण की नगरी देखकर चकित था।
   (घ) दिए गए सभी।
4. *सुदामा ने द्वारपाल से क्या कहा?*
   (क) सुदामा ने सबसे बड़े महल के बारे में पूछा।
   (ख) सुदामा ने द्वारपाल को कृष्ण से मिलने को कहा और अपना नाम सुदामा बताया।

(ग) सुदामा ने सबको पकड़-पकड़ कर अपना नाम बताना चाहा।
(घ) दिए गए सभी।

**उत्तर–** 1. (ख) 2. (क) 3. (घ) 4. (ख)

☞ **2**

ऐसे बेहाल बिवाइन सों, पग कंटक जाल लगे पुनि जोए।
हाय! महादुख पायो सखा, तुम आए इतै न कितै दिन खोए।।
देखि सुदामा की दीन दसा, करुना करिकै करुनानिधि रोए।
पानी परात को हाथ छुयो नहिं, नैनन के जल सों पग धोए।। **[Imp.]** (*पृष्ठ 42*)

*शब्दार्थ :* **बेहाल**–बुरे हाल। **बिवाइन**–फटी एड़ियाँ। **पग**–पैर। **कंटक**–काँटे। **जाल**–सारे। **पुनि**–बार-बार। **जोए**– देखने। **महादुख**–बहुत दुख। **पायो**–पाया। **इतै**–यहाँ। **कितै**–कहाँ। **दसा**–दशा। **करुना**–दया। **करिकै**–करने वाले। **करुनानिधि**–दया करने वाले। **छुयो नहिं**–छुआ तक नहीं। **नैनन**–आँखों के। **सों**–से।

**प्रश्न** *(Set I)*–

**(क)** *प्रस्तुत पद्यांश की सप्रसंग व्याख्या कीजिए।*
**(ख)** *सुदामा की दशा देखकर कृष्ण की क्या प्रतिक्रिया हुई?*
**(ग)** *कृष्ण ने सुदामा के चरण कैसे धोए?*

**उत्तर–**

(क) **प्रसंग**–प्रस्तुत पद्यांश हमारी हिंदी की पाठ्यपुस्तक 'वसंत' की कविता 'सुदामा चरित' से अवतरित है इसके कवि नरोत्तमदास जी हैं। इसमें उन्होंने कृष्ण और सुदामा के सरल प्रेम का चित्रण किया है। जब कृष्ण ने सुदामा की दीनहीन दशा देखी तो वे कैसे विह्वल हो उठे।

**व्याख्या**–श्रीकृष्ण ने जब सुदामा को देखा तो वे भाव विह्वल हो उठे क्योंकि उनकी एड़ियाँ फटी हुईं अर्थात् पैदल चल कर बुरे हाल में थीं। पैरों में काँटे चुभे हुए थे वे उन्हें बार-बार देखते हैं। कृष्ण कहते हैं कि हे सखा! तुमने बहुत दुख पाए हैं। इतने दिन क्यों व्यर्थ किए, पहले मेरे पास क्यों न आए। अपने प्रिय मित्र सुदामा की दीन अवस्था को देखकर सब पर करुणा करने वाले श्रीकृष्ण स्वयं रोने लगे। सुदामा के पाँव धोने हेतु परात में लाया हुआ जल उन्होंने छुआ तक नहीं और अपने आँसुओं से ही सुदामा के पाँव धो डाले।

**विशेष–** 1. ब्रजभाषा का सुंदर समावेश है।
2. सुदामा की दीन दशा व कृष्ण के उसके प्रति प्रेम को दर्शाया गया है।
3. 'दीन दसा', 'करुना करिकै करुनानिधि', 'पानी परात' आदि शब्दों में अनुप्रास अलंकार है।
4. 'नैनन के जल सों पग धोए' में अतिशयोक्ति अलंकार है।
5. 'जोए-खोए', 'रोए-धोए' में तुकांत शब्द है।
6. भाषा सहज, गयात्मक व लयबद्ध है।

(ख) सुदामा की फटी एड़ियाँ व पैरों में चुभे काँटे देखकर कृष्ण ने सुदामा से कहा कि हे मित्र इतना दुख तुमने पाया, तुम पहले यहाँ क्यों नहीं आए? सब पर करुणा करने वाले कृष्ण सुदामा की दशा देखकर रो पड़े।

(ग) सुदामा के पैर धोने हेतु सेवक द्वारा परात में लाए जल को कृष्ण ने छुआ तक नहीं, अपने आँसुओं के जल से ही उन्होंने सुदामा के पाँव धो डाले।

**बहुविकल्पी प्रश्न** *(Set II)*–

**1.** *सुदामा की दीन-हीन दशा देखकर कृष्ण की क्या प्रतिक्रिया हुई?*
(क) सुदामा की दीन-हीन दशा देखकर कृष्ण रो पड़े। (ख) उसकी परेशानी का कारण पूछा।
(ग) उसे अपार धन दौलत दे दी। (घ) उससे मिलने से इंकार कर दिया।

**2.** *कृष्ण ने सुदामा से क्या कहा?*
(क) हे मित्र! मुझे अपने पास बुला लेते। (ख) हे मित्र! अपनी परेशानी पहले बताते।
(ग) हे मित्र! तुम पहले यहाँ क्यों नहीं आए। (घ) हे मित्र! मैं तुम्हारे लिए कुछ नहीं कर सकता।

3. *कृष्ण ने सुदामा के चरण कैसे धोए?*
(क) परात में पानी मँगाकर (ख) गंगाजल से
(ग) अपने आँसुओं से (घ) विशेष कुएँ के जल से

4. *इस पद्यांश में श्रीकृष्ण को किसकी संज्ञा दी गई है।*
(क) दीनदयाल (ख) गोवर्धन
(ग) गोपाल (घ) करुणानिधि

उत्तर– 1. (क) 2. (ग) 3. (ग) 4. (घ)

**3**

कछु भाभी हमको दियो, सो तुम काहे न देत।
चाँपि पोटरी काँख में, रहे कहो केहि हेतु।।

आगे चना गुरुमातु दए ते, लए तुम चाबि हमें नहिं दीने।
स्याम कह्यो मुसकाय सुदामा सों, "चोरी की बान में हौ जू प्रवीने।।
पोटरि काँख में चाँपि रहे तुम, खोलत नाहिं सुधा रस भीने।
पाछिलि बानि अजौ न तजो तुम, तैसई भाभी के तंदुल कीन्हे।।" *(पृष्ठ 42)*

*शब्दार्थ :* **हमको**–हमें। **दियो**–दिया। **सो**–वह। **काहे**–क्यों। **देत**–देते हो। **चाँपि**–चबाना। **पोटरी**–पोटली। **काँख**–काख, बगल। **हेतु**–के कारण। **आगे**–पहले। **दए**–दिए। **ते**–थे। **लए**–लिए। **चाबि**–चबा लिए, खा लिए। **दीने**–दिए। **बान**–आदत। **प्रवीने**–कुशल। **खोलत**–खोलते। **नाहिं**–नहीं। **सुधा**–अमृत। **भीने**–भीगे हुए रसभरे। **पाछिलि**–पिछली। **बानि**–आदतें। **अजौ**–आज तक। **तजो**–छोड़ी। **तैसई**–वैसे ही। **तंदुल**–चावल। **कीन्हे**–कर रहे हो।

**प्रश्न** *(Set I)*–

**(क)** *प्रस्तुत पद्यांश की सप्रसंग व्याख्या कीजिए।*
**(ख)** *सुदामा बगल में रखी पोटली छिपा क्यों रहे थे?*
**(ग)** *'तुम चोरी की आदत में कुशल हो'–ऐसा कृष्ण ने सुदामा को क्यों और क्या उदाहरण देकर कहा?*

**उत्तर**–

(क) **प्रसंग**–नरोत्तमदास जी द्वारा रचित 'सुदामा चरित' कविता के इस पद्यांश में दर्शाया गया है कि जब सुदामा कृष्ण के पास पहुँचे तो उनके राजसी ठाठ को देखकर अपनी पत्नी द्वारा भेंट स्वरूप दी गई चावलों की पोटली देने में संकोच करने लगे। लेकिन कृष्ण उन्हें बचपन में चनों की चोरी की घटना याद करवाकर चावलों की पोटली उनसे ले लेते हैं।

**व्याख्या**–श्रीकृष्ण ने देखा कि सुदामा जी एक पोटली को बार-बार अपनी बगल में छिपा रहे हैं तो कृष्ण जी ने उनसे पूछ लिया कि भाभी ने जो मेरे लिए उपहार भेजा है वह मुझे क्यों नहीं देते।

वे आगे कहते हैं कि एक बार गुरुकुल में गुरुमाता ने हमें चने दिए थे परंतु मेरे हिस्से के चने भी तुम ही खा गए थे। कृष्ण ने हँस कर सुदामा से कहा कि तुम चोरी करने में तो कुशल हो। अरे अपनी बगल में जो पोटली तुम छिपा रहे हो, लाओ इसे मुझे दो। फिर उन चावलों की प्रशंसा करते हुए कहते हैं कि ये तो अमृत रस परिपूर्ण हैं। पिछली बार की तरह अब भी तुम मुझे यह भाभी की भेंट देना नहीं चाहते थे। जबकि वास्तविकता यह थी कि सुदामा श्रीकृष्ण के राजसी ठाठ के कारण साधारण चावल उन्हें भेंट नहीं करना चाहते थे। उन्हें यह भेंट तुच्छ लग रही थी। परंतु कृष्ण जी ने उन्हें हठ करके छीन लिया और खाने लगे।

**विशेष**– 1. ब्रजभाषा का सुंदर प्रयोग है।
2. 'कहो केहि', 'तजो तुम' शब्दों में अनुप्रास अलंकार है।
3. संवाद शैली की छटा है।
4. सहजता, सरलता व लयबद्धता है।

(ख) सुदामा की पत्नी ने श्रीकृष्ण हेतु पोटली में थोड़े से चावल बाँध कर दिए थे। सुदामा कृष्ण की शान-शौकत और वैभव देखकर चावलों की भेंट देने में लज्जा का अनुभव कर रहे थे। इसलिए वे पोटली को बगल में छिपाए थे।

(ग) जब कृष्ण के कहने पर भी सुदामा पोटली नहीं दे रहे थे तो उन्होंने कहा कि भाभी की भेजी चावलों की भेंट देते क्यों नहीं हो। चोरी की आदत में तो तुम वैसे ही कुशल हो। जब बचपन में गुरुमाता ने चने दिए थे तो भी तुमने ऐसा ही किया था मुझे न देकर स्वयं खा गए थे। क्या भाभी द्वारा भेजे अमृत रस से भीगे चावलों के साथ भी ऐसा ही कर रहे हो।

**बहुविकल्पी प्रश्न** *(Set II)*–

1. *सुदामा की पत्नी ने कृष्ण के लिए क्या भेजा?*
   (क) चावल (ख) मिठाई (ग) मिश्री (घ) पकवान
2. *सुदामा कृष्ण को चावल की पोटली देने में संकोच क्यों कर रहे थे?*
   (क) क्योंकि यह भेंट कृष्ण के ठाठ-बाट के समक्ष तुच्छ थी। (ख) चावल कच्चे थे।
   (ग) चावल कम थे। (घ) चावल के साथ कुछ और न था।
3. *गुरुमाता द्वारा चने दिए जाने का प्रसंग क्या है?*
   (क) जब श्रीकृष्ण और सुदामा गुरुकुल में पढ़ते थे तो उन्हें गुरुमाता ने चने दिए जंगल में लकड़ी तोड़ते समय खाने हेतु।
   (ख) कृष्ण की बहादुरी पर प्रसन्न होकर गुरुमाता ने उन्हें चने दिए।
   (ग) सुदामा गरीब होने के कारण चने ही खाता था।
   (घ) इनमें से कोई एक।
4. *कृष्ण को भाभी की भेंट 'चावल' कैसे लगे?*
   (क) बहुत मीठे (ख) एकदम फीके
   (ग) अमृतरस से परिपूर्ण (घ) ईश्वरीय प्रसाद स्वरूप।

**उत्तर**– 1. (क) 2. (क) 3. (क) 4. (ग)

**4**

वह पुलकनि, वह उठि मिलनि, वह आदर की बात।
वह पठवनि गोपाल की, कछू न जानी जात।।
कहा भयो जो अब भयो, हरि को राज-समाज।
हौं आवत नाहीं हुतौ, वाही पठयो ठेलि।।
घर-घर कर ओड़त फिरे, तनक दही के काज।
अब कहिहौं समुझाय कै, बहु धन धरौ सकेलि।। *(पृष्ठ 43)*

*शब्दार्थ :* **पुलकनि**–पुलकित होना। **उठि**–उठकर। **मिलनि**–मिलना। **आदर**–सम्मान। **पठवनि**–विदाई। **गोपाल**–श्रीकृष्ण। **कछू**–कुछ भी। **जानी जात**–भुलाया नहीं जा सकता। **आवत**–आया। **नाहीं**–नहीं। **हुतौ**–होता। **वाही**–उसने। **पठयो**–भेज दिया। **ठेलि**–खाली हाथ। **कर ओड़त फिरे**–हाथ फैलाता फिरता था। **तनक**–थोड़ा। **कहिहौं**–कहता है। **समुझाय कै**– समझाने की। **बहु**–बहुत। **धन**–संपत्ति। **धरौ**–रखी है। **सकेलि**–विपुल।

**प्रश्न** *(Set I)*–

**(क)** *प्रस्तुत पद्यांश की सप्रसंग व्याख्या कीजिए।*
**(ख)** *कृष्ण के किस व्यवहार को भुलाया नहीं जा सकता?*
**(ग)** *सुदामा कृष्ण के प्रति खीझ कर क्या सोचता है?*

**उत्तर**–

(क) **प्रसंग**–प्रस्तुत पद्यांश हमारी हिंदी की पाठ्यपुस्तक 'वसंत' की कविता 'सुदामा चरित' से अवतरित है। इसके कवि नरोत्तमदास जी हैं। इसमें उन्होंने सुदामा की खीझ को दर्शाया है कि बेचारा बहुत उम्मीद के साथ अपनी पत्नी के कहने पर श्रीकृष्ण के पास सहायता हेतु गया था लेकिन कृष्ण ने तो उसे खाली हाथ ही लौटा दिया।

**व्याख्या**–कविवर नरोत्तमदास जी कहते हैं कि श्रीकृष्ण का अपने मित्र सुदामा से स्वयं उठकर मिलना, आदर सहित अपने पास रखना व प्रेमपूर्वक उन्हें उनके गाँव भेजना जैसी कृष्ण की लीलाओं का वर्णन नहीं किया जा सकता।

लेकिन सुदामा जब अपने घर जाते हैं तो रास्ते भर अपने मन में विचार करते हैं वे समाज के राजा बन भी गए तो क्या हुआ? मैं न ही आया होता तो ठीक था क्योंकि मुझे तो उन्होंने खाली हाथ ही लौटा दिया है। फिर वे सोचते हैं कि कृष्ण बचपन में तो थोड़े से दही के लिए भी घर-घर चोरी करते थे। अब विपुल धन के स्वामी होने पर मुझे समझा रहे थे। ये किसी को कुछ दे नहीं सकते।

**विशेष–** 1. ब्रजभाषा का प्रयोग है।
2. 'जानी जात', 'धन धरौ' में अनुप्रास अलंकार है।
3. 'घर-घर' में पुनरुक्ति प्रकाश अलंकार है।
4. 'बात-जात' में तुकांत शब्द है।
5. सुदामा का कृष्ण के पास से निराश होकर लौटने का वर्णन है।

(ख) कृष्ण द्वारा सुदामा का आदर सहित स्वागत करना व विदाई देना भुलाए नहीं भूलता।

(ग) जब श्रीकृष्ण सुदामा को किसी भी प्रकार की मदद किए बिना भेज देते हैं तो वे अंदर ही अंदर सोचने लगते हैं कि बचपन में तो कृष्ण थोड़े से दही के लिए घर-घर जाकर माँगता फिरता था। अब विपुल धन के स्वामी होकर मुझे समझा रहे थे। ये किसी को कुछ दे नहीं सकते।

**बहुविकल्पी प्रश्न** *(Set II)*–

1. *कृष्ण ने सुदामा का स्वागत कैसे किया?*
(क) आदरपूर्वक गले लगाकर (ख) बड़े दरबार में बिठाकर
(ग) नौकरों-चाकरों द्वारा (घ) अपने ठाठ-बाट दिखाकर।

2. *सुदामा के मन में कृष्ण के प्रति खीझ के भाव क्यों थे?*
(क) क्योंकि कृष्ण ने उन्हें कुछ दिन और रहने को नहीं कहा।
(ख) क्योंकि कृष्ण ने उन्हें खाली हाथ लौटा दिया।
(ग) क्योंकि अब कृष्ण उसकी मेहमानबाजी करके थक गए थे।
(घ) क्योंकि कृष्ण ने उन्हें आदर सहित विदाई नहीं दी।

3. *कृष्ण ने सुदामा को कैसे लौटाया?*
(क) खाली हाथ (ख) धन-दौलत देकर
(ग) राजपाठ का एक अंश देकर (घ) हाथी-घोड़ों की सेना सहित

4. *सुदामा को कृष्ण के बचपन की कौन-सी घटना याद आ गई?*
(क) जब वे यमुना किनारे रासलीला डालते थे। (ख) जब सुदामा के साथ खेलते थे।
(ग) जब घर-घर जाकर दही माँगते थे। (घ) जब जंगल में सुदामा और कृष्ण लड़कियाँ लेने जाते थे।

**उत्तर–** 1. (क) 2. (ख) 3. (क) 4. (ग)

☞ **5**

वैसोई राज-समाज बने, गज, बाजि घने मन संभ्रम छायो।
कैधों पर्‌यो कहुँ मारग भूलि, कि फैरि कै मैं अब द्वारका आयो।।
भौन बिलोकिबे को मन लोचत, अब सोचत ही सब गाँव मझायो।
पूँछत पाड़े फिरे सब सों पर, झोपरी को कहुँ खोज न पायो। **[Imp.]** (*पृष्ठ 43*)

***शब्दार्थ :*** **वैसोई**–वैसा ही। **राज-समाज**–पूरा स्थान, पूरा गाँव। **गज, बाजि**–हाथी, घोड़े। **घने**–बहुत। **संभ्रम**–भ्रमित। **छायो**–आ गया। **कैधों**–या तो, अथवा। **पर्‌यो**–पड़ गया हूँ। **कहुँ**–किसी। **मारग**–रास्ता। **भूलि**–भूल से। **फैरि**–फिर से, दुबारा। **भौन**–भवन। **बिलोकिबे**–देखने के लिए। **लोचत**–ललचाता है। **गाँव मझाया**–गाँव भर छान मारा, बहुत ढूँढ़ा।

**प्रश्न** *(Set I)*–

**(क)** *प्रस्तुत पद्यांश की सप्रसंग व्याख्या कीजिए।*
**(ख)** *सुदामा भ्रम में क्यों पड़ गए?*
**(ग)** *वे सबसे क्या पूछते फिरते थे?*

**उत्तर–**

(क) **प्रसंग**–प्रस्तुत पद्यांश हमारी हिंदी की पाठ्यपुस्तक 'वसंत' की कविता 'सुदामा चरित' से लिया गया है। इसके रचयिता नरोत्तमदास जी हैं। इसमें कवि ने उस समय का वर्णन किया है जब सुदामा अपने गाँव पहुँचते हैं तो भ्रम में पड़ जाते हैं कि कहीं फिर से द्वारिका तो नहीं आ गए क्योंकि कृष्ण की कृपा से वहाँ सब कुछ बदल जाता है।

**व्याख्या**–सुदामा जब अपने गाँव पहुँचते हैं तो द्वारिका जैसा ही राज-समाज, हाथी-घोड़े देखकर भ्रमित हो उठते हैं कि कहीं रास्ता भूलकर पुनः द्वारिका में ही तो नहीं आ गए। वे चिंता में डूबे गाँव भर में अपनी झोंपड़ी ढूँढ़ने लगे किंतु अपने घर के लिए तरसते सुदामा को कहीं भी अपनी झोंपड़ी नहीं मिली। वे लोगों से पूछने लगे कि यहाँ सुदामा पांडे का घर था वह कहाँ है? मैं उसे खोज नहीं पा रहा हूँ।

**विशेष**– 1. ब्रजभाषा का सफल प्रयोग है।
2. भाषा लयबद्ध है।
3. 'पूँछत पाड़े' में अनुप्रास अलंकार है।
4. सुदामा की अपने ही घर को न ढूँढ़ सकने की स्थिति का वर्णन किया गया है।

(ख) सुदामा ने जब अपने गाँव पहुँचकर सब कुछ बदला-बदला सा देखा तो पाया कि सब कुछ द्वारिका नगरी जैसा परिवर्तित हो चुका था तो उन्हें ऐसा भ्रम हो गया कि कहीं फिर से घूमकर द्वारिका नगरी तो नहीं पहुँच गया।

(ग) वे सबसे 'सुदामा पांडे' यानी अपने घर के बारे में पूछ रहे थे।

**बहुविकल्पी प्रश्न** *(Set II)*–

1. *सुदामा अपने गाँव पहुँचकर अपने गाँव को पहचान क्यों नहीं पाया?*
(क) वास्तव में वह गलत गाँव में आ गया था। (ख) उसकी झोपड़ी व पत्नी और बच्चे वहाँ नहीं थे।
(ग) उसका गाँव द्वारिका नगरी की भाँति चमक रहा था। (घ) उसके गाँव का नाम बदल गया था।

2. *सुदामा को क्या भ्रम हो गया?*
(क) वे वहाँ की साज-सज्जा को देखकर भ्रम में पड़ गए।
(ख) अपने गाँव को बदला देख उन्हें ऐसा लगा कि फिर से द्वारिका पहुँच गए, इसलिए भ्रम में पड़ गए।
(ग) अपने घर को न ढूँढ़ पाने के कारण भ्रम में पड़ गए।
(घ) इनमें से कोई नहीं।

3. *सुदामा को क्या नहीं मिल पा रहा था?*
(क) अपना गाँव (ख) अपनी ही झोपड़ी
(ग) अपने परिवार के सदस्य (घ) दिए गए सभी।

4. *सुदामा अपना घर क्यों नही ढूँढ़ पाया?*
(क) क्योंकि वह स्वर्ण-महल के रूप में परिवर्तित हो गया था।
(ख) क्योंकि वहाँ जाने के रास्ते में बदलाव आ गया था।
(ग) क्योंकि तेज बारिश से उसका घर ढह गया था।
(घ) क्योंकि वह साज-सज्जा के कारण चकित-सा घूम रहा था।

**उत्तर**– 1. (ग) 2. (ख) 3. (घ) 4. (क)

**6**

कै वह टूटी-सी छानी हती, कहँ कंचन के अब धाम सुहावत।
कै पग में पनही न हती, कहँ लै गजराजहु ठाढ़े महावत।।
भूमि कठोर पै रात कटै, कहँ कोमल सेज पै नींद न आवत।।
के जुरतो नहिं कोदो सवाँ, प्रभु के परताप ते दाख न भावत।। (*पृष्ठ 43*)

*शब्दार्थ :* **कै**–कहाँ। **छानी**–झोंपड़ी। **हती**–होती थी। **कहँ**–कहाँ। **कंचन**–सोने। **धाम**–भवन। **पग**–पाँव। **पनही**–पहनने को जूती। **गजराजहु**–हाथियों के लिए। **ठाढ़े**–खड़े। **महावत**–हाथी की सवारी करवाने वाला। **भूमि**–धरती। **कठोर**–सख्त। **पै**–जिस पर। **कटै**–कटती। **जुरतो**–मिलना, प्राप्त होना। **नहिं**–नहीं। **कोदो**–मोटा। **सवाँ**–अनाज। **परताप**–कृपा। **दाख**–अंगूर। **न भावत**–अच्छे न लगना।

**प्रश्न** *(Set I)*–

(क) *प्रस्तुत पद्यांश की सप्रसंग व्याख्या कीजिए।*
(ख) *सुदामा ने अपनी झोंपड़ी में क्या बदलाव देखा?*
(ग) *सुदामा के अब ठाठ-बाट कैसे थे? यह सब किसकी कृपा से हुआ?*

**उत्तर–**

(क) **प्रसंग–**प्रस्तुत पद्यांश हमारी हिंदी की पाठ्यपुस्तक 'वसंत' की कविता 'सुदामा चरित' से अवतरित है। इसमें कवि ने सुदामा के वैभवपूर्ण जीवन का वर्णन किया है।

**व्याख्या–**किसी के द्वारा बताने पर सुदामा देखता है कि यहाँ तो टूटी झोंपड़ी के स्थान पर सोने के सुंदर महल बने हैं जहाँ पहले पाँव में जूते नहीं होते थे वहीं अब सवारी के लिए हाथी लेकर महावत खड़े हैं। जहाँ पहले कठोर धरती पर रात कटती थी। परंतु अब रेशमी सेज बिछी है। जहाँ पहले पेट भरने हेतु मोटा अनाज तक उपलब्ध नहीं था अब श्रीकृष्ण की कृपा से अंगूर आदि फल भी मन को नहीं भाते। इस प्रकार सुदामा जी को श्रीकृष्ण ने अनजाने में ही अपार सुख और वैभव उपहार में दिया, लेकिन अपने मुख से न कहकर मित्रता की लाज रखी।

**विशेष–** 1. ब्रजभाषा का प्रयोग किया गया है।
2. 'कहँ कंचन' में अनुप्रास 'टूटी-सी' में उपमा व 'कहँ कंचन के अब धाम सुहावत' में अतिशयोक्ति अलंकार का प्रयोग किया गया है।
3. 'सुहावत-महावत', 'आवत-भावत' तुकांत शब्द हैं।
4. सुदामा के वैभवपूर्ण जीवन का वर्णन किया गया है।

(ख) सुदामा ने देखा कि उसकी टूटी-फूटी झोंपड़ी एक स्वर्ण महल में बदल गई।

(ग) अब सुदामा के पास एक बड़ा भवन, बाहर खड़े हाथी व महावत, नरम गद्दे के बिस्तर व खाने हेतु अंगूर जैसे फलों की कमी न थी। यह सब उसे श्रीकृष्ण के द्वारा प्राप्त हुआ। उन्होंने प्रत्यक्ष रूप से सुदामा की सहायता न करके, अप्रत्यक्ष रूप में उसे देकर अपनी मित्रता निभाई क्योंकि प्रत्यक्ष रूप में वे सुदामा को कुछ भी देकर मित्रता कम नहीं करना चाहते थे।

**बहुविकल्पी प्रश्न** *(Set II)*–

1. *सुदामा की झोपड़ी में क्या बदलाव आया?*
(क) झोपड़ी बड़ी हो गई। (ख) स्वर्ण-महल में बदल गई।
(ग) उसकी दशा देखने योग्य न थी। (घ) जीर्ण-शीर्ण हो गई।

2. *सुदामा के जीवन में क्या परिवर्तन आया?*
(क) उसके सभी मित्र बन गए। (ख) उसका सादा जीवन वैभवपूर्ण हो गया।
(ग) उसे कोई पहचानता न था। (घ) वह अपने गाँव का मुखिया बन गया।

3. *यह सब किसकी कृपा थी?*
(क) ईश्वर की
(ख) कृष्ण की
(ग) उसकी अपनी मेहनत से
(घ) सुदामा की पत्नी के पिता ने सब कुछ उपहार स्वरूप दिया।

4. *कृष्ण ने सुदामा को सब कुछ बिना बताए क्यों दिया?*
(क) क्योंकि वे स्पष्ट रूप में सुदामा को देकर अपनी मित्रता को छोटा नहीं करना चाहते थे।
(ख) किसी के सामने अपने महल में न देना चाहते थे।
(ग) सुदामा पर अपना प्रभुत्व जमाना चाहते थे।
(घ) अपनी पत्नी से छिपकर देने में ही भलाई समझते थे।

**उत्तर–** 1. (ख) 2. (ख) 3. (ख) 4. (क)

## 3. पाठ्यपुस्तक के प्रश्न-अभ्यास

*(पृष्ठ 43-45)*

### *कविता से*

**प्रश्न 1. सुदामा की दीनदशा देखकर श्रीकृष्ण की क्या मनोदशा हुई? अपने शब्दों में लिखिए। [Imp.]**

**उत्तर–**सुदामा की दीनदशा देखकर श्रीकृष्ण व्यथित हो गए और दूसरों पर करुणा करने वाले दीनदयाल स्वयं रो पड़े।

**प्रश्न 2.** ''पानी परात को हाथ छुयो नहिं, नैनन के जल सों पग धोए।'' **पंक्ति में वर्णित भाव का वर्णन अपने शब्दों में कीजिए।**

**उत्तर**–जब सुदामा दीन-हीन अवस्था में कृष्ण के पास पहुँचे तो कृष्ण उन्हें देखकर व्यथित हो उठे। उनकी फटी हुई एड़ियाँ व काँटे चुभे पैरों की हालत उनसे देखी न गई। परात में जो जल सुदामा के चरण धोने हेतु मँगवाया गया था उसे कृष्ण ने हाथ न लगाया। अपने आँसुओं के जल से ही उनके पाँव धो डाले। कृष्ण के मैत्री भाव को देखकर सब चकित थे।

☞**प्रश्न 3.** ''चोरी की बान में हौ जू प्रवीने।'' **[Imp.]**

**(क) उपर्युक्त पंक्ति कौन, किससे कह रहा है?**

**(ख) इस कथन की पृष्ठभूमि स्पष्ट कीजिए।**

**(ग) इस उपालंभ** *(शिकायत)* **के पीछे कौन-सी पौराणिक कथा है?**

**उत्तर**–(क) यह पंक्ति श्रीकृष्ण ने सुदामा से कही।

(ख) जब श्रीकृष्ण को सुदामा अपनी पत्नी द्वारा भेजी गई चावलों की पोटली नहीं देते तो उन्होंने कहा कि तुम चोरी करने में कुशल हो।

(ग) बचपन में जब कृष्ण और सुदामा साथ-साथ संदीपन ऋषि के आश्रम में पढ़ते थे तो एक बार गुरुमाता ने इन दोनों को चने देकर लकड़ी तोड़ने भेजा। कृष्ण पेड़ पर चढ़कर लकड़ियाँ तोड़ रहे थे तो नीचे खड़े सुदामा चने खाते जा रहे थे। कृष्ण को जब चने चबाने की आवाज़ आई तो उन्होंने सुदामा से पूछा कि क्या चने खा रहे हो? सुदामा ने झूठ बोलते हुए कहा, नहीं चने नहीं खा रहा यह तो ठंड के कारण मेरे दाँत बज रहे हैं। लेकिन जब श्रीकृष्ण नीचे उतरे तो सुदामा के पास चने न पाकर क्रोधित हो उठे। तब उन्होंने सुदामा को कहा कि सुदामा तुमने मेरे चनों की चोरी की है।

☞**प्रश्न 4. द्वारका से खाली हाथ लौटते समय सुदामा मार्ग में क्या-क्या सोचते जा रहे थे? वह कृष्ण के व्यवहार से क्यों खीझ रहे थे? सुदामा के मन की दुविधा को अपने शब्दों में प्रकट कीजिए।** **[Imp.]**

**उत्तर**–जब श्रीकृष्ण ने विदाई के समय सुदामा की कोई मदद न की तो उन्हें बहुत बुरा लगा। वे सोचने लगते हैं कि यह किसी को क्या देगा भले ही विपुल धन संपत्ति इसके पास है। बचपन में तो थोड़ी-सी दही के लिए सभी घरों में हाथ फैलाता था।

वे कृष्ण के व्यवहार से खीझ उठते हैं क्योंकि उन्हें कृष्ण से ऐसी उम्मीद न थी कि वे उसे खाली हाथ ही लौटा देंगे। सुदामा के मन में दुविधा आ जाती है कि इतने आदर सत्कार से स्वागत व विदाई देने वाले कृष्ण ने ऐसा क्यों किया?

**प्रश्न 5. अपने गाँव लौटकर जब सुदामा अपनी झोंपड़ी नहीं खोज पाए तब उनके मन में क्या-क्या विचार आए? कविता के आधार पर स्पष्ट कीजिए।**

**उत्तर**–सुदामा जब अपने गाँव लौटकर अपनी झोंपड़ी न खोज पाए तो उनके मन में यह विचार आया कि कहीं फिर से द्वारिका तो नहीं पहुँच गए। जब उन्हें अपना घर ढूँढ़े न मिला तो उन्होंने लोगों से सुदामा पांडे का घर पूछना चाहा।

**प्रश्न 6.** निर्धनता के बाद मिलनेवाली संपन्नता का चित्रण कविता की अंतिम पंक्तियों में वर्णित है। **उसे अपने शब्दों में लिखिए।**

**उत्तर**–सुदामा अपनी आर्थिक परेशानियों से तंग आकर कृष्ण के पास सहायता हेतु गया था। कृष्ण ने जब प्रत्यक्ष रूप से उसे कुछ न दिया तो वह मन ही मन निराश था। लेकिन जब अपने गाँव पहुँचता है तो पाता है कि सब कुछ बदल गया। कृष्ण ने उसे सुख-सुविधाओं से परिपूर्ण कर दिया। उसकी टूटी झोंपड़ी के स्थान पर सोने का महल बन जाता है। पहले पाँवों में पहनने हेतु जूते तक नहीं थे और अब महावत हाथी लिए दरवाज़े पर खड़े थे। कभी रातें सख्त ज़मीन पर कटती थीं लेकिन अब रेशमी सेज है। कभी उसे खाने को मोटा अनाज भी नहीं मिलता था अब तो ईश्वर की कृपा से अंगूर भी अच्छे नहीं लगते अर्थात् कृष्ण की कृपा से सब कुछ परिवर्तित हो गया था।

## *कविता से आगे*

**प्रश्न 1.** द्रुपद और द्रोणाचार्य भी सहपाठी थे, **इनकी मित्रता और शत्रुता की कथा महाभारत से खोजकर सुदामा के कथानक से तुलना कीजिए।**

**उत्तर**–श्रीकृष्ण सुदामा की प्रत्यक्ष रूप में सहायता नहीं करना चाहते थे क्योंकि देने का भाव आते ही मित्रता बड़े-छोटे की भावना में बदल जाती है जबकि कृष्ण ऐसा नहीं करना चाहते थे। इसलिए उन्होंने सुदामा की सहायता प्रत्यक्ष रूप में न करके अप्रत्यक्ष रूप में की।

द्रुपद और द्रोणाचार्य भी मित्र थे एक साथ आश्रम में पढ़ते थे। द्रुपद बहुत अमीर व द्रोणाचार्य बहुत गरीब थे। द्रुपद ने द्रोणाचार्य से कहा कि जब मैं शासन-सत्ता की संभाल करूँगा तो आधा राज्य तुम्हें सौंप दूँगा ताकि तुम्हारी गरीबी समाप्त हो जाए। इस प्रकार मित्रता का वचन निभाऊँगा। समय आता है, द्रुपद राजा बनता है लेकिन अपना वायदा भूल जाता है। द्रोणाचार्य ने अपने जीवन में अत्यधिक कठिनाइयाँ झेली थीं। एक दिन सहायता हेतु द्रुपद के पास जाते हैं तो वह उस गरीब ब्राह्मण मित्र का अपमान कर उन्हें दरबार से बाहर निकलवा देता है।

इन दोनों वक्तव्यों में अंतर यह है कि कृष्ण ने अप्रत्यक्ष रूप में मित्र की सहायता कर मित्रता का मान बढ़ाया और द्रुपद ने मित्र को अपमानित करके मित्रता को कलंकित किया।

प्रश्न 2. उच्च पद पर पहुँचकर या अधिक समृद्ध होकर व्यक्ति अपने निर्धन माता-पिता–भाई-बंधुओं से नजर फेरने लग जाता है, **ऐसे लोगों के लिए सुदामा चरित कैसी चुनौती खड़ी करता है? लिखिए।**

उत्तर–यह सत्य है कि आजकल उच्च पद पर पहुँचकर या अधिक समृद्ध होकर व्यक्ति अपने निर्धन माता-पिता, भाई-बंधुओं से नज़र फेर लेता है। ऐसे लोगों के लिए सुदामा चरित ऐसी चुनौती खड़ी करता है कि उन्हें अपनी सभ्यता व संस्कृति से सीख लेनी चाहिए कि युगों पूर्व ईश्वरीय स्वरूप कृष्ण ने भी अपने मित्र का साथ न छोड़ा जिस मित्र ने बचपन में उनके हिस्से के चने खाकर उन्हें धोखा भी दिया। लेकिन जब वह दीन अवस्था में कृष्ण के समक्ष आया तो उन्होंने गरीबी अमीरी का भेदभाव भुलाकर उसे अपने हृदय से लगा लिया। लेकिन हम थोड़ा-सा संपन्न होते हैं तो अपने माता-पिता जो कि हमें जन्म देने वाले व हमारे मार्ग दर्शक हैं, उन्हें कैसे भूल जाते हैं? भाई-बंधु जो पल-पल के दुख-सुख में हमारा साथ देते हैं उन्हें भुलाना या उनसे नज़रें फेरना क्या उचित है? हमें चाहिए कि दुख के क्षण हो या सुख की घड़ियाँ सभी के साथ मिल-जुल कर रहें। सामाजिक व पारिवारिक जिम्मेदारियों को पूर्णरूप से निभाएँ।

### *अनुमान और कल्पना*

प्रश्न 1. **अनुमान कीजिए यदि आपका कोई अभिन्न मित्र आपसे बहुत वर्षों बाद मिलने आए तो आप को कैसा अनुभव होगा?**

उत्तर–यदि हमारा कोई अभिन्न मित्र बहुत वर्षों के बाद मिलने आए तो हमें अपार खुशी होगी। उसे मिलते ही हमें अपने पुराने समय की एक-एक बात, उसके साथ बिताया एक-एक पल याद आने लगेगा।

प्रश्न 2. कहि रहीम संपति सगे, बनत बहुत बहु रीति।
विपति कसौटी जे कसे तेई साँचे मीत।।

इस दोहे में रहीम ने सच्चे मित्र की पहचान बताई है। **इस दोहे से सुदामा चरित की समानता किस प्रकार दिखती है? लिखिए।**

उत्तर–इस दोहे में रहीम जी का कहना है कि जब मनुष्य के पास धन-संपत्ति होती है तो बहुत से लोग उसके मित्र बन जाते हैं, लेकिन जो मुश्किल समय में साथ देते हैं वही सच्चे मित्र कहलाते हैं।

सुदामा चरित के अनुरूप यह दोहा पूर्णतया सही है क्योंकि कृष्ण व सुदामा बचपन के मित्र तो थे लेकिन बड़े होकर कृष्ण द्वारिकाधीश बने और सुदामा गरीब के गरीब ही रहे। एक बार पत्नी के आग्रह करने पर कि आप अपने मित्र कृष्ण के पास जाओ वे अवश्य हमारी सहायता करेंगे। सुदामा जब कृष्ण के पास जाते हैं तो वे उसे सर-आँखों पर बिठाते हैं। उनका आदर सत्कार कर उनकी दीन दशा हेतु व्यथित हो उठते हैं। जब सुदामा वापिस घर जाते हैं तो मार्ग में सोचते हैं कि कृष्ण के पास आना व्यर्थ रहा। उन्होंने कुछ भी सहायता नहीं की। लेकिन जब अपने गाँव पहुँचते हैं तो देखकर हैरान हो जाते हैं कि उनके राजसी ठाठ-बाट बन चुके हैं। मन-ही-मन कृष्ण के प्रति कृतज्ञ हो जाते हैं कि प्रत्यक्ष रूप से कुछ देकर उन्होंने मित्रता को छोटा नहीं किया।

### *भाषा की बात*

- ''पानी परात को हाथ छुयो नहिं, नैनन के जल सो पग धोए''

पिछले पृष्ठ पर लिखी गई पंक्ति को ध्यान से पढ़िए। इसमें बात को बहुत अधिक बढ़ा-चढ़ाकर चित्रित किया गया है। जब किसी बात को इतना बढ़ा-चढ़ाकर प्रस्तुत किया जाता है तो वहाँ पर अतिशयोक्ति अलंकार होता है। **आप भी कविता में से एक अतिशयोक्ति अलंकार का उदाहरण छाँटिए।**

**उत्तर**–'कै वह टूटी-सी छानी हती, कहँ कंचन के अब धाम सुहावत।'

## *कुछ करने को*

**प्रश्न 1. इस कविता को एकांकी में बदलिए और उसका अभिनय कीजिए।**

**उत्तर**–कक्षा के छात्र इस कविता को एकांकी के रूप में बखूबी कर सकते हैं। एक छात्र कृष्ण, एक सुदामा व एक द्वारपाल बने। राजमहल, आश्रम, गाँव के दृश्य बनाइए। फिर कविता को संवादों के रूप में बदलकर अभिनय कीजिए।

**प्रश्न 2. कविता के उचित सस्वर वाचन का अभ्यास कीजिए।**

**उत्तर**–यह वाचन विषयाध्यापक/विषयाध्यापिका के समक्ष कीजिए।

**प्रश्न 3. *'मित्रता'* संबंधी दोहों का संकलन कीजिए।**

**उत्तर**–मित्रता संबंधी दोहे/चौपाइयाँ

1. कहि रहीम संपति सगे, बनत बहुत बहु रीति।
   विपति कसौटी जे कसे तेई साँचे मीत।।
2. जे न मित्र दुख होहिं दुखारी। तिन्हहि बिलोकत पातक भारी।
   निज दुख गिरि समरज जाना। मित्रक दुख रज मेरु समाना।।

## 4. अन्य महत्त्वपूर्ण परीक्षोपयोगी प्रश्नोत्तर

### *लघु प्रश्नोत्तर*

**प्रश्न 1. सुदामा की वेशभूषा क्या दर्शाती है?**

**उत्तर**–सुदामा की वेशभूषा दर्शाती है कि वे अत्यंत दीन अवस्था में जीवन व्यतीत कर रहे थे।

**प्रश्न 2. सुदामा की वेशभूषा का वर्णन कीजिए।**

**उत्तर**–कवि नरोत्तमदास ने सुदामा की वेशभूषा का वर्णन करते हुए कहा है कि उनके सिर पर न पगड़ी है, न शरीर पर कुरता, धोती और अंगवस्त्र भी फटा हुआ है और पैरों में जूतों के निशान तक नहीं हैं।

**प्रश्न 3. द्वारपाल ने कृष्ण से क्या कहा?**

**उत्तर**–द्वारपाल ने कृष्ण से कहा कि बाहर एक दीन-हीन दशा वाला ब्राह्मण आया है। वह अपना नाम सुदामा बताता है और आपसे मिलना चाहता है।

☞**प्रश्न 4. मित्र सुदामा से मिलकर श्रीकृष्ण की दशा का वर्णन कीजिए।** **[Imp.]**

**उत्तर**–मित्र सुदामा की दीन दशा देखकर सब पर करुणा करने वाले श्रीकृष्ण स्वयं ही रो पड़े। उन्होंने सुदामा के पाँव अपनी आँखों के आँसुओं से ही धो डाले।

**प्रश्न 5. सुदामा अपनी बगल में चावलों की पोटली क्यों दबा रहे थे?**

**उत्तर**–सुदामा की पत्नी ने कृष्ण को भेंट स्वरूप पोटली में बाँधकर चावल भेजे लेकिन सुदामा ने जब कृष्ण के राजसी ठाठ देखे तो उन्हें चावलों की भेंट तुच्छ लगने लगी इसलिए वे पोटली को बगल में दबा रहे थे।

**प्रश्न 6. श्रीकृष्ण ने सुदामा को क्या उलाहना दिया?**

**उत्तर**–श्रीकृष्ण ने सुदामा के पोटली छिपाने पर यह उलाहना दिया कि भाभी के अमृत भरे चावल मुझे देते क्यों नहीं? क्या अभी भी तुम्हारी चोरी की आदत नहीं गई? उन्होंने बचपन में गुरुमाता द्वारा दिए चने, सुदामा द्वारा खा जाने की बात याद करवा दी।

☞**प्रश्न 7. कृष्ण ने सुदामा का स्वागत कैसे किया?**

**उत्तर**–कृष्ण ने सुदामा को आसन पर बिठाया। उनके चरण धोने के लिए जल मँगवाया लेकिन वे इतने द्रवित हुए कि उन्होंने अपनी आँसुओं के जल से ही उनके चरण धो डाले व उनका राजसी स्वागत किया।

**☞प्रश्न 8. द्वारिका से लौटते समय सुदामा दुखी क्यों थे?** **[Imp.]**

**उत्तर**—द्वारिका से लौटते समय सुदामा दुखी थे क्योंकि जो आशा वे मन में लेकर कृष्ण के पास गए थे कि विपत्ति के दिनों में वे उसकी सहायता करेंगे, पूरी न हो पाई। कृष्ण ने सुदामा को प्रत्यक्ष रूप में कुछ भी न दिया इसीलिए उसे अपने आने पर पछतावा हो रहा था।

**प्रश्न 9. द्वारिका से लौटते समय सुदामा कृष्ण के व्यवहार से खीझ क्यों रहे थे?**

**उत्तर**—द्वारिका से लौटते समय सुदामा कृष्ण के व्यवहार के प्रति खीझ उठे क्योंकि उनकी आशानुरूप कृष्ण ने उनकी मदद न की थी उन्हें याद आने लगे वे दिन जब बचपन में कृष्ण थोड़ी सी दही के लिए घर-घर जाकर हाथ फैलाते थे।

## *दीर्घ प्रश्नोत्तर*

**☞प्रश्न 10. अपने गाँव लौटने पर सुदामा के भ्रमित होने का कारण क्या था?** **[Imp.]**

**उत्तर**—अपने गाँव लौटने पर सुदामा के भ्रमित होने का कारण था उसके गाँव का बदलाव होना, अब उसका गाँव भी द्वारिका की भाँति दिख रहा था। वह यह सोचने लगा कि कहीं गलती से घूम कर फिर से द्वारिका तो नहीं पहुँच गया। वास्तव में यह श्रीकृष्ण की असीम कृपा थी। उन्होंने प्रत्यक्ष नहीं अप्रत्यक्ष रूप से सुदामा को सब कुछ दे दिया।

**प्रश्न 11.** *सुदामा ने कभी श्रीकृष्ण को दया का सागर कहा है तो कभी उनके प्रति खीझ का भाव प्रकट किया है।* **इन दो भिन्न प्रतिक्रियाओं के पीछे क्या कारण था?**

**उत्तर**—मनुष्य के स्वभाव में समयानुसार परिवर्तन होते हैं। आशा पूरी होने पर व्यक्ति दूसरे को साधुवाद देता है अन्यथा वह खीझता या दुखी होता है। यही कारण है कि सुदामा ने कभी श्रीकृष्ण को दया का सागर कहा तो कभी उन पर खीझ उठा। क्योंकि उसके दुख से दुखी होकर जब कृष्ण रो पड़े तो वे उसे दया के सागर प्रतीत हुए लेकिन विदाई के समय जब उन्होंने कोई मदद न की तो सुदामा खीझ उठा।

**☞प्रश्न 12. कृष्ण ने सुदामा की मदद अप्रत्यक्ष रूप में क्यों की?**

**उत्तर**—कृष्ण और सुदामा परम मित्र थे। सुदामा अत्यधिक गरीबी का जीवन जी रहा था जबकि श्रीकृष्ण राजसी। सुदामा अपनी पत्नी के आग्रह पर श्रीकृष्ण से सहायता के लिए द्वारिका जाते हैं। वे कृष्ण से प्रत्यक्ष रूप से कुछ कह नहीं पाते लेकिन कृष्ण ने सुदामा की मनोदशा जान ली थी। कृष्ण ने प्रत्यक्ष रूप से सुदामा की सहायता न करके अप्रत्यक्ष रूप से की क्योंकि प्रत्यक्ष रूप में सुदामा को कुछ भी देकर वे उसे उसकी नज़रों में नीचा नहीं करना चाहते थे। ऐसी मित्रता निभाई कि सुदामा दिल ही दिल उनके कृतज्ञ हो गए।

**☞प्रश्न 13.** *'विपत्ति के समय ही सच्चे मित्र की परख होती है।'* **श्रीकृष्ण सुदामा की मैत्री इस कसौटी पर कहाँ तक सही सिद्ध होती है?**

**उत्तर**—यह सत्य है कि मुश्किल समय में ही सच्चे मित्र की परख की जा सकती है। सुदामा-कृष्ण की मैत्री इस वक्तव्य पर खरी उतरती है क्योंकि जब दीन-हीन दशा में सुदामा कृष्ण के पास जाते हैं तो वे उसे गले लगाते हैं, उसके दुख को देखकर व्यथित हो जाते हैं। सुदामा जिस उद्देश्य से श्रीकृष्ण के पास आया था वह उसे पूरा होता नज़र नहीं आया तो उसे गुस्सा आने लगा। उसे कृष्ण की मित्रता में भी खोट लगा। दूसरी ओर कृष्ण सुदामा की स्थिति से भलीभाँति परिचित थे। वे स्पष्ट रूप से उसकी मदद करके अपनी गहरी मित्रता को छोटा नहीं करना चाहते थे। उन्होंने सुदामा को उसके गाँव पहुँचने से पूर्व ही पूर्ण रूप से संपन्न बना दिया। ऐसे ही हमें भी विपत्ति से घिरे अपने मित्र की सहायता अवश्य करनी चाहिए और उसे यह अहसास नहीं करवाना चाहिए कि हम सहायता करके अपना बड़प्पन दिखा रहे हैं। सच्ची मित्रता में अमीर-गरीब, ऊँच-नीच के बंधन कभी नहीं होते।

# 9 जहाँ पहिया है

*पी. साईनाथ*

इस पाठ में लेखक ने तमिलनाडु के एक जिले पुडुकोट्टई के बारे में बताया है कि किस प्रकार वहाँ साइकिल आंदोलन चला। इस आंदोलन में वहाँ की स्त्रियों ने अपने समाज की रूढ़िवादियों के बंधन तोड़कर साइकिल चलाना सीखा इसके साथ ही लेखक यह भी दर्शाना चाहता है कि पहिए के आविष्कार से किस प्रकार उन्नति के मार्ग खुले। इसका प्रभाव इस जिले में साफ़ दिखाई पड़ता है।

## 1. पाठ का सार

**एक गरीब जिला पुडुकोट्टई–** भारत के सर्वाधिक गरीब जिलों में से एक है तमिलनाडु का पुडुकोट्टई जिला। यहाँ के लोग काफी पिछड़े हुए हैं। पुराने विचारों की जंजीरों में बँधे हैं अर्थात् स्वतंत्र विचारधारा नहीं है।

**साइकिल चलाना एक सामाजिक आंदोलन–** यहाँ की महिलाओं ने अपनी स्वाधीनता, आज़ादी और गतिशीलता को व्यक्त करने हेतु साइकिल चलाने को चुना है। अपने पिछड़ेपन को त्यागने, रूढ़िवादियों को छोड़ने और अपना विरोध प्रकट करने हेतु साइकिल चलाने को ही प्रमुख मानती हैं।

**साइकिल के प्रति जागृति–** ग्रामीण महिलाओं ने बढ़-चढ़कर साइकिल चलाने को बढ़ावा दिया है। उन्हें लगता है कि साइकिल चलाने से वे किसी पर निर्भर नहीं रहतीं। अपने काम स्वयं करने में सक्षम रहती हैं। जिले की लगभग एक चौथाई महिलाओं ने साइकिल चलाना सीखा। स्थान-स्थान पर 'प्रशिक्षण शिविर' चले। नवसाक्षर अर्थात् नए सीखने वाले दूसरों को उत्साह से सिखा भी देते हैं। इसे बढ़ावा देने हेतु 'प्रदर्शन एवं प्रतियोगिता' जैसे सार्वजनिक कार्यक्रमों का भी आयोजन किया गया। लगभग 70 हजार महिलाओं ने इसमें भाग लिया।

**साइकिल चलाने से नवीन विचारधारा का उभरना–** साइकिल चलाने से स्त्रियों में आत्मनिर्भरता का संचार हुआ। उन्हें लगने लगा कि अब वे किसी पर निर्भर नहीं। कुछ स्त्रियों ने साइकिल चलाने से प्रभावित होकर अपनी विचारधारा ही बदल डाली जैसे–

(*i*) जमिला बीवी ने कहा कि साइकिल चलाना मेरा अधिकार है अब हम कहीं भी जा सकते हैं। हमें बस का इंतजार नहीं करना पड़ता। जब मैंने साइकिल चलाना शुरू किया तो लोगों ने मेरा मज़ाक उड़ाना शुरू किया लेकिन मैंने किसी की परवाह नहीं की।

(*ii*) फातिमा एक माध्यमिक विद्यालय में अध्यापन का कार्य करती है उसका मानना है कि साइकिल चलाने में विशेष तरह की आज़ादी है। इससे किसी पर निर्भर नहीं रहना पड़ता। उनके पास अपनी साइकिल नहीं है। वे केवल अपने शौक के लिए हर शाम आधे घंटे के लिए साइकिल किराए पर लेती है।

(*iii*) एक महिला है अवकन्नी, इसकी उम्र केवल 20 वर्ष है। यह केवल साइकिल चलाना ही सिखाती है।

**महिलाओं के एक बड़े वर्ग का साइकिल की ओर झुकाव–** इस जिले में साइकिलों की धूम मची है। जिनमें महिला खेतिहर मज़दूर, पत्थर की खानों में काम करने वाली स्त्रियाँ, गाँवों में काम करने वाली नर्सें, बालवाड़ी व आँगनवाड़ी में काम करने वाली औरतें, पत्थरों को तराशने वाली महिलाएँ और स्कूल की अध्यापिकाएँ सभी साइकिल का इस्तेमाल करती हैं। यहाँ तक कि ग्राम सेविकाएँ व दोपहर का भोजन पहुँचाने वाली स्त्रियाँ भी साइकिल सवार ही हैं। अधिकतर महिलाएँ नवसाक्षर यानी 'नई-नई साइकिल चलाना सीखने' वाली हैं। उन्हें ऐसा लगता है कि साइकिल चलाने से वे व्यक्तिगत रूप में आज़ाद हैं।

**महिलाओं में आत्मविश्वास**—साइकिल चलाने से महिलाओं में आत्मविश्वास का संचार हुआ है। उनकी पुरुषों पर निर्भरता कम हो गई है। महिलाएँ घर के कामों हेतु बच्चों को भी साइकिल पर साथ बिठाकर आराम से घूमती हैं।

**पुरुष वर्ग का विरोध**—जब अधिकाधिक महिला वर्ग ने साइकिल चलानी शुरू की तो उनका विरोध किया गया। कई प्रकार की टिप्पणियाँ कसी जाने लगी। लेकिन महिलाओं ने कोई परवाह न की जिससे धीरे-धीरे महिलाओं के साइकिल चलाने को सामाजिक स्वीकृति प्राप्त हो गई।

**साइकिल चलाना सीखने हेतु प्रशिक्षण**—जब अधिक महिलाएँ साइकिल चलाने हेतु आगे बढ़ीं तो साइकिल प्रशिक्षण केंद्र भी खोले गए। नई सीखने वाली महिलाएँ दूसरी सीखने वाली महिलाओं को पूरा सहयोग देती हैं। नव साइकिल चालकों में इतना जोश है कि वे इससे संबंधित गीत भी गाती हैं। जिससे लोगों में प्रोत्साहन जागृत हो।

**महिलाओं में जागृति आना**—सन् 1922 में 'अंतर्राष्ट्रीय महिला दिवस' के समय यहाँ की महिलाओं में अत्यधिक बदलाव आया। पुडुकोट्टई में 1500 महिलाओं ने साइकिल चलाते हुए हरी झंडियाँ दिखाकर, घंटियाँ बजाकर सभी को हक्का-बक्का कर दिया।

**महिलाओं के साइकिल चलाने पर पुरुषों की राय**—पुरुषों का अपने-आप में मानना था कि साइकिल चलाना सीखने वालों की संख्या निरंतर बढ़ती जा रही है। एक साइकिल बेचने वाले ने स्वयं माना कि महिलाओं की साइकिल की बिक्री में 350 प्रतिशत वृद्धि हुई है। लेडिज साइकिलें न मिलने पर उन्होंने पुरुषों की साइकिलें खरीदनी शुरू कर दीं। बिक्री कर विभाग के डर से भी दुकानदार साइकिलों के बिकने की पूरी संख्या का ब्यौरा नहीं दे रहे थे।

**महिलाओं के साइकिल चलाने से आपसी मेलजोल बढ़ना**—अन्नामलाई की कुदुमनी व मनोरमनी ने लेखक को बताया कि उनका क्षेत्र सभी क्षेत्रों से कटा हुआ था अर्थात् दूसरे गाँवों से अधिक मेलजोल न था लेकिन साइकिल ने आपसी मेलजोल को काफी बढ़ावा दिया है।

**साइकिल चलाने से आर्थिक उन्नति**—साइकिल चलाने से परिवारों में आर्थिक संपन्नता भी आई। स्त्रियाँ साइकिल पर सवार होकर कृषि उत्पादन आस-पास के गाँवों में बेच आती हैं। इससे उनका समय भी बचता है। एक दिन में ही कितने-कितने किलोमीटर साइकिल चला कर दूर-दूर गाँवों में भी आसानी से पहुँच पाती हैं। इससे उन्हें आराम करने का समय भी मिल जाता है।

**स्त्रियों की आत्मनिर्भरता**—साइकिल चलाने वाली महिलाएँ अब पूर्णतया आत्मनिर्भर हैं, उन्हें अपने पिता, भाई, पति एवं बेटों पर निर्भर नहीं रहना पड़ता। अब तो वे बच्चों को भी अपने साथ साइकिल पर बैठाकर सारे कार्य संपन्न कर लेती हैं।

**महिलाओं हेतु साइकिल आज़ादी का प्रतीक**—यहाँ की स्त्रियों का मानना है कि साइकिल चलाने से आत्मसम्मान के साथ-साथ आज़ादी भी प्राप्त होती है। आर्थिक रूप से संपन्न होना एक बात है और अपनी मरजी से आज़ादी और खुशहाली के साथ साइकिल चलाना आनंददायक। ऐसा ही वहाँ की फातिमा का कहना था कि साइकिल चलाने से उसकी कोई कमाई नहीं होती बल्कि किराए पर साइकिल लेकर वह चलाती है। लेकिन साइकिल चलाने से वह आज़ादी और खुशहाली का अनुभव करती है।

**महिलाओं की सोच**—वहाँ की स्त्रियों का मानना है कि साइकिल उनकी आज़ादी का प्रतीक है और यह उनके लिए हवाई जहाज़ उड़ाने जैसी उपलब्धि है। भले ही पुरुष वर्ग इसका विरोध करे या इसमें महिलाओं को नीचा दिखने की कोशिश करें वे किसी की भी परवाह नहीं करतीं। उन्हें अपने पर इतना भरोसा है कि साइकिल चलाने में पुरुष वर्ग महिलाओं की बराबरी नहीं कर सकता।

## 2. शब्दार्थ और टिप्पणी

*पृष्ठ 46*

**आंदोलन**—क्रांति। **नवसाक्षर**—नए सीखने वाले। **ग्रामीण**—गाँव की। **लात मारने**—त्यागने। **ज़ंजीर**—बंधन। **अजीबो-गरीब**—विचित्र। **सर्वाधिक**—सबसे अधिक। **स्वाधीनता**—आज़ादी। **गतिशीलता**—आगे बढ़ना। **प्रतीक**—चिह्न। **सार्वजनिक**—जो सभी के लिए हो। **कौशल**—निपुणता।

*पृष्ठ 47*

**प्रदर्शन**—दिखाना। **इच्छा**—चाह। **प्रशिक्षण शिविर**—जहाँ शिक्षा दी जाती है/जहाँ कुछ सिखाया जाता है। **रूढ़िवादी**—प्राचीन

दकियानूसी विचार। **पृष्ठभूमि**–आधार। **फ़ब्तियाँ**–मज़ाक उड़ाना/टीका-टिप्पणी करना। **चाव**–शौक। **हैसियत**–औकात। **समुदाय**–समूह। **प्रशंसकों**–प्रशंसा करने वाले। **बेशकीमती**–बहुमूल्य। **तराशने**–सुंदर रूप देने। **अगुआ**–आगे आने वाली। **आत्मविश्वास**–अपने पर भरोसा। **महत्त्वपूर्ण**–विशेष।

*पृष्ठ 48*

**निर्भरता**–आश्रित होना। **प्रहार**–आघात। **स्वीकृति**–मान्यता। **असाधारण**–विशेष। **समर्थन**–साथ देना। **प्रोत्साहन**–उत्साह।

*पृष्ठ 49*

**हक्का-बक्का**–हैरान। **वृद्धि**–बढ़ोत्तरी। **जेंट्स**–पुरुषों की। **सतर्कता**–सावधानी। **कर**–टैक्स। **अद्भुत**–अजीब। **निश्चित**–पक्का। **उत्पाद**–पदार्थ। **केंद्रित**–एकाग्र।

*पृष्ठ 50*

**घरेलू**–घर से संबंधित। **दिक्कत**–मुश्किल। **सुनसान**–चुपचाप।

*पृष्ठ 51*

**आर्थिक**–धन से संबंधित। **आत्मसम्मान**–अपना आदर करना। **उपलब्धि**–विशेष प्राप्ति। **बराबरी**–मुकाबला।

## 3. अर्थग्रहण संबंधी एवं बहुविकल्पी प्रश्नोत्तर

*निम्न गद्यांशों को पढ़कर पूछे गए प्रश्नों के उत्तर दीजिए–*

**1** साइकिल चलाना एक सामाजिक आंदोलन है? कुछ अजीब-सी बात है–है न! लेकिन चौंकने की बात नहीं है। पुडुकोट्टई ज़िले की हज़ारों नवसाक्षर ग्रामीण महिलाओं के लिए यह अब आम बात है। अपने पिछड़ेपन पर लात मारने, अपना विरोध व्यक्त करने और उन ज़ंजीरों को तोड़ने का जिनमें वे जकड़े हुए हैं, कोई-न-कोई तरीका लोग निकाल ही लेते हैं। कभी-कभी ये तरीके अजीबो-गरीब होते हैं। (*पृष्ठ 46*)

**प्रश्न** *(Set I)*–

(क) *साइकिल चलाने को सामाजिक आंदोलन क्यों कहा गया है?*

(ख) *'नवसाक्षर' शब्द से आप क्या समझते हैं पाठ के आधार पर बताइए।*

(ग) *साइकिल चलाने ने यहाँ की महिलाओं को कैसे प्रभावित किया है?*

**उत्तर**–

(क) तमिलनाडु के पुडुकोट्टई जिले में जब महिलाओं ने साइकिल चलाना शुरू किया तो यह एक आंदोलन ही बन गया क्योंकि यहाँ की सभी महिलाएँ ही साइकिल सीखने हेतु अग्रसर हुईं।

(ख) इस पाठ में 'नवसाक्षर' शब्द का अर्थ है साइकिल चलाना सीखने वाली ऐसी महिलाएँ जिन्होंने नई-नई साइकिल चलानी सीखी है।

(ग) साइकिल चलाना सीखते ही ग्रामीण महिलाओं में नई जागृति आई। वे अपने आप को आज़ाद महसूस करने लगीं। उन्हें ऐसा लगा जैसे अपने पिछड़ेपन का विरोध कर वे अपने बंधनों की जंजीरें तोड़ रही हैं। उन्होंने अपनी स्वच्छंदता का यही रास्ता अपनाया है। इस प्रकार यहाँ की महिलाएँ साइकिल चलाने से अत्यधिक प्रभावित हुई हैं।

**बहुविकल्पी प्रश्न** *(Set II)*–

1. *पुडुकोट्टई जिले में साइकिल चलाने का कैसा आंदोलन चला?*
   (क) राष्ट्रीय आंदोलन (ख) सामाजिक आंदोलन (ग) धार्मिक आंदोलन (घ) प्रादेशिक आंदोलन
2. *साइकिल चलाना 'सामाजिक आंदोलन' क्यों बन गया?*
   (क) समाज ने स्त्रियों को साइकिल चलाने की अनुमति दी।
   (ख) सभी क्षेत्रों की स्त्रियाँ साइकिल चलाने की ओर अग्रसर हुईं।
   (ग) सभी क्षेत्रों को सरकार की ओर से साइकिल दी गई।
   (घ) इनमें से कोई नहीं।

3. *'नव साक्षर' शब्द से क्या तात्पर्य है?*
(क) नया सीखने वाला
(ख) नौ लोग सीखने वाले
(ग) नया पढ़ने वाला
(घ) नया साइकिल चलाने वाला

4. *साइकिल चलाने ने यहाँ की महिलाओं को कैसे प्रभावित किया?*
(क) अब समाज में उनका प्रभुत्व पुरुषों से बढ़ गया।
(ख) अब वे अपने सभी कार्य स्वयं करने लगीं।
(ग) महिलाओं को ऐसा लगा कि वे अपने पिछड़ेपन की जंजीरें तोड़कर स्वच्छंदता की ओर बढ़ रही हैं।
(घ) वे पुरुषों से आगे निकल गईं।

**उत्तर–** 1. (ख) 2. (ख) 3. (क) 4. (ग)

**2** भारत के सर्वाधिक गरीब ज़िलों में से एक है पुडुकोट्टई। पिछले दिनों यहाँ की ग्रामीण महिलाओं ने अपनी स्वाधीनता, आज़ादी और गतिशीलता को अभिव्यक्त करने के लिए प्रतीक के रूप में साइकिल को चुना है। उनमें से अधिकांश नवसाक्षर थीं। अगर हम दस वर्ष से कम उम्र की लड़कियों को अलग कर दें तो इसका अर्थ यह होगा कि यहाँ ग्रामीण महिलाओं के एक-चौथाई हिस्से ने साइकिल चलाना सीख लिया है और इन महिलाओं में से सत्तर हज़ार से भी अधिक महिलाओं ने 'प्रदर्शन एवं प्रतियोगिता' जैसे सार्वजनिक कार्यक्रमों में बड़े गर्व के साथ अपने नए कौशल का प्रदर्शन किया और अभी भी उनमें साइकिल चलाने की इच्छा जारी है। वहाँ इसके लिए कई 'प्रशिक्षण शिविर' चल रहे हैं।

*(पृष्ठ 46-47)*

**प्रश्न** *(Set I)*–

**(क)** *पुडुकोट्टई जिला किस प्रदेश में आता है?*
**(ख)** *ग्रामीण महिलाओं ने साइकिल चलाने को क्यों चुना?*
**(ग)** *साइकिल चलाना सीखते ही कैसे सार्वजनिक कार्यक्रमों का आयोजन हुआ और क्यों?*

**उत्तर–**

(क) पुडुकोट्टई जिला तमिलनाडु प्रदेश में आता है।

(ख) ग्रामीण महिलाओं ने अपनी स्वाधीनता, आज़ादी और गतिशीलता को अभिव्यक्त करने के प्रतीक के रूप में साइकिल चलाने को चुना क्योंकि इससे उनमें आत्मनिर्भरता आ गई।

(ग) जब महिलाओं के एक चौथाई हिस्से ने साइकिल चलाना सीख लिया तो 'प्रदर्शन एवं प्रतियोगिता' जैसे सार्वजनिक कार्यक्रमों का आयोजन किया गया जिससे दूसरी महिलाओं में भी साइकिल चलाने की इच्छा बढ़ी।

**बहुविकल्पी प्रश्न** *(Set II)*–

1. *पुडुकोट्टई जिला किस प्रदेश में है?*
(क) केरल
(ख) आंध्रप्रदेश
(ग) तमिलनाडु
(घ) कर्नाटक

2. *ग्रामीण महिलाओं ने साइकिल चलाने को क्यों चुना?*
(क) पैदल न चलने के कारण
(ख) पुरुषों से होड़ लेने हेतु
(ग) स्वाधीनता, आज़ादी और गतिशीलता को अभिव्यक्त करने हेतु
(घ) निरंतर गतिशील रहने हेतु।

3. *साइकिल चलाना सीखते ही कैसे सार्वजनिक कार्यक्रमों का आयोजन हुआ?*
(क) अधिक से अधिक साइकिल चलाने की होड़
(ख) प्रदर्शन एवं प्रतियोगिता
(ग) साइकिल चलाने में पुरुषों से बराबरी
(घ) स्त्रियों में साइकिल चलाने की क्षमता (प्रति घंटा)

4. *'प्रशिक्षण शिविर' से आप क्या समझते हैं?*
(क) साइकिल चलाना सिखाने हेतु लगाए गए कैंप
(ख) साइकिल बनाने हेतु लगाए गए कैंप
(ग) साइकिल की मरम्मत करना सिखने हेतु लगाए गए कैंप
(घ) इनमें से कोई नहीं

**उत्तर–** 1. (ग) 2. (ग) 3. (ख) 4. (क)

**3** ज़िले में साइकिल की धूम मची हुई है। इसकी प्रशंसकों में हैं महिला खेतिहर मज़दूर, पत्थर खदानों में मज़दूरी करनेवाली औरतें और गाँवों में काम करनेवाली नर्सें। बालवाड़ी और आँगनवाड़ी कार्यकर्ता, बेशकीमती पत्थरों को तराशने में लगी औरतें और स्कूल की अध्यापिकाएँ भी साइकिल का जमकर इस्तेमाल कर रही हैं। ग्राम सेविकाएँ और दोपहर का भोजन पहुँचानेवाली औरतें भी पीछे नहीं हैं। सबसे बड़ी संख्या उन लोगों की है जो अभी नवसाक्षर हुई हैं। जिस किसी नवसाक्षर अथवा नयी-नयी साइकिल चलानेवाली महिला से मैंने बातचीत की, उसने साइकिल चलाने और अपनी व्यक्तिगत आज़ादी के बीच एक सीधा संबंध बताया। *(पृष्ठ 47)*

**प्रश्न** *(Set I)*–

**(क)** *पूरे जिले में क्या धूम मची थी?*

**(ख)** *साइकिल चलाने में कौन-कौन सी महिलाएँ आगे आईं?*

**(ग)** *साइकिल चलाने वाली 'नवसाक्षर' महिलाओं की क्या सोच थी?*

**उत्तर**–

(क) पूरे जिले में महिलाओं द्वारा साइकिल चलाना सीखने की धूम मची थी।

(ख) साइकिल चलाने में खेती करने वाली मज़दूर, खदानों में काम करने वाली स्त्रियाँ, गाँव में कार्यरत नर्सें, बालवाड़ी व आँगनवाड़ी कार्यकर्ता, पत्थरों को तराशने वाली व स्कूल की अध्यापिकाएँ आगे आईं।

(ग) साइकिल चलाने वाली 'नवसाक्षर' महिलाओं की सोच थी कि साइकिल चलाने और व्यक्तिगत आज़ादी में सीधा संबंध है।

**बहुविकल्पी प्रश्न** *(Set II)*–

1. *पूरे जिले में क्या धूम मची थी?*
   (क) पुरुषों से आगे निकलने की धूम
   (ख) साइकिलें धड़ाधड़ बिकने की धूम
   (ग) महिलाओं द्वारा साइकिल चलाना सीखने की धूम
   (घ) महिलाओं को हर प्रकार की स्वच्छंदता मिलने की धूम
2. *साइकिल चलाने में कौन-कौन सी महिलाएँ आगे आईं?*
   (क) केवल ग्रामीण महिलाएँ
   (ख) केवल स्कूल की अध्यापिकाएँ
   (ग) केवल पत्थरों को तराशने वाली महिलाएँ
   (घ) सभी क्षेत्रों की महिलाएँ
3. *'नवसाक्षर' शब्द से क्या तात्पर्य है।*
   (क) नया सीखने वाला
   (ख) कुछ विशेष सीखने वाला
   (ग) सीखकर होड़ लगाने वाला
   (घ) प्रतियोगिताओं में भाग लेना
4. *'साइकिल चलाना' किस बात का प्रतीक बन गया?*
   (क) पुरुषों की गुलामी का प्रतीक
   (ख) स्त्रियों की स्वाधीनता का प्रतीक
   (ग) व्यक्तित्व प्रमुख का प्रतीक
   (घ) मान-मर्यादा का प्रतीक

**उत्तर**– 1. (ग) 2. (घ) 3. (क) 4. (ख)

**4** 1992 में अंतर्राष्ट्रीय महिला दिवस के बाद अब यह ज़िला कभी भी पहले जैसा नहीं हो सकता। हैंडल पर झंडियाँ लगाए, घंटियाँ बजाते हुए साइकिल पर सवार 1500 महिलाओं ने पुडुकोट्टई में तूफ़ान ला दिया। महिलाओं की साइकिल चलाने की इस तैयारी ने यहाँ रहनेवालों को हक्का-बक्का कर दिया। *(पृष्ठ 49)*

**प्रश्न** *(Set I)*–

**(क)** *'अंतर्राष्ट्रीय महिला दिवस' कब मनाया गया?*

**(ख)** *इस दिन के बाद पुडुकोट्टई की महिलाओं में क्या परिवर्तन आया?*

**(ग)** *महिलाओं द्वारा साइकिल चलाने का प्रदर्शन कैसा था?*

**उत्तर**–

(क) सन् 1992 में 'अंतर्राष्ट्रीय महिला दिवस' मनाया गया।

(ख) इस दिन के बाद पुडुकोट्टई की महिलाओं ने साइकिल चलाने की ओर कदम बढ़ाए और अपने बंद दायरे की जंजीरों को तोड़ डाला।

(ग) लगभग 1500 महिलाओं ने साइकिल के हैंडलों पर झंडियाँ लगाकर, घंटियाँ बजा-बजाकर साइकिल चलाने का प्रदर्शन किया।

**बहुविकल्पी प्रश्न** *(Set II)*–

1. *'अंतर्राष्ट्रीय महिला दिवस' पहली बार कब मनाया गया?*
   (क) सन् 1992 (ख) सन् 1990 (ग) सन् 1929 (घ) सन् 1991
2. *इस दिन के बाद पुडुकोट्टई की महिलाओं के जीवन में क्या परिवर्तन आया?*
   (क) आत्मनिर्भरता की ओर बढ़ीं। (ख) स्वतंत्रता महसूस करने लगीं।
   (ग) उन्होंने अपने बंद दायरे की जंज़ीरें तोड़ डालीं। (घ) दिए गए सभी।
3. *महिलाओं द्वारा साइकिल चलाने का प्रदर्शन कैसा था?*
   (क) धीरे-धीरे साइकिल चलाकर (ख) तेज़ गति से साइकिल चलाकर
   (ग) साइकिल के हैंडल पर झंडियाँ व घंटियाँ बजा-बजाकर (घ) प्रतियोगिता रूप में साइकिल चलाकर
4. *लोग हक्के-बक्के क्यों थे?*
   (क) महिलाओं की साइकिल चलाने में निपुणता देखकर (ख) बेशुमार साइकिलें बिकने पर
   (ग) महिलाओं की जागृति देखकर (घ) इसमें से कोई नहीं।

**उत्तर**– 1. (क) 2. (घ) 3. (ग) 4. (ग)

**5** साइकिल प्रशिक्षण से महिलाओं के अंदर आत्मसम्मान की भावना पैदा हुई है यह बहुत महत्वपूर्ण है। फातिमा का कहना है–"बेशक, यह मामला केवल आर्थिक नहीं है।" फातिमा ने यह बात इस तरह कही जिससे मुझे लगा कि मैं कितनी मूर्खतापूर्ण ढंग से सोच रहा था। उसने आगे कहा–"साइकिल चलाने से मेरी कौन सी कमाई होती है। मैं तो पैसे ही गँवाती हूँ। मेरे पास इतने पैसे नहीं हैं कि मैं साइकिल खरीद सकूँ। लेकिन हर शाम मैं किराए पर साइकिल लेती हूँ ताकि मैं आज़ादी और खुशहाली का अनुभव कर सकूँ।" पुडुकोट्टई पहुँचने से पहले मैंने इस विनम्र सवारी के बारे में कभी इस तरह सोचा ही नहीं था। मैंने कभी साइकिल को आज़ादी का प्रतीक नहीं समझता था। *(पृष्ठ 51)*

**प्रश्न** *(Set I)*–

**(क)** *साइकिल प्रशिक्षण से महिलाओं में क्या बदलाव आया?*
**(ख)** *महिलाओं के साइकिल चलाने के बारे में लेखक की क्या सोच थी?*
**(ग)** *फातिमा ने लेखक को क्या कहा?*

**उत्तर**–

(क) साइकिल प्रशिक्षण से महिलाओं के अंदर आत्मसम्मान की भावना जागृत हुई।

(ख) महिलाओं के साइकिल चलाने के बारे में लेखक की यह सोच थी कि साइकिल चलाने से महिलाएँ छोटे-छोटे कामकाजों की ओर अधिक ध्यान देने लगी हैं अर्थात् वे आर्थिक दृष्टि से सुदृढ़ हो गई हैं।

(ग) फातिमा ने लेखक को इस बात से सचेत किया कि साइकिल चलाने से महिलाएँ केवल आर्थिक संपन्नता की ओर ही नहीं बढ़ी बल्कि साइकिल चलाने से तो वे आज़ादी और खुशहाली का अनुभव करती हैं।

**बहुविकल्पी प्रश्न** *(Set II)*–

1. *साइकिल प्रशिक्षण से महिलाओं में क्या बदलाव आया?*
   (क) आत्मनिर्भरता बढ़ गई। (ख) आत्मसम्मान की भावना जागी।
   (ग) वे स्वयं को स्वच्छंद समझने लगीं। (घ) दिए गए सभी।
2. *महिलाओं के साइकिल चलाने के बारे में लेखक की क्या सोच थी?*
   (क) आर्थिक दृष्टि से सुदृढ़ व आत्मनिर्भरता होना। (ख) पुरुषों से अलग रहने में भी संकोच न करना।
   (ग) प्रभुत्व जमाना (घ) इनमे से कोई नहीं।
3. *फातिमा ने लेखक को क्या कहा?*
   (क) समाज अब स्त्री प्रधान बन जाएगा।
   (ख) महिलाएँ साइकिल चलाने से आर्थिक संपन्नता के साथ-साथ आज़ादी व खुशहाली का अनुभव करती हैं।

(ग) वे अब निडर हो गई हैं।

(घ) अब वे कभी रूढ़िवादिता की जंज़ीरों में नहीं बँधेंगी।

4. *लेखक की सोच में क्या परिवर्तन आया?*

(क) अब महिलाएँ पुरुषों का मुकाबला पूरी तरह से करेंगी।

(ख) अब पुडुकोट्टई खूब उन्नति करेगा।

(ग) साइकिल चलाना केवल महिलाओं के आनंद का नहीं बल्कि आज़ादी का प्रतीक है।

(घ) अब इस गाँव में आर्थिक संपन्नता आ जाएगी।

**उत्तर–** 1. (घ) 2. (क) 3. (ख) 4. (ग)

**6** एक महिला ने बताया–"लोगों के लिए यह समझना बड़ा कठिन है कि ग्रामीण महिलाओं के लिए यह कितनी बड़ी चीज़ है। उनके लिए तो यह हवाई जहाज़ उड़ाने जैसी बड़ी उपलब्धि है। लोग इस पर हँस सकते हैं लेकिन केवल यहाँ की औरतें ही समझ सकती हैं कि उनके लिए यह कितना महत्वपूर्ण है। जो पुरुष इसका विरोध करते हैं, वे जाएँ और टहलें क्योंकि जब साइकिल चलाने की बात आती है, वे महिलाओं की बराबरी कर ही नहीं सकते।" *(पृष्ठ 51)*

**प्रश्न** *(Set I)*–

**(क)** *गाँव की महिलाओं की साइकिल की तुलना किससे की गई है?*

**(ख)** *लोग महिलाओं पर क्यों हँसते थे?*

**(ग)** *पुरुषों के बारे में महिलाओं के क्या विचार हैं?*

**उत्तर–**

(क) गाँव की महिलाओं के लिए साइकिल की तुलना हवाई जहाज़ से की गई है।

(ख) वास्तव में पुडुकोट्टई की महिलाएँ सदा बंधनों में कैद रही हैं। उनके द्वारा स्वच्छंद रूप में साइकिल चलाने पर लोग इनका मज़ाक उड़ाते हैं। क्योंकि उन्हें इस बात का विश्वास नहीं कि कभी तो उनके बंधन टूटेंगे।

(ग) पुरुषों के बारे में महिलाओं का मत है कि यदि वे उनका विरोध करते हैं तो वे उनकी परवाह नहीं करेंगी।

**बहुविकल्पी प्रश्न** *(Set II)*–

1. *गाँव की महिलाओं की साइकिल की तुलना किससे की गई है?*

(क) मोटरकार से (ख) बस से (ग) हवाई जहाज़ से (घ) बैलगाड़ी से

2. *लोग महिलाओं पर क्यों हँसते थे?*

(क) साइकिल चलाने पर उनका मज़ाक उड़ाते थे। (ख) उनकी स्वच्छंदता की चाह पर

(ग) उनके पास साइकिलें न होने पर (घ) उनकी नवसाक्षरता पर

3. *पुरुषों के बारे में महिलाओं के क्या विचार थे?*

(क) वे उनसे डरेंगी नहीं।

(ख) वे उनसे साइकिल लेने की जिद्द पूरी करवाकर दम लेंगी।

(ग) यदि वे उनका विरोध करते हैं तो वे उनकी परवाह नहीं करेंगी।

(घ) पुरुष उनकी बराबरी नहीं कर सकते।

4. *महिलाओं को अपने-आप पर किस बात का गर्व है?*

(क) वे पुरुषों से अधिक समझदार हैं। (ख) पुरुष साइकिल चलाने में उनकी बराबरी नहीं कर सकते।

(ग) अब पुरुष उन्हें बंधनों में जकड़ नहीं सकते। (घ) अब वे समाज में आत्मसम्मान पा लेगी।

**उत्तर–** 1. (ग) 2. (क) 3. (ग) 4. (ख)

## 4. पाठ्यपुस्तक के प्रश्न-अभ्यास

(पृष्ठ 51-53)

### *जंजीरें*

प्रश्न—"... उन जंजीरों को तोड़ने का जिनमें वे जकड़े हुए हैं, कोई-न-कोई तरीका लोग निकाल ही लेते हैं ..."

**1. आपके विचार से लेखक 'जंजीरों' द्वारा किन समस्याओं की ओर इशारा कर रहा है?**

**2. क्या आप लेखक की इस बात से सहमत हैं? अपने उत्तर का कारण भी बताइए।**

उत्तर—1. तमिलनाडु के जिला पुडुकोट्टई में महिलाओं में अधिक जागृति न थी। वे रूढ़िवादिता, पिछड़ेपन व बंधनों से परिपूर्ण जीवन बिता रही थीं। इन्हीं बंधनों को लेखक ने जंजीरें माना है।

2. 'उन जंजीरों को तोड़ने का, जिनमें वे जकड़े हुए हैं, कोई न कोई तरीका लोग निकाल लेते हैं'—इस वक्तव्य से हम पूर्णतया सहमत हैं क्योंकि मनुष्य स्वभावानुसार अधिक समय तक बंधनों में नहीं रह सकते। किसी-न-किसी चीज़ का सहारा पाकर उन बंधनों की जंजीरें अवश्य टूटती हैं और वे स्वच्छंदता को प्राप्त करते हैं। ठीक वैसे ही पुडुकोट्टई जिले की महिलाओं के साथ भी हुआ। वे भी रूढ़िवादिता व पुरुष प्रधान समाज की जंजीरों में जकड़ी थीं—लेकिन साइकिल चलाने से उनके जीवन में इतना परिवर्तन आया कि उनका जीवन ही बदल गया। उनमें आत्मसम्मान की भावना जागृत हुई इससे वे आत्मनिर्भर भी हो गईं। अब वे सभी कार्य आसानी से कर सकती हैं। पुरुष वर्ग भले ही कुछ भी कहे वे इसकी परवाह नहीं करतीं। साइकिल चलाना उनकी 'आज़ादी का प्रतीक' बन गया।

### *पहिया*

प्रश्न 1. 'साइकिल आंदोलन' **से पुडुकोट्टई की महिलाओं के जीवन में कौन-कौन से बदलाव आए हैं?**

उत्तर—साइकिल आंदोलन से पुडुकोट्टई की महिलाओं में निम्न बदलाव आए—

1. स्त्रियों में आत्मसम्मान की भावना जागृत हुई।
2. वे रूढ़िवादिता व पुरुषों द्वारा थोपे गए रोज़मर्रा के घिसे-पिटे दायरे से बाहर निकल सकीं।
3. इससे उन्हें आत्मनिर्भर बनने का मौका मिला अब उन्हें कहीं भी जाने हेतु किसी का मुँह नहीं ताकना पड़ता।
4. इससे महिलाओं की आय में वृद्धि हुई वे अगल-बगल के गाँवों में भी उत्पाद बेचने जा सकती हैं।
5. अब महिलाओं के समय की भी बचत हो जाती थी जिससे वे सामान बेचने पर ध्यान केंद्रित कर पाती हैं।
6. उन्हें आराम करने का भी समय मिल जाता है।
7. साइकिल से घरेलू कार्यों को भी सुचारू रूप से करने में महिलाएँ सक्षम हो गई हैं जैसे घरेलू सामान लाना। बच्चों की देखभाल व पानी भरना आदि।
8. सबसे बड़ी बात वे साइकिल को अपनी 'आज़ादी का प्रतीक' मानती हैं।

प्रश्न 2. शुरुआत में पुरुषों ने इस आंदोलन का विरोध किया परंतु आर. साइकिल्स के मालिक ने इसका समर्थन किया, **क्यों?**

उत्तर—जब स्त्रियों ने बड़ी संख्या में साइकिल चलाना सीखना शुरू किया तो पुरुषों ने इसका विरोध किया क्योंकि उन्हें डर था कि इससे नारी समाज में जागृति आ जाएगी। उन पर कई प्रकार के व्यंग्य भी किए जाते। लेकिन महिलाओं ने इनकी परवाह न करके साइकिल चलाना जारी रखा। धीरे-धीरे महिलाओं द्वारा साइकिल चलाने को सामाजिक स्वीकृति प्राप्त हो ही गई।

एक साइकिल विक्रेता 'आर. साइकिल्स' के मालिक ने इसका समर्थन किया क्योंकि उसकी दुकान पर लेडिज़ साइकिल की बिक्री में 350 प्रतिशत की वृद्धि हुई थी। यहाँ तक कि जिन महिलाओं को लेडिज़ साइकिल नहीं मिल पाई थीं उन्होंने जेंटस साइकिलें ही खरीद लीं। दुकानदार द्वारा यह वक्तव्य बताना इस बात को प्रदर्शित करता है कि महिला साइकिल चालकों की संख्या दिन-प्रति-दिन बढ़ती ही जा रही है।

प्रश्न 3. **प्रारंभ में इस आंदोलन को चलाने में कौन-कौन सी बाधा आई?**

उत्तर—प्रारंभ में इस साइकिल आंदोलन को चलाने में महिलाओं को अनेक कठिनाइयों का सामना करना पड़ा। लोग उन पर गंदी-गंदी टिप्पणियाँ कसते थे लेकिन महिलाएँ बिना किसी की परवाह किए निरंतर आगे की ओर अग्रसर ही होती रहीं।

## *शीर्षक की बात*

**प्रश्न 1. आपके विचार से लेखक ने इस पाठ का नाम 'जहाँ पहिया है' क्यों रखा होगा?**

उत्तर–लेखक द्वारा पाठ का शीर्षक 'जहाँ पहिया है' रखना पूर्णतया उचित है क्योंकि पहिए को गतिशीलता का प्रतीक माना जाता है और जब पुडुकोट्टई में महिलाओं द्वारा साइकिल आंदोलन चला तो उनका जीवन भी गतिशील हो गया। वे भी रूढ़िवादी विचारधाराओं के बंधनों को तोड़कर आधुनिकता व आत्मनिर्भरता की ओर अग्रसर हुईं। इससे ही उनमें आत्मसम्मान की भावना भी जागृत हुई।

**प्रश्न 2. अपने मन से इस पाठ का कोई दूसरा शीर्षक सुझाइए। अपने दिए हुए शीर्षक के पक्ष में तर्क दीजिए।**

उत्तर–इस पाठ का अन्य शीर्षक हो सकता है–'सुनहले दिन'। सुनहले दिन शीर्षक भी उपयुक्त है क्योंकि साइकिल चलाना सीखने से पुडुकोट्टई नामक स्थान के महिला समाज में ऐसी जागृति आई कि उनके दिन ही बदल गए। बंधनों व रूढ़िवादी जीवन बिताने वाली महिलाएँ साइकिल पर सवार होकर आज़ादी से घूमने लगीं। यहाँ तक कि वे पूर्णतया आत्मनिर्भर भी हो गईं।

## *समझने की बात*

प्रश्न–''लोगों के लिए यह समझना बड़ा कठिन है कि ग्रामीण औरतों के लिए यह कितनी बड़ी चीज़ है। उनके लिए तो यह हवाई जहाज़ उड़ाने जैसी बड़ी उपलब्धि है।''

1. **साइकिल चलाना ग्रामीण महिलाओं के लिए इतना महत्त्वपूर्ण क्यों है? समूह बनाकर चर्चा कीजिए।**
2. ''पुडुकोट्टई पहुँचने से पहले मैंने इस विनम्र सवारी के बारे में इस तरह सोचा ही नहीं था।'' **साइकिल को विनम्र सवारी क्यों कहा गया है?**

उत्तर–1. साइकिल चलाना ग्रामीण महिलाओं हेतु अत्यधिक महत्त्वपूर्ण है क्योंकि ग्रामीण समाज नवीनता से कोसों दूर होता है। महिलाओं को किसी भी कार्य की अधिक छूट नहीं दी जाती। यह समझा जाता है कि उनके भाग्य में केवल घर-गृहस्थी संभालना ही लिखा है। घर के मुख्य निर्णय पुरुषों द्वारा लिए जाते हैं।

ऐसे में यदि अचानक ही औरतों को साइकिल चलाने का मौका मिल जाए जिससे वे स्वच्छंदता से इधर-उधर जा सकें, अपने मनचाहे काम कर सकें तो साइकिल चलाना उनके लिए हवाई जहाज़ से कम न होगा।

(**नोट**–इसी आधार पर छात्र कक्षा में सामूहिक चर्चा करें।)

2. लेखक की दृष्टि में साइकिल एक विनम्र अर्थात् आम सवारी थी। उसने कभी सोचा भी न था कि साइकिल जैसी सवारी भी किसी के जीवन में इतना बदलाव ला सकती है। यह तो उसने पुडुकोट्टई की महिलाओं द्वारा ही जाना क्योंकि यहाँ की महिलाओं को 'मानसिक जागृति' देने का कार्य साइकिल ने ही किया था।

## *साइकिल*

प्रश्न 1. फातिमा ने कहा, ''··· मैं किराए पर साइकिल लेती हूँ ताकि मैं आज़ादी और खुशहाली का अनुभव कर सकूँ।'' **साइकिल चलाने से फातिमा और पुडुकोट्टई की महिलाओं को *'आज़ादी'* का अनुभव क्यों होता होगा?**

उत्तर–साइकिल चलाने से फातिमा और पुडुकोट्टई की महिलाओं को 'आज़ादी' का अनुभव होता था क्योंकि जब वे साइकिल पर सवार होकर चलती थी तो उन पर किसी प्रकार का कोई बंधन या कोई रोक-टोक नहीं होती थी जबकि उनके पारिवारिक जीवन में किसी प्रकार की कोई स्वच्छंदता न थी।

## *कल्पना से*

**प्रश्न 1. पुडुकोट्टई में कोई महिला अगर चुनाव लड़ती तो अपना पार्टी-चिह्न क्या बनाती और क्यों?**

उत्तर–पुडुकोट्टई में कोई महिला अगर चुनाव लड़ती तो शायद अपना पार्टी चिह्न 'पहिया' ही बनाती क्योंकि पहिए से उनके जीवन में अत्यधिक परिवर्तन आया। वे बंधनों से मुक्त होकर गतिशीलता की ओर बढ़ सकीं। पहिया सदैव आगे बढ़ने व उन्नति करने का संकेत देता है।

**प्रश्न 2. अगर दुनिया के सभी पहिए हड़ताल कर दें तो क्या होगा?**

उत्तर–अगर दुनिया के सभी पहिए हड़ताल कर दें तो शायद जीवन में ठहराव ही आ जाए क्योंकि पहिए से ही यातायात है, यातायात से उद्योग-धंधे व लोगों का आवागमन।

**प्रश्न 3.** "1992 में अंतर्राष्ट्रीय महिला दिवस के बाद अब यह ज़िला कभी भी पहले जैसा नहीं हो सकता।" **इस कथन का अभिप्राय स्पष्ट कीजिए।**

**उत्तर**–"1992 में अंतर्राष्ट्रीय महिला दिवस के बाद अब यह ज़िला कभी भी पहले जैसा नहीं हो सकता।"–इस कथन का अभिप्राय यह है कि इस दिन के बाद महिलाओं में जागृति आ गई। उन्होंने रूढ़िवादिता व बंधनों में जकड़ा हुआ जीवन जीना छोड़ दिया। वे अपने आत्मसम्मान के प्रति जागरूक हो उठीं। इस हेतु उन्होंने तरीका अपनाया साइकिल चलाने का। साइकिल चलाने से उनके जीवन में आत्मनिर्भरता व गतिशीलता आ गई। अब वे पीछे मुड़कर नहीं देखना चाहतीं। निरंतर उन्नति की ओर अग्रसर होना ही उनका उद्देश्य है।

**प्रश्न 4.** मान लीजिए आप एक संवाददाता हैं। आपको 8 मार्च 1992 के दिन पुडुकोट्टई में हुई घटना का समाचार तैयार करना है। **पाठ में दी गई सूचनाओं और अपनी कल्पना के आधार पर एक समाचार तैयार कीजिए।**

**उत्तर**–दिनांक 8 मार्च 1992 को तमिलनाडु के पुडुकोट्टई जिले में महिलाओं द्वारा 'अंतर्राष्ट्रीय महिला दिवस' हर्षोल्लास से मनाया गया। इसमें महिलाओं ने स्वछंद रूप से साइकिलें चलाकर इस बात का प्रदर्शन करना चाहा कि वे अब आज़ाद हैं, किसी के बंधन और पुराने रीति-रिवाजों के दायरे में रहकर जीवन नहीं बिताएँगी। उनमें साइकिल सीखने व सिखाने की प्रबल इच्छा दिखाई दे रही थी। वे नवसाइकिल चालक गीत भी गा रही थीं। उनकी साइकिलों के हैंडलों पर लगी झंडियाँ, बजती घंटियाँ इस बात को सूचित कर रही थीं कि वे अब उन्नति की ओर अग्रसर हैं और सफलता की ऊँचाइयों को पाकर रहेंगी। एक साथ 1500 साइकिल सवार महिलाओं ने अपने जोश एवं बल से सभी को हक्का-बक्का कर दिया।

**प्रश्न 5. इस पाठ के अंत में दी गयी 'पिता के बाद' कविता पढ़िए। क्या कविता में और फातिमा की बात में कोई संबंध हो सकता है? अपने विचार लिखिए।**

**उत्तर**–पाठ के आधार पर फातिमा के यही विचार हैं कि साइकिल चलाना महिलाओं के आत्मसम्मान व आर्थिक संपन्नता को तो बढ़ावा देता ही है साथ ही साथ आज़ादी और खुशहाली का अनुभव भी करवाता है। जबकि इस कविता में इस बात को दर्शाया गया है कि दुख हो या सुख लड़कियाँ हर हाल में खुश रहती हैं। पिता के कंधों का भार अपने कंधों पर उठाने की हिम्मत रखती हैं। पिता की मृत्यु के पश्चात् माँ को संभालने की शक्ति भी उनमें होती है। वे अपने पूर्वजों का नाम ऊँचा उठाती हैं। उदास राहों पर भी खुशियाँ ढूँढने की क्षमता रखती हैं। धूप, बारिश व हर मौसम अर्थात् हर परिस्थिति में खुश रहती हैं।

## *भाषा की बात*

**प्रश्न**–उपसर्गों और प्रत्ययों के बारे में आप जान चुके हैं। **इस पाठ में आए उपसर्गयुक्त शब्दों को छाँटिए। उनके मूल शब्द भी लिखिए।** आपकी सहायता के लिए इस पाठ में प्रयुक्त कुछ *'उपसर्ग'* और *'प्रत्यय'* इस प्रकार हैं–*अभि, प्र, अनु, परि, वि (उपसर्ग), इक, वाला, ता, ना।*

**उत्तर**– **उपसर्ग**

(1)

| शब्द | – | उपसर्ग | मूलशब्द |
|---|---|---|---|
| अभिव्यक्त | – | अभि | व्यक्त |
| प्रशिक्षण | – | प्र | शिक्षण |
| प्रदर्शन | – | प्र | दर्शन |
| अनुभव | – | अनु | भव |
| परिवहन | – | परि | वहन |
| विनम्र | – | वि | नम्र |
| बेशक | – | बे | शक |

**प्रत्यय**

(2)

| शब्द | प्रत्यय | मूलशब्द |
|---|---|---|
| सामाजिक | इक | समाज |
| गतिशीलता | ता | गतिशील |
| समझना | ना | समझ |

## 5. अन्य महत्त्वपूर्ण परीक्षोपयोगी प्रश्नोत्तर

### लघु प्रश्नोत्तर

**प्रश्न 1. *'नवसाक्षर'* इस शब्द का अर्थ पाठ के आधार पर बताइए।**

**उत्तर**–नवसाक्षर का अर्थ है–नया सीखने वाला, इस पाठ में नवसाक्षर शब्द का प्रयोग नई-नई साइकिल चलाना सीखने वाली महिलाओं के लिए प्रयुक्त हुआ है।

**प्रश्न 2. साइकिल चलाने से संबंधित कैसे कार्यक्रमों का आयोजन किया गया?**

**उत्तर**–साइकिल चलाने से संबंधित 'प्रदर्शन एवं प्रतियोगिता' आदि सार्वजनिक कार्यक्रमों का आयोजन किया गया। प्रदर्शन में महिलाएँ साइकिल चलाने के विभिन्न प्रकार के कौशल दिखाती हैं व प्रतियोगिता में हर महिला साइकिल चालक सबसे आगे निकल जाना चाहती है। इससे महिलाओं में साइकिल चलाने के प्रति रुचि व उत्साह बढ़ा।

**प्रश्न 3. प्रशिक्षण केंद्र से आप क्या समझते हैं?**

**उत्तर**–'प्रशिक्षण केंद्र' जहाँ कुछ सिखाया जाता है। इस पाठ के आधार पर प्रशिक्षण केंद्र शब्द से तात्पर्य है कि ऐसे खोले गए केंद्र जहाँ साइकिल चलाना सिखाया जाता था।

**प्रश्न 4. जमिला बीवी ने लेखक को साइकिल चलाने के प्रति अपने विचार कैसे प्रकट किए?**

**उत्तर**–'जमिला बीवी' मुसलिम लड़की जोकि अत्यंत रूढ़िवादी पृष्ठभूमि वाले क्षेत्र की रहने वाली थी, साइकिल चलाने के बारे में कहती है कि साइकिल चलाना उनका अधिकार है। अब वे कहीं भी आसानी से आ-जा सकती हैं। उन्हें बस का इंतजार नहीं करना पड़ता। ऐसे में लोग कई प्रकार की टिप्पणियाँ कसते हैं लेकिन वे किसी की परवाह नहीं करतीं।

**प्रश्न 5. फातिमा साइकिल किराए पर लेकर क्यों चलाती है?**

**उत्तर**–फातिमा एक माध्यमिक स्कूल में पढ़ाती हैं वे साइकिल किराए पर लेकर चलाती है क्योंकि वह साइकिल खरीदने में असमर्थ है। उसका मानना है कि साइकिल चलाने में भले ही महिलाओं को आर्थिक रूप से सुदृढ़ किया हो लेकिन साइकिल चलाना मुख्य रूप से आज़ादी और खुशहाली प्रदान करता है व महिलाओं को आत्मनिर्भर बनाता है।

**प्रश्न 6. साइकिल चलाना सीखने में कौन-कौन सी महिलाएँ आगे आईं?**

**उत्तर**–पूरे के पूरे पुडुकोट्टई ज़िले में साइकिल चलाने की धूम मची थी। खेतिहर मज़दूर, पत्थर तोड़ने वाली स्त्रियाँ, नर्सें, बालवाड़ी व आँगनवाड़ी की कार्यकर्ता, पत्थरों को तराशने वाली महिलाएँ, अध्यापिकाएँ, ग्रामसेविकाएँ एवं दोपहर का भोजन पहुँचाने वाली स्त्रियाँ अर्थात् पूरा महिला समाज ही इस ओर अग्रसर था।

### दीर्घ प्रश्नोत्तर

**प्रश्न 7. साइकिल चलाना महिलाओं के लिए आत्मसम्मान का सूचक क्यों बन गया? स्पष्ट कीजिए।**

**उत्तर**–पुडुकोट्टई में महिलाओं ने साइकिल चलानी शुरू की तो पूरे जिले में धूम मच गई। महिला खेतिहर मज़दूर, पत्थर खदानों में मज़दूरी करने वाली औरतें, गाँव में काम करने वाली नर्सें, आँगनवाड़ी और बालवाड़ी कार्यकर्ता, ग्राम सेविकाएँ आदि अर्थात् लगभग सभी महिलाओं ने साइकिल का प्रयोग शुरू कर दिया। इसके अतिरिक्त नवसाक्षर महिलाएँ अधिक थीं। इन सबका मानना था कि साइकिल चलाना उनकी आज़ादी का प्रतीक है। इस प्रकार वे साइकिल चलाने को आत्मसम्मान का सूचक मानने लगीं क्योंकि वे साइकिल की सहायता से सभी कार्य करने में भी सक्षम हो गईं जिनके लिए उन्हें दूसरों पर निर्भर रहना पड़ता था। फातिमा नामक एक महिला का तो यहाँ तक मानना था कि साइकिल चलाना महिलाओं की आज़ादी व खुशहाली का प्रतीक है।

**प्रश्न 8. पुडुकोट्टई जिले की महिलाओं के लिए साइकिल चलाना शौक के साथ-साथ उपलब्धि कैसे बन गया?**

**उत्तर**–पुडुकोट्टई की महिलाएँ पिछड़ेपन की शिकार थीं। यहाँ महिलाओं को किसी प्रकार की स्वतंत्रता न थी। अचानक साइकिल चलाने का आंदोलन हो जाने पर यहाँ की महिलाओं में ऐसा परिवर्तन आया कि उनकी जिंदगी ही बदल गई। शुरू-शुरू में तो साइकिल चलाना उन्हें आत्मसम्मान लगा लेकिन धीरे-धीरे वे साइकिल द्वारा आत्मनिर्भर बन गईं। कहीं भी आना-जाना, घर के बाहरी काम करने, यहाँ तक कि साइकिल पर सवार होकर कृषि उत्पादनों को आस-पास के गाँवों में बेचना; आस-पास

के गाँवों से महिलाओं के मैत्री संबंधों का बढ़ना भी साइकिल द्वारा हो सका। खेतिहर मज़दूर, पत्थर तराशने वाली महिलाएँ; नर्सें, अध्यापिकाएँ आदि सभी साइकिल का प्रयोग करने लगीं। वे बच्चों को भी अपने साथ साइकिल पर बिठाकर सभी कार्य कर लेती थीं। इससे उनकी पुरुषों पर निर्भरता समाप्त हो गई इसलिए यह कहना पूर्णतया सही है कि पुडुकोट्टई जिले की महिलाओं के लिए साइकिल चलाना शौक के साथ-साथ उपलब्धि बन गया।

**प्रश्न 9.** *'साइकिल चलाना एक सामाजिक आंदोलन'* **इससे आप क्या समझते हैं?**

**उत्तर**–आंदोलन का अर्थ है क्रांति अर्थात् एक चाह या लगन जिसे पूरा करके ही दम लिया जाए और जिसमें समाज का अधिकाधिक भाग हिस्सा ले। ऐसा हुआ तमिलनाडु के पुडुकोट्टई ज़िले में जिसमें महिलाओं ने ऐसा आंदोलन चलाया कि साइकिल चलाने की होड़ ही हो गई। लगभग सभी महिलाएँ रूढ़िवादी विचारधाराएँ व पिछड़ेपन को छोड़कर साइकिल चलाना सीखकर स्वच्छंदता व गतिशीलता की ओर बढ़ना चाहती थी इसीलिए इसे सामाजिक आंदोलन का नाम दिया गया।

**प्रश्न 10.** *'साइकिल ने महिलाओं को आत्मनिर्भर* **–कैसे बनाया?**

**उत्तर**–महिलाओं का मानना है कि साइकिल चलाने से उनमें आत्मनिर्भरता का विकास हुआ है। अब उन्हें अपने कार्यों हेतु पुरुषों पर निर्भर नहीं रहना पड़ता। एक स्थान से दूसरे स्थान पर जाना, पानी भरना, सामान ढोना ये सारे कार्य वे आसानी से साइकिल द्वारा कर लेती हैं। कई बार तो बच्चे भी उनके साथ होते हैं। शुरू-शुरू में जब महिलाओं ने साइकिल चलानी शुरू की तो लोगों ने गंदी-गंदी टिप्पणियाँ कसीं क्योंकि पुडुकोट्टई की पृष्ठभूमि रूढ़िवादी विचारधाराओं व पिछड़ेपन की शिकार थीं, यहाँ महिलाओं को अधिक स्वतंत्रता न थी। साइकिल चलाने हेतु महिलाएँ दृढ़ रहीं उन्होंने किसी के कुछ भी कहने की परवाह न की इसीलिए धीरे-धीरे साइकिल चलाने को सामाजिक स्वीकृति मिली।

☞ **प्रश्न 11.** *'खुशहाल जीवन के लिए आत्मनिर्भर होना अनिवार्य है'* **–क्यों?**

**उत्तर**–'आत्मनिर्भर' का अर्थ है–'स्वयं पर निर्भर' अर्थात् किसी भी कार्य को करने के लिए अपने-आप में इतनी सक्षमता होना कि दूसरों की सहायता न लेनी पड़े। जब हम किसी भी कार्य के लिए चाहे वह शारीरिक हो या आर्थिक आत्मनिर्भर होते हैं तो हमारा मन प्रसन्न रहता है। यदि किसी कार्य में आत्मनिर्भर न हो तो सर्वप्रथम हमारे स्वाभिमान को ठेस लगती है और हम मानसिक शांति का भी अनुभव नहीं करते। 'जहाँ पहिया है'–पाठ में भी यही दर्शाया गया है कि स्त्रियों ने जब साइकिल चलाना सीख लिया तो वे अपने-आप को स्वतंत्र, खुशहाल एवं आत्मनिर्भर समझने लगी। इसलिए यह अनिवार्य है कि खुशहाल जीवन हेतु हम आत्मनिर्भर बने।

# 10 अकबरी लोटा

*अन्नपूर्णानंद वर्मा*

यह एक काल्पनिक कहानी है। इसमें एक ओर तो लाला झाऊलाल है जिनकी पत्नी ढाई सौ रुपए की माँग करती है और कैसे उनकी यह समस्या हल होती है। दूसरी ओर एक साधारण लोटे की कथा साथ-साथ चलती है जो विशेष रूप अर्थात् अकबरी लोटा बन जाता है जिसे एक अंग्रेज़ पुरानी व ऐतिहासिक वस्तु मानकर ऊँचे दामों में खरीद लेता है।

## 1. पाठ का सार

**लाला झाऊलाल की स्थिति**–लाला झाऊलाल अपनी पत्नी के साथ काशी के ठठेरी बाज़ार के ऊपर के एक मकान में रहता था। नीचे की दुकानें किराए पर थीं जिनका सौ रुपए मासिक किराया आता था। बच्चे उनके अभी थे नहीं, पति-पत्नी मज़े से रहते थे। खाने-पीने की कोई कमी न थी।

**झाऊलाल की पत्नी की फरमाइश**–एक दिन झाऊलाल की पत्नी ने 250 रुपए की माँग की। वे एकदम घबरा गए कि पत्नी की फरमाइश कैसे पूरी करेंगे। उन्होंने इतने रुपए कभी इकट्ठे नहीं देखे थे। साथ ही पत्नी ने यह भी कह डाला कि यदि वे नहीं दे सकते तो वह अपने भाई से माँग लेगी।

**झाऊलाल का स्वाभिमान**–उन्होंने पत्नी को साफ़ मना किया कि वे अपने भाई से भीख नहीं माँगेंगी। वे सात दिन के अंदर-अंदर उसे पैसों का इंतजाम कर देंगे।

**झाऊलाल की परेशानी**–चार दिन तक रुपयों का कोई प्रबंध न हो पाया। झाऊलाल को अपनी पत्नी के सामने इज़्ज़त की फिक्र होने लगी। पाँचवें दिन उन्होंने अपने मित्र पंडित बिलवासी मिश्र को सारी कहानी सुनाई। उन्होंने भी अगले दिन तक कुछ-न-कुछ प्रबंध करने का वायदा किया।

**सातवें दिन की परेशानी**–सातवाँ दिन आ गया पंडित जी रुपए लेकर नहीं आए थे। लाला जी चिंता में डूबे छत पर टहल रहे थे। उन्होंने पीने के लिए पानी मँगवाया। नौकर के न होने पर उनकी पत्नी एक टेढ़े-मेढ़े से लोटे में पानी भर लाई। वह लोटा उन्हें कतई पसंद न था। छत की मुँडेर (किनारे) पर खड़े होकर पानी पी रहे थे कि लोटा हाथ से छूट गया और नीचे गली में जा गिरा।

**झाऊलाल के आँगन में भीड़**–लोटे के गिरते ही गली में शोर-गुल होने लगा और लाला जी के आँगन में भीड़ एकत्रित हो गई। भीड़ में मुख्य व्यक्ति एक अंग्रेज़ था जिसके हाथ में लोटा था। वह सिर से पाँव तक भीग गया था। मालूम हुआ कि पहले तो लोटा दुकान के छज्जे पर गिरा उसमें से पानी उछला जिसने अंग्रेज़ को सिर से पैर तक भिगो दिया।

**अंग्रेज़ का लाल-पीला होना**–जैसे ही अंग्रेज़ के ऊपर लोटा गिरा और वह भीग गया तो वह झाऊलाल को गालियाँ देने लगा। लाला जी को उस दिन पता चला कि अंग्रेज़ी ज़बान में भी–अनगिनत गालियों का भंडार है।

**बिलवासी जी का अंग्रेज़ को शांत करना**–तभी झाऊलाल के मित्र पंडित बिलवासी जी ने अंग्रेज़ को शांत करते हुए उसे कुर्सी पर बिठाया और भीड़ को बाहर भेज दिया। अंग्रेज़ ने पंडित जी से पूछा कि क्या वे लाला झाऊलाल को जानते हैं। लेकिन बिलवासी जी ने साफ़ इंकार कर दिया कि वे उन्हें नहीं जानते। उन्होंने साथ ही यह भी कहा कि वे तो उसे कुछ पागल लगते हैं। अंग्रेज़ भी कहने लगा कि हाँ, उसे भी वे एक खतरनाक पागल ही दिखते हैं। इन दोनों की बातचीत सुनकर लाला जी को तो अत्यधिक गुस्सा आ रहा था।

**बिलवासी जी का अंग्रेज़ को मूर्ख बनाना**–बिलवासी जी ने तो अंग्रेज़ को यहाँ तक कह डाला कि आपको लालाजी के खिलाफ़ पुलिस में रिर्पोट करनी चाहिए। अंग्रेज़ तैयार हो गया और पुलिस स्टेशन का रास्ता पूछने लगा। पंडित जी ने उसे साथ ही कहा कि पहले वे उससे ये लोटा खरीद लें क्योंकि वह साधारण लोटा न होकर एक ऐतिहासिक लोटा है।

**लोटे की मनगढ़ंत कथा**–पंडित बिलवासी मिश्र जी अंग्रेज़ को कथा सुनाने लगे कि सोलहवीं शताब्दी में बादशाह हुमायूँ शेरशाह से हारकर सिंध के रेगिस्तान में मारा-मारा फिर रहा था, उसे बहुत प्यास लगी थी। तभी एक ब्राह्मण ने उसे इसी लोटे से पानी पिलाया। जब अकबर दिल्ली का सम्राट बना तो उसने उसी ब्राह्मण को ढूँढ़कर दस सोने के लोटे दिए और इसे उससे वापस लिया। अकबर इसी लोटे से वजू करते थे अर्थात् नमाज़ पढ़ने से पूर्व हाथ-पैर धोया करते थे। इसीलिए इसका नाम पड़ गया 'अकबरी लोटा'। अगर म्यूज़ियम वालों को इस लोटे का पता चल जाए तो वे इसकी मुँह माँगी कीमत देंगे।

**पंडित व अंग्रेज़ में लोटा खरीदने की होड़**–पंडित और अंग्रेज़ दोनों ने ही लोटा खरीदने की चाहत व्यक्त की व एक-दूसरे को बताया कि उन दोनों को ही पुरानी व ऐतिहासिक चीजों का शौक है। दोनों में लोटा खरीदने की होड़ लग गई। अंग्रेज़ ने उन्हें बताया कि वह तो अभी भी नीचे दुकान से पीतल की पुरानी मूर्तियाँ खरीद रहा था।

पंडित जी ने कहा कि जो लोटे के अधिक दाम लगाएगा वही लोटा खरीद ले जाएगा। दोनों बोली लगाने लगे पचास रुपए से बोली शुरू हुई और पाँच सौ रुपए पर जाकर समाप्त हुई। अंत में अंग्रेज़ ने उसे खरीद लिया।

**अंग्रेज़ का डींगें हाँकना व खुश होना**–अंग्रेज़ लोटा पाकर बेहद खुश था उसने बताया कि अब उसका मित्र जो पुरानी चीज़ें खरीदने का शौकीन है उसके पास यह लोटा देखकर ईर्ष्यालु हो उठेगा।

**जहाँगीरी अंडे का प्रसंग**–अंग्रेज़ ने अपने मित्र के जहाँगीरी अंडे के बारे में बताया कि उसका मित्र जब इसे लाया था तो उसने मुझे बहुत चिढ़ाया था। सभी के पूछने पर 'यह जहाँगीरी अंडा क्या है?' तो उसने बताया कि जब नूरजहाँ ने एक कबूतर उड़ा दिया तो बादशाह जहाँगीर ने पूछा कि कबूतर कैसे उड़ा तो नूरजहाँ ने दूसरा कबूतर भी उड़ा दिया और कहा 'ऐसे'। इस पर जहाँगीर बहुत प्रसन्न हुए और तभी से उनसे प्रेम करने लगे। उन्होंने उसी कबूतर के एक अंडे को संभालकर बिल्लौर (काँच) की हाँडी में रख दिया। बाद में यह अंडा जहाँगीरी अंडे के रूप में प्रसिद्ध हुआ।

उसे इस बात की प्रसन्नता थी कि यह अकबरी लोटा तो उससे भी एक पीढ़ी पुराना है। अब उसका मित्र अपने अंडे की डींग नहीं मार सकेगा।

**लाला झाऊलाल की प्रसन्नता**–बिलवासी जी ने झाऊलाल को पैसे सहेज कर रखने को दिए उन्होंने पूछा कि पंडित जी रुपए कहाँ से लाए तो उन्होंने कहा कि इस रहस्य को उनके अतिरिक्त कोई नहीं जानता केवल ईश्वर जानता है कि उनसे पूछना। लालाजी ने धन्यवाद देने हेतु उन्हें रोकना चाहा परंतु वे वहाँ से चले गए।

**मिश्र जी का पत्नी के गले से चाबी निकालना**–मिश्र जी झाऊलाल के पैसों का इंतजाम करने में जब असफल रहे तो उन्होंने अपनी पत्नी के संदूक से पैसे निकाल लिए थे लेकिन जब अंग्रेज़ के द्वारा लाला जी के ढाई सौ रुपयों का इंतजाम हो गया तो उन्होंने रात को पत्नी के गले की जंजीर से चाबी निकाली और पैसे फिर से वहीं रख दिए व फिर से चाबी पत्नी के गले की जंजीर में डाल दी। फिर हँसते हुए गहरी नींद सो जाते हैं और सुबह आठ बजे तक सोते रहते हैं।

## 2. शब्दार्थ और टिप्पणी

### *पृष्ठ 55*

**मासिक**–महीने का। **करीब**–लगभग। **आँख सेंकना**–देखने को मिलना। **सनसनाया**–घबराहट। **दशा**–हालत। **असमर्थ**–पूरा करने में सक्षम न होना।

### *पृष्ठ 56*

**तिलमिला उठे**–क्रोधित हो उठे। **रोब**–प्रभावी। **प्रबंध**–इंतजाम। **चिंता**–फिक्र। **प्रतिष्ठा**–इज़्ज़त। **साख**–विश्वास। **चारों खाने चित**–चुप करवा देना। **मुँह खोलना**–बहुत बोलना। **दुम दबाकर निकल भागना**–डरकर भागना। **मुँह दिखलाना**–सामना करना। **विपदा**–कठिनाई। **संयोग**–भाग्य से। **खुक्ख**–खाली। **हेंकड़ी**–शेखी, उग्रता। **हाथ धोना**–बेइज्जती होना। **मरोड़ पैदा होना**–घबराहट के कारण पेट दर्द होना।

### *पृष्ठ 57*

**उधेड़-बुन**–सोच विचार। **बेढंगी**–अजीब। **गढ़न**–बनावट। **अदब**–इज़्ज़त/मान देना। **गनीमत**–शुक्र है। **गुस्सा पीना**–क्रोध

दबाना। **मुँडेर**–छत का किनारा। **महत्त्वपूर्ण**–विशेष। **मुश्किल**–कठिनाई। **आँखों से ओझल होना**–दिखाई न देना। **खुराफाती**–तेज़ व शरारती बुद्धि वाला। **आकर्षण**–खिंचाव। **ईजाद**–नई वस्तु की खोज।

*पृष्ठ 58*

**काटो तो बदन में खून नहीं**–आश्चर्य चकित रहना। **तिमंजले**–तीन मंजिल। **हल्ला**–शोर। **नखशिख**–सिर से पैर तक। **सायबान**–छज्जा। **सांगोपांग**–संपूर्ण। **प्रकांड**–अत्यधिक। **कोष**–खज़ाना। **शख्स**–आदमी। **निरीह**–कमजोर/भोला-भाला।

*पृष्ठ 59*

**डेंजरस**–खतरनाक। **क्रिमिनल**–मुजरिम।

*पृष्ठ 60*

**हिरासत**–कैद। **इजाज़त**–आज्ञा। **रद्दी**–बेकार, व्यर्थ। **आश्चर्य**–हैरानी। **विज्ञ**–बुद्धिमान। **सुशिक्षित**–पढ़ा-लिखा। **ऐतिहासिक**–इतिहास से जुड़ा हुआ। **प्रसिद्ध**–मशहूर। **तलाश**–खोज। **म्यूज़ियम**–संग्रहालय। **मारा-मारा फिरना**–दुखी होना। **वज़ू**–नमाज़ पढ़ने से पूर्व हाथ-पाँव धोना। **लापता**–गुमशुदा।

*पृष्ठ 61*

**लोभ**–लालच। **भुरता किया**–बुरी तरह से दब जाना। **दाम**–मूल्य। **ताव आना**–जोश आना।

*पृष्ठ 62*

**प्रसन्नता की कूँची**–बहुत खुश होना। **होड़**–एक के बाद एक चीज़ लेने की चाह। **दिलोजान**–दिल से। **निछावर**– कुर्बान। **हाथ करना**–सौंपना। **जतन**–प्रयत्न। **बिल्लोर**–काँच। **पारसाल**–पिछले साल। **पुश्त**–पूर्वजों की पीढ़ी। **अपनी राह ली**–चल देना।

*पृष्ठ 63*

**भेद**–रहस्य। **पीठ ठोकना**–शाबाशी देना। **गले लगाना**–प्रेमपूर्वक मिलना। **सहेज**–संभाल। **मनमोहक**–आकर्षक। **तन्मयता**–ध्यान मग्न होकर। **सिकड़ी**–जंजीर। **ताली**–चाबी। **संदूक**–बक्सा। **दबे पाँव लौटना**–धीरे-धीरे जाना।

## 3. अर्थग्रहण संबंधी एवं बहुविकल्पी प्रश्नोत्तर

*निम्न गद्यांशों को पढ़कर पूछे गए प्रश्नों के उत्तर दीजिए–*

**1** पत्नी ने एक दिन एकाएक ढाई सौ रुपये की माँग पेश की, तब उनका जी एक बार ज़ोर से सनसनाया और फिर बैठ गया। उनकी यह दशा देखकर पत्नी ने कहा–''डरिए मत, आप देने में असमर्थ हों तो मैं अपने भाई से माँग लूँ?''

लाला झाऊलाल तिलमिला उठे। उन्होंने रोब के साथ कहा–''अजी हटो, ढाई सौ रुपये के लिए भाई से भीख माँगोगी, मुझसे ले लेना।''

(पृष्ठ *55-56*)

**प्रश्न** *(Set I)*–

(क) *लेखक और पाठ का नाम लिखिए।*

(ख) *पत्नी ने क्या माँग रखी?*

(ग) *लाला झाऊलाल क्यों तिलमिला उठे और उन्होंने क्या कहा?*

**उत्तर**–

(क) *लेखक* – अन्नपूर्णानंद वर्मा
*पाठ* – अकबरी लोटा

(ख) पत्नी ने झाऊलाल के समक्ष 250 रुपए की माँग रखी।

(ग) पत्नी ने ढाई सौ रुपए माँगने के साथ ही यह भी कहा कि यदि वे नहीं दे सकते तो वह अपने भाई से माँग लेगी। तभी उन्होंने रोब से कहा कि भाई से भीख माँगने की जरूरत नहीं मुझसे ले लेना।

**बहुविकल्पी प्रश्न** *(Set II)*–

1. *पत्नी ने झाऊलाल से कितने रुपये माँगे?*

(क) दो सौ बीस रुपए (ख) ढाई सौ रुपए (ग) पाँच सौ रुपए (घ) हजार रुपए

2. *पत्नी ने माँग के साथ ही क्या तर्क दिया?*
   (क) यदि आप देने में असमर्थ हैं तो मत दीजिए।
   (ख) यदि आप देने में असमर्थ हैं तो मैं अपने भाई से माँग लूँ।
   (ग) यदि आप देने में असमर्थ हैं तो पिताजी से ले लूँ।
   (घ) यदि आप अब देने में असमर्थ हैं तो अगले सप्ताह दे देना।
3. *झाऊलाल क्यों तिलमिला उठे?*
   (क) पत्नी के ढाई सौ रुपए माँगने पर
   (ख) पत्नी द्वारा अपने भाई से रुपए माँगने की बात कहने पर
   (ग) अपनी असमर्थता पर
   (घ) पत्नी की नादानी पर
4. *उन्होंने रोब से पत्नी को क्या कहा?*
   (क) तुम्हे रुपए क्यों चाहिए?
   (ख) अभी में नहीं दे सकता।
   (ग) भाई से भीख माँगने की जरूरत नहीं मुझसे ले लेना।
   (घ) जैसे-तैसे प्रबंध करके दे दूगाँ।

**उत्तर**— 1. (ख) 2. (ख) 3. (ख) 4. (ग)

**2** जब चार दिन ज्यों-त्यों में यों ही बीत गए और रुपयों का कोई प्रबंध न हो सका तब उन्हें चिंता होने लगी। प्रश्न अपनी प्रतिष्ठा का था, अपने ही घर में अपनी साख का था। देने का पक्का वादा करके अगर अब दे न सके तो अपने मन में वह क्या सोचेगी? उसकी नज़रों में उसका क्या मूल्य रह जाएगा? अपनी वाहवाही की सैकड़ों गाथाएँ सुना चुके थे। अब जो एक काम पड़ा तो चारों खाने चित हो रहे। यह पहली बार उसने मुँह खोलकर कुछ रुपयों का सवाल किया था। इस समय अगर दुम दबाकर निकल भागते हैं तो फिर उसे क्या मुँह दिखलाएँगे? *(पृष्ठ 56)*

**प्रश्न** *(Set I)*—

(क) *झाऊलाल की चिंता का क्या कारण था?*
(ख) *वे मन ही मन क्या सोच रहे थे?*
(ग) *लाला को क्या डर था?*

**उत्तर**—

(क) झाऊलाल से रुपयों का इंतजाम नहीं हो पा रहा था यही उनकी चिंता का कारण था।

(ख) वे मन ही मन सोच रहे थे कि यदि रुपयों का इंतजाम न हुआ तो पत्नी के सामने इज़्ज़त जाती रहेगी। उसकी नज़रों में वे गिर जाएँगे।

(ग) लाला को डर था कि यदि पत्नी को रुपए समय पर न दे पाए तो पत्नी को मुँह दिखलाने के काबिल न रहेंगे।

## बहुविकल्पी प्रश्न *(Set II)*—

1. *झाऊलाल को किस बात की चिंता थी?*
   (क) पत्नी से हरदम झगड़ा करना।
   (ख) पैसों का इंतजाम न हो पाना।
   (ग) पत्नी के समक्ष सर झुकना।
   (घ) पत्नी का भाई से रुपए माँगना।
2. *उन्होंने मन-ही-मन क्या सोचा?*
   (क) पैसों का इंतजाम न होने पर वे पत्नी की नज़रों में गिर जाएँगे।
   (ख) वे पत्नी को क्या जवाब देंगे।
   (ग) अपनी पत्नी के भाई से नज़रें कैसे मिलाएँगे।
   (घ) पत्नी पर रोब कैसे जतलाएँगे।
3. *लाला जी को किस बात का डर लग रहा था?*
   (क) उनकी पत्नी अपने भाई से रुपए माँग लेगी।
   (ख) रुपए न दे पाने पर पत्नी का सामना कैसे करेंगे?
   (ग) पत्नी द्वारा ताने सुनाए जाने का।
   (घ) दिए गए सभी।

4. *लाला के समक्ष कैसा प्रश्न था?*
(क) उनकी प्रतिष्ठा व घर में साख का। (ख) पत्नी पर रोब डालने का।
(ग) पत्नी को रुपए देने का। (घ) पत्नी के समक्ष न झुकने का।

**उत्तर–** 1. (ख) 2. (क) 3. (ख) 4. (क)

**3** हफ़्ते का अंतिम दिन। कल ढाई सौ रुपये या तो गिन देना है या सारी हेंकड़ी से हाथ धोना है। यह सच है कि कल रुपया न आने पर उनकी स्त्री उन्हें डामलफाँसी न कर देगी–केवल ज़रा-सा हँस देगी। पर वह कैसी हँसी होगी, कल्पना मात्र से झाऊलाल में मरोड़ पैदा हो जाती थी। (*पृष्ठ 56*)

**प्रश्न** *(Set I)*–

**(क)** *वे बार-बार क्या सोच रहे थे?*
**(ख)** *वे अपनी पत्नी की किस हँसी से डर रहे थे? और क्यों?*
**(ग)** *झाऊलाल की मानसिक स्थिति क्या थी?*

**उत्तर–**

(क) वे बार-बार यही सोच रहे थे कि कल या तो पत्नी को रुपए देकर शान बनानी है या फिर सारी शेखी व रोब जाता रहेगा।

(ख) रुपयों का प्रबंध न होने पर उनकी पत्नी की मज़ाक उड़ाने वाली हँसी उन्हें ऐसी प्रतीत होती थी जैसे फाँसी की सजा मिल रही हो।

(ग) झाऊलाल इस समय बहुत परेशान था उनका दिमाग केवल और केवल ढाई सौ रुपए के प्रबंध में लगा था। रुपयों का प्रबंध न होने की कल्पना मात्र से ही वे अपने आपमें परेशान हो उठते थे।

**बहुविकल्पी प्रश्न** *(Set II)*–

1. *झाऊलाल ने पत्नी को रुपए देने हेतु कितने दिन का समय लिया था?*
(क) सात दिन का (ख) पाँच दिन का (ग) दो दिन का (घ) चार दिन का
2. *झाऊलाल के वायदे का कौन-सा दिन आ गया?*
(क) तीसरा (ख) दूसरा (ग) चौथा (घ) सातवाँ
3. *उन्हें किस बात की सोच थी?*
(क) रुपए का प्रबंध कहाँ से होगा?
(ख) पत्नी की नजरों में गिर जाएँगे।
(ग) कल या तो पत्नी को रुपए देकर शान बनेगी या सारी शेखी व रोब जाता रहेगा।
(घ) पत्नी का भयानक रूप उनके समक्ष मंडरा रहा था।
4. *उन्हें अपनी पत्नी की कैसी हँसी का डर था?*
(क) ज़ोर-ज़ोर से उन पर हँसना।
(ख) होंठ दबाकर आँखों ही आँखों में हँसना।
(ग) मज़ाक उड़ाने वाली हँसी जो फाँसी की सज़ा के समान थी।
(घ) हँस-हँस कर उनकी लाचारी व्यक्त करना व अपने भाई की बड़ाई करना।

**उत्तर–** 1. (क) 2. (घ) 3. (ग) 4. (ग)

**4** अपने वेग में उल्का को लजाता हुआ वह आँखों से ओझल हो गया। किसी ज़माने में न्यूटन नाम के किसी खुराफाती ने पृथ्वी की आकर्षण शक्ति नाम की एक चीज़ ईजाद की थी। कहना न होगा कि यह सारी शक्ति इस समय लोटे के पक्ष में थी। (*पृष्ठ 57*)

**प्रश्न** *(Set I)*–

**(क)** *लोटा छत से किसके हाथों से गिरा?*
**(ख)** *अपने वेग में उल्का को लजाता हुआ वह आँखों से ओझल हो गया–शब्दों का आशय स्पष्ट कीजिए।*
**(ग)** *न्यूटन ने क्या खोज की?*

**उत्तर–**

(क) लोटा छत से झाऊलाल के हाथों से गिरा।

(ख) जिस प्रकार एक टूटता हुआ तारा बहुत तेज़ी से जुदा होकर आगे की ओर बढ़ता है उससे भी तेज़ गति से लोटा नीचे की ओर लुढ़कता चला गया।

(ग) न्यूटन ने यह खोज की थी कि जो भी वस्तु हवा में उछालो तो वह नीचे ही गिरेगी। इस सिद्धांत को उन्होंने गुरुत्वाकर्षण का नाम दिया। जिसका अर्थ था कि पृथ्वी हर वस्तु को अपनी ओर आकर्षित करती है।

**बहुविकल्पी प्रश्न** *(Set II)*–

1. *लोटा नीचे किससे गिरा?*
   (क) झाऊलाल से (ख) झाऊलाल की पत्नी से (ग) अंग्रेज से (घ) बिलवासी जी से
2. *लोटा कैसे गिरा?*
   (क) पत्नी का हाथ लगाने पर लोटा छूट गया।
   (ख) पत्नी उन्हें पानी पिला रही थी।
   (ग) झाऊलाल छत की मुँडेर पर खड़े होकर लोटे से पानी पी रहे थे।
   (घ) झाऊलाल लोटा मुंडेर पर रख रहे थे।
3. *अपने वेग में उल्का को लजाता हुआ वह आँखों से ओझल हो गया–पंक्ति का क्या अर्थ है?*
   (क) जिस प्रकार एक टूटता हुआ तारा बहुत तेजी से जुदा होकर आगे की ओर बढ़ता है उससे भी तेज गति से लोटा नीचे की ओर लुढ़कता गया।
   (ख) लोटे का हाथ न आना।
   (ग) लोटे का लुढ़कते ही जाना।
   (घ) नीचे गिरकर एक टूटे तारे के समान लगना।
4. *'पृथ्वी की आकर्षण शक्ति' को न्यूटन ने क्या नाम दिया?*
   (क) शक्तिप्रदत (ख) गुरुत्वाकर्षण (ग) गुरुत्वाघर्षण (घ) इनमें से कोई नहीं

**उत्तर–** 1. (क) 2. (ग) 3. (क) 4. (ख)

**5** भीड़ में प्रधान पात्र एक अंग्रेज़ है जो नखशिख से भीगा हुआ है और जो अपने एक पैर को हाथ से सहलाता हुआ दूसरे पैर पर नाच रहा है। उसी के पास अपराधी लोटे को भी देखकर लाला झाऊलाल जी ने फौरन दो और दो जोड़कर स्थिति को समझ लिया। *(पृष्ठ 58)*

**प्रश्न** *(Set I)*–

**(क)** *लाला झाऊलाल के आँगन में एकत्रित भीड़ का प्रधान कौन था?*

**(ख)** *वह नखशिख तक भीग कैसे गया था और अपने पैर को क्यों सहला रहा था?*

**(ग)** *लाला झाऊलाल ने किस स्थिति का अंदाजा लगा लिया?*

**उत्तर–**

(क) लाला झाऊलाल के आँगन में एकत्रित भीड़ का प्रधान एक अंग्रेज़ था।

(ख) वह नखशिख अर्थात् सिर से पैर तक भीग गया क्योंकि झाऊलाल के हाथ से जब लोटा फिसला तो छत से लुढ़कता हुआ नीचे दुकान पर खड़े अंग्रेज़ पर जाकर गिरा। वह अपने पैर को सहला रहा था क्योंकि पैर पर लोटा लगने से उसे बहुत दर्द हो रहा था।

(ग) लाला झाऊलाल ने दो और दो जोड़कर स्थिति जानी अर्थात् अंग्रेज़ के चिल्लाने व एकत्रित भीड़ को देखकर यह अंदाजा लगा लिया कि कोई बड़ी मुश्किल सिर पर आन पड़ी है।

**बहुविकल्पी प्रश्न** *(Set II)*–

1. *भीड़ का प्रधान कौन था?*
   (क) सरपंच (ख) अंग्रेज (ग) उनकी पत्नी (घ) दुकानदार

2. *अंग्रेज कैसे भीग गया था?*
   (क) झाऊलाल द्वारा पानी गिराने पर।
   (ख) झाऊलाल के हाथ से पानी का भरा लोटा फिसला तो वह अंग्रेज पर जाकर गिरा।
   (ग) झाऊलाल के घर का नल टूट गया था।
   (घ) इनमें से कोई नहीं।
3. *अंग्रेज अपने पैर को क्यों सहला रहा था?*
   (क) क्योंकि उसके पैर में मोच आ गई थी।
   (ख) क्योंकि पैर पर लोटा लगने से उसे दर्द हो रहा था।
   (ग) क्योंकि वह सीढ़ियों में गिर गया था।
   (घ) क्योंकि झाऊलाल ने अपने पैर से उसका पैर दबा दिया था।
4. *'दो ओर दो जोड़ना' मुहावरे का अर्थ बताओ*
   (क) चार (दो और दो का योग) (ख) दोनों ओर से बतियाना
   (ग) सारी स्थिति को समझना (घ) किसी की बात को परखना

**उत्तर–** 1. (ख) 2. (ख) 3. (ख) 4. (ग)

**6** पं. बिलवासी मिश्र भीड़ को चीरते हुए आँगन में आते दिखाई पड़े। उन्होंने आते ही पहला काम यह किया कि उस अंग्रेज़ को छोड़कर और जितने आदमी आँगन में घुस आए थे, सबको बाहर निकाल दिया। फिर आँगन में कुर्सी रखकर उन्होंने साहब से कहा–"आपके पैर में शायद कुछ चोट आ गई है। अब आप आराम से कुर्सी पर बैठ जाइए।"

(*पृष्ठ 58*)

**प्रश्न** *(Set I)*–

**(क)** *इसी समय कौन अचानक आया और क्यों?*

**(ख)** *आते ही उन्होंने क्या किया?*

**(ग)** *झगड़ते हुए अंग्रेज़ का विरोध करने की बजाय वे उसका साथ क्यों दे रहे थे?*

**उत्तर–**

(क) जब अंग्रेज़ लालाजी से लड़ने पहुँचा तो अचानक बिलवासी मिश्र जी आ गए। वे लाला जी को ढाई सौ रुपए देने आए थे।

(ख) आते ही उन्होंने अंग्रेज़ को छोड़कर बाकी एकत्रित भीड़ को बाहर भेज दिया।

(ग) झगड़ते हुए अंग्रेज़ का विरोध करने की बजाय लाला जी ने उसका साथ दिया क्योंकि एक तो वे उसे शांत करके मामला सुलझाना चाहते थे दूसरी ओर उनके मन में यह बात भी आ गई कि लोटे का ही कुछ कमाल दिखाया जाए।

**बहुविकल्पी प्रश्न** *(Set II)*–

1. *अचानक झाऊलाल के घर कौन आ गया?*
   (क) पंडित बिलवासी (ख) उनका साला (पत्नी का भाई)
   (ग) अंग्रेज का मित्र (घ) पुलिस
2. *पंडित बिलवासी जी क्यों आए थे?*
   (क) झाऊलाल से मिलने (ख) झाऊलाल को ढाई सौ रुपए देने
   (ग) उनकी पत्नी को समझाने (घ) अपना समय व्यतीत करने
3. *उनका अंग्रेज़ के प्रति व्यवहार कैसा था?*
   (क) विनम्र (ख) कर्कश (ग) क्रोध भरा (घ) दयालुता
4. *वे अंग्रेज़ का साथ क्यों दे रहे थे?*
   (क) वे उसे शांत करके झाऊलाल की जान बचाना चाहते थे।
   (ख) वे उसे शांत करना चाहते थे और लोटे का कुछ कमाल दिखाना चाहते थे।

(ग) वे नहीं चाहते थे कि अंग्रेज़ पुलिस स्टेशन तक जाए।
(घ) दिए गए सभी।

**उत्तर–** 1. (क) 2. (ख) 3. (क) 4. (ख)

**7** "जनाब यह एक ऐतिहासिक लोटा जान पड़ता है। जान क्या पड़ता है, मुझे पूरा विश्वास है। यह वह प्रसिद्ध अकबरी लोटा है जिसकी तलाश में संसार-भर के म्यूज़ियम परेशान हैं।" *(पृष्ठ 60)*

**प्रश्न** *(Set I)*–

**(क)** *यह वक्तव्य किसने किससे कहा?*
**(ख)** *लोटे को कैसा लोटा बताया गया है और उसका नाम क्या रखा गया?*
**(ग)** *लोटे के बारे में क्या कहा गया?*

**उत्तर–**

(क) यह वक्तव्य बिलवासी जी ने अंग्रेज़ को कहा।
(ख) लोटे को ऐतिहासिक अर्थात् इतिहास से संबंधित लोटा बताया गया। इसका नाम रखा गया 'अकबरी लोटा'।
(ग) लोटे के बारे में कहा गया कि संसार-भर के संग्रहालय यानी म्यूज़ियम इसकी तलाश में लगे हैं।

**बहुविकल्पी प्रश्न** *(Set II)*–

1. *बिलवासी जी ने लोटे की क्या विशेषता बताई?*
(क) पुश्तैनी (ख) ऐतिहासिक (ग) जादुई (घ) सोने का
2. *'ऐतिहासिक' शब्द से आप क्या समझते हैं?*
(क) इतिहास से संबंधित (ख) पूर्वजों से संबंधित (ग) समाज से संबंधित (घ) इनमें से कोई नहीं
3. *लोटे का नामकरण क्या हुआ?*
(क) अकबरी लोटा (ख) झाऊमल लोटा (ग) पुश्तैनी लोटा (घ) जहाँगीरी लोटा
4. *लोटे के बारे में क्या कहा गया?*
(क) बड़े-बड़े राजा-महाराजा इस लोटे को पाना चाहते हैं।
(ख) इस लोटे की कई परतें सोने की हैं।
(ग) संसार भर के संग्रहालय यानि म्यूज़ियम इसकी तलाश में लगे हैं।
(घ) इनमें से कोई नहीं।

**उत्तर–** 1. (ख) 2. (क) 3. (क) 4. (ग)

**8** सोलहवीं शताब्दी की बात है। बादशाह हुमायूँ शेरशाह से हारकर भागा था और सिंध के रेगिस्तान में मारा-मारा फिर रहा था। एक अवसर पर प्यास से उसकी जान निकल रही थी। उस समय एक ब्राह्मण ने इसी लोटे से पानी पिलाकर उसकी जान बचाई थी। हुमायूँ के बाद अकबर ने उस ब्राह्मण का पता लगाकर उससे इस लोटे को ले लिया और इसके बदले में उसे इसी प्रकार के दस सोने के लोटे प्रदान किए। यह लोटा सम्राट अकबर को बहुत प्यारा था। इसी से इसका नाम अकबरी लोटा पड़ा। वह बराबर इसी से वजू करता था। *(पृष्ठ 60)*

**प्रश्न** *(Set I)*–

**(क)** *पंडित जी ने लोटे की क्या कथा बताई?*
**(ख)** *'वजू' शब्द से आप क्या समझते हैं?*
**(ग)** *म्यूज़ियम के साथ लोटे को क्यों जोड़ा गया?*

**उत्तर–**

(क) पंडित जी ने लोटे के बारे में बताया कि बादशाह हुमायूँ शेरशाह से हारकर सिंध के रेगिस्तान में मारा-मारा घूम रहा था। एक बार उसे बहुत प्यास लगी तो एक ब्राह्मण ने इसी लोटे से उसे पानी पिलाया था।

(ख) नमाज़ पढ़ने से पूर्व हाथ-पैर धोने को 'वजू' करना कहा जाता है।

(ग) म्यूज़ियम के साथ लोटे को जोड़कर उसकी महत्ता बढ़ाई जा रही थी। अंग्रेज़ पुरानी चीजें खरीदने का शौकीन था और पंडित जी अब इस लोटे को ऊँचे दामों में बेचना चाहते थे।

**बहुविकल्पी प्रश्न** *(Set II)*–

1. *पंडित जी ने लोटे के बारे में क्या बताया?*
   (क) बादशाह हुमायूँ शेरशाह से हारकर रेगिस्तान में घूम रहा था तो एक ब्राह्मण ने उसे इस लोटे से पानी पिलाया।
   (ख) बादशाह हुमायूँ के पिता की निशानी है यह लोटा।
   (ग) बादशाह हुमायूँ ने सौ सोने के लोटों के बदले एक यह लोटा लिया।
   (घ) बादशाह हुमायूँ इसी लोटे से पानी पीते थे।
2. *ब्राह्मण को लोटे के बदले क्या मिला?*
   (क) दस सोने के लोटे (ख) पाँच सोने के लोटे (ग) सौ सोने के लोटे (घ) पचास सोने के लोटे
3. *'म्यूज़ियम' के साथ लोटे को क्यों जोड़ा गया?*
   (क) उसे अच्छे दामों में बेचने के लिए।
   (ख) झाऊलाला की समस्या का निदान करने हेतु।
   (ग) अंग्रेज़ पुरानी चीज़ें खरीदने का शौकीन था इसलिए म्यूज़ियम के साथ लौटे का संबंध जोड़कर उसकी महत्ता बढ़ाई गई।
   (घ) दिए गए सभी।
4. *किस सम्राट के नाम से इस लोटे का नामकरण हुआ?*
   (क) हुमायूँ (ख) जहाँगीर (ग) अकबर (घ) शेरशाह

**उत्तर**– 1. (क) 2. (क) 3. (घ) 4. (ग)

**9** एक कबूतर ने नूरजहाँ से जहाँगीर का प्रेम कराया था। जहाँगीर के पूछने पर कि, मेरा एक कबूतर तुमने कैसे उड़ जाने दिया, नूरजहाँ ने उसके दूसरे कबूतर को उड़ाकर बताया था, कि ऐसे। उसके इस भोलेपन पर जहाँगीर दिलोजान से निछावर हो गया। उसी क्षण से उसने अपने को नूरजहाँ के हाथ कर दिया। कबूतर का यह अहसान वह नहीं भूला। उसके एक अंडे को बड़े जतन से रख छोड़ा। एक बिल्लोर की हाँडी में वह उसके सामने टँगा रहता था। बाद में वही अंडा "जहाँगीरी अंडा" के नाम से प्रसिद्ध हुआ। (पृष्ठ *62*)

**प्रश्न** *(Set I)*–

**(क)** *नूरजहाँ ने एक कबूतर कैसे उड़ाया? यह उसने जहाँगीर को कैसे बताया?*
**(ख)** *जहाँगीर ने एक अंडे को संभालकर क्यों रखा?*
**(ग)** *अंडे का नाम जहाँगीरी अंडा क्यों पड़ा?*

**उत्तर**–

(क) जब जहाँगीर ने नूरजहाँ से पूछा कि उसने कबूतर कैसे उड़ाया तो नूरजहाँ ने दूसरे कबूतर को भी उड़ाकर कहा कि 'ऐसे'।

(ख) कबूतर ने उनका प्रेम नूरजहाँ से करवाया था इसलिए प्रसन्न होकर वे उसकी निशानी के रूप में उसके अंडे को सहेजकर रखना चाहते थे।

(ग) अंडे का नाम पड़ा 'जहाँगीरी अंडा' क्योंकि उन्होंने उसे सहेज कर रखा था।

**बहुविकल्पी प्रश्न** *(Set II)*–

1. *नूरजहाँ ने एक कबूतर कैसे उड़ाया, यह उसने जहाँगीर को कैसे बताया?*
   (क) कबूतर को वापिस बुलाकर (ख) दूसरे कबूतर को उड़ाकर
   (ग) उड़ते कबूतर की ओर इशारा करके (घ) सांकेतिक भाषा में
2. *जहाँगीर ने एक अंडे को संभाल कर क्यों रखा?*
   (क) क्योंकि यह उस कबूतर का अंडा था जिसके कारण जहाँगीर ने स्वयं को नूरजहाँ के समक्ष समर्पित किया था।
   (ख) क्योंकि यह अंडा विशेष कबूतर का था।

(ग) क्योंकि यह उनके अब्बाजान की निशानी था।
(घ) क्योंकि यह नूरजहाँ ने जहाँगीर को दिया था।

3. *अंडे का नाम 'जहाँगीरी अंडा' क्यों पड़ा?*
(क) क्योंकि जहाँगीर ने उसे अपने पास सहेज कर रखा।
(ख) क्योंकि यह अंडा नूरजहाँ ने जहाँगीर को उपहार स्वरूप दिया था।
(ग) क्योंकि यह अंडा जहाँगीर के दरबार में था।
(घ) इनमें से कोई नहीं।

4. *कबूतर के अंडे को किसमें सहेज कर रखा गया?*
(क) एक घोंसले में
(ख) 'बिल्लोर की हाँडी' में
(ग) तश्तरी में
(घ) छोटी सी झोपड़ी में रूई के बिछौने पर

उत्तर– 1. (ख) 2. (क) 3. (क) 4. (ख)

## 4. पाठ्यपुस्तक के प्रश्न-अभ्यास

(*पृष्ठ 64–65*)

### *कहानी की बात*

प्रश्न 1. "लाला ने लोटा ले लिया, बोले कुछ नहीं, अपनी पत्नी का अदब मानते थे।"
लाला झाऊलाल को बेढंगा लोटा बिलकुल पसंद नहीं था। फिर भी उन्होंने चुपचाप लोटा ले लिया। **आपके विचार से वे चुप क्यों रहे? अपने विचार लिखिए।**

उत्तर–लाला झाऊलाल छत पर टहल रहे थे। कुछ प्यास लगने पर उन्होंने नौकर को पानी के लिए आवाज़ दी। नौकर के न होने पर उनकी पत्नी उनके लिए स्वयं पानी लेकर आई। वह पानी एक बेढंगे लोटे में लाई जो लाला को बिल्कुल पसंद न था लेकिन उन्होंने अपनी पत्नी को कुछ न कहा क्योंकि वे उसकी इज़्ज़त करते थे, बिना वज़ह उसे टोकना नहीं चाहते थे। दूसरा वे पत्नी के तेज़-तर्रार स्वभाव को भी जानते थे, वे सोचने लगे कि यदि मैंने लोटे के बारे में कुछ कह दिया तो खाना बाल्टी में ही खाना पड़ेगा। यही कारण था कि वे चुप रहे।

प्रश्न 2. "लाला झाऊलाल जी ने फौरन दो और दो जोड़कर स्थिति को समझ लिया।" **आपके विचार से लाला झाऊलाल ने कौन-कौन सी बातें समझ ली होंगी?**

उत्तर–दो और दो जोड़कर स्थिति समझना–अर्थात् परिस्थिति को भाँप जाना। जब लालाजी के हाथों से लोटा गिरने के बाद आँगन में भीड़ एकत्रित हो गई और एक अंग्रेज़ नखशिख तक भीगा हुआ लोटा हाथ में लिए गालियाँ देता हुआ आ रहा था, तो लाला ने परिस्थिति का अनुमान लगा लिया कि कुछ गड़बड़ हो गई है। वे समझ गए कि लोटा अंग्रेज़ को लगा है और वह अब उनसे लड़ने आया है।

प्रश्न 3. **अंग्रेज़ के सामने बिलवासी जी ने झाऊलाल को पहचानने तक से क्यों इनकार कर दिया था? आपके विचार से बिलवासी जी ऐसा अजीब व्यवहार क्यों कर रहे थे? स्पष्ट कीजिए।**

उत्तर–अंग्रेज़ के सामने बिलवासी जी ने ऐसा अजीब व्यवहार किया कि वे झाऊलाल को पहचानते नहीं हैं। ऐसा उन्होंने इसलिए किया ताकि अंग्रेज़ का क्रोध शांत हो जाए और मामला जल्दी ही समाप्त हो।

प्रश्न 4. **बिलवासी जी ने रुपयों का प्रबंध कहाँ से किया था? लिखिए।**

उत्तर–लाला झाऊलाल बिलवासी जी के परममित्र थे। जब लाला झाऊलाल पत्नी की ढाई सौ रुपए की माँग को पूरा न कर सके तो उन्होंने अपनी समस्या बिलवासी जी को बताई। बिलवासी ने मित्र धर्म का पालन करते हुए अपनी पत्नी के संदूक से ढाई सौ रुपए का प्रबंध झाऊलाल के लिए किया। लेकिन जब वे रुपए झाऊलाल को देने आए तो वहाँ उन्होंने अंग्रेज़ और झाऊलाल के मध्य लोटे को लेकर होते हुए झगड़े को देखा। उन्होंने झगड़ा समाप्त करने के लिए झाऊलाल को पहचानने से इंकार कर दिया और अंग्रेज़ को शांत किया। अंग्रेज़ से बातचीत के दौरान उन्हें यह मालूम हो गया कि वह पुरानी वस्तुओं को खरीदने का शौकीन है। उन्होंने उस बेढंगे लोटे को 'अकबरी लोटे' का नाम दे दिया और यह बताया कि अकबर इससे 'वज़ू' किया करता था।

यह सुनकर अंग्रेज़ उस लोटे को खरीदने हेतु लालायित हो उठा और उसने पाँच सौ रुपए में उसे खरीद लिया। लालाजी को तो अपनी पत्नी को देने के लिए ढाई सौ रुपयों की जरूरत थी जबकि बिलवासी जी ने उन्हें पाँच सौ रुपए थमा दिए।

प्रश्न 5. **आपके विचार से अंग्रेज़ ने यह पुराना लोटा क्यों खरीद लिया? आपस में चर्चा करके वास्तविक कारण की खोज कीजिए और लिखिए।**

उत्तर–अंग्रेज़ को पुरानी व ऐतिहासिक वस्तुएँ खरीदने का चाव था इसलिए उसने इस लोटे को खरीदा जिसका नाम बिलवासी जी ने 'अकबरी लोटा' रखा था। ऐसा हम इसलिए कह सकते हैं क्योंकि लालाजी के हाथों से लोटा खरीदने के पूर्व भी वह एक दुकान से पीतल की पुरानी मूर्तियाँ खरीद रहा था।

## *अनुमान और कल्पना*

प्रश्न 1. ''इस भेद को मेरे सिवाए मेरा ईश्वर ही जानता है। आप उसी से पूछ लीजिए। मैं नहीं बताऊँगा।''

**बिलवासी जी ने यह बात किससे और क्यों कही? लिखिए।**

उत्तर–यह बात बिलवासी जी ने लाला झाऊलाल से कही क्योंकि वे जानना चाहते थे कि पाँच सौ रुपए कहाँ से आए। अब बिलवासी जी ने उन्हें यह कहा कि इस भेद को मेरे सिवाए मेरा ईश्वर ही जानता है। आप उसी से पूछ लीजिए। ऐसा उन्होंने इसलिए कहा क्योंकि उन्हें यह कहना भी सही नहीं लग रहा था कि उस बेढंगे लोटे को 'अकबरी लोटा' बताकर उन्होंने अंग्रेज़ को मूर्ख बनाकर ये रुपए ऐंठे हैं।

प्रश्न 2. ''उस दिन रात्रि में बिलवासी जी को देर तक नींद नहीं आई।''

**समस्या झाऊलाल की थी और नींद बिलवासी की उड़ी तो क्यों? लिखिए।**

उत्तर–समस्या तो झाऊलाल की थी लेकिन नींद बिलवासी की उड़ी क्योंकि वे उनके पक्के मित्र थे और झाऊलाल जी ने बड़े ही विश्वास से उन्हें रुपयों का प्रबंध करने के लिए कहा था। इसी कारण वे भी परेशान थे।

प्रश्न 3. ''लेकिन मुझे इसी जिंदगी में चाहिए।''

''अजी इसी सप्ताह में ले लेना।''

''सप्ताह से आपका तात्पर्य सात दिन से है या सात वर्ष से?''

**झाऊलाल और उनकी पत्नी के बीच की इस बातचीत से क्या पता चलता है? लिखिए।**

उत्तर–झाऊलाल व उसकी पत्नी की इन बातों से निम्न बातें उजागर होती हैं–

1. झाऊलाल की पत्नी कड़क स्वभाव की है।
2. झाऊलाल कंजूस प्रवृति के हैं।
3. झाऊलाल कई बार अपने वायदे पर खरे नहीं उतरते।
4. पत्नी को पति पर विश्वास नहीं है।
5. झाऊलाल जी स्वाभिमानी व्यक्ति हैं।

## *क्या होता यदि*

प्रश्न 1. **अंग्रेज़ लोटा न खरीदता?**

उत्तर–झाऊलाल जी को ढाई सौ का प्रबंध करना मुश्किल होता, रुपए अगर मिल भी जाते, तो उधार ही मिलते।

प्रश्न 2. **यदि अंग्रेज़ पुलिस को बुला लेता?**

उत्तर–पुलिस अपना रौब दिखाने हेतु एक बार तो झाऊलाल जी को पुलिस स्टेशन अवश्य ले जाती या उन पर जुर्माना किया जाता।

प्रश्न 3. **जब बिलवासी अपनी पत्नी के गले से चाबी निकाल रहे थे, तभी उनकी पत्नी जाग जाती?**

उत्तर–जब बिलवासी जी पत्नी के गले से चाबी निकाल रहे थे तो उनकी पत्नी अगर जाग जाती तो बवंडर मचा देती अर्थात अत्यधिक क्रोध करती। पति-पत्नी में झगड़ा हो जाता।

## *पता कीजिए*

प्रश्न 1. ''अपने वेग में उल्का को लजाता हुआ वह आँखों से ओझल हो गया।''

**उल्का क्या होती है? उल्का और ग्रहों में कौन-कौन सी समानताएँ और अंतर होते हैं?**

**उत्तर**–'अपने वेग में उल्का को लजाता हुआ वह आँखों से ओझल हो गया'–ये शब्द लेखक ने लोटे के लिए कहे हैं क्योंकि लोटा उल्का की गति से भी तीव्र गति से नीचे की ओर गिरा था।

**उल्का**–उल्काओं का निर्माण चट्टानों के छोटे-छोटे कणों से होता है। ये छोटी-छोटी आकृतियाँ मंगल और बृहस्पति ग्रह के मध्य घूमती हैं। ये घूमते-घूमते कई बार पृथ्वी के वायुमंडल में प्रविष्ट हो जाती हैं और घर्षण से जल कर राख हो जाती हैं। उनके जलने पर एक विशेष प्रकार की चमक उत्पन्न होती है। लोग इसे टूटता तारा समझते हैं।

**ग्रहों और उल्काओं में समानताएँ**–

1. दोनों सूर्य के इर्द-गिर्द चक्कर लगाते हैं।
2. दोनों में चट्टानों के कणों का मिश्रण पाया जाता है।

**असमानताएँ**–

1. ग्रह अपनी धुरी पर घूमते हैं जबकि उल्काओं की कोई निश्चित धुरी नहीं होती।
2. ग्रह सूर्य के इर्द-गिर्द शक्तिशाली गुरुत्वाकर्षण की वजह से घूमते हैं जबकि उल्काओं का सूर्य के प्रति गुरुत्वाकर्षण बहुत कम होता है।
3. ग्रहों का आकार बड़ा होता है जबकि उल्काओं का बहुत छोटा।

**प्रश्न 2.** "इस कहानी में आपने दो चीज़ों के बारे में मजेदार कहानियाँ पढ़ीं–अकबरी लोटे की कहानी और जहाँगीरी अंडे की कहानी।"

**आपके विचार से ये कहानियाँ सच्ची हैं या काल्पनिक?**

**उत्तर**–ये दोनों कहानियाँ काल्पनिक हैं।

**प्रश्न 3. अपने घर या कक्षा की किसी पुरानी चीज़ के बारे में ऐसी ही कोई मजेदार कहानी बनाइए।**

**उत्तर**–कहानी बनाने हेतु संकेत बिंदु

1. नई कक्षा में प्रवेश।
2. बच्चों का खुश होना।
3. कक्षा की अलमारी की सफ़ाई करना।
4. एक चार्ट का मिलना।
5. चार्ट खोलते ही उसमें बने भूत के चित्र की लाल-लाल आँखें चमकना।
6. बच्चों का डर जाना।
7. कक्षा से बाहर भागना।
8. अध्यापक का आना।
9. चार्ट को खोलना।
10. फिर आँखें चमकना।
11. चार्ट को उल्टा करना।
12. विज्ञान का प्रयोग कि तार जोड़ने पर विद्युत पथ का पूरा होना और बल्ब का जलना।
13. अध्यापक का हँसना।
14. बच्चों का लजाना।
15. कक्षा में वापिस आना।

**प्रश्न 4. बिलवासी जी ने जिस तरीके से रुपयों का प्रबंध किया, वह सही था या गलत?**

**उत्तर**–बिलवासी जी ने जिस तरह से रुपयों का प्रबंध किया वह उचित नहीं था। अपने स्वार्थ व मन बहलाव हेतु किसी को मूर्ख नहीं बनाना चाहिए।

## *भाषा की बात*

**प्रश्न 1.** इस कहानी में लेखक ने जगह-जगह पर सीधी-सी बात कहने के बदले रोचक मुहावरों, उदाहरणों आदि के द्वारा कहकर अपनी बात को और अधिक मजेदार/रोचक बना दिया है। **कहानी से वे वाक्य चुनकर लिखिए जो आपको सबसे अधिक मजेदार लगे।**

**उत्तर**–1. इस समय अगर **दुम दबाकर निकल** भागते हैं तो फिर उसे क्या मुँह दिखलाएँगे।

2. इसी **उधेड़-बुन में पड़े** लाला छत पर टहल रहे थे।
3. लाला अपना **गुस्सा पीकर** पानी पीने लगे।
4. अपने वेग में उल्का को लजाता हुआ वह **आँखों से ओझल** सा सिंध के रेगिस्तान में मारा-मारा फिर रहा था।

**प्रश्न 2.** इस कहानी में लेखक ने अनेक मुहावरों का प्रयोग किया है। **कहानी में से पाँच मुहावरे चुनकर उनका प्रयोग करते हुए वाक्य लिखिए।**

उत्तर– 1. **उधेड़-बुन**–दादीजी ने इसी *उधेड़-बुन* में ही रात बिता दी कि दोनों में से किस पुत्र के पास रहें।
2. **तिलमिला उठना**–अस्पताल में चोरी का दोष लगते ही वह *तिलमिला उठा।*
3. **आँखों से ओझल**–जादूगर के छड़ी घुमाते ही कबूतर *आँखों से ओझल* हो गया।
4. **मारा-मारा फिरना**–पिता की मृत्यु के पश्चात् नौकरी पाने हेतु सोहेल *मारा-मारा फिर* रहा है।
5. **ताव आना**–पत्नी ने लालाजी की बात मानने से इंकार किया तो वे *ताव में आ गए।*

## 5. अन्य महत्त्वपूर्ण परीक्षोपयोगी प्रश्नोत्तर

### *लघु प्रश्नोत्तर*

**प्रश्न 1. झाऊलाल का परिवार कितना बड़ा था?**

उत्तर–लाला झाऊलाल का परिवार छोटा-सा था। बच्चे तो उनके थे नहीं, वे और उनकी पत्नी ही रहते थे।

**प्रश्न 2. झाऊलाल की आर्थिक स्थिति कैसी थी?**

उत्तर–उनकी आर्थिक स्थिति बहुत अच्छी न थी काशी के ठठेरी बाज़ार में रहते थे। नीचे की दुकानों से सौ रुपए किराया मिल जाता था। दोनों पति-पत्नी इसी के सहारे अच्छा पहनते व खाते पीते थे। उनकी कोई बचत न होती थी।

**प्रश्न 3. झाऊलाल की परेशानी का क्या कारण था?**

उत्तर–झाऊलाल की पत्नी ने उनसे ढाई सौ रुपए माँगे थे जिन्हें एक सप्ताह बाद देने का वायदा झाऊलाल जी ने कर डाला था लेकिन सातवाँ दिन आ जाने पर भी प्रबंध नहीं हो पाया था यही उनकी परेशानी का कारण था।

**प्रश्न 4. खाने-पीने की कमी न होने पर भी लाला के पास ढाई सौ रुपए क्यों नहीं थे?**

उत्तर–खाने-पीने की कमी न होने पर भी लाला के पास ढाई सौ रुपए नहीं थे क्योंकि उनकी बचत का कोई जरिया न था।

**प्रश्न 5. झाऊलाल ने पत्नी की फरमाइश पूरी करने के लिए किससे रुपयों की माँग की और क्यों?**

उत्तर–झाऊलाल ने अपने मित्र बिलवासी जी से रुपयों की माँग की क्योंकि वे उनके विश्वसनीय मित्र थे उन्हें मालूम था कि वे कोई-न-कोई प्रबंध अवश्य करेंगे।

**प्रश्न 6. हमारे पूर्वजों ने पानी पीने के कौन-कौन से नियम बनाए थे?**

उत्तर–हमारे पूर्वजों ने पानी पीने के संबंध में नियम बनाए थे कि खड़े-खड़े पानी मत पीयो, सोते समय पानी मत पीयो और दौड़ने के बाद पानी मत पीयो।

**प्रश्न 7. झाऊलाल जी के हाथों से लोटा छूटने का कारण क्या था?**

उत्तर–झाऊलाल जी के हाथों से लोटा छूटने का एक कारण था उनकी मानसिक परेशानी कि पत्नी को ढाई सौ रुपए कैसे देंगे और दूसरा कारण था लोटे का बेढब होना।

**प्रश्न 8. झाऊलाल के हाथ से लोटा छूटने पर क्या हुआ?**

उत्तर–झाऊलाल के हाथ से लोटा छूट जाने पर वह नीचे खड़े एक अंग्रेज़ पर गिरा। वह पूरी तरह भीग गया और उसके पैर पर लोटा लगा।

**प्रश्न 9. अंग्रेज़ की क्या प्रतिक्रिया हुई?**

उत्तर–अंग्रेज़ लोगों की एक बड़ी भीड़ के साथ झाऊलाल के पास लड़ने आ गया।

**प्रश्न 10. अंग्रेज़ को शांत किसने किया?**

उत्तर–अंग्रेज को बिलवासी जी ने शांत किया।

**प्रश्न 11. अंग्रेज़ को किन चीज़ों का शौक था?**

उत्तर–अंग्रेज़ को पुरानी चीज़ों का संग्रह करने का शौक था।

**प्रश्न 12. झाऊलाल मन-ही-मन बिलवासी जी से क्यों नाराज़ हो रहे थे?**

उत्तर–झाऊलाल अपने मित्र पंडित बिलवासी मिश्र पर मन-ही-मन इसलिए नाराज़ हो रहे थे क्योंकि वे अंग्रेज़ को लालाजी

के विरुद्ध भड़का रहे थे। एक अच्छे मित्र होने के नाते पंडित जी से लालाजी को यह आशा थी कि वे उनकी इस बढ़ते विवाद में अनुकूल व सार्थक सहायता करेंगे लेकिन पंडित जी तो अंग्रेज़ का ही साथ देने लगे थे।

**प्रश्न 13. बिलवासी जी ने अंग्रेज़ को मूर्ख कैसे बनाया?**

**उत्तर**—बिलवासी जी ने अंग्रेज़ को पुराना और बेढंगा लोटा पाँच सौ रुपए में बेचकर मूर्ख बनाया।

**प्रश्न 14. लोटा बिकने की स्थिति में सबसे अधिक फायदे में कौन रहा?**

**उत्तर**—लोटा बिकने की स्थिति में सबसे अधिक फ़ायदा लाला झाऊलाल को हुआ क्योंकि उन्हें ढाई सौ रुपयों की सख्त ज़रूरत थी उसके बदले उन्हें पाँच सौ रुपए मिल गए। साथ ही वह लोटा उन्हें पसंद भी न था उससे भी जान छूटी।

**प्रश्न 15. बिलवासी जी ने रुपयों का प्रबंध कहाँ से किया था?**

**उत्तर**—बिलवासी जी ने रुपयों का प्रबंध अपनी पत्नी के संदूक से चोरी करके किया था क्योंकि वे हर हाल में अपने मित्र की सहायता करना चाहते थे।

## *दीर्घ प्रश्नोत्तर*

**प्रश्न 16. बिलवासी मिश्र कौन थे? उन्होंने मित्र के लिए पैसों का प्रबंध कैसे किया?**

**उत्तर**—पंडित बिलवासी मिश्र झाऊलाल जी के घनिष्ठ मित्र थे। लालाजी ने जब उन्हें अपनी परेशानी बताई तो उन्होंने अपनी पत्नी के संदूक से ढाई सौ रुपए चुराकर उन्हें देने चाहे। लेकिन जब वे लालाजी के घर पहुँचे तो वहाँ भीड़ लगी थी जिनमें एक अंग्रेज़ सिर से पैर तक पानी से भीगा हुआ झगड़ रहा था क्योंकि लालाजी के हाथ से पानी से भरा एक लोटा छूटकर उसे जा लगा था। पंडित जी ने उसे ऐसे बातों में लगाया कि वह उसी लोटे को 'अकबरी लोटा' के नाम से खरीदने को लालायित हो उठा और उसने पाँच सौ रुपए में उस लोटे को खरीद लिया।

**प्रश्न 17. जहाँगीरी अंडा क्या है? कहानी के आधार पर स्पष्ट कीजिए।**

**उत्तर**—'जहाँगीरी अंडा' भी अकबरी लोटे की तरह अंग्रेज़ को मूर्ख बनाकर ठगने की एक घटना पर आधारित है। जिस तरह पं. बिलवासी मिश्र एक अंग्रेज़ को एक साधारण व अनचाहा लोटा पाँच सौ रुपए में उसे 'अकबरी लोटा' बताकर बेच देते हैं उसी प्रकार अंग्रेज़ डगलस भी लूटा गया होगा। कहानी के अनुसार नूरजहाँ से जब जहाँगीर ने पूछा कि उसने एक कबूतर कैसे उड़ा दिया तो उसने दूसरा कबूतर उड़ाकर कहा कि 'ऐसे'। उसके यह कहने पर वे उस पर मुग्ध हो गए। उन्हें लगा कि कबूतर के कारण ही उन्हें नूरजहाँ से प्रेम हुआ है। उन्होंने कबूतर पर प्रसन्न होकर उसके एक अंडे को काँच की हाँडी में सुरक्षित रख दिया। बाद में वही अंडा 'जहाँगीरी अंडे' के नाम से प्रसिद्ध हुआ।

**प्रश्न 18. लाला झाऊलाल किस कारण परेशान थे? पंडित बिलवासी जी ने उनकी परेशानी दूर करके सच्ची मित्रता कैसे निभाई?**

**उत्तर**—लाल झाऊलाल की पत्नी ने उनसे 250 रुपए की माँग की थी। झाऊलाल के पास इतने पैसे नहीं थे कि वे पत्नी की फरमाइश पूरी कर पाते इसलिए उन्होंने एक सप्ताह का समय माँगा। जब झाऊलाल अपनी पत्नी की माँग पूरी न कर पाए तो अपने विश्वसनीय मित्र पंडित बिलवासी जी से रुपयों का प्रबंध करने के लिए कहा। बिलवासी जी अपनी पत्नी के संदूक से पैसे चुराकर झाऊलाल को देने गए तो वहाँ झाऊलाल का एक अंग्रेज़ से झगड़ा हो रहा था क्योंकि झाऊलाल के हाथों से छत पर पानी पीते समय एक बेढंगा लोटा अंग्रेज़ के पैर पर गिर गया था। वह दर्द के मारे चिल्लाकर लाला जी को खरी-खोटी सुना रहा था। पंडित बिलवासी जी ने स्थिति भाँप ली। वे अंजान बनकर अंग्रेज़ से लाला झाऊलाल का झगड़ा समाप्त करना चाहते थे। उन्होंने बातों-बातों में जान लिया कि अंग्रेज़ पुरानी चीज़ों का शौकीन है। उन्होंने उसी लोटे को अकबरी लोटा बताकर अंग्रेज़ को 500 रुपये में बेच दिया और वही पैसे बिलवासी जी को दिए। बिलवासी जी ने जब पैसों का प्रबंध करने का राज़ पूछा तो उन्होंने कुछ न बताकर सच्ची मित्रता निभाई।

**प्रश्न 19. बिलवासी ने अंग्रेज़ से सौदा कैसे पटाया?**

**उत्तर**—पंडित बिलवासी मिश्र अंग्रेज़ को एक झूठी कहानी सुनाते हैं और यह विश्वास दिला देते हैं कि यह लोटा ऐतिहासिक 'अकबरी लोटा' है। म्यूज़ियम वालों को यदि इसका पता चल जाए तो वे इसे ऊँचे दामों पर खरीद लेंगे। वे उसे यह भी विश्वास दिला देते हैं कि वे स्वयं भी इस लोटे को खरीदना चाहते हैं। अंग्रेज़ भी पुरानी वस्तुएँ खरीदने का शौकीन था। वह

भी इस लोटे को खरीदना चाहता है। पंडित जी उसे कहते हैं कि जो इसकी अधिक बोली लगाएगा वही इसे प्राप्त कर लेगा। इस प्रकार पचास रुपए से बोली शुरू हुई और पाँच सौ रुपए में अंग्रेज़ द्वारा लोटा खरीदा गया। इस प्रकार मनोवैज्ञानिक ढंग से पंडित जी ने सौदा पटाया।

**प्रश्न 20. *'क्या अपने स्वार्थ हेतु किसी को मूर्ख बनाना उचित है'* विचाराभिव्यक्ति कीजिए।**

**उत्तर–**अपने स्वार्थ के लिए किसी को मूर्ख बनाना बिल्कुल भी उचित नहीं है क्योंकि ऐसा करने पर कुछ क्षण तो हमें खुशी मिलती है, परंतु बाद में हमारा मन हमें कचोटने लगता है। मूर्ख बनने वाले को भी जब वास्तविकता का ज्ञान होता है तो हम उसकी दृष्टि में गिर जाते हैं। पाठ 'अकबरी लोटा' में भी यह दर्शाया गया कि पंडित बिलवासी जी ने भी एक टेढ़े-मेढ़े लोटे को अबकरी लोटा बताकर अंग्रेज़ को मूर्ख बनाया।

ऐसा करके उस समय तो वे खुश हो गए और उनके मित्र झाऊलाल को भी पाँच सौ रुपए मिल गए। यदि हम वास्तव में सोचे तो यह पूर्णतया गलत था। अंग्रेज़ का कोई कसूर नहीं था वह बेचारा तो अपनी परेशानी को लेकर ही लाला झाऊलाल के पास आया था।

# 11 सूरदास के पद

*सूरदास*

इन पदों में सूरदास जी ने कृष्ण का यशोदा से अपनी चोटी के बारे में पूछना व गोपी का यशोदा को कृष्ण की शिकायत करने के बारे में बताया गया है।

## 1. पदों का सार

• पहले पद में कृष्ण यशोदा से पूछते हैं कि माँ मेरी चोटी कब बढ़ेगी? कितने दिन से मैं दूध पी रहा हूँ। परंतु यह छोटी ही है। तुम तो कहती थी कि यह बलराम की चोटी की तरह लंबी हो जाएगी और कंघी करते समय नागिन की तरह ज़मीन पर लोटने लगेगी परंतु ऐसा तो नहीं हुआ। वे माँ को उलाहना देते हुए कहते हैं कि तुम मुझे कच्चा दूध पिलाती रहती हो मक्खन रोटी खाने को नहीं देती हो। सूरदास जी कहते हैं कि यशोदा ने कृष्ण की प्यार भरी बातें सुनकर उन्हें गले लगा लिया और कृष्ण व बलराम की लंबी आयु की कामना की।

• दूसरे पद में गाँव की एक गोपी यशोदा को उलाहना देती है कि तुम्हारे पुत्र ने मेरे छीकें के ऊपर टंगी हंडिया से सारा मक्खन खा लिया और दोपहर को घर का किवाड़ खोलकर अपने मित्रों को सारा दूध दही खिला दिया। वह यशोदा से कहती है कि पता नहीं तुमने कैसा पुत्र पैदा किया है? उसे रोककर क्यों नहीं रखती हो? क्या यह सारे गाँव में अनोखा है? इस प्रकार गोपी कृष्ण की माखन चोरी की शिकायत यशोदा से करती है।

## 2. अर्थग्रहण संबंधी एवं बहुविकल्पी प्रश्नोत्तर

***निम्नलिखित पद्यांशों को पढ़कर पूछे गए प्रश्नों के उत्तर दीजिए—***

**1**

मैया, कबहिं बढ़ैगी चोटी?  
किती बार मोहिं दूध पियत भई, यह अजहूँ है छोटी।  
तू जो कहति बल की बेनी ज्यौं, ह्वै है लाँबी-मोटी।  
काढ़त-गुहत न्हवावत जैहै, नागिनी सी भुइँ लोटी।  
काँचौ दूध पियावत पचि-पचि, देति न माखन-रोटी।  
सूरज चिरजीवौ दोउ भैया, हरि-हलधर की जोटी। (पृष्ठ 67)

*शब्दार्थ :* **मैया**–माँ। **कबहिं**–कब। **चोटी**–बालों की गुँथी हुई चुटिया। **किती**–कितनी। **मोहिं**–मुझे। **पियत**–पीता हूँ। **भई**–हुई। **अजहूँ**– आज तक। **बल**–बलराम। **बेनी**–चोटी। **ज्यौं**–जैसे। **ह्वै**–हो जाएगी। **लाँबी**–लंबी। **काढ़त**–कंघी करना। **गुहत**–गूँथना। **न्हवावत**–समय। **भुइँ**–भूमि। **लोटी**–लोट। **काँचौ**–कच्चा। **पियावत**–पिलाती। **पचि-पचि**–रोज-रोज। **देति**–देती। **चिरजीवौ**– दीर्घायु हो। **दोउ**–दोनों। **हलधर**–बलराम (हल चलाने वाले)। **जोटी**–जोड़ी।

**प्रश्न** *(Set I)*–

(क) *पद्यांश का काव्य सौंदर्य स्पष्ट कीजिए।*

(ख) *कृष्ण यशोदा से क्या पूछ रहे हैं और क्यों?*

(ग) *कृष्ण माँ से चोटी के बारे में क्या-क्या कहते हैं? और क्या आग्रह करना चाहते हैं?*

**उत्तर**–

## *काव्य-सौंदर्य*

(क) **भाव-सौंदर्य**–श्रीकृष्ण माँ यशोदा से पूछते हैं कि हे मैया मेरी यह चोटी कब बड़ी होगी। बहुत दिनों से दूध पी रहा हूँ परंतु यह अब तक छोटी है। वे आगे कहते हैं कि तुम कहती थीं कि बलराम भैया की भाँति मेरी चोटी भी लंबी और मोटी हो जाएगी और यह काढ़ते-गूँथते समय नागिन के समान धरती पर लोटने लगेगी। परंतु ऐसा तो नहीं हुआ। तब वे माँ को उलाहना देते हुए कहते हैं कि तुम मुझे रोज़ कच्चा दूध पिलाती रहती हो, मक्खन रोटी खाने को नहीं देती हो। इसीलिए मेरी चोटी बढ़ती नहीं है। सूरदास जी कहते हैं कि यशोदा जी ने उन्हें गले लगाकर आशीष दी कि कृष्ण व बलराम की यह जोड़ी दीर्घजीवी हो।

**शिल्प-सौंदर्य**– 1. ब्रजभाषा का प्रयोग है।
2. कृष्ण के बाल रूप का चित्रण है।
3. 'नागिनी-सी' में उपमा, 'पचि-पचि' में पुनरुक्ति प्रकाश अलंकार है।
4. भाषा गयात्मक, लयबद्ध व सरस है।

(ख) कृष्ण यशोदा से अपनी चोटी के बारे में पूछ रहे हैं कि यह लंबी कब होगी क्योंकि माँ यशोदा उन्हें चोटी बढ़ने का लोभ दे दे कर रोज़ कच्चा दूध पिलाती रहती है।

(ग) कृष्ण माँ से चोटी के बारे में कहते हैं कि तुम मुझे रोज़ दूध पिलाती रहती हो और कहती हो कि मेरी चोटी बलराम भैया की भाँति बड़ी हो जाएगी लेकिन यह तो अभी छोटी ही है। तुम कहती हो कि यह लंबी और मोटी हो जाएगी और कंघी करने या गूँथने के समय ज़मीन पर नागिन की भाँति लोटेगी लेकिन यह तो बढ़ती ही नहीं। यह लंबी हो जाए इसलिए तुम मुझे रोज़-रोज़ कच्चा दूध पिला देती हो लेकिन माखन रोटी खाने को नहीं देती।

**बहुविकल्पी प्रश्न** *(Set II)*–

1. *कृष्ण यशोदा से क्या पूछ रहे हैं?*
   (क) वे कब खेलने जाएँगे? (ख) माँ उन्हें माखन-रोटी कब देगी?
   (ग) उनकी चोटी कब बढ़ेगी? (घ) वे बलराम के साथ खेलने जाएँ?
2. *कृष्ण माँ यशोदा से चोटी के बारे में क्या कहते हैं?*
   (क) तुम कहती हो कि मेरी चोटी बलराम की तरह बड़ी हो जाएगी पर यह तो छोटी ही है।
   (ख) तुम कहती हो कि यह लंबी और मोटी होकर नागिन की तरह ज़मीन पर लोटेगी पर यह तो बढ़ती नहीं।
   (ग) इसे बढ़ाने के लिए तुम कच्चा दूध पिलाती हो लेकिन फिर भी छोटी है।
   (घ) दिए गए सभी।
3. *कृष्ण को क्या खाना अच्छा लगता है?*
   (क) दूध-मलाई (ख) माखन-रोटी (ग) दही-छाछ (घ) कच्चा दूध
4. *कृष्ण की बातें सुनकर माँ यशोदा क्या करती हैं?*
   (क) उन्हें रोटी-माखन दे देती हैं।
   (ख) उन्हें कच्चा दूध और पिला देती हैं।
   (ग) उन्हें सांत्वना देती है।
   (घ) उन्हें गले लगाकर आशीष देती है कि कृष्ण और बलराम की जोड़ी बनी रहे।

**उत्तर**– 1. (ग) 2. (घ) 3. (ख) 4. (घ)

**2**

तेरैं लाल मेरौ माखन खायौ।
दुपहर दिवस जानि घर सूनो ढूँढ़ि-ढँढ़ोरि आपही आयौ।

खोलि किवारि, पैठि मंदिर मैं, दूध-दही सब सखनि खवायौ।
ऊखल चढ़ि, सींके कौ लीन्हौ, अनभावत भुइँ मैं ढरकायौ।
दिन प्रति हानि होति गोरस की, यह ढोटा कौनैं ढँग लायौ।
सूर स्याम कौं हटकि न राखै तैं ही पूत अनोखौ जायौ। *(पृष्ठ 67)*

*शब्दार्थ :* **तेरैं**–तेरा। **लाल**–पुत्र। **मेरौ**–मेरा। **खायौ**–खा गया। **दुपहर**–दोपहर। **दिवस**–दिन के समय। **जानि**–जानकर। **सूनो**–सुनसान। **ढूँढ़ि**–ढूँढ़कर। **किवारि**–किवाड़। **पैठि**–आ गया। **सखनि**–मित्रों को। **खवायौ**–खिलाया। **ऊखल**–ऊपर। **चढ़ि**–चढ़कर। **सींके**–छींका जिसमें दूध-दही आदि रखा जाता है। **अनभावत**–जो पसंद नहीं आया। **भुइँ**–भूमि। **ढरकायौ**–गिराया। **होति**–होती है। **गोरस**–दूध-दही। **ढोटा**–लड़का। **कौनैं**–किस तरह। **ढँग**–तरीका। **लायौ**–बनाया है/सिखाया है। **हटकि**–संभाल। **तैं**–तूने। **पूत**–पुत्र। **अनोखौ**–निराला। **जायौ**–पैदा किया है।

**प्रश्न** *(Set I)*–

**(क)** *पद्यांश का काव्य-सौंदर्य स्पष्ट कीजिए।*

**(ख)** *गोपी ने यशोदा को किसकी शिकायत की और क्यों?*

**(ग)** *गोपी ने यशोदा को उलाहना किस प्रकार दिया?*

**उत्तर**–

### *काव्य-सौंदर्य*

(क) **भाव-सौंदर्य**–इस पद में गाँव की एक गोपी यशोदा जी के पास शिकायत लेकर आती है कि तुम्हारे पुत्र ने मेरा सारा मक्खन खा लिया है। दोपहर के समय उसने सूना घर ढूँढते-ढूँढते घर में प्रवेश किया और द्वार खोलकर घर में रखे हुए दूध-दही को स्वयं खाया और सभी मित्रों को भी खिला दिया। गोपी कहती है कि मैंने तो छींके के ऊपर टांग कर मक्खन की हाँडी रखी थी परंतु तुम्हारे कृष्ण ने ऊपर चढ़कर छींके का सारा मक्खन उतार लिया कुछ खाया और कुछ धरती पर गिरा दिया। गोपी यशोदा को उलाहना देते हुए कहती है कि ऐसा होने से दिन-प्रतिदिन हमारे दूध-दहो की हानि हो रही है पता नहीं तुमने कैसा पुत्र पैदा किया है। सूरदास जी के अनुसार गोपी यशोदा को यहाँ तक कहती है कि तू अपने पुत्र को रोक कर क्यों नहीं रखती? सारे गाँव में क्या तेरा ही बालक अनोखा है! इस प्रकार गोपी कृष्ण की माखन चोरी की माँ यशोदा से शिकायत करती है।

**शिल्प-सौंदर्य**–
1. ब्रजभाषा का प्रयोग है।
2. कृष्ण द्वारा माखन चुराने का वर्णन किया गया है।
3. 'दुपहर दिवस' व 'ढूँढ़ि-ढँढ़ोरि' में अनुप्रास अलंकार है।
4. भाषा गयात्मक, लयबद्ध व सरस है।

(ख) गोपी ने यशोदा को कृष्ण की शिकायत की क्योंकि उन्होंने उसके घर से अपने मित्रों के साथ ऊपर चढ़कर छींके में से दूध-दही चुराकर खाया और कुछ धरती पर गिरा दिया था।

(ग) गोपी यशोदा को उलाहना देती है कि कृष्ण ने उसके छींके पर रखी हांडी में से सारा मक्खन निकाल कर स्वयं खा लिया व अपने साथियों को भी खिला दिया और कुछ धरती पर भी गिरा दिया। वह दोपहर के सूने समय में आया था और मौका पाते ही किवाड़ खोलकर सारा दूध-दही भी पी गया। उसके कारण प्रतिदिन हमारे दूध-दही की हानि हो रही है। पता नहीं तुमने कैसा पुत्र पैदा किया है और उसे क्या सिखाया है? क्या तुम्हारा ही पुत्र अनोखा है? इस प्रकार गोपी उलाहना देते हुए यशोदा को कृष्ण की चोरी की शिकायत करती है।

**बहुविकल्पी प्रश्न** *(Set II)*–

1. *गोपी ने यशोदा को किसकी शिकायत की?*
   (क) कृष्ण (ख) बलराम
   (ग) कृष्ण व बलराम दोनों की (घ) इनमें से कोई नहीं
2. *गोपी ने यशोदा को क्या शिकायत की?*
   (क) तुम्हारे पुत्र ने मेरी दूध व दही की हाँडी गिरा दी।

(ख) तुम्हारे पुत्र ने सारा मक्खन बिखेर दिया।
(ग) कृष्ण ने हमारे घर में घुसकर दूध-दही स्वयं खाया और अपने मित्रों को भी खिलाया।
(घ) कृष्ण ने उनके घर का दरवाजा तोड़ डाला।

3. *कृष्ण किस समय गोपियों के घर से मक्खन चुराते थे?*
(क) सुबह (ख) दोपहर को (ग) शाम को (घ) रात को

4. *कृष्ण गोपियों के घर से मक्खन कहाँ से चुराते थे?*
(क) बड़े-बड़े मटकों से (ख) छींकें की हांडी में से
(ग) बंद डिब्बों में से (घ) रसोई घर में रखी हाँडियों से

उत्तर– 1. (क) 2. (ग) 3. (ख) 4. (ख)

## 3. पाठ्यपुस्तक के प्रश्न-अभ्यास

(*पृष्ठ 68-69*)

### *पदों से*

**प्रश्न 1. बालक श्रीकृष्ण किस लोभ के कारण दूध पीने के लिए तैयार हुए?**

उत्तर–बालक श्रीकृष्ण चोटी बड़ी होने के लोभ में दूध पीने के लिए तैयार हुए।

**प्रश्न 2. श्रीकृष्ण अपनी चोटी के विषय में क्या-क्या सोच रहे थे?**

उत्तर–श्रीकृष्ण अपनी चोटी के विषय में सोच रहे थे कि कब उनकी चोटी बड़ी होगी; कब यह लंबी और मोटी होगी; कब यह गूँथने पर ज़मीन पर नागिन की तरह लोटेगी?

**प्रश्न 3. दूध की तुलना में श्रीकृष्ण कौन-से खाद्य पदार्थ को अधिक पसंद करते हैं?**

उत्तर–दूध की तुलना में श्रीकृष्ण माखन-रोटी खाना पसंद करते हैं।

**प्रश्न 4.** 'तैं ही पूत अनोखौ जायौ'**–पंक्तियों में ग्वालन के मन के कौन-से भाव मुखरित हो रहे हैं?**

उत्तर–'तैं ही पूत अनोखौ जायौ' अर्थात् गोपी का यशोदा को यह कहना कि क्या तुम्हारा पुत्र ही अनोखा है? इसमें गोपी का शिकायत रूप में उलाहना का भाव मुखरित हो रहा है।

**प्रश्न 5. मक्खन चुराते और खाते समय श्रीकृष्ण थोड़ा-सा मक्खन बिखरा क्यों देते हैं?**

उत्तर–मक्खन चुराते और खाते समय श्रीकृष्ण थोड़ा-सा मक्खन बिखरा देते थे क्योंकि मक्खन ऊँचे टंगे छींकों की हांडियों में पड़ा होता था और श्रीकृष्ण छोटे बालक थे। छोटे-छोटे हाथों से जब ऊपर चढ़कर छींके से मक्खन चुराते व साथियों को खिलाते तो जल्दी-जल्दी में थोड़ा-बहुत बिखर जाता था।

**प्रश्न 6. दोनों पदों में से आपको कौन-सा पद अधिक अच्छा लगा और क्यों?**

उत्तर–दोनों पदों में से दूसरा पद हमें अधिक अच्छा लगता है क्योंकि इसमें कृष्ण का माखन चुराना मनभावन है। इस पद में वे अपने साथ-साथ अपने मित्रों को भी दही-माखन का आनंद लुटवाते हैं।

### *अनुमान और कल्पना*

**प्रश्न 1. दूसरे पद को पढ़कर बताइए कि आपके अनुसार उस समय श्रीकृष्ण की उम्र क्या रही होगी?**

उत्तर–जब श्रीकृष्ण छींके पर चढ़कर हाँडियों में से माखन खाया करते थे उस समय उनकी आयु लगभग 4 से 8 वर्ष तक की रही होगी क्योंकि तभी तो कितनी भी सावधानी बरतें लेकिन छोटे-छोटे हाथों से माखन बिखर जाता था अर्थात् चोरी के निशान स्वयं ही छोड़ आते थे।

प्रश्न 2. ऐसा हुआ हो कभी कि माँ के मना करने पर भी घर में उपलब्ध किसी स्वादिष्ट वस्तु को आपने चुपके-चुपके थोड़ा-बहुत खा लिया हो और चोरी पकड़े जाने पर कोई बहाना भी बनाया हो। **अपनी आपबीती की तुलना श्रीकृष्ण की बाल लीला से कीजिए।**

उत्तर–घर में कोई स्वादिष्ट वस्तु रखी हो और माँ उसे खाने से मना कर दें। ऐसे में उसे खाने की इच्छा और भी प्रबल हो जाती है। यदि हम चुपके-चुपके उसे खा लें और चोरी पकड़ी जाए तो पहले तो इंकार करेंगे लेकिन यदि माँ के सामने झूठ

भी पकड़ा गया तो झट से माफ़ी माँग लेंगे। माँ से माफ़ी माँगने पर वह कभी भी डाँटेगी नहीं बल्कि प्यार से गले लगा लेंगी।

प्रश्न 3. **किसी ऐसी घटना के विषय में लिखिए जब किसी ने आपकी शिकायत की हो और फिर आपके किसी अभिभावक** *(माता-पिता, बड़ा भाई-बहिन इत्यादि)* **ने आपसे उत्तर माँगा हो।**

उत्तर–पिछले दिनों छुट्टियों में मैं अपनी नानी के घर गया। वहाँ बड़ा ही आनंद था क्योंकि किसी भी काम की या खाने-पीने की कोई रोक-टोक नहीं थी। रोज़ शाम को मैं साइकिल चलाने जाता। मुझे तेज़ व हाथ छोड़कर साइकिल चलाना बहुत अच्छा लगता था। एक दिन शाम को मैंने बहुत तेज़ साइकिल चलाई जब मुझे बहुत मज़ा आ रहा था तो मैंने हैंडल से हाथ छोड़ दिए, ऐसा लगा जैसे मन की इच्छा पूरी हो गई।

अचानक ही मैंने देखा कि सामने हमारे पड़ोसी श्रीमान दीपक आ रहे थे उन्होंने मुझे पहचान लिया और घर जाकर मेरे माता-पिता को बता दिया। अगले दिन ही मेरे माता-पिता नानी के घर आ गए। उन्होंने मुझे खूब डाँटा। बात यहाँ आकर खत्म हुई कि मैं नाना-नानी से डरता नहीं हूँ। मुझे सारा सामान बाँधकर उसी समय घर वापस आना पड़ा।

### *भाषा की बात*

प्रश्न 1. श्रीकृष्ण गोपियों का माखन चुरा-चुराकर खाते थे इसलिए उन्हें माखन चुरानेवाला भी कहा गया है। **इसके लिए एक शब्द दीजिए।**

उत्तर–माखनचोर।

प्रश्न 2. **श्रीकृष्ण के लिए पाँच पर्यायवाची शब्द लिखिए।**

उत्तर–गिरधर, गोपाल, माखनचोर, वंशीधर, कान्हा।

प्रश्न 3. कुछ शब्द परस्पर मिलते-जुलते अर्थवाले होते हैं, उन्हें पर्यायवाची कहते हैं। और कुछ विपरीत अर्थवाले भी। **समानार्थी शब्द पर्यायवाची कहे जाते हैं और विपरीतार्थक शब्द विलोम, जैसे–**

पर्यायवाची– **चंद्रमा**–शशि, इंदु, राका
**मधुकर**–भ्रमर, भौंरा, मधुप
**सूर्य**–रवि, भानु, दिनकर

विपरीतार्थक– **दिन**–रात
**श्वेत**–श्याम
**शीत**–उष्ण

**पाठों से दोनों प्रकार के शब्दों को खोजकर लिखिए।**

उत्तर–कविता पर आधारित शब्द–

पर्यायवाची– **मैया**–माँ, जननी
**भैया**–भाई, तात
**हलधर**–किसान, कृषक
**दिवस**–दिन, वार
**स्याम**–कृष्ण, गिरिधर
**दूध**–दुग्ध, गोरस
**हरि**–विष्णु, बंदर
**सूरज**–सूर्य, दिनकर
**मंदिर**–देवालय, ईशद्वार
**पूत**–पुत्र, लाल

विलोम शब्द– **बढ़ेगी**–घटेगी, **छोटी**-बड़ी, **मोटी**-पतली, **दिन**-रात

## 4. अन्य महत्त्वपूर्ण परीक्षोपयोगी प्रश्नोत्तर

### *लघु प्रश्नोत्तर*

**प्रश्न 1. चोटी बढ़ने की बात कौन किससे कर रहा है?**

उत्तर–चोटी बढ़ने की बात श्रीकृष्ण अपनी माँ यशोदा से कर रहे हैं।

**प्रश्न 2. माँ ने चोटी बढ़ने का क्या प्रलोभन दिया?**

उत्तर–माँ ने कृष्ण को प्रलोभन दिया कि कच्चा दूध पीने से चोटी लंबी हो जाएगी।

**प्रश्न 3. कृष्ण की बातें सुनकर माँ यशोदा क्या सोचती है?**

उत्तर–कृष्ण की चोटी के बारे में बातें सुनकर माँ यशोदा आत्मविभोर होकर कृष्ण को गले लगा लेती हैं। मन ही मन ईश्वर से प्रार्थना कर यह आशीर्वाद देती हैं कि कृष्ण और बलराम की जोड़ी सदा बनी रहे।

**प्रश्न 4. गोपी यशोदा के पास क्यों आई?**

**उत्तर–**गोपी यशोदा के पास कृष्ण की शिकायत करने आई कि वह दोपहर के सूने समय में दरवाज़े खोलकर माखन व दूध-दही खा जाता है। अपने साथ-साथ अपने साथियों को भी खिलाता है।

**प्रश्न 5. कृष्ण छींके की हांडी से माखन कैसे चुराते थे?**

**उत्तर–**छोटे होने के कारण कृष्ण का हाथ तो छींके तक नहीं पहुँचता इसलिए वे ऊपर चढ़कर छींके की हांडी से माखन खाते थे और अपने साथियों को भी खिलाते थे।

**प्रश्न 6. गोरस से आप क्या समझते हैं?**

**उत्तर–**गाय के दूध को गोरस कहा जाता है।

**प्रश्न 7. दूध पीने के पक्ष में आपको घर के बड़े कौन-कौन से प्रलोभन दिखाते हैं?**

**उत्तर–**दूध पीना मुझे बिल्कुल भी अच्छा नहीं लगता। इसके लिए दादा-दादी तो एक चॉकलेट देने का और माँ आधा घंटा मुझे कार्टून चैनल देखने का प्रलोभन देती हैं।

## *दीर्घ प्रश्नोत्तर*

**प्रश्न 8. पहले पद में श्रीकृष्ण माँ यशोदा से क्या शिकायत करते हैं?**

**उत्तर–**श्रीकृष्ण चाहते हैं कि उनकी चोटी बढ़ जाए इसलिए वे अपनी माँ यशोदा से पूछते हैं कि मेरी चोटी कब बढ़ेगी? बहुत दिनों से दूध पी रहा हूँ लेकिन यह बढ़ती नहीं है। वे माँ से शिकायत करते हैं कि तुम तो कहती थीं कि यह बलराम की चोटी की भाँति लंबी और मोटी हो जाएगी और काढ़ते-गूँथते समय नागिन की भाँति धरती पर लोटेगी परंतु ऐसा नहीं हुआ। वे यह भी शिकायत करते हैं कि तुम मुझे कच्चा दूध पीने के लिए देती रहती हो, माखन रोटी नहीं देतीं लेकिन फिर भी मेरी चोटी नहीं बढ़ती।

**प्रश्न 9. गोपी ने यशोदा को यह उलाहना क्यों दिया कि क्या तूने अनोखा पुत्र पैदा किया है?**

**उत्तर–**गोपियों को ऐसा लगता था कि यशोदा से कितनी भी कृष्ण की शिकायत करो लेकिन वे उसे कुछ नहीं कहतीं। वास्तव में यशोदा के मना करने पर भी वे मानते नहीं थे। दूसरी ओर यशोदा उनकी हर अच्छी-बुरी हरकत पर सदा मंत्रमुग्ध रहती थीं। हर रूप में वे उन्हें प्रिय लगते थे। इसीलिए वे चाहकर भी कृष्ण को दंडित न कर पाती थीं। इसीलिए गोपी ने यशोदा को उलाहना दिया कि क्या तुम्हारा पुत्र अनोखा है। वास्तव में गोपियाँ श्रीकृष्ण से बहुत परेशान थी क्योंकि वे उनके घर की हाँडियों से माखन खा जाते थे और अपने मित्रों को भी खिलाते थे।

☞ **प्रश्न 10. *'शरारती बच्चों को दंड देना उचित है या अनुचित'* –अपने विचार लिखिए।**

**उत्तर–**शरारती होना बच्चों का स्वाभाविक गुण है इसके लिए उन्हें डाँटना या दंडित करना सही नहीं है क्योंकि डाँट खाने से उनकी शरारतें करने की आदत तो नहीं जाती भले ही वे कुछ समय के लिए उन्हें छोड़ दें। बच्चों को शरारतें करने से रोकने के लिए उन्हें प्रेमपूर्वक समझाना चाहिए। शरारतों से क्या नुकसान होता है उन्हें बताना चाहिए। इस कविता में भी यही दर्शाया गया है कि नटखट कृष्ण किस प्रकार गोपियों के घर जाकर अपनी छोटी-छोटी शरारतों से उनके गोरस की हानि करते थे। गोपियाँ उन्हें डाँट लगवाने हेतु माँ यशोदा को शिकायत भी करती है लेकिन माँ यशोदा उन्हें डाँटती नहीं। वास्तव में यदि बच्चों की शरारतों पर उन्हें डाँटते रहे या दंडित करें तो वे ढीठ हो जाते हैं। बड़ों का यह कर्तव्य बनता है कि बच्चो को प्यार से समझाकर उनका सही मार्ग दर्शन करें।

# 12 पानी की कहानी

*रामचंद्र तिवारी*

इस पाठ में लेखक ने एक ओस की बूँद के बारे में बताया है कि कैसे वह निर्मित होती है? उसका अस्तित्व व जीवन क्या है? कैसे सूर्य के उदित होते ही उसे भाप बनकर उड़ना होता है अर्थात् अपना अस्तित्व समाप्त करना होता है। लेखक ने वैज्ञानिक तथ्य व कल्पना के सामंजस्य से ओस की बूँद के जीवन को दर्शाया है।

## 1. पाठ का सार

**लेखक के हाथ पर ओस की बूँद का गिरना**—लेखक आगे बढ़ रहा था तो अचानक उसके हाथ पर एक ओस की बूँद आ पड़ी। वह उसकी कलाई से सरककर हथेली पर आ गई। थोड़ी देर में ही बूँद के दो कण हो गए।

**बूँद का लेखक से बातें करना व अपना परिचय देना**—कुछ देर में लेखक को ऐसा अहसास होने लगा कि बूँद हिल-हिल कर कुछ कहना चाहती है। उसने सुरीले स्वर में कहा कि वह ओस है और बेर के पेड़ से आई है।

**लेखक का उसके विचार का विरोध करना**—लेखक ने बूँद के विचार का विरोध किया कि वह बेर के पेड़ से आई है; तभी उसने कहा कि पेड़ पर कोई फव्वारा नहीं निकलता कि वह उसमें से निकल आई हो।

**बूँद की प्रतिक्रिया**—लेखक का उसकी बात पर विश्वास न करने पर बूँद को दुख हुआ। उसने अपनी बात स्पष्ट करते हुए कहना चाहा कि पेड़ जितना बड़ा ऊपर से होता है उससे कहीं अधिक बड़ा वह पृथ्वी के अंदर होता है। उसकी जड़ें व जड़ों के रोएँ बड़े निर्दयी होते हैं। वे पृथ्वी की तहों में से असंख्य जल कणों को खींच लेते हैं जबकि मेरे जैसे अनगिनत मेरे बंधु अपने प्राण गँवा कर इन पेड़ों को सींचकर बड़ा करते हैं।

**बूँद का दुख**—बूँद लेखक को बताती है कि मैं तो भूमि के खनिज पदार्थों को अपने शरीर में घुलाकर इधर से उधर आनंद से घूमती थी लेकिन एक दिन अचानक मेरा शरीर एक पेड़ के रोएँ से छू गया और मैं उसकी पकड़ में आ गई। बस फिर मैं फँस गई रोएँ के वृक्ष के बीच। मेरे जैसे मेरे कई भाई-बंधु भी वहाँ थे। ऐसा लगता था कोई आगे खींच रहा है और कोई पीछे से धक्का लगा रहा है।

**पेड़ से छुटकारा**—बूँद ने आगे बताया कि लगभग तीन दिन तक मैं उस पेड़ में फँसी रही फिर बड़ी मुश्किल से पत्ते तक आई। सोचा था कि पत्ते तक आते ही उड़ जाऊँगी लेकिन बाहर आने पर मालूम हुआ कि अभी सूर्य नहीं है जो मुझे उड़ने की शक्ति दे और वायुमंडल पूरा जल कणों से भरा था मुझे कहीं भी स्थान नहीं मिला। मैं तो पत्ते पर ही सिकुड़ी रही लेकिन तुम्हें देखकर तुम्हारे हाथ का सहारा पाना चाहा।

**रक्षा की माँग**—बूँद ने प्रार्थना भाव से लेखक को कहना चाहा कि सूर्य निकलने तक मैं आपसे रक्षा की माँग करती हूँ, क्योंकि सूर्य के दर्शन करते ही मुझमें उड़ने की शक्ति आ जाएगी।

**बूँद द्वारा अपना जीवन वृतांत लेखक को सुनाना**—बूँद ने बताना शुरू किया कि उसके पूर्वज हद्रजन (हाइड्रोजन) और ओषजन (ऑक्सीजन) दो गैसें सूर्यमंडल में लपटों के रूप में थीं। सूर्यमंडल अपने निश्चित मार्ग पर चक्कर तो काट रहा था लेकिन ब्रह्मांड में उथल-पुथल मचने से अनेक ग्रह-उपग्रह बन रहे थे।

मेरे पूर्वज बड़ी प्रसन्नता से सूर्य के धरातल पर नाचते रहते थे। एक बार एक तेज चमकते पिंड ने जो सूर्य से कई गुणा बड़ा था, सूर्य की ओर बढ़ रहा था। उसकी आकर्षण शक्ति से ही सूर्य हजारों मील घूम गया और उसका एक भाग टूटकर

उसके पीछे चला गया। यही भाग टूटकर कई टुकड़ों में बँट गया। उसी का एक टुकड़ा पृथ्वी है। यह भी शुरू में एक बड़ा आग का गोला थी।

**पृथ्वी का ठंडा होना–**धीरे-धीरे आग के गोले का भाग 'पृथ्वी' ठंडा होना शुरू हो गया। हद्रजन व ओषजन ने मिलकर कई रासायनिक क्रियाएँ कीं। उन्होंने अपना प्रत्यक्ष अस्तित्व ही गँवा डाला और बूँद को उत्पन्न कर दिया। बूँद ने बताया कि वह भाप के रूप में थी लेकिन कुछ समय के बाद ऐसी स्थिति हुई कि वह ठोस बर्फ के रूप में बदल गई। सब ओर बर्फ ही बर्फ हो गई। सूर्य की किरणें जब हम पर पड़तीं तो सब ओर सौंदर्य खिल उठता। कुछ कण आँधी के इंतजार में इधर-उधर उछलने कूदने हेतु तैयार बैठे रहते। ऐसा कई लाख वर्ष तक चलता रहा।

**लेखक का चौकन्ना होना–**लेखक यह सुनकर हैरान था कि इस नन्हीं बूँद का जीवन इतने लाख वर्ष का है। वह अपने आपको इतने दीर्घ जीवी प्राणी से मिलकर धन्य समझने लगा।

**बूँद का सागर से मिलना–**बूँद ने बताया कि एक दिन अचानक ही हमारा शरीर सरकने लगा। खोजने पर पता चला कि हमारे नीचे का अस्तित्व हमारे भार से पानी हो गया है। ऐसे में हम उनके तरल शरीर पर फिसलने लगे। फिसलकर हम विशाल तरल भाग अर्थात् सागर में मिल गए। एक दिन सागर की गरम धारा से भेंट हो गई। हमने उसकी गरमी सोखनी शुरू की जिसके फलस्वरूप मेरा ठोस शरीर तरल हो चला और मैं पूरी तरह से समुद्र में घुल गई।

**समुद्र का दृश्य वर्णन–**बूँद का समुद्र दृश्य वर्णन बड़ा ही रोचक था। बूँद ने देखा कि समुद्र में तो बड़ी ही चहल-पहल थी। पानी भले उसका नमक वाला (खारा) था। जैसे-जैसे बूँद पानी की गहराई में गई वैसे-वैसे उसे नई से नई जानकारियाँ मिलती चली गईं व कई जीव उसे देखने को मिले जैसे धीरे-धीरे रेंगने वाले घोंघे, जालीदार मछलियाँ, कई-कई मन भारी कछुएँ व हाथों वाली मछलियाँ। कुछ दूरी तक समुद्र में पूरी तरह अँधेरा था। अँधेरे में आगे बढ़ते हुए बूँद की आँखें थक गईं। अचानक ही बूँद को एक जीव दिखाई पड़ा जो प्रकाश छोड़ने वाला था। यह एक ऐसी मछली थी जिसमें से एक प्रकार की चमक निकल रही थी। इसके प्रकाश में कितनी ही छोटी-छोटी मछलियाँ इसके पास आतीं और यह उन्हें खाकर अपना पेट भर लेती। कुछ और गहराई में जाकर कितने ही ठिगने, मोटे पत्ते वाले पेड़ उगे थे, कई पहाड़ियाँ व घाटियाँ थीं, कई अंधे और आलसी जीव यहाँ डेरा डाले बैठे थे।

**बूँद की समुद्र से बाहर आने की इच्छा–**काफी वर्षों तक जब बूँद समुद्र की गहराइयाँ नापती रही तो अब उसकी बाहर आने की इच्छा जागृत हो गई। अब वह भूमि में घुसकर अपनी जान बचाने का प्रयास करने लगी। बड़ी कठिनाई से वह एक चट्टान में घुस गई। कई वर्षों के बाद कई बूँदें पृथ्वी के एक खोखले भाग में एकत्रित हो गईं। कुछ ने वहीं रहना उचित समझा लेकिन कुछ उत्साही व युवा बूँदें भी थीं जो कि यह सोचती थीं कि हम यह देखने का प्रयास करेंगी कि पृथ्वी में क्या है? यहाँ टिककर नहीं रहेंगी।

**पृथ्वी के अंतरंग भाग को परखना–**बूँदें जब कुछ ही आगे बढ़ीं तो देखकर हैरान थीं कि धरती के गर्भ में क्या-क्या छिपा पड़ा है। थोड़ी दूर जाकर देखा कि कुछ भाग ऐसा है जहाँ ठोस का नाम ही न था। बड़ी-बड़ी लाल-पीली चट्टानें थीं, विभिन्न प्रकार की धातुएँ इधर से उधर बह रही थीं। आगे बढ़ते-बढ़ते एकदम कुछ भाग ऐसा आ गया जो तेज गर्मी वाला था। कई बूँदें तो ओषजन व हद्रजन में विभाजित हो गईं। लेकिन यह बूँद बुद्धिमान थी इसने रास्ता ही बदल डाला।

अचानक ही बूँद पृथ्वी के एक ऐसे भाग में पहुँच गई जो धीरे-धीरे हिल रहा था। वहाँ कुछ ही देर में इतनी ज़ोर से धड़ाका हुआ कि जैसे सभी आकाश में उड़ चले हों। वास्तव में यह ज्वालामुखी फूटा था जिसमें धरती के अंदर की रेत, धुआँ, पिघली धातुएँ व तेज लपटें निकलने लगीं। बाहर आते ही बूँद को भाप का दल मिला और आँधी ने भी बूँद को कभी इधर व कभी उधर खूब घुमाया।

**बूँद का बादल बनना–**बहुत से जल कण भाप बनकर भारी बादल के रूप में बन गए और फिर बूँदों के रूप में फिर धरती पर आ गए।

**बूँद का पहाड़ से मिलन व रेत का बनना–**बूँद जब भाप-जल कण के रूप में नीचे गिरी, तो पहाड़ पर गिरी। जिससे वह मैली-कुचैली हो गई। पहाड़ों पर एक से दूसरे पत्थर पर कूदने में उसे अपार आनंद मिला। ऊँचे-ऊँचे शिखरों से चट्टानों पर गिरकर जब पत्थर घिसते हैं तो रेत निकलती है। बूँद ने कहा कि ये रेत भी तो हम ही बनाते हैं।

**बूँद का नदी में मिलना–**बूँद की चाह थी समतल धरती देखने की इसलिए वह नदी की एक छोटी धारा में मिल गई। कभी भूमि को काटना और पेड़ों को खोखला कर उन्हें गिराना उसे बहुत अच्छा लगता।

**बूँद का नल में फँसना–**एक दिन बूँद ने देखा कि नदी के तट पर एक ऊँची मीनार में से काली-काली हवा निकल रही है। बूँद की उसे देखने की इच्छा हुई। जैसे ही बूँद और उसके साथी उसे देखने को आगे बढ़े तो एक नल द्वारा अपनी

ओर खींच लिए गए। कई दिनों तक बूँद नल में फँसी रही। प्रतिपल उसकी इच्छा थी कि कैसे बाहर निकले। एक दिन रात को बूँद ऐसे स्थान पर पहुँची जहाँ से नल टूटा हुआ था। वह झट से बाहर निकल आई।

**बेर के पेड़ पर पहुँचना**—नल से निकलकर बूँद जैसे ही धरती पर पहुँची तो वह धरती में ही समा गई। अंदर घूमते-घूमते वह बेर के पेड़ के पास पहुँची। बस वहीं से निकलती हुई वह बेर के पेड़ के पत्ते पर आ टिकी।

**सूर्य का उदित होना**—लेखक की हथेली पर पड़ी बूँद ने अपने जीवन की पूरी कहानी कह डाली थी अब दिन निकल आया था। सूर्य उदित हो गया। वह जैसे जाने लगी लेखक ने पूछा कि 'बस' तो बोली अब नहीं ठहर सकती। अब तुम भी मुझे रोककर नहीं रख सकते। वह बूँद धीरे-धीरे घटने लगी और अपना अस्तित्व ही खो बैठी।

## 2. शब्दार्थ और टिप्पणी

*पृष्ठ 70*

**आश्चर्य**—हैरानी। **सरककर**—फिसलकर। **दृष्टि**—नज़र। **झंकार**—धुन। **कण**—बहुत छोटा टुकड़ा। **प्रसन्नता**—खुशी।

*पृष्ठ 71*

**अविश्वास**—भरोसा न करना। **हृदय**—दिल। **निर्दयी**—दयाहीन। **असंख्य**—अनगिनत। **बलपूर्वक**—हिम्मत से। **अधिकांश**—एक बड़ा भाग। **क्रोध**—गुस्सा। **घृणा**—नफ़रत। **दुर्भाग्यवश**—बुरे भाग्य के कारण। **प्रयत्न**—कोशिश। **उत्सुकता**—जानने की इच्छा। **साँसत**—बहुत कष्ट। **शक्ति**—बल।

*पृष्ठ 72*

**रक्षा**—सहायता। **तनिक**—जरा भी। **पुरखे**—पूर्वज। **विद्यमान**—स्थित। **भयावह**—डरावनी। **मुख**—मुँह। **उज्ज्वल**—चमकते हुए। **प्रचंड**—तेज़। **प्रकाश**—रोशनी। **पिंड**—ग्रह। **आकार**—रूप। **आकर्षण**—खिंचाव।

*पृष्ठ 73*

**प्रत्यक्ष**—वास्तविक रूप में दिखने वाला। **सौंदर्य**—सुंदरता। **कमर कसना**—तैयार होना। **दाल में नमक**—किसी पदार्थ में किसी दूसरे पदार्थ का बहुत कम मात्रा में मिलना।

*पृष्ठ 74*

**भेंट**—मुलाकात। **वर्णनातीत**—जिसका वर्णन न किया जा सके। **निरा**—सिर्फ। **जी में आना**—दिल में आना। **प्रारंभ**—शुरू। **विचित्र**—अजीब।

*पृष्ठ 75*

**भीतर**—अंदर। **नेत्र**—आँखें। **अत्यंत**—बहुत अधिक। **चमक**—रोशनी। **ठिंगने**—छोटे कद के। **बहुतायत**—बहुत अधिक मात्रा में। **निपट**—एकदम। **असंभव**—जो संभव न हो। **चेष्टा**—कोशिश। **सम्मति**—इच्छा। **उत्साही**—जोशीले।

*पृष्ठ 76*

**नाना प्रकार**—विभिन्न प्रकार के। **अंधा-धुंध**—बिना सोचे समझे। **असह्य**—जिसे सहन न किया जा सके। **अगुवा**—आगे वाले। **विभाजित**—बँटना। **गर्भ**—पेट।

*पृष्ठ 77*

**दल**—झुंड। **आनंद**—खुशी। **स्वच्छंद**—स्वतंत्र रूप से। **किलोलें**—प्रसन्नता से किलकारियाँ भरना। **शिखर**—चोटी। **प्रहार**—आघात। **खंड-खंड**—टुकड़े-टुकड़े। **कठोर**—सख्त। **विजयों**—जीतों। **उन्मत्त**—मद में। **समतल**—मैदानी। **सरिता**—नदी। **दिवस**—दिन। **न्यौता**—बुलावा।

*पृष्ठ 78*

**आँखों से ओझल होना**—दृष्टि से दूर चले जाना।

## 3. अर्थग्रहण संबंधी एवं बहुविकल्पी प्रश्नोत्तर

*निम्न गद्यांशों को पढ़कर पूछे गए प्रश्नों के उत्तर दीजिए—*

**1** बेर की झाड़ी पर से मोती-सी एक बूँद मेरे हाथ पर आ पड़ी। मेरे आश्चर्य का ठिकाना न रहा जब मैंने देखा कि ओस की बूँद मेरी कलाई पर से सरककर हथेली पर आ गई। मेरी दृष्टि पड़ते ही वह ठहर गई। थोड़ी देर में मुझे सितार के

तारों की-सी झंकार सुनाई देने लगी। मैंने सोचा कि कोई बजा रहा होगा। चारों ओर देखा। कोई नहीं। फिर अनुभव हुआ कि यह स्वर मेरी हथेली से निकल रहा है। ध्यान से देखने पर मालूम हुआ कि बूँद के दो कण हो गए हैं और वे दोनों हिल-हिलकर यह स्वर उत्पन्न कर रहे हैं मानो बोल रहे हों। (*पृष्ठ 70*)

**प्रश्न** *(Set I)*–

**(क)** *लेखक और पाठ का नाम लिखिए।*

**(ख)** *बेर की झाड़ी पर से क्या और किसके ऊपर कुछ गिरा?*

**(ग)** *मधुर स्वर कहाँ से सुनाई पड़ रहा था?*

**उत्तर**–

(क) *लेखक* – रामचंद्र तिवारी

*पाठ का नाम* – पानी की कहानी

(ख) बेर की झाड़ी से मोती-सी चमकती एक पानी की बूँद लेखक की कलाई पर गिरी।

(ग) लेखक को सितार के तारों की सी झंकार सुनाई दी जोकि हथेली पर पड़ी बूँद से आ रही थी। बूँद दो कणों में विभाजित हो गई थी और ऐसा प्रतीत हो रहा था मानो दोनों कण कुछ बोल रहे हों।

**बहुविकल्पी प्रश्न** *(Set II)*–

1. *लेखक के हाथ पर बेर की झाड़ी से क्या गिरा?*
   (क) पत्ता (ख) टहनी का टुकड़ा (ग) पानी की बूँद (घ) एक बेर
2. *लेखक आश्चर्यचकित क्यों हो गया?*
   (क) क्योंकि बूँद बहुत बड़ी थी। (ख) क्योंकि बूँद सरककर उसकी हथेली पर आ गई।
   (ग) क्योंकि बूँद अचानक हथेली से धरती पर लुढ़क गई। (घ) क्योंकि बूँद सूखती जा रही थी।
3. *लेखक को कैसा स्वर सुनाई दिया?*
   (क) गिटार के स्वर जैसा (ख) सितार के तारों की-सी झंकार का
   (ग) ढोलक की भाँति (घ) भौंरे की गुंजार सा
4. *बूँद के कितने कण हो गए?*
   (क) दो (ख) तीन (ग) चार (घ) पाँच

**उत्तर**– 1. (ग) 2. (ख) 3. (ख) 4. (क)

**2** जो पेड़ तुम देखते हो न! वह ऊपर ही इतना बड़ा नहीं है, पृथ्वी में भी लगभग इतना ही बड़ा है। उसकी बड़ी जड़ें, छोटी जड़ें और जड़ों के रोएँ हैं। वे रोएँ बड़े निर्दयी होते हैं। मुझ जैसे असंख्य जल-कणों को वे बलपूर्वक पृथ्वी में से खींच लेते हैं। कुछ को तो पेड़ एकदम खा जाते हैं और अधिकांश का सब कुछ छीनकर उन्हें बाहर निकाल देते हैं।

(*पृष्ठ 71*)

**प्रश्न** *(Set I)*–

**(क)** *पेड़ के बारे में बूँद ने क्या कहा?*

**(ख)** *पेड़ के रोएँ क्या करते हैं?*

**(ग)** *पेड़ तक पहुँचने पर बूँदों का क्या होता है?*

**उत्तर**–

(क) पेड़ के बारे में बूँद ने कहा कि पेड़ केवल ऊपर से ही इतना बड़ा नहीं है बल्कि पृथ्वी में भी इसका अस्तित्व काफी बड़ा है। इसकी छोटी-बड़ी जड़ें व जड़ों के रोएँ दूर तक फैले हैं।

(ख) पेड़ के रोएँ बूँदों को बलपूर्वक पृथ्वी में से खींच लेते हैं।

(ग) पेड़ तक पहुँचने पर कुछ बूँदों को तो पेड़ एकदम से आत्मसात कर लेते हैं व कुछ के सभी खनिज पदार्थ निकालकर उन्हें बाहर कर देते हैं।

**बहुविकल्पी प्रश्न** *(Set II)*–

1. *कौन किससे कह रहा है?*
   (क) बूँद लेखक से (ख) लेखक बूँद से (ग) पेड़ बूँद से (घ) टहनी बूँद से
2. *पेड़ के बारे में बूँद ने क्या कहा?*
   (क) पेड़ में रहना आसान नहीं
   (ख) पेड़ में रहकर बहुत आनंद मिलता है।
   (ग) पेड़ जितना बाहर होता है उसका अस्तित्व ज़मीन में भी उतना ही होता है।
   (घ) पेड़ में रहकर अपना अस्तित्व मिटाना पड़ता है।
3. *पेड़ के रोएँ क्या करते हैं?*
   (क) पेड़ के रोएँ बूँदों को बलपूर्वक पृथ्वी में से खींच लेते हैं।
   (ख) पेड़ के रोएँ बूँद-बूँद को सुखा देते हैं।
   (ग) पेड़ के रोएँ बूँद को इस प्रकार दबोच लेते हैं कि बूँद उनके शिकंजे से निकल नहीं पाती।
   (घ) इनमें से कोई नहीं।
4. *बूँद ने लेखक को क्या बताना चाहा?*
   (क) पेड़ उन्हें आत्मसात कर लेते हैं। (ख) पेड़ उनका सब कुछ छीन लेते हैं।
   (ग) पेड़ धरती से बाहर आने का रास्ता बताते हैं। (घ) इनमें से कोई नहीं।

**उत्तर**– 1. (क) 2. (ग) 3. (क) 4. (ख)

**3** "मैं लगभग तीन दिन तक यह साँसत भोगती रही। मैं पत्तों के नन्हें-नन्हें छेदों से होकर जैसे-तैसे जान बचाकर भागी। मैंने सोचा था कि पत्ते पर पहुँचते ही उड़ जाऊँगी। परंतु, बाहर निकलने पर ज्ञात हुआ कि रात होनेवाली थी और सूर्य जो हमें उड़ने की शक्ति देते हैं, जा चुके हैं, और वायुमंडल में इतने जल कण उड़ रहे हैं कि मेरे लिए वहाँ स्थान नहीं है तो मैं अपने भाग्य पर भरोसा कर पत्तों पर ही सिकुड़ी पड़ी रही। अभी जब तुम्हें देखा तो जान में जान आई और रक्षा पाने के लिए तुम्हारे हाथ पर कूद पड़ी।" (*पृष्ठ 71-72*)

**प्रश्न** *(Set I)*–

(क) *पत्ते से निकलकर बूँद क्या करना चाहती थी?*
(ख) *पत्ते पर आते ही बूँद निराश क्यों हो गई?*
(ग) *वह लेखक के हाथ पर क्यों कूदी?*

**उत्तर**–

(क) पत्ते से निकलकर बूँद सूर्य के ताप से भाप बनकर आकाश में उड़ना चाहती थी।

(ख) जब बूँद पत्ते पर पहुँची तो वह निराश हो गई क्योंकि यह रात का समय था। सूर्य जो बूँद को उड़ने की शक्ति देता है, वातावरण में नहीं था।

(ग) वह लेखक के हाथ पर रक्षा हेतु कूदी ताकि सुबह तक कोई आसरा पा सके।

**बहुविकल्पी प्रश्न** *(Set II)*–

1. *बूँद तीन दिन तक कहाँ फँसी रही?*
   (क) धरती में (ख) पेड़ में (ग) पेड़ की पत्ती में (घ) नल में
2. *पत्ते पर आते ही बूँद निराश क्यों हो गई?*
   (क) क्योंकि रात का समय था, उसे वाष्प करने वाला, सूर्य वातावरण में नहीं था।
   (ख) क्योंकि वह पुरुषों से डरती थी।
   (ग) क्योंकि उसे कोई सहारा मिलने की उम्मीद न थी।
   (घ) क्योंकि वह अपने मित्रों से बिछड़ गई थी।
3. *वह लेखक के हाथ पर क्यों कूदी?*
   (क) सुबह तक सहारा पाना चाहती थी।

(ख) उसे लेखक ने स्वयं अपने हाथ पर लिया।
(ग) लेखक के हाथ पर न कूदती तो धरती पर गिरकर उसमें समा जाती।
(घ) पत्ते पर टिकने का सहारा न था।

4. *'साँसत' शब्द का अर्थ स्पष्ट करे?*
(क) साँस न ले पाना (ख) दुख (ग) दबाव (घ) भूखी-प्यासी

**उत्तर–** 1. (ख) 2. (क) 3. (क) 4. (ख)

**4** मेरे पुरखे बड़ी प्रसन्नता से सूर्य के धरातल पर नाचते रहते थे। एक दिन की बात है कि दूर एक प्रचंड प्रकाश-पिंड दिखाई पड़ा। उनकी आँखें चौंधियाने लगीं। यह पिंड बड़ी तेज़ी से सूर्य की ओर बढ़ रहा था। ज्यों-ज्यों पास आता जाता था, उसका आकार बढ़ता जाता था। यह सूर्य से लाखों गुना बड़ा था। उसकी महान आकर्षण-शक्ति से हमारा सूर्य काँप उठा। ऐसा ज्ञात हुआ कि उस ग्रहराज से टकराकर हमारा सूर्य चूर्ण हो जाएगा। वैसा न हुआ। वह सूर्य से सहस्त्रों मील दूर से हीं घूम चला, परंतु उसकी भीषण आकर्षण-शक्ति के कारण सूर्य का एक भाग टूटकर उसके पीछे चला। सूर्य से टूटा हुआ भाग इतना भारी खिंचाव सँभाल न सका और कई टुकड़ों में टूट गया। उन्हीं में से एक टुकड़ा हमारी पृथ्वी है। यह प्रारंभ में एक बड़ा आग का गोला थी। (*पृष्ठ 72*)

**प्रश्न** *(Set I)*–

**(क)** *बूँद के पुरखे कौन थे और वे कहाँ रहते थे?*
**(ख)** *प्रचंड प्रकाश पिंड ने क्या किया?*
**(ग)** *धरती पहले आग का बड़ा गोला थी क्यों?*

**उत्तर–**

(क) बूँद के पुरखे हद्रजन व ओषजन थे। ये सूर्य के धरातल पर रहते थे और मस्ती का जीवन व्यतीत करते थे।

(ख) एक बार एक प्रचंड प्रकाश-पिंड सूर्य की ओर बढ़ता आ रहा था यह सूर्य से लाखों गुणा बड़ा था। उसकी आकर्षण शक्ति के कारण सूर्य का एक बड़ा भाग टूट गया।

(ग) धरती पहले आग का गोला थी क्योंकि यह सूर्य का ही एक भाग थी।

**बहुविकल्पी प्रश्न** *(Set II)*–

1. *बूँद के पुरखे कौन थे?*
(क) हाइड्रोजन व जल (ख) हद्रजन व ओषजन (ग) समुद्र का जल (घ) नदियों का जल

2. *वे किस धरातल पर रहते थे?*
(क) सूर्य के धरातल पर (ख) नदियों के किनारे (ग) समुद्र की सतह पर (घ) धरती के धरातल पर

3. *प्रचंड प्रकाश पिंड से क्या हुआ?*
(क) सूर्य दो भागों में बँट गया। (ख) सूर्य का एक बड़ा भाग टूट गया।
(ग) सूर्य का ताप कम हो गया। (घ) सूर्य की शक्ति जाती रही।

4. *सूर्य के टूटे भाग का क्या हुआ?*
(क) पूरा भाग धरती पर गिरा।
(ख) भारी खिंचाव संभाल न पाने के कारण कई टुकड़ों में बँट गया।
(ग) भारी खिंचाव संभाल न पाने के कारण दो भागों में बँट गया।
(घ) इनमें से कोई नहीं।

**उत्तर–** 1. (ख) 2. (क) 3. (ख) 4. (ख)

**5** हमारा ग्रह ठंडा होता चला गया और मुझे याद है कि अरबों वर्ष पहले मैं हद्रजन और ओषजन के रासायनिक क्रिया के कारण उत्पन्न हुई हूँ। उन्होंने आपस में मिलकर अपना प्रत्यक्ष अस्तित्व गँवा दिया है और मुझे उत्पन्न किया है। मैं उन दिनों भाप के रूप में पृथ्वी के चारों ओर घूमती फिरती थी। उसके बाद न जाने क्या हुआ? जब मुझे होश आया तो मैंने अपने को ठोस बर्फ़ के रूप में पाया। मेरा शरीर पहले भाप-रूप में था वह अब अत्यंत छोटा हो गया था। वह पहले से कोई सतरहवाँ

भाग रह गया था। मैंने देखा मेरे चारों ओर मेरे असंख्य साथी बर्फ़ बने पड़े थे। जहाँ तक दृष्टि जाती थी बर्फ़ के अतिरिक्त कुछ दिखाई न पड़ता था। जिस समय हमारे ऊपर सूर्य की किरणें पड़ती थीं तो सौंदर्य बिखर पड़ता था। (*पृष्ठ 72-73*)

**प्रश्न** *(Set I)*–

(क) *पहले बूँद किस रूप में धरती पर घूमती थी?*

(ख) *बूँद का बदला रूप कैसा था?*

(ग) *बर्फ कणों पर सूर्य किरणें पड़ने पर उनका सौंदर्य कैसे बढ़ जाता था?*

**उत्तर**–

(क) पहले बूँद भाप के रूप में धरती के चारों ओर घूमती थी।

(ख) बूँद ने सहसा ठोस रूप अर्थात् बर्फ़ का रूप धारण कर लिया।

(ग) जैसे ही सूर्य की किरणें बर्फ़ पर अपना प्रकाश फैलातीं तो उनका रूप सौंदर्य खिल उठता था। वे फिर से भाप का रूप धारण कर लेती थी।

**बहुविकल्पी प्रश्न** *(Set II)*–

1. *बूँद की उत्पत्ति किससे हुई?*
   (क) समुद्र तल से (ख) हद्रजन व ओषजन की रासायनिक क्रिया से
   (ग) वर्षा के जल से (घ) सूर्य के एक भाग से
2. *बूँद किस रूप में धरती पर घूमती थी?*
   (क) बादल के रूप में (ख) भाप के रूप में
   (ग) जल की तरंगों के रूप में (घ) वातावरण में नमी के रूप में
3. *बर्फ कणों पर सूर्य किरणों का क्या प्रभाव पड़ता है?*
   (क) वे अपना अस्तित्व खो देते हैं। (ख) वे फिर से भाप बन जाते हैं।
   (ग) वे अपना रूप संकुचित कर लेते हैं। (घ) वे अपना स्वरूप बड़ा कर देते हैं।
4. *भाप से ठोस बनने पर बूँद के अस्तित्व में क्या अंतर आया?*
   (क) वह अपने भाग से सतरहवें भाग में आ गई। (ख) वह बहुत फैल गई।
   (ग) उसका भाग बीस गुणा बढ़ गया। (घ) उसका भाग दस गुणा कम हो गया।

**उत्तर**– 1. (ख) 2. (ख) 3. (ख) 4. (क)

**6** मैं और गहराई की खोज में किनारों से दूर गई तो मैंने एक ऐसी वस्तु देखी कि मैं चौंक पड़ी। अब तक समुद्र में अँधेरा था, सूर्य का प्रकाश कुछ ही भीतर तक पहुँच पाता था और बल लगाकर देखने के कारण मेरे नेत्र दुखने लगे थे। मैं सोच रही थी कि यहाँ पर जीवों को कैसे दिखाई पड़ता होगा कि सामने ऐसा जीव दिखाई पड़ा मानो कोई लालटेन लिए घूम रहा हो। यह एक अत्यंत सुंदर मछली थी। इसके शरीर से एक प्रकार की चमक निकलती थी जो इसे मार्ग दिखलाती थी इसका प्रकाश देखकर कितनी छोटी-छोटी अनजान मछलियाँ इसके पास आ जाती थीं और यह जब भूखी होती थी तो पेट भर उनका भोजन करती थी। (*पृष्ठ 75*)

**प्रश्न** *(Set I)*–

(क) *बूँद समुद्र में क्या देखकर चौंक गई?*

(ख) *मछली की विशेषता क्या थी?*

(ग) *मछली अपनी भूख कैसे मिटाती थी?*

**उत्तर**–

(क) बूँद ने समुद्र में एक अत्यंत सुंदर मछली देखी जिसे देखकर बूँद चौंक गई क्योंकि वह चमक प्रदान करती थी।

(ख) मछली की विशेषता यह थी कि उसके शरीर से ऐसी चमक निकलती थी–जो उसे मार्ग दिखलाती थी।

(ग) मछली के भीतर से जो प्रकाश निकलता उससे प्रभावित होकर कितनी ही छोटी-छोटी मछलियाँ इसके पास आ जाती थी और यह उन सबको खाकर अपनी भूख मिटाती थी।

**बहुविकल्पी प्रश्न** *(Set II)*–

1. *बूँद समुद्र में क्या देखकर हैरान हो गई?*
   (क) एक बहुत बड़ी मछली देखकर
   (ख) चमक प्रदान करने वाली मछली देखकर
   (ग) छोटी-छोटी मछलियों के झुंड देखकर
   (घ) मछलियों द्वारा मछलियाँ खाते देखकर।
2. *बूँद के नेत्र क्यों दुख रहे थे?*
   (क) तेज रोशनी के कारण
   (ख) अंधेरे में रास्ता खोजते-खोजते व वस्तुओं का निरीक्षण करते-करते
   (ग) पानी की अधिक गहराई होने के कारण
   (घ) आँख दुखने के कारण
3. *मछली दूसरी मछलियों से कैसे भिन्न थी?*
   (क) मछली की अपनी चमक जो उसे मार्ग दिखाती थी।
   (ख) मछली का स्वरूप बहुत बड़ा था।
   (ग) मछली सभी मछलियों का मार्गदर्शन कुशलता से करती थी।
   (घ) मछली पानी के बिना भी रह सकती थी।
4. *बूँद कहाँ घूम रही थी?*
   (क) समुद्र में (ख) नदी में (ग) नल में (घ) पेड़ में

**उत्तर**– 1. (ख) 2. (ख) 3. (क) 4. (क)

**7** मैं अपने दूसरे भाइयों के पीछे-पीछे चट्टान में घुस गई। कई वर्षों में कई मील मोटी चट्टान में घुसकर हम पृथ्वी के भीतर एक खोखले स्थान में निकले और एक स्थान पर इकट्ठा होकर हम लोगों ने सोचा कि क्या करना चाहिए। कुछ की सम्मति में वहीं पड़ा रहना ठीक था। परंतु हममें कुछ उत्साही युवा भी थे। वे एक स्वर में बोले–हम खोज करेंगे, पृथ्वी के हृदय में घूम-घूम कर देखेंगे कि भीतर क्या छिपा हुआ है। *(पृष्ठ 75)*

**प्रश्न** *(Set I)*–

**(क)** *बूँद चट्टान में क्यों घुसी?*
**(ख)** *बूँद व उसके साथी कहाँ पहुँच गए?*
**(ग)** *उत्साही युवाओं की क्या इच्छा थी? उन्होंने क्या निर्णय लिया।*

**उत्तर**–

(क) बूँद समुद्र से बाहर आने के लिए चट्टान में घुसी।
(ख) बूँद व उसके साथी पृथ्वी के खोखले स्थान पर पहुँच गए।
(ग) युवा बूँदों ने उस खोखले स्थान पर न रुककर आगे बढ़ने की सोची। उन्होंने निर्णय लिया कि पृथ्वी के हृदय अर्थात् पृथ्वी के भीतर घूम-घूम कर देखेंगे और खोज करेंगे कि इसमें क्या है?

**बहुविकल्पी प्रश्न** *(Set II)*–

1. *बूँद चट्टान में क्यों घुसी?*
   (क) समुद्र से बाहर आने के लिए
   (ख) समुद्र की गहराहं मापने हेतु
   (ग) अपना अस्तित्व चट्टान में मिलाने के लिए
   (घ) नया रूप धारण करने के लिए।
2. *उत्साही युवा बूँदों ने क्या सोचा?*
   (क) खोखले स्थान पर टिक जाने की सोची
   (ख) धरती से बाहर निकलने की सोची
   (ग) खोखले स्थान पर न रहकर आगे बढ़ने की सोची।
   (घ) निरंतर आगे बढ़ने की सोची
3. *युवा बूँदों ने क्या निर्णय लिया?*
   (क) आकाश की ओर बढ़ेंगे
   (ख) धरती में घूम-घूम कर देखेंगे कि उसमें क्या है?
   (ग) नई-नई मछलियों की खोज करेंगे।
   (घ) किसी प्रकार यहाँ से निकलेंगे।

4. *युवा वर्ग ही आगे क्यों बढ़ा?*
(क) युवा वर्ग में नया जोश व उत्साह होता है। (ख) आगे बढ़ने की चाह होती है।
(ग) चुनौतियों का सामना करने की हिम्मत होती है। (घ) दिए गए सभी।

**उत्तर–** 1. (क) 2. (ग) 3. (ख) 4. (घ)

**8** हम लोग अब एक ऐसे स्थान पर पहुँचे जहाँ पृथ्वी का गर्भ रह-रहकर हिल रहा था। एक बड़े ज़ोर का धड़ाका हुआ। हम बड़ी तेज़ी से बाहर फेंक दिए गए। हम ऊँचे आकाश में उड़ चले। इस दुर्घटना से हम चौंक पड़े थे। पीछे देखने से ज्ञात हुआ कि पृथ्वी फट गई है और उसमें धुआँ, रेत, पिघली धातुएँ तथा लपटें निकल रही हैं। यह दृश्य बड़ा ही शानदार था और इसे देखने की हमें बार-बार इच्छा होने लगी। (*पृष्ठ 76-77*)

**प्रश्न** *(Set I)*–

**(क)** *पृथ्वी का गर्भ क्यों हिल रहा था?*
**(ख)** *बड़ी ज़ोर से हुए धड़ाके को क्या कहा जाता है?*
**(ग)** *बूँद को यह दृश्य कैसा लगा?*

**उत्तर–**

(क) पृथ्वी का गर्भ गरमी के कारण हिल रहा था क्योंकि ज्वालामुखी फटने वाला था।

(ख) बड़ी ज़ोर के धड़ाके को ज्वालामुखी का फटना कहा जाता है जिसमें तेज गरमी के कारण धरती फट जाती है व उसके भीतर की मिट्टी, रेत, खनिज पदार्थ व धातुएँ सब बाहर आ जाती हैं।

(ग) बूँद को यह दृश्य बड़ा शानदार लगा। बूँद की इच्छा हो रही थी कि वह इस दृश्य को बार-बार देखे।

**बहुविकल्पी प्रश्न** *(Set II)*–

1. *पृथ्वी का गर्भ क्यों हिल रहा था?*
(क) भूचाल के कारण (ख) क्योंकि गरमी के कारण ज्वालामुखी फटने वाला था
(ग) पृथ्वी की सतह में पानी की मात्रा अधिक होने के कारण (घ) पृथ्वी में हलचल होने के कारण

2. *पृथ्वी के भीतर से क्या-क्या निकला?*
(क) धुआँ, रेत, मिट्टी व लपटें (ख) धुआँ, रेत, लौह धातुएँ व लपटें
(ग) धुआँ, रेत, पिघली धातुएँ व लपटें (घ) धुआँ, रेत, पानी व पिघली धातुएँ।

3. *बूँद को वह दृश्य कैसा लगा?*
(क) बेकार (ख) शानदार (ग) भयानक (घ) मार्मिक

4. *'हम लोग' शब्द किनके लिए प्रयुक्त है?*
(क) बूँद के लिए (ख) अनेक बूँदों के लिए
(ग) बूँद व उसके भाई बाँधवों के लिए (घ) बूँद व उसके साथ की धूल-मिट्टी के लिए

**उत्तर–** 1. (ख) 2. (ग) 3. (ख) 4. (ग)

☞ **9** सरिता के वे दिवस बड़े मजे के थे। हम कभी भूमि को काटते, कभी पेड़ों को खोखला कर उन्हें गिरा देते। बहते-बहते मैं एक दिन एक नगर के पास पहुँची। मैंने देखा कि नदी के तट पर एक ऊँची मीनार में से कुछ काली-काली हवा निकल रही है। मैं उत्सुक हो उसे देखने को क्या बढ़ी कि अपने हाथों दुर्भाग्य को न्यौता दिया। ज्योंही मैं उसके पास पहुँची अपने और साथियों के साथ एक मोटे नल में खींच ली गई। कई दिनों तक मैं नल-नल घूमती फिरी। मैं प्रति क्षण उसमें से निकल भागने की चेष्टा में लगी रहती थी। भाग्य मेरे साथ था। बस, एक दिन रात के समय मैं ऐसे स्थान पर पहुँची जहाँ नल टूटा हुआ था। मैं तुरंत उसमें होकर निकल भागी और पृथ्वी में समा गई। अंदर ही अंदर घूमते-घूमते इस बेर के पेड़ के पास पहुँची।" (*पृष्ठ 77-78*)

**प्रश्न** *(Set I)*–

**(क)** *प्रस्तुत गद्यांश में कौन-किससे कह रहा है?*

(ख) *सरिता में बूँद क्या करती थी?*

(ग) *नल से बूँद कैसे निकली?*

उत्तर–

(क) इस गद्यांश में बूँद स्वयं से ही कह रही है।

(ख) सरिता में बूँद दूसरी बूँदों के साथ मिलकर कभी भूमि को काटती और कभी पेड़ों को खोखला करती।

(ग) नल के टूटे हुए स्थान से बूँद बाहर निकली।

बहुविकल्पी प्रश्न *(Set II)*–

1. *सरिता से बूँद कहाँ पहुँची?*
   (क) एक नगर में (ख) सागर में
   (ग) पहाड़ों पर (घ) नल में
2. *नदी के तट पर क्या थी?*
   (क) बहुमंजिला इमारत (ख) नल
   (ग) ऊँची मीनार (घ) नगर की बड़ी सड़क
3. *बूँद नल में कैसे पहुँची?*
   (क) ऊँची मीनार से निकलती काली-काली हवा के द्वारा,
   (ख) मीनार से निकलती भाप देखते समय मोटे नल द्वारा खींच ली गई
   (ग) वह नल के टूटे स्थान से नल में पहुँची।
   (घ) इनमें से कोई नहीं।
4. *बूँद नल से बाहर कैसे आई?*
   (क) अपने भाइयों के धक्कों द्वारा (ख) नल के टूटे भाग से
   (ग) बेर के पेड़ से (घ) धरती से निकलकर
5. *नल से निकलकर बूंद कहाँ गई?*
   (क) पृथ्वी में समा गई (ख) बेर के पेड़ में घुस गई
   (ग) दुबारा नल में चली गई (घ) सरिता की ओर बढ़ गई

उत्तर– 1. (क) 2. (ग) 3. (ख) 4. (ख) 5. (क)

## 4. पाठ्यपुस्तक के प्रश्न-अभ्यास

(*पृष्ठ 78–80*)

*पाठ से*

**प्रश्न 1. लेखक को ओस की बूँद कहाँ मिली?**

उत्तर–लेखक को ओस की बूँद बेर की झाड़ी के पास मिली। जो अचानक ही उसके हाथ पर आ गई थी। वास्तव में वह बूँद सूर्योदय तक सहारा पाना चाहती थी।

**प्रश्न 2. ओस की बूँद क्रोध और घृणा से क्यों काँप उठी?**

उत्तर–बूँद का क्रोध व घृणा भाव पेड़ों के प्रति है क्योंकि पेड़ों की जड़ों के रोएँ बड़ी निर्दयता से आनंद से घूमने वाली बूँदों को बलपूर्वक अपनी ओर खींचकर स्वयं पल्लवित हो जाते हैं व उनका अस्तित्व मिटा देते हैं।

**प्रश्न 3. हाइड्रोजन और ऑक्सीजन को पानी ने अपना पूर्वज/पुरखा क्यों कहा?**

उत्तर–बूँद ने हद्रजन व ओषजन को अपने पूर्वज/पुरखे कहा क्योंकि एक जल कण में हद्रजन (हाइड्रोजन) व ओषजन (ऑक्सीजन) का ही मिश्रण होता है।

**प्रश्न 4.** ''पानी की कहानी'' **के आधार पर पानी के जन्म और जीवन-यात्रा का वर्णन अपने शब्दों में कीजिए।**

उत्तर–'पानी की कहानी' पाठ में बताया गया है कि पानी का जन्म हद्रजन (हाइड्रोजन) और ओषजन (ऑक्सीजन) से होता है। पहले पानी की बूँदें सूर्य के धरातल पर ही थीं। एक बार प्रचंड प्रकाश पिंड जो सूर्य से लाखों गुणा बड़ा था सूर्य

के समक्ष आ गया। उसकी आकर्षण शक्ति के कारण सूर्य का एक बड़ा भाग टूटकर कई टुकड़ों में विभाजित हो गया। एक टुकड़ा पृथ्वी बन गया। पहले तो यह ग्रह आग का गोला ही था। लेकिन धीरे-धीरे यह ठंडा हो गया और अरबों वर्ष पूर्व हद्रजन और ओषजन ने अपना प्रत्यक्ष अस्तित्व गँवाकर रासायनिक क्रिया द्वारा पानी को जन्म दिया।

अब ये पानी की बूँदें निरंतर सूर्य द्वारा भाप बनकर अपना अस्तित्व खो देती हैं और फिर वर्षा के रूप में बरसकर पानी का रूप धारण करती हैं।

प्रश्न 5. **कहानी के अंत और आरंभ के हिस्से को स्वयं पढ़कर देखिए और बताइए कि ओस की बूँद लेखक को आपबीती सुनाते हुए किसकी प्रतीक्षा कर रही थी?**

उत्तर–कहानी का अंत और आरंभ पढ़कर हम इसी नतीजे पर पहुँचते हैं कि ओस की बूँद लेखक को आपबीती सुनाते समय सूर्य की प्रतीक्षा कर रही थी। बूँद सूर्य का ताप पाते ही भाप बनकर उड़ना चाहती थी।

## *पाठ से आगे*

प्रश्न 1. **जलचक्र के विषय में जानकारी प्राप्त कीजिए और पानी की कहानी से तुलना करके देखिए कि लेखक ने पानी की कहानी में कौन-कौन सी बातें विस्तार से बताई हैं।**

उत्तर–जलचक्र का चित्र–

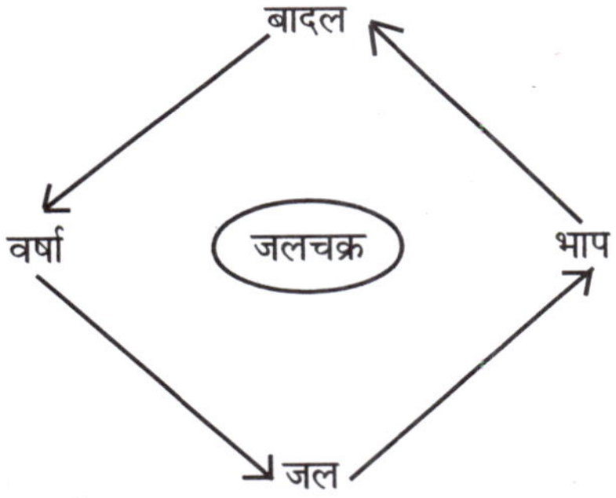


जलचक्र के चित्र से यह स्पष्ट होता है कि जल भाप बनकर बादल का रूप धारण करता है और बादल बरसकर फिर पानी के रूप में बदल जाते हैं।

इस पाठ में लेखक रामचंद्र तिवारी जी ने पानी का सूर्य के ताप में भाप बनकर बादल रूप में बदलने का वर्णन आंशिक अर्थात् बहुत कम किया है जबकि पानी के बनने, धरती के ऊपर व नीचे, सागर, सरिता व पेड़ों तथा चट्टानों में बूँदों के रूप में पानी का विस्तार से वर्णन किया है।

प्रश्न 2. ''पानी की कहानी'' पाठ में ओस की बूँद अपनी कहानी स्वयं सुना रही है और लेखक केवल श्रोता है। **इस आत्मकथात्मक शैली में आप भी किसी वस्तु का चुनाव करके कहानी लिखें।**

उत्तर–आप मिट्टी के कण की कहानी बना सकते हैं–जिसमें संकेत बिंदु इस प्रकार हैं–

1. मैं एक मिट्टी का कण।
2. हवा का चलना।
3. मेरे ऊपर मिट्टी के अनेक कणों का उड़ना।
4. आँधी पाकर आकाश की ऊँचाइयों तक जाना।
5. आकाश में विचरण करना।
6. धीरे-धीरे वापिस धरती पर आने का प्रयास।
7. हल्के हवा के झोंके के साथ उड़ते रहना।
8. एक पेड़ के साथ चिपक जाना।
9. तेज़ हवा का चलना।
10. हवा में उड़ते-उड़ते एक नदी को पार करना।
11. हवा का बंद होना।
12. मेरा धरातल पर आ जाना।
13. चैन की साँस लेना।
14. अपने मित्रों के साथ मिट्टी में मिलना।

प्रश्न 3. **समुद्र के तट पर बसे नगरों में अधिक ठंड और अधिक गरमी क्यों नहीं पड़ती?**

उत्तर–समुद्र के तट पर बसे नगरों में अधिक ठंड या अधिक गर्मी नहीं पड़ती क्योंकि वहाँ के वातावरण में सदा नमी होती है।

प्रश्न 4. **पेड़ के भीतर फव्वारा नहीं होता, तब पेड़ की जड़ों से पत्ते तक पानी कैसे पहुँचता है? इस क्रिया को वनस्पति शास्त्र में क्या कहते हैं? क्या इस क्रिया को जानने के लिए कोई आसान प्रयोग है? जानकारी प्राप्त कीजिए।**

**उत्तर**–पेड़ के भीतर फव्वारा नहीं होता, तब भी पेड़ की जड़ों से पत्ते तक पानी पहुँचता है क्योंकि पेड़ की जड़ों व तनों में जाइलम और फ्लोएम नामक वाहिकाएँ होती हैं जो पानी जड़ों से पत्तियों तक पहुँचाती हैं। इस क्रिया को 'संवहन' (ट्रांसपाइरेशन) कहते हैं।

'संवहन' की क्रिया को जानने का प्रयोग निम्नलिखित है–

एक काँच का बीकर लें। उसमें लाल रंग का पानी डालें। एक छोटा-सा पौधा उसमें रख दें। थोड़ी देर के बाद हम देखेंगे कि पौधे की जड़ों के माध्यम से लाल रंग ऊपर की ओर पौधे में जाता दिखाई देगा अर्थात् जाइलम व फ्लोएम वाहिकाएँ उसे जड़ से तने तक ले जाने का प्रयास करेंगी। यही विधि 'संवहन' है।

## *अनुमान और कल्पना*

**प्रश्न 1.** पानी की कहानी में लेखक ने कल्पना और वैज्ञानिक तथ्य का आधार लेकर ओस की बूँद की यात्रा का वर्णन किया है। ओस की बूँद अनेक अवस्थाओं में सूर्यमंडल, पृथ्वी, वायु, समुद्र, ज्वालामुखी, बादल, नदी और नल से होते हुए पेड़ के पत्ते तक की यात्रा करती है। **इस कहानी की भाँति आप भी लोहे अथवा प्लास्टिक की कहानी लिखने का प्रयास कीजिए।**

**उत्तर**–इसमें हम प्लास्टिक की कहानी लिख सकते हैं इस हेतु संकेत बिंदु निम्न रूप से हैं–

- रासायनिक पदार्थों से प्लास्टिक का बनना।
- कई प्रकार की वस्तुओं का निर्माण।
- वस्तुओं का घिस जाना।
- दुबारा पिघलकर प्लास्टिक बनना।
- फिर से नई वस्तुओं का निर्माण।
- इस प्रकार की प्रक्रिया का निरंतर चलते रहना।

**प्रश्न 2.** अन्य पदार्थों के समान जल की भी तीन अवस्थाएँ होती हैं। अन्य पदार्थों से जल की इन अवस्थाओं में एक विशेष अंतर यह होता है कि जल की तरल अवस्था की तुलना में ठोस अवस्था (बर्फ) हलकी होती है। **इसका कारण ज्ञात कीजिए।**

**उत्तर**–जल की तीन अवस्थाएँ होती हैं

ठोस ⟶ द्रव ⟶ गैस

ठोस अवस्था हल्की होती है क्योंकि इसका घनत्व कम होता है। इसी कारण बर्फ़ पानी में तैरती है। सभी तरल पदार्थों में ऐसी प्रक्रिया केवल जल में ही होती है।

**प्रश्न 3. पाठ के साथ केवल पढ़ने के लिए दी गई पठन-सामग्री** 'हम पृथ्वी की संतान!' **का सहयोग लेकर पर्यावरण संकट पर एक लेख लिखें।**

**उत्तर**–

### पर्यावरण संकट

पर्यावरण अर्थात् एक ऐसा आवरण जो हमें चारों ओर से ढके हुए है। पूरी प्रकृति विशाल पारिस्थितिकी तंत्र है। मनुष्य के जीवन में धरती, आकाश, नदियाँ, पेड़-पौधे, हवा, जल, खनिज पदार्थ सभी अपना विशेष महत्त्व रखते हैं। लेकिन मनुष्य केवल अपने स्वार्थ से प्रेरित रहता है। वह इन सब साधनों का प्रयोग तो करता है लेकिन इनकी सुरक्षा व सुंदरता की ओर कोई कर्तव्य नहीं निभाता।

आज विश्व की सभी प्रसिद्ध नदियाँ गंगा, यमुना, नर्मदा, राइन, सीन, मास, टेम्स आदि पूर्णतया प्रदूषित हो चुकी हैं। पृथ्वी के ऊपर ओजोन गैस की मोटी परत जो हमारा रक्षा कवच है वह भी खतरे में पड़ी है। इसीलिए सूर्य का ताप धरती की ओर बढ़ता जा रहा है। ग्लोबल वार्मिंग (पृथ्वी का तापमान) बढ़ने से छोटे-बड़े द्वीप व महाद्वीपों के तटीय क्षेत्रों के डूब जाने का खतरा बढ़ता जा रहा है। प्राकृतिक आपदाएँ जैसे भूचाल, तूफ़ान आदि बढ़ते जा रहे हैं। बेवक्त बरसातें व गर्मियों में अधिक गर्मी, सर्दियों में अधिक सर्दी भी पर्यावरण प्रदूषण के कारण हैं।

यह पूरे विश्व हेतु चिंता का विषय है। इसलिए पूरे विश्व में वायु, ध्वनि, जल व संपूर्ण पृथ्वी को प्रदूषित होने से बचाने

हेतु प्रयास जारी है। इसी हेतु 'पर्यावरण दिवस' व 'पृथ्वी सम्मेलन' जैसे कार्यक्रमों का आयोजन किया जाता है जिसका मुख्य उद्देश्य है 'पृथ्वी को बचाओ'।

आज सभी का यह कर्तव्य बनता है कि राष्ट्र सीमाओं के बंधनों में न रहकर पूरे विश्व के पर्यावरण को स्वच्छ बनाने का प्रयास किया जाए। हमें यह नहीं भूलना चाहिए कि जीवन यापन की सभी आवश्यकताएँ यह धरती हमें प्रदान करती है। हमें आत्मरक्षा हेतु पृथ्वी की रक्षा करनी होगी। 'भूमि माता है और हम पृथ्वी की संतान' इस कथन को चरितार्थ करना होगा।

### *भाषा की बात*

प्रश्न 1. किसी भी **क्रिया** को संपन्न अथवा पूरा करने में जो भी संज्ञा आदि शब्द संलग्न होते हैं, वे अपनी अलग-अलग भूमिकाओं के अनुसार अलग-अलग **कारकों** में वाक्य में दिखाई पड़ते हैं; जैसे—"वह हाथों से शिकार को जकड़ लेती थी।"

**जकड़ना** क्रिया तभी संपन्न हो पाएगी जब कोई व्यक्ति **( वह )** जकड़नेवाला हो, कोई वस्तु **( शिकार )** हो जिसे जकड़ा जाए। इन भूमिकाओं की प्रकृति अलग-अलग है। व्याकरण में ये भूमिकाएँ कारकों के अलग-अलग भेदों; जैसे—कर्ता, कर्म, करण आदि से स्पष्ट होती हैं।

**अपनी पाठ्यपुस्तक से इस प्रकार के पाँच और उदाहरण खोजकर लिखिए और उन्हें भलीभाँति परिभाषित कीजिए।**

उत्तर—छात्र स्वयं करें।

## 5. अन्य महत्त्वपूर्ण परीक्षोपयोगी प्रश्नोत्तर

### *लघु प्रश्नोत्तर*

प्रश्न 1. लेखक ने पानी की कहानी किसके माध्यम से दर्शायी है?

उत्तर—लेखक ने पानी की कहानी एक बूँद के माध्यम से दर्शायी है।

प्रश्न 2. बूँद लेखक की कलाई से हाथ पर क्यों सरक गई?

उत्तर—बूँद लेखक की कलाई से हाथ पर रक्षा पाने हेतु सरकी।

प्रश्न 3. बूँद को किसका इंतजार था? और क्यों?

उत्तर—बूँद को सूर्य का इंतजार था क्योंकि सूर्य के ताप से भाप बनकर वह ऊपर की ओर उड़ना चाहती थी।

प्रश्न 4. बूँद के मन में पेड़ों के प्रति घृणा क्यों थी?

उत्तर—बूँद के मन में पेड़ों के प्रति घृणा थी क्योंकि पेड़ों की जड़ों के रोएँ बूँद को अपनी ओर खींच लेते थे। फिर कुछ को तो पेड़ एकदम खा जाते हैं व अधिकांश से खनिज पदार्थ छीनकर उन्हें बाहर निकाल देते हैं अर्थात् दोनों ही परिस्थितियों में बूँदों का जीवन नष्ट हो जाता है।

प्रश्न 5. बूँद का निर्माण किन रसायन पदार्थों से होता है?

उत्तर—बूँद का निर्माण हद्रजन (हाइड्रोजन) और ओषजन दो रासायनिक पदार्थों के मेल से होता है।

प्रश्न 6. बूँद ने अपना वंशज किन्हें बताया? वे पहले कहाँ निवास करते थे?

उत्तर—बूँद ने अपना वंशज हद्रजन (हाइड्रोजन) व ओषजन (ऑक्सीजन) को बताया। वे पहले सूर्य पर निवास करते थे।

प्रश्न 7. पृथ्वी का निर्माण कैसे हुआ?

उत्तर—जब 'प्रचंड प्रकाश पिंड' के प्रभाव से सूर्य का एक भाग टूटकर कई टुकड़ों में विभाजित हो गया तो उसी का एक भाग पृथ्वी में बदल गया।

प्रश्न 8. सूर्य का एक भाग जब पृथ्वी के रूप में परिवर्तित हुआ तो उसमें क्या परिवर्तन आया?

उत्तर—सूर्य का एक भाग जब पृथ्वी के रूप में परिवर्तित हुआ तो वह तेज़ आग का गोला था लेकिन धीरे-धीरे ठंडा होने पर यह बर्फ़ में बदल गया।

**प्रश्न 9. बर्फ़ का सौंदर्य कैसे खिल उठता और क्यों?**

**उत्तर**–बर्फ़ का सौंदर्य सूर्य की किरणें उन पर पड़ने से खिल उठता था। जब सूर्य की पीली किरणें सफ़ेद बर्फ़ पर पड़ती तो सुनहरी आभा देती थी।

**प्रश्न 10. बूँद समुद्र के पानी में कैसे मिली?**

**उत्तर**–बूँद कई मास तक समुद्र में इधर-उधर घूमती रही। एक दिन बूँद की गर्म धारा से भेंट हो गई। धारा के जलते अस्तित्व को ठंडक पहुँचाने हेतु बूँद ने उसकी गरमी सोखनी चाही लेकिन वह स्वयं गरमी से पिघल गई और समुद्र के जल में विलीन हो गई।

**प्रश्न 11. ज्वालामुखी के फटने का दृश्य किस प्रकार दर्शाया गया है?**

**उत्तर**–बूँद ने लेखक को अपनी आप बीती बताते हुए कहा कि वह पृथ्वी के भीतर एक ऐसे स्थान पर पहुँची जो रह-रह कर हिल रहा था। जिसमें एकदम बड़ी ज़ोर से धड़ाका हुआ और धरती फट गई। उसमें से धुआँ, रेत, पिघली धातुएँ तथा लपटें निकलने लगीं।

**प्रश्न 12. रेत कैसे निर्मित होती है?**

**उत्तर**–जब नदियों का जल पर्वतों के एक पत्थर से दूसरे पत्थर पर तेजी से गिरता है तो पत्थर पानी से रगड़ खाकर घिसते हैं ये घिसे हुए कण ही रेत कहलाते हैं।

**प्रश्न 13. बूँद की सरिता में मिलने की इच्छा क्यों थी?**

**उत्तर**–बूँद की सरिता में मिलने की इच्छा थी क्योंकि वह समतल भूमि का आनंद लेना चाहती थी।

**प्रश्न 14. बूँद को सरिता का अंश बनने के दिन क्यों मज़े के लगते थे?**

**उत्तर**–बूँद को सरिता के दिन मज़े के लगे क्योंकि इस रूप में भूमि को काटना व पेड़ों को खोखला करना उसे बहुत अच्छा लगता था।

## *दीर्घ प्रश्नोत्तर*

**प्रश्न 15. *'प्रचंड प्रकाश पिंड'* का सूर्य पर क्या प्रभाव पड़ा?**

**उत्तर**–'प्रचंड प्रकाश पिंड' जब सूर्य की ओर बढ़ रहा था तो ऐसा आभास हुआ कि सूर्य इससे टकराकर चूर्ण ही हो जाएगा। लेकिन प्रकाश पिंड सूर्य से हजारों मील पहले ही घूम गया। उसकी भीषण आकर्षण शक्ति से सूर्य का एक भाग टूटकर उसके पीछे चला गया। अधिक खिंचाव न सँभाल पाने के कारण यह भाग कई टुकड़ों में विभाजित हो गया।

**प्रश्न 16. समुद्र में बूँद ने किन-किन चीज़ों को देखने का आनंद प्राप्त किया?**

**उत्तर**–समुद्र में बूँद ने अपने भाई-बांधव, धीरे-धीरे रेंगने वाले जीव, जालीदार मछलियाँ, कई-कई मन भारी कछुए, हाथों वाली मछलियाँ, प्रकाश देने वाली मछली, कई घाटियाँ, पहाड़ियाँ, छोटे ठिंगने, मोटे पत्तों वाले पेड़ व नाना प्रकार के निपट अंधे व महा आलसी जीव देखने का आनंद प्राप्त किया। बूँद ने पृथ्वी के भीतर ऐसे स्थान का वर्णन किया है जो ठोस नहीं था वहाँ बूँद ने बड़ी-बड़ी लाल-पीली चट्टानें देखीं व नाना प्रकार की ऐसी धातुएँ देखीं जो इधर-उधर बह रही थीं।

☞ **प्रश्न 17. जल को जीवन की संज्ञा क्यों दी गई है?**

**उत्तर**–जल को जीवन की संज्ञा दी गई है क्योंकि जल के बिना पूरे प्राणी जगत का जीवन शून्य है। जल के बिना हमारे जीवन की कोई भी जरूरत पूरी नहीं हो सकती। पीने, खेती करने, बिजली बनाने, घरेलू कार्य सभी के लिए जल की आवश्यकता पड़ती है। लेकिन मनुष्य अपने स्वार्थ के लिए जल को प्रदूषित करता है नदियाँ जो जल का भंडार है उनमें कूड़ा डालना, नालों व गंदे पानी का रूख उनकी ओर मोड़ना आदि कार्य करके, अपना ही अहित करता है। यदि हमने जल को स्वच्छ न रखा तो आने वाले समय में धरती पर 3/4 भाग पानी होने पर भी हमें पीने हेतु पानी नहीं मिल पाएगा। इसलिए हमें चाहिए कि जल को एक अमूल्य निधि मान कर उसके संरक्षण का पूरा ध्यान रखें।

# 13 बाज और साँप

*निर्मल वर्मा*

इस कहानी में लेखक ने वीरता और कायरता के भाव दर्शाने हेतु साँप और बाज को प्रतीक बनाया है।

## 1. पाठ का सार

**साँप का निवास**–समुद्र के किनारे ऊँचे पर्वत की एक ऊपरी गुफा में एक साँप रहता था।

**गुफा के आसपास का वातावरण**–गुफा के पास की चट्टानों पर बार-बार समुद्री लहरें आकर टकराती थीं। पर्वत की अंधेरी घाटियों में एक नदी भी बहती थी। नदी बड़े तेज़ वेग से समुद्र की ओर जाती थी। जिस जगह पर नदी और समुद्र का मिलाप होता था वहाँ लहरें दूध के समान सफ़ेद झाग बनाती थीं।

**साँप की सीमित दायरे में संतुष्टि**–साँप अपनी इस गुफा में बड़ी प्रसन्नता से रहता था। वह सोचता था कि लहरों का गर्जन, आकाश में छिपती हुई पहाड़ियाँ, टेढ़ी-मेढ़ी बल खाती हुई नदी की गुस्से भरी आवाजें आदि होते हुए भी वह इस गुफा में सुरक्षित है। उसे कोई दुख नहीं दे सकता। वह अपनी गुफा का स्वामी है। न किसी से कुछ लेना न किसी को कुछ देना। दुनिया की भाग-दौड़, छीना-झपटी से दूर रह कर वह बड़ा सुखी है।

**घायल बाज का गुफा में आ गिरना**–एक दिन अचानक साँप की गुफा में खून से लथपथ एक घायल बाज आ गिरा। वह पंखों को फड़फड़ाता हुआ धरती पर लोटने लगा। साँप पहले तो उसे देखकर डर गया लेकिन जल्दी ही साँप ने भाँप लिया कि वह घायल है, उसका कुछ नहीं बिगाड़ सकता इसलिए इससे डरना व्यर्थ है।

**साँप का बाज के पास जाना**–साँप ने बाज के पास जाकर पूछा कि इतनी जल्दी मरने की तैयारी क्यों कर ली?

**बाज द्वारा मृत्यु से न डरते हुए अपने जीवन के बारे में बताना**–बाज ने लंबी साँस भरकर कहा कि लगता है अंतिम समय पास है, लेकिन मुझे अपने जीवन से कोई शिकायत नहीं है। मैंने अपने जीवन का खूब आनंद उठाया है। आकाश की असीम ऊँचाइयों को मैंने अपने पंखों से नापा है।

**बाज की साँप को चुनौती**–बाज साँप को चुनौती देता है कि तुम्हारा बहुत दुर्भाग्य है कि तुम जीवन-भर आकाश में उड़ने का सुख न भोग सके।

**साँप की सोच**–साँप बाज से कहता है कि आकाश से उसे क्या लेना है। वह आकाश में रेंग तो सकता नहीं। उसे अपनी गुफा ही आरामदेह व सुरक्षित लगती है।

**साँप की दार्शनिकता**–साँप दार्शनिक भाव से सोचता है कि उड़ने और रेंगने में कौन-सा भारी अंतर है अंत में तो सबको मरना ही है। सबका शरीर इस धरती की मिट्टी में ही विलीन हो जाना है।

**बाज द्वारा साँप की गुफा का निरीक्षण**–बाज ने अपना सिर उठाकर साँप की गुफा के चारों ओर दृष्टि घुमाई तो देखा कि चट्टानों की दरारों से गुफा में पानी टपक रहा था। पूरी गुफा सीलन और अंधेरे में डूबी थी। भयानक दुर्गंध चारों ओर फैली थी। उसे साँप को देखकर ऐसा लगा कि जैसे वर्षों से पड़ी कोई चीज़ सड़ रही हो।

**बाज की उड़ने की इच्छा**–बाज उड़ने में पूर्ण असमर्थ था लेकिन फिर भी उसके मन में यह चाह थी कि मरने से पूर्व एक बार आकाश की ऊँचाइयों को छू आए। वह स्वतंत्रता से रहना ही पसंद करता था।

**साँप के मन में उड़ने की इच्छा जागृत होना**–बाज की ऐसी इच्छा को देखकर साँप भी एक बार विचलित हो उठा कि वह भी उड़े और देखे कि इस उड़ने का क्या आनंद है।

**साँप का बाज को उत्साहित करना**–साँप ने बाज की उड़ने की इच्छा को पूरा करने के लिए उसे उत्साहित किया कि वह चट्टान के किनारे तक जाए। शायद उसके पैरों की शक्ति उसे आकाश में उड़ा सके। उसे प्रयत्न अवश्य करना चाहिए।

**बाज में नई आशा जागना**–साँप द्वारा उत्साहित करने पर बाज में नई शक्ति व आशा का संचार हो गया। वह अपने घायल शरीर को घसीटता हुआ चट्टान तक पहुँचा। खुला आकाश देखकर उसकी आँखें चमक उठीं। उसने एक गहरी, लंबी साँस ली और पंख फैलाकर हवा में कूद पड़ा।

**बाज की जीवन लीला समाप्त होना**–बाज अपनी जिजीविषा के कारण आकाश की ऊँचाइयों को पाने तो चला था लेकिन उसके टूटे पंखों में इतनी शक्ति नहीं थी कि उसके शरीर का बोझ संभाल सकें। उसका शरीर लुढ़कता हुआ नदी में आ गिरा। एक लहर ने उसके पंखों के खून को धो डाला और उसके शरीर को झाग से ढक दिया। फिर लहरें बाज को अपने–आप में समेट कर सागर की ओर ले गईं।

**लहरों द्वारा बाज की वीरता का स्वागत**–लहरों ने बाज की वीरता का आगे बढ़कर स्वागत किया इसीलिए तो वे उसे असीम सागर की ओर ले गईं।

**साँप का बेचैन हो उठना**–बाज की आकाश में उड़ने की अपार इच्छा को देखकर साँप बेचैन हो उठा। उसके मन में भी यह विचार आया कि आकाश की असीम शून्यता में ऐसा क्या आकर्षण है कि बाज ने प्राण तक गँवा दिए। साँप भी आकाश के रहस्य को जानने हेतु बेचैन हो उठा। उसके मन में यही विचार आने लगा कि वह भी उड़कर देखे कि आकाश में क्या है?

**साँप का आकाश में उड़ना**–साँप ने भी अपने शरीर को सिकोड़ा और आगे की ओर रेंगकर अपने को आकाश की शून्यता में छोड़ा अर्थात् उड़ने का प्रयास किया। परंतु वह तो रेंगने वाला प्राणी था चाहते हुए भी उड़ न पाया, धप्प से चट्टानों पर गिर गया।

**साँप का पक्षियों को मूर्ख कहना**–साँप को उड़ना न भाया। वह पक्षियों को मूर्ख कहने लगा। उसने धरती के सुख को सबसे उत्तम माना। अपनी खोखल अर्थात् गुफा ही उसे सबसे अच्छी लगी जिसमें वह स्वच्छंद है, अपनी मरज़ी से अपना जीवन व्यतीत करता है। उसे आकाश में कुछ भी मनपसंद न लगा न शरीर संभालने हेतु कोई स्थान, न वहाँ छत, न दीवारें, न रेंगने हेतु ज़मीन।

साँप को बाज अभागा लगने लगा जो आज़ादी प्राप्त करने हेतु प्राण गँवा बैठा।

**लहरों द्वारा बाज की प्रशंसा के गीत गाना**–साँप ने अचानक सुना कि चट्टानों के नीचे से एक मधुर, रहस्यमय गीत की आवाज़ आ रही थी। लहरों के गीत का भाव था कि जो जान हथेली पर रखकर अर्थात् प्राणों की परवाह न करते हुए आगे की ओर वीरता से बढ़ते हैं, जिंदगी की हर मुश्किल का सामना बहादुरी से करते हैं उनका सभी यशगान करते हैं। यह गीत भी बाज के लिए था।

**साहस और वीरता का प्रतीक बाज**–लहरों का कहना था कि निडर बाज ने शत्रुओं से लड़ते हुए अपना खून बहाया है। वह सदा अमर रहेगा जब भी साहस और वीरता के गीत गाए जाएँगे तो बाज का नाम बड़े गर्व व श्रद्धा से लिया जाएगा।

**बाज का लोगों को संदेश**–बाज ने मरकर लोगों को यही संदेश देना चाहा कि मनुष्य को साहसी और बहादुर बनकर जीवन में स्वतंत्रता और प्रकाश हेतु संघर्ष करना चाहिए।

## 2. शब्दार्थ और टिप्पणी

*पृष्ठ 84*

**गर्जन**–गरजना/तेज़ आवाज़ करना। **लथपथ**–सना हुआ। **अंतिम साँसें गिनना**–आखिरी घड़ी।

*पृष्ठ 85*

**असीम**–जिसकी सीमा न हो। **दुर्भाग्य**–बुरा भाग्य। **आरामदेह**–आराम देने वाला। **मूर्खता**–बेवकूफ़ी। **दृष्टि**–नज़र। **भयानक**–बहुत अधिक डरावना। **दुर्गंध**–बदबू।

*पृष्ठ 86*

**करुण**–दुखभरी। **सिटपिटा-सा**–हैरान होना। **वियोग**–अलग होना। **व्याकुल**–बेचैन। **दूने**–दुगुना। **आँखें चमक उठना**–नई आशा जागृत होना। **सिर धुनना**–पछताना। **आँखों से ओझल होना**–नज़रों से दूर हो जाना। **शून्यता**–खाली। **रहस्य**–भेद।

*पृष्ठ 87*

**बिजली की लकीर-सा चमकना**–बहुत पतले स्वरूप में क्षणभर के लिए दिखना। **डींगें हाँकना**–शेखियाँ मारना। **स्वच्छंदता**–स्वतंत्रता। **प्राणों को खतरे में डालना**–मृत्यु को बुलावा देना। **आश्चर्य का ठिकाना न रहना**–बहुत हैरानी होना।

*पृष्ठ 88*

**प्राणों को हथेली पर रखे घूमना**–जान की परवाह न करना। **स्वतंत्रता**–आज़ादी। **प्रकाश**–रोशनी। **श्रद्धा**–अपने से बड़े या विद्वान आदि के प्रति उत्पन्न होने वाला आदरभाव।

## 3. अर्थग्रहण संबंधी एवं बहुविकल्पी प्रश्नोत्तर

*नीचे लिखे गद्यांशों को पढ़िए और पूछे गए प्रश्नों के उत्तर दीजिए–*

**1** अपनी गुफा में बैठा हुआ साँप सब कुछ देखा करता–लहरों का गर्जन, आकाश में छिपती हुई पहाड़ियाँ, टेढ़ी-मेढ़ी बल खाती हुई नदी की गुस्से से भरी आवाज़ें। वह मन ही मन खुश होता था कि इस गर्जन-तर्जन के होते हुए भी वह सुखी और सुरक्षित है। कोई उसे दुख नहीं दे सकता। सबसे अलग, सबसे दूर, वह अपनी गुफा का स्वामी है। न किसी से लेना, न किसी से देना। दुनिया की भाग-दौड़, छीना-झपटी से वह दूर है। साँप के लिए यही सबसे बड़ा सुख था। (*पृष्ठ 84*)

**प्रश्न** *(Set I)*–

(क) *लेखक और पाठ का नाम बताइए।*

(ख) *साँप गुफा में बैठा-बैठा क्या देखा करता था?*

(ग) *वह मन ही मन खुश क्यों होता था?*

**उत्तर**–

(क) *लेखक* – निर्मल वर्मा
*पाठ* – बाज और साँप

(ख) साँप गुफा में बैठा हुआ लहरों का गर्जन, आकाश में छिपती हुई पहाड़ियाँ, टेढ़ी-मेढ़ी चाल से चलती नदी की तेज़ आवाजें सुना करता था।

(ग) वह मन ही मन इसलिए खुश होता था कि गुफा के आस-पास तेज़ गर्जन-तर्जन के होते हुए भी वह पूर्णतया सुखी व सुरक्षित है। उसे कोई दुख नहीं दे सकता। वह अपनी गुफा का स्वामी है।

**बहुविकल्पी प्रश्न** *(Set II)*–

1. *साँप गुफा में बैठा-बैठा क्या करता था?*
   (क) लहरों का गर्जन, आकाश में छिपती हुई पहाड़ियाँ, टेढ़ी-मेढ़ी चाल से नदी की तेज आवाजें सुनता था।
   (ख) नदी की तेज लहरों को निहारता था।
   (ग) गुफा में आराम करता था।
   (घ) हरदम किसी-न-किसी के आने का इंतजार करता था।
2. *उसके मन में किस बात की खुशी थी?*
   (क) गुफा के आसपास तेज गर्जन-तर्जन के होते हुए भी वह पूर्णतया सुरक्षित था।
   (ख) उसे कोई दुख नहीं दे सकता था।
   (ग) वह अपनी गुफा का स्वामी था।
   (घ) दिए गए सभी।
3. *साँप का जीवन कैसा बीत रहा था?*
   (क) एकदम शांत (ख) दुनिया की भाग-दौड़ और छीना झपटी से दूर
   (ग) अकेलेपन से (घ) इनमें से कोई नहीं।

4. *गुफा में रहते हुए साँप कैसा जीवन बिता रहा था?*
(क) कायरों की भाँति (ख) आरामदायक (ग) आलसीपन का (घ) दिए गए सभी

**उत्तर–** 1. (क) 2. (घ) 3. (ख) 4. (घ)

**2** आकाश में उड़ता हुआ खून से लथपथ एक बाज साँप की उस गुफा में आ गिरा। उसकी छाती पर कितने ही ज़ख्मों के निशान थे, पंख खून से सने थे और वह अधमरा-सा ज़ोर-शोर से हाँफ रहा था। ज़मीन पर गिरते ही उसने एक दर्द भरी चीख मारी और पंखों को फड़फड़ाता हुआ धरती पर लोटने लगा। डर से साँप अपने कोने में सिकुड़ गया। किंतु दूसरे ही क्षण उसने भाँप लिया कि बाज जीवन की अंतिम साँसें गिन रहा है और उससे डरना बेकार है। यह सोचकर उसकी हिम्मत बँधी और वह रेंगता हुआ उस घायल पक्षी के पास जा पहुँचा। उसकी तरफ़ कुछ देर तक देखता रहा, फिर मन ही मन खुश होता हुआ बोला–''क्यों भाई, इतनी जल्दी मरने की तैयारी कर ली?'' (*पृष्ठ 84-85*)

**प्रश्न** *(Set I)*–

**(क)** *आकाश में उड़ता हुआ बाज कहाँ और किस स्थिति में गिरा?*

**(ख)** *बाज की हालत कैसी थी?*

**(ग)** *साँप की हिम्मत कैसे बँधी, उसने बाज से क्या कहा?*

**उत्तर–**

(क) आकाश में उड़ता हुआ बाज घायल अवस्था में साँप की गुफा में आ गिरा।

(ख) बाज की छाती पर ज़ख्मों के निशान थे, पंख खून से सने हुए और वह अधमरी अवस्था में हाँफ रहा था।

(ग) साँप ने जब यह भाँप लिया कि बाज अंतिम साँसें गिन रहा है तो साँप की उसके पास जाने की हिम्मत बँध गई। फिर उसके पास जाकर मन-ही-मन खुश होकर साँप ने उसे कहा–''क्यों भाई, इतनी जल्दी मरने की तैयारी कर ली?''

**बहुविकल्पी प्रश्न** *(Set II)*–

1. *आकाश में उड़ता हुआ बाज कहा गिरा?*
(क) साँप की गुफा में (ख) नदी में (ग) गुफा के बाहर (घ) ऊँची चट्टान पर

2. *बाज जब गिरा तो किस स्थिति में था?*
(क) घायल (ख) स्वस्थ (ग) बेहोश (घ) मृत

3. *साँप कोने में क्यों सिकुड़ा?*
(क) बाज से डरकर (ख) ठंड के कारण
(ग) गुफा के टूटने के कारण (घ) वर्षा की बौछारों के कारण

4. *साँप की हिम्मत कैसे बंधी, उसने बाज से क्या कहा?*
(क) जब उसे पता चला कि बाज मरने वाला है तो उसने उससे कहा कि इतनी जल्दी मरने की तैयारी कर ली।
(ख) जब बाज ने उसे मित्र कहा तो उसने बाज को अपने पास बैठने को कहा।
(ग) जब बाज ने उसे सहायता के लिए कहा तो साँप ने उसे नदी में अपने घाव धोने को कहा
(घ) इनमें से कोई नहीं

**उत्तर–** 1. (क) 2. (क) 3. (क) 4. (क)

**3** मेरी ज़िंदगी भी खूब रही भाई, जी भरकर उसे भोगा है। जब तक शरीर में ताकत रही, कोई सुख ऐसा नहीं बचा जिसे न भोगा हो। दूर-दूर तक उड़ानें भरी हैं, आकाश की असीम ऊँचाइयों को अपने पंखों से नाप आया हूँ। तुम्हारा बड़ा दुर्भाग्य है कि तुम ज़िंदगी भर आकाश में उड़ने का आनंद कभी नहीं उठा पाओगे। (*पृष्ठ 85*)

**प्रश्न** *(Set I)*–

**(क)** *बाज को अपनी ज़िंदगी से किसी प्रकार की कोई शिकायत क्यों नहीं है?*

**(ख)** *बाज साँप को दुर्भाग्यशाली क्यों कहता है?*

**(ग)** *साँप उड़ने में असमर्थ क्यों है?*

**उत्तर–**

(क) बाज को अपनी ज़िंदगी से किसी प्रकार की शिकायत नहीं क्योंकि उसने अपने जीवन को जी भर भोगा था। दूर-दूर तक उड़ानें भरी थीं व आकाश की असीम ऊँचाइयों को अपने पंखों से नापा था, इसलिए वह पूर्णतया संतुष्ट थ।

(ख) साँप एक बंद कोठरी में अपने आप कायम की गई पराधीनता में कैद था। खुले आकाश में उड़कर स्वतंत्र जीवन जीने की अहमियत को नहीं जानता था इसलिए बाज ने उसे दुर्भाग्यशाली कहा।

(ग) एक कारण तो यह था कि साँप को उड़ने की शक्ति प्रदान करने वाले पंख ईश्वर ने नहीं दिए थे, दूसरा उसके मन में गुफा से बाहर की दुनिया देखने की चाह भी नहीं थी।

**बहुविकल्पी प्रश्न** *(Set II)*–

1. *कौन किससे अपने विचार कह रहा है?*
   (क) साँप बाज को (ख) बाज साँप को (ग) नदी बाज को (घ) गुफा साँप को
2. *बाज अपनी जिंदगी से खुश क्यों था?*
   (क) उसने अपने जीवन को जी भरकर भोगा था।
   (ख) दूर-दूर तक उड़ानें भरी थीं।
   (ग) आकाश की असीम ऊँचाइयों को अपने पंखों से नापा था।
   (घ) दिए गए सभी।
3. *बाज को साँप दुर्भाग्यशाली क्यों लगा?*
   (क) क्योंकि साँप एक बंद कोठरी में अपने-आप कायम की गई पराधीनता में कैद था।
   (ख) क्योंकि साँप डरपोक बन गया था।
   (ग) साँप ने जीवन में किसी से संपर्क नहीं रखा था।
   (घ) साँप ने गुफा से बाहर की दुनिया को न परखा था।
4. *साँप ने जीवन भर कौन-सा आनंद न लिया?*
   (क) पानी में तैरने का (ख) आकाश में उड़ने का
   (ग) जंगलों में घूमने का (घ) किसी के साथ बात करने का

**उत्तर–** 1. (ख) 2. (घ) 3. (क) 4. (ख)

**4** आकाश! आकाश को लेकर क्या मैं चाटूँगा! आकाश में आखिर रखा क्या है? क्या मैं तुम्हारे आकाश में रेंग सकता हूँ। ना भाई, तुम्हारा आकाश तुम्हें ही मुबारक, मेरे लिए तो यह गुफा भली। इतनी आरामदेह और सुरक्षित जगह और कहाँ होगी?"

साँप मन ही मन बाज की मूर्खता पर हँस रहा था। वह सोचने लगा कि आखिर उड़ने और रेंगने के बीच कौन-सा भारी अंतर है। अंत में तो सबके भाग्य में मरना ही लिखा है–शरीर मिट्टी का है, मिट्टी में ही मिल जाएगा। *(पृष्ठ 85)*

**प्रश्न** *(Set I)*–

***(क)*** *उपर्युक्त गद्यांश के आधार पर बताइए कि साँप किस प्रवृत्ति का प्राणी है?*
***(ख)*** *साँप ने बाज़ को मूर्ख क्यों समझा?*
***(ग)*** *साँप की दार्शनिकता किन बातों में झलकती है?*

**उत्तर–**

(क) साँप आलसी और आराम प्रस्त जीवन जीने वाला प्राणी है यही कारण है कि बाज़ ने जब उसे उड़ने के लिए कहा तो उसने कोई रुचि न दिखाई। वह गुफा में रहना ही पसंद करता है।

(ख) जब बाज ने साँप को अपना उत्साह उड़ने में बताया और उड़ना ही जीवन है यह समझाना चाहा तो साँप ने उसे मूर्ख माना।

(ग) साँप की दार्शनिकता तब झलकती है जब वह यह सोचता है कि चाहे कोई प्राणी आकाश में उड़े या कोई ज़मीन पर रेंगे लेकिन अंत में दोनों का जीवन समाप्त होना ही है। मिट्टी से निर्मित शरीर मिट्टी में ही मिल जाना है।

**बहुविकल्पी प्रश्न** *(Set II)*–

1. *यह कथन कौन किससे कह रहा है?*
   (क) लेखक स्वयं से (ख) बाज़ साँप से (ग) साँप बाज से (घ) लेखक साँप से
2. *साँप गुफा में ही क्यों खुश है?*
   (क) उसमें आगे बढ़ने की ताकत नहीं। (ख) वह आरामदेह जीवन जीना चाहता है।
   (ग) उसे गुफा से बाहर निकलना नहीं आता। (घ) वह आशावादी है।
3. *साँप बाज के किस विचार को मूर्खतापूर्ण मानता है?*
   (क) रेंगने को
   (ख) गुफा में न रहने को
   (ग) उड़कर आकाश की ऊचाइयाँ छूने को
   (घ) इनमें से कोई नहीं
4. *साँप के विचारों में किसकी झलक दिखाई देती है?*
   (क) आध्यात्मिकता (ख) दार्शनिकता
   (ग) धार्मिकता (घ) सामाजिकता

**उत्तर**– 1. (ग) 2. (ख) 3. (ग) 4. (ख)

**5** बाज की ऐसी करुण चीख सुनकर साँप कुछ सिटपिटा-सा गया। एक क्षण के लिए उसके मन में उस आकाश के प्रति इच्छा पैदा हो गई जिसके वियोग में बाज इतना व्याकुल होकर छटपटा रहा था। उसने बाज से कहा–"यदि तुम्हें स्वतंत्रता इतनी प्यारी है तो इस चट्टान के किनारे से ऊपर क्यों नहीं उड़ जाने की कोशिश करते। हो सकता है कि तुम्हारे पैरों में अभी इतनी ताकत बाकी हो कि तुम आकाश में उड़ सको। कोशिश करने में क्या हर्ज़ है?"

बाज में एक नयी आशा जग उठी। वह दूने उत्साह से अपने घायल शरीर को घसीटता हुआ चट्टान के किनारे तक खींच लाया। खुले आकाश को देखकर उसकी आँखें चमक उठीं। उसने एक गहरी, लंबी साँस ली और अपने पंख फैलाकर हवा में कूद पड़ा। (पृष्ठ *86*)

**प्रश्न** *(Set I)*–

**(क)** *बाज की करुण चीख क्यों फूटी थी?*
**(ख)** *साँप के मन में एकाएक क्या इच्छा उत्पन्न हुई? उसने बाज को क्या सलाह दी?*
**(ग)** *साँप बाज का उत्साह क्यों बढ़ा रहा था?*

**उत्तर**–

(क) घायल होने पर बाज जब उड़ न पाया तो उसकी करुण चीख फूटी क्योंकि उसके लिए उड़ न पाना असहनीय था।

(ख) बाज की आकाश में उड़ने की व्याकुलता को देखकर साँप के मन में भी–आकाश में उड़ने की इच्छा उत्पन्न हुई। उसने बाज को सलाह दी कि यदि तुम्हें स्वतंत्रता इतनी प्रिय है तो इस चट्टान के किनारे से ऊपर उड़ जाने की कोशिश क्यों नहीं करते। हो सकता है कि तुम उड़ सको।

(ग) बाज की आकाश के प्रति छटपटाहट देखकर साँप बाज का उत्साह बढ़ा रहा था।

**बहुविकल्पी प्रश्न** *(Set II)*–

1. *बाज की करुण चीख क्यों निकली?*
   (क) साँप ने उसके घाव देखने चाहे।
   (ख) उसे बहुत दर्द हो रहा था।
   (ग) घायल बाज जब उड़ न पाया तो उसकी करुण चीख फूटी।
   (घ) इनमें से कोई नहीं।
2. *यकायक साँप के मन में क्या इच्छा हुई?*
   (क) गुफा से बाहर जाने की (ख) आकाश में उड़ने की
   (ग) नदी के पास जाने की (घ) बाज की मदद करने की

3. *साँप बाज का उत्साह क्यों बढ़ा रहा था?*
(क) उसके दर्द को कम करने के लिए
(ख) उसका मन दूसरी ओर लगाने के लिए
(ग) आकाश में उड़ने के प्रति उसकी छटपटाहट देखकर
(घ) उसे गुफा से बाहर निकालने के लिए

4. *घायल बाज की आँखें खुले आकाश को देखकर क्यों चमक उठीं?*
(क) क्योंकि उसे उड़ना बहुत पसंद था।
(ख) वह गुफा में बैठा-बैठा तंग आ गया था।
(ग) उसे साँप का साथ अच्छा न लगा था।
(घ) अब उसके घावों की पीड़ कुछ कम हो गई थी।

**उत्तर–** 1. (ग) 2. (ख) 3. (ग) 4. (क)

**6** किंतु उसके टूटे पंखों में इतनी शक्ति नहीं थी कि उसके शरीर का बोझ सँभाल सकें। पत्थर-सा उसका शरीर लुढ़कता हुआ नदी में जा गिरा। एक लहर ने उठकर उसके पंखों पर जमे खून को धो दिया, उसके थके-माँदे शरीर को सफ़ेद फेन से ढक दिया, फिर अपनी गोद में समेटकर उसे अपने साथ सागर की ओर ले चली। *(पृष्ठ 86)*

**प्रश्न** *(Set I)*–

**(क)** *बाज उड़ने में असफल क्यों रहा?*
**(ख)** *बाज जब नदी में गिरा तो लहरों ने क्या किया?*
**(ग)** *लहरों ने मृत बाज का स्वागत क्यों किया?*

**उत्तर–**

(क) बाज के टूटे पंखों में इतनी शक्ति नहीं थी कि उसके शरीर को संभाल पाती। इसलिए वह उड़ने में असफल रहा।

(ख) बाज के नदी में गिरते ही एक लहर ने उसके पंखों पर जमे खून को धो दिया और उसके थके माँदे शरीर को सफ़ेद झाग से ढक दिया।

(ग) लहरों ने मृत बाज का स्वागत उसकी बहादुरी व साहस के कारण किया।

**बहुविकल्पी प्रश्न** *(Set II)*–

1. *बाज क्यों उड़ न पाया?*
(क) उसमें जोश न था।
(ख) अपने टूटे पंखों के कारण
(ग) वह उड़ना भूल गया था।
(घ) इनमें से कोई नहीं

2. *बाज के नदी में गिरने पर लहरों ने क्या किया?*
(क) उसके पंखों के खून को धो दिया और उसके थके माँदे शरीर को सफ़ेद झाग से ढक दिया।
(ख) उसे लहरों में बहा दिया।
(ग) उसे दूर आकाश की ऊँचाइयों तक पहुँचाने की कोशिश की।
(घ) उसके ज़ख्मों को पानी से सहलाने का प्रयत्न किया।

3. *लहरें मृत बाज को सागर की ओर क्यों ले जाना चाहती थी?*
(क) लहरों का बहाव सागर की ओर था।
(ख) उसकी वीरता से प्रसन्न होकर लहरें उसे असीम सागर की गहराइयों तक ले चलीं।
(ग) लहरें हर आने वाले को आसरा देती थीं।
(घ) बाज ने उनसे आग्रह किया था।

4. *बाज का शरीर पत्थर की भाँति क्यों हो गया था?*
(क) वह अपना बोझ संभाल नहीं पा रहा था।
(ख) वह मर चुका था।
(ग) उसमें उड़ने की शक्ति नहीं थी।
(घ) वह अब शक्ति हार चुका था।

**उत्तर–** 1. (ख) 2. (क) 3. (ख) 4. (ख)

**7** ''आकाश की असीम शून्यता में क्या ऐसा आकर्षण छिपा है जिसके लिए बाज ने अपने प्राण गँवा दिए? वह खुद तो मर गया लेकिन मेरे दिल का चैन अपने साथ ले गया। न जाने आकाश में क्या खजाना रखा है? एक बार तो मैं भी वहाँ जाकर उसके रहस्य का पता लगाऊँगा चाहे कुछ देर के लिए ही हो। कम से कम उस आकाश का स्वाद तो चख लूँगा।''
*(पृष्ठ 86)*

**प्रश्न** *(Set I)*–

**(क)** *साँप के हृदय का चैन क्यों खो गया?*

**(ख)** *बाज ने अपने प्राण क्यों खो दिए थे?*

**(ग)** *साँप ने अपने आप से क्या निर्णय लिया?*

**उत्तर**–

(क) बाज की आकाश की असीम शून्यता के प्रति चाह देखकर साँप के हृदय का चैन भी जाता रहा।

(ख) बाज ने स्वतंत्रता से आकाश की ऊँचाइयों को पा जाने की चाह में अपने प्राण गँवा दिए।

(ग) साँप ने अपने आप से निर्णय लिया कि वह भी एक बार आकाश की ऊँचाइयों में जाकर, उसके रहस्य का पता लगाएगा। चाहे कुछ देर के लिए ही सही आकाश का स्वाद अवश्य चखेगा।

**बहुविकल्पी प्रश्न** *(Set II)*–

1. *ये पंक्तियाँ कौन किससे कह रहा है?*
   (क) साँप अपने आप से (ख) साँप बाज से (ग) बाज साँप से (घ) इनमें से कोई नहीं
2. *साँप क्यों बेचैन हो गया?*
   (क) आकाश की ऊँचाइयाँ देखकर।
   (ख) अपने बंद गुफा के जीवन से दुखी होकर।
   (ग) बाज की आकाश की असीम शून्यता के प्रति चाह देखकर।
   (घ) अपने जीवन में बदलाव लाने की भावना जागृत होने पर।
3. *बाज मृत्यु को कैसे प्राप्त हुआ?*
   (क) नदी की गहराई नापने की कोशिश में (ख) आकाश में उड़ने की चाह के कारण
   (ग) साँप की तरह रेंगकर देखने के कारण (घ) अपने शरीर पर चुभे तीरों के कारण
4. *साँप ने क्या निर्णय लिया?*
   (क) अब बंद गुफा में नहीं रहेगा।
   (ख) एक बार अवश्य उड़ेगा और आकाश के रहस्य को जानेगा।
   (ग) बाज से पक्की मित्रता निभाएगा।
   (घ) नदी की लहरों के सहारे दूर जाएगा।

**उत्तर**– 1. (क) 2. (ग) 3. (ख) 4. (ख)

**8** ''सो उड़ने का यही आनंद है–भर पाया मैं तो! पक्षी भी कितने मूर्ख हैं। धरती के सुख से अनजान रहकर आकाश की ऊँचाइयों को नापना चाहते थे। किंतु अब मैंने जान लिया कि आकाश में कुछ नहीं रखा। केवल ढेर-सी रोशनी के सिवा वहाँ कुछ भी नहीं, शरीर को सँभालने के लिए कोई स्थान नहीं, कोई सहारा नहीं। फिर वे पक्षी किस बूते पर इतनी डींगें हाँकते हैं, किसलिए धरती के प्राणियों को इतना छोटा समझते हैं। अब मैं कभी धोखा नहीं खाऊँगा, मैंने आकाश देख लिया और खूब देख लिया। बाज़ तो बड़ी-बड़ी बातें बनाता था, आकाश के गुण गाते थकता नहीं था। उसी की बातों में आकर मैं आकाश में कूदा था। ईश्वर भला करे, मरते-मरते बच गया। अब तो मेरी यह बात और भी पक्की हो गई है कि अपनी खोखल से बड़ा सुख और कहीं नहीं है। धरती पर रेंग लेता हूँ, मेरे लिए यह बहुत कुछ है। मुझे आकाश की स्वच्छंदता से क्या लेना-देना? न वहाँ छत है, न दीवारें हैं, न रेंगने के लिए ज़मीन है। मेरा तो सिर चकराने लगता है। दिल काँप-काँप जाता है। अपने प्राणों को खतरे में डालना कहाँ की चतुराई है?'' *(पृष्ठ 87)*

**प्रश्न** *(Set I)*–

**(क)** *साँप ने आकाश से गिर जाने पर पक्षियों को मूर्ख क्यों कहा?*

**(ख)** *साँप ने आकाश के प्रति किस घटना को व्यक्त किया है?*

**(ग)** *क्या साँप का यह सब सोचना सही है?*

**उत्तर–**

(क) साँप आकाश में उड़ने का प्रयत्न करने पर जब असफल रहता है तो वह पक्षियों को मूर्ख कहता है। जो धरती के सुखों से अंजान रहकर आकाश की ऊँचाइयों को नापते हैं जबकि वहाँ न तो छत है, न दीवारें, न रेंगने हेतु ज़मीन। ऐसी स्वच्छंदता का क्या लाभ।

(ख) आकाश के प्रति उसकी यही धारणा व्यक्त होती है कि वहाँ केवल ढेर-सी रोशनी है, शरीर को संभालने का कोई स्थान नहीं।

(ग) साँप का यह सोचना सही नहीं था क्योंकि वह बंद गुफा में रहकर कायरों की भाँति अपनी ही सीमाबद्ध की हुई परतंत्रता की बेड़ियों में जीवन बिता रहा था। उसके मन में स्वतंत्र आकाश में घूमने की कोई चाह ही नहीं थी। वास्तव में उसे आरामदायक जीवन बिताने की आदत हो चुकी थी।

**बहुविकल्पी प्रश्न** *(Set II)*–

1. *साँप ने आकाश से गिर जाने पर क्या सोचा?*
   (क) उसने सोचा लोग आकाश की ऊँचाइयाँ क्यों पाते हैं जबकि वहाँ रेंगने हेतु जमीन नहीं।
   (ख) क्योंकि वह स्वयं उड़ने में असफल रहा था।
   (ग) वहाँ न छत है, न दीवारें और न धरती के विभिन्न सुख।
   (घ) दिए गए सभी।
2. *साँप ने आकाश के प्रति किस घटना को व्यक्त किया है?*
   (क) वहाँ रुकने का आधार नहीं।
   (ख) वहाँ केवल रोशनी है, शरीर को संभालने का कोई स्थान नहीं।
   (ग) वहाँ केवल हवा ही हवा है।
   (घ) वहाँ देखने को कुछ भी नहीं।
3. *साँप को अपनी खोखल क्यों अच्छी लगी?*
   (क) वहाँ उसे मौसम के बदलाव में रहने का आराम था।
   (ख) वहाँ वह अपनी इच्छा से रेंग सकता था, उसका जीवन भी सुरक्षित था।
   (ग) वहाँ उसे कोई परेशान करने वाला नहीं था।
   (घ) इनमें से कोई नहीं।
4. *साँप आकाश की ऊँचाइयों को न पा सका तो उसने कैसे संतोष किया?*
   (क) मुझमें उड़ने की ताकत नहीं
   (ख) काश! मेरे पंख होते
   (ग) ऊँचाइयों को छूना व्यर्थ है।
   (घ) मुझे आकाश की स्वच्छंदता से क्या लेना-देना? न वहाँ छत है, न दीवारें हैं, न रेंगने के लिए ज़मीन है।

**उत्तर–** 1. (घ) 2. (ख) 3. (ख) 4. (घ)

☞ **9** कुछ देर बाद साँप के आश्चर्य का ठिकाना नहीं रहा। उसने सुना, चट्टानों के नीचे से एक मधुर, रहस्यमय गीत की आवाज़ उठ रही है। पहले उसे अपने कानों पर विश्वास नहीं हुआ। किंतु कुछ देर बाद गीत के स्वर अधिक साफ सुनाई देने लगे। वह अपनी गुफा से बाहर आया और चट्टान से नीचे झाँकने लगा। सूरज की सुनहरी किरणों में समुद्र का नीला जल झिलमिला रहा था। चट्टानों को भिगोती हुई समुद्र की लहरों में गीत के स्वर फूट रहे थे। लहरों का यह गीत दूर-दूर तक गूँज रहा था। *(पृष्ठ 87-88)*

**प्रश्न** *(Set I)*–

**(क)** *साँप को किस बात का आश्चर्य था?*
**(ख)** *आवाज़ कहाँ से आ रही थी?*
**(ग)** *लहरें किसके लिए गीत गा रही थीं और क्यों?*

**उत्तर–**

(क) साँप को चट्टानों के नीचे से गीत की आवाज़ आने पर आश्चर्य हुआ।
(ख) चट्टानों के नीचे से एक मधुर रहस्यमय गीत की आवाज़ आ रही थी।
(ग) लहरों ने बाज के लिए उसकी बहादुरी पर गीत गाया।

**बहुविकल्पी प्रश्न** *(Set II)*–

1. *साँप के आश्चर्य का कारण क्या था?*
   (क) गीत की धुन (ख) लहरों का गीत गाना
   (ग) बाज का मरना (घ) लहरों का बाज को अपने-आप में समेटना
2. *लहरें कैसा गीत गा रही थी?*
   (क) रोमांचक (ख) मार्मिक
   (ग) मधुर एवं रहस्यमयी (घ) वीरता
3. *नीला जल क्यों झिलमिला रहा था?*
   (क) सूरज की सुनहरी किरणों के कारण (ख) बाज के जल में विलीन होने के कारण
   (ग) चट्टानों के खुश होने के कारण (घ) इनमें से कोई नहीं
4. *लहरों का गीत किसके लिए था?*
   (क) साँप के लिए (ख) बाज के लिए
   (ग) चट्टानों के लिए (घ) खुले आकाश के लिए
5. *लहरों के गीत गाने का कारण क्या था?*
   (क) साँप की कायरता (ख) जल की लहरों का स्वयं पर खुश होना
   (ग) बाज की वीरता (घ) सूरज की सुनहरी किरणों के लिए।

**उत्तर–** 1. (क) 2. (ग) 3. (क) 4. (ख) 5. (ग)

**10** हमारा यह गीत उन साहसी लोगों के लिए है जो अपने प्राणों को हथेली पर रखे हुए घूमते हैं। चतुर वही है जो प्राणों की बाज़ी लगाकर ज़िंदगी के हर खतरे का बहादुरी से सामना करे।

ओ निडर बाज! शत्रुओं से लड़ते हुए तुमने अपना कीमती रक्त बहाया है। पर वह समय दूर नहीं है, जब तुम्हारे खून की एक-एक बूँद ज़िंदगी के अँधेरे में प्रकाश फैलाएगी और साहसी, बहादुर दिलों में स्वतंत्रता और प्रकाश के लिए प्रेम पैदा करेगी।

(पृष्ठ *88*)

**प्रश्न** *(Set I)*–

**(क)** *लहरों ने बाज के लिए गीत क्यों गाया?*
**(ख)** *बाज का स्वतंत्रता हेतु प्राण देना क्या संदेश देता है?*
**(ग)** *लहरों के गीत का भाव क्या था?*

**उत्तर–**

(क) लहरों ने बाज की वीरता के लिए गीत गाया।

(ख) बाज का स्वतंत्रता हेतु प्राण देना यह संदेश देता है कि प्राणों की बाज़ी लगाकर ज़िंदगी के हर खतरे का बहादुरी से सामना करना चाहिए।

(ग) लहरों के गीत का भाव यह था कि वे उनके लिए गीत गाती हैं जो बहादुरी से हर खतरे का सामना करते हैं। बाज ने भी शत्रुओं से लड़ते हुए अपना कीमती रक्त बहाया था। और उन्हें लगा कि बाज की मृत्यु ज़िंदगी के अंधेरे में प्रकाश फैलाएगी और साहसी, बहादुर दिलों में स्वतंत्रता और प्रकाश के लिए प्रेम पैदा करेगी।

**बहुविकल्पी प्रश्न** *(Set II)*–

1. *लहरों ने गीत किसके लिए गाया?*
   (क) बाज के लिए (ख) साँप के लिए (ग) नदी के जल के लिए (घ) आकाश के लिए

2. *उनके गीत गाने का क्या कारण था?*
(क) बाज की मृत्यु हो जाने के कारण
(ख) नदी के जल से प्रभावित होकर
(ग) बाज की वीरता व साहस
(घ) अपनी मस्ती के कारण

3. *बाज का स्वतंत्रता हेतु प्राण देना क्या संदेश देता है?*
(क) प्राणों की बाजी लगाकर जीवन के हर खतरे से जूझना चाहिए।
(ख) कभी मृत्यु से डरना नहीं चाहिए।
(ग) मन की इच्छा को कभी दबाकर नहीं रखना चाहिए।
(घ) दिए गए सभी।

4. *लहरों ने बाज को किसकी संज्ञा दी?*
(क) निडर बाज (ख) जिंदादिल बाज (ग) मूर्ख बाज (घ) सतर्क बाज

**उत्तर–** 1. (क) 2. (ग) 3. (घ) 4. (क)

## 4. पाठ्यपुस्तक के प्रश्न-अभ्यास

*(पृष्ठ 88-90)*

### *शीर्षक और नायक*

• लेखक ने इस कहानी का शीर्षक कहानी के दो पात्रों के आधार पर रखा है। **लेखक ने बाज और साँप को ही क्यों चुना? आपस में चर्चा कीजिए।**

**उत्तर–**इस कहानी में दो नायक हैं साँप और बाज। इन दोनों नायकों का लेखक ने कुशलता से चुनाव किया है। आकाश असीम है और बाज उस असीम का प्रतीक है जो स्वतंत्र भाव से आकाश की ऊँचाइयों को पा जाना चाहता है। दूसरी ओर साँप है जो अपनी ही बनाई सीमाओं में बंद है, उसने स्वयं ही अपने लिए परतंत्रता का दायरा कायम किया है। साथ ही लेखक ने यह भी दर्शाया है कि बाज वीर है घायल होने पर भी लंबी उड़ान की चाह रखता है जबकि साँप कायर है जो गुफा से बाहर निकलना ही नहीं चाहता।

इस प्रकार यह स्पष्ट होता है कि लेखक ने इन दोनों नायकों के माध्यम से स्वतंत्रता-परतंत्रता एवं वीरता-कायरता के भावों को प्रकट करना चाहा है।

### *कहानी से*

**प्रश्न 1.** घायल होने के बाद भी बाज ने यह क्यों कहा, "मुझे कोई शिकायत नहीं है।" **विचार प्रकट कीजिए।**

**उत्तर–**बाज को अपने जीवन में विस्तार और वीरता में ही आनंद की प्राप्ति हुई थी इसीलिए तो घायल अवस्था में साँप की गुफा में गिरने पर उसने यही कहा कि भले ही मेरी मृत्यु पास है परंतु मुझे अपने जीवन से कोई शिकायत नहीं। मैंने ज़िंदगी को जी भरकर जिया है। दूर-दूर तक उड़ानें भरी हैं, आकाश की असीम ऊँचाइयों को छुआ है। इस प्रकार उसने व्याख्यान दिया कि जीवन भर उसने असीम सुख भोगा है जबकि साँप ने अँधेरी व सीलनभरी गुफा में ही सारा जीवन व्यतीत किया है।

**प्रश्न 2. बाज ज़िंदगी भर आकाश में ही उड़ता रहा फिर घायल होने के बाद भी वह उड़ना क्यों चाहता था?**

**उत्तर–**बाज ज़िंदगी भर आकाश में ही उड़ता रहा, फिर घायल होने के बाद भी वह उड़ना चाहता था क्योंकि अपने अतीत की ऊँची उड़ान भरने के सुख को वह मरने तक भूलना नहीं चाहता था। इसलिए जीवन के अंतिम क्षणों में भी उसकी उड़ने की इच्छा बलवती थी, वह आकाश के असीम विस्तार को पाना चाहता था।

**प्रश्न 3.** साँप उड़ने की इच्छा को मूर्खतापूर्ण मानता था। **फिर उसने उड़ने की कोशिश क्यों की?**

**उत्तर–**साँप अपने सीमित दायरे में केवल रेंगते हुए ही संतुष्ट था। आकाश की ऊँचाइयाँ व बाहर की स्वच्छंदता से उसे कुछ लेना-देना न था। वह उड़ने की इच्छा को मूर्खतापूर्ण मानता है और सोचता है कि उड़ने और रेंगने के बीच कौन-सा बड़ा अंतर है। सबके भाग्य में तो एक न एक दिन मरना लिखा है और मरकर सभी को मिट्टी में ही मिल जाना है।

जब वह बाज के घायल होने पर भी उसकी उड़ने की असीम चाह देखता है तो उसके मन में भी इच्छा जागृत होती है कि वह भी देखे कि आकाश में ऐसा क्या है, जिसके वियोग में बाज इतना व्याकुल होकर छटपटा रहा है। तब उसने भी उड़ने की कोशिश की।

**प्रश्न 4. बाज के लिए लहरों ने गीत क्यों गाया था?**

उत्तर–बाज ने शत्रुओं से लड़ते हुए अपना कीमती रक्त बहाया था और मरते दम तक वह आकाश की ऊँचाइयों को पाना चाहता था। वह साहसी और सकारात्मक विचारधारा का था तभी तो उसे अपने जीवन से किसी प्रकार की कोई शिकायत न थी। लहरों ने उसकी इसी वीरता और बहादुरी से प्रभावित होकर गीत गाया।

**प्रश्न 5. घायल बाज को देखकर साँप खुश क्यों हुआ होगा?**

उत्तर–घायल बाज को देखकर साँप खुश हुआ होगा क्योंकि घायल बाज उसे किसी प्रकार का आघात नहीं पहुँचा सकता था।

## *कहानी से आगे*

**प्रश्न 1. कहानी में से वे पंक्तियाँ चुनकर लिखिए जिनसे स्वतंत्रता की प्रेरणा मिलती हो।**

उत्तर–1. यदि तुम्हें स्वतंत्रता प्यारी है तो इस चट्टान के किनारे से ऊपर क्यों नहीं उड़ जाने की कोशिश करते।

2. साँप सोचने लगा कि बाज अभागा था जिसने आकाश की आज़ादी को प्राप्त करने हेतु अपने प्राणों की बाज़ी लगा दी।

3. तुम्हारे खून की एक-एक बूँद ज़िंदगी के अंधेरे में प्रकाश फैलाएगी और साहसी बहादुर दिलों में स्वतंत्रता और प्रकाश के लिए प्रेम पैदा करेगी।

**प्रश्न 2. लहरों का गीत सुनने के बाद साँप ने क्या सोचा होगा? क्या उसने फिर से उड़ने की कोशिश की होगी? अपनी कल्पना से आगे की कहानी पूरी कीजिए।**

उत्तर–लहरें बाज की वीरता और साहस के कार्यों के गीत गा रही थीं। जिसे सुनकर साँप के मन में भी अपनी कायरता के प्रति ग्लानि का भाव उत्पन्न हुआ होगा। अवश्य ही उसके मन में उड़ने की इच्छा जागृत हुई होगी।

साँप ने निश्चय ही गुफा से निकलकर असीम आकाश की ऊँचाइयों को पाने हेतु उड़ने का प्रयास किया होगा। अनेक बार असफल होकर अंत में सफलता पाई होगी। इसी प्रकार संसार में एक नए व कम मिलने वाले प्राणी उड़ने वाले साँप का जन्म हुआ होगा।

**प्रश्न 3. क्या पक्षियों को उड़ते समय सचमुच आनंद का अनुभव होता होगा या स्वाभाविक कार्य में आनंद का अनुभव होता ही नहीं? विचार प्रकट कीजिए।**

उत्तर–प्रकृति ने पक्षियों को पंख इसलिए दिए ताकि वे हवा में उड़ते हुए आकाश के विस्तार को देख सकें व उसकी ऊँचाइयों को पा सकें। पक्षी चहचहाते हुए, कलरव करते हुए जब उड़ते हैं तो उन्हें बहुत आनंद आता है। जबकि पंख होते हुए भी कुछ पक्षी जैसे बतख, शतुरमुर्ग आदि अधिक उड़ान नहीं भर पाते। उनका सुख व आनंद नाममात्र ही होता है।

सभी पक्षी स्वाभाविक क्रियाओं को भी आनंदपूर्वक ही पूरा करते हैं जैसे चिड़िया घोंसला बनाते हुए तिनका-तिनका एकत्रित करने में भी आनंदित होती है। पक्षी अपने बच्चों को दाना खिलाने व सुरक्षित स्थान देने में भी आनंद का ही अनुभव करते हैं।

इस प्रकार हम कह सकते हैं कि पक्षी भले ही लंबी उड़ान भरने में अधिक आनंदित होते हों लेकिन स्वाभाविक क्रियाएँ भी उन्हें आनंद प्रदान करती हैं।

प्रश्न 4. मानव ने भी हमेशा पक्षियों की तरह उड़ने की इच्छा की है। **आज मनुष्य उड़ने की इच्छा किन साधनों से पूरी करता है?**

उत्तर–मानव ने भी हमेशा पक्षियों की तरह उड़ने की इच्छा मन में रखी है। मनुष्य की इस इच्छा का परिणाम यह हुआ कि उसने भी आकाश में उड़ने वाले कई यातायात के साधन निर्मित कर डाले, जिनसे दूर-दराज़ की दूरियाँ कम हो गईं। आज मनुष्य हेलीकॉप्टर, वायुयान, रॉकेट, ग्लाइडर आदि द्रुत गति से चलने वाले वाहनों से अपनी उड़ने की इच्छा पूरी करता है।

## *अनुमान और कल्पना*

• **यदि इस कहानी के पात्र बाज और साँप न होकर कोई और होते तब कहानी कैसी होती? अपनी कल्पना से लिखिए।**

उत्तर–यदि इस कहानी के नायक बंदर और मगरमच्छ होते तो कहानी निम्न संकेत बिंदुओं के आधार पर होती–

- बंदर का एक बरगद के पेड़ पर रहना।
- मगरमच्छ का तालाब के किनारे निवास।

- बंदर का पेड़ों की डालियाँ फाँदना, लंबी छलाँगें मारना, अपने मन से दूर जंगलों में घूमकर आना, मन चाहे व मनभावन फल खाना।
- मगरमच्छ का घंटों एक ही स्थान पर पड़े रहना, छोटा-मोटा शिकार करना, कभी-कभार तालाब में जाना, सीमित दायरे में रहना।
- एक दिन बंदर का लंगूर द्वारा घायल हो जाना, बिल्कुल चल न पाना, थककर एक पेड़ के नीचे बैठ जाना।
- मगरमच्छ का वहीं पर बैठे होना। बंदर को देखकर सहानुभूति दिखाना व लंबी छलाँगों को बेकार बताना।
- बंदर का उसकी बातें सुनकर परेशान हो जाना व हर संभव प्रयत्न करना कि वहाँ से किसी तरह भागे और पेड़ों की डालियों पर जाकर बैठे।
- बंदर का जोर से पेड़ की डाली की ओर छलाँग लगाना।
- धप्प से नदी में गिर जाना।
- नदी की लहरों द्वारा आँखों से ओझल हो जाना।
- मगरमच्छ का उस पर हैरान होना व उसे मूर्ख बताना, लेकिन यह सोचना कि पेड़ों की स्वच्छंदता कैसी होगी?
- मगरमच्छ द्वारा छलाँग लगाने का प्रयास लेकिन भारी शरीर का ऊपर न उठना और चोट खाकर गिरना।
- अपने सीमित दायरे को बेहतर कहना।
- नदी द्वारा बंदर की प्रशंसा का गीत गूँजना।
- मगरमच्छ का अपना-सा मुँह लेकर रह जाना।

### *भाषा की बात*

प्रश्न 1. **कहानी में से अपनी पसंद के पाँच मुहावरे चुनकर उनका वाक्यों में प्रयोग कीजिए।**

उत्तर– 1. वृद्ध की **आखिरी घड़ी पास** थी।

2. जंगल में गरमी के कारण कई जानवर **अंतिम साँसें गिन रहे** थे।

3. आकाश में टूटता तारा देखते ही देखते **आँखों से ओझल** हो गया।

4. कम ज्ञान रखने वाले मनुष्य **डींगें अधिक हाँकते** हैं।

5. पिताजी द्वारा कीमती खिलौना लाने पर मेरे **आश्चर्य का ठिकाना** न रहा।

प्रश्न 2. 'आरामदेह' शब्द में 'देह' प्रत्यय है। यहाँ 'देह' 'देनेवाला' के अर्थ में प्रयुक्त है। देनेवाला के अर्थ में 'द', 'प्रद', 'दाता', 'दाई' आदि का प्रयोग भी होता है, जैसे–सुखद, सुखदाता, सुखदाई, सुखप्रद। **उपर्युक्त समानार्थी प्रत्ययों को लेकर दो-दो शब्द बनाइए।**

उत्तर–1. **द**–दुखद, मानद। 2. **प्रद**–लाभप्रद, शिक्षाप्रद।

3. **दाता**–दानदाता, अन्नदाता। 4. **दाई**–दुखदाई, हर्षदाई।

## 5. अन्य महत्त्वपूर्ण परीक्षोपयोगी प्रश्नोत्तर

### *लघु प्रश्नोत्तर*

**प्रश्न 1. साँप का निवास कहाँ था? वह अपने जीवन से संतुष्ट था या नहीं यदि था तो क्यों?**

उत्तर–साँप का निवास अँधेरी और सीलनभरी गुफा में था। वह अपने जीवन से संतुष्ट था क्योंकि उसका मानना था कि अपनी गुफा में वह सुखी और सुरक्षित है कोई उसे दुख नहीं दे सकता, वह अपनी गुफा का स्वामी है। दुनिया की छीना-झपटी से दूर, उसे किसी से कुछ लेना देना नहीं है।

**प्रश्न 2. साँप किसका प्रतीक है?**

उत्तर–साँप मुख्य रूप से कायरता का प्रतीक है क्योंकि इतनी बड़ी धरती व उसकी गुफा के आसपास सुंदर वातावरण होने पर भी उसके मन में किसी प्रकार की कोई चाह नहीं, जीवन का कोई लक्ष्य नहीं। अपने द्वारा ही बनाए गए सीमित दायरे में रहकर परतंत्रता का जीवन जीने पर भी अपने आपको सुखी व खुश मानता है।

**प्रश्न 3. बाज किस अवस्था में साँप की गुफा में आ गिरा?**

**उत्तर**–बाज शत्रुओं से लड़ता हुआ घायल हो चुका था। जब वह साँप की गुफा में गिरा तो उसके पंख टूट चुके थे, शरीर खून से लथपथ था, वह अधमरी हालत में था।

**प्रश्न 4. बाज अपने जीवन से संतुष्ट क्यों था?**

**उत्तर**–बाज ने जीवन भर सभी सुखों को भोगते हुए वीरतापूर्ण जीवन जिया था। आकाश की ऊँची-ऊँची उड़ानें भरी थीं। अंत समय में भी उसे एक बार खुले आकाश में उड़ने की चाह थी। लेकिन अपने जीवन से उसे कोई शिकायत न थी। वह अपने जीवन से पूर्णतया संतुष्ट था।

**प्रश्न 5. साँप के उत्साहित करने पर बाज ने क्या किया?**

**उत्तर**–साँप के उत्साहित करने पर बाज के शरीर में एक नई ताकत व आशा का संचार हुआ। वह अपने-आपको घसीटता हुआ चट्टान के किनारे पर पहुँचा। खुले आकाश को देखकर उसकी आँखें चमक उठीं। उसने लंबी व गहरी साँस ली और पंख फैलाकर हवा में उड़ने हेतु कूद पड़ा।

**प्रश्न 6. बाज नदी में क्यों गिरा?**

**उत्तर**–उसके पंख टूट चुके थे। पंखों में शरीर को सँभालने की ताकत नहीं थी इसीलिए वह नदी में गिर गया।

**प्रश्न 7. नदी की लहरों ने बाज का स्वागत कैसे किया?**

**उत्तर**–नदी की एक लहर ने उसके पंखों पर जमे खून को धो डाला। उसके थके-मांदे शरीर को सफ़ेद झाग से ढक दिया और अपनी गोद में उसे समेटकर अपने साथ सागर की ओर ले चलीं।

**प्रश्न 8. लहरों ने बाज का स्वागत क्यों किया?**

**उत्तर**–बाज ने वीरतापूर्ण अपना जीवन जिया था। मन में सदा स्वतंत्रता की चाह रखी थी इसलिए लहरों ने उसका स्वागत किया।

**प्रश्न 9. बाज किसका प्रतीक है?**

**उत्तर**–बाज वीरता व स्वतंत्रता का प्रतीक है। मरते दम तक उसके मन में स्वच्छंदता से उस आकाश की ऊँचाइयों को पाने की चाह है जिस हेतु वह वीरता से आगे बढ़ता है। लहरों का भी यह मानना है कि उसने शत्रुओं का मुकाबला वीरता से किया।

**प्रश्न 10. इस कहानी से क्या संदेश मिलता है?**

**उत्तर**–मनुष्य को बहादुर और साहसी बनकर जीवन में स्वतंत्रता एवं अपनी इच्छाओं को पूरा करने हेतु संघर्ष करना चाहिए। साँप की तरह कायर न बनकर बाज की तरह वीर बनने का प्रयास करना चाहिए।

## दीर्घ प्रश्नोत्तर

**प्रश्न 11. साँप के विचारों में दार्शनिकता कब झलकती है?**

**उत्तर**–साँप केवल रेंगने में ही संतुष्ट है जबकि बाज उड़ने को ही जीवन मानता है। साँप को बाज की यह इच्छा मूर्खतापूर्ण लगती है क्योंकि वह सोचता है कि गुफा में जीवन सुरक्षित है, तभी उसका यह कहना कि सबके भाग्य में मरना लिखा है, यह शरीर मिट्टी का है और मिट्टी में ही मिल जाना है। अर्थात् सभी का अस्तित्व एक न एक दिन समाप्त हो जाना है, दर्शाता है कि साँप के विचार दार्शनिक हैं।

**प्रश्न 12. साँप ने बाज को उत्साहित कैसे किया?**

**उत्तर**–साँप ने बाज के उड़ने की इच्छा देखते हुए उसे उत्साहित करने हेतु कहा कि यदि तुम स्वतंत्र रूप से खुले आकाश में उड़ना चाहते हो तो हिम्मत करके चट्टान के किनारे पर जाकर उड़ने का प्रयास करो शायद तुम्हारे पंखों में इतनी ताकत बाकी हो कि तुम आकाश में उड़ सको। तुम्हें प्रयास अवश्य करना चाहिए। वास्तव में साँप से बाज की आकाश को छूने की छटपटाहट नहीं देखी जा रही थी। उसका विचार था कि थोड़ा-सा भी उड़ पाने पर उसे बहुत संतुष्टि मिलेगी।

**प्रश्न 13. *साँप आत्मकेंद्रित था*– कैसे? बाज और साँप कहानी के आधार पर बताइए।**

**उत्तर**–साँप समुद्र के किनारे ऊँचे पर्वत की एक ऊपरी गुफा में रहता था। उसका संबंध किसी के साथ न था। उसका मानना था कि लहरों का गर्जन, आकाश में छिपती हुई पहाड़ियाँ, टेढ़ी-मेढ़ी बलखाती हुई नदी की गुस्से भरी आवाज़ें आदि होते हुए भी वह इस गुफा में सुरक्षित है। एक दिन एक घायल बाज उसकी गुफा में आया तो वह डर गया लेकिन उसने अपने

आप को समझाया कि यह घायल बाज उसका कुछ नहीं बिगाड़ सकता। बाज ने उसे वीरता का पाठ पढ़ा कर उड़ने के लिए प्रेरित किया। उसके मन में भी उड़ने की इच्छा उत्पन्न हुई। वह जब उड़ने लगा तो पंख न होने के कारण धम्म से चट्टानों पर गिर गया। तब उसने यह सोचकर ही संतोष कर लिया कि अपनी खोखल ही सबसे अच्छी है। जहाँ मैं स्वच्छंद और आज़ाद रह सकता हूँ। साँप के इन्हीं विचारों के आधार पर कहा जा सकता है कि वह आत्मकेंद्रित था, उसे बाहरी दुनिया से कुछ लेना-देना नहीं था।

**प्रश्न 14.** *साहस मनुष्य को कठिन-से-कठिन परिस्थिति में भी-विचलित नहीं होने देता।* **कैसे?**

**उत्तर**–यह सत्य है कि साहस मनुष्य को कठिन-से-कठिन परिस्थिति में भी विचलित नहीं करता क्योंकि मुश्किल समय में हिम्मत से कार्य करके ही हम परिस्थिति पर काबू पाते हैं। जो लोग कठिन परिस्थिति में साहस से कार्य नहीं करते वे अपना मानसिक संतुलन सही रूप में नहीं बना पाते। होनी-अनहोनी का भय उन्हें सताता है। सही-गलत का निर्णय करने में सक्षम नहीं हो पाते। पाठ 'साँप और बाज' में भी यह दर्शाया गया है कि बाज का साहस ही था कि वह घायल अवस्था में भी उड़ने की चाहत रखता था और साँप परिस्थितियों से भयभीत हो गुफा में बंद रहता था। मनुष्य को इससे सीख लेनी चाहिए कि साहस से आगे बढ़ने का नाम ही जीवन है।

# भारत की खोज

## कक्षा-8

**विशेषताएँ–**

- कथा-सार
- शब्दार्थ
- प्रश्न-उत्तर

# 1. अहमदनगर का किला

**अहमदनगर किले में बंदी जीवन बिताते हुए 13 अप्रैल, 1944 को जवाहरलाल नेहरू द्वारा देश के प्रति की गई विचाराभिव्यक्ति की प्रस्तुति इस प्रकार है।** यह उनकी नौवीं जेलयात्रा थी। बीस महीनों से भी अधिक समय से वे यहाँ बंदी थे। जिस दिन वे यहाँ आए उस दिन शुक्ल पक्ष का 'दूज का चाँद' आकाश में था। उन्हें ऐसा प्रतीत होता है कि जब भी दूज का चाँद आकाश में दिखाई देता है तो उसे एक महीना पूरा होने की सूचना देता है, साथ ही यह अहसास दिलाता है कि वह नेहरू जी का स्थायी साथी रहा है। चाँद लेखक हेतु इस बात का भी संदेशवाहक रहा कि अंधेरे के बाद उजाला भी अवश्य आता है अर्थात् कठिनाइयों के बाद सुख के दिन भी अवश्य आएँगें।

## 1. अतीत का भार

### I. पाठ का सार

**जेल में बागवानी करना**—अहमदनगर किले में बंदी जीवन जीते हुए नेहरू जी ने बागवानी का कार्य प्रारंभ किया क्योंकि उनकी आदत थी कि वे कभी भी खाली नहीं बैठते थे। प्रतिदिन कई-कई घंटे तपती धूप में फूलों की क्यारियाँ बनाते। सारी धरती पत्थरों, पुराने मलबे और अवशेषों से भरी हुई थी लेकिन उन्होंने अपनी लग्न व कठिन परिश्रम से उसे उपजाऊ बना डाला।

**अहमदनगर का इतिहास**—नेहरू जी का मानना है कि अहमदनगर की ऐतिहासिक घटनाओं की दृष्टि से कोई विशेष अहमियत नहीं है। परंतु चाँद बीबी की कहानी प्रसिद्ध है जिसने अकबर की शाही सेना से अपने किले की रक्षा हेतु हाथ में तलवार उठाकर सेना का नेतृत्व किया। वह साहस से लड़ी लेकिन अंत में अपने ही एक व्यक्ति द्वारा उसकी हत्या कर दी गई।

**जेल में कुदाल छोड़कर कलम उठाना**—नेहरू ने चाहा था कि इस स्थान की खुदाई कर नई-नई वस्तुओं की, पुरानी इमारतों के टुकड़ों की खोज की जाए लेकिन जेल के अधिकारी सीमित स्थान से आगे बढ़ने नहीं देते थे। इसलिए उन्होंने कुदाल छोड़ कलम हाथ में उठाई और यह प्रण किया कि जब तक देश आज़ाद नहीं हो जाता, वे लिखते रहेंगे। उनका मानना था कि न तो वे ईश्वर के दूत बनकर भविष्य के बारे में लिख सकते हैं, न हीं अतीत के बारे में इतिहासकार की भाँति लिखने में सक्षम हैं। वे तो केवल वर्तमान विचारों का अतीत के विचारों व क्रियाकलापों के साथ संबंध स्थापित कर उसके बारे में ही लिख सकते हैं।

### II. शब्दार्थ

*पृष्ठ 1*

**अँधियारे**—अंधकार। **झिलमिलाते**—जगमगाते। **दूज**—शुक्ल पक्ष का दूसरे दिन का चाँद। **स्वागत**—आवभगत। **कारावास**—जेल। **स्थायी**— पक्का। **सहचर**—साथी। **उजाला**—प्रकाश।

*पृष्ठ 2*

**बागवानी**—बाग-बगीचे लगाना। **अवशेषों**—बचे हुए पदार्थ। **अतीत**—पुराना। **दुरभिसंधियाँ**—दुश्मनों या गलत इरादों द्वारा की गई संधि। **अहमियत**—विशेषता। **विरुद्ध**—खिलाफ़ नेतृत्व। **मंज़ूरी**—अनुमति। **कुदाल**—हल/फावड़ा। **कर्म**—कार्य।

*पृष्ठ 3*

**पैगंबर**—ईश्वर का दूत। **अख्तियार**—अधिकार। **विद्वत्तापूर्ण**—पांडित्य। **राहत**—आराम।

## III. प्रश्न-उत्तर

**प्रश्न 1. 'अहमदनगर का किला' पाठ कब, कहाँ और किसके द्वारा लिखा गया?**

**उत्तर**–'अहमदनगर का किला' पाठ अहमदनगर किले में बंदी रूप में रह रहे जवाहरलाल नेहरू द्वारा 13 अप्रैल, 1944 को लिखा गया।

**प्रश्न 2. नेहरू जी कितनी बार जेलयात्रा कर चुके थे?**

**उत्तर**–स्वतंत्रता प्राप्ति हेतु यह नेहरू जी की नौवीं जेलयात्रा थी।

**प्रश्न 3. नेहरू जी ने चाँद को अपना सहचर क्यों कहा? उन्हें वह क्या सीख देता प्रतीत होता है?**

**उत्तर**–जेल में रहते हुए उन्हें चाँद ही अपना साथी इसलिए लगा क्योंकि वह प्रतिदिन निश्चित समय पर आकर उन्हें एक-एक दिन का अहसास करवाता था। साथ ही यह सीख भी देता था कि अंधकार के बाद प्रकाश अर्थात् दुख के बाद सुख के दिन भी अवश्य आते हैं।

**प्रश्न 4. अहमदनगर किले में रहकर नेहरू जी ने क्या कार्य करना प्रारंभ किया?**

**उत्तर**–अहमदनगर किले में नेहरू जी ने बागवानी का कार्य शुरू किया। क्योंकि वे खाली बैठकर समय व्यर्थ नहीं करना चाहते थे। उन्होंने पथरीली व कंकरीली ज़मीन को भी उपजाऊ बना डाला।

**प्रश्न 5. अहमदनगर किले के साथ कौन-सी घटना जुड़ी है?**

**उत्तर**–अहमदनगर किले के साथ साहसी चाँद बीवी की घटना जुड़ी है जिसने अकबर की शाही सेना के विरुद्ध हाथ में तलवार उठाकर अपनी सेना का नेतृत्व किया, लेकिन बाद में उसके अपने ही एक आदमी ने उसकी हत्या कर दी।

**प्रश्न 6. नेहरू जी ने कुदाल छोड़कर कलम क्यों उठाई?**

**उत्तर**–उन्होंने जेल में खुदाई के दौरान ज़मीन में से प्राचीन दीवारों के अवशेष एवं कुछ गुंबदों और इमारतों के ऊपरी हिस्से के टुकड़े प्राप्त किए। इससे उन्हें अहमदनगर के किले के बारे में कई जानकारियाँ मिल सकती थीं लेकिन अधिकारियों ने इसकी इज़ाज़त नहीं दी तो उन्होंने कुदाल छोड़कर कलम हाथ में पकड़ी अर्थात् बंदी होने के बावजूद, अपनी लेखनी से लेख लिखकर भारत की जनता के दिलों में राष्ट्रप्रेम की भावना जागृत करवाने का प्रयत्न करते रहे।

**प्रश्न 7. जवाहरलाल नेहरू अपनी लेखनी से क्या लिखना चाहते थे?**

**उत्तर**–जवाहरलाल नेहरू अपनी लेखनी से भारत के इतिहास पर प्रकाश डालना चाहते थे।

**प्रश्न 8. विद्वान गेटे ने इतिहास लेखन के बारे में क्या कहा?**

**उत्तर**–विद्वान गेटे ने इतिहास लेखन के बारे में कहा कि इतिहास लेखन अतीत के भारी बोझ से एक सीमा तक राहत दिलाता है।

## IV. बहुविकल्पी प्रश्नोत्तर

1. *'अहमदनगर का किला' पाठ कब व किसके द्वारा लिखा गया?*
   (क) 13 अप्रैल 1944 में जवाहरलाल नेहरू द्वारा
   (ख) 14 अप्रैल 1933 में जवाहरलाल नेहरू द्वारा
   (ग) 13 अप्रैल 1944 में महात्मा गांधी द्वारा
   (घ) 14 अप्रैल 1933 में महात्मा गांधी द्वारा
2. *नेहरू जी ने बंदी जीवन में कलम क्यों उठाई?*
   (क) भारत का गुणगान करने हेतु
   (ख) भारतीयों में राष्ट्रप्रेम जागृत करने हेतु
   (ग) भारतीयों का मार्गदर्शन करने हेतु
   (घ) पत्र भेजकर अपनी पुत्री का मन बहलाने हेतु

**उत्तर**– 1. (क) 2. (ख)

# 2. अतीत का दबाव

## I. पाठ का सार

**मानस पटल पर अतीत का प्रभाव**–नेहरू जी का मानना है कि मनुष्य के मानस पटल पर अपनी संस्कृति और सभ्यता की जो पुरानी छाप रहती है वह अच्छी हो या बुरी, दोनों रूपों में प्रभावित करती है। प्राचीन सभ्यताओं से जुड़े लोग विचलित

हो उठते हैं, जब उनकी सभ्यताएँ विकृत होती हैं। वह वातावरण उन्हें दमघोंटू लगने लगता है, जैसे–भारत और चीन की सभ्यताएँ।

**अपनी विरासत के बारे में विचार करना**–नेहरू जी का सोचना है कि उनकी विरासत क्या है? वे किन बातों के उत्तराधिकारी हैं? फिर स्वयं ही उनका सोचना है कि मानवता के जिन मूल्यों को हजारों वर्षों में प्राप्त किया गया, विजयों का उल्लास, पराजयों का दुख व मानव के साहसी कारनामें ये सभी उनके साथ जुड़े हैं। वे इन्हीं सबके वारिस हैं।

**भारतीयों की विशेषता**–उन्होंने अपने विचारों में इस तथ्य का भी उल्लेख किया है कि भारतवासियों की विरासत की विशेष बात है कि ये अपने आपको किसी से अलग नहीं समझते। हमारे रक्त, माँस और हड्डियों में यह विचार समाया है। यही बात सभी को मिलाकर एक करती है। इसी के आधार पर वर्तमान और भावी रूप बनेगा।

## II. शब्दार्थ

### *पृष्ठ 3*

**अभिभूत**–मुग्ध। **दमघोंटू**–साँस रोकने वाली। **मसलन**–उदाहरण। **विजयों**–जीत। **उल्लास**–प्रसन्नता। **पराजयों**–हार। **यंत्रणा**–प्रताड़ना। **हैरतअंगेज़**–हैरान कर देने वाले। **अस्थियाँ**–हड्डियाँ। **भावी**–आने वाला/भविष्य का। **विरासत**–उत्तराधिकार। **अरसे**–काफी समय से। **जटिलता**–कठिनता। **भयभीत**–डर। **स्पर्श**–छूना।

## III. प्रश्न-उत्तर

**प्रश्न 1. 'अतीत का दबाव' के बारे में नेहरू जी ने क्या कहना चाहा?**

**उत्तर**–नेहरू जी का मानना था कि मनुष्य का अतीत अच्छा हो या बुरा, दोनों ही रूपों में प्रभावित करता है। यदि अतीत बहुत प्राचीन और श्रेष्ठतम हो, लेकिन किसी कारणवश वर्तमान परिस्थितियाँ असंतोषजनक हो जाए तो सहन करना बहुत कठिन होता है। जैसे–इस समय भारत और चीन।

**प्रश्न 2. नेहरू जी की दृष्टि में विरासत के क्या मायने थे?**

**उत्तर**–नेहरू जी की दृष्टि में विरासत के मायने वे मूल्य थे जिन्हें हम अपने पूर्वजों द्वारा हजारों वर्षों में प्राप्त करते हैं।

**प्रश्न 3. भारतवासियों की विरासत की विशेष बात क्या है?**

**उत्तर**–भारतवासियों की विरासत की विशेष बात यह है कि वे अलग रहने में विश्वास नहीं करते। नेहरू जी का भी कहना है कि हमारे रक्त, माँस और अस्थियों में यह समाया है कि कोई व्यक्ति औरों से अलग नहीं होता अर्थात् विश्व-बंधुत्व की भावना में सब विश्वास करते हैं।

## IV. बहुविकल्पी प्रश्नोत्तर

1. *'अतीत का दबाव' शब्दों से क्या तात्पर्य है?*
   (क) पुरानी बातें
   (ख) प्राचीन वस्तुएँ
   (ग) मनुष्य के मानस पटल पर प्राचीन सभ्यता व संस्कृति का प्रभाव
   (घ) प्राचीन शासन सत्ता।
2. *वास्तव में 'विरासत' का क्या अर्थ है? नेहरू जी के विचार से बताएँ।*
   (क) वे मूल्य जो हमें अपने पूर्वजों से प्राप्त होते हैं। (ख) केवल धन-दौलत जो हमें पूर्वजों से प्राप्त होती है।
   (ग) केवल महल-अटारियाँ जो हमें अपने पूर्वजों से प्राप्त हों। (घ) इनमें से कुछ नहीं।

**उत्तर**– 1. (ग) 2. (क)

# 2. तलाश

## 1. भारत के अतीत की झाँकी

### I. पाठ का सार

**नेहरू की सोच–**इसमें नेहरू जी ने कहना चाहा है कि भारत के अतीत में अवश्य ही ऐसी दृढ़ता रही है कि उसका अस्तित्व कभी डगमगाया नहीं है। यदि हम पिछले पाँच हज़ार वर्षों का विश्लेषण करें तो पाएँगे कि जो भारत में हैं उसका मुकाबला पूरा विश्व नहीं कर सकता।

कभी-कभी नेहरू जी के मन में भी यह विचार आता था कि आखिर यह भारत क्या है, अतीत में यह किस विशेषता का प्रतिनिधित्व करता था? इसने अपनी प्राचीन शक्ति को कैसे खो दिया? क्या इसने इस शक्ति को पूरी तरह से खो दिया? विशाल जनसंख्या का देश होने के बावजूद भी क्या भारत के पास ऐसा कुछ है जिसे जानदार कहा जा सके? आधुनिक विश्व से उसका तालमेल किस रूप में बैठता है?

इतने विचार मन में होने पर भी वे एक आलोचक की भाँति भारत के अतीत का विश्लेषण कर यह जानना चाहते थे कि भारत की मज़बूती का कारण क्या है?

**संपूर्ण भारत का निरीक्षण–**नेहरू जी ने संपूर्ण भारत के अस्तित्व पर दृष्टि डाल इसकी विशेषता को जानना चाहा। सर्वप्रथम उन्होंने भारत के उत्तर पश्चिम में स्थित सिंधु घाटी में मोहनजोदड़ो के प्राचीन नगर के घर और गलियों का निरीक्षण किया जिनका अस्तित्व पाँच हज़ार वर्ष पुराना बताया जाता है, साथ ही उसे आधुनिक भारतीय सभ्यता का आधार बताया जाता है। यहाँ की सभ्यता व संस्कृति निरंतर परिवर्तनशील व विकासशील रही। फ़ारस, मिस्र, ग्रीस, चीन, अरब, मध्य-एशिया और भू-मध्य सागर के लोगों से भी भारत का बराबर निकट संपर्क रहा। भारत ने उन्हें प्रभावित किया भी व स्वयं हुआ भी लेकिन अपने सांस्कृतिक आधार को डगमगाने न दिया।

नेहरू जी ने भारत में आने वाले विद्वान यात्री जो चीन, पश्चिमी व मध्य एशिया से आए थे, उनके द्वारा लिखित साहित्य का अध्ययन किया। उन्होंने पूर्वी एशिया, अंगकोर, बोरोबुदुर और बहुत-सी जगहों से भारत की उपलब्धियों के बारे में जाना। हिमालय पर्वत व उनसे जुड़ी प्राचीन कथाओं को भी उन्होंने जाना। हिमालय पर्वत की गोदी से निकलने वाली विशेष नदियों सिंधु, ब्रह्मपुत्र, यमुना व गंगा ने भी उन्हें प्रभावित किया।

भारत के अतीत की कहानी को स्वरूप देने वाली अजंता, एलोरा व ऐलिफेंटा की गुफाएँ व दिल्ली तथा आगरा की विशेष इमारतों ने भी नेहरू जी को भारत के अस्तित्व के बारे में अवगत करवाया।

जब भी वे अपने शहर इलाहाबाद या फिर हरिद्वार में महान स्नान-पर्व कुंभ के मेले को देखते तो उन्हें अहसास होता कि हज़ारों वर्ष पूर्व से उनके पूर्वज भी इस स्नान हेतु आते रहे। विदेशियों ने भी इन पर्वों हेतु बहुत कुछ लिखा। उन्हें इस बात की हैरानी होती थी कि वह कौन सी प्रबल आस्था है जो भारतीयों को अनगिनत पीढ़ियों से भारत की इस प्रसिद्ध नदी की ओर खींचती रही है।

उन्हें भारत के अतीत में हर बात के विद्यमान होने का अहसास होता जो वर्तमान में शिक्षा देता प्रतीत होता था। ढाई हज़ार वर्ष पहले दिया महात्मा बुद्ध का उपदेश उन्हें ऐसा लगता जैसे बुद्ध अपना पहला उपदेश अभी दे रहे हों, अशोक के पाषाण स्तंभ अपने शिक्षालेखों के माध्यम से अशोक की महानता प्रकट करते, फतेहपुर सीकरी में अकबर सभी धर्मों में समानता को मानते हुए मनुष्य की शाश्वत समस्याओं का हल तलाशता प्रतीत होता।

इस प्रकार नेहरू जी को प्राचीन पाँच हज़ार वर्ष पूर्व की झाँकी भी साफ़ और स्पष्ट व वर्तमान के धरातल पर सजीव प्रतीत होती है।

## II. शब्दार्थ

### *पृष्ठ 4*

**विश्लेषण**–सही गलत का विचार करना। **अवधारणा**–विचार। **आलोचक**–सही व गलत दोनों धारणाएँ प्रकट करने वाला। **अतीत**–पिछला/प्राचीन। **शंकाएँ**–संशय। **खारिज**–समाप्त। **जीवंत**–सदा रहने वाला। **टिकाऊ**–मजबूत/पक्का। **वजूद**–आधार।

### *पृष्ठ 5*

**टीला**–मिट्टी या रेत के जमाव से बना एक ऊँचा स्थान। **ठेठ**–पूरी तरह से। **आश्चर्यचकित**–हैरान। **परिवर्तनशील**–बदलाव करने वाला। **विकासमान**–उन्नति की ओर बढ़ना। **संपर्क**–संबंध। **तेजस्विता**–प्रकाशमय। **सक्रिय**–क्रियाशील होना। **समृद्धि**–संपन्नता। **पराक्रमी**–वीर। **सुदूर**–बहुत दूर। **दास्तान**–आपबीती। **मिथकों**–अविश्वसनीय घटनाएँ।

### *पृष्ठ 6*

**दंत कथाएँ**–लोगों द्वारा कही जाने वाली कहानियाँ। **विशाल**–बड़ा। **रमणीय**–सुंदर/मनोरम। **पौराणिक**–पुरानी/प्राचीन। **तादाद**–बड़ी संख्या। **भग्नावशेषों**–पुरानी चीज़ों टूटे-फूटे बचे हुए टुकड़े। **पुरखे**–पूर्वज। **पर्वों**–त्योहारों। **हैरत**–हैरानी/आश्चर्य।

### *पृष्ठ 7*

**आस्था**–विश्वास। **अंतर्दृष्टि**–अंदर तक पहचान पाने की शक्ति। **तत्काल**–उसी समय। **अभिलिखित**–लिखित सबूत। **पाषाण**–पत्थर। **स्तंभ**–स्तूप। **शिलालेख**–पत्थरों पर लिखे लेख। **सम्राट**–राजाओं के राजा। **जिज्ञासु**–जानने की इच्छा रखने वाला। **शाश्वत**–सदा रहने वाले।

## III. प्रश्न-उत्तर

**प्रश्न 1. भारत की अमरता को देखकर नेहरू जी के मन में क्या विचार उठते थे?**

**उत्तर**–भारत की अमरता को देखकर नेहरू जी के मन में यह विचार उठते थे कि आखिर यह भारत है क्या? अतीत में यह किस विशेषता का प्रतिनिधित्व करता था? उसने अपनी प्राचीन शक्ति को कैसे खो दिया? विशाल जनसंख्या का बसेरा होने पर भी आज उसके पास ऐसा क्या बचा है जिसे जानदार कहा जा सके? आधुनिक विश्व से उसका तालमेल किस रूप में बैठता है?

**प्रश्न 2. नेहरू जी भारत को एक आलोचक की दृष्टि से क्यों देखना चाहते थे?**

**उत्तर**–नेहरू जी भारत को एक आलोचक की दृष्टि से देखना चाहते थे क्योंकि वे अतीत के पसंद व नापसंद दोनों पक्षों का अवलोकन करना चाहते थे।

**प्रश्न 3. सिंधु घाटी में स्थित मोहनजोदड़ो के एक नगर की क्या विशेषता थी?**

**उत्तर**–सिंधु घाटी में स्थित मोहनजोदड़ो के एक नगर की यह विशेषता थी कि पाँच हज़ार वर्ष पूर्व निर्मित होने पर भी यहाँ की सभ्यता पूर्णतः विकसित थी और यही आधुनिक सभ्यता का आधार भी। यहाँ की संस्कृति व सभ्यता निरंतर परिवर्तन-शील व विकासमान रही। फ़ारस, मिस्र, ग्रीस, चीन, अरब, मध्य एशिया एवं भू-मध्य सागर के लोगों से यहाँ के लोगों का निकट संबंध होने पर भी, इस संस्कृति व सभ्यता को कोई हिला नहीं पाया।

**प्रश्न 4. नेहरू जी ने विदेशियों द्वारा रचित भारतीय साहित्य का अध्ययन क्यों करना चाहा?**

**उत्तर**–नेहरू जी ने विदेशियों द्वारा रचित भारतीय साहित्य का अध्ययन करना चाहा ताकि भारत की विशेषताओं की बारीकियों का अध्ययन कर सकें।

**प्रश्न 5. नेहरू जी कश्मीर की ओर अधिक आकर्षित क्यों होते थे?**

**उत्तर**–नेहरू जी के पूर्वज कश्मीर के रहने वाले थे। उनके जीवन का काफी समय भी कश्मीर की वादियों में बीता इसलिए वे कश्मीर की ओर अधिक आकर्षित होते थे।

**प्रश्न 6. हिमालय के हृदय से कौन-कौन सी मुख्य नदियाँ निकलती हैं?**

**उत्तर**–हिमालय पर्वत के हृदय से सिंधु, ब्रह्मपुत्र, यमुना व गंगा आदि प्रमुख नदियाँ निकलती हैं।

**प्रश्न 7. सिंधु नदी की क्या विशेषता है?**

**उत्तर**–सिंधु नदी को इंडस भी कहा जाता है। यह हिमालय पर्वत में से निकलती है। भारत का नाम इंडिया या हिंदुस्तान भी इसी के आधार पर पड़ा है।

**प्रश्न 8. कौन-कौन से स्थान के किले व मूर्तियाँ भारत की प्राचीन सभ्यता का सुंदर चित्र खींचती हैं?**

उत्तर–अजंता, एलोरा और एलिफेंटा की गुफाएँ व दिल्ली तथा आगरा की इमारतों का प्रत्येक पत्थर भारत के अतीत का सुंदर चित्र खींचते हैं।

**प्रश्न 9. विशाल पर्व कुंभ स्नान पर्व के बारे में नेहरू जी के क्या विचार थे?**

उत्तर–विशाल पर्व कुंभ स्नान पर्व को देखकर नेहरू जी को हैरानी होती है कि इतने वर्षों से निरंतर इस गंगा स्नान की महत्ता बनी हुई है। भारत की अनगिनत पीढ़ियों का इस नदी के साथ लगाव रहा है। हजारों वर्षों से उनके पुरखे गंगा स्नान के लिए भारत के कोनों से आते रहे हैं। आज वर्तमान में भी इसकी आस्था ज्यों की त्यों बनी है, अनगिनत लोग दूर-दूर से गंगा स्नान के लिए आते हैं।

**प्रश्न 10. प्राचीन संस्कृति को जानते हुए जवाहरलाल नेहरू को महात्मा बुद्ध, अशोक व अकबर कैसे प्रतीत हुए?**

उत्तर–प्राचीन सभ्यता का अध्ययन करने पर वर्तमान में भी जवाहरलाल नेहरू को ऐसा प्रतीत हुआ जैसे महात्मा बुद्ध अपना पहला उपदेश दे रहे हों, अशोक के स्तंभ व शिलालेख उसकी महानता उजागर कर रहे हो और अकबर आज भी विद्वानों के वाद-विवाद द्वारा लोगों की सामाजिक व धार्मिक समस्याओं को सुलझाने में लगा हो अर्थात् युगों बाद भी वे सजीव प्रतीत होते हैं।

**प्रश्न 11. 'भारत के अतीत की झाँकी' के अवलोकन से नेहरू क्या निष्कर्ष निकालते हैं?**

उत्तर–'भारत के अतीत की झाँकी' के अवलोकन से नेहरू यह निष्कर्ष निकालते हैं कि भारतीय सभ्यता व संस्कृति भले ही कितनी प्राचीन हो जाए लेकिन उसका महत्त्व सदा बना रहेगा। वर्तमान भारत की नींव का आधार ही प्राचीन संस्कृति व सभ्यता है।

**प्रश्न 12. क्या नेहरू जी का भारत के इतिहास का एक आलोचक की भाँति निरीक्षण करना सही था?**

उत्तर–नेहरू जी का भारत के इतिहास का निरीक्षण आलोचक की भाँति करना पूर्णतया सही था क्योंकि वे अपनी विद्वता के कारण इस बात से परिचित थे कि जीवन में सकारात्मक व नकारात्मक पहलू साथ-साथ चलते हैं। इसी आधार पर वे भारत के इतिहास के सही व गलत दोनों पहलुओं पर विचार कर सके।

## IV. बहुविकल्पी प्रश्नोत्तर

1. *नेहरू जी ने भारत का विश्लेषण एक आलोचक की भाँति क्यों किया?*
   (क) वे अतीत के पसंद व नापसंद दोनों पक्षों का अवलोकन करना चाहते थे।
   (ख) वे भारत की तुलना विदेशों से करना चाहते थे।
   (ग) भारत की कमियाँ उभारना चाहते थे।
   (घ) भारत की अच्छाइयों को दुनिया के समक्ष प्रस्तुत करना चाहते थे।
2. *सिंधु घाटी की क्या विशेषता थी?*
   (क) आधुनिक सभ्यता थी (ख) संस्कृति विकासमान थी
   (ग) सुलभ जीवन जीने की पूर्ण सुविधाएँ थीं। (घ) दिए गए सभी।
3. *सिंधु नदी का दूसरा नाम क्या है?*
   (क) इंडस (ख) इंडिया (ग) इंदु (घ) इंद्रनील
4. *'भारत के अतीत की झाँकी' से नेहरू जी ने क्या निष्कर्ष निकाला?*
   (क) भारत विश्व में अग्रणी है।
   (ख) भारत की ललित कलाओं का कोई देश मुकाबला नहीं कर सकता।
   (ग) भारत की सभ्यता व संस्कृति भले ही कितनी पुरानी हो जाए लेकिन उसका महत्त्व सदा बना रहेगा।
   (घ) भारतीय कभी भी अपने अतीत से पीछा नहीं छुड़ा सकते।

उत्तर– 1. (क) 2. (घ) 3. (क) 4. (ग)

# 2. भारत की शक्ति और सीमा

## I. पाठ का सार

**भारत की शक्ति का खोना**–नेहरू जी का विचार है कि यदि भारत की शक्ति के संस्थानों और उसके पतन और नाश के कारणों की खोज की जाए तो पाएँगे कि यह लंबी और उलझी हुई प्रक्रिया है। न जाने ऐसा क्या हुआ कि प्रत्येक क्षेत्र में अग्रणी रहने वाला भारत तकनीक की दौड़ में पिछड़ गया और यूरोप के देश जो अत्यधिक पिछड़े थे, तकनीकी में आगे निकल गए। तकनीकी विकास का कारण था–विज्ञान के बारे में सचेत होना, साहसिक शक्ति एवं मानसिकता, नई तकनीकों से यूरोप के देशों का सैन्यबल भी बढ़ा, जिससे उसका पूर्व दिशा में अधिकार करना आसान हो गया। सारे एशिया की ही यही दशा थी।

**विशेष कार्यों में भारतीयों की रुचि कम होना**–यदि यह विचार किया जाए कि ऐसा क्यों हुआ तो यह कहना गलत नहीं कि भारत के पास मानसिक सजगता और तकनीकी कौशल की कमी नहीं थी लेकिन बाद की सदियों में इसमें कुछ गिरावट आई जिससे नवीन खोजों की लालसा व परिश्रम की कमी होने लगी। नित-नए आविष्कार करने वाला भारत दूसरों का अनुकरण करने लगा। प्रकृति व ब्रह्मांड के रहस्य भेदने वाला भारत कार्यों में कमजोर पड़ गया लेकिन साहित्य रचना अधिक होने लगी। सुंदर इमारतों का निर्माण करने वाले भारत में पश्चिमी देशों के प्रभाव के कारण पच्चीकारी वाली नक्काशी की जाने लगी।

**भाषा का जटिल रूप**–काव्य व साहित्य का प्रभाव अधिक होने के कारण सरल, सजीव व समृद्ध भाषा का स्थान अलंकारों से परिपूर्ण जटिल भाषा ने ले लिया।

**रूढ़िवादिता**–इस काल में लोगों की विवेकपूर्ण चेतना लुप्त होने लगी। भारत की नवीन खोजों व उत्तम संस्कृति के कारण चर्चित भारत अंधविश्वास व संकीर्ण रूढ़िवादियों में फँस गया जिसका परिणाम यह निकला कि महासागरों को पार करने पर रोक लगा दी गई जो भारत की उन्नति में बाधक बना। मूर्तिपूजा का प्रभाव बढ़ने लगा।

विवेकपूर्ण चेतना लुप्त हो जाने से भारत गतिहीन व जड़ हो गया जबकि इस समय में विश्व के दूसरे हिस्से निरंतर प्रगति करते रहे।

**भारत का आंतरिक स्वरूप**–इस बात को भी झुठलाया नहीं जा सकता कि इतना कुछ होने पर भी भारत की मजबूती, दृढ़ता व अटलता को कोई हिला नहीं सका। भारत की आगे बढ़ने की निरंतरता सदैव बनी रही। समय-समय पर पुनर्जागरण के कार्य भी चलते रहे।

वास्तव में प्राचीन भारत का ढाँचा तो पुराने रूप में रहा लेकिन अंदर की गतिविधियाँ बदलती रहीं। भले ही नए लक्ष्य न खींचे गए लेकिन प्राचीन व नवीन का सामंजस्य स्थापित करने की इच्छा बराबर बनी रही। इसी लालसा ने भारत को गति दी पुराने को बनाए रखने के साथ-साथ नए विचारों को आत्मसात करने का सामर्थ्य दिया।

## II. शब्दार्थ

### *पृष्ठ 7*

**स्त्रोत**–संस्थान। **पतन**–गिरावट। **नाश**–नष्ट होना। **पर्याप्त**–काफी। **ज़माने**–संसार। **प्रगति**–उन्नति।

### *पृष्ठ 8*

**चेतना**–बुद्धि। **मानसिकता**–सोचने की शक्ति। **गुत्थी**–थैली/उलझा हुआ प्रश्न। **सजगता**–सतर्कता। **कौशल**–हुनर। **क्षीण**–कमज़ोर। **अनुकरण**–दूसरे का कार्य देखकर करना/किसी के पीछे चलना। **प्रयास**–कोशिश। **शब्दाडंबर**–शब्दों का आवरण। **लैस**–सुसज्जित। **भाष्यकार**–भाषा पर अधिकार रखने वाला। **भव्य**–सुंदर। **नक्काशी**–हाथ से की गई मीनाकारी। **अलंकृत**–अलंकारों से युक्त। **जटिल**–कठिन। **प्रसार**–प्रचार। **संकीर्ण रूढ़िवादिता**–दकियानूसी विचार। **लुप्त**–समाप्त। **विकट**–कठिन। **मूर्च्छा**–बेहोश। **ह्रास**–पतन। **सर्वेक्षण**–ब्यौरा। **ध्वंसावशेषों**–खंडित बची हुई वस्तुएँ। **क्रमभंग**–सिलसिले का टूटना। **निरंतरता**–एकरूपता। **पुनर्जागरण**–नवीन विचारों की जागृति आना।

### *पृष्ठ 9*

**सामंजस्य**–तालमेल। **अंतर्वस्तु**–अंदर का आधार। **आत्मसात**–अपनाना। **सामर्थ्य**–कुछ करने की हिम्मत।

## III. प्रश्न-उत्तर

**प्रश्न 1. भारत की शक्ति के स्रोतों के पतन के प्रमुख कारण क्या थे?**

उत्तर–भारत की शक्ति के स्रोतों के पतन के मुख्य कारण निम्नलिखित हैं–

1. भारत तकनीकी दौड़ में निरंतर पिछड़ता जा रहा था।
2. भारतीयों में मानसिक सजगता और तकनीकी कौशल की कमी हो रही थी।
3. लोगों में आगे बढ़ने की लालसा व परिश्रम की चाह कम हो रही थी।
4. अनुकरण पद्धति बढ़ती जा रही थी।
5. कार्य करने की बजाए साहित्य को बढ़ावा मिलने लगा।
6. संकीर्ण रूढ़िवादी मानसिक धारणाएँ बढ़ती जा रही थीं।
7. भारत गतिहीनता व जड़ता की ओर बढ़ने लगा।

**प्रश्न 2. एशिया की शक्ति कम होने पर कौन-सा द्वीप आगे निकला और क्यों?**

उत्तर–एशिया की शक्ति कम होने पर यूरोप ने प्रगति की क्योंकि उसने तकनीकी विकास की ओर कदम बढ़ाए।

**प्रश्न 3. शक्ति पाकर यूरोप ने क्या किया?**

उत्तर–शक्ति पाकर यूरोप ने पूर्व के देशों पर अधिकार करना चाहा।

**प्रश्न 4. भारतीयों ने स्वयं सक्षम होते हुए भी अनुकरण पद्धति क्यों अपनाई?**

उत्तर–भारतीयों में सक्षमता होते हुए भी नवीन करने की चाह और परिश्रम कम हो गया था। यही कारण था कि उन्होंने दूसरे देशों का अंधा अनुकरण करना शुरू कर दिया।

**प्रश्न 5. भारतीयों ने किन संकीर्ण धारणाओं को अपनाया?**

उत्तर–भारतीयों ने निम्न संकीर्ण धारणाओं को अपनाया–

1. महासागरों का पार न करना।
2. मूर्तिपूजा की ओर कदम बढ़ाना।

**प्रश्न 6. भारत की शक्तियों का ह्रास होने पर भी लेखक का क्या मत है?**

उत्तर–भारत की शक्तियों का पतन होने पर भी लेखक का मत है कि भले ही भारत का प्राचीन बाहरी ढाँचा ही बचा हो लेकिन उसके अंदर निरंतर बदलाव आते रहे। यही कारण था कि भारत ने अपना अस्तित्व न खोया, उसकी निरंतरता सदैव बनी रही।

**प्रश्न 7. भारतीय संस्कृति की क्या विशेषता है?**

उत्तर–भारतीय संस्कृति की यह विशेषता है कि प्राचीन व नवीन में सामंजस्य स्थापित कर, पुराने को बनाए रखने व नए विचारों को आत्मसात करने का सामर्थ्य होना।

## IV. बहुविकल्पी प्रश्नोत्तर

1. *एशिया की शक्ति कम होने पर कौन-सा द्वीप आगे बढ़ा?*

   (क) यूरोप (ख) संयुक्त राष्ट्र अमेरिका (ग) इंग्लैंड (घ) इंडोनेशिया

2. *भारत किस कारण शक्ति खोता चला गया?*

   (क) सैन्य बल न होने के कारण (ख) संकीर्ण धारणाओं को अपनाने के कारण

   (ग) आर्थिक पतन होने के कारण (घ) अंधाधुंध विदेशियों का अनुकरण करने के कारण

उत्तर– 1. (क) 2. (ख)

# 3. भारत की तलाश

## I. पाठ का सार

**प्राचीन का अध्ययन**–नेहरू जी का सोचना है कि उन्होंने प्राचीन भारत की तलाश हेतु, इसके अस्तित्व को परखने हेतु अनेक पुस्तकों, प्राचीन स्मारकों और कई सांस्कृतिक उपलब्धियों का अध्ययन किया लेकिन वे उन तत्वों को प्राप्त न कर पाए जिनकी उन्हें तलाश थी।

**भारत की वर्तमान दशा**–इस समय भारत विचित्र अवस्था में था। भयंकर गरीबी, शासकों द्वारा लोगों का बुरा हाल व समाज में मध्यम वर्ग के आधुनिकता की ओर बढ़ते कदम। सब कुछ बेचैन करने वाला था। नेहरू जी का झुकाव उच्च वर्ग की ओर न था। अंग्रेज़ों के विरुद्ध संघर्ष हेतु भी वे मध्य वर्ग की ओर ही देखते थे। इस समय मध्यम वर्ग अपने-आप को अंग्रेज़ों की जंजीरों में कैद व सीमाओं में जकड़ा हुआ समझता था। वह उनके विरुद्ध जाकर स्वयं तरक्की और विकास करना चाहता था।

**अंग्रेज़ों के विरुद्ध**–यह वर्ग शासन के ढाँचे के विरुद्ध न था क्योंकि अंग्रेज़ों की कई नीतियाँ गलत नहीं थी। ये तो अंग्रेज़ों को हटाकर स्वयं संचालन सत्ता संभालना चाहते थे। वास्तव में इस मध्य वर्ग के लोग इसी ढाँचे की पैदाइश थे अर्थात् उन्होंने शुरू से ही अंग्रेज़ों की नीतियों को ही देखा था इसीलिए शासकीय संचालन स्वयं करके सत्ता अंग्रेज़ों के हाथों से खींचना चाहते थे।

**युवा बुद्धिजीवियों के गाँवों की ओर कदम**–नए बुद्धिजीवी अर्थात् भारत के हित-चित में सोचने वाले जब आगे बढ़कर आए तो उन्होंने अहसास किया कि उनकी नीतियों को गाँवों में क्रियान्वित किया जा सकता है क्योंकि भारत का अधिकांश भाग गाँवों में ही निवास करता था।

**नेहरू का बेचैन होना**–युवा बुद्धिजीवियों के समक्ष एक ऐसे भारत की तस्वीर सामने आई जो दूसरे ही ढंग का था। जो इसके वास्तविक अस्तित्व को पूर्णतया भुला चुका था। वह अपना ही जीवन जीने में मस्त था। यह सब नेहरू जी को बेचैन कर देने वाला था।

**नेहरू का दर्द**–नेहरू जी जानते थे कि भारत अपने में सभी विशेषताएँ होते हुए भी आधीनता का जीवन व्यतीत कर रहा है। उसे बार-बार असफलताओं व कमज़ोरियों का मुँह ताकना पड़ता है। इसका उन्हें दर्दभरा अहसास होता था।

**ग्रामीण जनता की ओर आकृष्ट होना**–भले ही लोगों की सोच बदल गई हो, वे भारत की वास्तविकता को जानने का प्रयास न करते हों तो भी भारत की ग्रामीण जनता सदा नेहरू जी को अपनी ओर आकर्षित करती रही। उनमें कुछ ऐसा था जिसे परिभाषित नहीं किया जा सकता अर्थात् वे भारत से पूर्णतया जुड़े हुए प्रतीत होते थे। ग्रामीण अभावों में रहते हुए भी भारत की शान थे। जो बात उनमें थी वह भारत के मध्यम वर्ग में न थी। वे केवल उत्तेजना का भाव रखते थे।

**भारत का बदलता स्वरूप**–नेहरू जी इस बात से भी अपरिचित न थे कि भारत की तस्वीर कुछ-कुछ बदल रही है क्योंकि पिछले 200 वर्षों से वे अंग्रेज़ों के अत्याचार झेल रहे थे। काफी कुछ तो उसी के कारण समाप्त हो गया लेकिन जो मूल्य या धरोहर बच गई है वह सार्थक है। लेकिन बहुत कुछ ऐसा भी है जो निरर्थक व अनिष्टकारी है।

## II. शब्दार्थ

### *पृष्ठ 9*

**विगत**–बीता हुआ। **दुर्गति**–बुरी दशा। **विचित्र**–अजीब। **तरक्की**–उन्नति। **रौंद देना**–अस्तित्व समाप्त करना। **बुद्धिजीवियों**–नई विचारधाराओं से विचार करने वाले।

### *पृष्ठ 10*

**अहमियत**–विशेष महत्त्व देना। **संदेह**–शक। **द्वंद्व**–युद्ध। **अवधारणा**–विचारधारा। **अपेक्षाएँ**–कुछ पाने की इच्छाएँ । **दृढ़ता**–मज़बूती। **अंतःशक्ति**–अंदर का बल। **सार्थक**–सही अर्थों में। **निरर्थक**–जो सही अर्थ न रखते हो। **अनिष्टकर**–विनाशकारी।

## III. प्रश्न-उत्तर

**प्रश्न 1. नेहरू जी ने भारत की तलाश किन-किन साधनों से करनी चाही?**

**उत्तर**–नेहरू जी ने भारत की तलाश पुस्तकों, प्राचीन स्मारकों और प्राचीन सांस्कृतिक उपलब्धियों से करनी चाही।

**प्रश्न 2. भारत की दशा उस समय क्या थी?**

**उत्तर**–उस समय भारत में भयंकर गरीबी थी, लोगों की दशा बहुत बुरी थी, अंग्रेज़ी शासन के दबाव में लोग जीवन जी रहे थे। मध्यम वर्ग आधुनिकता की ओर कदम बढ़ाना चाहता था।

**प्रश्न 3. भारतीय संघर्ष के नेतृत्व हेतु नेहरू जी किन की ओर देखते थे और क्यों?**

**उत्तर**–भारतीय संघर्ष हेतु नेहरू जी मध्यम वर्ग की ओर देखते थे क्योंकि यह ऐसा वर्ग था जो बदलाव चाहता था। यह अंग्रेज़ी ढाँचे का संचालन अपने हिसाब से स्वयं करने में विश्वास करता था।

**प्रश्न 4. बुद्धिजीवियों के समक्ष कैसे भारत की तस्वीर आई?**

**उत्तर**–बुद्धिजीवियों के समक्ष ऐसे भारतीयों की तस्वीर आई जो भारत के वास्तविक मूल्यों को पूर्णतया भुला चुके थे।

**प्रश्न 5. नेहरू जी ने भारत की तलाश क्यों करनी चाही?**

**उत्तर**–नेहरू जी को बहुत कुछ ऐसा देखने को मिला जिनमें भारत के वास्तविक मूल्यों की झलक नहीं मिलती थी इसलिए उन्होंने भारत की तलाश करके पुनः भारत के विशेष मूल्यों को जनता के सामने लाना चाहा।

**प्रश्न 6. नेहरू जी के हृदय का दर्द क्या था?**

**उत्तर**–नेहरू जी जानते थे कि भारत अपने में सभी विशेषताएँ होते हुए भी आधीनता का जीवन व्यतीत कर रहा है। उसे बार-बार असफलताओं और कमजोरियों का मुँह ताकना पड़ रहा है। यही उनके हृदय का दर्द था।

**प्रश्न 7. भारत की ग्रामीण जनता क्यों विशेष थी?**

**उत्तर**–भारत की ग्रामीण जनता विशेष थी क्योंकि भारत का अधिकांश भाग गाँवों में निवास करता था। गाँव भारत के आधार थे। भारत के वास्तविक मूल्यों की झलक गाँव ही देते थे। नेहरू जी ने भी कहा कि जो बात गाँवों में है वह मध्य वर्ग में नहीं।

**प्रश्न 8. नेहरू जी ने भारतीयों से बहुत अपेक्षाएँ क्यों नहीं रखी?**

**उत्तर**–नेहरू जी ने भारतीयों से बहुत अपेक्षाएँ इसलिए नहीं की क्योंकि भारतीय दो सौ वर्षों से गुलामी व अत्यंत गरीबी का जीवन जी रहे थे। अभावों व कष्ट में जीवन जीते-जीते वे अपने बारे में सोचना भी भूल गए थे। ऐसे में भी वे पाते थे कि बहुत से ऐसे मूल्य हैं जो आज भी शाश्वत थे।

## IV. बहुविकल्पी प्रश्नोत्तर

1. *नेहरू जी ने भारत की तलाश हेतु किन-किन साधनों का प्रयोग किया?*
   (क) प्राचीन लोगों से बातचीत करना
   (ख) प्राचीन पुस्तकों, स्मारकों और प्राचीन सांस्कृतिक उपलब्धियों द्वारा
   (ग) दूसरे देशों से भारत की तुलना करके
   (घ) संग्रहालयों में जाकर
2. *नेहरू जी का हृदय क्यों द्रवित था?*
   (क) भारत की अधीनता देखकर
   (ख) भारत द्वारा दूसरे देशों का अंधाधुंध अनुकरण देखकर
   (ग) भारत की गरीबी के कारण प्रांतों का बिखरना देखकर
   (घ) भारतीयों का अंग्रेज़ी शासन के प्रति झुकाव देखकर।

**उत्तर**– 1. (ख) 2. (क)

# 4. भारत माता

## I. पाठ का सार

**नेहरू जी का गाँवों के लोगों को भारत से अवगत करवाना–**नेहरू जी सभी भारतीय किसानों को यह संदेश देना चाहते थे कि 'भारत महान है', 'हम इसी के हिस्से हैं' हमें इसकी महत्ता को समझना होगा। वे जब भी किसी सभा में जाते तो लोगों को अवगत करवाते कि इस विशाल भारत की स्वतंत्रता के लिए हम संघर्ष कर रहे हैं। इसका एक-एक हिस्सा भिन्न होते हुए भी एक है। सभी का नाम 'भारत' है। उत्तर से दक्षिण व पूर्व से पश्चिम तक यह एक ही स्वरूप रखता है।

**किसानों की समान समस्याएँ–**उन्होंने भारत की एकरूपता व्यक्त करने का यह आधार बनाया कि पूरे भारत के किसान एक-सी समस्याओं के दौर से गुज़र रहे हैं। सभी गरीबी, कर्ज, निहित स्वार्थ, ज़मींदार, महाजन, भारी लगान और कर, पुलिस के अत्याचार आदि सभी समस्याओं से जूझ रहे हैं। विदेशी हुकूमत से सभी प्रताड़ित हैं। सभी मुझसे समान सवाल करते हैं। इसलिए हम सब एक हैं, हमें मिलकर इस देश को अंग्रेज़ों के चंगुल से छुड़ाना है।

**विश्वबंधुत्व का संदेश–**उन्होंने किसानों को कहना चाहा हमें भारत को अखंड मानकर उसके बारे में सोचना चाहिए और इस पर भी विचार करना चाहिए कि हम विराट-विश्व के हिस्से हैं।

**किसानों को भारत का ज्ञान–**किसानों से मिलकर नेहरू जी ने जाना कि गाँवों में रहने वाले किसान प्राचीन महाकाव्यों, प्राचीन गाथाओं व दंतकथाओं अर्थात् प्रचलित कथाओं की पूरी जानकारी रखते हैं। बहुत से लोग ऐसे भी थे जो भारत के चारों कोनों में स्थित धार्मिक स्थलों की यात्रा भी कर चुके थे अर्थात् पूरे भारत की जानकारी रखते थे।

**किसानों में भारतीय प्रेम को जगाना–**नेहरू जी किसी भी सभा में जाते उनके स्वागत में अनेक कंठों से गूँज उठता–'भारत माता की जय'। वे अचानक ही उनसे प्रश्न कर देते कि इस पुकार का क्या आशय है? उनके इस प्रश्न से वे चकित हो उठते और एक दूसरे को देखने लगते। फिर उन्हीं में से एक स्वर गूँज उठता कि 'भारत माता हमारी धरती है, भारत की प्यारी मिट्टी।' फिर नेहरू जी उन्हें समझाने का प्रयत्न करते कि यह मिट्टी किसी गाँव, जिले, राज्य के टुकड़ों की नहीं बल्कि पूरे भारत की है। वे यह समझाने का भी प्रयत्न करते कि भारत के पहाड़ और नदियाँ, जंगल और फैले हुए खेत व सबसे प्रमुख भारत की जनता, सभी भारत के ही हिस्से हैं।

इस प्रकार प्रत्येक भारतीय भारत का हिस्सा है। इस प्रकार यह विचार उनके दिलोदिमाग में बैठता जाता और उनकी आँखें चमकने लगती मानो उन्होंने महान खोज कर ली है।

## II. शब्दार्थ

*पृष्ठ 10*

**श्रोता**–सुनने वाले। **चर्चा**–एक दूसरे से विचार विमर्श। **संस्थापक**–शुरू करने वाला। **दमदार**–ज़ोरदार/प्रभावी।

*पृष्ठ 11*

**बाबत**–बारे में। **संघर्ष**–परिश्रम। **कर्ज़**–उधार। **अत्याचार**–गलत व्यवहार। **हुकूमत**–शासन। **आरोपित**–थोपना। **अखंड**–जिसके टुकड़े न किए जा सके। **विराट**–बड़ा। **मनोरंजक**–मनभावन। **अटूट**–घनिष्ठ।

*पृष्ठ 12*

**प्रयत्न**–कोशिश। **मुहैया**–प्रदान करते हैं।

## III. प्रश्न-उत्तर

**प्रश्न 1. भारत का नाम किस पर पड़ा?**

**उत्तर**–भारत का नाम 'भरत' राजा के नाम पर पड़ा।

**प्रश्न 2. शहरों के श्रोताओं की मन:स्थिति क्या थी?**

**उत्तर**–शहरों के श्रोता दमदार भाषण की चाहत रखते थे।

**प्रश्न 3. नेहरू जी किसानों को किस प्रकार समझाना चाहते थे?**

**उत्तर**–नेहरू जी किसानों को सीधी-सादी भाषा में भारत की विशालता, अखंडता व महत्ता से परिचित करवाना चाहते थे।

**प्रश्न 4. भारत के किसानों की समस्याएँ क्या थी?**

**उत्तर–** पूरे भारत के किसान गरीबी, कर्ज़, निहित स्वार्थ, ज़मींदार, महाजन, भारी लगान और कर व पुलिस के अत्याचारों व विदेशी हुकूमत की समस्याओं से जूझ रहे थे।

**प्रश्न 5. नेहरू जी ने उन्हें भारत के बारे में क्या समझाना चाहा?**

**उत्तर–** नेहरू जी ने उन्हें भारत के बारे में समझाना चाहा कि भारत अखंड है। इसे टुकड़ों में विभाजित करने के बारे में नहीं सोचना चाहिए। स्वयं को विश्व का हिस्सा समझने का प्रयास करना चाहिए।

**प्रश्न 6. नेहरू जी ने विश्वबंधुत्व का संदेश क्यों देना चाहा?**

**उत्तर–** नेहरू जी ने भारत के किसानों को विश्वबंधुत्व का संदेश देना चाहा क्योंकि वे भारत को विराट विश्व का हिस्सा मानते थे।

**प्रश्न 7. किसान किस-किस बात की जानकारी रखते थे?**

**उत्तर–** बहुत से किसान प्राचीन महाकाव्यों, पुरागाथाओं, दंतकथाओं व चारों कोनों में स्थित धार्मिक स्थलों की जानकारी रखते थे।

**प्रश्न 8. नेहरू जी जहाँ भी जाते उनके स्वागत में कौन से शब्द गूँज उठते?**

**उत्तर–** नेहरू जी जहाँ भी जाते उनके स्वागत में 'भारत माता की जय' का स्वर गूँज उठता।

**प्रश्न 9.** *'भारत माता की जय'* **गूँज के माध्यम से नेहरू जी ने लोगों को क्या संदेश देना चाहा?**

**उत्तर–** 'भारत माता की जय' गूँज के माध्यम से नेहरू जी ने यह संदेश देना चाहा कि पूरा भारत, भारत की मिट्टी, इसके पहाड़, नदियाँ, जंगल, चारों ओर फैले हुए खेत व भारत की जनता ये सब एक हैं। पूरा भारत एक है। 'भारत माता की जय' कहने का अर्थ है भारत की जनता-जनार्दन की जय। इस प्रकार प्रत्येक भारतीय इस भारत का हिस्सा है और सभी भारत माता के अंश हैं।

## IV. बहुविकल्पी प्रश्नोत्तर

1. *भारत का नाम किसके नाम पर पड़ा?*
   (क) राजा भरत (ख) राजा भारत
   (ग) ऋषि भरतमुनि के नाम पर (घ) अन्य
2. *नेहरू जी ने लोगों को क्या कहकर प्रेरित करना चाहा?*
   (क) हमें अपनी स्वतंत्रता प्रिय है। (ख) हमें भारत को अखंड बनाए रखना है।
   (ग) अंग्रेज़ों का मुकाबला डटकर करना है। (घ) प्रत्येक भारतीय भारत का हिस्सा है।

**उत्तर–** 1. (क) 2. (घ)

# 5. भारत की विविधता और एकता

## I. पाठ का सार

**भारत की विविधता में एकता–** यह शत-प्रतिशत सत्य है कि भारत में विविधता होते हुए भी एकता है। संपूर्ण भारत के लोगों में खान-पान, रहन-सहन, पहनावे, भाषा, शारीरिक व मानसिक रूप में विविधता झलकती है लेकिन फिर भी भारत एक है। भारत के सीमांत प्रदेशों के साथ जुड़े दूसरे देशों से भी भारत की समानता है।

**प्रांतीय भिन्नता में एकता–** यदि हम उत्तर-पश्चिम में देखें तो पाएँगे कि कश्मीर का पठान और सुदूर दक्षिण के वासी तमिल में बहुत कम समानता मिलेगी लेकिन भीतर की भावनाएँ समान हो सकती है। ऐसे ही उत्तर-पश्चिमी सीमांत प्रदेशों नें मध्य एशिया की झलक दिखती है और पठानों के लोक प्रचलित नृत्य रूसी कोज़क नृत्य शैली से मिलते हैं। इन सबके बावजूद भी पठान पर वैसी ही छाप दिखाई देती है जैसी तमिल पर।

**पड़ोसी देशों के साथ संबंध–** भारत की सीमा के देश भी भारत के साथ एकता दर्शाते हैं। जैसे–अफ़गानिस्तान और चीन भारत के साथ हज़ारों वर्षों से जुड़े रहे। अफ़गानिस्तान और मध्य एशिया में बसी तुर्क और दूसरी जातियाँ इस्लाम के आने

से पहले बौद्ध, उससे पूर्व वैदिक काल में हिंदू थीं। सीमांत क्षेत्र प्राचीन भारतीय संस्कृति के प्रमुख केंद्रों में से था। आज भी स्मारकों और मठों के अवशेषों में तक्षशिला के अवशेष मिलते हैं जो दो हज़ार वर्ष पूर्व अपनी प्रसिद्धि की चरम-सीमा पर था। सारे भारत के साथ-साथ एशिया के विभिन्न भागों से विद्यार्थी यहाँ शिक्षाग्रहण करने आते थे।

**भारतीयता की गहरी छाप**–भारत के विभिन्न प्रांत बंगाली, मराठी, गुजराती, तमिल, आंध्र, उड़िया, असमी, कन्नड़, मलयाली, सिंधी, पंजाबी, पठान, कश्मीरी, राजपूत और हिंदुस्तानी भाषा-भाषी जनता से बसा विशाल मध्यभाग सैकड़ों वर्षों से अपनी अलग पहचान बनाए हैं, लेकिन फिर भी सभी के गुण-दोष समान हैं। इनकी राष्ट्रीय विरासत एक है, नैतिक और मानसिक विशेषताएँ भी सदा समान रही। कितनी ही विदेशी जातियों ने अपना प्रभाव जमाया लेकिन वे भी भारतीय संस्कृति में विलीन हो गईं। भारतीय मानस में एकता ही सर्वोपरि रही। भारत में सामंती, धार्मिक व जातीय संबंधों का सदा महत्त्व रहा व ये एकता के सूत्र रहे। तभी तो एक भारतवासी, भारत के किसी भी हिस्से में अपने ही घर की-सी, अपनेपन की अनुभूति करता था जबकि किसी दूसरे देश में वह परदेसी या अजनबी महसूस करता था।

बाहरी जातियों के लोग जो भारत में आकर बस गए, कुछ पीढ़ियाँ बीतने के बाद वे भी भारतीय हो गए जैसे–यहूदी, पारसी और मुसलमान। जिन भारतीयों ने इनके धर्म को अपनाया वे धर्म परिवर्तन के बावजूद भारतीय बने रहे। आज भी यदि हिंदुस्तानी ईसाई कहीं भी चला जाए उसे हिंदुस्तानी ही माना जाएगा। इसी प्रकार किसी हिंदुस्तानी मुसलमान को तुर्की, अरब, ईरान या किसी भी अन्य देश में, जहाँ इस्लाम धर्म का प्रभुत्व हो, हिंदुस्तानी ही समझा जाएगा।

**नेहरू जी के दृष्टिकोण में भारत की तसवीर**–नेहरू जी का कहना है कि वे जब भी भारत के बारे में सोचते हैं तो उनके सामने दूर-दूर तक फैले मैदान, उन पर बसे अनगिनत गाँव, वे शहर और कस्बे जिनमें वे घूमें, वर्षा ऋतु की जादुई बरसात जिससे झुलसी हुई धरती का सौंदर्य और हरियाली खिल जाए, विशाल नदियाँ व उनमें बहता जल, ठंडा प्रदेश खैबर, भारत का दक्षिण रूप, बर्फ़ीला प्रदेश हिमालय या वसंत ऋतु में कश्मीर की कोई घाटी फूलों से लदी हुई व उसके बीच से कलकल-खलखल करता बहते झरने की तसवीर बन जाती है। जिसे वे सहेज कर रखना चाहते हैं।

## II. शब्दार्थ

### *पृष्ठ 12*

**विविधता**–भिन्नता। **अद्‌भुत**–अजीब। **ताल्लुक**–संबंध। **गमक**–छाप। **तमाम**–अनेक। **अचरज**–हैरानी।

### *पृष्ठ 13*

**सीमांत**–सीमावर्ती। **ध्वस्त**–नष्ट। **अवशेष**–बचे हुए। **कमोबेश**–कम-अधिक। **जज़्ब**–समा। **तत्काल**–उसी समय। **आरोपित**–थोपा हुआ। **मानकीकरण**–शुद्धता। **सहिष्णुता**–सहृदयता। **प्रोत्साहन**–बढ़ावा।

### *पृष्ठ 14*

**घनिष्ठ**–पक्का। **मूल**–वास्तविक। **अनुभूति**–महसूस। **मतभेद**–विचारों में भिन्नता। **अनगिनत**–असंख्य।

### *पृष्ठ 15*

**संचार**–नया रूप भरना। **नवजात**–नए। **सहेजकर**–संभालकर।

## III. प्रश्न-उत्तर

**प्रश्न 1. 'भारत की विविधता और एकता' से आप क्या समझते हैं?**

**उत्तर**–भारत विविध अर्थात् भिन्न-भिन्न प्रांतों का देश है। सभी प्रांतों की सभ्यता व संस्कृति में भिन्नता दिखाई पड़ती है लेकिन आंतरिक विचारधारा सभी की समान है अर्थात् विविधता होते हुए भी एकता का भाव है।

**प्रश्न 2. भारत के सीमांत क्षेत्रों की क्या विशेषता थी?**

**उत्तर**–भारत के सीमांत क्षेत्र अपने पड़ोसी देशों से भी गहरा संबंध रखते थे जैसे अफ़गानिस्तान भारत से हज़ारों वर्ष तक जुड़ा रहा। पुराने तुर्क और दूसरी जातियाँ जो अफ़गानिस्तान और मध्य एशिया में बसी थीं, इस्लाम के आने से पूर्व बौद्ध थी और उससे भी पहले वैदिक काल में हिंदू थी। इसीलिए इनका रहन-सहन व रीतिरिवाज भी मिलते-जुलते थे।

**प्रश्न 3. *'तक्षशिला'* क्यों प्रसिद्ध था? यहाँ अन्य देशों से लोग क्यों आते थे?**

**उत्तर**–तक्षशिला विश्वप्रसिद्ध विश्वविद्यालय था। यहाँ सुदूर देशों से विद्यार्थी उच्च शिक्षा ग्रहण करने आते थे।

**प्रश्न 4. भारतीयों पर '*भारतीयता की गहरी छाप*' कैसे दिखाई पड़ती है?**

**उत्तर**–नेहरू जी जब भी पूरे भारत का अवलोकन करते तो पाते कि बंगाली, मराठी, गुजराती, तमिल, आंध्र, उड़िया, असमी, कन्नड़, मलयाली, सिंधी, पंजाबी, पठान, कश्मीरी, राजपूत और हिंदुस्तानी भाषा बोलने वाली विशाल जनता से बसा मध्य भारत सैकड़ों वर्षों से अपनी अलग-अलग पहचान बनाने के बावजूद, आंतरिक भावनाओं से सभी एक हैं। सबकी एक विरासत है, नैतिक व मानसिक धारणाएँ भी समान हैं। कितनी ही विदेशी जातियों ने भारत पर आक्रमण किए व सत्ता भी कायम की लेकिन भारतीयों की भारतीयता अर्थात् भारत की सभ्यता व संस्कृति को कोई डगमगा नहीं सका। इसीलिए यह कहना असत्य नहीं कि भारतीयों पर भारतीय की गहरी छाप दिखाई देती है।

**प्रश्न 5. नेहरू जी को भारत की सुंदरता कैसी दिखाई पड़ती है?**

**उत्तर**–नेहरू जी जब भी भारत के बारे में सोचते हैं तो उनकी निगाहों के सामने दूर-दूर तक फैले मैदान, उन पर बसे गाँव, कस्बे व शहर, बरसात के मौसम में धरती पर छाई हरियाली, विशाल नदियाँ, ठंडे प्रदेश, भारत का दक्षिण भाग व कश्मीर के सुंदर दृश्य घूम जाते हैं।

## IV. बहुविकल्पी प्रश्नोत्तर

1. *भारत भिन्न-भिन्न प्रांतों का देश है फिर भी इसकी क्या विशेषता है?*
   (क) हर प्रांत की अपनी सरकार है।
   (ख) हर प्रांत अपनी सभ्यता, संस्कृति रखता है।
   (ग) विभिन्नता में एकता अर्थात् अलग-अलग प्रांत होने पर भी सभी एकसमान हैं।
   (घ) इनमें से कोई नहीं।
2. *तक्षशिला के अवशेष कितने प्राचीन थे?*
   (क) दो हजार वर्ष पूर्व (ख) तीन हजार वर्ष पूर्व (ग) चार हजार वर्ष पूर्व (घ) पाँच हजार वर्ष पूर्व

**उत्तर**– 1. (ग) 2. (क)

# 6. जन संस्कृति

## I. पाठ का सार

**भारत की पृष्ठभूमि**–नेहरू जी जब भी भारतीयों की गतिशीलता को देखते तो उसका संबंध अतीत से जोड़ना चाहते जबकि लोगों की नज़रें सदैव भविष्य पर टिकी रहती। पूरे भारत में उन्हें एक समान सांस्कृतिक पृष्ठभूमि मिली भले ही लोग अलग-अलग प्रांतों के थे। इस पृष्ठभूमि में लोक प्रचलित दर्शन, परंपरा, इतिहास, प्राचीन कथाएँ सभी का मेल इस प्रकार था कि किसी को अलग-अलग करना असंभव था।

**लोगों की बौद्धिकता**–उन्होंने सभी स्थानों पर पाया कि पूरी तरह से अशिक्षित और निरक्षर लोग भी भारतीय पृष्ठभूमि के हिस्सेदार थे। भारत के महाकाव्य रामायण और महाभारत का सभी ज्ञान रखते थे हर घटना, उसका नैतिक अर्थ लोकमानस पर अंकित था। अनपढ़ ग्रामीण लोगों को भी प्राचीन ग्रंथों के सैकड़ों पद याद थे या उनके उदाहरण वे अपनी बातचीत में प्रयोग करते थे। नैतिक उपदेश देने में वे माहिर थे। इससे नेहरू जी यह सोचते कि यदि उनके मन में लिखित इतिहास और लगभग सुनिश्चित तथ्यों से निर्मित तस्वीरों का भंडार है तो इन किसानों के मन में अपनी तस्वीरों का भंडार है। जो किसी साहित्य से कम नहीं। जिनका आधार भले ही इतिहास कम प्राचीन ग्रंथ व लोककथाएँ अधिक हैं। इससे नेहरू जी ने अहसास किया कि ग्रामीण अनपढ़ लोग भी बौद्धिक शक्ति रखते हैं, सही गलत का विश्लेषण करने में सक्षम हैं।

**भारतीय स्त्री-पुरुषों का स्वरूप**–उन्हें भारत में एक ओर संवदेनशील चेहरे, बलिष्ठ देह और सीधे साफ़ व्यवहार वाले पुरुष दिखाई देते तो दूसरी ओर महिलाओं में प्रेम, नम्रता, गरिमा और संतुलन के साथ-साथ दुख से भरा चेहरा भी दिखता। कई बार वे जब किसी सुंदर पुरुष या स्त्री को देखते तो मोहित हो यही सोचते कि तमाम भयानक दुखों के बावजूद भारतीय सौंदर्य कैसे टिका रहा। अंत में उनका यही सोचना है कि यदि इन लोगों के हालात बेहतर हो और इनके पास कुछ करने के अवसर हो तो हम उन्नति की ओर बढ़ने हेतु किसी भी राह पर सक्षम हो सकते हैं।

**नेहरू जी का भारतीय चिंतन**–उनका मानना है कि भारत में चारों ओर गरीबी, व उससे पैदा होने वाली अनगिनत

कठिनाइयाँ फैली थी–और यह दर्द सभी के माथे पर झलकता था। सबकी जिंदगी का सुंदर रूप समाप्त हो चुका था। इसी कारण सभी ओर भ्रष्टाचार फैला था। चारों ओर अभाव व असुरक्षा का वातावरण छाया था। लेकिन भारत की असलियत यह थी कि स्थितियों को समर्पित भाव से स्वीकार करने की प्रवृत्ति प्रबल थी अर्थात् हर हालात को सहन करने की शक्ति भारत में थी। भारतीय सांस्कृतिक विरासत की देन नम्रता व भलमनसाहत हजारों वर्षों से भारत की धरोहर रही जिसे बड़े से बड़ा दुर्भाग्य भी मिटा न पाया।

अंत में यही कहना उचित है कि नेहरू जी की दृष्टि में यही सत्य है कि भारत को कितने ही दौरों से गुज़रना पड़ा लेकिन इसके आधारभूत तत्वों को कोई हिला नहीं पाया।

## II. शब्दार्थ

### *पृष्ठ 15*

**पृष्ठभूमि**–आधार। **मिथक**–मनघडंत। **पुरा**–प्राचीन। **निरक्षर**–अनपढ़। **लोकमानस**–लोगों के दिमाग में। **समृद्ध**–उन्नत/संपन्न। **देहाती**–गाँव के।

### *पृष्ठ 16*

**संवेदनशील**–मन को भावुक करने वाले। **बलिष्ठ**–बलशाली। **देह**–शरीर। **लावण्य**–सुंदरता। **अवसाद**–दुख। **मनोहर**–सुंदर। **विस्मय-विमुग्ध**–हैरान होकर मोहित हो जाना। **भित्ति**–अंदरूनी/दीवार पर बना चित्र। **विपत्तियाँ**–कठिनाइयाँ। **विकृत**–बिगड़ा स्वरूप। **प्रवृत्ति**–विचारधारा। **प्रबल**–पक्की। **नम्रता**–नम्र स्वभाव। **भलमनसाहत**–भलाई करने का भाव।

## III. प्रश्न-उत्तर

**प्रश्न 1. भारतीय जन संस्कृति के दर्शन में नेहरू जी को क्या समानता दिखाई दी?**

**उत्तर**–भारतीय जन संस्कृति के दर्शन में नेहरू जी को यह समानता दिखाई दी कि पूरे भारत की पृष्ठभूमि में लोक प्रचलित दर्शन, परंपरा, इतिहास, मिथक व पुराकथाएँ सब एकरूपता लिए हैं। इनमें से किसी को दूसरे से अलग नहीं किया जा सकता अर्थात् ऊपर से प्रांतीय भिन्नता का आवरण ओढ़ने वाला भारत भीतरी सतह से एक था।

**प्रश्न 2. देहाती व निरक्षर लोगों को देखकर नेहरू जी को क्या हैरानी हुई?**

**उत्तर**–देहाती और निरक्षर लोगों को प्राचीन महाकाव्य रामायण और महाभारत तथा अन्य ग्रंथों के सैकड़ों पद याद होना। अपनी बातचीत के दौरान उनके उदाहरण देना, नैतिक उपदेश देना व साहित्यिक बातें करने पर नेहरू जी को हैरानी होती थी कि निरक्षर होने पर भी वे बौद्धिक रूप से पूर्ण समझ रखते थे।

**प्रश्न 3. भारतीयों की क्या दशा थी?**

**उत्तर**–भारत के लोग गरीबी व विपत्तियों का जीवन जी रहे थे। समाज में भ्रष्टाचार बढ़ रहा था और निरंतर अभाव और असुरक्षा की स्थिति बनी थी।

**प्रश्न 4. अभावग्रस्त जीवन जीते हुए भी भारतीयों की क्या विशेषता थी?**

**उत्तर**–अभावग्रस्त जीवन जीते हुए भी स्वभाव से नम्रता व भलमनसाहत उनकी विशेषता थी जो उन्हें सांस्कृतिक विरासत में प्राप्त हुई, जिसे बड़े से बड़ा दुर्भाग्य भी न मिटा सका।

## IV. बहुविकल्पी प्रश्नोत्तर

1. *नेहरू जी ने भारतीय जन संस्कृति के दर्शन में क्या पाया?*
   (क) सब प्रांत अलग-अलग हैं।
   (ख) ऊपर से प्रांतीय अभिन्नता का आवरण ओढ़ने वाला भारत भीतरी सतह से एक था।
   (ग) धार्मिक भिन्नता से परिपूर्ण भारत
   (घ) प्राकृतिक भिन्नता से परिपूर्ण भारत।
2. *भारतीयों की जीवन शैली कैसी थी?*
   (क) खुशहाल (ख) अभावों व असुरक्षा से ग्रस्त
   (ग) सामान्य (घ) उच्च कोटि की

**उत्तर**– 1. (ख) 2. (ख)

# 3. सिंधु घाटी सभ्यता

## 1. प्राचीन भारतीय सिंधु घाटी

### I. पाठ का सार

**भारत के अतीत की पहली तसवीर**–सिंधु घाटी सभ्यता में भारत के अतीत की पहली तसवीर मिलती है। जिसके चिह्न सिंधु में मोहनजोदड़ो और पश्चिमी पंजाब में हड़प्पा में मिले। इन खुदाइयों ने प्राचीन इतिहास की समझ में क्रांति ला दी।

**मोहनजोदड़ो व हड़प्पा की खोज**–मोहनजोदड़ो व हड़प्पा एक दूसरे से काफी दूरी पर स्थित हैं। अवश्य ही इन दोनों के मध्य भी कई नगर व स्थान ऐसे होंगे जिनकी खोज नहीं की जा सकी। खोजों से यह पता चलता है कि इस सभ्यता के अवशेष पश्चिम में काठियावाड़ और पंजाब के अंबाला जिले तक फैले थे।

(**नोट**–अंबाला अब पंजाब का नहीं हरियाणा का जिला है क्योंकि 1 नवंबर 1966 को पंजाब दो भागों में बँटा, पंजाब व हरियाणा)

यह सभ्यता गंगा की घाटी तक फैली है इसलिए इसे केवल सिंधु घाटी की सभ्यता कहना उचित नहीं। इसका दायरा उससे बढ़कर है।

**सिंधु घाटी सभ्यता का विकसित रूप**–सिंधु घाटी सभ्यता के अवशेषों को देखकर यह अनुमान लगाया जा सकता है कि यह सभ्यता पूर्णरूप से विकसित थी व हज़ारों वर्षों तक यह प्रगति के पथ पर रही। यह एक धर्मनिरपेक्ष सभ्यता थी। भारतीय सांस्कृतिक स्वरूप की अग्रदूत यही सभ्यता बनी। इस सभ्यता में फ़ारस, मेसोपोटामिया और मिस्र सभ्यताओं के साथ व्यापारिक संबंध कायम किए। इसमें व्यापारी वर्ग धनाढ्य था। अवशेषों से पता चलता है कि सड़कों पर छोटी-छोटी दुकानो की कतारें थीं।

**छः-सात हज़ार वर्ष पूर्व का भारत**–सिंधु घाटी सभ्यता लगभग छः-सात हज़ार वर्ष प्राचीन है। यदि वर्तमान को इसके साथ जोड़ें तो ऐसा प्रतीत होता है, भले ही इतने वर्षों में कितने ही बदलाव आए हो लेकिन एक निरंतरता भारत में निरंतर बनी रही।

मोहनजोदड़ो व हड़प्पा संस्कृति को देखकर उस समय के रहन-सहन, रीति-रिवाजों, दस्तकारी व पोशाकों से तब का फैशन पता चलता है।

**भारत का महान रूप**–इस सभ्यता से वर्तमान रूप को जोड़ा जाए तो ऐसा प्रतीत होता है कि भारत आज नन्हें बच्चे की तरह नहीं बल्कि सयाने रूप में विकसित है। वह जीवन के तौर-तरीकों से अपरिचित नहीं है वरण धीरे-धीरे उसने सभी कलाओं व तकनीकी का विकास किया है। जो वर्तमान में विकसित है उसकी जड़ें सिंधु घाटी सभ्यता में दिखाई पड़ती हैं

### II. शब्दार्थ

*पृष्ठ 17*

**अतीत**–बीता हुआ। **अवशेष**–बचे हुए चिह्न। **क्रांति**–बदलाव। **संदेह**–शक। **धर्मनिरपेक्ष**–किसी विशेष धर्म में विश्वास न करके सभी धर्मों को बराबर महत्त्व देना।

*पृष्ठ 18*

**अग्रदूत**–सबसे आगे रहकर प्रेरित करना। **बेहतर**–अच्छी। **नागर**–नगरीय। **धनाढ्य**–अमीर। **शृंखला**–कड़ी। **अचरज**–हैरानी।

*पृष्ठ 19*

**दस्तकारी**–हाथ से बना सामान। **सयाने**–बड़े और समझदार। **सृजन**–उत्पन्न/निर्माण। **ठेठ**–पक्के। **चिह्नों**–संकेतों। **हमाम**–पानी डालने व रखने के बड़े-बड़े बर्तन या धरती में बने तालाब।

## III. प्रश्न-उत्तर

**प्रश्न 1. भारतीय अतीत की पहली पहचान क्या है?**

**उत्तर**–भारतीय अतीत की पहली पहचान सिंधु घाटी की सभ्यता है।

**प्रश्न 2. सिंधु घाटी के अवशेष कहाँ-कहाँ प्राप्त हुए?**

**उत्तर**–सिंधु घाटी के अवशेष सिंधु में मोहनजोदड़ो और पश्चिमी पंजाब में हड़प्पा में मिले हैं।

**प्रश्न 3. सिंधु घाटी सभ्यता कहाँ तक फैली है?**

**उत्तर**–सिंधु घाटी सभ्यता, गंगा नदी तक फैली थी?

**प्रश्न 4. सिंधु घाटी सभ्यता की क्या विशेषताएँ थीं?**

**उत्तर**–सिंधु घाटी सभ्यता की निम्नलिखित विशेषताएँ थी–

1. सिंधु घाटी की सभ्यता अपने आप में पूर्णरूप में विकसित थी जो वर्तमान का आधार प्रतीत होती है।
2. यह धर्मनिरपेक्ष सभ्यता थी, धार्मिक तत्त्व होने पर भी किसी विशेष धर्म को अहमियत नहीं दी गई।
3. यह सभ्यता सांस्कृतिक युगों की अग्रदूत बनी अर्थात् इस सभ्यता के बाद में होने वाले सांस्कृतिक कार्य इसी के आधार पर हुए।
4. फ़ारस, मेसोपोटामिया और मिस्र की सभ्यताओं से यह सभ्यता बेहतर थी। इसने इन सभी सभ्यताओं से व्यापारिक संबंध भी कायम किए।

**प्रश्न 5. 'सिंधु घाटी सभ्यता' का व्यापारिक स्तर क्या था?**

**उत्तर**–'सिंधु घाटी सभ्यता' ने फ़ारस, मेसोपोटामिया और मिस्र की सभ्यताओं से संबंध स्थापित कर व्यापार किया। यह नागर सभ्यता थी। यहाँ का व्यापारी वर्ग धनाढ्य था।

**प्रश्न 6. सिंधु घाटी की सभ्यता कितनी प्राचीन है? यह हमें किन-किन चीज़ों की जानकारी देती है?**

**उत्तर**–सिंधु घाटी की सभ्यता छः-सात हज़ार वर्ष पूर्व की है। यह हमें मोहनजोदड़ो व हड़प्पा के माध्यम से उस समय के लोगों के रहन-सहन, लोकप्रचलित रीतिरिवाजों, दस्तकारी व पोशाकों आदि के फैशन से अवगत करवाती है।

**प्रश्न 7. किस विशेष तथ्य से पता चलता है कि सिंधु घाटी सभ्यता में तकनीकी उन्नति भी की थी?**

**उत्तर**–सिंधु घाटी सभ्यता के हमाम और नालियों के तंत्र जोकि वर्तमान में भी उपयोगी सिद्ध होते हैं, यह दर्शाते हैं कि सिंधु घाटी सभ्यता ने तकनीकी उन्नति भी की थी।

## IV. बहुविकल्पी प्रश्नोत्तर

1. *भारतीय अतीत की पहली पहचान क्या है?*

   (क) मोहनजोदड़ो (ख) गंगा नदी

   (ग) सिंधु घाटी की सभ्यता (घ) तक्षशिला

2. *सिंधु घाटी सभ्यता कितने वर्ष पुरानी है?*

   (क) पाँच हजार वर्ष (ख) दो हजार वर्ष (ग) छह-सात हजार वर्ष (घ) दस हजार वर्ष

**उत्तर**– 1. (ग) 2. (ग)

# 2. आर्यों का आना

## I. पाठ का सार

**आर्य कौन थे?**–आर्य कौन थे? ये कहाँ से आए? इसका कोई पक्का प्रमाण नहीं मिलता। कुछ विद्वानों का मानना है कि इनकी जड़ें दक्षिण भारत में मिल सकती हैं क्योंकि इन लोगों और दक्षिण भारत की द्रविड़ जातियों के बीच कुछ समानताएँ मिलती हैं। यह कहा जा सकता है कि ये मोहनजोदड़ो से कई हज़ार वर्ष पूर्व आए होंगे। व्यवहारिक दृष्टि से हम उन्हें भारत के ही निवासी मान सकते हैं।

यह भी माना जाता है कि आर्य उत्तर-पश्चिमी दिशा से एक के बाद एक आए। सिंधु घाटी सभ्यता के एक हज़ार वर्ष बाद इनका प्रवेश माना गया है। पश्चिमोत्तर दिशा से भी भारत में ये कबीले और जातियाँ आती रही और भारत में समाती रही। पहला सांस्कृतिक समन्वय आर्य एवं द्रविड़ जातियों के बीच हुआ जो सिंधु घाटी सभ्यता के प्रतिनिधि थे। इस प्रकार हम कह सकते हैं कि 'आर्य कौन थे?' इसके बारे में स्पष्ट विचार नहीं दिए जा सकते। यही माना जाता है कि ये भारत की ही संतान थे।

**सिंधु घाटी सभ्यता का अंत**–सिंधु घाटी सभ्यता के बारे में माना जाता है कि इसका अंत अचानक ही किसी दुर्घटना से हो गया। सिंधु नदी अपनी बाढ़ों के लिए प्रसिद्ध थी जोकि नगरों और गाँवों को बहाकर ले जाती थी, हो सकता है कि उसी की चपेट में सिंधु घाटी भी आ गई हो या धीरे-धीरे मौसम परिवर्तन से ज़मीन सूखती गई हो और खेतों पर रेगिस्तान छा गया हो। मोहनजोदड़ो के खंडहर इस बात के प्रमाण है कि उन पर एक के बाद एक बालू की परतें छाई हैं। जिससे यह अनुमान लगाया जाता है कि शहर की ज़मीन की सतह ऊँची उठती गई और नगरवासियों ने पुरानी नीवों पर ऊँचाई पर मकान बनाए इसीलिए खुदाई में तीन-तीन मंजिलें घर मिलते हैं।

**कृषि को बढ़ावा**–सिंधु घाटी की सभ्यता के बाद आने वाली सभ्यता में शुरू-शुरू में कृषि पर अधिक बल दिया गया। खेतिहर पक्ष पर जोर देने वाले लोग आर्य ही थे।

**आर्यों का रच-बस जाना**–द्रविड़ जाति के लोगों व आर्यों के बीच समन्वय व तालमेल से भारतीय जातियों व बुनियादी भारतीय संस्कृति का विकास हुआ जिसमें दोनों सभ्यताओं के तत्त्व साफ़ दिखाई देते थे। धीरे-धीरे अनेक जातियाँ भारत में आईं लेकिन सभी इसमें समाती चली गईं।

## II. शब्दार्थ

*पृष्ठ 19*

**संभावना**–आशा। **अकस्मात**–अचानक। **रेगिस्तान**–रेतीला इलाका। **प्रमाण**–सबूत।

*पृष्ठ 20*

**पद्धति**–तरीका। **अंतराल**–समय का अंतर। **बहुतायत**–बहुत अधिक। **नवागंतुकों**–नए आने वाले। **जज़्ब**–समाती। **समन्वय**–मेल।

## III. प्रश्न-उत्तर

**प्रश्न 1. आर्य कौन थे?**

**उत्तर**–आर्यों को व्यवहारिक रूप में भारत की संतान ही माना गया है। लेकिन ये लोग कौन थे? कहाँ से आए? इसके बारे में कुछ नहीं कहा जा सकता। अनुमानतः माना जाता है कि आर्यों का प्रवेश सिंधु घाटी युग के लगभग एक हज़ार वर्ष बाद हुआ। भारत की पश्चिमोत्तर दिशा से भारत में कबीले और जातियाँ समय-समय पर आती रहीं और इनका मेल द्रविड़ जातियों से होता रहा। इन्हें ही आर्य माना गया।

**प्रश्न 2. आर्य लोगों ने मुख्य धंधा क्या किया?**

**उत्तर**–आर्यों ने मुख्य धंधा खेती अपनाया।

**प्रश्न 3. सिंधु घाटी के समाप्त होने का कारण क्या माना गया है?**

**उत्तर**–सिंधु नदी अपनी बाढ़ के कारण प्रसिद्ध थी। कहा जाता है कि जब यह अपने वेग में बहती तो अपने साथ गाँवों के गाँव बहा कर ले जाती थी। सिंधु घाटी भी इसकी चपेट में आई, यही माना जाता है।

**प्रश्न 4. सिंधु घाटी की सभ्यता के पश्चात् किस कारोबार पर अधिक बल दिया गया?**

**उत्तर**–सिंधु घाटी की सभ्यता के पश्चात् कृषि करने पर अधिक बल दिया गया।

## IV. बहुविकल्पी प्रश्नोत्तर

1. *आर्य भारत में कब आए?*

(क) सिंधु सभ्यता से एक हजार वर्ष पूर्व
(ख) सिंधु सभ्यता से एक हजार वर्ष बाद
(ग) भारत के मूल थे।
(घ) इनमें से कोई नहीं।

2. *सिंधु घाटी के समाप्त होने का क्या कारण था?*
   (क) दूसरी सभ्यताओं के भारत में पदार्पण से (ख) धीरे-धीरे अपनी पहचान खोने से
   (ग) आँधी तूफान आने से (घ) सिंधु नदी में बाढ़ आने से

**उत्तर–** 1. (क) 2. (घ)

# 3. प्राचीनतम अभिलेख, धर्म-ग्रंथ और पुराण

## I. पाठ का सार

**भारत का प्राचीन इतिहास**–सिंधु घाटी सभ्यता की खोज से पूर्व 'वेद' को सबसे पुराना इतिहास माना जाता था। वैदिक युग के काल निर्धारण में भी विद्वानों का मतभेद था। यूरोपीय विद्वान इसका समय बहुत बाद में मानते थे व भारतीय पहले। अब ऋग्वेद की रचनाओं का समय ईसा पूर्व 1500 मानते हैं। मोहनजोदड़ो की खुदाई के बाद भारतीय ग्रंथों को और भी पुराना साबित किया गया। इन्हें मनुष्य की प्राचीनतम उपलब्धि का नाम दिया गया। इन्हें 'आर्यों के द्वारा कहा गया पहला शब्द' भी कहा गया।

**भारतीय वेदों पर ईरान का प्रभुत्व**–वेदों पर ईरान की पूरी छाप है माना जाता है कि आर्य अपने साथ उसी कुल के विचारों को लाए जिससे ईरान में 'अवेस्ता' (धार्मिक ग्रंथ) की रचना हुई थी। वेदों और अवेस्ता की भाषा में भी समानता है।

## II. शब्दार्थ

### *पृष्ठ 21*

**प्राचीनतम**–पुराने/प्राचीन काल के। **अभिलेख**–प्राचीन लिखित कृतियाँ। **धर्म-ग्रंथ**–धर्म पर आधारित ग्रंथ। **पुराण**–नैतिकता पर आधारित ग्रंथ। **मैक्समूलर**–जर्मनी में जन्मे प्राच्य विधा विशेषज्ञ जिसने प्राचीन भारतीय धर्म ग्रंथों के अनुवाद संपादन का कार्य किया। **अवेस्ता**–फारसी भाषा में इसका अर्थ प्रार्थना है। **पल्लवन**–बढ़ावा देना। **साम्य**–समानता।

## III. प्रश्न-उत्तर

**प्रश्न 1. भारतीय संस्कृति का सबसे प्राचीन इतिहास क्या है?**

**उत्तर**–भारतीय संस्कृति का सबसे प्राचीन इतिहास 'वेद' है।

**प्रश्न 2. वेदों पर किसका प्रभाव दिखाई पड़ता है?**

**उत्तर**–वेदों पर ईरान के विचारों का प्रभाव दिखाई देता है क्योंकि ईरान के ग्रंथ 'अवेस्ता' व भारत के वेदों के विचार व भाषा मिलती-जुलती है। कहा जाता है कि आर्य उसी ओर से आए और यह ग्रंथ 'आर्य मानव के द्वारा कहा गया पहला शब्द' था।

## IV. बहुविकल्पी प्रश्नोत्तर

1. *सिंधु घाटी से पूर्व पुराना इतिहास किसे माना जाता था?*
   (क) वेद (ख) पुराण (ग) प्राचीन धर्मग्रंथ (घ) अभिलेख।
2. *ईरान में धार्मिक ग्रंथों को किस नाम से जाना जाता है?*
   (क) पुराण (ख) वेदग्रंथ (ग) अवेस्ता (घ) ऋग्वेद

**उत्तर–** 1. (क) 2. (ग)

# 4. वेद

## I. पाठ का सार

**वेद का अर्थ**–वेद की उत्पत्ति 'विद्' धातु से हुई है, जिसका अर्थ है जानना। अत: वेद का सीधा संबंध है–अपने समय के ज्ञान का संग्रह। उसमें न मूर्ति पूजा है, न देव मंदिर।

**वैदिक युग के आर्यों का जीवन के प्रति दृष्टिकोण**—वैदिक युग के आर्यों में जीवन के प्रति इतनी उमंग थी कि उन्होंने आत्मा पर बहुत कम ध्यान दिया। वे मृत्यु के बाद किसी अस्तित्व में कम विश्वास करते थे।

**प्रथम वेद ऋग्वेद**—अनुमानत: कहा जाता है कि पहला वेद यानी ऋग्वेद मानव-जाति की पहली पुस्तक है। इसमें मानव मन की सभी भावनाओं का उल्लेख मिलता है, काव्य-प्रवाह के साथ-साथ प्रकृति का सुंदर चित्रण मिलता है। इसके अलावा मनुष्यों द्वारा किए गए विशेष कार्यों का लेखा-जोखा भी यह ग्रंथ रखता है। वेदों के आधार पर कहा जा सकता है कि वैदिक संस्कृति की मूल पृष्ठभूमि परलोकवादी या इस विश्व को निरर्थक माननेवाली नहीं थी।

**इन वेदों से लोगों के जीवन का अनुमान**—इन वेदों से यह अनुमान लगाया जा सकता है कि जब भी भारत में सभ्यता की बहार आई; तब ऐसे हर दौर में जीवन और प्रकृति में लोगों ने गहरी दिलचस्पी ली। कला, संगीत और साहित्य, साथ ही नाच-गाने की कला, चित्रकला, रंगमंच आदि सबका विकास हुआ। इन सब से यह कहा जा सकता है कि भारत की संस्कृति जीवंत संस्कृति थी न कि पारलौकिकता में विश्वास करने वाली।

**भारतीय संस्कृति हेतु नेहरू जी का मत**—बहुत से पश्चिमी देशों के लेखकों ने इस बात को बढ़ावा दिया कि भारतीय लोग परलोक परायण हैं तो नेहरू जी ने कहा कि मैं समझता हूँ कि हर देश के निर्धन और अभागे लोग एक हद तक परलोक में विश्वास करने लगते हैं—जब तक कि वे क्रांतिकारी नहीं हो जाते। यही बात गुलाम देश पर लागू होती है। अर्थात् नेहरू जी का मानना है कि भारत के प्राचीन इतिहास को देखा जाए तो वह उन्नत व विकसित है लेकिन गुलामी की जंजीरों में जकड़ने पर भारतीयों की सोच में भी परिवर्तन आ गया।

## II. शब्दार्थ

*पृष्ठ 21*

**मस्तिष्क**—बुद्धि/सोचने समझने की शक्ति। **उमंग**—चाह।

*पृष्ठ 22*

**हर्षोंमाद**—हर्ष का उन्माद। **रिकार्ड**—लेखा-जोखा। **उषाकाल**—शुरुआत। **अनंत**—अनगिनत। **सजग**—सतर्क। **आस्था**—विश्वास। **समानांतर**—समान अंतर। **पृष्ठभूमि**—आधार। **पारलौकिकता**—ईश्वरीय लोक में विश्वास करना।

## III. प्रश्न-उत्तर

**प्रश्न 1. 'वेद' शब्द से आप क्या समझते हैं?**

**उत्तर**—वेद शब्द की उत्पत्ति 'विद्' धातु से हुई है, जिसका अर्थ है जानना अर्थात् वेद का सीधा अर्थ है अपने समय के ज्ञान का संग्रह करना।

**प्रश्न 2. भारत के प्रथम वेद का नाम बताइए?**

**उत्तर**—भारत का प्रथम वेद ऋग्वेद था।

**प्रश्न 3. ऋग्वेद की क्या विशेषता थी?**

**उत्तर**—ऋग्वेद काव्य शैली में लिखा गया ग्रंथ है। प्रकृति के सौंदर्य व रहस्य का इसमें पूर्ण वर्णन है। इसके अलावा इसमें मनुष्य द्वारा किए गए सभी साहसिक कार्यों का वर्णन भी है।

**प्रश्न 4. सभ्यता के प्रारंभ में लोगों की ईश्वर के प्रति क्या आस्था थी?**

**उत्तर**—सभ्यता के प्रारंभ में लोगों की ईश्वर के प्रति सहज आस्था थी वे प्रकृति के प्रत्येक तत्त्व और शक्ति में देवत्व का रूप देखते थे।

**प्रश्न 5. पश्चिमी लेखकों द्वारा भारतीयों को परलोक-परायण कहने पर नेहरू जी ने अपने क्या विचार दिए?**

**उत्तर**—पश्चिमी लेखकों ने जब भारतीयों को परलोक-परायण अर्थात् परलोक में विश्वास करने वाले कहने पर नेहरू जी ने कहा कि किसी भी देश में निर्धन और अभागे लोग परलोक में विश्वास करने लगते हैं जब तक वे क्रांतिकारी न हो जाए। यही बात गुलाम देश के लोगों पर लागू होती है। यही हाल भारत का भी था।

**प्रश्न 6. भारतीय सभ्यता ने किस-किस क्षेत्रों में विकास किया?**

**उत्तर–** भारतीय सभ्यता ने समयानुसार कला, संगीत, साहित्य, नाचने-गाने की कला, चित्रकला व रंगमंच के क्षेत्र में विकास किया।

## IV. बहुविकल्पी प्रश्नोत्तर

1. *'वेद' शब्द का क्या अर्थ है?*

(क) धार्मिक क्रियाकलापों का समावेश (ख) अपने समय के ज्ञान का संग्रह

(ग) राजनीति के क्रियाकलापों का संग्रह (घ) इनमें से कोई नहीं।

2. *सभ्यता के प्रारंभ में लोगों की ईश्वर के प्रति क्या आस्था थी?*

(क) प्राकृतिक संस्थानों में (ख) मूर्ति पूजा ईश्वरीय सत्ता माना

(ग) सूर्य चंद्रमा में ईश्वरीय सत्ता समझना (घ) नदियों में ईश्वरीय सत्ता समझना।

**उत्तर–** 1. (ख) 2. (क)

# 5. भारतीय संस्कृति की निरंतरता

## I. पाठ का सार

**भारतीय संस्कृति की निरंतरता–** भारतीय संस्कृति की यह विशेषता रही है कि तीन-चार हज़ार वर्षों से यह निरंतर प्रवाहमान रही है। यहाँ का साहित्य, दर्शन, कला, नाटक, जीवन के तमाम क्रियाकलाप विश्व-दृष्टि के अनुरूप स्वरूप पाते रहे।

**भारत की जाति व्यवस्था–** भारत के पूर्ण रूप से विकास हेतु जाति व्यवस्था बनाई गई। लेकिन समय रहते इसने विकृत रूप धारण कर लिया। इस प्रथा ने समाज को ऊँच-नीच वर्गों में बाँट दिया।

इस प्रथा के समाज को प्रभावित करने के बावजूद भी भारत हर क्षेत्र में विकास की राह पर बढ़ता रहा व बाहरी जातियों ईरानियों, यूनानियों, चीनी, मध्य एशियाई व अन्य लोगों से उसके संपर्क निरंतर बने रहे।

## II. शब्दार्थ

*पृष्ठ 23*

**आकार**–रूप। **असह्य**–जो सहन करने के योग्य न हो। **कारागृह**–बंदीघर। **अटूट**–निरंतर। **अद्भुत**–अजीब।

## III. प्रश्न-उत्तर

**प्रश्न 1. भारत में जाति व्यवस्था क्यों प्रारंभ की गई? इसका समाज में क्या प्रभाव पड़ा?**

**उत्तर–** भारत में जाति व्यवस्था प्रारंभ करने का उद्देश्य था उस समय की समाज व्यवस्था को मजबूत बनाना और उसे शक्ति और संतुलन प्रदान करना। समाज में इस प्रथा ने गलत स्वरूप धारण कर लिया, जिससे समाज का विकास होने की बजाय यह वर्गों में विभक्त हो गया।

**प्रश्न 2. अपने पास-पड़ोस के देशों की किन-किन जातियों से भारत का संपर्क बना रहा?**

**उत्तर–** अपने पास-पड़ोस के देशों की जातियों में ईरानियों, यूनानियों, चीनी, मध्य एशियाई तथा अन्य लोगों से भारत का संपर्क बना रहा।

**प्रश्न 3. भारतीय संस्कृति की निरंतरता से आप क्या समझते हैं?**

**उत्तर–** भारतीय संस्कृति की निरंतरता से तात्पर्य है कि भारत में कितनी ही परिस्थितियाँ बदलती रही लेकिन भारत निरंतर विकास के पथ पर अग्रसर रहा।

## IV. बहुविकल्पी प्रश्नोत्तर

1. *भारत में जाति व्यवस्था को शुरू करने का उद्देश्य क्या था?*
   (क) भारत को प्रांतों में बाँटने हेतु
   (ख) भारत के व्यापारिक विभाजन हेतु
   (ग) भारत के पूर्ण रूप से विकास हेतु
   (घ) जनगणना हेतु
2. *भारतीय संस्कृति की निरंतरता से क्या अभिप्राय है?*
   (क) भारत में अनेक नदियाँ बहना
   (ख) एक ही शासक की शासन सत्ता
   (ग) कठिनाइयाँ होने पर भी लगातार विकास के पथ पर अग्रसर
   (घ) इनमें से कोई नहीं।

**उत्तर–** 1. (ग) 2. (ग)

# 6. उपनिषद्

## I. पाठ का सार

**उपनिषद्–**उपनिषदों में जाँच-पड़ताल की चेतना और चीज़ों के बारे में सत्य की खोज का उत्साह दिखाई पड़ता है। इनका समय ई.पू. 800 के आसपास माना जाता है। ये लिखित दस्तावेज़ों के रूप में हैं। इनमें वैज्ञानिक पद्धति के तत्त्व मौजूद हैं। इनमें आत्मबोध पर बल दिया गया है और आत्मा और परमात्मा के बारे में वर्णन किया गया है।

**उपनिषदों का कार्य–**उपनिषदों का झुकाव अद्वैतमत अर्थात् किसी धर्म विशेष को न मानना था। इनका मुख्य उद्देश्य लोगों के आपसी मतभेदों को कम करना था। लोगों को जादू-टोने के विचारों से हटाकर, कर्म करने की प्रवृत्ति की ओर बढ़ाया गया। पूजा-पाठ को व्यर्थ बताया। इनकी मुख्य विशेषता थी 'सच्चाई पर बल देना।' इनमें साफ़ लिखा गया कि 'असत् से सत् की ओर ले चल, अंधकार से मुझे प्रकाश की ओर ले चल, मृत्यु से अमरत्व की ओर ले चल।' इनमें मनुष्य की इच्छा को पूर्ण करने हेतु निराकार ईश्वरीय सत्ता को संबोधित किया गया है व मनुष्य को प्रेरित किया गया है कि-हे यात्री इसलिए चलते रहो, चलते रहो यानी सदैव मार्ग पर अग्रसर रहो।

## II. शब्दार्थ

### *पृष्ठ 23-24*

**चिंतन–**सोच। **दृष्टिकोण–**नज़रिया। **बाह्य–**बाहरी। **मिथ्या–**झूठ। **अद्वैतवाद–**किसी भी धर्म को विशेषता दिए बगैर ईश्वर की वास्तविक सत्ता को मानना। **लोकोत्तर–**लोगों को ज्ञात। **निरुत्साहित–**उत्साह को समाप्त करना। **कर्म-कांड–**कार्य करना। **असत्–**अज्ञान। **सत्–**ज्ञान। **अमरत्व–**जो कभी न मरे। **ऐतरेय ब्राह्मण–**उपनिषद् का एक भाग।

## III. प्रश्न-उत्तर

**प्रश्न 1. उपनिषदों का समय क्या माना जाता है?**

**उत्तर–**उपनिषदों का समय ई.पू. 800 के आसपास का माना जाता है।

**प्रश्न 2. उपनिषदों के लिखने का मुख्य उद्देश्य क्या था?**

**उत्तर–**उपनिषदों के लिखने का मुख्य उद्देश्य था लोगों को सच से परिचित करवाना। इनके द्वारा लोगों को आत्मा-परमात्मा संबंधी ज्ञान से परिचित करवाया गया। अद्वैतमत को बढ़ावा देकर, लोगों को कर्मकांड न करने के लिए प्रेरित किया गया। जादू-टोने व पूजा-पाठ को व्यर्थ बताया।

**प्रश्न 3. उपनिषदों की प्रार्थना में क्या कामना की गई है?**

**उत्तर–**उपनिषदों की प्रार्थना में यह कामना की गई है कि हे ईश्वर मुझे 'असत् से सत् अर्थात् अज्ञानता से ज्ञान की ओर ले चल, अंधकार से मुझे प्रकाश की ओर ले चल, मृत्यु से अमरत्व की ओर ले चल।'

इस कामना से यह कह सकते हैं कि निराकार ईश्वर को संबोधित किया गया कि मनुष्य को जीवन की सही राह की ओर बढ़ाए।

## IV. बहुविकल्पी प्रश्नोत्तर

1. *उपनिषदों का समय क्या माना गया है?*
   (क) ई.पू. 800 (ख) ई.पू. 500 (ग) ई.पू. 900 (घ) ई.पू. 700
2. *उपनिषदों में किस ईश्वरीय सत्ता को संबोधित किया गया?*
   (क) निराकार ईश्वर को (ख) ईश्वरीय सगुण रूप को
   (ग) प्राकृतिक संपदा को (घ) इनमें से कोई नहीं।

उत्तर– 1. (क) 2. (क)

# 7. व्यक्तिवादी दर्शन के लाभ और हानियाँ

## I. पाठ का सार

**उपनिषदों का व्यक्तिवादी दर्शन**–उपनिषदों में निरंतर इस बात पर बल दिया गया कि मनुष्य द्वारा प्रत्येक क्षेत्र में उन्नति करने के लिए आवश्यक है कि उसका शरीर स्वस्थ हो, मन स्वच्छ हो, तन-मन दोनों अनुशासन में हों। किसी प्रकार का ज्ञान प्राप्त करने हेतु या कोई भी उपलब्धि प्राप्त करने के लिए स्वभाव में संयम, आत्मपीड़न और आत्मत्याग भी ज़रूरी है।

**भारतीय आर्यों का व्यक्तिवाद**–भारतीय आर्य व्यक्तिवाद में विश्वास करते थे। सभी लोग अपनी पसंद की ज़िंदगी बसर करते थे। इसका परिणाम यह हुआ कि लोग केवल अपने पर ध्यान देने लगे समाज के प्रति कर्तव्यों को उन्होंने न समझा। व्यक्तिवाद, अलगाववाद और ऊँच-नीच पर आधारित जातिवाद पर बल दिया जाता रहा। जाति व्यवस्था को बढ़ावा देने के कारण लोगों की बौद्धिक जड़ता बढ़ती चली गई और रचनात्मक शक्ति कम होती गई।

**गांधी जी का विचार**–गांधी जी ने जब देश की स्वतंत्रता हेतु जनआंदोलन चलाए तो उनके विचारों में भी यही विशेषता थी कि समाज जातिबंधनों से मुक्त हो और वे स्वस्थ शरीर, स्वच्छ मन द्वारा संयम, आत्मपीड़न और आत्मत्याग की भावना से कार्य करें।

## II. शब्दार्थ

*पृष्ठ 24*

**कारगर**–सही। **अनुशासन**–नियमों का पालन। **ज्ञानार्जन**–ज्ञान प्राप्त करना। **आत्मपीड़न**–स्वयं को दुख देना। **आत्मत्याग**–किसी कार्य या उपलब्धि हेतु जान की भी परवाह न करना।

*पृष्ठ 25*

**भारतीय चिंतन**–भारत पर विचार करना। **मनोवृत्ति**–इच्छा। **खंड-खंड**–विभाजित। **समग्र**–सारा/पूरा। **दायित्व**–कर्तव्य। **एकात्मता**–एकरूपता। **गैरमुनासिब**–संभव न होना। **बौद्धिक**–बुद्धि से सोचने की क्षमता।

## III. प्रश्न-उत्तर

**प्रश्न 1. भारतीय उपनिषदों में किस बात पर ज़ोर दिया गया है?**

उत्तर–उपनिषदों में इस बात पर ज़ोर दिया गया है कि सही रूप से कार्य करने हेतु आवश्यक है कि मनुष्य का शरीर स्वस्थ हो, मन स्वच्छ हो और तन-मन दोनों ही अनुशासन में रहें। किसी भी प्रकार की उपलब्धि या ज्ञान प्राप्त करने के लिए व्यक्ति को संयम, आत्मपीड़न और आत्मत्याग की आवश्यकता है।

**प्रश्न 2. भारतीय आर्य किस पद्धति में विश्वास करते थे?**

उत्तर–भारतीय आर्य व्यक्तिवाद में विश्वास करते थे अर्थात् कोई भी व्यक्ति किसी भी प्रकार से जीवन व्यतीत कर सकता है। उस पर किसी प्रकार का कोई बंधन न था।

**प्रश्न 3. भारतीय आर्यों के व्यक्तिवाद का क्या परिणाम निकला?**

उत्तर–भारतीय आर्यों के व्यक्तिवाद का यह परिणाम निकला कि लोग आत्मकेंद्रित हो गए। उन्हें सामाजिक पक्ष की कोई चिंता न रही। वे समाज के प्रति अपना कोई कर्तव्य न समझते थे। इसी कारण व्यक्तिवाद, अलगाववाद और ऊँच-नीच पर आधारित जातिवाद बढ़ता चला गया।

**प्रश्न 4. जाति व्यवस्था का समाज पर क्या प्रभाव पड़ा?**

उत्तर–जाति व्यवस्था से लोगों की बौद्धिक जड़ता बढ़ गई, उनकी रचनात्मक गतिविधियाँ कम होती चली गईं।

## IV. बहुविकल्पी प्रश्नोत्तर

1. *उपनिषदों में किस बात पर बल दिया गया?*
   (क) मनुष्य को आत्मकेंद्रित होना चाहिए। (ख) मनुष्य को निरंतर अपने उद्देश्य की ओर बढ़ना चाहिए।
   (ग) मनुष्य का तन-मन सदा स्वस्थ हो व अनुशासन में रहे। (घ) अलगाववाद में विश्वास नहीं करना चाहिए।
2. *भारतीय आर्य किस पद्धति में विश्वास रखते थे?*
   (क) व्यक्तिवाद (ख) जातिवाद (ग) भाई-भतीजावाद (घ) अलगाववाद

उत्तर– 1. (ग) 2. (क)

# 8. भौतिकवाद

## I. पाठ का सार

**भौतिकवाद**–भौतिकवाद एक ऐसी विचार-धारा थी जो केवल कर्म में विश्वास करती थी। उनके अनुसार वास्तविक अस्तित्व केवल विभिन्न रूपों में वर्तमान पदार्थों का और इस संसार का ही है। इसके अलावा न कोई संसार है, न स्वर्ग और नरक और न ही शरीर से अलग आत्मा।

**भौतिकवाद पर लिखा इतिहास**–भौतिकवाद के साहित्य की रचना आरंभिक उपनिषदों के पश्चात् हुई। ऐसी काफी पुस्तकें खो चुकी हैं जिनमें भौतिकवाद का साहित्य था क्योंकि शुरू में साहित्य कागज पर न लिखकर ताड़-पत्रों पर लिखा जाता था। भारत की कई प्राचीन पुस्तकें भारत में नहीं मिलती लेकिन उनके अनुवाद चीनी और तिब्बती भाषा में मिलते हैं। केवल भारत का ही नहीं बल्कि हमने प्राचीन यूनान व विश्व के अन्य देशों के प्राचीन साहित्य को खोया है। कई पुस्तकों की आलोचनात्मक पुस्तकें उपलब्ध हैं लेकिन मूल पुस्तकें प्राप्त नहीं होती।

**कौटिल्य की प्रमुख रचना अर्थशास्त्र**–भारत में वर्षों तक भौतिकवादी दर्शन का प्रचलन रहा और जनता पर उसका गहरा असर था। इसका प्रत्यक्ष प्रमाण कौटिल्य द्वारा रचित प्रसिद्ध रचना 'अर्थशास्त्र' है। इसमें दार्शनिक सिद्धांतों का चित्रण है। यह रचना ई.पू. चौथी शताब्दी में लिखी गई थी।

**भौतिकवादियों के विचार**–भौतिकवादियों ने विचार, धर्म, ब्राह्मणवादिता, जादू-टोने और अंधविश्वासों का घोर विरोध किया। वे अतीत की बेड़ियों से स्वयं को मुक्त करना चाहते थे। जो प्रमाण प्रत्यक्ष रूप में दिखाई न दें या काल्पनिक देवी देवताओं की पूजा में विश्वास नहीं रखते थे। जीवन की वास्तविक सत्ता ही उनके समक्ष सत्य थी।

## II. शब्दार्थ

*पृष्ठ 25*

**दुर्भाग्य**–बुराभाग्य/बदकिस्मती। **ताड़-पत्रों/भोज-पत्रों**–पेड़ों की छाल व पत्ते।

*पृष्ठ 26*

**भौतिकवाद**–(मैटीरियालिज़्म) पंचभूत निर्मित यह संसार ही सत्य है–यह सिद्धांत प्रतिपादित करने वाला है। **विशद**–अत्यधिक। **प्रयास**–कोशिश। **संदेह**–शक। **पुरोहित**–पंडित आदि। **पुराणपंथी**–पुराणों की शिक्षा देने वाले/पुराणों के आधार पर चलने वाले। **घोर**–कड़ी। **रूढ़ियाँ**–दकियानुसी प्राचीन विचार धाराएँ।

## III. प्रश्न-उत्तर

**प्रश्न 1. भौतिकवाद से आप क्या समझते हैं?**

उत्तर–भौतिकवाद का अर्थ है जीवन की वास्तविकता में विश्वास करना।

**प्रश्न 2. प्राचीन भौतिक साहित्य किस पर लिखा गया?**

उत्तर–प्राचीन भौतिक साहित्य ताड़-पत्रों व भोज-पत्रों पर लिखा गया क्योंकि कागज़ पर लिखने का चलन बाद में हुआ।

**प्रश्न 3. कौटिल्य की प्रमुख कृति कौन-सी है?**

**उत्तर**–कौटिल्य की प्रमुख कृति 'अर्थशास्त्र' है।

**प्रश्न 4. कौटिल्य के अर्थशास्त्र की रचना कब हुई इसमें किसका वर्णन मिलता है?**

**उत्तर**–कौटिल्य के अर्थशास्त्र की रचना ई.पू. चौथी शताब्दी में हुई। इसमें उस समय की राजनीति, आर्थिक व्यवस्था व दार्शनिक सिद्धांतों का वर्णन मिलता है।

**प्रश्न 5. भौतिकवाद की क्या विशेषता थी?**

**उत्तर**–भौतिकवादी वास्तविक अस्तित्व में विश्वास करने वाले थे। उनके द्वारा काल्पनिक देवी-देवताओं, स्वर्ग-नरक, शरीर से अलग आत्मा के विचार, जादू-टोनों, अंधविश्वास, विचार, धर्म और ब्रह्मविज्ञान आदि का विरोध किया गया। उनके अनुसार विश्वास को स्वतंत्र होना चाहिए। अतीत की बेड़ियों और बोझ से मुक्त होकर जीना चाहिए। मनुष्यों को बंधन रहित व्यवहारिक जीवन व्यतीत करना चाहिए।

## IV. बहुविकल्पी प्रश्नोत्तर

1. *भौतिकवाद को बढ़ावा देने वाले किसमें विश्वास करते थे?*
   (क) आत्मकेंद्रण में (ख) जीवन की वास्तविकता में
   (ग) मिल-जुलकर कार्य करने में (घ) अलगाववाद में
2. *'अर्थशास्त्र' कृति के लेखक कौन हैं?*
   (क) वाल्मिकी (ख) तुलसी (ग) कौटिल्य (घ) पाणिनी
3. *'भौतिकवाद' को मानने वालों का उद्देश्य क्या था?*
   (क) लोग स्वतंत्रता से जिएँ। (ख) लोग अर्थशास्त्र में विश्वास करें।
   (ग) लोग शासन सत्ता बदल डालें। (घ) बंधन रहित होकर व्यावहारिक जीवन व्यतीत करें।

**उत्तर**– 1. (ख) 2. (ग) 3. (घ)

# 9. महाकाव्य, इतिहास, परंपरा और मिथक

## I. पाठ का सार

**भारत के प्राचीन महाकाव्य**–भारत के प्रमुख महाकाव्यों की श्रेणी में मुख्य रूप से महाभारत और रामायण ही आते हैं। प्राचीन समय में रची जाने के बावजूद भी, भारतीयों के जीवन पर आज भी इनका जीवंत प्रभाव दिखाई पड़ता है।

**दोनों ग्रंथ मार्गदर्शक**–इन ग्रंथों में उच्चतम बुद्धिजीवियों से लेकर साधारण अनपढ़ और अशिक्षित देहाती तक के लिए उपयोगी सामग्री है। इनसे वह रहस्य भी समझ में आते हैं जिनके द्वारा अनेक रूपों में विभाजित, जात-पाँत और ऊँच-नीच में बँटे समाज को एकजुट रखा जाता था।

**भारतीय पुराकथाएँ**–पुराकथाओं का इतिहास वैदिक काल से माना जाता है। इनमें वीरगाथात्मक कहानियाँ अधिक मिलती हैं। कवियों व नाटककारों ने तथ्य और कल्पनाओं का सुंदर योग करके अपनी रचनाओं की रचना की। इनमें सत्य, वचन का पालन करने, जीवनपर्यंत व मरणोपरांत वफ़ादारी, साहस और लोकहित के लिए सदाचार व बलिदान की शिक्षा दी गई है।

**भारतीय इतिहास की भूल-भुलैया**–भारतीय इतिहासकारों ने यूनानियों, चीनियों और अरबवासियों की भाँति तिथियों व कालक्रम सहित साहित्य रचना नहीं की। ऐतिहासिक रचनाओं को स्पष्टता देने हेतु इतिहास के समकालीन अभिलेखों, शिलालेखों, कलाकृतियों, इमारतों के अवशेषों, सिक्कों व संस्कृत साहित्य के विशाल संग्रह से सहायता लेनी पड़ती है। इसके अलावा विदेशी यात्रियों के सफ़रनामों का सहारा भी लिया जाता है।

## II. शब्दार्थ

*पृष्ठ 27*

**महाकाव्य**–महान काव्यग्रंथ। **वृत्तांत**–वर्णन। **गृहयुद्ध**–जातीय एवं प्रांतीय युद्ध। **व्यापक**–विस्तृत। **जीवनपर्यंत**–जीवनभर। **मरणोपरांत**–मरने के पश्चात् भी।

*पृष्ठ 28*

**सम्मिश्रण**–मिला हुआ। **जीवंत**–जीवित। **इतिहासकार**–इतिहास का ज्ञान करवाने वाले। **गड्ड-मड्ड**–मिल जाना। **धैर्यपूर्वक**–धीरज से। **सफ़रनामे**–यात्रा का वृत्तांत। **पौराणिक**–प्राचीन।

## III. प्रश्न-उत्तर

**प्रश्न 1. भारत के दो प्रमुख महाकाव्यों के नाम बताइए।**

**उत्तर**–भारत के दो प्रमुख महाकाव्य हैं–

1. रामायण
2. महाभारत।

**प्रश्न 2. ये दोनों ग्रंथ महाकाव्य की श्रेणी में क्यों आते हैं?**

**उत्तर**–इन ग्रंथों में भारतीय आर्यों के आरंभ के समय का वृत्तांत है, इसके साथ-साथ इतने प्राचीन समय में रची जाने के बावजूद भारतीयों के जीवन पर आज भी इनका जीवंत प्रभाव दिखाई पड़ता है। इसीलिए ये ग्रंथ प्रमुख महाकाव्य माने गए हैं।

**प्रश्न 3. इन ग्रंथों से भारतीयों के किन रहस्यों का ज्ञान होता है?**

**उत्तर**–इन ग्रंथों से भारतीयों के इस रहस्य का ज्ञान होता है कि अनेक रूपों में विभाजित, जात-पाँत व ऊँच-नीच में बँटा समाज कैसे एकजुट होकर रहता था।

**प्रश्न 4. पुराकथाओं व प्रचलित कहानियों की क्या विशेषताएँ हैं?**

**उत्तर**–पुराकथाओं व प्रचलित कहानियों की निम्नलिखित विशेषताएँ थीं–

1. ये कहानियाँ वीरगाथात्मक थीं।
2. इनमें सत्य का पालन करने व वचन निभाने पर बल दिया गया है।
3. इनमें जीवनपर्यंत व मरणोपरांत भी वफ़ादारी साहस और लोकहित के लिए सदाचार और बलिदान की शिक्षा दी गई है।
4. इन कहानियों में कल्पना और तथ्य इस प्रकार गुंथे हैं कि उन्हें अलग नहीं किया जा सकता।

**प्रश्न 5. भारतीय इतिहास की कई तिथियाँ निश्चित क्यों नहीं हैं? इनकी स्पष्टता हेतु किन-किन का सहारा लेना पड़ता है?**

**उत्तर**–भारतीय इतिहासकारों ने यूनानियों, चीनियों और अरबवासियों की भाँति तिथियाँ निश्चित कर कालक्रम अनुसार इतिहास को नहीं लिखा इसीलिए भारतीय इतिहास को समझने के लिए तिथियों की समस्या आती है। इनकी स्पष्टता हेतु इतिहास के समकालीन अभिलेखों, शिलालेखों, कलाकृतियों, इमारतों के अवशेषों, सिक्कों, संस्कृत साहित्य एवं विदेशी यात्रियों के सफ़रनामों का सहारा लेना पड़ता है।

**प्रश्न 6. प्राचीन इतिहास का ग्रंथ कौन-सा है, यह कब लिखा गया?**

**उत्तर**–प्राचीन इतिहास का ग्रंथ 'कल्हण' द्वारा रचित 'राजतरंगिनी' को माना गया है। इसकी रचना ईसा की बारहवीं शताब्दी में की गई।

## IV. बहुविकल्पी प्रश्नोत्तर

1. *भारत के दो प्रमुख महाकाव्यों के नाम बताइए।*
   (क) रामायण व महाभारत (ख) रामायण व गीता (ग) रामायण व कवितावली (घ) महाभारत व गीता
2. *प्राचीन काल का ग्रंथ कौन-सा है?*
   (क) वाल्मिकी द्वारा रचित रामायण (ख) वेदव्यास द्वारा रचित महाभारत
   (ग) तुलसी द्वारा रचित कवितावली (घ) कल्हण द्वारा रचित राजतरंगिनी

**उत्तर**– 1. (क) 2. (घ)

# 10. महाभारत

## I. पाठ का सार

महाकाव्य के रूप में रामायण एक महान रचना है परंतु महाभारत का दर्जा विश्व की श्रेष्ठतम रचनाओं में है। यह प्राचीन भारत की राजनीतिक और सामाजिक संस्थाओं का विश्वकोश है।

भारत में इस समय आर्य जाति विशेषता पा चुकी थी और विदेशियों का आगमन हो रहा था। लोगों के बहुत से रीतिरिवाज आपस में मेल न खाते थे। इन सबसे उभरकर वैदिक धर्म में संशोधन के साथ एक विशेष आधुनिक 'हिंदू धर्म' सामने आया। जिसका प्रमुख आधार यही था कि सत्य पर किसी का एकाधिकार नहीं हो सकता। उसे देखने और उस तक पहुँचने के बहुत से रास्ते हैं।

महाभारत को भारतीयों ने विशेष ग्रंथ माना। इसमें स्पष्ट रूप से दर्शाया गया है कि भारत का पहले नाम था आर्यावर्त्त, यानी आर्यों का देश। यह नाम भारत के मध्य भारत में विंध्य पर्वत तक फैले उत्तर भारत तक सीमित था। रामायण की कथा दक्षिण में आर्यों के विस्तार की कहानी है। महाभारत ग्रंथ से यह भी स्पष्ट होता है कि आधुनिक अफगानिस्तान का एक बहुत बड़ा हिस्सा भारत में शामिल था। जिसका नाम गांधार था। इसी कारण भारत के मुख्य शासक की पत्नी का नाम गांधारी पड़ा। दिल्ली व इसके आसपास के इलाके का नाम भी पहले हस्तिनापुर और इंद्रप्रस्थ था। उस समय यह भारत की राजधानी मानी जाती थी।

महाभारत एक ऐसा ग्रंथ है जिसमें कृष्ण से संबंधित पूरा वर्णन है, साथ ही भगवद्गीता जिसे प्रसिद्ध कृष्ण काव्य माना जाता है इसमें है। इस ग्रंथ में मुख्य रूप से उस समय के शासनकाल और सामान्य रूप से जीवन के नैतिक और व्यवहार संबंधी सिद्धांतों पर बल दिया गया है। धर्म को महत्त्वपूर्ण माना गया है और स्पष्ट शब्दों में कहा गया है कि धर्म के बिना मनुष्य को सच्चा सुख नहीं मिल सकता व समाज एकता से नहीं रह सकता। इसका लक्ष्य है पूरे विश्व का लोकमंगल। इस ग्रंथ में मुख्य रूप से यह बात उभरकर आती है कि हिंसा बुरी तो है लेकिन यदि किसी मकसद या लोकमंगल हेतु युद्ध लड़ा जाए तो वह गलत नहीं माना जाएगा। इसमें भी कौरवों और पांडवों के मध्य विराट युद्ध को दर्शाया गया है।

महाभारत एक ऐसा ग्रंथ है जो पारिवारिक व सामाजिक कथा समेटे अपार ज्ञान देने वाला है। इस ग्रंथ से निम्न शिक्षाएँ मिलती हैं–

1. दूसरों के साथ ऐसा व्यवहार न करें जो आपको अपने लिए स्वीकार न हो।
2. जो बात लोकहित हेतु न हो या जिसे करने में आपको शर्म महसूस हो वह कार्य हमें कभी नहीं करना चाहिए।
3. सच्चाई, आत्मसंयम, तपस्या, उदारता, अहिंसा, धर्म का निरंतर पालन ही जीवन में सफलता की ओर लेकर जाते हैं। कोई विशेष जाति या कुल नहीं।
4. धर्म को जीवन और अमरता से भी बड़ा माना गया है।
5. जीवन में यदि मनुष्य सच्चा-आनंद प्राप्त करना चाहता है तो दुख भोगना आवश्यक है अर्थात् कठिनाई के बाद सुख मिलता है।
6. धन के पीछे दौड़ना व्यर्थ है। इस हेतु उदाहरण दिया गया है कि रेशम का कीड़ा अपने धन के बोझ से ही मरता है क्योंकि जब कीड़े पर अधिक रेशम लिपट जाए तो रेशम प्राप्त करने के लिए उसे मार दिया जाता है।
7. जीवित और विकासशील जनता हेतु संदेश दिया गया है कि असंतोष प्रगति का प्रेरक है अर्थात् मन में किसी कार्य हेतु असंतोष ही मनुष्य को आगे बढ़ने के लिए प्रेरित करता है।

## II. शब्दार्थ

*पृष्ठ 29*

**दर्जा**–स्थान। **श्रेष्ठतम**–सबसे अच्छी। **विश्वकोश**–विश्व से संबंधित विचारों का समावेश। **घालमेल**–मेलजोल। **संशोधन**–बदलाव कर सही करना। **व्यापक**–बड़ा।

*पृष्ठ 30*

**विराट**–बड़ा। **गृहयुद्ध**–घरेलू युद्ध। **अखंड**–जिसके टुकड़े न किए जा सके। **अवधारणा**–विचार/सोच। **आख्यान**–व्याख्यान।

**आचार**—व्यवहार। **एका**—एकता से। **लोकमंगल**—लोगों का हित। **अपरिवर्तनशील**—जिन्हें बदला न जा सके। **मकसद**—उद्देश्य।

*पृष्ठ 31*

**आत्मानुशासन**—स्वयं को अनुशासन में रखना। **खदबदाती**—सभी बातों का समावेश। **सराबोर**—भरा हुआ। **असंतोष**—जिसमें संतुष्टि न हो। **प्रगति**—उन्नति।

## III. प्रश्न-उत्तर

**प्रश्न 1. महाभारत ग्रंथ की क्या विशेषता है?**

**उत्तर**—महाभारत विश्व में प्रसिद्ध रचना है। इसमें प्राचीन भारत की राजनीतिक और सामाजिक संस्थाओं का पूर्ण ब्यौरा मिलता है।

**प्रश्न 2. *'हिंदू धर्म'* का उद्‌भव कैसे हुआ?**

**उत्तर**—भारत में पहले से मौजूद आदिवासियों के साथ नए आने वाले आर्य घुल-मिल कर एक हो गए। इस नई स्थिति के अनुरूप 'वैदिक धर्म' में संशोधन किया गया जिससे एक उदार और व्यापक धर्म का उद्‌गम हुआ, जिसे 'हिंदू धर्म' का नाम दिया गया।

**प्रश्न 3. भारत का प्राचीन नाम क्या था?**

**उत्तर**—भारत का प्राचीन नाम था आर्यावर्त्त यानी आर्यों का देश।

**प्रश्न 4. भारत की राजधानी दिल्ली का प्राचीन नाम क्या था?**

**उत्तर**—भारत की राजधानी दिल्ली का प्राचीन नाम हस्तिनापुर व इंद्रप्रस्थ था।

**प्रश्न 5. महाभारत में किन-किन आख्यानों का समावेश है?**

**उत्तर**—महाभारत में कृष्ण से संबंधित आख्यान व प्रसिद्ध काव्य भगवद्‌गीता का समावेश है।

**प्रश्न 6. महाभारत की विशेषता क्या है?**

**उत्तर**—महाभारत में गीता के दर्शन के अलावा शासन कला, जीवन के नैतिकमूल्य और संबंधी सिद्धांतों पर बल दिया गया है। धर्म को जीवन में प्रमुख माना गया है। किसी विशेष वर्ग की नहीं संपूर्ण विश्व के लोकमंगल की कामना की गई है।

**प्रश्न 7. हिंसा के बारे में महाभारत ग्रंथ का क्या मत है?**

**उत्तर**—हिंसा के बारे में महाभारत ग्रंथ का मत है कि लोकोहित हेतु की गई हिंसा का विरोध नहीं करना चाहिए।

**प्रश्न 8. *'महाभारत ग्रंथ'* से मिलने वाली शिक्षाओं का वर्णन अपने शब्दों में कीजिए।**

**उत्तर**—उपर्युक्त 'महाभारत' के सार में देखिए।

## IV. बहुविकल्पी प्रश्नोत्तर

1. *'महाभारत' ग्रंथ प्राचीन भारत की कौन-सी जानकारी स्पष्ट रूप से देता है?*
   (क) राजनीतिक व सामाजिक तथ्यों की
   (ख) आर्थिक तथ्यों की
   (ग) व्यापारिक तथ्यों की
   (घ) राजनीतिक और सामाजिक संस्थाओं का पूर्ण ब्यौरा।
2. *भारत को प्राचीन समय में किस नाम से जाना जाता था?*
   (क) आर्यन (ख) आर्या (ग) आर्यावर्त्त (घ) आर्यान
3. *'महाभारत' किस विशेषता के कारण विश्व प्रसिद्ध माना जाता है?*
   (क) इसका रूपांतरण विभिन्न भाषाओं में है।
   (ख) यह अत्यधिक प्राचीन है।
   (ग) इसे सभी देश के लेखकों ने मिलकर लिखा।
   (घ) यह विशेष वर्ग की नहीं अपितु संपूर्ण विश्व के लोकमंगल की कामना करता है।

**उत्तर**— 1. (घ) 2. (ग) 3. (घ)

# 11. भगवद्गीता

## I. पाठ का सार

**महाभारत का अंश**–भगवद्गीता महाभारत काव्य का एक अंश है लेकिन हर दृष्टि से अपना अलग महत्त्व रखता है। 700 श्लोकों का काव्य रूप में लिखा गया यह ग्रंथ अपने आप में परिपूर्ण है। इसकी रचना बौद्धकाल से भी पूर्व हुई।

**महाभारत की विशेषता**–लगभग ढाई हज़ार वर्ष पूर्व लिखी इस रचना को आज भी संपूर्ण वर्ग श्रद्धा की दृष्टि से देखता है। विचार और दर्शन से परिपूर्ण यह रचना हर संदेह या संकटकाल में सभी का मार्गदर्शन करती है।

**आधुनिकता का प्रतीक**–आधुनिक युग के विचारक तिलक, अरविंद घोष व गांधी जी ने अपने विचारों का आधार गीता को ही बनाया है। अन्य कई लोग भी हिंसा और युद्ध का क्षेत्र इसी के औचित्य के आधार पर निश्चित करते हैं।

**महाभारत की कथा का आधार**–महाभारत की कथा का आरंभ अर्जुन और कृष्ण के संवाद से है। जब कौरवों और पांडवों के मध्य युद्ध हुआ तो पांडवों में अर्जुन कौरवों से युद्ध नहीं करना चाहते थे। वे अपनी अंतरात्मा से युद्ध और उससे होने वाले नरसंहार से बेहद परेशान थे, इसलिए अपने मित्रों और संबंधियों से युद्ध नहीं करना चाहते थे। लेकिन कृष्ण ने उन्हें कर्म करने की प्रेरणा दी और यह कहा कि कर्तव्य और नैतिकता के आधार पर कार्य करना चाहिए।

**मानव विकास के तीन मार्ग**–इस ग्रंथ में स्पष्ट रूप से वर्णन किया गया है कि मानव विकास के तीन मार्ग हैं–ज्ञान, कर्म और भक्ति। इनमें समन्वय करने का प्रयास करना चाहिए। भक्ति के मार्ग पर अधिक बल दिया गया है। कर्म करने की प्रेरणा व अकर्मण्यता की निंदा की गई है।

**गीता की उपयुक्तता**–गीता का संदेश न तो सांप्रदायिक है, न व्यक्तिगत और न ही किसी विशेष विचारधारा को संबोधित करता है। इसकी दृष्टि 'सार्वभौमिक' अर्थात् सभी के लिए समान है। इसी कारण यह सभी वर्गों और संप्रदायों के लोगों के लिए मान्य हुई। इसमें कृष्ण ने अवतार स्वरूप में साफ़ कहा है कि 'सभी रास्ते मुझ तक आते हैं।' भारतवासी कितनी बार परिवर्तन, विकास और ह्रास की प्रक्रिया से गुजरे हैं लेकिन हर बार गीता में ऐसी जीवंत चीज़ मिली है जो आध्यात्मिक व अन्य समस्याओं को सुलझाने में कारगर सिद्ध हुई।

## II. शब्दार्थ

*पृष्ठ 31*

**अंश**–हिस्सा। **मुकम्मल**–पूरा। **संदेह**–शक। **दुविधाग्रस्त**–मुश्किल में होना। **मार्गदर्शन**–सही रास्ता दिखलाना।

*पृष्ठ 32*

**औचित्य**–सही/उचित। **अंतरात्मा**–मन की आवाज़। **संहार**–युद्ध। **परिहार**–रोक लगाना/समाप्त करना। **ढह जाना**– समाप्त होना। **तकाज़ा**–सही-गलत का अनुमान लगाना। **आध्यात्मिक**–ईश्वरीय। **निरूपण**–वर्णन। **अकर्मण्यता**–कर्म न करना।

*पृष्ठ 33*

**सांप्रदायिक**–धर्म से संबंधित। **सार्वभौमिक**–सभी के लिए। **ह्रास**–गिरावट।

## III. प्रश्न-उत्तर

प्रश्न 1. **भगवद्गीता किस प्रमुख ग्रंथ का अंश है? यह किस शैली में रचित है? अनुमानतः इसकी रचना कब की गई?**

उत्तर–'भगवद्गीता' 'महाभारत' ग्रंथ का अंश है। इसकी रचना काव्यशैली में की गई है। अनुमानतः इसे ढाई हज़ार वर्ष पूर्व रचित किया गया।

प्रश्न 2. **'भगवद्गीता' की क्या विशेषता है?**

उत्तर–'भगवद्गीता' की यह विशेषता है कि युगों पूर्व लिखी यह रचना आज के धरातल पर भी सत्य साबित होती है। आज भी राजनीतिक या सामाजिक संकट के समय लोग इसका सहारा लेते हैं।

**प्रश्न 3. भारत में कौन-कौन से नेताओं ने इसे अपनी कार्यशैली का आधार बनाया?**

उत्तर–भारत की स्वतंत्रता प्राप्ति हेतु तिलक, अरविंद घोष व गाँधी जी ने इसे अपनी कार्यशैली का आधार बनाया।

**प्रश्न 4. हिंसा के बारे में यह ग्रंथ क्या विचार रखता है?**

उत्तर–हिंसा के बारे में इस ग्रंथ का विचार है कि लोकोहित हेतु की गई हिंसा को गलत नहीं कहा जा सकता।

**प्रश्न 5. कृष्ण ने अर्जुन को किस बात के लिए प्रेरित किया और क्यों?**

उत्तर–कौरवों और पांडवों के युद्ध में पांडवों की ओर कृष्ण थे। कौरवों के दुर्योधन ने आतंक मचाकर लोगों को परेशान किया था। पांडव पहले ही द्रोपदी की लाज लूटने के कारण एवं शासन सत्ता न मिलने के कारण कौरवों से युद्ध करना चाहते थे लेकिन युद्ध के समय अर्जुन विचलित हो उठे। उन्हें लगा कि अपने ही मित्रों एवं संबंधियों को युद्ध में मारना उचित नहीं। वे युद्ध नहीं करना चाहते थे। लेकिन कृष्ण ने अर्जुन को प्रेरित कर संदेश दिया कि मनुष्य को सही कर्म करना चाहिए। फल की इच्छा नहीं करनी चाहिए। यही सच्चा धर्म है।

**प्रश्न 6. गीता में मानव विकास हेतु कौन-कौन से मार्गों की चर्चा की गई है?**

उत्तर–गीता में मानव विकास हेतु ज्ञान, कर्म और भक्ति के बीच समन्वय करने का प्रयास करने के बारे में कहा गया है। इसमें भक्ति की ओर विशेष बल दिया है व कर्म करने हेतु प्रेरित किया गया है।

**प्रश्न 7. इस ग्रंथ में व्यक्तिगत रूप में ईश्वर का स्वरूप किसका उभरता है?**

उत्तर–इस ग्रंथ में व्यक्तिगत रूप में ईश्वरीय स्वरूप श्रीकृष्ण का उभरकर आता है।

**प्रश्न 8. *'सार्वभौमिकता'* से आप क्या समझते हैं? गीता के लिए कहाँ तक सत्य है?**

उत्तर–'सार्वभौमिकता' से तात्पर्य है सभी के लिए उपयुक्त या सार्वजनिक रूप से सर्वश्रेष्ठ। गीता के लिए 'सार्वभौमिकता' शब्द का प्रयोग पूर्णतया सत्य है क्योंकि यह सभी वर्गों और संप्रदायों के लोगों के लिए मान्य हुई। भारतवासी जब-जब परिवर्तन, विकास व ह्रास की स्थिति से गुजरे तब-तब अपने जीवंत उदाहरणों से गीता ने उनका मार्गदर्शन किया।

## IV. बहुविकल्पी प्रश्नोत्तर

1. *'महाभारत' ग्रंथ का मुख्य अंश कौन सा है?*
   (क) रामायण (ख) दोहावली (ग) भगवद्गीता (घ) कवितावली
2. *कृष्ण ने अर्जुन को क्या संदेश दिया?*
   (क) मनुष्य को कर्म में विश्वास करना चाहिए। फल की इच्छा न करना ही सच्चा धर्म है।
   (ख) हिंसा जीवन में अनिवार्य है।
   (ग) निरंतर आगे बढ़ना ही जीवन है।
   (घ) प्रत्येक कार्य सोच-समझकर करना चाहिए।
3. *'सार्वभौमिकता' शब्द का क्या अर्थ है?*
   (क) सार्वजनिक रूप से सर्वश्रेष्ठ (ख) सबके लिए
   (ग) सब द्वारा चुना हुआ (घ) सबके लिए उपयोगी

उत्तर– 1. (ग) 2. (क) 3. (क)

# 12. प्राचीन भारत में जीवन और कर्म

## I. पाठ का सार

भारत की जातक-कथाओं में उस समय का वर्णन मिलता है जब भारत की दो प्रधान जातियों–द्रविड़ों और आर्यों का अंतिम रूप से मेल हो रहा था। कहा जाता है कि जातक पुरोहित या ब्राह्मण परंपरा तथा क्षत्रिय या शासक परंपरा के विरुद्ध लोक-परंपरा का प्रतिनिधित्व करते थे। यह भी सत्य है कि इस समय पूरा भारत उन्नति की ओर कदम बढ़ा रहा था। कोई भी क्षेत्र ऐसा न था जो प्रगति से अछूता हो। इसे हम निम्न रूप में देख सकते हैं।

**गाँवों की स्थिति–**गाँव पूरी तरह आत्मनिर्भर थे। मुख्य धंधा कृषि था। गाँवों को दस-दस या सौ-सौ के समूहों में बाँटा गया था। उपज का छठा भाग 'कर' के रूप में शासनसत्ता यानी राजा को जमा करवाना होता था। समाज का राजनीतिक व आर्थिक ढाँचा इन्हीं ग्राम-समुदाओं के आधार पर निश्चित किया जाता था।

**दस्तकारी का विकास–**इस समय में दस्तकारी का पूर्ण रूप से विकास हो चुका था। दस्तकारी से जुड़े लोगों के लिए अलग बस्तियों और गाँवों की स्थापना की गई थी, जैसे–लकड़ी का काम करने वाले बढ़इयों का गाँव एक ही था, लोहे का काम करने वाले लोहार एक ही गाँव में रहते थे। इस प्रकार पेशे के आधार पर गाँव थे। कहा जा सकता है कि इसी से जाति प्रथा का विकास हुआ होगा।

**सहकारिता यानी वस्तु विनिमय प्रणाली–**मुद्रा के प्रचलन के बारे में स्पष्टता नहीं है लेकिन यह माना जाता है कि लोग आपस में एक दूसरे को वस्तुओं का आदान-प्रदान करके जीवन की जरूरतें पूरी करते थे व कारोबार में बड़े-बड़े ठेके लेकर मिलजुलकर काम करते थे।

**सौदागरों की समुद्री यात्रा–**बड़े-बड़े व्यापारी समुद्रों के मार्ग से यात्राएँ करते थे। सूखे रास्तों से रेगिस्तान को पार करके भड़ौच के पश्चिमी बंदरगाह, उत्तर में गांधार और मध्य एशिया तक कारवाँ (जत्थे) जाते थे। नदियों के रास्ते से काफी व्यापार होता था। जातकों के अनुसार जहाज़ी बेड़े बनारस, पटना, चंपा और दूसरे स्थानों से समुद्र की ओर जाते थे और वहाँ से दक्षिणी बंदरगाहों और लंका और मलय टापू तक। अर्थात् व्यापारियों का व्यापार पूरे भारत में फैला था।

**लिखने की प्रथा का आरंभ–**भारत की प्राचीन लिपि ब्राह्मी लिपि के विकास के संकेत इस समय पूरे रूप में मिलते हैं। पाषाण युग के मिट्टी के पुराने बर्तनों पर ब्राह्मी लिपि के अक्षर मिलते हैं। मोहनजोदड़ों के मिले शिलालेख, भले ही उन्हें पढ़ा नहीं जा सकता लेकिन लिखित रूप में मिले हैं। अशोक के लेख भी इसी का उदाहरण हैं।

यह भी माना जाता है कि भारत में विकसित देवनागरी लिपि का विकास भी इसी लिपि से हुआ। इसके अलावा उत्तर पश्चिमी में मिलने वाले कुछ अन्य लेख खरोष्ठी लिपि में भी हैं। अर्थात् यह कहा जा सकता है भारत पूर्णरूप से विकास की दिशा की ओर अग्रसर था।

**व्याकरण का निर्माण–**भाषा को शुद्धता व मानकता देने हेतु व्याकरण की आवश्यकता पड़ती है। ईसा पूर्व छठी या सातवीं शताब्दी में पाणिनी ने संस्कृत भाषा में अपने प्रसिद्ध व्याकरण की रचना की। इसमें उन्होंने अपने से पूर्व रचित व्याकरणों का भी उल्लेख किया है यानी व्याकरणों की रचना पाणिनी से पूर्व भी हो चुकी थी। इस समय संस्कृत का रूप स्थिर था। पाणिनी ने यूनानी लिपि का भी उल्लेख किया जो यह संकेत देता है कि सिकंदर के आने से पहले भारत और यूनान के बीच संपर्क हो चुका था।

मुख्य रूप से यह कहा जा सकता है पाणिनी की व्याकरण रचना से संस्कृत भाषा अपने-आप में पूर्ण व साहित्य की भाषा बनी।

**औषध-विज्ञान और भारत–**बाकी क्षेत्रों की भाँति औषध-विज्ञान में भी भारत पीछे न था। औषध-विज्ञान के जनक धन्वंतरि भारत के ही थे। इसके अलावा औषध-विज्ञान पर लिखी चरक की पुस्तकें भी अपना महत्त्व रखती हैं और शल्य-चिकित्सा पर लिखी सुश्रुत की पुस्तकें, चरक की पुस्तकों में शल्य-चिकित्सा, प्रसूति-विज्ञान, स्नान, पथ्य, सफ़ाई, बच्चों को खिलाने और चिकित्सा के बारे में शिक्षा को विषय बनाया गया है। सुश्रुत ने शल्य-प्रशिक्षण के दौरान मुर्दों की चीर-फाड़, अंगों को काटना, विभिन्न ऑपरेशन, पेट काटना, ऑपरेशन से बच्चे को जन्म दिलाना, मोतियाबिंद का ऑपरेशन भी शामिल है। घावों के जीवाणुओं को धुआँ देकर मारा जाता था इसका भी वर्णन है। तीसरी, चौथी सदी तक तो जानवरों के अस्पतालों का भी जिक्र मिलता है। इस प्रकार यह कहने में कोई संकोच नहीं कि चिकित्सा के क्षेत्र में भारत विश्व में अग्रणी था।

**भारत के विश्वविद्यालय–**वनों में विश्वविद्यालय स्थापित थे जिनमें विद्वानों के द्वारा शिक्षा दी जाती थी। ये विश्वविद्यालय शहरों या कस्बों से ज्यादा दूर नहीं होते थे ताकि विद्यार्थी आराम से आ सकें। इनमें सैनिक प्रशिक्षण भी दिया जाता था। विद्यार्थी शहरी जीवन से दूर वनाश्रमों में गुटों में रहकर शिक्षा ग्रहण करते थे तथा ब्रह्मचर्य नियम का पालन करते थे।

बनारस शिक्षा का मुख्य केंद्र था। इसके साथ ही उत्तर-पश्चिम में आधुनिक पेशावर के पास एक प्राचीन विश्वविद्यालय था 'तक्षशिला' जो अपनी विज्ञान, चिकित्सा शास्त्र और कलाओं के लिए प्रसिद्ध था। भारत के दूर-दूर के हिस्से से यहाँ विद्यार्थी पढ़ने आते थे। यहाँ का स्नातक होना गर्व की बात समझी जाती थी। कहा जाता है कि जब कभी भी बुद्ध बीमार होते तो तक्षशिला विश्वविद्यालय के स्नातक को ही इलाज करने हेतु बुलाया जाता था। महान वैयाकरण 'पाणिनी' ने भी यही शिक्षा

प्राप्त की थी। बौद्ध-काल में तक्षशिला बौद्धज्ञान का केंद्र भी बना। विदेशों से भी विद्यार्थी यहाँ पढ़ने हेतु आते थे। मौर्य साम्राज्य के उत्तर-पश्चिमी सूबे का मुख्यालय भी तक्षशिला रहा।

अत: हम कह सकते हैं कि औषध-विज्ञान व शल्य-चिकित्सा के क्षेत्र में भारत विश्व में अपना विशेष स्थान रखता है। वर्तमान में आधुनिक चिकित्सा का आधार प्राचीन भारत ही है। निष्कर्ष के रूप में यह कहा जा सकता है कि सुदूर अतीत के भारतीय खुले दिल के, आत्मविश्वासी व अपनी परंपराओं पर गर्व करने वाले थे। रहस्य की खोज में हाथ-पाँव मारने वाले, प्रकृति और मानव जीवन के बारे में प्रश्नों से भरे, अपनी बनाई मर्यादा को महत्त्व देने वाले, पर जीवन में सहज भाव से आनंद लेने वाले और मौत का लापरवाही से सामना करने वाले लोग थे।

## II. शब्दार्थ

### *पृष्ठ 33*

**जातक-कथाएँ**–प्राचीन कथाएँ। **स्वतंत्र**–आज़ाद। **गल्ले**–आर्थिक दशा को देखते हुए। **स्वशासित**–स्वयं शासन करने वाले अर्थात् आत्मनिर्भर। **दस्तकारी**–हाथ से किए जाने वाले उद्योग-धंधे। **बढ़ई**–लकड़ी का काम करने वाला। **लोहार**–लोहे का काम करने वाला।

### *पृष्ठ 34*

**सहकारिता**–मिलजुलकर। **अलहदा**–अलग। **संगठित**–मिलकर। **सौदागर**–व्यापारी। **रेगिस्तान**–रेतीले इलाके। **कारवाँ**–दल/जत्थे। **यातायात**–आना-जाना। **बंदरगाह**–जहाँ समुद्री जहाज़ों को खड़ा किया जाए या चलाया जाए। **शिलालेख**–पत्थरों पर लिखे लेख। **वैयाकरण**–व्याकरण जानने वाले।

### *पृष्ठ 35*

**जनक**–पिता। **ब्रह्मचर्य**–विवाह से पूर्व सादगीपूर्ण जीवन व्यतीत करना। **गुट**–दल।

### *पृष्ठ 36*

**सम्मान**–आदर। **सूबे**–इलाका। **आत्मविश्वासी**–अपने पर विश्वास करने वाले। **गर्व**–अभिमान।

## III. प्रश्न-उत्तर

प्रश्न 1. **नेहरू जी के 'प्राचीन भारत में जीवन और कर्म' विषय के अंतर्गत क्या दर्शाया गया है?**

उत्तर–नेहरू जी के 'प्राचीन भारत में जीवन और कर्म' विषय के अंतर्गत इस विचार का विवेचन किया गया है कि पुरानी कथाओं व वर्णनों के आधार पर हम यह कह सकते हैं कि भारत ने जब उन्नति की ओर अग्रसर होना शुरू किया तो कोई भी क्षेत्र इससे अछूता न रहा। सभी ओर भरपूर प्रगति हुई।

प्रश्न 2. **प्राचीन भारत ने किन-किन क्षेत्रों में प्रगति की?**

उत्तर–प्राचीन भारत ने ग्रामों के विकास, दस्तकारी उद्योगों, विभिन्न व्यापारों, समुद्री यातायात, विभिन्न लिपियों व लिखित स्वरूपों, औषध व शल्य विज्ञान व शिक्षा के क्षेत्र में अपार प्रगति की।

प्रश्न 3. **प्राचीन भारत में गाँवों की स्थिति पर प्रकाश डालिए।**

उत्तर–प्राचीन भारत में गाँवों ने अपार उन्नति की। लोग मुख्य व्यवसाय खेती का करते थे। पूरे उत्पादन में लगभग छठे भाग को कर के रूप में राजा को देना होता था। राजनीतिक और आर्थिक ढाँचा गाँवों के अनुसार निर्मित किया जाता था। ग्राम सभाएँ एक सीमा तक स्वतंत्र थीं। गाँवों को दस-दस या सौ-सौ के समूहों में बाँटा गया था। दस्तकारी के आधार पर भी गाँवों को विभाजित किया गया था, जैसे–बढ़ई एक ही गाँव में व लोहार एक ही गाँव में रहते थे। ये लोग संगठित रूप से भी कार्य करते थे।

प्रश्न 4. **भारत में समुद्री यातायात कहाँ से कहाँ तक फैला था?**

उत्तर–सौदागर यानी व्यापारी अधिकतर समुद्री मार्ग से व्यापार करते थे। समुद्री यात्री रेगिस्तान को पार कर भड़ौच के पश्चिमी बंदरगाह, उत्तर में गांधार और मध्य एशिया तक व फ़ारस की खाड़ी तक समुद्री जहाज़ से जाते थे। नदियों के मार्ग से यातायात पूर्णतया विकसित था। बनारस, पटना, चंपा आदि से बेड़े समुद्र की ओर जाते और वहाँ से दक्षिणी बंदरगाहों, लंका और मलय टापू तक सौदागर समुद्री यात्रा करते थे।

**प्रश्न 5. भारत की प्राचीन लिपि कौन-सी है?**

उत्तर–भारत की प्राचीन लिपि ब्राह्मी लिपि है।

**प्रश्न 6. देवनागरी लिपि की जननी किसे माना जाता है?**

उत्तर–देवनागरी लिपि की जननी ब्राह्मी लिपि को माना जाता है।

**प्रश्न 7. ब्राह्मी लिपि के क्या-क्या अंश मिलते हैं?**

उत्तर–पाषाण युग के मिट्टी के बर्तनों पर, मोहनजोदड़ों के शिलालेखों पर, अशोक के लेख आदि ब्राह्मी लिपि में लिखे गए।

**प्रश्न 8. पाणिनी ने किस भाषा में, किसकी रचना की?**

उत्तर–पाणिनी ने संस्कृत भाषा में व्याकरण की रचना की। आज भी यह भारत की धरोहर माना जाता है।

**प्रश्न 9. पाणिनी के यूनानी लिपि के उल्लेख से क्या संदेश मिलता है?**

उत्तर–पाणिनी के यूनानी लिपि के उल्लेख से यह संदेश मिलता है कि सिकंदर के भारत में आने से काफी पहले भारत और यूनान में किसी-न-किसी तरह का संपर्क हो चुका था।

**प्रश्न 10. औषध-विज्ञान के जनक कौन माने गए हैं?**

उत्तर–औषध-विज्ञान के जनक धन्वंतरि माने जाते हैं।

**प्रश्न 11. औषध-विज्ञान व शल्य-चिकित्सा पर किसकी पुस्तकें प्रसिद्ध हैं?**

उत्तर–औषध-विज्ञान पर चरक की व शल्य-चिकित्सा पर सुश्रुत की पुस्तकें प्रसिद्ध हैं।

**प्रश्न 12. चरक की पुस्तकों में क्या वर्णन किया गया है?**

उत्तर–चरक की पुस्तकों में शल्य-चिकित्सा, प्रसूति-विज्ञान, स्नान, पथ्य, सफ़ाई, बच्चों को खिलाने और चिकित्सा के बारे में वर्णन किया गया है।

**प्रश्न 13. सुश्रुत की चिकित्सा विज्ञान की पुस्तकों में क्या वर्णन किया गया है?**

उत्तर–सुश्रुत ने अपनी चिकित्सा विज्ञान की पुस्तकों में शल्य क्रिया के औजारों के वर्णन के साथ-साथ ऑपरेशन, अंगों को काटना, पेट काटना, ऑपरेशन से बच्चे को जन्म देना, मोतियाबिंद का ऑपरेशन आदि विधियों का समावेश किया है। इसमें घावों के जीवाणुओं को धुआँ देकर मारने का भी वर्णन मिलता है।

**प्रश्न 14. शिक्षा के क्षेत्र में प्राचीन भारत की क्या स्थिति थी?**

उत्तर–वनाश्रमों की शिक्षा के साथ-साथ विश्वविद्यालय भी विद्यमान थे। वनाश्रमों में विद्यार्थी शिक्षा-प्रशिक्षण हेतु एकत्र होते थे। विद्यार्थी सैनिक प्रशिक्षण के साथ-साथ तरह-तरह के विषयों का अध्ययन करते थे।

बनारस प्रमुख शिक्षा का केंद्र था। इसके अलावा पेशावर के पास एक प्राचीन विश्वविद्यालय तक्षशिला था जो विशेष रूप से विज्ञान, चिकित्सा-शास्त्र और विभिन्न कलाओं के लिए मशहूर था। यहाँ के विद्यार्थियों का बहुत सम्मान किया जाता था। महान वैयाकरण पाणिनी ने भी यहीं शिक्षा प्राप्त की थी।

**प्रश्न 15. सुदूर अतीत के भारतीय कैसे थे?**

उत्तर–सुदूर अतीत के भारतीय खुले दिल के, आत्मविश्वासी व अपनी परंपराओं पर गर्व करने वाले थे। रहस्य की खोज में हाथ-पाँव मारने वाले, प्रकृति और मानव जीवन के बारे में बहुत से प्रश्नों से भरे, अपनी बनाई मर्यादा और मूल्यों को महत्त्व देने वाले लेकिन जीवन में सहज भाव से आनंद लेने वाले और मौत का लापरवाही से सामना करने वाले थे।

## IV. बहुविकल्पी प्रश्नोत्तर

1. *नेहरू जी ने प्राचीन भारत के 'जीवन और कर्म' विषय में क्या कहा है?*
   (क) भारत जब उन्नति की ओर अग्रसर हुआ तो उसने हर क्षेत्र में उन्नति की।
   (ख) भारत ने समन्वय पद्धति में विश्वास किया।
   (ग) 'गीता' को आधार बनाया।
   (घ) इनमें से कोई नहीं।

**2.** *दूसरे देशों के सौदागर भारत के साथ किस मार्ग से व्यापार करते थे?*

(क) वायुमार्ग (ख) थलमार्ग

(ग) जलमार्ग (घ) रेगिस्तान के इलाके से

**3.** *संस्कृत भाषा के व्याकरण के रचयिता कौन माने जाते हैं?*

(क) वेदव्यास (ख) तुलसीदास (ग) पाणिनी (घ) वाल्मिकी

**4.** *औषध विज्ञान पर किसकी पुस्तकें प्रसिद्ध हैं?*

(क) चरक (ख) धन्वंतरि (ग) सुश्रुत (घ) पाणिनी

**5.** *भारत के मुख्य शिक्षा केंद्र कौन से थे?*

(क) बनारस व तक्षशिला (ख) काशी व तक्षशिला (ग) इलाहाबाद व बनारस (घ) इंद्रप्रस्थ व तक्षशिला

**उत्तर–** 1. (क) 2. (ग) 3. (ग) 4. (क) 5. (क)

# 13. महावीर और बुद्ध–वर्ण व्यवस्था

## I. पाठ का सार

**जैन व बौद्ध धर्म का प्रार्दुभाव–**जैन धर्म और बौद्ध धर्म दोनों वैदिक धर्म से कटकर अलग हुए थे और उसी की शाखाएँ थे। इन दोनों ने वेदों को प्रमाण नहीं माना और आदिकाल के बारे में कुछ नहीं कहा। दोनों ने अहिंसा पर बल दिया, ब्रह्मचारी भिक्षुओं और पुरोहितों के संघ बनाए। वे यथार्थवादी और बुद्धिजीवी थे अर्थात् सत्य के धरातल पर विश्वास रखते थे। जैन धर्म के संस्थापक महावीर और बौद्ध धर्म के बुद्ध समकालीन थे। दोनों क्षत्रिय थे।

**नेहरू जी का संयोग–**कहा जाता है कि बुद्ध की मृत्यु (निर्वाण) ई.पू. 544 में अस्सी वर्ष की आयु में हुई। उस दिन वैशाखी की पूर्णिमा थी। यह भी अजीब बात थी कि बुद्ध का जन्म, उन्हें बोध प्राप्त भी वैशाखी की पूर्णिमा को ही हुआ था। यह नेहरू जी का संयोग था कि वे भी संवत् 2488 की पहली तारीख को वैशाखी पूर्णिमा के दिन ही बुद्ध और महावीर के बारे में लिख रहे थे।

**बुद्ध के विचार–**बुद्ध ने आग्रह, तर्क, विवेक, नैतिकता पर बल दिया। वे मनोवैज्ञानिक विचारधारा के थे। आत्मा के बारे में कोई विचार न था। उन्होंने लोक-प्रचलित धर्मों, अंधविश्वास, कर्म-कांड, पुरोहित-प्रपंच का विरोध किया।

**वर्ण-व्यवस्था–**बुद्ध ने वर्ण-व्यवस्था पर स्पष्ट रूप से कुछ नहीं कहा लेकिन अपनी संघ-व्यवस्था या विचारों में वर्ण-व्यवस्था को कोई स्थान भी नहीं दिया।

वर्ण-व्यवस्था हेतु समय-समय पर काफी विरोध किए गए लेकिन फिर भी भारत में यह अपनी जड़ें फैलाती चली गई।

**जैन धर्म व बौद्ध धर्म के विचारों में भिन्नता–**जैन धर्म जाति के प्रति सहिष्णु था और उसने स्वयं को भी उसी रूप में ढाल लिया इसीलिए आज भी हिंदू-धर्म की शाखा के रूप में जीवित है। दूसरी ओर बौद्ध धर्म ने जाति व्यवस्था को स्वीकार नहीं किया। यह विचारों और दृष्टिकोणों में स्वतंत्र था। इसीलिए इस धर्म ने भारत के बाहर अधिक स्थान बनाया। परंतु इसने हिंदूवाद पर अपनी गहरी छाप छोड़ी।

## II. शब्दार्थ

*पृष्ठ 37*

**प्रमाण**–सबूत। **मौन**–चुप। **इंकार**–मना करना। **यथार्थवादी**–सत्यता के धरातल पर। **समकालीन**–एक ही समय में। **बोध**–ज्ञान। **निर्वाण**–मोक्ष। **प्रपंच**–आडंबर। **अलौकिक**–ईश्वरीय। **आग्रह**–अनुरोध। **विवेक**–सही व गलत सोचने की शक्ति।

*पृष्ठ 38*

**मनोवैज्ञानिक**–बौद्धिक। **विरुद्ध**–खिलाफ़।

*पृष्ठ 39*

**शिकंजे**–पकड़। **अनुयायी**–किसी एक मत को मानने वाले।

## III. प्रश्न–उत्तर

**प्रश्न 1. जैन और बौद्ध धर्म किस धर्म के अंग थे?**

उत्तर–जैन और बौद्ध धर्म वैदिक धर्म के ही अंग थे।

**प्रश्न 2. जैन धर्म व बौद्ध धर्म के प्रवर्तक कौन थे?**

उत्तर–जैन धर्म के प्रवर्तक महावीर व बौद्ध धर्म के प्रवर्तक महात्मा बुद्ध थे।

**प्रश्न 3. दोनों में क्या समानताएँ थीं?**

उत्तर–दोनों धर्म यथार्थवादिता में विश्वास करते थे। दोनों ने अहिंसा पर बल दिया।

**प्रश्न 4. बुद्ध ने धर्म के बारे में क्या विचार रखे?**

उत्तर–बुद्ध ने लोकप्रचलित धर्म, अंधविश्वासों, कर्म-कांड और पुरोहित प्रपंचों का विरोध किया और तर्क, विवेक, नैतिकता आदि पर बल दिया। बुद्ध ने वर्ण-व्यवस्था को अपनी नीतियों में कोई स्थान न दिया।

**प्रश्न 5. बुद्ध और महावीर का मत भिन्न कैसे था?**

उत्तर–बुद्ध ने अपने विचारों में जाति व्यवस्था को कोई स्थान न दिया। इसीलिए यह धर्म भारत की बजाय बाहर के देशों में अधिक स्थान पा गया जबकि महावीर जैन धर्म के संस्थापक जाति व्यवस्था के प्रति सहिष्णु थे और इसी रूप में ढलते गए, इसीलिए यह धर्म हिंदू धर्म की शाखा के रूप में विकसित हो गया।

**प्रश्न 6. नेहरू जी का क्या संयोग था?**

उत्तर–नेहरू जी ने जब यह विचार लिखा तो उस दिन वैशाख की पूर्णिमा थी। कहा जाता है कि महात्मा बुद्ध का जन्म, उन्हें ज्ञान प्राप्त व उनका निर्वाण भी वैशाख की पूर्णिमा को ही हुआ था। यही नेहरू जी को एक संयोग लगा कि यह शुभ दिन था।

## IV. बहुविकल्पी प्रश्नोत्तर

1. *जैन और बौद्ध धर्म किस धर्म से कटकर अलग हुए?*
   (क) वैदिक धर्म (ख) हिंदू धर्म (ग) वैश्य धर्म (घ) अन्य
2. *बुद्ध के विचारों का विदेशों में ख्याति पाने का क्या कारण था?*
   (क) जाति भावना को मानना (ख) धर्म में कोई बंधन न होना
   (ग) अपने उपदेशक जगह-जगह पर भेजना (घ) जाति भावना को न मानना

उत्तर– 1. (क) 2. (घ)

# 14. बुद्ध की शिक्षा

## I. पाठ का सार

बुद्ध ने सरल और स्पष्ट शब्दों में अपने विचार लोगों तक पहुँचाए। उन्होंने जीवन के वास्तविक अस्तित्व पर बल दिया। किसी धर्म विशेष को महत्त्व न देकर उनका यह विचार था कि इस धर्म में सब जातियाँ आकर इस तरह मिल जाती हैं जैसे समुद्र में नदियाँ। उन्होंने विश्व के सभी देशों में बौद्ध धर्म का प्रचार करवाया।

उनकी शिक्षाएँ निम्न प्रकार से थीं–

1. सभी को करुणा, प्रेम का संदेश दिया और यह स्पष्टत: कहना चाहा कि घृणा का अंत घृणा से नहीं बल्कि प्रेम से होता है। इसलिए मनुष्य को क्रोध पर दया से और बुराई पर भलाई से काबू पाना चाहिए।

2. मनुष्य को सदाचारी व आत्मानुशासित होना चाहिए क्योंकि युद्ध में भले ही कोई हज़ार आदमियों पर विजय पा ले, पर जो अपने पर विजय पाता है, सच्चा विजेता वही होता है।

3. मनुष्य की जाति उसके जन्म से नहीं बल्कि उसके कर्म से तय की जाती है।

4. ईश्वर की सत्ता के बारे में उन्होंने कोई विचार न देकर लोगों को यह उपदेश दिया कि अपने मन के भीतर सत्य की खोज करो।

5. उन्होंने जीवन में मध्यम मार्ग अपनाने का संदेश दिया। यह आर्यों का अष्टांग मार्ग था–जिसमें सही विश्वास, सही आकांक्षाएँ, सही वचन, सही आचरण, जीवनयापन का सही ढंग, सही प्रयास, सही विचार और सही आनंद पर बल दिया गया। इसके अतिरिक्त उन्होंने जीवन में वेदना और दुख पर बल दिया। लोगों को वही बातें समझाने का प्रयास किया जिन्हें वे आसानी से समझ सकते थे।

## II. शब्दार्थ

*पृष्ठ 39*

**ब्रह्मज्ञान**–ईश्वरीय ज्ञान। **प्रचार**–प्रसार। **करुणा**–दया। **क्रोध**–गुस्सा। **सदाचार**–सही आचरण। **आत्मानुशासन**–अपने को अनुशासन में रखना। **विजेता**–जीत हासिल करने वाला। **कर्म**–कार्य।

*पृष्ठ 40*

**तर्क**–विचार। **निर्णय**–फैसला। **हैरत**–हैरानी। **अधुनातन**–नवीन। **अंतर्दृष्टि**–अंदर की दृष्टि। **निर्वाण**–मोक्ष। **अतिशय**–बहुत अधिक। **आकांक्षाएँ**–इच्छाएँ।

## III. प्रश्न-उत्तर

**प्रश्न 1. बुद्ध ने यथार्थवादी धरातल पर धर्म के बारे में क्या विचार दिए?**

*अथवा*

**बुद्ध की शिक्षाओं का वर्णन अपने शब्दों में कीजिए।**

**उत्तर**–उपर्युक्त सार में से एक से पाँच शिक्षाएँ ही इस प्रश्न का उत्तर हैं।

## IV. बहुविकल्पी प्रश्नोत्तर

1. *बुद्ध ने घृणा का अंत किस प्रकार करने को कहा?*
   (क) घृणा से (ख) प्रेम से (ग) विरोध से (घ) मेल-जोल न रखकर
2. *मनुष्य की जाति किससे जानी जाती है?*
   (क) उसके साथ रहने वाले लोगों से (ख) उसके कर्मों से
   (ग) उसकी धन-दौलत से (घ) उसके विचारों से

**उत्तर**– 1. (ख) 2. (ख)

# 15. बुद्ध-कथा

## I. पाठ का सार

नेहरू जी के वक्तव्य में बुद्ध-कथा यही है कि आज हम बुद्ध की संकल्पना अर्थात् उनके स्वरूप को पत्थर, संगमरमर या कांसे में ढालकर नए से नया आकार देते हैं। उनका तेजस्वी रूप यही संदेश देता प्रतीत होता है कि हमें संघर्ष से भागना नहीं चाहिए बल्कि शांत दृष्टि से उसका मुकाबला करना चाहिए और जीवन में विकास और प्रगति के और बड़े अवसरों को देखना चाहिए।

## II. शब्दार्थ

*पृष्ठ 41*

**संकल्पना**–कल्पित स्वरूप। **समग्र**–सारा। **लालसाओं**–इच्छाओं। **संचित**–जोड़कर। **निधि**–संपत्ति।

## III. प्रश्न-उत्तर

**प्रश्न 1. बुद्ध-कथा से क्या संदेश मिलता है?**

**उत्तर**–बुद्ध-कथा से यह संदेश मिलता है कि हमें संघर्ष से भागना नहीं चाहिए बल्कि शांत दृष्टि से उसका मुकाबला करना चाहिए। विकास के नवीन अवसरों की ओर बढ़ना चाहिए।

## IV. बहुविकल्पी प्रश्नोत्तर

1. *नेहरू जी के शब्दों में बताइए कि बुद्ध से क्या संदेश मिलता है?*
   (क) हमें संघर्ष से भागना नहीं चाहिए बल्कि उसका मुकाबला कर नवीन अवसरों की ओर बढ़ना चाहिए।
   (ख) मूर्ति पूजा कर ईश्वर को पाने का प्रयास करना चाहिए।
   (ग) जातियों में बँधकर ही समाज उन्नति के पथ की ओर बढ़ सकता है।
   (घ) इनमें से कोई नहीं।

   **उत्तर**– 1. (क)

# 16. चंद्रगुप्त और चाणक्य–मौर्य साम्राज्य की स्थापना

## I. पाठ का सार

**चंद्रगुप्त और चाणक्य का उभरकर आना**–भारत के पश्चिमोत्तर प्रदेश पर सिकंदर के आक्रमण से दो विलक्षण व्यक्ति सामने आए जिन्होंने बदलती हुई परिस्थितियों का लाभ उठाते हुए उन्हें अपनी मर्ज़ी के अनुसार ढाल लिया। ये थे चंद्रगुप्त मौर्य और उनके मित्र, मंत्री और सलाहाकार 'चाणक्य'। इन दोनों को मगध के शक्तिशाली साम्राज्य से निकाल दिया गया था, जिसकी राजधानी पाटलीपुत्र थी। ये दोनों तक्षशिला चले गए और यूनानियों के संपर्क में आए। इन्हें सिकंदर ने वहीं नियुक्त कर लिया।

**चंद्रगुप्त व चाणक्य की कार्यविधि**–चंद्रगुप्त और चाणक्य ने राष्ट्रीयता का प्राचीन नारा बुलंद कर लोगों को विदेशी आक्रमणकारियों के विरुद्ध उत्तेजित किया। यूनानी सेना को खदेड़कर स्वयं उस पर अधिकार कर लिया। सिकंदर की मृत्यु के दो वर्ष पश्चात् ही उसने पाटलीपुत्र पर अधिकार कर मौर्य साम्राज्य की स्थापना की। लिखित इतिहास में पहली बार एक केंद्रीय शासन बना जिसकी राजधानी पाटलीपुत्र थी।

**नए राज्य का ब्यौरा**–एक तो इस नए राज्य का ब्यौरा लिखित स्वरूप में मिलता है सिल्यूकस के राजदूत मेगस्थनीज़ के द्वारा लिखित व दूसरा कौटिल्य के 'अर्थशास्त्र' में। कौटिल्य 'चाणक्य' का ही दूसरा नाम है। उसने अपने 'अर्थशास्त्र' में सामाजिक, आर्थिक व राजनैतिक पूरे कार्यकाल का ब्यौरा लिखित स्वरूप में दिया है। इसमें चंद्रगुप्त की विराट सेना का भी विस्तार से वर्णन है। इसमें उस समय के व्यापार और वाणिज्य, कानून और न्यायालय, नगर व्यवस्था, सामाजिक रीतिरिवाज़, विवाह और तलाक, दस्तकारी, मंडियाँ, बागवानी, उद्योग धंधे, सिंचाई और जलमार्ग, जहाज़ और जहाज़रानी, निगमें, जनगणना, मत्स्य उद्योग, कसाईखाने, पासपोर्ट और जेल आदि सभी का समावेश किया गया है। इसमें विधवा विवाह और विशेष परिस्थितियों में तलाक को भी मान्यता दी गई है अर्थात् उन्नत राज्य की नींव चंद्रगुप्त मौर्य ने रखी।

**राज्य का नियम**–राज्य का यह भी नियम बना कि राजा को राज्याभिषेक के समय यह शपथ लेनी पड़ती थी कि वह प्रजा की सेवा करेगा–उसका सुख उसकी प्रजा के सुख में होगा। उसी कार्य को अच्छा समझेगा जो उसकी प्रजा को अच्छा लगे। यदि राजा उत्साही होगा तो प्रजा भी उत्साही होगी। सार्वजनिक काम राजा की मर्जी के मोहताज नहीं, उसे स्वयं उनके लिए तैयार रहना चाहिए। यदि कोई राजा अनीति करता है तो उसकी प्रजा को अधिकार है कि उसे हटाकर किसी दूसरे को उसकी जगह बैठा दे।

## II. शब्दार्थ

*पृष्ठ 41*

**मुताबिक**–तरह। **कारगर**–सही/उपयोगी।

*पृष्ठ 42*

**चिर नवीन**–प्राचीन होने पर भी नवीन लगना। **उत्तेजित**–प्रोत्साहित। **विराट**–बड़ा। **ब्यौरा**–लेखा-जोखा। **कर्मठता**–कार्य करने की लगन वाला। **सेवानिवृत्त**–कार्य से छुटकारा पाकर (रिटायर होना)। **चिंतन-मनन**–सोचविचार–**संकोच**–शर्म।

*पृष्ठ 43*

**मत्स्य**–मछली। **कसाई खाने**–जहाँ जानवरों को काटा जाता है। **शपथ**–कसम। **मोहताज**–निर्भर। **अनीति**–गलत कार्य।

## III. प्रश्न-उत्तर

**प्रश्न 1. चंद्रगुप्त मौर्य और चाणक्य कहाँ के रहने वाले थे?**

उत्तर–चंद्रगुप्त मौर्य और चाणक्य मूल रूप से मगध के रहने वाले थे।

**प्रश्न 2. चंद्रगुप्त मौर्य ने मौर्य साम्राज्य की स्थापना कैसे की?**

उत्तर–चंद्रगुप्त मौर्य और उनके मित्र, मंत्री और सलाहकार चाणक्य को नंद साम्राज्य से जिसकी राजधानी पाटलीपुत्र थी, निकाल दिया गया था। ये दोनों तक्षशिला चले गए। इनका संपर्क यूनानियों से हुआ जिन्हें वहाँ सिकंदर ने नियुक्त किया था। चंद्रगुप्त और चाणक्य ने लोगों के मन में राष्ट्रीयता की भावना जागृत कर लोगों को विदेशियों के विरुद्ध भड़काया और सेना संगठित कर यूनानियों पर आक्रमण कर उन्हें हराया।

इस प्रकार उन्होंने तक्षशिला पर अधिकार कर लिया। सिकंदर की मृत्यु के दो वर्ष में ही उसने पाटलीपुत्र तक अपना अधिकार कर लिया और मौर्य राज्य की स्थापना की।

**प्रश्न 3. चाणक्य का दूसरा नाम क्या था?**

उत्तर–चाणक्य का दूसरा नाम कौटिल्य था।

**प्रश्न 4. कौटिल्य ने अपनी किस रचना से प्रसिद्धि पाई?**

उत्तर–कौटिल्य ने अपनी रचना 'अर्थशास्त्र' से प्रसिद्धि पाई।

**प्रश्न 5. कौटिल्य के अर्थशास्त्र में किन-किन विषयों का उल्लेख किया गया है?**

उत्तर–कौटिल्य के अर्थशास्त्र में शासन के सिद्धांत, व्यवहार, चंद्रगुप्त की सेना, रक्षा व किलेबंदी के अतिरिक्त व्यापार और वाणिज्य, कानून और न्यायालय, नगर व्यवस्था, सामाजिक रीतिरिवाज, विवाह और तलाक, स्त्रियों के अधिकार, कर और लगान, कृषि, खानों और कारखानों को चलाना, दस्तकारी, मंडियाँ, बागवानी, उद्योग-धंधे, सिंचाई और जलमार्ग, जहाज़ और जहाज़रानी, निगमें, जन-गणना, मत्स्य-उद्योग, कसाईखाने, पासपोर्ट और जेल सबको शामिल किया गया। इसमें विधवा विवाह को मान्यता दी गई और विशेष परिस्थितियों में तलाक को भी। इस प्रकार कौटिल्य ने समाज का कोई भी ऐसा अंग न छोड़ा जिसे अपने अर्थशास्त्र में स्थान न दिया हो।

**प्रश्न 6. राज्याभिषेक के समय राजा को क्या शपथ लेनी पड़ती थी? अपने शब्दों में लिखिए।**

उत्तर–राज्याभिषेक के समय राजा को यह शपथ लेनी पड़ती थी कि राजा सदा जनता की इच्छा अनुसार व लोक-हित हेतु कार्य करेगा। निजी स्वार्थों का समावेश शासन सत्ता में नहीं किया जाएगा। जनता जब चाहे राजा को बदल सकती है

## IV. बहुविकल्पी प्रश्नोत्तर

1. *चंद्रगुप्त मौर्य कहाँ के रहने वाले थे?*

   (क) पाटलीपुत्र (ख) इंद्रप्रस्थ (ग) तक्षशिला (घ) मगध

2. *चाणक्य का वास्तविक नाम क्या था?*

   (क) कौटिल्य (ख) सुश्रुत (ग) चरक (घ) अशोक

उत्तर– 1. (घ) 2. (क)

# 17. अशोक

## I. पाठ का सार

**मौर्य शासक अशोक**–273 ई.पू. में अशोक महान साम्राज्य भारत का उत्तराधिकारी हुआ। इससे पूर्व वह पश्चिमोत्तर प्रदेश का शासक था जिसकी राजधानी तक्षशिला थी। इस समय साम्राज्य की सीमा मध्य एशिया तक थी। केवल दक्षिण पूर्व और दक्षिण का एक भाग उसके अधिकार में नहीं था। संपूर्ण भारत को एक शासन व्यवस्था प्रदान करने के अशोक के सपने ने उसे प्रेरित किया।

**अशोक की कलिंग विजय**–भारत को एक शासन व्यवस्था प्रदान करने हेतु अशोक ने पूर्वी तट के कलिंग प्रदेश को जीतने की ठान ली। कलिंग के लोगों ने बहादुरी से मुकाबला किया लेकिन अशोक की सेना विजयी रही।

**कलिंग के युद्ध से अशोक का हृदय परिवर्तन**–कलिंग के युद्ध में भयंकर कत्ले-आम हुआ। जब इस बात की सूचना अशोक को मिली तो उसे बहुत पछतावा हुआ। उसे युद्ध से विरक्ति हो गई। बुद्ध की शिक्षा के प्रभाव से उसका मन हिंसा को छोड़कर दूसरे क्षेत्रों में कार्य करने की ओर घूम गया। इसके पश्चात् उसने धर्म के नियमों का उत्साहपूर्वक पालन करना प्रारंभ कर दिया। उसने अपने एक फ़रमान में साफ कहा कि वह हत्या या बंदी बनाए जाने को सहन नहीं करेगा। सच्ची विजय कर्तव्य और धर्म पालन करके लोगों के हृदय को जीतने में है। यदि उसके साथ कोई बुराई करेगा तो वह जहाँ तक संभव होगा उसे झेलने का प्रयास करेगा। उसकी इच्छा थी कि जीवमात्र की रक्षा हो, लोगों में आत्मसंयम हो, उन्हें मन की शांति और आनंद प्राप्त हो।

वह केवल लोक-हित चाहता था। उसने बुद्ध की शिक्षा के प्रभाव से स्वयं को प्रजा के हित के लिए व सार्वजनिक कार्यों के लिए समर्पित कर दिया। उसने घोषणा की कि हर स्थान पर और हर समय सरकारी कर्मचारी जनता के कार्यों की सूचना उसे देते रहें, वह सदा लोक-हित के लिए कार्य करेगा।

**सभी धर्मों को समान महत्त्व**–अशोक स्वयं बौद्ध धर्म को मानने वाला था। उसने दूसरे सभी धर्मों को भी बराबर आदर-सम्मान दिया।

**वास्तुकला का निर्माण**–अशोक महान भवन निर्माता था। उसने कुछ बड़ी-बड़ी इमारतों को बनाने में मदद के लिए विदेशी कारीगरों को भी रखा। मूर्तिकला व दूसरे अवशेषों पर भारतीय कला परंपरा की छाप स्पष्ट रूप से दिखाई पड़ती है लेकिन स्तंभों पर 'पर्सिपोलिस' (विदेशी रूप) की छाप भी मिलती है।

**अशोक की मृत्यु**–ई.पू. 232 में अशोक मृत्यु को प्राप्त हुआ। उसकी मृत्यु पर एच.जी. वेल्स ने अपनी 'आउटलाइन ऑफ हिस्ट्री' में उसके बारे में लिखा कि बादशाहों के दसियों हज़ार नामों में जिनसे इतिहास के पृष्ठ भरे हैं, जिनमें बड़े-बड़े राजे-महाराजे, शहंशाह और नामीगिरामी शासक शामिल हैं, अशोक का नाम अकेला सितारे की तरह चमक रहा है। वोल्गा से जापान तक आज भी उसका नाम आदर से लिया जाता है।

## II. शब्दार्थ

*पृष्ठ 44*

**मातहत**–अधीन। **तत्काल**–उसी समय। **भयंकर**–काफी। **कत्लेआम**–मार-काट। **विरक्ति**–मन हट जाना। **अंगीकार**–अपनाना। **आकांक्षा**– इच्छा। **आत्म-संयम**–स्वयं को संयमित करना।

*पृष्ठ 45*

**अद्‌भुत**–अजीब। **सार्वजनिक**–सभी के लिए समान। **लोक-हित**–लोगों की भलाई के लिए। **कट्टर**–पक्का। **पर्सिपोलिस**–प्राचीन काल के शक्तिशाली पारसिक साम्राज्य की राजधानी जो आधुनिक ईरान में है। **अनवरत**–लगातार। **नामीगिरामी**–माने हुए।

## III. प्रश्न-उत्तर

**प्रश्न 1. अशोक ने शासन सत्ता कब सँभाली?**

**उत्तर**–अशोक ने मौर्य साम्राज्य की शासन व्यवस्था 273 ई.पू. में सँभाली।

**प्रश्न 2. अशोक के समय में भारत की शासन सत्ता का विस्तार कहाँ तक हुआ था?**

उत्तर–अशोक के समय में भारत की शासन सत्ता का विस्तार मध्य एशिया तक हो चुका था।

**प्रश्न 3. अशोक ने पूर्वी तट के कलिंग पर आक्रमण क्यों किया?**

उत्तर–अशोक पूर्वी तट के कलिंग को विजयी करके पूरे भारत में एक शासन-व्यवस्था लागू करना चाहता था।

**प्रश्न 4. कलिंग के युद्ध ने अशोक के मानस-पटल को कैसे बदल दिया?**

उत्तर–कलिंग के युद्ध में अशोक विजयी रहा। इस युद्ध में भयंकर कत्ले-आम हुआ। अनगिनत लोगों की मौत से अशोक को बहुत पछतावा हुआ। बुद्ध की शिक्षा के प्रभाव से वह मानता था कि 'हिंसा गलत है'। अब उसकी युद्ध से विरक्ति हो गई। उसने ठान लिया कि अब वह कभी युद्ध नहीं करेगा। सच्ची विजय कर्तव्य और धर्मपालन करके लोगों के हृदय को जीतने में है।

**प्रश्न 5. अशोक किस धर्म को मानता था? दूसरे धर्मों के बारे में उसकी क्या विचारधारा थी?**

उत्तर–अशोक बौद्ध धर्म को मानने वाला था। वह दूसरे सभी धर्मों को भी समान दृष्टि से देखता था और उन्हें पूरा आदर सम्मान देता था।

**प्रश्न 6. अशोक के फरमानों में क्या कहा गया?**

उत्तर–अशोक के फ़रमानों में यही कहा गया कि वह अब कभी युद्ध करके हिंसा नहीं फैलाएगा। सच्ची विजय कर्तव्य और धर्म पालन करके लोगों के हृदय को जीतने में है। अब यदि कोई उसके साथ बुराई करेगा तो वह उसे झेलने का प्रयास करेगा। उसकी यही आकांक्षा थी कि जीव-मात्र की रक्षा हो, उनमें आत्म-संयम हो, उन्हें मन की शांति और आनंद प्राप्त हो।

**प्रश्न 7. अशोक द्वारा निर्मित इमारतों की क्या विशेषता थी?**

उत्तर–अशोक ने अपने समय में इमारतों का निर्माण करवाने हेतु विदेशी कारीगरों को बुलाया। यही कारण है कि उन इमारतों में भारतीय कला परंपरा की छाप होते हुए भी विदेशी वास्तुकला की झलक दिखाई देती है।

**प्रश्न 8. एच.जी. वेल्स विद्वान ने अपनी लेखनी से सम्राट अशोक के बारे में क्या लिखा?**

उत्तर–एच.जी. वेल्स विद्वान ने अपनी लेखनी से सम्राट अशोक के बारे में लिखा कि बादशाहों के दसियों हज़ार नामों में जिनसे इतिहास के पृष्ठ भरे हैं, जिनमें बड़े-बड़े राजे-महाराजे, शहंशाह और नामीगिरामी शासक शामिल हैं, अशोक का नाम अकेला सितारे की तरह चमक रहा है। वोल्गा से जापान तक आज भी उसका नाम आदर से लिया जाता है।

## IV. बहुविकल्पी प्रश्नोत्तर

1. *किस ई.पू. में अशोक शासन गद्दी पर बैठा?*

   (क) 475 ई.पू. (ख) 375 ई.पू. (ग) 273 ई.पू. (घ) 575 ई.पू.

2. *अशोक किस मुख्य धर्म को मानता था?*

   (क) जैन (ख) दीनेइलाही (ग) बौद्ध (घ) हिंदू धर्म

उत्तर– 1. (ग) 2. (ग)

# 4. युगों का दौर

## 1. गुप्त शासन में राष्ट्रीयता और साम्राज्यवाद

### I. पाठ का सार

**गुप्त शासनकाल में राष्ट्रीयता और साम्राज्यवाद मौर्य शासन सत्ता की समाप्ति व भारत का नया रूप**–मौर्य साम्राज्य का अवसान हुआ और उसकी जगह शुंग वंश ने ले ली। इनका शासन क्षेत्र थोड़ा सा था। दक्षिण में बड़े-बड़े राज्य उभर रहे थे। उत्तर में काबुल से पंजाब तक भारतीय यूनानी फैल गए। मेनांडर जिसने भारत पर हमला तो किया लेकिन स्वयं भारतीय चेतना से प्रभावित होकर बौद्ध हो गया और राजा मिलिंद के नाम से प्रसिद्ध हुआ। इस प्रकार भारतीय यूनानी संस्कृतियों का मेल हुआ।

**कुषाण काल**–मध्य-एशिया में शक लोग ऑक्सस नदी की घाटी में बस गए। यूइ-ची सुदूर पूरब से आए और इन्होंने इन लोगों को उत्तर भारत की ओर धकेल दिया। ये शक बौद्ध और हिंदू हो गए। यूइ-चियों का एक दल कुषाण था। उन्होंने शक्ति पाकर सब पर अधिकार कर उत्तर भारत तक विस्तार करके शकों को पराजित किया। शक दक्षिण की ओर चले गए। पूरे उत्तर-भारत और मध्य-एशिया पर कुषाणों का शासन हो गया। प्रमुख राजा कनिष्क ने शासन सत्ता संभाली। इस समय बौद्ध धर्म सब ओर प्रसिद्धि पा चुका था।

**कुषाण साम्राज्य में विभिन्न संस्कृतियों का मेलजोल**–कुषाण साम्राज्य की राजधानी आधुनिक पेशावर के निकट थी। तक्षशिला का विश्वविद्यालय भी उसके निकट था। यहाँ बहुत से राष्ट्रों से लोग आते थे। यहाँ भारतीयों की मुलाकात सीदियनों, यूइ-चियों, ईरानियों, यूनानियों, तुर्कों और चीनियों से होती थी। इन सभी संस्कृतियों ने एक दूसरे को प्रभावित किया। आपसी प्रभावों के फलस्वरूप नवीन मूर्तिकला और चित्रकला शैली का जन्म हुआ। चीन और भारत भी संपर्क में आए। इस प्रकार यह समय चीनी, ईरानियों व भारतीयों की संस्कृतियों का अद्‌भुत मेल का समय था।

**बौद्ध धर्म का दो संप्रदायों में बँटना**–कुषाण काल में बौद्ध धर्म दो संप्रदायों में बँट गया-महायान और हीनयान। दोनों के मत आपस में सदा टकराते रहते थे। नागार्जुन जो बौद्ध शास्त्रों व भारतीय दर्शन दोनों के बहुत बड़े विद्वान थे। उन्हीं के कारण भारत में महायान की विजय हुई। महायान के सिद्धांतों का प्रचार चीन में भी हुआ। लेकिन दक्षिण के लंका और बर्मा हीनयान को ही मानते रहे।

**कुषाणों का भारतीयकरण व गुप्त शासन की शुरुआत**–कुषाणों ने पूरे भारत का संगठन कर भारतीयकरण किया। नई-नई जातियाँ जो भारत में आती रहीं उनका इन्होंने जमकर विरोध किया। इसी समय एक अन्य शासक चंद्रगुप्त ने नए हमलावरों को मार भगाया और एक शक्तिशाली विशाल साम्राज्य कायम किया। इसी से गुप्त शासन काल की नींव 320 ई. में रखी गई। इस शासनकाल में अनेक शासक हुए जो युद्ध और शांति, कलाओं आदि में निरंतर सफलता पाते रहे।

**राष्ट्रीय भावना का विकास**–एक के बाद एक विदेशी जातियाँ भारत में आती गईं और स्थान पाती चली गईं। उनके नए-नए नियमों, रीतिरिवाजों, कार्यक्षेत्र में भारतीय लोगों को विचलित कर दिया ऐसे में पुराने ब्राह्मण समाज ने सजातीय राज्य कायम करने का प्रयास किया। बाहरी जातियों ने केवल राजनीतिक ढाँचे को ही प्रभावित न करके, सांस्कृतिक आदर्शों और सामाजिक ढाँचे के लिए भी खतरा पैदा कर दिया। इन सब से भारतीय धर्म और दर्शन, इतिहास और परंपरा, रीति-रिवाज व सामाजिक ढाँचा सभी प्रभावित हुए। जब भारतीयों ने इसका विरोध किया तो इसे ब्राह्मणवाद या हिंदूवाद का नाम दिया गया। यही राष्ट्रवाद का प्रतीक बना। यही राष्ट्रीयता का भाव आज तक भारतीयों में मौजूद है।

**ब्राह्मण समाज का राष्ट्रीय पुनर्जागरण का प्रतीक बनना**–बौद्ध धर्म मूल रूप से अंतर्राष्ट्रीय धर्म था; विश्वधर्म था। इसी कारण इसी का सहारा पाकर अनेक जातियों का आगमन भारत में होता रहा। इसीलिए पुराना ब्राह्मण समाज बार-बार राष्ट्रीय पुनर्जागरण का प्रतीत बना। क्योंकि वे नहीं चाहते थे कि भारत में हिंदूवाद समाप्त हो।

**गुप्त शासकों का समृद्ध व शक्तिशाली होना**–गुप्त शासकों का समय बहुत प्रबुद्ध, शक्तिशाली, अत्यंत सुसंस्कृत और तेजस्विता से भरपूर था। फिर भी उसमें साम्राज्यवादी प्रवृत्तियाँ विकसित हो गईं। इनका सबसे शक्तिशाली शासक 'समुद्रगुप्त' हुआ जिसे भारत का 'नेपोलियन' कहा गया। साहित्य और कला की दृष्टि से यह शानदार समय था। लगभग डेढ़ सौ वर्षों तक गुप्त वंश ने उत्तर में एक बड़े शक्तिशाली और समृद्ध राज्य पर शासन किया।

**हूणों का शासन**–मध्य एशिया से गुप्त साम्राज्य के शासकों पर हूणों ने आक्रमण किया। जो गोरे हूण कहलाते थे। उन्होंने भारत में अत्यधिक लूटपाट की और यशोवर्मन के नेतृत्व में भारत पर बड़ा आक्रमण किया। उनके सरदार मिहिरगुल को बंदी बना लिया गया लेकिन गुप्त वंश के शासक बालादित्य ने उसके प्रति उदारता का व्यवहार कर उसे लौट जाने दिया। लेकिन मिहिरगुल ने फिर कपटता से भारत पर आक्रमण कर दिया। हूणों का शासन लगभग 50 वर्ष तक रहा।

**हर्षवर्धन का उभर कर आना**–सातवीं शताब्दी के आरंभ में भारत के कन्नौज के राजा हर्षवर्धन ने शक्ति पाकर उत्तर से लेकर मध्य भारत तक एक बहुत बड़े शक्तिशाली साम्राज्य की स्थापना की। वह कट्टर बौद्ध था। उनका महायान संप्रदाय काफी हद तक हिंदूवाद से मिलता-जुलता था। उन्होंने बौद्ध व हिंदू दोनों धर्मों को बढ़ावा दिया।

इसी समय में चीनी यात्री 'हुआन त्सांग' भारत आया था। उसने भारत की प्रशंसा को अपनी लेखनी से उभारा। हर्षवर्धन स्वयं कवि एवं नाटककार था। इसीलिए उसने अपनी राजधानी उज्जयिनी को सांस्कृतिक गतिविधियों का केंद्र बनाया। हर्षवर्धन की मृत्यु 648 ई. में हुई। इस समय अरब के रेगिस्तानों से अफ्रीका और एशिया में फैलने के लिए इस्लाम सिर उठा रहा था।

## II. शब्दार्थ

### *पृष्ठ 46*

**अवसान**–समाप्ति। **चेतना**–विचारधारा। **सरहदी**–सीमा। **लाट**–स्तंभ। **जज़्ब**–ग्रहण।

### *पृष्ठ 47*

**पराजित**–हराकर। **कारनामों**–कार्यों। **सार्वजनिक**–सभी के लिए समान रूप से। **ज़िक्र**–बताना। **ज़रथुष्ट्र**–इसे पारसी धर्म के नाम से जाना जाता है, ईरान में अद्भुत इस धर्म के प्रवर्तक जरथुष्ट्र थे। **यूड़-चियों**–खाना बदोश लोग। **सशक्त**–मजबूत। **तोहफ़े**–उपहार। **गोबी रेगिस्तान**–एशिया का सबसे बड़ा रेगिस्तान जो चीन और मंगोलिया में फैला हुआ है। **मतभेद**–विचारों में टक्कर। **विशिष्ट**–विशेष।

### *पृष्ठ 48*

**हमलावरों**–आक्रमणकारियों। **कायम**–स्थापित। **प्रबल**–पक्की/सशक्त/बलवती। **सजातीय**–जातियों के अनुसार। **समन्वय**–मेलजोल।

### *पृष्ठ 49*

**संकीर्णता**–छोटी सोच/दिमाग को बेड़ियों में जकड़ना। **निर्वाण**–मोक्ष। **उग्रता**–क्रोधपूर्ण विचारधारा। **अख्तियार**–अपनाना। **समृद्ध**–संपन्न।

### *पृष्ठ 50*

**मुल्क**–देश। **कपटपूर्ण**–चालाकी से। **सिर उठाना**–आगे बढ़ना।

## III. प्रश्न-उत्तर

**प्रश्न 1. मौर्य साम्राज्य के पश्चात् सत्ता किनके हाथों में आई?**

**उत्तर**–मौर्य साम्राज्य के पश्चात् शासन सत्ता शुंग वंश ने संभाली।

**प्रश्न 2. राजा मिलिंद कौन था?**

**उत्तर**–भारत के उत्तर में काबुल से पंजाब तक भारतीय यूनानी फैले थे। मेनांडर नामक व्यक्ति के नेतृत्व में उन्होंने राजधानी पाटलीपुत्र पर हमला किया; लेकिन हार गए। मेनांडर पर भारतीय चेतना और वातावरण का ऐसा प्रभाव पड़ा कि वह बौद्ध हो गया। वह राजा मिलिंद के नाम से प्रसिद्ध हुआ। उसकी लोक प्रसिद्धि केवल एक संत के रूप में हुई।

**प्रश्न 3. *'हेलिओदो स्तंभ'* कहाँ स्थित है? यह क्यों प्रसिद्ध है?**

**उत्तर**–'हेलिओदो स्तंभ' भारत के मध्य प्रदेश में सांची के निकट बेसनगर में स्थित है। यह ग्रेनाइट पत्थर की एक लाट है जिस पर संस्कृत का एक लेख खुदा है। इससे यूनानियों के भारतीयकरण की झलक मिलती है।

**प्रश्न 4. शक जाति के लोग कहाँ बसे?**

उत्तर–शक जाति के लोग मध्य एशिया में ऑक्सस (अक्षु) नदी की घाटी में बस गए।

**प्रश्न 5. कुषाण कौन थे? वे कहाँ से आए? उन्होंने अपनी सत्ता कहाँ से कहाँ तक कायम की? उनका प्रमुख शासक कौन हुआ?**

उत्तर–यूइ-ची जाति में एक दल कुषाणों का था। ये लोग सुदूर पूरब से आए। इन्होंने पूरे उत्तर भारत और मध्य एशिया के बहुत बड़े भाग पर अपना शासन कायम किया। उनका सबसे प्रसिद्ध राजा कनिष्क था।

**प्रश्न 6. ज़रथुष्ट्र धर्म से आप क्या समझते हैं?**

उत्तर–यह पारसी धर्म के नाम से जाना जाता है। ईरान में उदित हुए इस धर्म के पैगंबर ज़रथुष्ट्र थे।

**प्रश्न 7. कुषाणों के काल में विभिन्न संस्कृतियों का मेल एक-दूसरे से कैसे हुआ?**

उत्तर–तक्षशिला के विश्वविद्यालय कुषाण शासन सत्ता की राजधानी पेशावर के पास थी, यहाँ सीदियनों, यूइ-चियों, ईरानी, यूनानी, तुर्क व चीन से कई विद्यार्थी पढ़ने आए। इन सबका प्रभाव भारतीयों पर पड़ा। सभी की संस्कृतियाँ एक-दूसरे से टकराईं तो सभी ने एक-दूसरे को प्रभावित किया।

**प्रश्न 8. भारत में चीनी राजदूत कब आए?**

उत्तर–भारत में चीनी राजदूत 64 ई. में आए।

**प्रश्न 9. कौन-से फल भारत को चीन की देन है?**

उत्तर–आड़ू और नाशपाती ऐसे फल हैं जो भारत में नहीं उगते थे। ये चीनियों की देन है।

**प्रश्न 10. बौद्ध धर्म किस काल में व किन दो भागों में विभाजित हुआ?**

उत्तर–बौद्ध धर्म कुषाण काल में, महायान और हीनयान नामक दो भागों में विभाजित हो गया।

**प्रश्न 11. नागार्जुन कौन थे? उन्होंने कौन-सा विशेष कार्य किया?**

उत्तर–नागार्जुन ईसा की पहली शताब्दी में हुए। वे बौद्ध शास्त्रों और भारतीय दर्शन के बहुत बड़े विद्वान थे। उन्हीं के कारण भारत में बौद्ध शाखा महायान की विजय हुई।

**प्रश्न 12. हीनयान को मानने वाले कौन से दो छोटे देश थे?**

उत्तर–हीनयान को मानने वाले लंका और बर्मा थे।

**प्रश्न 13. गुप्त साम्राज्य का प्रारंभ सर्वप्रथम किसकी देख-रेख में व कब हुआ?**

उत्तर–गुप्त साम्राज्य का प्रारंभ ई. 320 में सर्वप्रथम चंद्रगुप्त की देख-रेख में हुआ।

**प्रश्न 14. पुराना ब्राह्मण वर्ग इस समय चिंतित क्यों था?**

उत्तर–भारत पर एक के बाद एक कई विदेशी जातियाँ निरंतर हमला कर शासन करने में सफल होती रहीं। ऐसे में पुराना ब्राह्मण वर्ग चिंतित हो उठा क्योंकि वे अपनी भारतीय संस्कृति और सभ्यता को कायम रखना चाहते थे। वे आदर्शों के आधार पर सजातीय राज्य कायम करना चाहते थे।

**प्रश्न 15. ब्राह्मणवाद या हिंदूवाद से आप क्या समझते हैं?**

*अथवा*

**भारतीय राष्ट्रीय धर्म से क्या तात्पर्य है?**

उत्तर–विदेशी शासकों के निरंतर प्रभाव से भारतीय ब्राह्मण वर्ग चिंतित हो उठा। धर्म और दर्शन, इतिहास और परंपरा, रीति-रिवाज व सामाजिक ढाँचा जिसके व्यापक घेरे में उस समय के भारतीय जीवन के सभी पहलू आते थे सभी विदेशियों से प्रभावित थे। लोगों में राष्ट्रीय भावना जगाना ही राष्ट्रीय धर्म था। इसे ही ब्राह्मणवाद या हिंदूवाद का नाम दिया गया।

**प्रश्न 16. गुप्त वंश के शासकों ने लगभग कितने वर्षों तक भारत पर शासन किया?**

उत्तर–गुप्त वंश के शासकों ने लगभग 300 वर्षों तक भारत पर शासन किया।

**प्रश्न 17. गोरे हूण कौन थे?**

उत्तर–गुप्त वंश के समय मध्य एशिया की एक जाति ने लगातार भारत पर आक्रमण किया यही 'गोरे हूण' कहलाए।

**प्रश्न 18. हूणों ने कितने वर्षों तक शासन सत्ता कायम की और किससे पराजित हुए?**

उत्तर–हूणों ने लगभग 50 वर्षों तक शासन सत्ता सँभाली। अंत में कन्नौज के हर्षवर्धन ने उत्तर से लेकर मध्य भारत तक एक शक्तिशाली राज्य की स्थापना कर उन्हें पराजित किया।

**प्रश्न 19. हर्षवर्धन का शासन कैसा था?**

**उत्तर**–हर्षवर्धन शक्तिशाली और उदार शासक था। उसने अपने शासनकाल में बौद्ध और हिंदू दोनों धर्मों को समान महत्त्व दिया। वह स्वयं कवि व नाटककार था। उसने अपनी राजधानी उज्जयिनी को सांस्कृतिक गतिविधियों का केंद्र बनाया। वह एक सफल शासक था। प्रजा भी उसके शासनकाल में प्रसन्न थी।

## IV. बहुविकल्पी प्रश्नोत्तर

1. *मौर्य साम्राज्य के बाद कौन शासक बने?*
   (क) शुंग वंश (ख) हूण (ग) कुषाण (घ) शाक
2. *कुषाणों का प्रसिद्ध राजा कौन था?*
   (क) अशोक (ख) ज़रथुष्ट्र (ग) कनिष्क (घ) नागार्जुन
3. *बौद्ध धर्म किस काल में विभाजित हुआ?*
   (क) कुषाण काल में (ख) शक काल में (ग) मौर्य काल में (घ) गुप्त काल में
4. *चंद्रगुप्त ने किस साम्राज्य की नींव रखी?*
   (क) गुप्त साम्राज्य (ख) मौर्य साम्राज्य (ग) कुषाण साम्राज्य (घ) अन्य
5. *हर्षवर्धन ने अपनी राजधानी किसे बनाया?*
   (क) इंद्रप्रस्थ (ख) उज्जयिनी (ग) कर्नाटक (घ) जयपुर

**उत्तर**– 1. (क) 2. (ग) 3. (क) 4. (क) 5. (ख)

# 2. दक्षिण भारत

## I. पाठ का सार

दक्षिण भारत पर विदेशियों का प्रभाव कम रहा क्योंकि जो भी विदेशी भारत में आए वे उत्तर-पश्चिम दिशा की ओर से आए। दक्षिण भारत अपनी दस्तकारी व समुद्री व्यापार हेतु प्रसिद्ध था। समुद्र के रास्ते अपार व्यापार होता था। यूनानियों ने वहाँ अपनी बस्तियाँ भी बनाईं। रोमन सिक्के भी दक्षिण में पाए गए। उत्तर में विदेशियों के बार-बार आक्रमणों से तंग आकर हाथ से काम करने वाले लोग जैसे राजगीर, शिल्पी और कारीगर दक्षिण में जाकर बस गए। इस प्रकार दक्षिण पुरानी कलात्मक परंपरा का केंद्र बना और उत्तर नई धाराओं से प्रभावित हुआ। मौर्य साम्राज्य का यहाँ अंत होने के बाद यहाँ के राज्य अपने आप में फलते-फूलते रहे।

## II. शब्दार्थ

*पृष्ठ 50*

**फूले-फले**–उन्नति की। **दस्तकारी**–हाथ से काम करना।

*पृष्ठ 51*

**परोक्ष**–अप्रत्यक्ष रूप में। **राजगीर**–मिस्त्री (भवन निर्माण करने वाला)। **शिल्पी**–मूर्तियाँ व दीवारों पर डिज़ाइन बनाने वाला। **कारीगर**–किसी भी विशेष कार्य में निपुणता हासिल करने वाला।

## III. प्रश्न-उत्तर

**प्रश्न 1. मौर्य साम्राज्य का अंत होने पर दक्षिण की शासन व्यवस्था कैसी थी?**

**उत्तर**–मौर्य साम्राज्य का अंत होने पर दक्षिण के राज्य एकाकी रूप में फलने-फूलने लगे।

**प्रश्न 2. दक्षिण भारत किसके लिए प्रसिद्ध था?**

**उत्तर**–दक्षिण भारत अपनी दस्तकारी व समुद्री व्यापार के लिए प्रसिद्ध था।

**प्रश्न 3. उत्तर भारत विदेशियों से अधिक व दक्षिण भारत कम प्रभावित क्यों हुआ?**

**उत्तर**–भारत के उत्तर भाग पर विदेशियों का प्रभाव अधिक रहा क्योंकि सभी विदेशी उत्तर-पश्चिम दिशा से भारत में

आए। उन्होंने अपनी सभ्यता संस्कृति का प्रभाव उत्तर पर अधिक डाला इसीलिए दक्षिण विदेशियों से अधिक प्रभावित न हुआ। इसका परिणाम यह निकला कि भारतीय उद्योग-धंधों ने उत्तर से अधिक दक्षिण में अधिक उन्नति की।

## IV. बहुविकल्पी प्रश्नोत्तर

1. *दक्षिण भारत पर विदेशियों का प्रभाव कम क्यों रहा?*
   (क) क्योंकि विदेशियों ने उत्तर-पश्चिम को अधिक प्रभावित किया।
   (ख) क्योंकि दक्षिण के शासक सख्त थे।
   (ग) क्योंकि दक्षिण में धन-दौलत न था।
   (घ) क्योंकि दक्षिण तक पहुँचना मुश्किल था।

उत्तर– 1. (क)

# 3. शांतिपूर्ण विकास और युद्ध के तरीके

## I. पाठ का सार

**भारत के अस्तित्व का कायम रहना व शांतिपूर्ण और व्यवस्थित जीवन–**भारत में विदेशियों के बार-बार आक्रमण; बदलते साम्राज्यों की स्थापना के बावजूद भी देश में शांतिपूर्ण और व्यवस्थित शासन के लंबे दौर चले। मौर्य, कुषाण, गुप्त और दक्षिण में आंध्र, चालुक्य, राष्ट्रकूट के अलावा और भी ऐसे राज्य हैं जहाँ दो-दो, तीन-तीन सौ वर्षों तक निरंतर शासन व्यवस्था कायम रही। बाहर से आने वाली जातियों ने जल्दी ही अपने-आपको भारतीय सभ्यता व संस्कृति में ढाल लिया। यदि कभी दो राज्यों या जातियों के मध्य किसी प्रकार का कोई युद्ध होता था तो शासन सत्ता की ओर से बहुत कम हस्तक्षेप किया जाता था।

इतिहास के पूर्व सर्वेक्षण से यह निष्कर्ष निकलता है कि भारत चाहे कितने ही साम्राज्यों के दौर से गुज़रा है लेकिन यूरोप की अपेक्षा, यहाँ शांतिपूर्वक व व्यवस्थित जीवन अधिक रहा। शासकों की स्थिरता यहाँ अधिक रही। जब अंग्रेज़ी शासन ने सत्ता सँभाली उस समय देश अवनति के मोड़ पर था। राजनीतिक और आर्थिक व्यवस्था टूट चुकी थी। इसी कारण ही वह राज कायम हो सका।

## II. शब्दार्थ

*पृष्ठ 51*

**संक्षिप्त–**छोटा। **ब्यौरा–**लेखा-जोखा। **व्यवस्थित–**सही रूप से। **अनुरूप–**के अनुसार। **हस्तक्षेप–**दखलअंदाजी। **सर्वेक्षण–**जाँच-पड़ताल। **अवनति–**गिरावट की ओर। **पराकाष्ठा–**अंतिम सीमा।

## III. प्रश्न-उत्तर

**प्रश्न 1. भारत में यूरोप से अधिक शांतिपूर्ण व व्यवस्थित शासन व्यवस्था क्यों रही?**

उत्तर–भारत में यूरोप से अधिक शांतिपूर्ण व व्यवस्थित शासन व्यवस्था रही क्योंकि यहाँ के शासकों ने दो-दो, तीन-तीन सौ वर्षों तक निरंतर शासन किया।

**प्रश्न 2. विदेशी शासकों की क्या विशेषता रही?**

उत्तर–विदेशी शासकों ने अपने-आपको भारतीय परंपरा, सभ्यता व संस्कृति के अनुरूप जल्दी ही ढाल लिया। इसीलिए सफल शासक रहे।

**प्रश्न 3. अंग्रेज़ी शासन सत्ता भारत में कायम क्यों नहीं रह सकी?**

उत्तर–वास्तव में जब अंग्रेज़ों ने भारत पर शासन किया उस समय यह अपनी अवनति की ओर था इसीलिए अंग्रेज़ इसे पूरी तरह से संभालने में असफल रहे।

## IV. बहुविकल्पी प्रश्नोत्तर

1. *भारत की शांतिपूर्ण व व्यवस्थित शासन व्यवस्था का क्या कारण था?*
   (क) भारतीय शासकों का निरंतर दो-दो, तीन-तीन सौ वर्षों तक शासन करना
   (ख) शासन व्यवस्था को लोगों की नीतियों के अनुरूप चलाना
   (ग) लोगों के पास सुविधाओं की कमी नहीं होती थी।
   (घ) लोगों को शासन सत्ता की परवाह ही नहीं थी। सब अपने-अपने कार्यों में लीन रहते थे।
2. *जब अंग्रेज़ों ने भारत की बागडोर सँभाली तो देश की क्या स्थिति थी?*
   (क) संपन्न (ख) धार्मिकता से ग्रस्त (ग) जातीयता से ग्रस्त (घ) अवनति की ओर

**उत्तर–** 1. (क) 2. (घ)

# 4. प्रगति बनाम सुरक्षा

## I. पाठ का सार

भारत में जिस सभ्यता का विकास निरंतर होता रहा उसका मूल आधार स्थिरता और सुरक्षा था। वर्ण व्यवस्था और संयुक्त परिवारों के ढाँचे इसी हेतु निर्मित किए गए थे और इन्होंने इस हेतु पूरा सहयोग भी दिया। नेहरू जी को एक बात दिलचस्प लगती थी कि भारतीय दर्शन इस बात पर बल देता था कि व्यक्ति का विकास हो, अर्थात् व्यक्तिवादी दृष्टिकोण था इसीलिए कोई भी व्यक्ति किसी भी कार्य को करने हेतु स्वतंत्र था। लेकिन साथ ही सामाजिक ढाँचा सामुदायिक था। समाज में रहकर सामाजिक व सामुदायिक रीतिरिवाजों का सख्ती से पालन करना पड़ता था। एक और विशेषता यह थी कि कोई ऐसा कानून या सामाजिक नियम न था कि रीतिरिवाजों या तौर-तरीकों को बदला न जा सके। आवश्यकता पड़ने पर इनमें बदलाव किया जा सकता था। इसी लचीलेपन के कारण भारतीयों ने विदेशी तत्त्वों को आत्मसात किया।

**पूर्ण समन्वय–**भारतीयों ने समन्वय अर्थात् 'मेल-मिलाप' को सदा बढ़ावा दिया। इस हेतु व्यक्ति के बाहरी और भीतरी तथा मनुष्य और प्रकृति सभी के बीच समन्वय करने का प्रयास किया गया।

इसी आधार पर भारत की सांस्कृतिक पृष्ठभूमि का विकास हुआ और विविधता पर एकता की मोहर लगी।

**गाँवों की मजबूत नींव–**भारतीयों का ग्रामीण ढाँचा सदा ही मज़बूत रहा। कितने ही शासक बदलते रहे लेकिन इस व्यवस्था की नींव सदा कायम रही। बाहर से आने वाले लोग सतही स्तर पर भले ही इसमें हलचल मचाते रहे लेकिन अंदरूनी स्वरूप को न हिला सके। राज सत्ता भले ही निरंकुश भी रही, रीतिरिवाजों व कानूनों को नियंत्रित किया गया लेकिन कोई शासक ग्राम समुदाय के सामान्य व विशेषाधिकारों में आसानी से हस्तक्षेप नहीं कर पाया।

**भारत की उदारता–**हर तत्त्व जो बाहर से भारत में आया भारत ने अपनी लचीली संस्कृति के कारण उसे अपने में मिला लिया। इसी प्रकार भारतीयों ने बहुत कुछ विदेशियों से लिया और बहुत कुछ विदेशियों को दिया। बाहर से आने वाला जो भी अलग-थलग रहा वह या तो नष्ट हो गया या उसने भारत को कोई न कोई नुकसान ही पहुँचाया।

## II. शब्दार्थ

*पृष्ठ 52*

**व्यक्तिवाद–**व्यक्ति को प्रमुखता। **सामुदायिक–**समूह/समुदाय में बँधा हुआ। **कड़ाई–**सख्ती। **लचीला–**बदलाव किया जा सकने वाला। **आत्मसात–**ग्रहण करना। **स्वशासी–**अपनी शासन व्यवस्था।

*पृष्ठ 53*

**निरंकुश–**राजा की मर्जी से चलने वाली शासन व्यवस्था। **वैधानिक–**कानूनी। **जज़्ब–**अपना लेना। **खुद–**स्वयं।

## III. प्रश्न-उत्तर

**प्रश्न 1. भारतीय सभ्यता का मूल आधार क्या है?**

**उत्तर–**भारतीय सभ्यता का मूल आधार स्थिरता और सुरक्षा की भावना है।

**प्रश्न 2. भारतीय सभ्यता की विशेष बात क्या है?**

उत्तर–भारतीय सभ्यता की विशेष बात यह थी कि व्यक्तिवादी होते हुए भी सामुदायिक रूप रखती थी।

**प्रश्न 3. भारत में समन्वय की भावना किन-किन क्षेत्रों में हुई?**

उत्तर–भारतीय संस्कृति में व्यक्ति के बाहरी व भीतरी जीवन के समन्वय के साथ-साथ प्रकृति के साथ भी उसका समन्वय दर्शाया गया है। इसके अतिरिक्त बाहरी जातियाँ जो भारत में आईं उनके विशेष तत्त्वों के साथ भी समन्वय कर उन्हें आत्मसात भी किया गया।

**प्रश्न 4. भारतीय गाँवों की क्या विशेषता रही है?**

उत्तर–भारत में कितनी ही शासन व्यवस्था बदलती रही लेकिन भारतीय गाँवों ने अपने अस्तित्व को कायम रखा। निरंकुश राजा भले ही गाँवों में ऊपरी सतह से हलचल करते रहे लेकिन आंतरिक सुदृढ़स्वरूप को हिलाने में सफल न हो सके। तभी तो आज वर्तमान में भी गाँवों की अपनी महत्ता है।

## IV. बहुविकल्पी प्रश्नोत्तर

1. *भारतीय सभ्यता के विकास का क्या कारण था?*
   (क) स्थिरता व सुरक्षा (ख) संपन्नता (ग) कठोर शासक (घ) संगठित समाज
2. *भारतीय संस्कृति की विशेषता क्या थी?*
   (क) लचीलापन (ख) व्यक्तिवादी होते हुए भी समुदायवाद से प्रेरित
   (ग) व्यक्तिवादी (घ) समुदायवादी

उत्तर– 1. (क) 2. (ख)

# 5. भारत का प्राचीन रंगमंच

## I. पाठ का सार

**भारतीय रंगमंच का स्वरूप**–भारतीय रंगमंच अपने मूल में, संबद्ध विचारों में और अपने विकास में पूरी तरह से स्वतंत्र था। इनका मूलरूप हमारे पुराने वेद ग्रंथों में मिलता है जिनका रूप नाटकीय था। रामायण और महाभारत में विभिन्न नाटकों का उल्लेख है। कृष्ण-लीला से संबंधित गीत, संगीत और नृत्य में रंगमंच उभर कर आया। महान वैयाकरण पाणिनी ने भी अनेक नाटकों की रचना की।

**नाटकों का पूर्ण व स्पष्ट विवरण**–तीसरी शताब्दी में नाट्य कला पूर्ण विकास कर चुकी थी क्योंकि इस काल से पूर्व की जो नाट्य रचनाएँ मिली हैं उनके साथ लेखक का नाम भी स्पष्ट होता है। 'भास' एक ऐसे नाट्यकार हुए जिन्होंने 13 नाटकों का एक संग्रह लिखा। 'अश्वघोष' के नाटक प्रमुख हैं जो ताड़पत्र पर लिखे हुए प्राप्त हुए हैं। इस लेखक ने 'बुद्धचरित' नाम से जीवनी भी लिखी। इस ग्रंथ ने भारत, चीन और तिब्बत तक ख्याति पाई। 'कालिदास' संस्कृत साहित्य के सबसे बड़े कवि और नाटककार रहे। कहा जाता है कि वे गुप्त वंश के चंद्रगुप्त विक्रमादित्य के शासनकाल में उनके दरबार के नौ रत्नों में से एक थे। उनकी रचनाओं में जीवन के प्रति प्रेम व प्राकृतिक सौंदर्य की गहरी झलक मिलती है। 'शकुंतला' कालिदास का प्रसिद्ध नाटक था। जिसका कई भाषाओं में अनुवाद हुआ। विद्वान गेटे ने भी इसकी काफी प्रशंसा की। कालिदास की प्राकृतिक सौंदर्य व प्रेम पर आधारित रचना मेघदूत ने भी काफी ख्याति प्राप्त की।

कालिदास से पूर्व शूद्रक की नाट्य रचना 'मृच्छकटिकम्' यानि मिट्टी की गाड़ी भी प्राप्त हुई है जो काफी बनावटी रूप में है लेकिन प्राचीन सभ्यता की झलक देती है।

चंद्रगुप्त द्वितीय के काल में ही लिखा गया नाटक 'मुद्राराक्षस' जिसके लेखक विशाखदत्त थे, प्राप्त हुआ। इसमें उस समय की राजनीति के दर्शन होते हैं।

राजा हर्ष ने तीन नाटकों की रचना की क्योंकि वे भी महान नाटककार थे।

**नाट्य कला का ह्रास**–उन्नीसवीं शताब्दी में नाट्य शैली का लगभग ह्रास होने लगा। अब नाटकों का स्थान छोटी-छोटी काव्य रचनाओं ने ले लिया।

**प्राचीन नाटकों की भाषा**–प्राचीन नाटकों की भाषा मिली-जुली है। संस्कृत और प्राकृत यानी संस्कृत की बोलचाल का रूप इनमें अधिक मिलता है। नाटक में शिक्षित पात्र संस्कृत व सामान्य व अशिक्षित पात्र बोलचाल की भाषा बोलते थे। वास्तव में साहित्यिक व लोकप्रिय कला के मध्य समझौता किया गया।

**लोकमंच का विकास**–नाटक अधिकतर अभिजात वर्ग तक सीमित रहे। जबकि साहित्यिक रंगमंच के साथ-साथ लोकमंच भी पूर्णरूप से विकसित होता रहा। इसी आधार पर भारतीय पुराकथाएँ, महाकाव्यों की गाथाएँ व अन्य छोटे-छोटे नाटकों की प्रस्तुति लोकमंच पर निरंतर होती रही।

## II. शब्दार्थ

### *पृष्ठ 53*

**रंगमंच**–सांस्कृतिक कार्यक्रमों की प्रस्तुति का मंच/कथा, नाटक आदि की प्रस्तुति का मंच। **उद्‌गम**–उत्पत्ति। **ऋचाओं**–रचनाओं। **वैयाकरण**–व्याकरण जानने वाला। **प्रतिष्ठित**–प्रसिद्धि पाना।

### *पृष्ठ 54*

**ताड़-पत्र**–पेड़ की छाल या पत्ते। **पांडुलिपि**–हाथ से लिखे गए लेख। **आवेग**–अधिक लगाव। **प्रेयसी**–प्रियतमा। **तीव्र**–अधिक/तेज।

### *पृष्ठ 55*

**विशुद्ध**–खालिस/पूरी तरह से। **पौराणिक**–प्राचीन। **भवभूति**–प्रस्तुत। **ह्रास**–गिरावट। **एकाधिक**–एक से अधिक। **अभिजात**–उच्च वर्ग/अमीर वर्ग। **लोकमंच**–आम जनता का मंच।

## III. प्रश्न-उत्तर

प्रश्न 1. **भारतीय रंगमंच का उद्‌गम कहाँ से हुआ?**

उत्तर–भारतीय रंगमंच का उद्‌गम प्राचीन ऋग्वेद में हुआ, उनका पूर्ण स्वरूप नाटकीय शैली में था।

प्रश्न 2. **किस शताब्दी के नाटक पूर्ण प्रसिद्धि पा चुके थे।**

उत्तर–तीसरी शताब्दी में नाटक पूर्ण प्रसिद्धि पा चुके थे।

प्रश्न 3. **सर्वप्रथम किस नाटककार का नाम इतिहास में मिलता है?**

उत्तर–प्राचीन नाटककारों में सर्वप्रथम नाम 'भास' का मिलता है। उन्होंने 13 नाटकों की रचनाएँ की।

प्रश्न 4. ***'अश्वघोष'* के बारे में आप क्या जानते हैं? उनकी प्रसिद्ध रचना कौन-सी थी?**

उत्तर–'अश्वघोष' संस्कृत के प्राचीन नाटककार हुए। इनके नाटक ताड़-पत्र पर लिखित पांडुलिपियों में प्राप्त हुए हैं। इनकी प्रमुख रचना 'बुद्धचरित' है जिसमें बुद्ध की जीवनी का समावेश है। इनका यह ग्रंथ भारत, चीन व तिब्बत में लोकप्रिय हुआ।

प्रश्न 5. ***'कालिदास'* कौन थे? उनकी प्रसिद्ध रचनाओं का विवेचन कीजिए।**

उत्तर–कहा जाता है कि कालिदास गुप्त वंश के चंद्रगुप्त (द्वितीय) विक्रमादित्य के नौ रत्नों में से एक थे। उन्होंने अपनी रचनाओं में प्रेम व प्रकृति चित्रण का सुंदर वर्णन किया। उनकी प्रमुख कृति थी 'शकुंतला' जिसका जर्मन, फ्रेंच, डेनिश और इटालियन में अनुवाद भी हुआ। इनकी एक अन्य प्रसिद्ध रचना है 'मेघदूत' जिसमें एक प्रेमी अपनी प्रेयसी को बादल द्वारा संदेश भेजता है।

प्रश्न 6. **चंद्रगुप्त मौर्य के शासनकाल में रचित नाटक *'मुद्राराक्षस'* की क्या विशेषता थी?**

उत्तर–नाटक 'मुद्राराक्षस' उस समय की पूर्ण राजनीतिक गतिविधियों से अवगत करवाता है।

प्रश्न 7. **नाटक शैली का ह्रास कब हुआ।**

उत्तर–नाटक शैली का ह्रास उन्नीसवीं शताब्दी में हुआ।

प्रश्न 8. **प्राचीन नाटकों की भाषा कैसी थी?**

उत्तर–प्राचीन नाटकों में विशुद्ध संस्कृत व बोलचाल की संस्कृत भाषा दोनों का प्रयोग मिलता है। पढ़ा-लिखा सुशिक्षित वर्ग संस्कृत में व सामान्य लोग बोलचाल की भाषा का प्रयोग करते थे।

**प्रश्न 9. *'लोकमंच'* का उदय क्यों हुआ?**

**उत्तर**–अधिकतर प्राचीन नाटक राज-दरबारों में अभिजात दर्शकों के लिए अभिजात्यवादी कला के द्वारा साहित्यिक रंगमंच के आधार पर प्रस्तुत किए जाते थे। आम जनता की पहुँच से ये बहुत दूर थे। सामान्य जनता हेतु प्राचीन गाथाओं, कथाओं व महाकाव्यों से ली गई कथाओं को आम बोलचाल की भाषा में सामान्य मंच पर पेश करने से 'लोकमंच' का उदय हुआ, जो निरंतर विकास पाता रहा। ये प्रस्तुति अलग-अलग क्षेत्रों की बोलियों में भी की जाती थी।

## IV. बहुविकल्पी प्रश्नोत्तर

1. *भारतीय रंगमंच का उद्गम कहाँ हुआ?*
   (क) सामवेद से (ख) यजुर्वेद से (ग) ऋग्वेद से (घ) इनमें से कोई नहीं।
2. *प्राचीन नाटकों में सर्वप्रथम किसका नाम उभर कर आया?*
   (क) भास (ख) रैदास (ग) अश्वघोष (घ) कालिदास
3. *'मुद्राराक्षस' नाटक में किस वक्तव्य का व्याख्यान मिलता है?*
   (क) धार्मिक मनोभावों का (ख) राजनीति का (ग) आर्थिक तथ्यों का (घ) सामान्य जनजीवन का।
4. *प्राचीन नाटकों की भाषा कैसी थी?*
   (क) हिंदी (ख) संस्कृत (ग) खड़ी बोली (घ) उर्दू

**उत्तर**– 1. (ग) 2. (क) 3. (ख) 4. (ख)

# 6. संस्कृत भाषा की जीवंतता और स्थायित्व

## I. पाठ का सार

**संस्कृत भाषा अपने आप में पूर्ण**–संस्कृत भाषा अपने आप में पूर्णरूप से समृद्ध है। आज भी आधुनिक भारतीय भाषाओं की जननी के रूप में इसे जाना जाता है। यह भाषा 2600 वर्ष पूर्व पाणिनि द्वारा व्याकरण के दायरे में जकड़ी गई। आज भी इसके स्वरूप में बदलाव नहीं आया। इस भाषा से अनेक भाषाएँ तो निकलती चली गईं लेकिन संस्कृत के वास्तविक स्वरूप में कोई बदलाव नहीं कर पाया। यह भाषा निरंतर विस्तार पाती गई, संपन्न हुई और पूरी तरह से अलंकृत की गई और अपने मूल के साथ सदा जीवंत रही।

**संस्कृत की विशेषता**–संस्कृत की अपने शब्दकोश के साथ ऐसी विशेषता है कि आज भी प्राचीन संस्कृत के ऐसे विशेष शब्द हैं जिनका विदेशी भाषाओं में अनुवाद नहीं हो पाया है।

**विदेशी विद्वान सर विलियम जोंस का मत**–सर विलियम जोंस ने 1784 में कहा कि संस्कृत भाषा पुरानी होने के बावजूद भी यूनानी भाषा से अधिक पूर्ण, लातीनी के मुकाबले अधिक उत्कृष्ट व परिष्कृत है। लेकिन ये तीनों भाषाएँ मिलती-जुलती हैं। उनका यह भी मानना है कि इन भाषाओं के उद्गम का स्रोत एक ही है।

## II. शब्दार्थ

### *पृष्ठ 56*

**अद्भुत**–अजीब। **समृद्ध**–संपन्न। **अलंकृत**–अलंकारों से सुसज्जित। **पाणिनि**–व्याकरण विशेषज्ञ। **उत्कृष्ट**–विकास पाने वाली। **परिष्कृत**–निखरी हुई। **आकस्मिक**–अचानक। **स्रोत**–उद्गम स्थल। **अभिव्यक्ति**–प्रस्तुत करना। **सार्थक**–सही अर्थ। **प्रचलित**–प्रसिद्ध।

## III. प्रश्न-उत्तर

**प्रश्न 1. संस्कृत को व्याकरण के नियमों में कब और किसके द्वारा बाँधा गया?**

**उत्तर**–संस्कृत को व्याकरण के नियमों में 2600 वर्ष पूर्व पाणिनि द्वारा बाँधा गया।

**प्रश्न 2. संस्कृत भाषा को व्याकरणिक नियमों में किसने बाँधा?**

**उत्तर**–संस्कृत को व्याकरण के नियमों में महान वैयाकरण 'पाणिनि' ने बाँधा।

**प्रश्न 3. संस्कृत भाषा की विशेषता क्या है?**

*अथवा*

**संस्कृत भाषा को जीवंत क्यों कहा जाता है?**

**उत्तर**–संस्कृत भाषा को जीवंत भाषा कहा जाता है क्योंकि यह जब से निर्मित हुई है तब से इसकी महत्ता ज्यों की त्यों बनी है। इसके द्वारा कितनी ही भारतीय भाषाओं का उद्‌गम हुआ है। इसीलिए यह भारतीय भाषाओं की जननी कहलाती है। इसकी महत्त्वपूर्ण विशेषता यह भी है कि संस्कृत काव्य व दर्शन में कई ऐसे शब्द भी हैं जो अपना स्थान इस प्रकार बनाए हैं कि किसी विदेशी भाषा में उनका अनुवाद नहीं हो सका।

**प्रश्न 4. सर विलियम जोंस ने संस्कृत भाषा की प्रशंसा में क्या कहा? अपने शब्दों में बताइए।**

**उत्तर**–सर विलियम जोंस ने 1784 में कहा था कि संस्कृत भाषा चाहे कितनी ही पुरानी हो इसकी बनावट अद्‌भुत है। यह भाषा यूनानी भाषा से अधिक पूर्ण, लातीनी भाषा के मुकाबले अधिक उन्नत है और इन दोनों से अधिक परिष्कृत है। ये तीनों भाषाएँ ऐसी मिलती-जुलती हैं कि इनका स्त्रोत एक ही दिखाई पड़ता है।

## IV. बहुविकल्पी प्रश्नोत्तर

1. *संस्कृत भाषा को नियमों में किसने बाँधा?*
   (क) पाणिनी (ख) भास (ग) कालिदास (घ) इनमें से कोई नहीं।
2. *संस्कृत भाषा की विशेषता क्या है?*
   (क) यह जीवंत भाषा है इसकी महत्ता वर्षों से ज्यों की त्यों बनी है।
   (ख) यह लचीली भाषा है।
   (ग) यह सभी को समझ आ जाती है।
   (घ) इस भाषा का अनुवाद सभी भाषाओं में किया जा सकता है।

**उत्तर**– 1. (क) 2. (क)

# 7. दक्षिण-पूर्व एशिया में भारतीय उपनिवेश और संस्कृति

## I. पाठ का सार

**उपनिवेश का अर्थ**–उपनिवेश का अर्थ है दूसरे देशों में अपने देश के व्यापार व संस्कृति को बढ़ावा देने हेतु बनाए गए केंद्र।

**भारत के उपनिवेश**–भारत भी अपने दायरे में सीमित न रहा। इसका विस्तार दक्षिण-पूर्वी एशिया तक हुआ। इसका नाम भी वृहत्तर भारत के रूप में मिलता है।

**भारतीय उपनिवेशों के प्रमाण**–भारतीय प्राचीन पुस्तकें, यात्रियों द्वारा लिखित विवरण, चीन से प्राप्त ऐतिहासिक विवरण, पुराने शिलालेख, ताम्र-पत्र, जावा और बाली का समृद्ध साहित्य जिनमें भारतीय महाकाव्यों और पुराकथाओं का अनुवाद है, यूनानी और लातीनी स्त्रोतों की सूचनाएँ व अंगकोर और बोरोबुदुर के खंडहर इस बात की पुष्टि करते हैं कि भारत का व्यापार व संस्कृति बाहर के देशों में फैली और इसके अनगिनत उपनिवेश थे।

**उपनिवेशों का नामकरण**–उपनिवेशों को सभी उपनिवेश युद्ध की दृष्टि से महत्त्वपूर्ण स्थानों पर और महत्त्वपूर्ण मार्गों पर कायम किए जाते थे, इनका नामकरण पुराने भारतीय नामों के आधार पर किया जाता था। जैसे कंबोज जिसे अब कंबोडिया कहते हैं। जावा स्पष्ट रूप से 'यवद्वीप' जो 'जौ' का टापू था। सभी उपनिवेशों के नाम अधिकतर खनिज, धातु, किसी उद्योग या खेती की पैदावार से होता है।

**उपनिवेश व्यापार बढ़ाने के केंद्र**–उपनिवेश व्यापार बढ़ाने के सफल केंद्र रहे क्योंकि व्यापारी वहाँ जाकर अपने व्यापार को बढ़ावा देते थे। संस्कृत की एवं यूनानी और अरबी दोनों में प्राप्त साहित्य से यह पता चलता है कि भारत और सुदूर पूरब के देशों में खूब समुद्री व्यापार होता था। प्राचीन भारत में जहाज उद्योग भी निरंतर बढ़ा। भारतीय उपनिवेशों के साथ-साथ भारतीय बंदरगाहों का भी वर्णन मिलता है। दक्षिण भारत में सिक्कों व अजंता के भित्ति चित्रों पर भी जहाजों के चित्र पाए गए हैं।

**धर्म का विस्तार**–उपनिवेशों में व्यापारियों के साथ-साथ धर्म प्रचारक भी पहुँचे। यह समय ठीक अशोक के बाद का समय था। बौद्ध धर्म का बढ़-चढ़कर प्रसार इसी कारण हुआ।

**उपनिवेशों के मुख्य स्थान**–एशिया महाद्वीप के देशों बर्मा, स्याम पर चीन का व टापुओं और मलय प्रायद्वीप पर भारत की छाप अधिक थी। भारत ने इन्हें धर्म और कला प्रदान की जबकि शासन-पद्धति और सामान्य जीवन-दर्शन चीन ने।

**उपनिवेशों का समय**–ईसा की पहली या दूसरी शताब्दी से प्रारंभ होकर लगभग पंद्रहवीं शताब्दी तक उपनिवेशों का काल रहा।

## II. शब्दार्थ

*पृष्ठ 56*

**भौतिक**–मनुष्य द्वारा निर्मित। **अतिक्रमण**–बढ़ाना।

*पृष्ठ 57*

**वृहत्तर**–बड़ा/फैला हुआ। **अंतर्विरोध**–अप्रत्यक्ष रूप से विरोध। **वृत्तांत**–वर्णन। **शिलालेख**–पत्थरों पर लिखे लेख। **ताम्र-पत्र**–ताँबे के पत्रों पर लिखित। **समृद्ध**–संपन्न। **भावानुवाद**–भावना प्रदान अनुवाद। **विशिष्ट**–विशेष।

*पृष्ठ 58*

**ब्यौरेवार**–पूर्णरूप से। **बंदरगाह**–जहाँ समुद्री जहाज़ खड़े किए जाते हैं। **भित्ति**–दीवारों पर खुदे। **तकरीबन**–लगभग।

## III. प्रश्न-उत्तर

**प्रश्न 1. रवींद्रनाथ ठाकुर ने भारत के विषय में क्या लिखा?**

**उत्तर**–रवींद्रनाथ ठाकुर ने लिखा कि मेरे देश को जानने के लिए उस युग की यात्रा करनी होगी जब भारत ने अपनी आत्मा को पहचानकर अपनी भौतिक सीमाओं का अतिक्रमण किया।

अर्थात् उनका यह मानना था कि भारत देश की वास्तविकता को यदि हम परखना चाहते हैं तो हमें उसके उस काल को देखना होगा जब यह अपने-आप में पूर्ण था और इससे बाहर के देशों में अपने उपनिवेश कायम कर व्यापार और धर्म को बढ़ाया।

**प्रश्न 2. भारत को वृहत्तर भारत क्यों कहा गया?**

**उत्तर**–भारत ने अपने उपनिवेश दक्षिण-पूर्वी एशिया तक कायम किए इसीलिए वृहत्तर भारत का नाम दिया गया।

**प्रश्न 3. किन-किन प्रमाणों से ज्ञात होता है कि भारत ने दक्षिण-पूर्वी एशिया तक उपनिवेश कायम किए?**

**उत्तर**–भारतीय प्राचीन पुस्तकों, अरब यात्रियों की रचनाओं द्वारा, चीन से प्राप्त ऐतिहासिक विवरण, पुराने शिलालेख, ताम्र-पत्र, जावा बाली का साहित्य, भारतीय महाकाव्य व पुराकथाओं, यूनानी और लातीनी स्रोतों एवं अंगकोर और बोरोबुदुर के प्राचीन खंडहरों से यह जानकारी मिलती है कि भारत ने विदेशों में अपने उपनिवेश कायम किए।

**प्रश्न 4. उपनिवेश कायम करने का लाभ क्या हुआ?**

**उत्तर**–उपनिवेश कायम करने से भारत का व्यापार व धर्म बाहर के देशों तक पहुँचा। इसके अलावा समुद्री जहाजों का चलन बढ़ा।

**प्रश्न 5. भारतीय उपनिवेशों का समय कब से कब तक रहा?**

**उत्तर**–भारतीय उपनिवेशों का समय ईसा की पहली या दूसरी शताब्दी से लेकर पंद्रहवीं शताब्दी तक रहा, लगभग 13 सौ वर्ष तक।

## IV. बहुविकल्पी प्रश्नोत्तर

1. *भारत को वृहत्तर भारत की संज्ञा क्यों दी गई?*
   (क) क्योंकि भौगोलिक दृष्टि से यह बहुत बड़ा था।
   (ख) यहाँ जनसंख्या अधिक थी।
   (ग) भारत ने अपने उपनिवेश दक्षिण-पूर्वी एशिया तक कायम किए।
   (घ) यहाँ अत्यधिक शासकों ने शासन किया।

2. *'उपनिवेश' का क्या अर्थ है?*
(क) दूसरे देशों में व्यापार व धर्म बढ़ाने हेतु केंद्र स्थापित करना।
(ख) देशों को बाहुबल के आधार पर जीतना।
(ग) शासन सत्ता दूसरे देशों में कायम करना।
(घ) अपने राजदूत दूसरे देशों में भेजना।
**उत्तर–** 1. (ग) 2. (क)

# 8. विदेशों पर भारतीय कला का प्रभाव

## I. पाठ का सार

**भारतीय कला से विदेशी प्रभावित–**भारतीय सभ्यता ने दक्षिण-पूर्वी एशिया में अपनी जड़ें जमाईं। चंपा, अंगकोर, श्रीविजय, भज्जापहित और इनके आसपास के स्थान पूर्णतया भारतीय कला से प्रभावित हुए। यहाँ के राज्यों का भारतीयकरण किया गया। इनके राजकीय समारोह, कर्मचारियों की पदवियाँ सब संस्कृत की थीं। इंडोनेशिया, जावा, बाली आदि ने आज तक भारतीय संस्कृति को कायम रखा है। अभी तक यहाँ हिंदू धर्म को माना जाता है। फिलिपीन द्वीप की लेखन-कला भारत की ही देन है। कंबोडिया की वर्णमाला दक्षिण भारत से ली गई। वहाँ दीवानी और फौजदारी के कानून भारत के प्राचीन स्मृतिकार मनु के कानूनों के आधार पर बनाए गए। इनमें बौद्ध प्रभाव से कुछ परिवर्तन कर इन्हें आधुनिक कानून व्यवस्थाओं में भी लिया गया है।

**भारतीय भव्यकला व वास्तुकला–**भारतीय भव्यकला व वास्तुकला की छाप कई स्थानों पर स्पष्ट दिखाई पड़ती है। अंगकोर और बोरोबुदुर की इमारतें और अद्भुत मंदिर भारतीय कला के अनुरूप तैयार हुए। जावा में बोरोबुदुर में बुद्ध की जीवन कथा पत्थरों पर अंकित है। कई स्थानों पर दीवारों पर की गई नक्काशी में विष्णु, राम और कृष्ण की कथाएँ अंकित हैं। कंबोडिया के राजा जयवर्मन ने अंगकोर को निखारा था। यह भी ठेठ भारतीय नाम का राजा था।

भारतीय कला की यह विशेषता थी कि इसमें कहीं-न-कहीं धार्मिक भावना छिपी रहती थी। भारत की इस कला को यूनानियों ने ग्रहण किया। वे भारतीय सौंदर्य से प्रेम करते थे व अपनी रचनाओं में कोई गहरा अर्थ भरने का प्रयत्न करते थे। भारतीय मूर्तिकला व स्थापत्य कला में प्रकृति के साथ भी संबंध को दर्शाया गया जबकि चीन और जापान इस भाव को चित्रकला द्वारा उजागर करता था।

**भारतीय संगीत–**भारतीय संगीत जो यूरोपीय संगीत से काफी भिन्न था लेकिन अत्यधिक विकसित था। संगीत के क्षेत्र में भारत ने चीन, सुदूर पूर्व एवं एशियाई संगीत को पूर्ण रूप से प्रभावित किया।

**भारतीय कला में प्रकृतिवाद–**भारतीय कला में आरंभिक समय में प्रकृति चित्रण की प्रमुखता रही जो काफी हद तक चीनी प्रभाव के कारण था। इससे यह स्पष्ट होता है कि यदि भारत ने अपनी कला का विदेशों में प्रसार किया तो बाहरी देशों की कलाओं का प्रभाव भारत पर भी पड़ा।

**गुप्तकाल स्थापत्य कला का स्वर्ण युग–**गुप्तकाल भारत का स्वर्ण युग कहलाता है। इस काल में स्थापत्य कला ने बहुत विस्तार पाया अजंता, एलोरा, एलिफेंटा एवं बाग और बादामी की गुफाएँ इसी काल की हैं। अजंता की गुफाओं को बौद्ध भिक्षुओं ने बनाया था। बहुत समय पहले उनके स्वामी ने कहा कि स्त्रियों से दूर रहो, उनकी तरफ देखो भी नहीं क्योंकि वे खतरनाक हैं। तो भी उन्होंने चित्रों में सुंदर स्त्रियाँ, राजकुमारियाँ, गायिकाएँ, नर्तकियाँ बैठी, खड़ी, शृंगार करती स्त्रियों के चित्रों को उभारा दूसरी ओर उन्होंने बोधिसत्व (महात्मा बुद्ध) को उनकी शांत, लोकोत्तर गरिमा में चित्रित किया। एलोरा की गुफाओं में कैलाश का विशाल मंदिर प्रसिद्ध है। एलीफेंटा की गुफाओं की त्रिमूर्ति आज भी प्रसिद्ध है। दक्षिण भारत के महाबलीपुरम् की इमारत भी इसी काल में बनी। यहीं शिव की नृत्य की खंडित मूर्ति भी आकर्षक है।

इसके अतिरिक्त ब्रिटिश संग्रहालय में विश्व के सृजन और नाश करते हुए नटराज शिव की मूर्ति है जो विराट युगों का आह्वान करती है। 'जावा' में बोरीबुदुर से बोधिसत्व का एक सिर कोपेनहेगन के ग्लिपटोटेक ले जाया गया। इसमें बुद्ध की आत्मा को ऐसे दर्शाया गया है जैसे दर्पण में प्रतिबिंब। इसमें समुद्र की गहराइयों की शांति, आकाश की भाँति स्वच्छता और इंसानी सोच से परे रहने का सौंदर्य है।

## II. शब्दार्थ

### *पृष्ठ 58*

**विशुद्ध**–खालिस। **भारतीयकरण**–भारतीय विधियों को अपनाना। **राजकीय**–राज कार्य से संबंधित। **संपन्न**–पूरे। **पदवियाँ**–उपाधियाँ।

### *पृष्ठ 59*

**स्मृतिकार**–याद किए जाने वाले। **मनु**–सृष्टिकर्ता। **संहिताबद्ध**–सही क्रमबद्ध। **वास्तुकला**–भवन निर्माण कला। **उत्कीर्ण**–स्पष्ट रूप से दर्शाना। **नक्काशी**–हाथ से नमूने (डिज़ाइन) बनाना। **वृद्धाकार**–बूढ़े रूप में। **देवतुल्य**–ईश्वर के समान। **मोहक**–अपनी ओर आकर्षित करने वाली। **ठेठ**–शुद्ध/पक्का।

### *पृष्ठ 60*

**सराहना**–प्रशंसा। **पारदृष्टि**–लौकिकता। **आत्मनिष्ठ**–स्वयं को सुख प्रदान करने वाली। **निस्वार्थ**–बिना स्वार्थ भावना के। **उम्मीद**–आशा। **तादात्म्य**–मेल-जोल। **पूर्वाग्रह**–पिछले आग्रह। **संग्रहालय**–जहाँ प्राचीन वस्तुओं का संग्रह किया जाता है। **पाषाण**–पत्थरों की। **प्रतिमा**–मूर्ति।

### *पृष्ठ 61*

**प्रकृतिवाद**–प्रकृति का चित्रण। **भित्ति**–दीवारों पर अंकित। **खतरनाक**–नुकसान पहुँचाने वाला।

### *पृष्ठ 62*

**खंडित**–टूटी हुई। **क्षत-विक्षत**–खंडित स्वरूप में। **भीमाकार**–बड़े आकार में। **सृजन**–उत्पत्ति। **आह्वान**–प्रेरित करना। **दर्पण**–शीशा। **प्रतिबिंब**–जो आकृति दर्पण में देखी जाए वही उभर कर आना। **प्रशांति**–पूर्णशांति। **निरभ्र**–साफ़-स्पष्ट। **परे**–दूर। **परम**–अत्यधिक। **सौंदर्य**–सुंदरता।

## III. प्रश्न-उत्तर

**प्रश्न 1. भारतीय सभ्यता ने अपनी जड़ें कहाँ से कहाँ तक जमाईं?**

**उत्तर**–भारतीय सभ्यता ने अपनी जड़ें दक्षिण-पूर्वी एशिया के देशों में जमाईं।

**प्रश्न 2. किन-किन देशों पर भारतीय कला के प्रभाव की छाप दिखाई पड़ती है?**

**उत्तर**–इंडोनेशिया, जावा, बाली व फिलिपाइन व दक्षिण-पूर्वी एशिया के और भी देशों में भारतीय कला की झलक मिलती है।

**प्रश्न 3. जावा पर भारतीय कला का क्या प्रभाव पड़ा?**

**उत्तर**–जावा ने मशहूर भारतीय नृत्यों को अपनाया। इसके साथ ही वहाँ की अंगकोर व बोरोबुदुर की इमारतों के सुंदर मंदिर भी भारतीय कला की छाप के हैं। जावा में बुद्ध की जीवन कथा को पत्थरों पर इसी शैली में अंकित किया गया है।

**प्रश्न 4. अंगकोरवट के विशाल मंदिर की क्या विशेषता है?**

**उत्तर**–अंगकोरवट के विशाल मंदिर के चारों ओर विशाल खंडहरों का विस्तृत क्षेत्र है। उसमें बनावटी झीलें, पोखरें और नहरें हैं। उनके ऊपर पुल बने हैं। एक बहुत बड़ा फाटक है जिस पर एक वृद्धाकार का सिर पत्थर में खुदा है। यह एक आकर्षक मुस्कुराता हुआ रहस्यमय व देवतुल्य चेहरा है। इस चेहरे की मुस्कान मोहित करने वाली है।

**प्रश्न 5. भारतीय कला धर्म और दर्शन से कैसे प्रभावित हुई?**

**उत्तर**–भारतीय कला धर्म और दर्शन से पूर्णतया प्रभावित रही। इसमें हमेशा धार्मिक प्रेरणा होती है। एक लौकिक दृष्टि होती है। यूरोप के महान गिरजाघर इससे प्रभावित हुए, उनमें स्पष्ट झलकता था कि सौंदर्य की कल्पना आत्मनिष्ठ रूप में होती है वस्तुनिष्ठ रूप में नहीं। प्राचीन भारतीय सौंदर्य से प्रेम करते थे और अपनी रचनाओं में सत्य के दर्शन भी करते थे।

**प्रश्न 6. भारतीय कविता और संगीत की क्या विशेषता थी?**

**उत्तर**–भारतीय कविता और संगीत की विशेषता थी कि इस कला में प्रकृति की सभी दिशाओं के साथ तादात्म्य स्थापित किया गया। प्रकृति और विश्व के साथ मनुष्य की भावनाओं का सामंजस्य स्थापित किया गया।

**प्रश्न 7. भारतीय संगीत ने किन-किन देशों को प्रभावित किया?**

**उत्तर**–भारतीय संगीत ने चीन और सुदूर पूर्व के अलावा पूरे एशियाई संगीत को प्रभावित किया।

**प्रश्न 8. गुप्तकाल भारत का स्वर्ण युग क्यों कहलाया?**

**उत्तर**–गुप्तकाल में भारत ने चहुँमुखी विकास किया इसलिए भारत का स्वर्ण युग कहलाया।

**प्रश्न 9. गुप्तकाल की वास्तुकला ने कैसे विस्तार पाया?**

**उत्तर**–गुप्तकाल में मूर्तिकला ने विशेष विकास किया। अजंता, एलोरा व ऐलीफेंटा की गुफाएँ इसी काल में निर्मित हुईं। अजंता के भित्ति-चित्र (दीवार पर निर्मित) बौद्ध भिक्षुओं द्वारा बनाए गए जिनमें सुंदर स्त्रियों, राजकुमारियों, गायिकाओं, नर्तकियों, बैठी, खड़ी व शृंगार करती स्त्रियों या शोभा यात्रा में जाती स्त्रियों का सुंदर चित्रण किया गया। दूसरी ओर इन्हीं भिक्षुओं द्वारा महात्मा बुद्ध की शांत व गौरवपूर्ण मूर्तियों का निर्माण किया गया। ठोस चट्टानों पर एलोरा की विशाल गुफाएँ निर्मित की गईं। कैलाश का विशाल मंदिर भी इसी युग की देन है। दक्षिण भारत में महाबलीपुरम्, ऐलीफेंटा की गुफाएँ व गुफाओं में नटराज शिव की मूर्ति आज भी लोगों को आकर्षित करती है। इस प्रकार हम कह सकते हैं कि गुप्तकाल में वास्तुकला व मूर्तिकला ने अधिक विस्तार पाया।

## IV. बहुविकल्पी प्रश्नोत्तर

1. *भारतीय सीमा रेखा कहाँ से कहाँ तक बढ़ी?*

(क) उत्तरीय-पूर्वी एशिया तक (ख) दक्षिणी एशिया तक

(ग) दक्षिण-पूर्वी एशिया तक (घ) पश्चिमी-दक्षिणी एशिया तक

2. *फिलीपाइन देश की लेखन कला किस देश की देन है?*

(क) भारत (ख) श्रीलंका (ग) अफगानिस्तान (घ) मध्य एशिया

3. *गुप्तकाल 'स्वर्ण युग' क्यों कहलाया?*

(क) क्योंकि इस काल में अधिक-से-अधिक शासकों ने शासन किया।

(ख) क्योंकि इस काल में देश की सीमा बढ़ गई।

(ग) क्योंकि इस काल में भारत का चहुँमुखी विकास हुआ।

(घ) क्योंकि इस काल में भारत में सोने की मात्रा बढ़ गई।

**उत्तर**– 1. (ग) 2. (क) 3. (ग)

# 9. भारत का विदेशी व्यापार

## I. पाठ का सार

**भारतीय व्यापार का विस्तार**–ईसवी सन् से एक हजार वर्ष पूर्व से भारत का व्यापार दूर-दूर तक फैला था। भारतीय व्यापार पूर्वी समुद्र से लेकर भूमध्यसागर तक फैला था। बहुत-से विदेशी बाज़ारों में भारत का प्रभुत्व था।

**कपड़ा उद्योग**–भारतीय कपड़ा उद्योग अत्यधिक विकसित था। भारतीय सूती कपड़ा दूर-दूर तक जाता था। इसके अतिरिक्त रेशम भी बनता था लेकिन रेशम चीन का अधिक उत्तम था। कपड़ा रंगना अधिक प्रमुख था। पक्के रंग तैयार किए जाते थे। इनमें एक नीलरंग था जिसे 'इंडिगो' कहा जाता था। यह शब्द इंडिया से बना था।

**रसायन पदार्थों का विकास**–ईसवी सन् की आरंभिक शताब्दियों में भारत में रसायनशास्त्र का विकास हुआ। भारतीय फौलाद (एक प्रकार का विशेष लोहा) व लोहे को दूसरे देश पसंद करते थे। इनका प्रयोग युद्ध के कामों जैसे हथियार आदि बनाने के लिए अधिक किया जाता था। इसके अलावा भारतीयों को धातुओं की भी काफी जानकारी थी। इन धातुओं के मिश्रण से औषधियाँ भी तैयार की जाती थीं।

**चिकित्सा के क्षेत्र में विकास**–धातुओं के मिश्रण से औषधियाँ तो बनती ही थीं इसके अलावा शरीर रचना व शरीर विज्ञान के बारे में भी भारतीय पूर्णतया परिचित थे। हार्वे ने तो काफी पहले रक्त संचार की बात सुझाई थी।

**खगोलशास्त्र का ज्ञान**–विश्वविद्यालयों में खगोलशास्त्र विषय के रूप में पढ़ाया जाता था। ज्योतिष ज्ञान को भी इसमें मिलाया गया। एक निश्चित पंचांग तैयार हुआ जो आज तक प्रचलित है। समुद्री यात्रियों के लिए खगोलशास्त्र का ज्ञान अति आवश्यक होता था क्योंकि इसी से वे दिशाओं व मौसम की जानकारी प्राप्त करते थे। यह भारत की विश्व को अनुपम देन थी।

**यंत्रों की प्रगति**–भारत में जहाज़ बनाने का उद्योग प्रगति पर था। युद्धों में काम आने वाली मशीनें व औजारों के निर्माण में भी भारत पीछे न था।

## II. शब्दार्थ

*पृष्ठ 63*

**नियंत्रण**–काबू। **प्रभुत्व**–आधिपत्य। **आयात**–बाहर के देशों से अपने देश में आना। **फ़ौलाद**–लोहे का ही एक रूप।

*पृष्ठ 64*

**खगोलशास्त्र**–ब्रह्मांड एवं वातावरण की जानकारी। **पंचांग**–जिसमें सभी महीनों व तिथियों का वर्णन हो। **प्रगति**–उन्नति।

## III. प्रश्न-उत्तर

**प्रश्न 1. ईसवी सन् से एक हजार वर्ष पूर्व भारतीय व्यापार की क्या स्थिति थी?**

**उत्तर**–ईसवी सन् से एक हजार वर्ष पूर्व भारतीय व्यापार विदेशों में अपनी काफी जड़ें जमा चुका था। पूर्वी समुद्र तक के देशों में तो भारत का प्रभुत्व था ही, दूसरी ओर यह भूमध्य सागर तक फैला था।

**प्रश्न 2. वस्त्र उद्योग की क्या स्थिति थी?**

**उत्तर**–भारतीय सूती वस्त्र का बहुतायत निर्यात होता था। कुछ हद तक रेशम उद्योग भी विकसित था। कपड़ा रंगने में भारत का विशेष स्थान था। पक्के रंग यहाँ तैयार किए जाते थे। नील का रंग जिसे 'इंडिगो' कहते थे काफी प्रसिद्ध था।

**प्रश्न 3. *'इंडिगो'* क्या था? इस शब्द की उत्पत्ति कैसे हुई?**

**उत्तर**–'इंडिगो' नीलरंग था जिसका निर्माण भारत में हुआ। इस शब्द की उत्पत्ति 'इंडिया' शब्द से हुई।

**प्रश्न 4. भारतीय रसायनशास्त्र ने कैसे उन्नति की?**

**उत्तर**–भारतीय रसायनशास्त्र का विकास दूसरे देशों की तुलना में भारत में अधिक हुआ। फौलाद, लोहे व दूसरी धातुओं की भारतीयों को अत्यधिक पहचान थी। फौलाद व लोहे के अत्यधिक अस्त्र-शस्त्र बनाए गए व धातुओं को मिलाकर औषध विज्ञान ने भी उन्नति की।

**प्रश्न 5. चिकित्सा के क्षेत्र में भारत ने क्या विशेषता हासिल की?**

**उत्तर**–चिकित्सा के क्षेत्र में भारत ने धातुओं को मिलाकर कई औषधियों के निर्माण में सफलता पाई। इसके अतिरिक्त शरीर रचना व शरीर विज्ञान का अध्ययन यहाँ किया जाता था। रक्त संचार के बारे में भी लोग परिचित थे।

**प्रश्न 6. खगोलशास्त्र क्या था? यह भारत में किनके लिए अधिक सहायक रहा?**

**उत्तर**–खगोलशास्त्र अर्थात् ब्रह्मांड के ग्रहों व पूरे वातावरण की स्थिति का ज्ञान प्राप्त करना ही खगोलशास्त्र था। भारतीय खगोलशास्त्रियों ने इसमें पूर्व सफलता हासिल की थी। फलित ज्योतिष को भी इसका अंग माना जा चुका था। इसी के आधार पर निश्चित पंचांग तैयार किए जाते थे। ये पंचांग समुद्री यात्रा करने वाले व्यापारियों हेतु उपयोगी सिद्ध होते थे।

**प्रश्न 7. यंत्र निर्माण में भारत ने क्या उन्नति की?**

**उत्तर**–यंत्र निर्माण में भी भारत किसी देश से पीछे न था। समुद्री जहाजों का निर्माण सबसे अधिक भारत में ही हुआ। युद्ध में काम आने वाली कई मशीनों के हवाले भी मिलते हैं। औजार निर्माण में भी भारत ने सफलता पाई।

## IV. बहुविकल्पी प्रश्नोत्तर

1. *ईसवी सन् से एक हजार वर्ष पूर्व भारतीय व्यापार कहाँ तक बढ़ा?*
   (क) पूर्वी समुद्र के देशों से लेकर भूमध्य सागर तक
   (ख) उत्तरी समुद्र के देशों से लेकर वर्मा तक
   (ग) पूर्वी समुद्र के देशों से लेकर पूर्वी एशिया तक
   (घ) पूर्वी समुद्र के देशों से लेकर उत्तरी एशिया तक
2. *चिकित्सा के क्षेत्र में भारत ने क्या विशेषता हासिल की?*
   (क) शरीर रचना व शरीर विज्ञान का अध्ययन
   (ख) धातुओं से निर्मित औषधियों का निर्माण
   (ग) रक्त संचार की पूर्व जानकारी
   (घ) दिए गए सभी।
3. *भारत में किस यंत्र निर्माण ने सबसे अधिक उन्नति की?*
   (क) औजार
   (ख) मशीनें (कपड़ा उद्योग हेतु)
   (ग) समुद्री जहाज़, युद्ध में काम आने वाले यंत्र व औजार
   (घ) अन्य

**उत्तर**– 1. (क) 2. (घ) 3. (ग)

# 10. प्राचीन भारत में गणितशास्त्र

## I. पाठ का सार

**गणितशास्त्र की नींव भारत में**–यह माना जाता है कि आधुनिक अंकगणित और बीजगणित की नींव भारत में ही पड़ी। गिनती के चौखटे व रोमन पद्धति ने बहुत समय तक इस गणित के विस्तार में बाधा डाली। भारतीय अंक चिह्नों का मुकाबला कोई देश कर नहीं पाता था, ये सभी गणित पद्धतियों से पूर्णतया भिन्न थे।

वैदिककाल से ही भारत में ज्यामिति, अंकगणित व बीजगणित की नींव डाली गई थी। धीरे-धीरे ज्यामिति पद्धति यूनान और सिकंदरिया में आगे बढ़ी। भारत अंकगणित व बीजगणित में ही अग्रणी रहा। विश्व को शून्य भी भारत की ही देन है। पहले यह एक बिंदी के रूप में था, धीरे-धीरे इसने वृत्त का आकार ग्रहण कर लिया। दशमलव पद्धति भी भारत में विकसित हुई।

**भारतीय गणित शास्त्री**–बीजगणित पर सबसे प्राचीन ग्रंथ लिखने वाले भारत के ही विद्वान 'ज्योतिर्विद आर्यभट्ट' थे। इसके पश्चात् 'भास्कर' व उसके बाद ब्रह्मपुत्र का नाम प्रसिद्ध है। इन्होंने गणित के विभिन्न विधाओं का निर्माण किया। अंत में भास्कर द्वितीय का नाम भी इनमें उल्लेखनीय है। इसने खगोलशास्त्र, बीजगणित और अंकगणित पर क्रमशः तीन ग्रंथों की रचना की। अंकगणित पर उसकी पुस्तक लीलावती थी जो कहा जाता है कि उसकी पुत्री के नाम पर थी।

**भारतीय गणित का बाहर के देशों में प्रसिद्धि पाना**–आठवीं शताब्दी में खलीफा अल्मंसूर के राज्यकाल में कई भारतीय विद्वान बगदाद गए। वे अपने साथ अनेक खगोलशास्त्र व गणित की पुस्तकें भी लेकर गए। उन्होंने अरबी जगत में ज्योतिशास्त्र एवं गणितशास्त्र को प्रभावित किया। वहाँ भारतीय अंकों का प्रचलन आरंभ हुआ। मध्य एशिया से स्पेन तक सारी इस्लामी दुनिया पर बगदाद का सांस्कृतिक प्रभाव था। बगदाद उस समय विद्याध्ययन का प्रमुख केंद्र था। यूनानी व यहूदी विद्वान अपने साथ दर्शन, ज्यामिति और विज्ञान लाए थे लेकिन भारतीय गणित का अरबी भाषा में अनुवाद कर विस्तार किया गया जिससे यह विदेशों में ख्याति पा गया।

इसके पश्चात् भारतीय गणित का प्रयोग स्पेन के मूर विश्वविद्यालयों द्वारा यूरोपीय देशों में हुआ। 1490 में ब्रिटेन में भी भारतीय गणित का प्रयोग किया गया था।

## II. शब्दार्थ

*पृष्ठ 64*

**अंकगणित-बीजगणित-ज्यामिति**–गणित की विभिन्न विधाएँ। **गिनती के चौखटे**–गिनने हेतु चौरस आकार के टुकड़े। **शून्यांक**–शून्य का अंक। **बेजोड़**–जिनका मुकाबला न किया जा सके।

*पृष्ठ 65*

**आकृतियाँ**–विभिन्न आकार। **संस्कारों**–विचारों। **वृत्त**–गोलाकार। **विचित्र**–अजीब। **प्रमाण**–सबूत।

*पृष्ठ 66*

**विद्याध्ययन**–विद्या का अध्ययन। **विद्वान**–बुद्धिमान, पढ़ा-लिखा वर्ग। **एकत्र**–इकट्ठे। **व्यापक**–बड़ा।

## III. प्रश्न-उत्तर

**प्रश्न 1. गणितशास्त्र के किन-किन रूपों की भारत ने नींव रखी?**

**उत्तर**–गणितशास्त्र के विभिन्न रूपों अंकगणित, बीजगणित व ज्यामिति की नींव भारत में ही रखी गई।

**प्रश्न 2. गणित की प्रमुख क्या देन भारत ने विश्व को दी?**

**उत्तर**–गणित का शून्य व दशमलव भारतीय गणितशास्त्र की विश्व को सबसे बड़ी देन थी।

**प्रश्न 3. भारत में गणितशास्त्र की शुरुआत कब से मानी जाती है?**

**उत्तर**–भारत में गणितशास्त्र की शुरुआत वैदिक काल से मानी जाती है।

**प्रश्न 4. भारत के प्रमुख गणितशास्त्रियों के नाम बताइए।**

**उत्तर**–आर्यभट्ट, भास्कर, ब्रह्मपुत्र एवं भास्कर द्वितीय भारत के प्रमुख गणितशास्त्री थे।

**प्रश्न 5. भारतीय गणित ने विदेशों में विस्तार कैसे पाया?**

**उत्तर**–आठवीं शताब्दी में खलीफ़ा अल्मंसूर के काल के कई विद्वान बगदाद गए। वे अपने साथ खगोलशास्त्र व गणित की पुस्तकें भी लेकर गए। भारतीय गणित की पुस्तकों ने अरबी जगत को प्रभावित किया। वहाँ भारतीय अंक प्रचलित हो गए। धीरे-धीरे अरबी अनुवादों के माध्यम से यह गणितशास्त्र मध्य एशिया से स्पेन तक फैल गया। स्पेन के विश्वविद्यालयों के माध्यम से यूरोपीय देशों तक पहुँचा। 1490 में ब्रिटेन में भी भारतीय गणित के अंकों का प्रयोग किया गया।

## IV. बहुविकल्पी प्रश्नोत्तर

1. *गणित शास्त्र की शुरुआत भारत में कब हुई?*
   (क) प्राचीन काल (ख) वैदिक काल (ग) आदिकाल (घ) मध्यकाल
2. *सर्वप्रथम भारतीय गणित की पुस्तकों ने किस देश में ख्याति पाई?*
   (क) मध्य एशिया (ख) अरब (ग) अमेरिका (घ) ब्रिटेन
3. *ब्रिटेन ने भारतीय गणित के अंकों का प्रयोग कब किया?*
   (क) सन् 1490 में (ख) सन् 1050 में (ग) सन् 1290 में (घ) सन् 1590 में

**उत्तर**– 1. (ख) 2. (ख) 3. (क)

# 11. विकास और ह्रास

## I. पाठ का सार

**भारत का विकास**–ईसवी सन् के पहले हजार वर्षों में भारत ने आक्रमणकारी तत्त्वों और आंतरिक झगड़ों के बावजूद भी सभी दिशाओं में अपना प्रसार करते हुए ईरान, चीन, यूनानी जगत, मध्य एशिया में अपना प्रभुत्व बढ़ाया। भारतीय उपनिवेशों की स्थापना कर सभी क्षेत्रों में विकास किया। गुप्तकाल भारत का स्वर्ण युग रहा।

**भारत ह्रास की ओर अग्रसर**–स्वर्ण युग के समाप्त होने से पहले ही कमजोरी और ह्रास के लक्षण प्रकट होने लगे। उत्तर-पश्चिम से गोरे हूणों के निरंतर आक्रमण होते रहे। उन्होंने लगभग आधी शताब्दी तक भारत पर शासन किया। अंतिम गुप्त शासक यशोवर्मन ने बहुत प्रयत्न से हूणों को खदेड़ा।

**भारत की दुर्बलता**–लगभग 50 वर्षों तक हूणों का शासन रहने से भारत राजनीतिक और सैनिक दोनों दृष्टियों में कमजोर हो गया। सातवीं शताब्दी में हर्ष ने अपने शासनकाल को हर क्षेत्र में ऊँचा उठाने का प्रयास तो किया लेकिन धीरे-धीरे वह भी कमजोर हो गया। राजा भोज ने भी भारत को सुदृढ़ता तो दी लेकिन भीतरी कमज़ोरी के कारण भारत उभर न सका।

**दक्षिण का कम प्रभावित होना**–उत्तर भारत आक्रमणकारियों से अधिक प्रभावित रहा क्योंकि सभी आक्रमणकारी इसी दिशा से भारत में आते रहे। दक्षिण में विदेशी जातियों का प्रभाव कम रहा।

**दक्षिण की स्थिति**–दक्षिण की ओर विदेशियों का गमन कम होने के कारण लेखक, कलाकार और वास्तुशिल्पी दक्षिण में जाकर बस गए। दक्षिण में इन्हें फलने-फूलने का अधिक अवसर मिला। इसी कारण दक्षिण काफी हद तक समृद्ध रहा।

**उत्तरी भारत का अस्तित्व**–उत्तरी भारत भले ही आंतरिक रूप से ह्रास की ओर जा रहा हो लेकिन फिर भी यहाँ सांस्कृतिक और दार्शनिक दृष्टि से बहुत केंद्र थे, बनारस धार्मिक व दार्शनिक विचारों का गढ़ था, कश्मीर बौद्धों और ब्राह्मणों का केंद्र था, भारत में बड़े-बड़े विश्वविद्यालय थे, जिनमें विदेशी छात्र पढ़ने आते थे, कला और वास्तुशिल्प के विभाग थे, वैद्यक विद्यालय, कृषि विभाग, डेरी फार्म व पशु थे। इसके अलावा भारतीय संस्कृति का विदेशों में प्रसार था।

कहने का तात्पर्य है कि भले ही भारत की दशा दयनीय हो गई लेकिन उसकी जड़ें अंदर से मजबूत थीं। उसका अस्तित्व सदा कायम रहा।

**भारत को सहारा देने वाले हाथों का कमज़ोर पड़ना**–भारत में आंतरिक शक्ति होने पर भी इसे संभालने वाले हाथ डगमगाने लगे। आठवीं शताब्दी में शंकर के बाद कोई दार्शनिक न हुआ, ब्राह्मण और बौद्ध दोनों धर्मों का ह्रास होने लगा और मूर्ति पूजा के विकृत रूप शुरू हो गए।

तांत्रिक पूजा और योग पद्धति का भ्रष्ट रूप शुरू हो गया। साहित्य में भवभूति आखिरी व्यक्ति था। गणितशास्त्र में भास्कर द्वितीय का नाम अंतिम रूप से रहा। कला के क्षेत्र में भी ह्रास होता चला गया।

धीरे-धीरे उत्तर के साथ-साथ दक्षिण का भी ह्रास होना शुरू हो गया। डॉ. राधाकृष्णन का मानना था कि भारतीय दर्शन ने अपनी शक्ति राजनीतिक स्वतंत्रता के साथ खो दी। यह तो सही है कि राजनीतिक स्वतंत्रता खोने से ह्रास शुरू होता है लेकिन इस बात को भी झुठलाया नहीं जा सकता कि जब देश की छोटी-छोटी शक्तियाँ ह्रास की ओर अग्रसर होती हैं तभी राजनीतिक ह्रास होता है। भारत के साथ भी ऐसा ही हुआ।

**भारत का सक्रिय अंतस्तल**–हर सभ्यता के जीवन में ह्रास और विघटन के दौर बार-बार आते हैं। परंतु भारत ने उनसे बचकर नए सिरे से अपना कायाकल्प कर लिया। उसमें एक सक्रिय अंतस्तल रहा जो सदैव नए संपर्कों से ताज़ा रूप ग्रहण कर सके। भारत का उत्तरोत्तर पतन साफ़ दिखाई देता था। भारतीय समाज को जाति व्यवस्था के बंधनों ने जकड़ लिया था। हर आदमी का व्यवसाय नियत हो चुका था। नीची जाति वाले ऊँची जाति वालों के अधीन हो गए। उन्हें शिक्षा और विकास से भी वंचित रखा गया। ऐसे में दस्तकारी, शिल्प, वाणिज्य और व्यापार का जितना भी विकास हुआ सभी गुटों में हुआ। धंधे पुश्तैनी बन गए। दर्शन में, राजनीति में, विचारों में, युद्ध पद्धति में, बाहरी देशों से संपर्क में सभी में ह्रास हुआ। भारत की अखंडता के स्थान पर सामंतवाद, गिरोहबंदी की भावनाएँ बढ़ने लगीं। लेकिन भारत की जीवनी-शक्ति और अद्भुत दृढ़ता अभी भी जीवित थी, इसके अलावा भारतीय संस्कृति का लचीलापन और अपने को ढालने की क्षमता। यही कारण था कि वह उन्नति कर सका, नए संपर्कों; विचारधाराओं का लाभ उठा सका। कुछ दिशाओं में प्रगति कर सका। यह प्रगति अतीत में बहुत से अवशेषों से जकड़ी रही और बाधित होती रही।

## II. शब्दार्थ

### *पृष्ठ 66*

**आंतरिक**–अंदर के। **ऊर्जा**–शक्ति। **उफनता**–जोश में। **कर्मठ**–कार्य का करना। **संपर्क**–संबंध।

### *पृष्ठ 67*

**प्रशांति**–दूसरों को संतोष प्रदान करने वाला। **आत्मविश्वास**–स्वयं पर विश्वास। **आत्माभिमान**–स्वयं पर गर्व। **दीप्ति**–चमक। **उमंग**–साहस/कुछ करने की इच्छा। **ह्रास**–गिरावट/पतन की ओर। **खदेड़ देना**–मार भगाना। **दुर्बल**–कमज़ोर। **अंदरूनी**–अंदर की। **बर्बर**–क्रूरता। **पुनर्जागरण**–फिर से जागृत होना। **पराक्रमी**–वीर। **प्रतिष्ठा**–इज़्ज़त। **वैयाकरण**–व्याकरण का ज्ञाता। **भेषज**–खाने वाली औषधि।

### *पृष्ठ 68*

**प्रतिष्ठा**–इज़्ज़त। **सक्रिय**–निरंतर कार्यरत।

### *पृष्ठ 69*

**उत्कर्ष**–उभर कर आना/विकास। **तेजस्विता**–ज्ञान। **स्तंभित**–ठहराव। **मंद**–धीमी। **विकृत**–बिगड़ा स्वरूप। **परास्त**–हरा कर। **प्रतिभा**–योग्यता। **गतिरोध**–रुकावट।

### *पृष्ठ 70*

**विघटन**–गिरावट की ओर। **कायाकल्प**–स्वरूप बदलना। **अंतस्तल**–अंदर की भावना। **ध्वस्त**–समाप्त होते। **कट्टरपन**–पक्का। **गैरमिलनसारी**–किसी से न मिलना। **रचनात्मक**–कुछ कर दिखाना। **अधीन**–अधिकार में।

### *पृष्ठ 71*

**गुट**–दल। **बृहतर**–बड़ा स्वरूप। **पुश्तैनी**–पुरखों के। **प्रवृत्ति**–इच्छा/चाह। **वंचित**–प्राप्त न कर पाना। **पद्धति**–तरीका। **अखंडता**–एकरूपता। **संकुचित**–छोटी। **दृढ़ता**–पक्की। **बाधित**–बँधी।

## III. प्रश्न-उत्तर

**प्रश्न 1. भारत के विकास के बारे में अपने विचार प्रकट कीजिए।**

**उत्तर**–भारत ने ईसवी सन् के पहले हज़ार वर्ष में अपार उन्नति की। ईरान, चीन, यूनानी जगत, मध्य एशिया व पूर्वी समुद्री इलाकों तक भारत का प्रभुत्व था। भारतीय उपनिवेशों की स्थापना भी दूर-दूर तक हुई। भारतीय संस्कृति का प्रसार दूर देशों तक रहा। भारत ने प्रत्येक क्षेत्र व्यापार-उद्योग, औषध-विज्ञान, युद्ध सामग्री, वास्तुकला, कृषि, शिक्षा, धर्म, राजनीति आदि में विश्व प्रसिद्ध उन्नति की।

**प्रश्न 2. भारत ह्रास की ओर क्यों बढ़ा?**

**उत्तर–**भारत के ह्रास की ओर बढ़ने के कारण थे बार-बार विदेशी जातियों के उत्तर भारत पर आक्रमण। एक के बाद एक अनेक शासकों ने भारत को प्रभावित किया। इससे उसकी अपनी राजनीति टूटती गई तो सभी क्षेत्र अपना अस्तित्व खोते चले गए। कई शासकों ने जैसे हर्ष व भोज आदि ने भारत को एकरूपता देनी चाही लेकिन पूर्णतया सफल न हो सके।

**प्रश्न 3. भारत का नालंदा विश्वविद्यालय क्यों प्रसिद्ध था?**

**उत्तर–**नालंदा में दी जाने वाली शिक्षा विश्वप्रसिद्ध थी। यही कारण था कि यहाँ भारतीय विद्यार्थियों के अतिरिक्त कोरिया, मंगोलिया, बुखारा, चीन, जापान व तिब्बत से विद्यार्थी शिक्षा ग्रहण करने आते थे।

**प्रश्न 4. भारतीय ह्रास के समय सामाजिक दशा कैसी थी?**

**उत्तर–**भारतीय ह्रास के समय समाज गुटों और जाति बंधनों में बँट चुका था। हर आदमी का व्यवसाय पुश्तैनी रूप ले चुका था। भारतीयों के विचारों में, दर्शन, राजनीति, युद्ध पद्धति सभी में गिरावट आ चुकी थी। भारतीय अखंडता के स्थान पर समाज, सामंतवाद और गिरोह बंदी की भावनाएँ बढ़ती गईं। पूर्व समाज अपनी सभ्यता और संस्कृति की महत्ता खोता जा रहा था।

**प्रश्न 5. भारत में ऐसी क्या विशेषता थी कि वह फिर से शक्ति पाने में सफल रहा?**

**उत्तर–**भारत की जीवनी शक्ति और अद्‌भुत दृढ़ता, इसके साथ ही भारतीय संस्कृति का लचीलापन और अपने को ढालने की क्षमता। इसी से वह नए संपर्कों व विचारधाराओं का लाभ उठाकर फिर से प्रगति के पथ पर अग्रसर हो सका।

## IV. बहुविकल्पी प्रश्नोत्तर

1. *भारत ह्रास की ओर क्यों बढ़ा?*
   (क) बूढ़ा होने के कारण
   (ख) विखंडित हो जाने के कारण
   (ग) एक के बाद एक शासक का भारत पर शासन करना और राजनीति का टूटना।
   (घ) कोई अच्छा शासक न होना।
2. *इस समय धार्मिक स्तर कैसा था?*
   (क) मूर्ति पूजा का जोर, तांत्रिक पूजा व योग पद्धति का भ्रष्ट रूप
   (ख) धार्मिक नेताओं का बनना
   (ग) धार्मिक गुटों का बनना
   (घ) धर्म के नाम पर लोगों को गुमराह करना।

**उत्तर–** 1. (ग) 2. (क)

# 5. नयी समस्याएँ

## 1. अरब और मंगोल

### I. पाठ का सार

**इस्लाम का भारत आना**—जब नरेश हर्ष उत्तर-भारत में शक्तिशाली साम्राज्य का शासक था तो अरब में इस्लाम जड़ें फैला रहा था। लगभग 600 वर्षों में यह भारत पहुँचा। भारत में यह उत्तर-पूर्वी सीमा तक राजनीतिक शक्ति का प्रसार कर सका।

इसी बीच भारत में तुर्क और अफ़गान भी इस्लाम धर्म के साथ प्रविष्ट हुए। अरब के लोग निरंतर भारत को फतह करते रहे लेकिन सिंध से आगे न बढ़ सके। धीरे-धीरे सिंध बगदाद की केंद्रीय सत्ता से अलग हो गया और छोटे से राज्य के रूप में अलग सत्ता कायम की । समय बीतते भारत और अरब के संबंध बढ़ते गए। दोनों ओर से यात्रियों का आना-जाना शुरू हुआ। राजदूतावासों की अदला-बदली हुई, भारतीय गणित, खगोलशास्त्र की पुस्तकें बगदाद पहुँची, अरबी में उनका अनुवाद हुआ। इसके अतिरिक्त कई भारतीय चिकित्सक भी बगदाद गए।

भारत के दक्षिण के राज्यों खासकर राष्ट्रकूटों ने भी व्यापार व सांस्कृतिक संबंध बगदाद के साथ बनाए। ये भारत के पश्चिमी तट से उनके साथ व्यापार करते थे। वहाँ के प्रचारक इस्लाम धर्म को भारत लाए जिसका किसी ने भी विरोध न किया। भारत में कई मसजिदों का निर्माण बिना किसी धार्मिक विवाद या झगड़े से हुआ। अतः यह कहना गलत नहीं कि राजनीतिक ताकत के रूप में भारत में आने से पूर्व 'इस्लाम' ने धर्म रूप में भारत में प्रविष्ट किया।

### II. शब्दार्थ

*पृष्ठ 72*

**शक्तिशाली**—बलशाली। **विजय**—जीत। **तमाम**—बहुत से। **केंद्रीय**—शासकीय। **राजदूतावास**—राजाओं के दूतों का रहने का स्थान।

*पृष्ठ 73*

**लगातार**—निरंतर। **अनिवार्य**—ज़रूरी। **संपर्क**—आपस में। **प्रचारक**—प्रचार करने वाले।

### III. प्रश्न-उत्तर

**प्रश्न 1. भारत में किन-किन विदेशी जातियों ने अपने पाँव पसारने चाहे?**

**उत्तर**—सम्राट हर्षवर्धन के शासन के पश्चात् अरबी, तुर्की व अफगानी जातियों ने भारत में आगमन किया।

**प्रश्न 2. अरब भारत में सिंध से आगे क्यों न बढ़ सके?**

**उत्तर**—अरब जातियाँ जब भी भारत पर राजनीतिक सत्ता हेतु आक्रमण करतीं तो भारतीय डटकर मुँह तोड़ जवाब देते इसीलिए ये आगे न बढ़ पाईं।

**प्रश्न 3. सिंध किस प्रकार अलग राज्य बना?**

**उत्तर**—सिंध ने बगदाद की केंद्रीय सत्ता से अलग होकर एक छोटा-सा स्वतंत्र राज्य कायम किया।

**प्रश्न 4. भारत और अरब के आपसी संबंध किस प्रकार उत्तम हुए?**

**उत्तर**—भारत और अरब में यात्रियों का आना-जाना शुरू हुआ, राजदूतावासों की अदला-बदली हुई, गणित और खगोल-शास्त्र की पुस्तकों का अरबी में अनुवाद हुआ, भारतीय चिकित्सक भी बगदाद गए। इस व्यापारिक व सांस्कृतिक

आदान-प्रदान में उत्तर भारत के साथ-साथ दक्षिण भारत का भी पूर्ण सहयोग रहा। दक्षिण भारत के राष्ट्रकूटों ने पश्चिमी तट से भी उनके साथ व्यापार किया। इस प्रकार हम कह सकते हैं कि भारत के अरब के साथ संबंध उत्तम रहे।

**प्रश्न 5. भारत में इस्लाम का आगमन कैसे हुआ?**

**उत्तर**–अरब से संबंध अच्छे होने पर धीरे-धीरे धर्म प्रचारक भी भारत आए। उनका सहृदयता से स्वागत किया गया। भारत में बिना किसी धार्मिक झगड़े के कई मसजिदों का निर्माण हुआ। इसका शासन ने भी विरोध न किया। इस प्रकार भारत में मुस्लिम राजनीति सत्ता से पूर्व धार्मिक रूप में इस्लाम ने आगमन किया।

## IV. बहुविकल्पी प्रश्नोत्तर

1. *हर्षवर्धन के शासन के बाद किन-किन जातियों ने भारत में पाँव पसारे?*
   (क) अरबी, तुरकी व अफगानी (ख) अरबी, मुगल व अफगानी
   (ग) अरबी, फारसी व अफगानी (घ) अरबी, अंग्रेज़ व अफगानी
2. *भारत और अरब के आपसी संबंध कैसे मधुर हुए?*
   (क) भारतीयों का अरब से सहायता माँगना
   (ख) अरबवासियों का भारतीयों से सहायता माँगना
   (ग) दोनों देशों में यात्रियों का आवागमन, राजदूतावासों की अदला-बदली, व्यापारिक व सांस्कृतिक आदान-प्रदान।
   (घ) इनमें से कोई नहीं।

**उत्तर**– 1. (क) 2. (ग)

# 2. महमूद गज़नवी और अफ़गान

## I. पाठ का सार

**महमूद गज़नवी का भारत पर आक्रमण**–तीन सौ वर्षों के लंबे समय तक भारत पर कोई आक्रमण न हुआ। 1000 ई. के आस-पास अफ़गानिस्तान के महमूद गज़नवी ने भारत पर आक्रमण किया। यह तुर्क जाति का था। मध्य एशिया तक इसकी शक्ति का विस्तार था। इसने निर्ममता से भारत पर कई आक्रमण कर भारतीय धन-संपदा को लूटा। हिंदुओं को धूल के कणों की भाँति बिखेर दिया। इसने अपने घृणित कार्यों से हिंदुओं के मन में मुसलमानों के प्रति नफ़रत पैदा कर दी।

**उत्तर-भारत गजनवी से प्रभावित**–महमूद गज़नवी अपनी ताकत से केवल उत्तर-भारत को ही प्रभावित कर सका। पूरा मध्य-पूर्वी और दक्षिण भारत उससे पूरी तरह बच गया। उत्तर भारत के पंजाब और सिंध को उसने अपनी सत्ता में मिलाया। कश्मीर और राजस्थानी इलाकों में उसने भारी हार खाई।

**महमूद की मृत्यु**–1030 ई. में वह मृत्यु को प्राप्त हुआ। उसकी मृत्यु के 150 वर्षों तक भारत में किसी प्रकार का कोई आक्रमण न हुआ।

**शाहबुद्दीन गौरी का शक्ति में आना**–गज़नवी के पश्चात् शाहबुद्दीन गौरी ने शक्ति बढ़ाई और गज़नवी पर हमला कर उसे पूर्णतया ध्वस्त कर दिया। इसके पश्चात् उसने लाहौर पर धावा बोला और फिर दिल्ली पर। दिल्ली में पृथ्वीराज चौहान के समय उसने करारी मात खाई। लेकिन एक वर्ष बाद फिर शक्ति बटोरकर 1192 में आक्रमण कर दिल्ली की शासन सत्ता का मालिक बना।

**भारत के दक्षिण में चोल शासकों का प्रभुत्व**–शाहबुद्दीन उत्तर में तो सफलता पा गया लेकिन दक्षिण के चोल शासकों के समक्ष असफल रहा। अफ़गानों को दक्षिण पर कब्जा करने में लगभग 150 वर्ष लग गए। दिल्ली का स्थान सदा महत्त्वपूर्ण ही रहा।

**बारहवीं शताब्दी में अफ़गानों से भारत के संबंध मज़बूत**–बारहवीं शताब्दी के अंत में जो अफ़गान भारत आए वे आर्य जाति के थे। उनके भारतीयों के साथ संबंध प्रगाढ़ हुए। ऐसा होने से एक लंबे समय तक अफगानिस्तान भारत का हिस्सा रहा।

**तैमूर का भारत पर आक्रमण**–चौदहवीं शताब्दी के अंत तक तुर्क-मंगोल तैमूर ने उत्तर की ओर से आक्रमण कर दिल्ली को तबाह कर दिया। दिल्ली में इतनी तबाही मची कि यह मुर्दों का शहर बनकर रह गई। अब दिल्ली विशाल साम्राज्य की राजधानी न रही। दिल्ली के कमज़ोर होने से दक्षिण में दो-दो बड़े राज्य बहमनी और विजयनगर प्रसिद्धि में आए।

**उत्तर के हिंदुओं का दक्षिण की ओर पलायन**–उत्तर-भारत इस समय छोटे-छोटे टुकड़ों में विभाजित हो चुका था। दक्षिण भारत सुदृढ़ व उन्नत था। ऐसे में लाचार हिंदुओं को दक्षिण की ओर जाना सही लगा। शक्तिशाली रियासत विजयनगर में इन भारतीय शरणार्थियों का स्वागत किया गया।

**बाबर का भारत आना**–तुर्क-मंगोल बाबर ने उत्तर की पहाड़ियों से आते हुए 1526 ई. में दिल्ली के कमजोर सिंहासन को जीत लिया और मुगल साम्राज्य की नींव रखी।

## II. शब्दार्थ

### *पृष्ठ 73*

**आक्रमण**–हमला। **निर्ममता**–निर्दयता/क्रूरता। **खून-खराबा**–मार-काट। **खज़ाना**–धन दौलत। **धूलकणों**–मिट्टी के कण के समान। **तितर-बितर**–बिखर जाना। **नफ़रत**–घृणा। **तबाही**–समाप्त करते जाना। **धावे**–आक्रमण/हमला। **हार खाना**–पराजित होना।

### *पृष्ठ 74*

**कब्ज़ा**–काबू में लेना। **पराजित**–हार। **तख्त**–शासन सत्ता। **नियति**–तय। **ध्वस्त**–समाप्त। **वीरान**–सूना। **कत्ल**–मार देना। **मुर्दों**– मृतकों। **मौत की नींद से उठना**–दुबारा शक्ति पाना।

### *पृष्ठ 75*

**तबाही**–नष्ट। **बेहतर**–अच्छी। **शरणार्थियों**–शरण पाने वाले। **वृत्तांतों**–वर्णनों से।

## III. प्रश्न-उत्तर

प्रश्न 1. **महमूद गज़नवी कौन था? उसने भारत पर आक्रमण कब किया?**

उत्तर–महमूद गज़नवी अफगानिस्तान का सुल्तान था। उसने ई. 1000 के आस-पास भारत पर आक्रमण किया।

प्रश्न 2. **महमूद गज़नवी ने भारत पर आक्रमण क्यों किए?**

उत्तर–महमूद गज़नवी ने भारत पर कब्ज़ा करने व इसकी धन-संपदा लूटने हेतु भारत पर आक्रमण किए।

प्रश्न 3. **महमूद गज़नवी ने भारत के किन क्षेत्रों को प्रभावित किया?**

उत्तर–महमूद गज़नवी ने भारत के उत्तरी क्षेत्रों को ही प्रभावित किया।

प्रश्न 4. **महमूद गज़नवी की मृत्यु कब हुई?**

उत्तर– महमूद गज़नवी की मृत्यु 1030 ई. में हुई।

प्रश्न 5. **महमूद गज़नवी के बाद भारत पर किसका आक्रमण हुआ?**

उत्तर–महमूद गज़नवी के बाद 160 वर्षों के बाद शाहबुद्दीन गौरी नामक अफ़गान ने पृथ्वीराज चौहान के समय आक्रमण किया लेकिन हार गया। लेकिन 1192 में फिर से शक्ति पाकर वह दिल्ली के तख्त पर बैठा।

प्रश्न 6. **शाहबुद्दीन गौरी दक्षिण पर कब्ज़ा क्यों नहीं कर पाया?**

उत्तर–दक्षिण के चोल शासक इतने शक्तिशाली थे कि उन्होंने शाहबुद्दीन को आगे बढ़ने न दिया। इसलिए वह केवल उत्तर भारत पर ही कब्ज़ा कर सका।

प्रश्न 7. **अफगानिस्तान भारत का हिस्सा कैसे बना?**

उत्तर–बारहवीं शताब्दी में जो अफ़गान भारत में आए वे हिंद-आर्य जाति के लोग थे। भारत की जनता से उनका निकट का संबंध था। इसीलिए भारतीय जल्दी ही उनसे घुल-मिल गए और अफगानिस्तान भारत का हिस्सा बन गया।

प्रश्न 8. **चौदहवीं शताब्दी में किसी बर्बर शासक ने भारत पर आक्रमण किया? इसका क्या परिणाम हुआ?**

उत्तर–चौदहवीं शताब्दी में बर्बर शासक तैमूर ने भारत पर उत्तर की ओर से आक्रमण कर दिल्ली को पूरी तरह से ध्वंस कर डाला। पूरी दिल्ली मुर्दों का शहर बन गई। इसके पश्चात् दिल्ली भारतीय साम्राज्य की राजधानी न रही।

इसका परिणाम यह निकला कि उत्तर भारत की व्यवस्था व शक्ति क्षीण होती चली गई और दक्षिण के राज्य शक्तिशाली हो गए। बहमनी और विजयनगर दो बड़े राज्य उभर कर आए।

प्रश्न 9. **भारत में मुगल साम्राज्य की नींव कब और किसके द्वारा रखी गई?**

उत्तर–भारत में मुगल साम्राज्य की नींव 1526 ई. में तुर्क-मंगोल बाबर द्वारा रखी गई।

## IV. बहुविकल्पी प्रश्नोत्तर

1. *महमूद गज़नवी ने भारत पर आक्रमण कब किया?*
   (क) ई. 1000 के आसपास (ख) ई. 2000 के आसपास
   (ग) ई. 3000 के आसपास (घ) ई. 5000 के आसपास
2. *भारत का कौन-सा क्षेत्र महमूद गज़नवी से अधिक प्रभावित रहा?*
   (क) दक्षिणी (ख) उत्तरी (ग) पश्चिमी (घ) पूर्वी
3. *चौदहवीं शताब्दी में दक्षिण में कौन-से दो राज्य उभरे?*
   (क) केरल और तमिलनाडु (ख) विजयनगर और बह्मनी
   (ग) विजयनगर और तमिलनाडु (घ) बह्मनी और केरल
4. *मुगल साम्राज्य की नींव रखने वाला पहला शासक कौन था?*
   (क) शेरशाह सूरी (ख) मुहम्मद तुगलक (ग) बाबर (घ) औरंगजेब

**उत्तर–** 1. (क) 2. (ख) 3. (ख) 4. (ग)

# 3. समन्वय और मिली-जुली संस्कृति का विकास कबीर, गुरु नानक और अमीर खुसरो

## I. पाठ का सार

**भारत पर विदेशी आक्रमण व मुगलों का भारतीयकरण–**विद्वानों का मानना है कि भारत में आक्रमण इस्लाम ने नहीं किया। इस्लाम तो एक धर्म था जो सहज रूप से भारत में आता गया जबकि आक्रमण तुर्कों, अफ़गानों व मुसलमानों ने किए। अफ़गान और तुर्क पूरे भारत पर छा न सके जबकि मुसलमान अजनबी होते हुए भी भारतीय ढाँचे में समा गए और उन्होंने हिंद-मुगल युग की शुरुआत की। इनके साथ-साथ कुछ अफ़गान भी भारत में बस गए। इन सब का भारतीयकरण हो गया। भारत को ये अपना देश व दुनिया के अन्य देशों को विदेश मानने लगे। अधिकतर राजपूतों ने भी इनसे अच्छे संबंध कायम किए। लेकिन कुछ इनके खिलाफ भी थे।

**हिंदू-मुस्लिम वैवाहिक संबंध–**इस समय में हिंदू-मुसलमानों के वैवाहिक संबंध भी काफी हद तक बढ़ते गए। फिरोजशाह व गयासुद्दीन तुगलक की माँ हिंदू थी, गुलबर्ग (बहमनी राज्य) के मुस्लिम शासक ने विजयनगर की हिंदू राजकुमारी से धूमधाम से विवाह किया था।

**भारत का चहुँमुखी विकास–**मुस्लिम शासन काल में भारत का चहुँमखी विकास हुआ। सैनिक सुरक्षा, उत्तम रखने हेतु यातायात के साधनों में सुधार किया गया।। शेरशाह ने उत्तम मालगुजारी व्यवस्था चालू की जिसका अकबर ने विकास किया। इस काल में व्यापार उद्योग भी फूले-फले।

**रीतिरिवाजों में हस्तक्षेप न करना–**मुस्लिम राजाओं ने हिंदुओं के रीति-रिवाजों में जरा भी हस्तक्षेप न किया। यही कारण था कि हिंदुओं ने उनकी राज्य-व्यवस्था का विरोध न किया।

**भारतीय तौर-तरीकों में बदलाव–**शुरू में तो विदेशी तौर-तरीकों को लोगों ने जल्दी से न अपनाया, कुछ लोग दक्षिण की ओर भी चले गए। दूसरी ओर विचारों और जीवन दोनों में इस विदेशी ढंग की ओर धीरे-धीरे लोगों का रुझान पैदा होने लगा। परिणामतः समन्वय अपने आप रूप लेने लगा। वास्तुकला की नई शैलियाँ उपजीं, खाना-पहनना बदल गया, जीवन भी अनेक रूपों में प्रभावित हुआ। यह समन्वय संगीत के क्षेत्र में भी हुआ। फ़ारसी भाषा दरबार की सरकारी भाषा बन गई। बोलचाल में भी फ़ारसी भाषा के शब्दों का समावेश हो गया।

**परदा प्रथा का प्रचलन–**दुर्भाग्यवश भारत में परदा प्रथा का प्रचलन बढ़ गया। शुरू में यह केवल पद एवं आदर की निशानी समझा जाता था। औरतों को अलग रखने या परदे में रखने की प्रथा शुरू में उच्च वर्ग में अधिक थी। लेकिन धीरे-धीरे मुस्लिम प्रभाव वाले क्षेत्र दिल्ली, संयुक्त प्रांत, राजपूताना, बिहार एवं बंगाल में यह प्रथा अधिक बढ़ी जबकि पंजाब और सीमावर्ती इलाकों में मुस्लिम प्रभाव होने पर भी यह प्रथा अधिक कड़ी न थी।

**दक्षिण प्राचीन संस्कृति का केंद्र–**उत्तर-भारत नई सभ्यताओं से निरंतर प्रभावित होता रहा जबकि आर्य संस्कृति का एक बड़ा हिस्सा दक्षिण की ओर खिसक गया, जो हिंदू रूढ़िवादिता का गढ़ बन गया।

**जौनपुर का मुस्लिम रियासत में बदलना**—जब तैमूर के हमले से दिल्ली की सल्तनत कमजोर हो गई, तो जौनपुर एक छोटी-सी मुस्लिम रियासत के रूप में उभरा। पंद्रहवीं शताब्दी में यह कला, संस्कृति और धार्मिक सहिष्णुता का केंद्र बना।

**हिंदी भाषा को प्रोत्साहन**—इस काल में बोलचाल की हिंदी भाषा को विकास मिला।

**स्वतंत्र मुस्लिम शासक ज़ैनुलआबदीन का उदय**—इसी समय उत्तर-भारत में सुदूर कश्मीर में एक स्वतंत्र मुस्लिम शासक ज़ैनुलआबदीन का उदय हुआ। वह जनता के प्रति अत्यधिक सहिष्णु था। संस्कृत का अच्छा ज्ञाता था। प्राचीन संस्कृति को प्रोत्साहित करने हेतु उसे बहुत यश मिला।

**सुधारकों का जनता के मानस पटल को बदलने व सुधारने का प्रयास**—इस समय भारतीय विदेशी तत्त्वों को अपनाने के साथ-साथ अपनी सभ्यता व संस्कृति को भी बदल रहे थे। ऐसे में कई समाज सुधारक उभरकर आए जिन्होंने भारतीयों का मार्गदर्शन करना चाहा। इन्होंने समन्वय का समर्थन कर वर्ण व्यवस्था की निंदा की। पंद्रहवीं शताब्दी में दक्षिण में रामानंद व उनसे भी अधिक प्रसिद्ध उनके शिष्य कबीर हुए, जिनकी साखियाँ व पद आज भी लोकप्रिय व उपदेशात्मक हैं। उत्तर में सिक्ख धर्म के प्रवर्तक गुरु नानक हुए।

**धर्म के आधार पर हिंदू-मुस्लिम प्रभावित**—इस्लाम के एकेश्वरवाद का भी प्रभाव हिंदू धर्म पर पड़ा। हिंदुओं के बहुदेववाद का प्रभाव भारतीय मुसलमानों पर भी पड़ा।

**प्रमुख लेखक अमीर खुसरो**—आरंभ के लेखकों में सबसे अधिक प्रसिद्ध अमीर खुसरो हुए। वे तुर्क जाति से संबंध रखते थे। चौदहवीं शताब्दी में अफ़गान सुल्तानों के शासनकाल में वे रहे। वे फ़ारसी के चोटी के कवि थे। उन्होंने भारतीय संगीत में कई मौलिक बदलाव किए। तंत्री वाद्य सितार का आविष्कार भी उन्होंने किया। उन्होंने धर्म, दर्शन, तर्कशास्त्र व भाषा और व्याकरण के अतिरिक्त संगीत, गणित एवं विज्ञान आदि विषयों पर भी रचना की। वे सामान्य हिंदी भाषा में लिखते थे। अपने गीतों में रीति-रिवाजों, रहन-सहन, ऋतुओं के वर्णन के साथ-साथ उन्होंने जीवन की विभिन्न शैलियों पर गीत लिखे। इन्होंने अनगिनत पहेलियों की भी रचना की। इनके गीत व पहेलियाँ आज भी प्रसिद्ध हैं।

## II. शब्दार्थ

### *पृष्ठ 75*

**भ्रामक**—गलत या सही का अंदाजा लगाना। **अजनबी**—जिनसे जान पहचान न हो। **भारतीयकरण**—भारत के रीति-रिवाज अपनाना।

### *पृष्ठ 76*

**अधिराज**—सम्राट। **अधीनता**—किसी के अधिकार में रहना। **हस्तक्षेप**—दखल देना। **मालगुज़ारी व्यवस्था**—एक प्रकार की कर नीति। **राजस्व**—कृषि पर लगाया गया कर। **कठोर**—सख्त। **रुझान**—रुचि। **समन्वय**—मेलजोल। **शैलियाँ**—तरीके/विधियाँ। **अनुसरण**—अपनाना।

### *पृष्ठ 77*

**जन-भाषा**—आम जनता द्वारा बोली जाने वाली भाषा। **आदर**—सम्मान। **सरहदी**—सीमा पर। **कड़ी**—सख्त। **उमराव**—जिसे कोई पदवी मिली हो। **देहाती**—गाँव की। **रूढ़िवादिता**—प्राचीन रीति-रिवाज। **प्रोत्साहित**—उत्साहित करना।

### *पृष्ठ 78*

**यश**—प्रसिद्धि। **उत्तेजना**—नया जोश। **आत्मसात**—अपनाना। **निंदा**—बुराई। **उपेक्षा**—उस ओर ध्यान न देना। **साखियाँ**—सीख देने वाले दोहे। **संस्थापक**—प्रवर्तक। **एकेश्वरवाद**—एक ईश्वर की सत्ता को मानना। **बहुदेववाद**—बहुत से देवी-देवताओं में विश्वास रखना। **गरचे दरबार**—राजदरबार। **चोटी के**—माने हुए। **मौलिक उद्भावनाएँ**—विशेष विचार। **तंत्री वाद्य**—एक प्रकार का वाद्य यंत्र। **आविष्कार**—खोज। **प्रगति**—उन्नति।

### *पृष्ठ 79*

**अनगिनत**—असंख्य। **पहेलियाँ**—शब्दों के हेर-फेर से अपनी बात कहना।

## III. प्रश्न-उत्तर

**प्रश्न 1. मुगल विदेशी होते हुए भी भारतीय ढाँचे में कैसे समा गए?**

**उत्तर**—मुगल विदेशी होते हुए भी भारतीय ढाँचे में समा गए क्योंकि जो भी मुगल व उनके साथ आने वाले अफगान

थे। उनके परिवारों का भारतीयकरण हो गया, अर्थात् वे भारतीय विचारधारा में ढल गए। वे भारत को अपना देश व भारत के बाहर के देशों को विदेश मानने लगे।

**प्रश्न 2. हिंदू-मुस्लिम एक होकर रहे, कैसे पता चलता है?**

**उत्तर**–यह कहना गलत नहीं कि हिंदू-मुस्लिम विचारधारा एक होने लगी थी, क्योंकि इन दोनों के मध्य वैवाहिक संबंध कायम होने लगे थे।

**उदाहरणतः**–सुलतान फिरोजशाह एवं गयासुद्दीन तुगलक की माँ हिंदू थी।

**प्रश्न 3. इस काल में किस-किस क्षेत्र में विकास व समन्वय हुआ?**

**उत्तर**–इस काल में कुशल प्रशासन, यातायात के साधनों, वास्तुकला की नई शैलियों, खाना-पहनना, संगीत एवं जनभाषाओं का अत्यधिक विकास व समन्वय हुआ।

**प्रश्न 4. इस काल में कौन-सी कुरीति उभरी?**

**उत्तर**–इस काल में परदा प्रथा की कुरीति उभरी जो मुगलकाल की देन थी।

**प्रश्न 5. भारत का दक्षिण भाग हिंदू रूढ़िवादिता का गढ़ क्यों बना?**

**उत्तर**–भारत में जितनी भी विदेशी जातियों ने आक्रमण किया वे उत्तर-भारत की ओर से आई। इसीलिए उत्तर-भारत नई-नई विचारधाराओं से प्रभावित रहा। जिसका प्रभाव दक्षिण पर कम पड़ा। जो पुरानी आर्य संस्कृति को मानने वाले लोग थे वे दक्षिण की ओर खिसक गए। इसी कारण दक्षिण हिंदू रूढ़िवादिता का केंद्र बन गया।

**प्रश्न 6. पंद्रहवीं शताब्दी में कौन-कौन से समाज सुधारक हुए?**

**उत्तर**–पंद्रहवीं शताब्दी में दक्षिण में रामानंद व उनके शिष्य कबीर हुए। जिन्होंने अपने पदों व साखियों के द्वारा लोगों को धार्मिक बंधनों व रूढ़िवादिता से दूर करने का प्रयत्न किया। इनके काव्य की भाषा बोलचाल की भाषा थी जो आम आदमी भी आसानी से समझ सके। उत्तर में गुरुनानक ने अपने विचारों से लोगों को सही मार्ग पर लाने का प्रयास किया। आज भी कबीर व नानक के उपदेश मनुष्य के जीवन में सार्थक सिद्ध होते हैं।

**प्रश्न 7. अमीर खुसरो की प्रसिद्धि का क्या कारण था?**

**उत्तर**–अमीर खुसरो प्राचीन लेखकों की श्रेणी में अपना प्रमुख नाम रखते हैं। वे लेखक होने के साथ-साथ उच्च-कोटि के कवि, संस्कृत के महाज्ञाता एवं संगीतकार भी थे। उन्होंने तंत्री वाद्य यंत्र का आविष्कार भी किया। उन्होंने अपने काव्य व लेखन में धर्म, दर्शन, तर्कशास्त्र, भाषा और व्याकरण, संगीत, गणित, विज्ञान, रीति-रिवाज़, रहन-सहन, ऋतुओं व जीवन के विभिन्न पहलुओं पर बल दिया। उनके द्वारा रचित गीत व पहेलियाँ आज वर्तमान में भी लोकप्रिय हैं। इस प्रसिद्धि का कारण उनके द्वारा प्रयुक्त बोलचाल की भाषा है।

## IV. बहुविकल्पी प्रश्नोत्तर

1. *हिंदू-मुस्लिम एकता का मुख्य कारण क्या था?*

   (क) मुस्लिम शासकों का सत्ता बढ़ाना — (ख) भारतीयों का उनसे डरना

   (ग) दोनों जातियों में वैवाहिक संबंध कायम होना — (घ) कठोर शासकों का दबाव

2. *इस काल में दक्षिण भारत की क्या विशेषता थी?*

   (क) हर क्षेत्र में अत्यधिक उन्नति — (ख) सुदृढ़ शासन सत्ता

   (ग) रूढ़िवादिता से ग्रस्त — (घ) वास्तुकला के क्षेत्र में अपार उन्नति

3. *इस काल में किस भाषा ने विकास किया?*

   (क) संस्कृत — (ख) उर्दू

   (ग) बोलचाल की भाषा हिंदी — (घ) फारसी

**उत्तर**– 1. (ग) 2. (ग) 3. (ग)

# 4. बाबर और अकबर–भारतीयकरण की प्रक्रिया

## I. पाठ का सार

**'बाबर' मुगल शासन का संस्थापक–**'बाबर' ने 1526 ई. में भारत पर विजय प्राप्त कर मुगल शासन की नींव रखी। वह नई जागृति का शहजादा था। उसने केवल चार वर्षों तक ही भारत पर शासन किया। इन चार वर्षों का समय उसका युद्ध में व आगरा में भव्य राजधानी बनाने में ही बीता।

**अकबर भारत का जनप्रिय शासक–**बाबर के पौत्र अकबर ने जब भारत की शासन सत्ता सँभाली तो जल्दी ही वह लोगों में प्रिय हो गया। वह अत्यधिक आकर्षक, गुणवान, साहसी, बहादुर, योग्य सेनानायक, विनम्र, दयालु, आदर्शवादी व स्वप्नदर्शी था। वह लोगों का ऐसा नेता था जो लोगों में अपने-अपने विचारों से शीघ्र ही स्वामिभक्ति की भावना पैदा कर दे।

**अकबर की चाहत : अखंड भारत–**अकबर एक ऐसा शासक हुआ जो भारत को केवल राजनीतिक दृष्टि से एक न करके सभी लोगों को एकता में बाँधकर 'अखंड भारत' की स्थापना करना चाहता था। 1556 ई. से आरंभ अपने लंबे शासन-काल में वह इस हेतु प्रयत्न करता रहा। उसने एक हिंदू राजपूत राजकुमारी से वैवाहिक संबंध कायम किए। उसके बेटे जहाँगीर व पोते शाहजहाँ की शादियाँ भी हिंदू परिवारों में हुईं।

**भारत को नया मोड़–**अकबर ने अपने शासनकाल में राजपूतों से अच्छे संबंध कायम कर सरकार, प्रशासन, सेना, कला, संस्कृति एवं रहन-सहन को एक नया मोड़ प्रदान किया।

**प्रतिभाशाली व्यक्तित्व को सम्मान–**अकबर प्रतिभाशाली व्यक्तियों को सदा महत्त्व देता था। उसने अपने सलाहकारों में भी फ़ैजी, अबुलफ़ज़ल, बीरबल, राजा मानसिंह और अब्दुल रहीम खानखाना को शामिल किया।

**समन्वित धर्म की स्थापना–**देश को अखंडता प्रदान करने के लिए अकबर ने सभी धर्मों की बातों का समावेश कर एक धर्म 'दीन-ए-इलाही' की शुरुआत की।

**मुगल वंश भारत का ही वंश–**अकबर ने अपने शासनकाल में ऐसी शासन व्यवस्था की नींव रखी कि मुगल वंश भारत में इस तरह स्थापित हुआ जैसे–भारत का अपना ही वंश हो।

## II. शब्दार्थ

*पृष्ठ 79*

**भव्य–**सुंदर। **वास्तुशिल्पी–**भवन निर्माण करने वाला। **जागृति–**नए विचार पैदा करने। **स्वप्नदर्शी–**स्वप्न देखने वाला। **तीव्र–**तेज/जल्दी।

*पृष्ठ 80*

**अखंड–**जिसके टुकड़े न हों। **परस्पर–**आपस में। **लक्ष्य–**उद्देश्य। **अभिमानी–**घमंडी। **अदम्य–**बलशाली। **दमन–**नाश। **बेहतर–**अच्छा।

*पृष्ठ 81*

**समन्वित–**मिले-जुले।

## III. प्रश्न-उत्तर

प्रश्न 1. **बाबर कौन था?**

उत्तर–भारत में मुगल शासन की नींव रखने वाला 'बाबर' था। उसने भारत पर चार वर्ष तक शासन किया।

प्रश्न 2. **अकबर ने कब और किसके बाद भारतीय शासन की डोर सँभाली?**

उत्तर–अकबर ने 1531 में बाबर के पश्चात् मुगल सत्ता की डोर सँभाली।

प्रश्न 3. **अकबर का उद्देश्य क्या था?**

उत्तर–अकबर भारत का एक सफल शासक रहा। लोग उसे अत्यधिक पसंद करते थे। उसका उद्देश्य था 'अखंड भारत' की स्थापना करना जहाँ राजनीतिक अखंडता के अलावा लोगों में आपसी संबंध हो।

प्रश्न 4. **अकबर ने कैसे धर्म की नींव रखी?**

**उत्तर**–अकबर सभी धर्मों में बराबर विश्वास रखता था। वह भारत में धार्मिक एकता कायम करना चाहता था। इसीलिए उसने सभी धर्मों की अच्छी बातों का समन्वय कर 'दीन-ए-इलाही' धर्म की स्थापना की।

**प्रश्न 5. अकबर के व्यक्तित्व की विशेषताएँ क्या थीं?**

**उत्तर**–अकबर बहादुर, साहसी, वीर, योग्य सेनानायक, विनम्र, दयालु, आदर्शवादी व कुशल प्रशासक था।

**प्रश्न 6. अकबर द्वारा स्थापित शासन व्यवस्था की क्या विशेषता थी?**

**उत्तर**–अकबर द्वारा स्थापित शासन व्यवस्था की यह विशेषता थी कि वह केवल मुसलमानों हेतु न होकर पूरे भारत-वासियों के लिए थी। जैसे भारत की अपनी ही शासन व्यवस्था हो।

## IV. बहुविकल्पी प्रश्नोत्तर

1. *बाबर कौन था?*
   (क) मुगल शासन की नींव रखने वाला
   (ख) पारसी धर्म का संचालक
   (ग) हिंदू-मुसलमानों का एक नेता
   (घ) एक विदेशी जो भारत में बस गया।
2. *अकबर का शासकीय उद्देश्य क्या था?*
   (क) मुगल सत्ता को बढ़ावा देना
   (ख) अपनी नीतियाँ लोगों पर बर्बरता से लादकर शासन सत्ता बढ़ाना
   (ग) 'अखंड भारत' कायम करना
   (घ) हिंदुओं का नामोनिशान मिटाना।
3. *अकबर की शासकीय विशेषता क्या थी?*
   (क) मुगल शासन की नींव सुदृढ़ करना
   (ख) हिंदू-मुसलमानों में भेद न करके भारत भूमि को मातृभूमि से भी बढ़कर सम्मान देना
   (ग) हर पद पर मुसलमानों को नियुक्त करना
   (घ) हिंदू-मुसलमान वैवाहिक संबंधों पर रोक।

**उत्तर**– 1. (क) 2. (ग) 3. (ख)

# 5. यांत्रिक उन्नति और रचनात्मक शक्ति में एशिया और यूरोप के बीच अंतर

## I. पाठ का सार

**अकबर की विद्वता**–अकबर को प्रत्येक क्षेत्र का अपार ज्ञान था। सैनिक और राजनीतिक मामलों के साथ-साथ वह यांत्रिक कलाओं का भी पूरा ज्ञान रखता था।

**अकबर की भारतीय व्यवस्था में व्यस्तता**–अकबर अपने पूरे शासनकाल में भारत में ही व्यस्त रहा, अत्यधिक यांत्रिक ज्ञान होने पर भी वह इस ओर ध्यान न दे पाया कि संसार के दूसरे हिस्सों में क्या हो रहा है? वह केवल सामाजिक परिवर्तन की बुनियाद ही रख पाया। वह इसी बात में व्यस्त रहा कि इस्लाम के साथ राष्ट्रीय धर्म और लोगों के रीति-रिवाजों का मेल कराके राष्ट्रीय एकता कैसे कायम करे।

**अकबर का कुशल प्रशासन**–अकबर ने जो प्रशासनिक इमारत खड़ी की वह इतनी मजबूत थी कि दुर्बल उत्तराधिकारियों के बावजूद वह सौ साल तक कायम रही। शाहजादों के लगातार युद्ध होते रहे और केंद्रीय सत्ता कमजोर पड़ने पर भी दरबार का प्रताप बना रहा। सारे एशिया और यूरोप में आलीशान मुगल बादशाहों का यश फैला।

**सुंदर वास्तुकला का निर्मित होना**–अकबर के समय में दक्षिण के मंदिरों से भिन्न शैली में कई इमारतें बनी जिन्होंने आने वाले शाहजादों को भी प्रेरित किया। आगरा का ताजमहल इसी का उदाहरण है।

**हिंदू-मुस्लिम धर्मों का आपसी प्रभाव व सामाजिक समन्वय**–हिंदू-मुस्लिम धर्मों ने एक दूसरे को काफी हद तक प्रभावित किया। भारत में रहने वाले कई हिंदुओं ने धर्म परिवर्तन किया। इसी कारण भारत में हिंदुओं और मुसलमानों की बहुत-सी समान विशेषताएँ, आदतें, रहने-सहने के ढंग और कलात्मक रुचियाँ विकसित हुईं। वे शांतिपूर्वक एक कौम के लोगों की

तरह साथ-साथ रहते थे। एक दूसरे के त्योहारों जलसों में शरीक होते थे, एक ही भाषा बोलते थे, रहन-सहन में भी विशेष अंतर नहीं था। एक साथ मिलकर ही जीवन की परेशानियों व आर्थिक समस्याओं का सामना करते थे। कुछ उदाहरणों को छोड़कर आपसी वैवाहिक संबंध नहीं थे। खान-पान भी अलग-अलग ही था। औरतें परदे में ही रहती थीं। दोनों जातियों के लोकगीत भी समान थे। गाँवों में रहने वाले अधिकतर हिंदू व मुसलमान किसान, दस्तकार एवं शिल्पी थे।

**साहित्य को बढ़ावा**—इस काल में साहित्य को काफी बढ़ावा दिया गया। हिंदुओं ने दरबार की भाषा फारसी में कई पुस्तकें लिखीं इनमें से कुछ कालजयी रचनाएँ मानी जाती थीं। मुसलमान विद्वानों ने फारसी में संस्कृत की पुस्तकों का अनुवाद किया, और हिंदी में भी लिखा। हिंदी के प्रमुख दो कवि इस समय में हुए मलिक मोहम्मद जायसी व अब्दुल रहीम खानखाना जो कि दोनों ही मुस्लिम थे। जायसी का पदमावत व रहीम के दोहे वर्तमान में भी प्रसिद्धि पाते हैं। रहीम जी अरबी, फारसी व संस्कृत तीनों भाषाओं के विद्वान थे। उनका हिंदी कविता का स्तर ऊँचा था।

**स्वतंत्र साहित्य**—मुगल काल में साहित्यकारों को शासन सत्ता की ओर से विशेष प्रोत्साहन मिलता था लेकिन फिर भी वे स्वतंत्र रूप से लेखन करते थे जैसे रहीम ने मेवाड़ के राणा प्रताप की प्रशंसा में भी लिखा जो निरंतर अकबर से युद्ध करते रहे और कभी हथियार न डाले अर्थात् हार न मानी।

## II. शब्दार्थ

*पृष्ठ 81*

**हासिल**—प्राप्त। **यांत्रिक**—वैज्ञानिक यंत्रों के बारे में। **जिज्ञासा**—इच्छा/चाहत।

*पृष्ठ 82*

**बुनियाद**—नींव। **गतिहीन**—रुकना। **अपरिवर्तनशील**—जिसे बदला न जा सके। **दुर्बल**—कमजोर। **यश**—प्रसिद्धि। **अलंकरण**—अलंकृत करना/विभिन्न रूप देना। **मुहब्बत**—प्रेम। **सड़ाँध**—भावना। **बेढ़ब**—अजीब। **प्रवृत्ति**—इच्छा।

*पृष्ठ 83*

**सामूहिक**—समूहों के रूप में एकत्रित होना। **पेशे**—कारोबार। **संपर्क**—संबंध। **तमाम**—बहुत से। **कड़ाई**—सख्ती। **परदे**—घूँघट। **विकास**—उन्नति।

*पृष्ठ 84*

**शरीक**—हिस्सा लेना। **अर्द्ध**—आधे। **कालजयी**—समय को जीतने वाली/जो कभी पुरानी न हो। **संरक्षक**—देखभाल करने वाला। **सिपहसालार**—सेनापति। **प्रशंसा**—तारीफ़। **हथियार न डालना**—हार न मानना।

## III. प्रश्न-उत्तर

**प्रश्न 1. अकबर के बारे में पुर्तगाली विद्वान जेसुइट का क्या कहना है? अपने शब्दों में लिखिए।**

**उत्तर**—अकबर के बारे में पुर्तगाली विद्वान जेसुइट का कहना है कि अकबर की दिलचस्पी बहुत-सी बातों में थी और वह सबके बारे में जानकारी हासिल करना चाहता था। उसे सैनिक व राजनीतिक मामलों का पूरा ज्ञान तो था ही साथ ही यांत्रिक कलाओं का भी। न जाने उसकी जिज्ञासा केवल एक ही बिंदु पर क्यों रुक गई? वह केवल इस्लाम के साथ राष्ट्रीय धर्म और लोगों के रीति-रिवाजों का मेल करवाकर राष्ट्रीय एकता कायम करना चाहता था। अपनी इसी इच्छा में ही वह अधिक व्यस्त रहा।

**प्रश्न 2. अकबर की शासन सत्ता की क्या विशेषता रही?**

**उत्तर**—अकबर ने जो शासन सत्ता कायम की वह इतनी मज़बूत थी कि दुर्बल उत्तराधिकारियों के बावजूद वह सौ वर्षों तक कायम रही।

**प्रश्न 3. एशिया और यूरोप में मुगल बादशाहों का यश क्यों फैला?**

**उत्तर**—एशिया और यूरोप में मुगल बादशाहों का यश फैला क्योंकि उनकी वास्तुकला का मुकाबला कोई नहीं कर सकता था। इस काल में अत्यधिक सुंदर इमारतें कायम हुई जो दक्षिण के मंदिरों से भिन्न थीं। आगरा का ताजमहल तो वर्तमान में भी अपना विशेष महत्त्व रखता है।

**प्रश्न 4. भारत में किन-किन सामाजिक बुराइयों ने ज़ोर पकड़ा हुआ था?**

**उत्तर**–भारत में जात-पाँत, अछूत प्रथा व सभी जातियों की अलग-अलग रहने की प्रवृत्ति आदि सामाजिक बुराइयों ने ज़ोर पकड़ा हुआ था।

**प्रश्न 5. हिंदू-मुसलमानों के आपसी समन्वय से भारत की सामाजिक स्थिति पर क्या प्रभाव पड़ा?**

**उत्तर**–हिंदू-मुसलमानों के आपसी समन्वय से दोनों की आदतें, रहन-सहन का ढंग, कलात्मक रुचियाँ एक सी हो गईं। व्यापार उद्योग भी एक से ही हो गए। हिंदू मुसलमानों को भारत का ही अंग समझने लगे। एक-दूसरे के त्योहारों व जलसों में भी शरीक होते थे। एक ही भाषा बोलते थे क्योंकि इस समय बोलचाल की भाषा में हिंदी व फारसी (उर्दू) के शब्द मिले-जुले हो गए थे। दोनों की आर्थिक समस्याएँ भी समान थीं।

इतना सब होने पर भी आपसी वैवाहिक संबंध बहुत कम थे। खान-पान भी अलग-अलग तरह से था।

**प्रश्न 6. मुगल शासन-काल के दो प्रमुख हिंदी कवियों के नाम बताइए।**

**उत्तर**–मुगल शासन-काल के दो प्रमुख हिंदी कवि थे–मलिक मोहम्मद जायसी एवं अब्दुल रहीम खानखाना।

**प्रश्न 7. मलिक मोहम्मद जायसी ने कौन-से प्रमुख ग्रंथ की रचना की?**

**उत्तर**–मलिक मोहम्मद जायसी ने प्रमुख ग्रंथ 'पद्मावत' की रचना की।

**प्रश्न 8. *'अब्दुल रहीम खानखाना'* की प्रसिद्धि का क्या कारण था?**

**उत्तर**–'अब्दुल रहीम खानखाना' अकबर दरबार के अमीरों में से थे। ये अरबी, फारसी व संस्कृत तीनों भाषाओं के ज्ञाता थे। हिंदी कविताओं में भी ऊँचा स्तर रखते थे। उनके लिखे दोहे वर्तमान में भी ख्याति पाते हैं। उनकी सबसे बड़ी विशेषता यह थी कि वे स्वतंत्र-भाव से लिखते थे। मेवाड़ का राणा प्रताप जो सदा अकबर के खिलाफ़ रहे, उन्होंने मुगल साम्राज्य के समक्ष कभी हथियार न डाले, रहीम ने उनकी प्रशंसा में भी लिखा।

## IV. बहुविकल्पी प्रश्नोत्तर

1. *अकबर ने अपने शासन-काल में मुख्य रूप से किस ओर ध्यान नहीं दिया?*
   (क) धार्मिकता पर (ख) सामाजिकता पर
   (ग) राष्ट्रीयता पर (घ) बाहरी देशों के क्रियाकलापों पर
2. *एशिया और यूरोप में मुगल बादशाहों का यश क्यों फैला?*
   (क) धार्मिकता के कारण (ख) अच्छी वास्तुकला के कारण
   (ग) सुदृढ़ राजनीति के कारण (घ) अन्य
5. *'पद्मावत' ग्रंथ किस कवि की रचना है?*
   (क) रहीम (ख) जायसी (ग) तुलसी (घ) कबीर

**उत्तर**– 1. (घ) 2. (ख) 3. (ख)

# 6. औरंगज़ेब ने उल्टी गंगा बहाई–हिंदू राष्ट्रवाद का उभार–शिवाजी

## I. पाठ का सार

**समय के विपरीत चलने वाला शासक औरंगज़ेब**–औरंगज़ेब मुगल शासन-काल का एक ऐसा शासक हुआ, जो अपनी योग्यता व उत्साह के बावजूद अपने पूर्वजों के कार्यों को आगे न बढ़ा सका। वह धर्मांध व कठोर नैतिकतावादी था। उसे कला व साहित्य से कोई प्रेम न था।

**हिंदुओं का विरोधी शासक**–औरंगज़ेब एक ऐसा शासक हुआ जिसने हिंदू-मुसलमानों के मध्य दीवारें खड़ी कीं। उसने हिंदुओं पर 'जज़िया-कर' लगाया एवं उनके बहुत से मंदिरों को तुड़वा डाला। जो राजपूत मुगल साम्राज्य के स्तंभ थे अपनी नीतियों से उनको ही नाराज़ कर दिया। इस प्रकार उसने भारतीय जनता के विरुद्ध कार्य कर उनके हृदयों में अपने प्रति रोष पैदा कर दिया।

**हिंदुओं का औरंगज़ेब के विरुद्ध खड़े होना**—मुगल सम्राट औरंगज़ेब की नीतियों से तंग आकर उत्तर में सिक्ख उसके विरुद्ध खड़े हो गए। पश्चिम में राष्ट्रकूटों के वंशज मराठे उसका मुँहतोड़ जवाब देना चाहते थे।

इस प्रकार मुगल साम्राज्य के दूर-दूर फैले क्षेत्रों में उत्तेजना फैल गई और पुनर्जागरण विचार पनपने लगे।

**मराठों की कट्टरता**—पूरे भारत में मराठा थे जो अंग्रेज़ों के विरुद्ध कट्टर भावना रखते थे व उनके मन में राष्ट्रवाद की व्यापक धारणा थी। मराठे अपनी राजनीतिक और सैनिक व्यवस्था और आदतों से उदार थे। उनके भीतर लोकतांत्रिक भावना थी जबकि दूसरे भारतीय राष्ट्रीयता के साथ-साथ अपने-अपने धर्म से भी बँधे थे। मराठों का सरदार शिवाजी अंग्रेज़ों से जमकर लड़ा, लेकिन उसने मुसलमानों को खुलकर नौकरियाँ भी दीं क्योंकि उसकी लड़ाई औरंगज़ेब से थी न कि मुसलमानों से।

**मुगल साम्राज्य की चरमराती आर्थिक व्यवस्था**—अकबर के बाद शक्तिशाली सम्राट के न आने पर मुगलों की आर्थिक व्यवस्था चरमराने लगी। किसान बार-बार संगठित होकर आक्रमण करते थे। गरीब लोगों का एक विद्रोह सतनामियों का था। प्रशासन बार-बार इन हमलों से प्रभावित होता था।

अंग्रेज़ों का आगमन भी हो चुका था। वे भी मुगलों पर हावी होने का प्रयास कर रहे थे। साम्राज्य के शक्तिशाली सम्राट न होने के कारण चारों ओर फूट और बगावत फैली थी। पश्चिमी भारत में मराठा शक्ति विकास कर रही थी। शिवाजी छापेमार पद्धति से बार-बार अंग्रेज़ों पर प्रहार करते। उन्होंने अंग्रेज़ों की कोठियों को लूटा और मुगल साम्राज्य के क्षेत्रों पर चौथ-कर लगाया। मराठा पूरी शक्ति पा गए। 1680 में शिवाजी की मृत्यु हुई लेकिन मराठा शक्ति बढ़ती गई, वह भारत पर प्रभुत्व करना चाहती थी।

## II. शब्दार्थ

*पृष्ठ 84*

**पानी फेरना**—बने बनाए कार्य का अस्तित्व मिटाना। **धर्मांध**—धर्म में विश्वास न करना/सभी धर्मों का सम्मान न करना। **जज़िया-कर**—धार्मिक कार्यों पर लगाया गया कर। **अवलंब**—सहारा। **स्तंभ**—आधार।

*पृष्ठ 85*

**क्रुद्ध**—गुस्से में आना। **उत्तेजना**—रोष। **पुनर्जागरणवादी**—लोगों में नई चेतना जागृत करना। **धर्मनिरपेक्ष**—किसी धर्म विशेष में विश्वास न करना/सभी धर्मों को समान दृष्टि से देखना। **आंशिक**—बहुत कम। **खंडित**—टुकड़ों में बँटना। **आर्थिक**—धन संबंधी। **खिलाफ़**—विरुद्ध।

*पृष्ठ 86*

**चौथ-कर**—शिवाजी द्वारा लगाया गया अमीरों पर 'कर' जिसमें अमीरों को अपनी आमदनी का चौथा भाग कर के रूप में देना पड़ता था। **पृष्ठभूमि**—आधार। **दुर्जेय**—जिसे जीता न जा सके। **प्रभुत्व**—अधिकार।

## III. प्रश्न-उत्तर

**प्रश्न 1. औरंगज़ेब अपने पूर्वजों से किस प्रकार भिन्न था?**

**उत्तर**—औरंगज़ेब के पूर्वजों ने हिंदुओं को अपना बनाया। भारत में हिंदू-मुस्लिम प्रशासन की नींव रखी। जबकि औरंगज़ेव ने अपने पूर्वजों के कार्यों पर पानी फेर दिया। वह धर्मांध एवं कठोर अनैतिकतावादी था। कला व साहित्य से उसे प्रेम न था। उसने हिंदुओं पर जजिया-कर लगा उन्हें अपने विरुद्ध कर लिया। हिंदू मंदिरों को तुड़वा डाला, जो भारतीयों के लिए असहनीय था। उसके शासन-काल में भारतीय मुसलमानों के विरुद्ध हो गए।

**प्रश्न 2. जजिया-कर क्या था?**

**उत्तर**—जजिया-कर वह कर था जो औरंगज़ेब ने हिंदुओं पर धार्मिक कार्यों हेतु लगाया।

**प्रश्न 3. औरंगज़ेब की नीतियों का क्या परिणाम निकला?**

**उत्तर**—औरंगज़ेब की गलत नीतियों से उत्तर में सिक्ख और पश्चिम के मराठे उसके खिलाफ़ हो गए। किसानों का बड़ा भाग व आम जनता का गरीब वर्ग जो सतनामियों के नाम से जाना जाता था पूर्णतया उसके विरुद्ध था।

**प्रश्न 4. मराठों के सेनानायक कौन थे?**

**उत्तर**—मराठों के सेनानायक छत्रपति वीर शिवाजी थे।

**प्रश्न 5. शिवाजी किस पद्धति से युद्ध करते थे?**

**उत्तर**–शिवाजी छापामार पद्धति से युद्ध करते थे।

**प्रश्न 6. वारेन हेस्टिंग ने मराठों के बारे में क्या लिखा?**

**उत्तर**–वारेन हेस्टिंग जो अंग्रेज़ी विद्वान था, ने मराठों के बारे में लिखा, ''हिंदोस्तान और दक्खिन के तमाम लोगों में से केवल मराठों के मन में राष्ट्रप्रेम की भावना है, जिसकी गहरी छाप राष्ट्र के हर व्यक्ति के मन पर है।''

**प्रश्न 7. मुगलों का आर्थिक ढाँचा कैसे चरमराया?**

**उत्तर**–जब किसानों और गरीब सतनामियों के वर्ग ने बार-बार मुगल साम्राज्य का विरोध किया तो मुगलों का आर्थिक ढाँचा चरमराने लगा।

**प्रश्न 8. कैसे कहा जा सकता है कि मराठे अत्यधिक शक्ति पा चुके थे?**

**उत्तर**–सन् 1680 ई. में मराठा सरदार शिवाजी का देहांत हो गया लेकिन मराठा शक्ति तब तक बढ़ती गई जब तक भारत पर उसका प्रभुत्व नहीं हो गया। इस प्रकार हम कह सकते हैं कि इस समय मराठे अत्यधिक शक्ति पा चुके थे।

**प्रश्न 9. चौथ-कर क्यों और किनके द्वारा लगाया गया?**

**उत्तर**–चौथ-कर शिवाजी द्वारा अमीरों पर लगाया गया, जिसमें उन्हें अपनी आमदनी का चौथा भाग कर के रूप में जमा करवाना पड़ता था ताकि सैनिक कार्यों हेतु धन एकत्रित हो सके।

## IV. बहुविकल्पी प्रश्नोत्तर

1. *औरंगजेब कैसा शासक था?*
   (क) दयालु
   (ख) संस्कृतियों का आदर करने वाला
   (ग) योग्य
   (घ) क्रूर एवं कट्टर
2. *'जजिया कर' क्या था?*
   (क) रहन-सहन पर कर
   (ख) धार्मिक कार्यों हेतु लगाया जाने वाला कर
   (ग) विदेशों में जाने पर लगाया जाने वाला कर
   (घ) सरकार के नियम तोड़ने पर लगाया जाने वाला कर
3. *शिवाजी की युद्ध पद्धति क्या थी?*
   (क) प्रत्यक्ष रूप से सामना करना
   (ख) घोड़ों पर सवार होकर युद्ध करना
   (ग) छापामार पद्धति द्वारा
   (घ) तीरंदाजी द्वारा
4. *'चौथ कर' क्या था?*
   (क) शिवाजी द्वारा लगाया गया अमीरों पर कर
   (ख) औरंगजेब द्वारा लगा यात्रा कर
   (ग) शिवाजी द्वारा लगाया कृषि पर कर
   (घ) इनमें से कोई नहीं।

**उत्तर**– 1. (घ) 2. (ख) 3. (ग) 4. (क)

# 7. प्रभुत्व के लिए मराठों और अंग्रेज़ों के बीच संघर्ष : अंग्रेज़ों की विजय

## I. पाठ का सार

**औरंगज़ेब की मृत्यु**–औरंगज़ेब की सन् 1707 में मृत्यु हो गई। उसके पश्चात् लगभग 100 वर्षों तक भारत पर अधिकार करने के लिए विभिन्न जातियों के युद्ध ही चलते रहे।

**भारत पर अधिकार के चार दावेदार**–अठारहवीं शताब्दी में भारत पर अधिकार के चार दावेदार थे–भारतीयों में मराठे, हैदरअली और उसका बेटा टीपू सुलतान और विदेशियों में फ्रांसीसी और अंग्रेज़। शक्ति में इस समय मराठे थे। यह अनुमान लगाया जाता था कि सत्ता पाकर पूरे भारत पर वे कब्ज़ा कर लेंगे।

**ईरान के नादिरशाह का आक्रमण**–सन् 1739 में उत्तर-पश्चिमी दिशा से ईरान के नादिरशाह ने दिल्ली पर आक्रमण किया और इतनी लूटपाट की कि बेशुमार धन-दौलत के साथ प्रसिद्ध 'तख्तेताऊस' भी ले गया। दिल्ली के शासक पूर्णतया कमजोर पड़ गए।

**नादिरशाह के हमले का परिणाम–**

*(i)* **मराठों का शक्ति पाना**–नादिरशाह की टक्कर मराठों से न हुई। दिल्ली को अब कमजोर जानकर उन्हें मौका मिला और वे पंजाब तक फैल गए।

*(ii)* **मुगल शासकों का अधिकार समाप्त**–नादिरशाह ने दिल्ली को इतना लूटा कि मुगल सत्ता तो पूर्णतया समाप्त ही हो गई।

*(iii)* **अफगानिस्तान का भारत से अलग होना**–अफगानिस्तान जो काफी लंबे समय से भारत का हिस्सा था, वह कटकर नादिरशाह के राज्य का हिस्सा बन गया।

**अंग्रेज़ों का सत्ता में आना–**

इस समय भारत हर ओर से पूर्णतया कमज़ोर था। क्लाइव ने बंगाल में जालसाजी और बगावत को बढ़ावा देकर सन् 1757 में प्लासी का युद्ध जीत लिया। इससे पूरा बंगाल और बिहार अंग्रेज़ों की सत्ता में आ गया।

दक्षिण में अंग्रेज़ों और फ्रांसीसियों के मध्य युद्ध भी अंग्रेज़ों की विजय से समाप्त हुआ। इससे भारत में फ्रांसीसियों का नामोनिशान मिट गया।

**तीन शक्तियों की टक्कर**–अब भारतीय सत्ता हेतु अंग्रेज़, मराठा और हैदरअली तीन प्रमुख रह गए। मराठे अभी भी शक्तिशाली थे और यह उम्मीद भी भारतीय जनता में थी कि वे सत्ता पर हावी हो जाएँगे। हैदरअली व टीपू सुल्तान ने भी अंग्रेज़ों को बुरी तरह प्रभावित किया, लगभग ईस्ट इंडिया कंपनी को समाप्त ही कर दिया लेकिन वे केवल दक्षिण तक ही सीमित थे। पूरे भारत पर उनका कोई प्रभाव नहीं पड़ा।

**टीपू सुल्तान का हारना**–सन् 1799 में अंग्रेज़ों ने टीपू सुल्तान को बुरी तरह से पराजित कर दिया इसका परिणाम यह हुआ कि अब अंग्रेज़ों की टक्कर केवल मराठों से रह गई।

**मराठा शक्ति का दमन**–इस समय मराठा सरदारों के बीच आपसी वैर भावना मौजूद थी जिसका फायदा अंग्रेज़ी सरकार ने उठाया। अंग्रेज़ों ने मराठा सरदारों से अलग-अलग युद्ध करके उन्हें पराजित किया। एक बार सन् 1804 में आगरा में मराठाओं से अंग्रेज़ बुरी तरह हारे लेकिन सन् 1818 में मराठा पराजित हो गए और उन्होंने ईस्ट इंडिया की अधीनता स्वीकार कर ली। अब अंग्रेज़ भारत पर सीधे या फिर अधीनस्थ राजाओं के माध्यम से शासन करने लगे।

**अंग्रेज़ों की सत्ता**–अब भारत पर अंग्रेज़ों की सत्ता कायम हो गई। मराठों ने जिसे 'आतंक का युग' कहा अर्थात् अंग्रेज़ों की लूटपाट व मारकाट समाप्त हो गई, अब उन्होंने अपने ढंग की सुव्यवस्थित शासन सत्ता कायम की। यह भी कहना अनुचित नहीं कि यदि भारतवासी थोड़ी समझदारी से काम लेते तो अंग्रेज़ भारत पर हावी न हो पाते। उनकी सहायता के बिना भी भारत में शांति और व्यवस्थित शासन की स्थापना की जा सकती थी।

## II. शब्दार्थ

### *पृष्ठ 86*

**दावेदार**–हकदार। **पूर्वार्द्ध**–पहले का आधा भाग। **हुकूमत**–शासन। **बवंडर**–तूफ़ान। **बेशुमार**–अत्यधिक। **तख्तेताऊस**–शाहजहाँ द्वारा बनाया गया सिंहासन जो सोने-चाँदी से निर्मित व हीरे जवाहरातों द्वारा जड़ित था। **नपुंसक**–पौरुष बल समाप्त होना।

### *पृष्ठ 87*

**दावा**–हक। **हाथ की कठपुतली**–इशारों पर नाचना। **जालसाज़ी**–गलत नीतियाँ। **नामोनिशान मिट जाना**–पूरी तरह नष्ट हो जाना। **नियति**–इच्छा।

### *पृष्ठ 88*

**विकट**–अत्यधिक। **अद्‌भुत**–अजीब। **पराजित**–हराकर। **वैर**–शत्रुता। **सुव्यवस्थित**–सही ढंग से। **अव्यवस्था**–गलत नीतियाँ।

## III. प्रश्न-उत्तर

**प्रश्न 1. औरंगज़ेब की मृत्यु के पश्चात् भारत के दावेदार कौन-कौन थे?**

**उत्तर**–औरंगज़ेब की मृत्यु के बाद भारतीयों में मराठे, हैदरअली और उसका बेटा टीपू सुल्तान और विदेशियों में फ्रांसीसी और अंग्रेज़ थे।

**प्रश्न 2. इस समय पूरे भारत में कौन शक्ति पा रहे थे?**

**उत्तर**–इस समय पूरे भारत में मराठे शक्ति पा चुके थे और ऐसा अनुमान लगाया जाता था कि ये ही पूरे भारत पर राज करेंगे।

**प्रश्न 3. नादिरशाह कौन था? उसने दिल्ली पर आक्रमण क्यों किया? इसका मुख्य क्या परिणाम निकला?**

**उत्तर**–नादिरशाह ईरान का शासक था। उसने दिल्ली पर आक्रमण दिल्ली को लूटने के लिए किया। उसने दिल्ली की बेशुमार धन-दौलत लूटकर, दिल्ली के शासकों को अत्यधिक कमज़ोर बना दिया।

**प्रश्न 4. नादिरशाह के हमले के क्या परिणाम निकले?**

**उत्तर**–नादिरशाह के हमले के निम्न परिणाम निकले–

(*i*) **मराठों का शक्ति पाना**–दिल्ली के शासकों के कमजोर होते ही मराठे शक्ति पकड़ गए। वे पंजाब तक फैल गए।

(*ii*) **मुगल शासकों की सत्ता का अंत**–नादिरशाह ने दिल्ली को इतना लूटा कि मुगल तो पूर्णतया समाप्त ही हो गए।

(*iii*) **अफगानिस्तान से भारत का अलग होना**–अफगानिस्तान जो काफी लंबे समय से भारत का हिस्सा था वह कटकर नादिरशाह के राज्य का हिस्सा बन गया।

**प्रश्न 5. अंग्रेज़ों के हाथ में भारतीय सत्ता कैसे आ गई?**

**उत्तर**–सर्वप्रथम क्लाइव ने सन् 1757 में बंगाल का प्लासी का युद्ध जीत लिया, जिससे पूरा बंगाल और बिहार अंग्रेज़ों के हाथ आ गए। दक्षिण में फ्रांसीसियों से युद्ध करके वे जीत गए। 1799 में मैसूर के टीपू सुल्तान को अंग्रेज़ों ने पराजित किया।

तत्पश्चात् मराठा सरदारों के मध्य वैर भाव होने के कारण उन्हें एक-एक करके हराया। सन् 1804 में अंग्रेज़ मराठों से बुरी तरह हार भी गए लेकिन सन् 1818 तक आते-आते पूरी शक्ति सँभाल बैठे। कुछ भारत को तो अंग्रेज़ों ने जीत लिया था व कुछ शासक उनके अधीन हो गए थे।

## IV. बहुविकल्पी प्रश्नोत्तर

1. *औरंगजेब की मृत्यु के समय भारत में सबसे अधिक ख्याति कौन पा चुके थे?*

   (क) मराठे (ख) फारसी (ग) अंग्रेज़ (घ) नादिरशाह

2. *नादिरशाह के हमले का भारत पर क्या प्रभाव पड़ा?*

   (क) मराठों का शक्ति पाना (ख) मुगल शासकों की सत्ता का अंत

   (ग) अफगानिस्तान से भारत का अलग होना (घ) दिए गए सभी।

**उत्तर**– 1. (क) 2. (घ)

# 8. रणजीत सिंह और जय सिंह

## I. पाठ का सार

**सफल शासक रणजीत सिंह**–रणजीत सिंह पंजाब का एक ऐसा शासक था जिसे इतिहास कभी भुला नहीं सकता। जिस दौर में जनता त्रस्त और पस्त थी, उस समय में रणजीत सिंह ने मानवीय विचारों को आधार बनाकर पंजाब में अपना साम्राज्य कायम किया। बाद में यह साम्राज्य कश्मीर और सरहदी सूबे तक फैल गया। यह शासक खून-खराबा पसंद न करता था। इसने अपने शासनकाल में मौत की सज़ा देनी बंद कर दी। युद्ध के सिवाय? उसने कभी किसी की जान न ली, उसका शासन निर्दयता से परे था।

**चतुर एवं अवसरवादी जय सिंह**–जयपुर का शासक जय सिंह अत्यधिक अवसरवादी एवं चतुर था। अंग्रेज़ों की इतनी उथल-पुथल के बावजूद भी वह बचा रहा। वह राजनेता के साथ-साथ गणितज्ञ, खगोल विज्ञानी व नगर-निर्माण करने वाला भी था। वह इतिहास के अध्ययन में भी रुचि लेता था। उसने जयपुर नगर विदेशी नक्शों के आधार पर बसाया। उसने जयपुर, दिल्ली, उज्जैन, बनारस व मथुरा में वेधशालाओं का निर्माण करवाया।

जय सिंह के समय में निरंतर युद्ध व षड्यंत्र होते रहे लेकिन फिर भी उसने अपने राज्यकाल में अनेक कार्य किए जो वर्तमान में भी सराहनीय हैं।

## II. शब्दार्थ

### पृष्ठ 88

**त्रस्त**—दुखी। **पस्त**—शक्ति समाप्त हो जाना।

### पृष्ठ 89

**सरहदी**—सीमा। **मानवीय**—दयालु। **चतुर**—चालाक। **अवसरवादी**—समय पहचानने वाला। **गणितज्ञ**—गणित का ज्ञाता। **खगोल विज्ञानी**—ग्रहों आदि के ज्ञान को जानना। **वेधशालाएँ**—चिकित्सालय। **अजायबघर**— संग्रहालय। **षड्यंत्र**—चालें चलना।

### पृष्ठ 90

**उपद्रव**—दंगे। **ठेठ**—पक्के।

## III. प्रश्न-उत्तर

**प्रश्न 1. पंजाब के शासक रणजीत सिंह के शासन काल की क्या विशेषता थी?**

**उत्तर**—पंजाब के शासक रणजीत सिंह जाट सिक्ख थे। उनका शासन मानवीय भावनाओं पर आधारित था। उनके राज्य की सीमा पंजाब के साथ-साथ कश्मीर और सरहदी सूबे तक थी। वे खून-खराबा पसंद नहीं करते थे इसलिए उन्होंने अपने शासनकाल में मौत की सज़ा बंद कर दी। युद्ध में बलिदान देने की बात अलग थी, वैसे किसी की जान नहीं ली जाती थी।

**प्रश्न 2. जय सिंह के व्यक्तित्व की क्या विशेषताएँ थीं?**

**उत्तर**—जय सिंह एक बहादुर योद्धा, कुशल राजनीतिज्ञ, चतुर, अवसरवादी, गणितज्ञ, खगोल विज्ञानी व नगर-निर्माण करने वाला था। वह इतिहास के अध्ययन में भी रुचि रखता था।।

**प्रश्न 3. जय सिंह ने किस राज्य का निर्माण करवाया उसकी क्या विशेषता थी?**

**उत्तर**—जय सिंह ने जयपुर राज्य का निर्माण करवाया। इस राज्य की यह विशेषता थी कि इसका निर्माण विदेशी नक्शों के आधार पर किया गया था।

## IV. बहुविकल्पी प्रश्नोत्तर

1. *पंजाब के शासक रणजीत सिंह का शासन किन भावनाओं पर आधारित था?*
   (क) मानवीय भावनाओं पर (ख) कठोर शासकीय तरीकों पर
   (ग) रूढ़िवादिता पर (घ) इनमें से कोई नहीं।
2. *जयसिंह ने किस राज्य का निर्माण करवाया?*
   (क) लखनऊ (ख) जयपुर (ग) इलाहाबाद (घ) राजस्थान

**उत्तर**— 1. (क) 2. (ख)

# 9. भारत की आर्थिक पृष्ठभूमि—इंग्लैंड के दो रूप

## I. पाठ का सार

**ईस्ट इंडिया कंपनी का भारतीय आर्थिक ढाँचे पर प्रभुत्व**—जिस समय ईस्ट इंडिया कंपनी ने भारतीय सत्ता सँभाली तो उन्होंने भारतीय माल यूरोप में बेचना शुरू किया। भारतीय कारीगरों का बना माल मशीनी युग का सफलता से मुकाबला करता था। ईस्ट इंडिया कंपनी तो केवल धन कमाना चाहती थी। औद्योगीकरण वाले देशों का मुकाबला करने हेतु उन्होंने भारतीय अर्थतंत्र जो पूर्णतया विकसित था उसे पूर्णतया नष्ट कर दिया उसके स्थान पर कल-कारखाने लगाए गए। धीरे-धीरे कपड़ा बुनने की ढरकी (मशीन) का आविष्कार हुआ फिर कपड़ा कातने की कला, इंजन और मशीन के करघे भी बने। क्योंकि अंग्रेज़ अधिक-से-अधिक उन्नति करना चाहते थे।

**विद्वान एडम स्मिथ के विचार**–सन् 1776 में अपनी पुस्तक 'द वैल्थ ऑफ नेशंस' में एडम स्मिथ ने लिखा : 'एकमात्र व्यापारियों की कंपनी की सरकार किसी भी देश के लिए सबसे बुरी सरकार है।'

**इंग्लैंड का वास्तविक स्वरूप**–इंग्लैंड में भी इस समय कई प्रकार के दौर थे। एक इंग्लैंड शेक्सपीयर और मिल्टन वाला, शालीन बातों, लेखन, और बहादुरी के कारनामों वाला, राजनीतिक क्रांति व स्वाधीनता के लिए संघर्ष करने वाला व विज्ञान तकनीक में प्रगति करने वाला। दूसरी ओर इंग्लैंड की बर्बर दंड संहिता, नृशंस व्यवहार वाला, सामंतवाद और प्रतिक्रियावाद से घिरा हुआ। इंग्लैंड में ये सारी घटनाएँ साथ-साथ चलती रही थीं।

**संयुक्त राज्य अमेरिका का स्वतंत्र होना व भारत का स्वतंत्रता खोना**–नेहरू जी इस बात पर विचार करते हैं कि जिस समय संयुक्त राज्य अमेरिका ने स्वतंत्रता प्राप्त की उस समय भारत ने स्वतंत्रता खो दी। वे यह भी मानते थे कि अमेरिका नवीन विचारधाराओं को अपनाने में संकोची नहीं था जबकि भारत प्राचीन स्मृतियों और परंपराओं में जकड़ा था। इस बात को कभी भी झुठलाया नहीं जा सकता कि यदि ब्रिटेन मुगलों के शक्ति खोने पर भारत का प्रशासनिक बोझ न उठाता और भारत को स्वतंत्रता प्राप्ति हेतु इतने संघर्ष न करने पड़ते तो भारत न केवल अधिक स्वतंत्र और समृद्ध होता बल्कि विज्ञान और कला के क्षेत्र में और उन सब बातों में जो जीवन को जीने योग्य बनाती हैं, उसने कहीं अधिक प्रगति की होती।

## II. शब्दार्थ

### *पृष्ठ 90*

**बहुतायत**–बहुत अधिक मात्रा में। **चुंगी**–कर/टैक्स। **अर्थ-तंत्र**–आर्थिक ढाँचा। **औद्योगीकरण**–मशीनी युग। **समर्पण**–घुटने टेकना। **हस्तक्षेप**–दखल देना। **हुकूमत**–शासन। **सर्वशक्तिमान**–सबसे अधिक महत्त्व रखने वाली। **परवाना**–भेजा।

### *पृष्ठ 91*

**ढरकी**–कपड़ा बुनने की मशीन। **आविष्कार**–खोज। **करघे**–चरखे। **बर्बर**–ज़ालिम। **नृशंस**–क्रूर। **अनछुआ**–बिना छुआ। **स्मृतियों**–यादों। **समृद्ध**–संपन्न। **प्रगति**–उन्नति।

## III. प्रश्न-उत्तर

**प्रश्न 1. ईस्ट इंडिया कंपनी भारत कब आई?**

**उत्तर**–ईस्ट इंडिया कंपनी भारत सन् 1600 में आई।

**प्रश्न 2. शासन सत्ता संभालने पर कंपनी ने क्या किया?**

**उत्तर**–शासन सत्ता संभालने पर कंपनी का उद्देश्य केवल धन कमाना था। उन्होंने भारतीय माल यूरोप की मंडियों में बेचा। उन्होंने भारत में भी कल-कारखाने खोलकर भारतीय अर्थतंत्र का नाश किया व अपने फायदे हेतु कार्य किए।

**प्रश्न 3. विद्वान एडम स्मिथ ने ईस्ट इंडिया कंपनी के लिए क्या लिखा?**

**उत्तर**–विद्वान एडम स्मिथ ने अपनी पुस्तक 'द वैल्थ ऑफ नेशंस' में लिखा–'एकमात्र व्यापारियों की कंपनी की सरकार किसी भी देश के लिए सबसे बुरी सरकार है।'

**प्रश्न 4. इस समय इंग्लैंड किन दो रूपों में विभाजित था?**

**उत्तर**–इस समय इंग्लैंड भी दो रूपों में विभाजित था एक ओर तो शेक्सपीयर और मिल्टन वाला, शालीन बातों, लेखन और बहादुरी के कारनामों वाला, राजनीतिक क्रांति और स्वाधीनता हेतु संघर्ष करने वाला, विज्ञान और तकनीक में प्रगति करने वाला इंग्लैंड था। दूसरी ओर बर्बर दंड संहिता, नृशंस व्यवहार वाला, सामंतवाद और प्रतिक्रियावाद से घिरा इंग्लैंड था। अर्थात् एक ओर साहित्य व सामाजिक उन्नति वाला व दूसरी ओर संघर्षमय जीवन जीने वाला इंग्लैंड था लेकिन ये दोनों निरंतर साथ-साथ चल रहे थे।

**प्रश्न 5. यदि भारत पर इंग्लैंड का प्रभुत्व कायम न होता तो भारत की स्थिति क्या होती?**

**उत्तर**–यदि भारत पर अंग्रेज़ों का प्रभुत्व कायम न होता तो भारत अधिक स्वतंत्र, समृद्ध व प्रत्येक क्षेत्र में प्रगति करने वाला होता।

## IV. बहुविकल्पी प्रश्नोत्तर

**1.** *भारत में ईस्ट इंडिया कंपनी ने कब प्रवेश किया?*

(क) सन् 1800 में (ख) सन् 1600 में (ग) सन् 1700 में (घ) सन् 1900 में

**2.** *विद्वान एडम स्मिथ ने ईस्ट इंडिया के लिए क्या कहा?*

(क) 'एकमात्र व्यापारियों की कंपनी की सरकार किसी भी देश के लिए सबसे बुरी सरकार है।'

(ख) 'व्यापारियों की सरकार कभी शासन सत्ता नहीं सँभाल पाएगी।'

(ग) 'व्यापारियों की सरकार कभी जनता का हित नहीं सोच सकती।'

(घ) 'व्यापारियों की सरकार पूरे भारत की मानवीय भावनाओं को मशीनीकरण में परिवर्तित कर देगी।'

**उत्तर–** 1. (ख) 2. (क)

# 6. अंतिम दौर–एक

## 1. भारत राजनीतिक और आर्थिक दृष्टि से पहली बार एक अन्य देश का पुछल्ला बनता है

### I. पाठ का सार

**भारत में घटी एक नई घटना**–युगों से अपना अस्तित्व न खोने वाले भारत में पहली बार ऐसी घटना घटी कि वह अपने ही देश में गुलाम बन गया। बहुत-सी जातियों ने भारत पर राजनीतिक सत्ता कायम की लेकिन वे भारत में रहकर भारत का हिस्सा भी बन गईं, भारत ने अपनी स्वाधीनता कभी नहीं खोई लेकिन पहली बार ऐसा हुआ कि भारत पर राजनीतिक संचालन उसकी धरती से बाहर का हुआ। अंग्रेजों ने भारत में रहकर हुकूमत चलाई जबकि शासन सत्ता इंग्लैंड की थी।

**भारत की अधीनता**–भारत ब्रिटिश सरकार के लिए एक औपनिवेशिक केंद्र व खेतिहर बनकर रह गया जिसे अंग्रेज़ी सरकार ने पूरी तरह से चूसा। भारत में उन्हीं व्यापार-धंधों को बढ़ावा मिला जिनसे अंग्रेजी सरकार को लाभ था व उन्हीं पदार्थों की खेती होती थी जो उन्हें लाभ दें।

**अंग्रेजी सरकार की चाल**–अंग्रेजों ने भारत के एक ऐसे वर्ग को पैदा किया जिनके स्वार्थ उनसे भिन्न न थे अर्थात् आम जनता व अंग्रेज़ी सरकार के बीच का वर्ग जिसमें राजा, जमींदार, सरकार के विभिन्न विभागों के पटवारी, गाँवों के मुखिया व उच्च कर्मचारी आते थे। ये भी जनता का खून चूसने वाले थे। अंग्रेजों ने हर जिले में कलेक्टर भी नियुक्त किए। ये सब सरकार को मुँह-माँगी रकमें आम जनता से एकत्रित करके देते थे व अपनी जेबें भी भरते थे।

**भारत पर आर्थिक बोझा**–भारत की जनता अपने ही देश में संपन्न साधनों के होने के बावजूद भी गरीब बन गई क्योंकि उसे ब्रिटेन के खर्चे उठाने पड़ते थे। 'कैपिटेशन चार्ज' जिसमें सेना के एक हिस्से का प्रशिक्षण खर्चा भारत को उठाना पड़ा। इसके अलावा अन्य खर्चों का बोझ भी भारत के कंधों पर था।

### II. शब्दार्थ

*पृष्ठ 92*

**गुलाम**–किसी के अधीन रहना। **पूँजीवाद**–जैसे-तैसे धन कमाने को महत्त्व देना। **औपनिवेशिक**–किसी को अधीन कर उपनिवेश बनाना। **खेतिहर**–किसान। **पुछल्ला**–किसी के पीछे चलना। **अनुसरण**–मानना/दूसरे के अनुसार कार्य करना। **लगान**–कृषि पर लगाया जाने वाला कर। **अभिन्न**–अलग न हो।

*पृष्ठ 93*

**सुदृढ़**–पक्का। **महकमों**–विभागों। **पटवारी**–जमीन की पैमाइश करने वाले। **प्रशिक्षण**–ट्रेनिंग। **कैपिटेशन चार्ज**–सेना के प्रशिक्षण हेतु किया जाने वाला खर्च। **मायूसी**–उदासी। **क्रोध**–गुस्सा।

### III. प्रश्न-उत्तर

प्रश्न 1. **ब्रिटिश शासन भारत में आने से भारत के साथ घटने वाली नई घटना क्या थी?**

उत्तर–ब्रिटिश शासनकाल भारत में आने से भारतीयों के लिए नई घटना यह थी कि पहली बार वे ऐसी शासन सत्ता में आए जिसका मूल भारतीय न था। अब से पूर्व कई बाहरी जातियों ने भारत पर आक्रमण कर, शासन सत्ता सँभाली थी लेकिन अधिकांश ने अपना भारतीकरण किया और जो भारतीय सभ्यता-संस्कृति को न अपना सका वह शासक टिक न पाया। अब तो भारत ऐसे शासकीय संचालन में बँध गया जिसका संचालन केंद्र भारत की धरती पर ही न था अर्थात् भारत के लिए कानून व्यवस्था इंग्लैंड में बिना भारतीयों के बनी।

प्रश्न 2. **अंग्रेज़ों ने भारत का प्रयोग किस रूप में किया?**

**उत्तर**—अंग्रेज़ों ने भारत का प्रयोग उपनिवेश व खेतिहर के रूप में किया। उसी माल का उत्पादन भारत में होता जिस माल को बेचकर अंग्रेज़ों को लाभ था व वही खेती करवाई जाती जो उनके लिए आवश्यक थी।

**प्रश्न 3. अंग्रेज़ों ने अपने फायदे हेतु किस वर्ग को जन्म दिया?**

**उत्तर**—अंग्रेज़ों ने अपने फायदे हेतु भारतीय आम जनता व अपने बीच एक ऐसे वर्ग को जन्म दिया जो उनके कहे अनुसार चले। उनमें थे जमींदार, राजा, पटवारी, गाँव के मुखिया व ऊपर के कर्मचारी। ये सरकार के पिछलग्गू थे, आम जनता से धन बटोरकर अपनी व सरकार की जेबें भरते थे।

**प्रश्न 4. इस समय कौन-से दो विभाग प्रमुख थे?**

**उत्तर**—इस समय सरकार के दो विभाग मालगुजारी और पुलिस थे।

**प्रश्न 5. हर जिले में प्रमुख पद कौन-सा नियुक्त किया गया?**

**उत्तर**—हर जिले में प्रमुख पद कलेक्टर या जिला मजिस्ट्रेट का नियुक्त किया गया।

**प्रश्न 6. मालगुजारी से आप क्या समझते हैं?**

**उत्तर**—मालगुजारी एक प्रकार का चुंगी कर था जो गाँवों से शहरों में लाए या ले जाए जाने वाले सामान पर सरकार की ओर से लगाया जाता था।

**प्रश्न 7. भारत में सभी संपन्न साधन होने पर भी भारत की जनता अपने ही देश में गरीब क्यों हो गई?**

**उत्तर**—भारत में सभी संपन्न साधन होने पर भी-भारत की जनता अपने ही देश में गरीब हो गई क्योंकि उसे बिट्रेन के सभी खर्च उठाने पड़ते थे।

**प्रश्न 8. *'कैपिटेशन चार्ज'* क्या था?**

**उत्तर**—अंग्रेज़ी सेना के प्रशिक्षण हेतु भारत की ओर से उठाया गया खर्च 'कैपिटेशन चार्ज' था।

## IV. बहुविकल्पी प्रश्नोत्तर

1. *ब्रिटिश शासन सत्ता दूसरी विदेशी जातियों से कैसे भिन्न थी?*
   (क) ब्रिटिश शासन सत्ता में भारतीयों के लिए कानून इंग्लैंड में बनते थे।
   (ख) अंग्रेजों ने भारतीय सभ्यता व संस्कृति को नहीं अपनाया।
   (ग) उनकी नीतियाँ केवल अपने लाभ हेतु थीं न कि भारतीयों के लिए।
   (घ) उपर्युक्त सभी।
2. *अंग्रेज़ों के समय भारत में कौन से दो मुख्य विभाग बने?*
   (क) मालगुजारी व पुलिस
   (ख) धर्म व राजनीति
   (ग) भारतीयों व अंगेज़ों के शासकीय विभाग
   (घ) शहरों व गाँवों की शासकीय सत्ता के अलग-अलग विभाग
3. *भारत के गरीब होने का कारण क्या था?*
   (क) भारतीय लोगों का काम न करना
   (ख) भारत द्वारा इंग्लैंड के खर्चे उठाना
   (ग) अंग्रेज़ों द्वारा भारतीयों के कारोबार छिन जाना
   (घ) पढ़े-लिखे भारतीयों द्वारा इंग्लैंड की ओर पलायन।

**उत्तर**— 1. (घ) 2. (क) 3. (ख)

# 2. भारत में ब्रिटिश शासन के अंतर्विरोध राममोहन राय—बंगाल में अंग्रेज़ी शिक्षा और समाचार पत्र

## I. पाठ का सार

**अंग्रेज़ों द्वारा भारत में शिक्षा का मार्ग प्रशस्त**—भारतीयों को शिक्षा की ओर अग्रसर करने का श्रेय अंग्रेज़ों को ही दिया जाता है। जब ब्रिटिश शासन सत्ता पूरी तरह अपने पैर पसार चुकी तो अंग्रेज क्लर्कों को रखना भी उन्हें भारी पड़ने लगा। ऐसे में उन्होंने भारतीयों को शिक्षित कर कम वेतन में क्लर्क प्राप्त करना अधिक उचित समझा।

**शिक्षा से नई चेतना–**समाज में शिक्षित वर्ग के पनपते ही नई चेतना की जागृति हुई। उन्हें अहसास होने लगा कि गुलाम जीवन से छुटकारा पाना होगा।

**चेतना के दूसरे मार्ग–**भले ही अंग्रेज़ी शासन ने अपने लाभ हेतु भारत में नई तकनीक, रेलगाड़ी, छापाखाना, दूसरी मशीनों व युद्ध के कारगर तरीकों का प्रसार किया लेकिन भारतीय भी उनमें पूरी तरह से शामिल थे। इन सबसे भी उनके दिलो दिमाग में व्यापक परिवर्तन हुआ। दूर रहने वाले लोगों का आपसी संपर्क बढ़ा विचारों का आदान-प्रदान हुआ।

**नई अर्थव्यवस्था की नींव–**अंग्रेज़ों ने नई अर्थव्यवस्था की नींव भारतीय धरातल पर रखी। खेतिहर व्यवस्था टूट गई। अब ज़मीन भी बिकाऊ वस्तु हो गई। मुद्रा प्रणाली का विस्तार अधिक हुआ।

**बंगाल के समाज सुधारक राजा राममोहन राय का उदय–**अठारवीं शताब्दी के महान समाज सुधारक बंगाल की धरती से थे जहाँ लगभग 50 वर्षों से अंग्रेज़ी साम्राज्य चल रहा था। हिंदू मुसलिम संस्कृति को जानने वाले, संस्कृत, अरबी और फारसी भाषा के विद्वान राजा राममोहन राय ने अपनी विचारधारा से भारतीयों में नई चेतना जगाने का प्रयत्न किया। उन्होंने अंग्रेज़ी सरकार के गवर्नर जनरल को गणित, भौतिकी, विज्ञान, रसायनशास्त्र, जीव-विज्ञान और अन्य उपयोगी विज्ञानों की शिक्षा की आवश्यकता पर ज़ोर देने के लिए लिखा। ऐसा करने का कारण यह था कि भारतीय जनता आधुनिकता के संपर्क में रहे।

**भारतीय धार्मिक विचारों पर अडिग–**राजा राममोहन राय पर ईसाई व मुसलिम दोनों धर्मों का प्रभाव रहा परंतु वे भारतीय धार्मिक आधार पर अडिग रहे। उन्होंने धार्मिक कुरीतियों व कुप्रथाओं से भारत को मुक्त करवाना चाहा। इसी का परिणाम था कि ब्रिटिश सरकार ने सती प्रथा पर रोक लगाई।

**पत्रकारिता को महत्त्व–**वे भारतीय पत्रकारिता के प्रवर्तक थे। उनका मानना था कि समाचार पत्र व पत्रिकाएँ मनुष्य के विचारों को जागरूक करने का उत्तम तरीका है। इनकी देख-रेख में ही 1818 में पहली बार ऐसा अंग्रेज़ी का समाचार पत्र निकला जिसका संपादन भारतीयों ने किया था। तत्पश्चात् बंगाली में एक साप्ताहिक व एक मासिक समाचार पत्र प्रकाशित हुआ। धीरे-धीरे कलकत्ता, मद्रास और मुंबई से तेजी से समाचार पत्र निकलने लगे।

**राजा राममोहन राय की मृत्यु–**उनकी नीतियों की विशेषता थी कि उन्होंने भारतीयों में पुनर्जागरण लाना चाहा लेकिन इन्होंने अंग्रेज़ी सरकार का विरोध न कर उनकी नीतियों में परिवर्तन करने का प्रयास किया। दिल्ली सम्राट की ओर से वे एक बार इंग्लैंड भी गए। दुर्भाग्यवश उन्नीसवीं शताब्दी के आरंभिक वर्षों में ब्रिस्टल में उनकी मृत्यु हो गई।

## II. शब्दार्थ

### *पृष्ठ 93*

**शिक्षाविद्–**शिक्षा का ज्ञाता। **प्राच्य-विद्या विशारद्–**एक प्रकार की शैक्षणिक उपाधि। **चिंतन–**विचार। **क्लर्क–**दफ्तरों में लिखित काम करने वाले मामूली कर्मचारी। **चेतना–**बुद्धि/विचारधारा।

### *पृष्ठ 94*

**पृष्ठभूमि–**आधार। **आघात–**चोट पहुँचाना। **उपेक्षा–**ध्यान न देना। **व्यापक–**बड़ा। **वैयक्तिक–**विशेष व्यक्ति की। **संपत्ति–**धन-दौलत। **मुद्रा-केंद्रित–**मुद्रा पर आधारित। **कुरीतियों–**पुराने गलत रीति-रिवाज। **कुप्रथाओं–**पुरानी गलत विचारधाराएँ।

### *पृष्ठ 95*

**प्रवर्तक–**संस्थापक। **स्वामित्व–**अधिकार। **समन्वयवादी–**विचारों का आदान-प्रदान। **विश्वजनीन–**विश्व में प्रसिद्ध। **कट्टर–**पक्का। **पुनर्जागरण–**नई चेतना जागृत करना।

## III. प्रश्न-उत्तर

**प्रश्न 1. भारतीयों की चेतना जागृत करने का श्रेय अंग्रेज़ों को क्यों जाता है?**

**उत्तर–**भारतीयों की चेतना जागृत करने का श्रेय अंग्रेज़ों को इसलिए जाता है क्योंकि भारत में पाश्चात्य संस्कृति लाने हेतु उन्होंने लोगों को शिक्षित करना ही सही माध्यम समझा। दूसरी ओर भारतीय समाज के शिक्षित होने पर ही उन्होंने गुलामी की जंजीरों को तोड़ने की सोची।

**प्रश्न 2. अंग्रेज़ी सरकार ने सस्ते क्लर्क कैसे प्राप्त किए?**

**उत्तर–**जब भारत में अंग्रेज़ी शासन सत्ता कायम हुई तो विभागीय कार्य करने के लिए क्लर्कों की आवश्यकता थी। यदि ब्रिटिशों को इस नौकरी पर रखा जाता था तो वे अधिक वेतन लेते थे जबकि भारतीय वही काम सस्ते में अर्थात् कम वेतन में करते थे। इसीलिए उन्होंने भारतीयों को शिक्षित कर सस्ते क्लर्क प्राप्त किए।

**प्रश्न 3. अंग्रेज़ी शासनकाल के दौरान भारत ने किस-किस क्षेत्र में विकास किया?**

उत्तर–अंग्रेज़ी शासनकाल में ही भारत ने नई तकनीक, रेलगाड़ी, छापाखाना, दूसरी मशीनें व युद्ध के अधिक कारगर तरीकों का विकास किया।

**प्रश्न 4. इस समय आर्थिक दशा में कौन-सा व्यापक परिवर्तन हुआ?**

उत्तर–इस समय आर्थिक दशा में व्यापक परिवर्तन यह हुआ कि खेतिहर व्यवस्था टूट गई। उसका स्थान वैयक्तिक संपत्ति और ज़मींदारी ने ले लिया। मुद्रा का प्रचलन बढ़ गया। जमीन भी बिकाऊ वस्तु बन गई।

**प्रश्न 5. बंगाल ब्रिटिश प्रशासन से अधिक परिचित क्यों था?**

उत्तर–बंगाल ब्रिटिश प्रशासन से अधिक परिचित था क्योंकि वहाँ लगभग पचास वर्ष पहले ब्रिटिश शासन स्थापित हो चुका था।

**प्रश्न 6. बंगाल के महान समाज सुधारक कौन हुए?**

उत्तर–बंगाल के महान समाज सुधारक राजा राममोहन राय हुए जिन्होंने समाज में नई जागृति लाने की चेष्टा की।

**प्रश्न 7. राजा राममोहन राय के व्यक्तित्व की क्या विशेषता थी?**

उत्तर–राजा राममोहन का व्यक्तित्व प्रभावशाली था। वे नवीन व प्राचीन विचारों के मेल वाले व्यक्ति थे। भारतीय विचारधारा और दर्शन का उन्हें गहरा ज्ञान था। संस्कृत, फारसी और अरबी के विद्वान थे। इनके अलावा उन्होंने ग्रीक, लातोनी और इब्रानी भाषाएँ भी सीखीं ताकि पश्चिमी धर्म व विचारधाराओं से परिचित हो सकें।

**प्रश्न 8. भारतीयों को सुशिक्षित करने हेतु राजा राममोहन राय ने क्या किया?**

उत्तर–राजा राममोहन राय ने लोगों में शिक्षित होने की विचारधारा को जागृत किया क्योंकि वे जानते थे कि इससे लोगों में देशप्रेम की भावना जागृत होगी। वे अपने अधिकारों को पाने की चेष्टा करेंगे।

इस हेतु उन्होंने गवर्नर जनरल को गणित, भौतिक-विज्ञान, रसायनशास्त्र, जीव-विज्ञान व अन्य उपयोगी विज्ञानों की शिक्षा की आवश्यकता पर ज़ोर देने हेतु लिखित रूप में आग्रह किया।

**प्रश्न 9. राजा राममोहन राय ने मुख्य रूप से किस कुरीति का अंत किया?**

उत्तर–राजा राममोहन राय ने मुख्य रूप से 'सती प्रथा' जिसमें पति की मुत्यु होने पर स्त्री भी जिंदा जलकर अपने प्राण दे देती थी, का अंत किया। उन्हीं के आंदोलन के कारण ब्रिटिश सरकार ने सती प्रथा पर रोक लगाई।

**प्रश्न 10. राजा राममोहन राय ने समाचार पत्रों को बढ़ावा क्यों दिया?**

उत्तर–राजा राममोहन राय ने समाचार पत्रों को बढ़ावा दिया क्योंकि वे सोचते थे कि ये लोगों के मानस पटल पर गहरा प्रभाव डालते हैं और राष्ट्रीय जागरण में सहायक सिद्ध होंगे। उन्हीं के प्रयासों से सर्वप्रथम बंगाली में एक मासिक व एक साप्ताहिक समाचार पत्र निकला। भारतीय भाषा में प्रकाशित होने वाले ये पहले पत्र थे। इसके पश्चात कलकत्ता, मद्रास और मुंबई में समाचार पत्र व पत्रिकाएँ तेजी से निकली।

## IV. बहुविकल्पी प्रश्नोत्तर

1. *'अंग्रेज़ों ने भारतीयों की मन:स्थिति को शिक्षित किया'–यह कहना क्यों सही है?*
   - (क) नए विद्यालय खुल गए। समाज में शिक्षित की इज़्ज़त थी।
   - (ख) अंग्रेज़ों को देखकर भारतीय भी अपने बच्चों को विद्यालय भेजने लगे।
   - (ग) भारतीयों के मन में शिक्षित होने पर यह भावना जागी कि गुलामी की जंजीरों को तोड़ने से ही हम सुखी जीवन बिता पाएँगे।
   - (घ) शिक्षित होने पर ही लोगों ने यह जाना कि वे अंग्रेज़ी सरकार की शासन सत्ता में नौकरी करके अधिक-से-अधिक धन कमा सकते हैं।
2. *अंग्रेज़ों ने कृषि प्रधान भारतीय ढाँचे को किस में परिवर्तित किया?*
   - (क) मशीनीकरण में
   - (ख) नौकरी प्रधान बना डाला
   - (ग) हथकरघा उद्योगों को बढ़ावा दिया
   - (घ) हर व्यक्ति को किसी भी कारोबार में सक्षम होने पर बल दिया।

3. *'राजा राममोहन राय' कहाँ के रहने वाले थे?*

(क) दिल्ली (ख) बंगाल (ग) नेपाल (घ) वर्मा

4. *भारतीयों द्वारा संपादित पहला समाचार-पत्र कब प्रकाशित हुआ?*

(क) सन् 1818 में (ख) सन् 1800 में (ग) सन् 1816 में (घ) सन् 1900 में

**उत्तर–** 1. (ग) 2. (क) 3. (ख) 4. (क)

# 3. सन् 1857 की महान क्रांति–जातीयतावाद

## I. पाठ का सार

**भारतीयों का अपने जीवनयापन हेतु ब्रिटिश सरकार की ओर ताकना–** भारत के उत्तर भारत को छोड़कर लगभग सारा भारत अब ब्रिटिश सरकार की सहानुभूति चाहता था। बंगाल ने सरकार से समझौता किया। दक्षिण, पश्चिमी भारत एवं मुंबई की स्थिति भी यही थी। लेकिन उत्तर भारत में सामंत सरदारों और उनके अनुयायियों में विद्रोह की चेतना निरंतर बढ़ती जा रही थी। सामान्य जनता भी ब्रिटिश विरोधी थी।

**सन् 1857 की क्रांति–** सन् 1857 में अंग्रेजों के साथ युद्ध करने की दिनांक निश्चित थी–योजना खुफिया ढंग से बनाई गई थी। लेकिन निश्चित समय से पहले ही जब यह पता चला कि हथियारों को चलाने से पहले उसे मुँह से खोलना पड़ता है और उस स्थान पर गाय के मांस का प्रयोग किया गया है, तो ऐसा सुनते ही विद्रोही भड़क उठे और क्रांति आरंभ हो गई। यह क्रांति मध्य भारत के कुछ भागों व बिहार तक ही फैल सकी। इस समय गद्दी पर अशक्त शासक बहादुरशाह जफर बैठा था जो कुछ न कर पाया। इस विद्रोह में हिंदू व मुसलमानों ने पूरी तरह अंग्रेज़ों के खिलाफ़ प्रदर्शन किया। इस विद्रोह में तांत्या टोपे व झाँसी की रानी लक्ष्मीबाई ने बढ़-चढ़ कर हिस्सा लिया।

**ब्रिटिश सरकार को झकझोड़ना–** यह भारतीयों द्वारा ब्रिटिश सरकार के विरुद्ध ऐसा विद्रोह था जिसने अंग्रेज़ों की आँखें खोल दी। वे भी इस बात के लिए सचेत हो गए कि अब भारतीय चुप न रहेंगे।

## II. शब्दार्थ

### *पृष्ठ 95*

**प्रवृत्ति**–इच्छा। **असंतोष**–संतुष्ट न होना।

### *पृष्ठ 96*

**बगावत**–विद्रोह। **नियत**–निश्चित। **जनांदोलन**–जनता का आंदोलन। **अनुयायी**–मानने वाले। **अवशेष**–बचे हुए। **सार्वजनिक**–समान रूप से सारी जनता का। **स्मरण**–याद।

### *पृष्ठ 97*

**सर्वोत्तम**–सबसे उत्तम। **तत्काल**–उसी समय। **ज़ब्त**–कब्ज़े में करना। **झकझोर**–हिला देना। **पुनर्गठन**–फिर से संगठित होना।

## III. प्रश्न-उत्तर

**प्रश्न 1. ब्रिटिश शासन के लगभग एक शताब्दी के उपरांत भारत की क्या स्थिति थी?**

**उत्तर–** ब्रिटिश शासन के लगभग एक शताब्दी के पश्चात् भारत की आर्थिक दशा डगमगाने लगी थी। बंगाल, दक्षिण और पश्चिमी भारत व मद्रास और मुंबई उन्नति हेतु अंग्रेज़ी सरकार का मुँह ताकने लगे थे लेकिन उत्तर भारत पूर्णतया इस सरकार का विरोधी था। सामंत सरदारों व उनके अनुयायियों के साथ-साथ सामान्य जनता में भी असंतोष व तीव्र ब्रिटिश विरोधी भावना बढ़ती जा रही थी।

**प्रश्न 2. भारतीयों ने प्रथम बार खुले आम अंग्रेज़ी सरकार के विरुद्ध बगावत कब की?**

**उत्तर–** भारतीयों ने प्रथम बार खुले आम अंग्रेज़ी सरकार के विरुद्ध बगावत सन् 1857 में की।

**प्रश्न 3. निश्चित समय से पूर्व विद्रोह होने का परिणाम क्या निकला?**

**उत्तर**–निश्चित समय से पूर्व विद्रोह होने से यह क्रांति एक जन-आंदोलन बनकर रह गई।

**प्रश्न 4. इस जन-आंदोलन के दौरान कौन-से दो प्रमुख नेता उभर कर आए?**

**उत्तर**–इस जन-आंदोलन के दौरान तांत्या टोपे व रानी लक्ष्मीबाई (झाँसी की रानी) उभर कर आने वाले नेता थे जिन्होंने अंग्रेज़ी शासन की जड़ें हिला दी।

**प्रश्न 5. स्वतंत्रता सेनानी वीर सावरकर की कौन-सी पुस्तक ज़ब्त कर ली गई और क्यों?**

**उत्तर**–स्वतंत्रता सेनानी वीर सावरकर की पुस्तक 'द हिस्ट्री ऑफ़ द वॉर ऑफ़ इंडिपेंडेंस' अंग्रेज़ों द्वारा ज़ब्त कर ली गई क्योंकि इसमें सरकार की नीतियों का स्पष्ट रूप से वर्णन किया गया था।

## IV. बहुविकल्पी प्रश्नोत्तर

1. *भारत का कौन-सा भाग पूर्णतया अंग्रेज़ी सरकार का विरोधी था?*
   (क) दक्षिण (ख) पश्चिमी (ग) उत्तरी (घ) पूर्वी
2. *सन् 1857 के भारतीय विद्रोह में कौन-से दो प्रमुख नेता उभरे?*
   (क) महात्मा गाँधी व जवाहरलाल नेहरू (ख) सुभाष चंद्र बोस व भगत सिंह
   (ग) ताँत्या टोपे व लक्ष्मीबाई (घ) लाला लाजपत राय व बाल गंगाधर तिलक
3. *1857 के विद्रोह के समय 'भारतीय शासन तंत्र' कौन सँभाल रहा था?*
   (क) बहादुरशाह जफर (ख) शेरशाह सूरी (ग) औरंगजेब (घ) जहाँगीर

**उत्तर**– 1. (ग) 2. (ग) 3. (क)

# 4. हिंदुओं और मुसलमानों में सुधारवादी और दूसरे आंदोलन

## I. पाठ का सार

**भारतीयों के विचारों का परिवर्तन**–तकनीकी परिवर्तन व शिक्षा का प्रसार होने से लोगों की विचारधारा में परिवर्तन हो गया। कुछ का झुकाव पश्चिमी चीजों की ओर बढ़ गया और कुछ अपने देश के प्रति सचेत हो गए।

**धर्म परिवर्तन**–इस समय हिंदू धर्म अत्यधिक रूढ़िवादिता की ओर बढ़ रहा था। सामाजिक रीति-रिवाजों से खिन्न होकर बहुत से हिंदू ईसाई धर्म की ओर आकर्षित हुए। बंगाल में कुछ प्रसिद्ध व्यक्तियों ने भी धर्म परिवर्तन किया।

**ब्रह्म समाज की स्थापना**–राजा राममोहन राय ने समाज-सुधारवादी आधार पर हिंदू 'ब्रह्म-समाज' की स्थापना की। मध्यम वर्ग पर इसका अत्यधिक प्रभाव पड़ा। उनके बाद केशवचंद्र ने इस धर्म को लगभग ईसाई रूप ही दे दिया।

**महान समाज सुधारक स्वामी दयानंद सरस्वती**–उन्नीसवीं शताब्दी के उत्तरार्द्ध में स्वामी दयानंद सरस्वती ऐसे समाज सुधारक हुए जिन्होंने भारतीय धार्मिक ढाँचे में वेदों को प्रमुख बताया। उनका नारा था–'वेदों की ओर लौटो।' इनके धार्मिक मत को आर्य समाज के नाम से जाना गया। इसका प्रसार मुख्य रूप से पंजाब और संयुक्त प्रदेश के हिंदू मध्य वर्ग में हुआ। इस धर्म ने लड़के-लड़कियों में समान रूप से शिक्षा के प्रसार में, स्त्रियों की स्थिति का सुधार करने में और दलित जातियों के स्तर को ऊँचा उठाने में विशेष कार्य किया।

**श्रीरामकृष्ण परमहंस**–स्वामी दयानंद के ही समय में बंगाल में एक व्यक्तित्व उभरा श्रीरामकृष्ण परमहंस। ये मुख्यत: धार्मिक थे। उन्होंने हिंदू धर्म और दर्शन के विविध पक्षों को आपस में जोड़कर जनता के समक्ष प्रस्तुत किया। वे सांप्रदायिकता के विरोधी थे। उन्होंने इस बात पर विशेष बल दिया कि सभी मार्ग सत्य की ओर जाते हैं।

**स्वामी विवेकानंद**–स्वामी विवेकानंद ने रामकृष्ण मिशन की स्थापना की। उन्हें भारत की विरासत पर गर्व था। वे प्राचीन व नवीन विचारधारा के मध्य सेतु थे। वे बंगला और अंग्रेज़ी भाषा के विद्वान, गद्य व पद्य में लिखने वाले, रोबीले, शालीन और गरिमावान व्यक्तित्व वाले थे। उन्होंने भारतीयों में भारतीयता जगाने का प्रयास किया। वे उदास व पतित भारतीयों के लिए संजीवनी की तरह थे। उन्होंने भारत की ओर से अंतरराष्ट्रीय धर्म-सम्मेलन में भाग लिया उन्होंने लोगों को धार्मिक कर्म-कांड छोड़कर एकेश्वरवाद का पाठ पढ़ाया। छुआछूत के वे सख्त विरोधी थे। उन्होंने अपने लेखन व भाषणों द्वारा जनता को यह संदेश

दिया कि 'अगर दुनिया में कोई पाप है तो वह है दुर्बलता' व्यक्ति को 'अभय' अर्थात् निडर होना चाहिए। उनका मानना था कि यदि कोई भी चीज़ जो तुम्हें शारीरिक, बौद्धिक और आध्यात्मिक दृष्टि से कमज़ोर बनाती है, उसे छोड़ देना चाहिए। अंधविश्वासों में विश्वास नहीं करना चाहिए। अंधविश्वासी से तो नास्तिक होना अच्छा है।

अपने इन्हीं विचारों से विवेकानंद हिमालय से कन्याकुमारी तक प्रसिद्ध हुए।

**रवींद्रनाथ टैगोर–**विवेकानंद के समकालीन हुए रवींद्रनाथ टैगोर। उनका परिवार शुरू से ही सुधारवादी आंदोलनों में लगा था। इसी कारण वे भी देश के प्रति समर्पित थे। वे श्रेष्ठ लेखक और कलाकार थे। वे कोई राजनीतिज्ञ नहीं थे लेकिन पक्के स्वाधीनता सेनानी थे। वे ब्रिटिश सरकार का आगे बढ़कर विरोध करते थे। अमृतसर के हत्याकांड के समय उन्होंने 'सर' की उपाधि अंग्रेज़ी सरकार को लौटा दी। शिक्षा के क्षेत्र में 'शांति निकेतन' उनकी शिक्षा के क्षेत्र में नई देन थी। अपने देश के संदेशों को वे विदेशों में लेकर जाते व विदेशों के संदेश भारत में लाते। उनका मस्तिष्क उपनिषदों के ज्ञान से ओत-प्रोत था। घोर व्यक्तिवादी होने पर भी वे रूसी क्रांति की महान उपलब्धियों के प्रशंसक थे, विशेषकर शिक्षा के प्रसार, संस्कृति, स्वास्थ्य और समानता की चेतना के। उनका मानना था कि यही तत्व व्यक्ति को उसके लक्ष्य तक पहुँचा सकते हैं।

**टैगोर और गांधी–**ये दोनों मानवतावादी विचारक थे। इन्होंने लोगों को संकीर्ण विचारधाराओं से बाहर निकालना चाहा। बीसवीं शताब्दी के पूर्वार्द्ध में टैगोर और गांधी भारत के विशिष्ट व प्रभावशाली व्यक्तित्व थे। टैगोर संभ्रात कलाकार थे लेकिन लोगों की सहानुभूति के कारण लोकतंत्रवादी हो गए और गांधी विशेष रूप से जनता के आदमी थे। इन दोनों ने अपने-अपने तरीके से जनता में नवीन विचारधारा का संचार करना चाहा।

**श्रीमती एनी बेसेंट–**श्रीमती एनी बेसेंट आयरलैंड की रहने वाली थी। उन्होंने भारत में होमरूल आंदोलन चलाया। उनका मानना था कि यदि अंग्रेज़ पूरी तरह से स्वतंत्रता नहीं देते तो कम-से-कम आंतरिक स्वतंत्रता तो दें। इस हेतु संघर्ष करने में उन्होंने भारतीयों का साथ दिया।

**गदर ( 1857 के विद्रोह ) के बाद मुसलमानों का असमंजस–**1857 के विद्रोह के बाद मुसलमान वर्ग इस हेतु चिंतित था किस ओर जाए, ब्रिटिश सरकार का साथ दें या हिंदुओं का। गदर में अंग्रेज़ों ने मुसलमानों पर अधिक प्रहार किया था। ऐसे में एक नए वर्ग का उदय हुआ 'बुर्जुआ वर्ग'। सन् 1870 के बाद अंग्रेज़ी सरकार ने हिंदू और मुसलमानों में संतुलन की नीति अपनाई।

**मुस्लिम नेता सर सैयद अहमद खाँ–**सर सैयद अहमद खाँ एक ऐसे नेता थे जो यह सोचते थे कि ब्रिटिश सत्ता के सहयोग से वे मुसलमानों को ऊँचा उठा सकते हैं। वे चाहते थे कि लोग अंग्रेज़ी शिक्षा स्वीकार कर लें। वे आधुनिक वैज्ञानिक विचारों से इस्लाम का तालमेल बिठाना चाहते थे। उन्होंने मुस्लिम लोगों में ब्रिटिश विरोधी भावना को कम करने का प्रयास किया।

उन्होंने अलीगढ़ कॉलेज की स्थापना की। जिसका एक ही उद्देश्य था 'भारत के मुसलमानों को ब्रिटिश ताज के योग्य और उपयोगी प्रजा बनाना' अर्थात् वे ब्रिटिश सरकार के विरुद्ध नहीं जाना चाहते थे। इनका संपर्क मुसलमानों में भी उच्च वर्ग तक ही कायम था। आम जनता या देहातों के संपर्क में ये नहीं गए। सर सैयद अहमद खाँ अपने उद्देश्य में इस कदर सफल हुए कि वे मुसलमानों में अंग्रेज़ी शिक्षा प्रारंभ हो गई और उनका दिमाग राजनैतिक आंदोलन से हट गया।

**अबुल कलाम आज़ाद–**सन् 1912 भारत में मुस्लिम दिमाग के विकास की दृष्टि से उल्लेखनीय है। इसका श्रेय अबुल कलाम आज़ाद को जाता है। इस वर्ष दो साप्ताहिक पत्र निकले उर्दू में 'अल-हिलाल' और अंग्रेज़ी में 'द कॉमरेड'। अल-हिलाल का आरंभ अबुल कलाम ने किया, उस समय वे कांग्रेस के वर्तमान सभापति के पद पर थे। वे पुराने नेताओं के सामंती, संकीर्ण धार्मिकता और अलगाववादी दृष्टिकोण से दूर थे। अपने इसी स्वभाव के कारण वे भारतीय राष्ट्रवादी माने गए। उन्होंने अपने विचारों की प्रस्तुति हेतु बोलचाल की उर्दूभाषा का प्रयोग किया ताकि आम जनता भी प्रभावित हो सके।

अलीगढ़ कॉलेज की युवा शक्ति राजनीतिक और सामाजिक दृष्टि से रूढ़िवादी थी। उनका लक्ष्य निचले दर्ज़े की सरकारी नौकरी में प्रवेश पाना था लेकिन इसी कॉलेज में नए मुसलमान बुद्धिजीवियों का वर्ग भी पनपा जिन्होंने मुख्य रूप से 'मुस्लिम लीग' की नींव रखी। अबुल कलाम आज़ाद ने अपने प्रयत्नों से इसी मुस्लिम बुद्धिजीवियों के दिमाग में सनसनी पैदा की और उन्हें स्वतंत्रता प्राप्ति हेतु उत्तेजित किया।

## II. शब्दार्थ

*पृष्ठ 97*

**खिन्न**–दुखी। **आस्था**–विश्वास।

*पृष्ठ 98*

**निषेध**–मनाही। **दलित**–निम्न। **धर्मप्राण**–धर्म को मानने वाले। **आत्मसाक्षात्कार**–स्वयं को परखना। **तत्वज्ञानियों**–विचारकों। **बहुरंगी साँचे**–विभिन्न रूप। **सांप्रदायिकता**–धर्म के नाम पर होने वाले दंगे।

*पृष्ठ 99*

**सेतु**–बाँधने वाले। **ओजस्वी**–तेज बुद्धि वाले। **शालीन**–सभ्य विचारों वाले। **संजीवनी**–जीवन दायिनी बूटी। **जीवंतता**–जीने की चाह। **समभाव**–समान भाव। **एकेश्वरवाद**–एक ईश्वर को मानना। **तर्कों**–विचारों। **निंदा**–बुराई। **अभय**–बिना डरे/निडर। **दुर्बलता**–कमजोरी। **कसौटी**–परखना।

*पृष्ठ 100*

**सर्वज्ञान**–सभी ज्ञानों से परिपूर्ण। **नास्तिक**–ईश्वर में विश्वास न रखने वाला। **सजीव**–जीवित। **क्षीण**–कमज़ोर। **खपा**–लगा देना। **समकालीन**–समान समय। **संवेदनशील**–कोमल भावनाएँ। **बर्दाश्त**–सहन। **खिताब**–उपाधि। **ओत-प्रोत**–भरा हुआ।

*पृष्ठ 101*

**विवश**–मजबूर। **संकीर्ण**–तंग। **व्यापक**–बड़ा। **पूर्वार्द्ध**–शुरू में। **निस्संदेह**–बिना किसी शक के। **विषमताओं**–असमानताओं। **मिज़ाज**–स्वभाव। **सर्वहारा**–सभी के प्रति। **कर्मठता**–कार्य करने की लगन। **आध्यात्मिक**–ईश्वरीय। **ज़बरदस्त**–बहुत अधिक। **सुदृढ़**–पक्का। **पृष्ठभूमि**–आधार। **उदीयमान**–पनपता हुआ। **नैराश्य**–निराशा।

*पृष्ठ 102*

**निर्माण**–बनाना। **वंचित**–प्राप्त न होना। **सांत्वना**–धैर्य बँधाना। **रसपान**–आनंद लेना। **मुनासिब**–सही। **कौमी**–कौम की।

*पृष्ठ 103*

**उत्सुक**–जानने की चाह। **शैक्षिक**–शिक्षा से संबंधित। **गदर**–विद्रोह। **अलगाववादी**–संबंध न रखना। **देहाती**–गाँव के। **संपर्क**–संबंध।

*पृष्ठ 104*

**विशिष्ट**–विशेष। **गहन**–गहरा/अत्यधिक। **तर्कसंगत**–सही। **संकीर्ण**–तंग/पुरानी। **दृष्टिकोण**–नज़रिया। **उत्तेजना**–उग्रता। **तेजस्विता**–ओजपूर्ण। **तार्किकता**–वैचारिक। **विचित्र**–अजीब। **रूढ़िवादी**–प्राचीन घिसी-पिटी। **निचले दर्जे**–निम्न विभाग।

*पृष्ठ 105*

**पुरातनपंथी**–पुराने विचारों से प्रभावित। **हमला**–आक्रमण। **प्रसार**–प्रचार। **जड़ खोदना**–समाप्त करना। **भौहें चढ़ाना**–क्रोध करना।

## III. प्रश्न-उत्तर

**प्रश्न 1. हिंदुओं और मुसलमानों में सुधारवादी और दूसरे आंदोलनों का क्या उद्देश्य था?**

**उत्तर**–हिंदुओं और मुसलमानों में सुधारवादी और दूसरे आंदोलनों का उद्देश्य लोगों की सुप्त चेतना को जागृत कर उनमें राष्ट्रवाद की भावना का संचार करना था।

**प्रश्न 2. भारतीयों की विचारधारा परिवर्तित करने में किन तत्त्वों का अधिक सहयोग रहा?**

**उत्तर**–तकनीकी ज्ञान व शिक्षा ने भारतीयों की विचारधारा परिवर्तित करने में गहन भूमिका निभाई। अब लोग अपने अधिकारों के प्रति जागरूक हो गए।

**प्रश्न 3. कुछ लोगों ने ईसाई धर्म क्यों अपनाया?**

**उत्तर**–हिंदू धर्म के कुछ गलत सामाजिक रीति-रिवाजों से खिन्न होकर बहुत-से हिंदुओं ने ईसाई धर्म अपनाया।

**प्रश्न 4. राजा राममोहन राय ने धर्म के आधार पर क्या परिवर्तन किए और क्यों? केशवचंद्र ने उसे क्या मोड़ दे डाला?**

**उत्तर**–भारतीय धर्म में रूढ़िवादी रीति-रिवाज़ों के होने के कारण राजा राममोहन राय ने समाज-सुधारवादी आधार पर

'ब्रह्म-समाज' की स्थापना की। उनके शिष्य केशवचंद्र ने इस धर्म को ईसाई धर्म का रूप ही दे डाला। इसीलिए आगे चलकर ब्रह्म-समाज कुछ लोगों तक ही सीमित रहा।

**प्रश्न 5. उन्नीसवीं शताब्दी में कौन-कौन से सुधारक हुए?**

**उत्तर**–उन्नीसवीं शताब्दी में स्वामी दयानंद सरस्वती, रामकृष्ण परमहंस, विवेकानंद, टैगोर, महात्मा गाँधी, ऐनी बेसेंट, सर सैयद अहमद खाँ, अबुल कलाम आज़ाद, गोपाल कृष्ण गोखले एवं बालगंगाधर तिलक मुख्य सुधारक हुए। इन्होंने अंग्रेज़ी शासन के प्रभाव के होते हुए भी लोगों की विचारधारा को बदलना चाहा। उनमें राष्ट्रीयता की भावना भर, धार्मिक कर्म-कांडों से उन्हें हटाना चाहा।

**प्रश्न 6. स्वामी दयानंद सरस्वती ने लोगों को क्या संदेश दिया?**

**उत्तर**–स्वामी दयानंद सरस्वती ने लोगों को संदेश दिया कि 'वेदों की ओर लौटो' अर्थात् उनका मानना था कि वेदों में ही जीवन की सत्यता है।

**प्रश्न 7. *'आर्य समाज'* कैसा आंदोलन था? सरकार इसे क्या समझती थी?**

**उत्तर**–'आर्य समाज' इस्लाम और ईसाई धर्म के प्रभाव की प्रतिक्रिया के रूप में सामने आया, विशेषकर इस्लाम की प्रतिक्रिया में। यह एक धर्मयुद्ध एवं सुधारवादी आंदोलन था। इसने धर्म परिवर्तन करके हिंदू धर्म में प्रवेश की प्रथा चलाई। इसमें लड़के-लड़कियों की समान रूप से शिक्षा, स्त्रियों की स्थिति सुधार व दलितों के स्तर को ऊँचा उठाने पर भी विशेष बल दिया गया। सरकार इसे राजनीतिक दृष्टि से क्रांतिकारी आंदोलन समझती थी।

**प्रश्न 8. रामकृष्ण मिशन की स्थापना किसने की? इस मिशन की क्या विशेषता थी?**

**उत्तर**–रामकृष्ण मिशन की स्थापना विवेकानंद ने की। इसकी विशेषता यह थी कि इसमें सांप्रदायिकता का भाव नहीं था अर्थात् सभी धर्मों को समान समझा जाता था।

**प्रश्न 9. स्वामी विवेकानंद के व्यक्तित्व पर प्रकाश डालिए।**

**उत्तर**–स्वामी विवेकानंद भारत के महान समाज-सुधारकों व धर्म ज्ञान में विशेष स्थान रखते हैं। वे भारत की विरासत पर गर्व करते थे। उन्होंने भारत के अतीत और वर्तमान के बीच सेतु का कार्य किया व जीवन के प्रति उनका दृष्टिकोण आधुनिक था। वे बंगला और अंग्रेजी के ओजस्वी वक्ता के साथ-साथ महान लेखक भी थे। वे रोबीले, शालीन और गरिमावान व्यक्तित्व वाले व्यक्ति थे। उदास और पतित हिंदुओं के सहायक थे। 1893 में उन्होंने शिकागो में अंतरराष्ट्रीय धर्म सम्मेलन में भाग लिया, विदेशी भी उनके विचारों का सम्मान करते थे। उन्होंने एकेश्वरवाद का उपदेश दिया। वे वेद-उपनिषदों के ज्ञाता थे। धार्मिक कर्म-कांडों व अंधविश्वासों को मानने की उन्होंने घोर निंदा की। अपने विचारों के कारण ही वे पूरे भारत में प्रसिद्ध हुए।

**प्रश्न 10. रवींद्रनाथ टैगोर के परिवार की क्या विशेषता थी?**

**उत्तर**–रवींद्रनाथ टैगोर का पूरा परिवार देश की स्वाधीनता हेतु कार्यरत था व उनके परिवार वाले आध्यात्मिकता की दृष्टि से उच्च विचारों वाले, श्रेष्ठ लेखक व कलाकार थे।

**प्रश्न 11. टैगोर के व्यक्तित्व की क्या विशेषताएँ थीं?**

**उत्तर**–टैगोर कोई राजनीतिज्ञ नहीं थे। वे एक संवेदनशील व्यक्ति थे। उन्होंने अपना जीवन देश हेतु समर्पित किया। बंगाल के स्वदेशी आंदोलनों में उन्होंने बढ़-चढ़कर भाग लिया। ब्रिटिश सरकार के पूर्णतया विरोधी थे। अमृतसर के हत्याकांड के बाद उन्होंने सरकार को अपनी 'सर' की उपाधि भी लौटा दी। वे बाहर के देशों के ज्ञान को भारत में लाने व भारत के ज्ञान को विदेशों में फैलाने में भी सक्षम हुए। उनका मस्तिष्क उपनिषदों के ज्ञान से ओत-प्रोत था। उन्होंने अपने जीवन में लोगों को संकीर्ण भावनाओं से बाहर निकाल मानवता का संदेश दिया।

**प्रश्न 12. टैगोर का शांति निकेतन क्या था?**

**उत्तर**–'शांति निकेतन' विशेष प्रकार का शिक्षा केंद्र था जिनमें विद्यार्थियों को शिक्षापूर्ण सुविधाओं व प्राकृतिक संसाधनों द्वारा दी जाती थी।

**प्रश्न 13. टैगोर और महात्मा गाँधी के विचारों में क्या समानता थी?**

**उत्तर**–टैगोर और महात्मा गाँधी दोनों ही मानवतावादी विचारधारा पर बल देने वाले थे।

**प्रश्न 14. सन् 1857 के गदर के बाद भारत के मुसलमान असमंजस में क्यों थे? इसका परिणाम क्या हुआ?**

**उत्तर**–सन् 1857 के विद्रोह के बाद भारत के मुसलमान असमंजस में थे क्योंकि वे यह निर्णय नहीं ले पा रहे थे कि वे ब्रिटिश सरकार का साथ दें या हिंदुओं का।

इसका परिणाम यह हुआ कि एक नए वर्ग का जन्म हुआ 'बुर्जुआ वर्ग।'

**प्रश्न 15. सर सैयद अहमद खाँ के विचार दूसरे राष्ट्रीय नेताओं से भिन्न क्यों थे?**

**उत्तर**–सर सैयद अहमद खाँ एक ऐसे नेता हुए जो ब्रिटिश सत्ता के सहयोग से मुसलमानों को ऊपर उठाना चाहते थे। वे चाहते थे कि मुसलमान अंग्रेज़ी शिक्षा को स्वीकार कर लें। वे यूरोपीय सभ्यता से प्रभावित थे। उन्होंने ब्रिटिश सरकार से शैक्षिक सहायता प्राप्त करने हेतु, मुसलमानों में ब्रिटिश विरोधी भावना को कम करने का प्रयास किया और उन्हें नेशनल कांग्रेस से हटाने की कोशिश भी की।

**प्रश्न 16. सर सैयद अहमद खाँ ने अलीगढ़ कॉलेज की स्थापना किस उद्देश्य से की?**

**उत्तर**–सर सैयद अहमद खाँ ने अलीगढ़ कॉलेज की स्थापना अपने इस उद्देश्य से की कि भारतीय मुसलमान शिक्षा ग्रहण करके अंग्रेज़ी सरकार द्वारा योग्य नौकरियाँ प्राप्त कर सकें।

**प्रश्न 17. सर सैयद अहमद खाँ की हिंदुओं के प्रति क्या विचारधारा थी?**

**उत्तर**–भले ही सर सैयद अहमद खाँ मुसलमानों के स्वार्थों हेतु ब्रिटिश सरकार के विरोधी नहीं थे, दूसरी ओर वे हिंदू विरोधी या सांप्रदायिक दृष्टि से अलगाववादी भी नहीं थे। उन्होंने कहा 'हिंदू' और 'मुसलमान' ये शब्द सिर्फ धार्मिक अंतर बताने के लिए है। वरना सब लोग चाहे वे हिंदू हो या मुसलमान यहाँ तक ईसाई भी जो इस देश में रहते हैं, एक ही राष्ट्र के लोग हैं।

**प्रश्न 18. सन् 1912 में कौन-से दो समाचार पत्र निकलने आरंभ हुए?**

**उत्तर**–सन् 1912 में उर्दू में 'अल-हिलाल' व अंग्रेज़ी में 'द कॉमरेड' दो समाचार पत्र प्रकाशित होने लगे।

**प्रश्न 19. सन् 1912 में अबुल कलाम आज़ाद किस पद पर थे? उन्होंने कौन-सा समाचार पत्र निकाला?**

**उत्तर**–अबुल कलाम आज़ाद कांग्रेस के वर्तमान सभापति थे उन्होंने उर्दू में 'अल-हिलाल' निकाला जो लोगों में चेतना जागृत करने वाला था।

**प्रश्न 20.** ***'मुसलिम लीग'*** **की स्थापना किनके प्रयास से हुई?**

**उत्तर**–'मुसलिम लीग' की स्थापना अलीगढ़ कॉलेज के उस समुदाय के माध्यम से हुई जो नए मुसलमान बुद्धिजीवियों का नेतृत्व कर रहा था।

**प्रश्न 21. अबुल कलाम आज़ाद ने क्या विशेष कार्य किया?**

**उत्तर**–अबुल कलाम आज़ाद ने मुस्लिम बुद्धिजीवी समुदाय में सनसनी पैदा कर दी और युवा पीढ़ी के दिमाग में राष्ट्रीयता की भावना जगाने हेतु उत्तेजना भरी।

## IV. बहुविकल्पी प्रश्नोत्तर

1. *भारत में सुधारवादी आंदोलन क्यों चलाए गए?*
   (क) लोगों की सुप्त चेतना को जागृत कर राष्ट्रवाद की भावना का संचार करने हेतु
   (ख) भारत को नवीनीकरण की ओर ले जाने हेतु
   (ग) ब्रिटिश सरकार का मुकाबला करने हेतु
   (घ) युवा वर्ग को नया रुख देने हेतु।
2. *'राजा राममोहन राय' ने किस समाज की स्थापना की?*
   (क) स्त्री समाज (ख) युवा समाज (ग) ब्रह्म समाज (घ) धार्मिक समाज
3. *रामकृष्ण मिशन के संस्थापक कौन थे?*
   (क) स्वामी विवेकानंद (ख) रवींद्रनाथ टैगोर (ग) स्वामी दयानंद (घ) राजा राममोहन राय
4. *सन् 1857 के विद्रोह के पश्चात् किस नए वर्ग का उदय हुआ?*
   (क) मुसलमानों का 'बुर्जुआ वर्ग' (ख) पारसियों का 'बुर्जुआ वर्ग'
   (ग) हिंदुओं का 'बुर्जुआ वर्ग' (घ) अंग्रेज़ों का 'बुर्जुआ वर्ग'

5. *'मुस्लिम लीग' की नींव किसने रखी?*

(क) अबुल कलाम आज़ाद (ख) सर सैयद अहमद खाँ

(ग) अलीगढ़ कॉलेज के मुसलमान बुद्धिजीवी वर्ग द्वारा (घ) आम मुस्लिम वर्ग द्वारा

उत्तर– 1. (क) 2. (ग) 3. (क) 4. (क) 5. (ग)

# 5. तिलक और गोखले

## I. पाठ का सार

सन् 1885 में निर्मित नेशनल कांग्रेस जब अपनी प्रौढ़ावस्था में आई तो इसके नेतृत्व का ढंग बदल गया। जो लोग इसके संरक्षक बने वे अत्यधिक आक्रामक और अवज्ञाकारी थे और निम्न वर्ग, मध्यम वर्ग, विद्यार्थी व युवा लोगों के प्रतिनिधि थे। इनमें प्रमुख नाम थे महाराष्ट्र के बाल गंगाधर तिलक और मराठा के गोपाल कृष्ण गोखले। भले ही 1907 के संघर्ष में उदारवादी विचारधारा वालों की जीत हुई लेकिन भारत की जनसंख्या का बहुसंख्यक समुदाय तिलक और गोखले के पक्ष में था क्योंकि लोग सरकार की नीतियों का स्पष्टतः विरोध करना चाहते थे। इस समय बंगाल में हिंसक घटनाएँ भी काफी हुईं।

## II. शब्दार्थ

*पृष्ठ 105*

**प्रौढ़**–अधेड़। **नेतृत्व**–मार्गदर्शन। **आक्रामक**–क्रूर विचारधारा। **अवज्ञाकारी**–न मानना। **ओजस्वी**–तेजस्वी। **संदेह**–शक। **सजग**–सतर्क। **बहुसंख्यक**–काफी संख्या में।

## III. प्रश्न-उत्तर

**प्रश्न 1. नेशनल कांग्रेस की स्थापना कब हुई?**

उत्तर–नेशनल कांग्रेस की स्थापना सन् 1885 में हुई।

**प्रश्न 2. तिलक और गोखले कैसे आंदोलनकारी थे?**

उत्तर–तिलक और गोखले आक्रामक व अवज्ञाकारी विचारधारा वाले थे। वे गरम दल के प्रभावी आंदोलनकारी थे। वे सरकार से प्रार्थना करके नहीं बल्कि अपने अधिकार छीन लेने के पक्ष में थे। भारतीय जनता का एक बड़ा भाग उनके समर्थन में था। सरकार भी इनकी हिंसक कार्यविधियों से घबराती थी।

**प्रश्न 3. तिलक और गोखले ने किन-किन वर्गों का प्रतिनिधित्व किया?**

उत्तर–तिलक और गोखले ने निम्न वर्ग, मध्यम वर्ग, विद्यार्थी व युवा वर्ग का प्रतिनिधित्व किया। भारतीय जनसंख्या का एक बड़ा जनसमुदाय उनके पक्ष में था।

# 7. अंतिम दौर–दो

## 1. राष्ट्रीयता बनाम साम्राज्यवाद–मध्य वर्ग की बेबसी–गांधी का आगमन

### I. पाठ का सार

**प्रथम विश्व युद्ध**–पहला विश्व युद्ध आरंभ हुआ तो भारत पर इसका गहरा प्रभाव पड़ा। अंग्रेज़ों ने भारतीयों का इसमें पूरी तरह प्रयोग किया। नए-नए नियम व कानून बनाए गए जो भारतीयों के प्रतिकूल थे। इसी समय कांग्रेस जो ब्रिटिश सरकार के खिलाफ़ स्वाधीनता हेतु कार्यरत थी, विचारों में टकराव के कारण दो भागों नरम दल और गरम दल में परिवर्तित हो गई।

**विश्व युद्ध की समाप्ति पर भारत की दशा**–विश्व युद्ध की समाप्ति पर भारतीयों को इस बात की आशा थी कि अब सरकार कुछ सही नीतियों से पेश आएगी और भारत की कुछ प्रगति होगी लेकिन उन्होंने तो दमनकारी कानून व पंजाब में मार्शल लॉ शुरू किया। जिसमें बिना कोई कारण बताए, पुलिस या न्यायालय के बिना किसी आदेश के भी सरकार को किसी की भी गोली मारकर हत्या करने का अधिकार था। निरंतर गरीबी बढ़ रही थी, जीवन शक्ति क्षीण हो रही थी, किसान वर्ग भयभीत था, मजदूरों की स्थिति भी बेहतर नहीं थी, मध्य वर्ग और बुद्धिजीवी वर्ग भी लाचारी का जीवन बिता रहा था।

**गांधी का आगमन**–जिस समय भारत की सभी आशाएँ टूट चुकी थीं तो ऐसे में जनता नें से ही, जनता की भाषा बोलने वाले, उनके हमदर्द गांधी उभरकर आए। उन्होंने लोगों को प्रेरित किया कि निर्भयता व सत्यता से जुड़ो और इससे संबंधित ही कर्म करो। उन्होंने लोगों को स्पष्ट रूप से कहा कि अपने अंदर का भय निकाल दो क्योंकि लोगों को व्यापक दमनकारी, दमघोंटू भय, सेना का, पुलिस का, खुफ़िया विभाग का, अफसरों, जमींदारों, साहूकारों, बेकारी और भुखमरी का भय सताता रहता था।

**लोगों में मनोवैज्ञानिक परिवर्तन**–इस प्रकार लोगों ने भय को त्याग कर काम करना शुरू किया। उन्हें गांधी जी का बहुत सहारा था। जब झूठ और लुकछिप का काम करने की जरूरत कम महसूस होने लगी तो उनके विचारों में व्यापक परिवर्तन आया। वे लगन से काम कर सके यही मनोवैज्ञानिक परिवर्तन था।

### II. शब्दार्थ

*पृष्ठ 106*

**गरम दल**–गरम विचारों वाले। **नरम दल**–नरम विचारों वाले। **प्रतिबंध**–रोक। **राहत**–आराम। **प्रगति**–उन्नति। **दमनकारी**–नष्ट करने वाले। **आवेश**– क्रोध भरी उत्तेजना। **पौरुष**–बल। **निर्मम**–निर्दयता। **क्षीण**–कमज़ोर। **दब्बू**–डरा हुआ।

*पृष्ठ 107*

**बेहतर**–अच्छी। **बुद्धिजीवी**–विचारक। **सर्वग्रासी**–सबको निगलने वाला। **आकाशदीप**–आकाश में चमकने वाले/ऊँचाइयों को छूना। **शोचनीय**–खराब। **दुर्गति**–बुरी हालत। **गौण**–जो दिखाई न दे/छिपी हुई। **कर्म**–कार्य। **खुफ़िया**–छिपकर कार्य करने वाले। **कारिंदों**–जमींदारों के आगे काम करने वाले। **लबादा**–पर्दा/भार।

### III. प्रश्न-उत्तर

प्रश्न 1. **प्रथम विश्व युद्ध के आरंभ में भारतीय राजनीति उतार पर क्यों थी?**

उत्तर–प्रथम विश्व युद्ध के आरंभ में भारतीय राजनीति उतार पर थी क्योंकि कांग्रेस के विचारों में टकराव होने के कारण कांग्रेस दो टुकड़ों नरम दल व गरम दल में विभाजित हो गई। दूसरी ओर युद्ध काल में सरकार द्वारा लोगों पर कई कानून भी थोपे गए थे जो आगे बढ़ने में बाधक थे।

प्रश्न 2. **विश्व युद्ध की समाप्ति पर क्या हुआ?**

उत्तर–विश्व युद्ध के दौरान भारतीयों का इस्तेमाल करने के लिए सरकार ने बहुत वायदे किए थे और लोगों को इस

बात की आशा थी कि अब जीवन में राहत व प्रगति के क्षण आएँगे लेकिन युद्ध समाप्त होते ही सरकार ने तो दमनकारी कानूनों का निर्माण कर पंजाब में 'मार्शल लॉ' भी घोषित किया जिससे लोगों की उम्मीदों पर पानी फिर गया।

**प्रश्न 3. मार्शल लॉ क्या था?**

**उत्तर**–मार्शल लॉ ब्रिटिश सरकार द्वारा बनाया गया एक ऐसा कानून था जिसमें किसी भी व्यक्ति को किसी भी समय बिना पुलिस व न्यायालय की इजाज़त के गोली का निशाना बनाया जा सकता था।

**प्रश्न 4. इस समय लोगों की क्या स्थिति थी?**

**उत्तर**–इस समय सभी लोग किसान, मजदूर व मध्यम वर्ग मुश्किलों से भरा जीवन जी रहे थे। शोषण की प्रक्रिया ज़ोरों पर थी। लोगों के पौरुष को निरंतर कुचला जा रहा था। गरीबी निरंतर बढ़ती जा रही थी।

**प्रश्न 5. गांधी जी ने लोगों को क्या संदेश दिया?**

**उत्तर**–गांधी जी ने लोगों को सत्य का साथ देते हुए, निर्भय होने व कर्म करने का संदेश दिया।

**प्रश्न 6. भारतीय जनता किस-किस के भय में जीवन जी रही थी?**

**उत्तर**–ब्रिटिश सरकार ने चारों ओर खौफ़नाक वातावरण बनाया था, इसी कारण भारतीय जनता व्यापक दमनकारी, दमघोंटू वातावरण, सेना का, पुलिस का, खुफ़िया विभाग का, अफ़सरों व जमींदारों का, साहूकारों का, बेकारी व भुखमरी के भय तले जीवन जी रही थी।

**प्रश्न 7. गांधी जी के संदेश *'डरो मत'* का जनता पर क्या प्रभाव पड़ा?**

*अथवा*

**गांधी जी के विचारों से क्या मनोवैज्ञानिक बदलाव आया?**

**उत्तर**–गांधी जी के संदेश 'डरो मत' से लोगों का ब्रिटिश सरकार के प्रति भय कम हो गया। अब वे डरकर या छिपकर काम कम करने लगे जिससे उनमें काफी परिवर्तन आया। वे कार्यों की ओर अग्रसर हुए। यह एक मनोवैज्ञानिक बदलाव था।

## IV. बहुविकल्पी प्रश्नोत्तर

1. *भारत में स्वतंत्रता प्राप्ति हेतु किन दो गुटों ने जन्म लिया?*
   (क) उग्र और नरम (ख) नरम दल और गरम दल
   (ग) तीव्र और मंद (घ) मुख्य और गौण
2. *'मार्शल लॉ' क्या था?*
   (क) किसी भी व्यक्ति को किसी भी समय बिना पुलिस व न्यायालय की इज़ाज़त के गोली का निशाना बनाया जा सकता है।
   (ख) लोगों की धन-संपत्ति पर मनमाना कर वसूल करना।
   (ग) बिना सूचना के बंदी बनाना।
   (घ) लोगों को इस्लाम धर्म मानने को मजबूर करना।

**उत्तर**– 1. (ख) 2. (क)

# 2. गांधी जी के नेतृत्व में कांग्रेस सक्रिय

## I. पाठ का सार

**गांधी जी का कांग्रेस में प्रवेश**–गांधी जी ने कांग्रेस में प्रवेश करते ही संविधान में परिवर्तन ला दिया। उन्होंने उसे लोकतांत्रिक और लोक संगठन वाला बनाया। उन्होंने अपने आंदोलनों में मजदूरों व किसानों की भागीदारी को आवश्यक समझा क्योंकि उनका मानना था कि यदि आम जनता स्वतंत्रता हेतु कदम नहीं उठाएगी तब तक सरकार सजग नहीं हो सकती।

**गांधी जी का सक्रियता का दोहरा आह्वान**–गांधी जी के संगठन का लक्ष्य और आधार था सक्रियता। यह सक्रियता दोहरी थी। एक ओर विदेशी शासन को चुनौती और अपनी नीतियों का शांतिपूर्ण प्रदर्शन व दूसरी सक्रियता थी सामाजिक बुराइयों के विरुद्ध लड़ना क्योंकि कांग्रेस का मुख्य आधार था राष्ट्रीय एकता जिसमें अल्पसंख्यकों की समस्याओं को हल करना और दलित जातियों को ऊपर उठाने के साथ छुआछूत के अभिशाप को खत्म करना शामिल थे।

**गांधी जी की कार्यपद्धति**–गांधी जी शांतिपूर्ण ढंग से अंग्रेजी सत्ता पर वार करना चाहते थे। उन्होंने सरकार की बुनियादों पर चोट की और लोगों को कहा कि अपनी पदवियाँ छोड़ दें। वायसराय के दरबार और रजवाड़ों की शान-शौकत जो इतना प्रभावित करती थी, बेहद उपहासास्पद, अभद्र और शर्मनाक लगने लगी क्योंकि उसका आधार आम जनता की गरीबी और कष्टों से घिरा था। धनी लोगों ने भी इस बात का अहसास किया और सादे रहन-सहन को अपनाया।

**कांग्रेस के पुराने नेताओं में रोष**–कांग्रेस के पुराने नेता जो निष्क्रिय परंपरा में पले थे, अपनी विचारधारा को महत्त्व देते थे। उन्हें गाँधी जी के तौर-तरीकों से परेशानी होने लगी। आम जनता का सरकार का विरोधी होना भी उन्हें अधिक न भाया, लेकिन वे इसे रोक न पाए।

**भारतीयों की निष्क्रियता को समाप्त करना**–गांधी जी ने भारतीय जनता की निष्क्रियता के विरुद्ध संघर्ष करने और उनके विचारों को बदलने के लिए भरसक प्रयत्न किया। उन्होंने कर्म का संदेश देहातों तक पहुँचाया, किसानों को झकझोरा। नेहरू जी का कहना है कि पहली बार उन्होंने गाँवों व ग्रामीण जनता को इतने निकट से जाना। गांधी जी जनता को अपने साथ लेकर चलना चाहते थे।

**गांधी जी की नैतिकता**–गांधी जी धर्मप्राण व्यक्ति थे। वे अंतरमन की गहराइयों तक हिंदू थे लेकिन धर्म संबंधी किसी सिद्धांत, परंपरा या कर्मकांड से उनका कोई संबंध नहीं था। वे नैतिक नियमों में विश्वास रखते थे। सत्य और प्रेम ही उनका नियम था। सत्य और अहिंसा के आधार पर उन्होंने अपनी कार्यविधि निर्मित की। वे जो भी कार्य किसी से करवाना चाहते उसे पहले अपने जीवन में ढालते। उनकी कथनी और करनी का गहरा संबंध था जैसे हाथ और दस्ताने का।

**गांधी जी के सपनों का भारत**–गांधी जी का मानना था कि ''मैं एक ऐसे भारत के लिए काम करूँगा जिसमें गरीब-से-गरीब व्यक्ति भी यह महसूस करेगा कि यह उसका देश है जिसके निर्माण में उसकी आवाज़ प्रभावी है। एक ऐसा भारत जिसमें लोगों के ऊँच-नीच वर्ग नहीं होंगे। ऐसा भारत जिसमें सब जातियाँ पूरे समभाव से रहेंगी ··· ऐसे भारत में छुआछूत या नशीली मदिरा और दवाइयों के अभिशाप के लिए कोई जगह नहीं होगी ··· स्त्रियों को पुरुषों के समान अधिकार होंगे ··· यही मेरे सपनों का भारत है।''

**सांस्कृतिक विरासत को विराट रूप**–वे भारत की सांस्कृतिक विरासत को विराट रूप में मानते थे। उन्होंने हिंदू धर्म को सार्वभौमिक अर्थात् सबके लिए समान रूप देना चाहा। सत्य के घेरे में सबको शामिल करने का प्रयास किया। उन्होंने लिखित रूप में कहा कि ''भारतीय संस्कृति न हिंदू है न इस्लाम, न पूरी तरह से कुछ और है। यह तो सबका मिला-जुला रूप है।''

आधुनिक विचारों से प्रभावित होकर भी वे कभी अपनी जड़ों को छोड़ना नहीं चाहते थे।

**लोगों का सम्मोहन**–गांधी जी ने अपने शब्दों में स्पष्ट रूप से कहा कि उनकी इच्छा है कि हर आँख के हर आँसू को पोंछ लें अर्थात् सभी के दुखों को दूर करना चाहते थे। उन्होंने भारत की गरीब जनता को अपने साथ मिलाया। जनता उनकी ओर ऐसे सम्मोहित हुई जैसे लोहे के साथ चुंबक। वे उन्हें अतीत के साथ जोड़ने वाली कड़ी के समान लगते थे। उन्होंने केवल अपने अनुयायियों को ही नहीं बल्कि अपने विरोधियों को भी अपने साथ चलाना चाहा।

**कांग्रेस पर गांधी जी का प्रभुत्व**–कांग्रेस पर गांधी जी का विशेष प्रभुत्व था। कांग्रेस एक सक्रिय, विद्रोही व अनेक पक्षीय संगठन था। इसमें तरह-तरह की राय होती थी, जिसे आसानी से बदला नहीं जा सकता था। कई बार तो गांधी जी अपने विरुद्ध निर्णयों को भी स्वीकार कर लेते थे।

**सरकार के विरुद्ध बार-बार संघर्ष**–सन् 1920 तक नेशनल कांग्रेस ने काफी हद तक गांधी जी की नीतियों को अपना कर बार-बार ब्रिटिश सरकार के विरुद्ध संघर्ष किया। एक के बाद दूसरा सविनय अवज्ञा आंदोलन हुआ, असहयोग की नीति अपनाई गई। इस दौरान, लोगों को काफी मुश्किलों का सामना भी करना पड़ता था लेकिन इनसे शक्ति भी मिलती थी।

## II. शब्दार्थ

### *पृष्ठ 108*

**लोकतांत्रिक**–लोगों के प्रभुत्व वाला। **हैसियत**–औकात। **सक्रियता**–क्रियाशील होना। **विकल्प**– तरीके। **ऊर्जा**–शक्ति। **शिष्ट**–सभ्य। **आह्वान**–प्रेरित करना।

*पृष्ठ 109*

**बुनियादों**–नीवों/आधार। **खिताब**–पदवी। **उपहासास्पद**–मज़ाक उड़ाने योग्य। **अभद्र**–अशिष्ट। **वेशभूषा**–पहनावा। **निष्क्रिय**–कार्य न करना। **निवृत्तिमार्गी**–मुक्ति के मार्ग को अपनाने वाले। **विद्वत्तापूर्ण**–पांडित्यपूर्ण। **पैठाने**–स्थान देने।

*पृष्ठ 110*

**मतभेद**–विचार एक न होना। **धर्मप्राण**–धार्मिक। **अंतरतम**–मन की गहराइयों से। **अवधारणा**–विचार। **दृढ़**–पक्का। **अहिंसा**–बिना हिंसा (मारकाट) के। **अनुरूप**–अनुसार। **कथनी**–कहना। **करनी**–कार्य करना। **समभाव**–बराबर रूप से। **मदिरा**–शराब।

*पृष्ठ 111*

**विरासत**–पूर्वजों से प्राप्त। **सार्वभौमिक**–सबके लिए समान। **संकीर्ण**–संकुचित विचारधारा। **आकांक्षा**–इच्छा। **तेजस्वी**–ओजस्वी। **सम्मोहित**–अपनी ओर आकर्षित करना। **तटस्थ लोग**–जो किसी में भी भाग लेने वाले न हो। **मनोवैज्ञानिक**–विचारों का बदलाव।

*पृष्ठ 112*

**खिलाफ़**–विरुद्ध। **सविनय**–प्रार्थना से। **अवज्ञा**–न मानना। **आमंत्रित**–बुलावा। **आक्रामक**–क्रूर।

## III. प्रश्न-उत्तर

प्रश्न 1. **गांधी जी ने कांग्रेस में प्रविष्ट होते ही क्या परिवर्तन किया? ऐसा करने का उनका उद्देश्य क्या था?**

उत्तर–गांधी जी ने कांग्रेस में प्रविष्ट होते ही उसके संविधान में परिवर्तन किया। उन्होंने लोकतांत्रिक और लोक संगठन बनाया। उसमें किसानों व मजदूरों को पूरा स्थान दिया। इससे आम जनता भी कांग्रेस का हिस्सा बनी।

ऐसा करने का उनका उद्देश्य था सरकार को अहसास दिलाना कि केवल नेता ही नहीं भारत की आम जनता भी उनके विरुद्ध है और स्वतंत्रता हेतु सतर्क है।

प्रश्न 2. **गांधी जी का उद्देश्य क्या था?**

उत्तर–गांधी जी का उद्देश्य था लोगों को प्रेरित करके उनमें सक्रियता का भाव जागृत करना।

प्रश्न 3. **गांधी जी की कार्यपद्धति क्या थी?**

उत्तर–गांधी जी की कार्यपद्धति अहिंसात्मक थी, उसमें हिंसा हेतु लेशमात्र भी स्थान न था। उनके काम करने का तरीका पूर्णतया शांतिपूर्वक था लेकिन जिस बात को गलत समझा जाता था उसके आगे सिर झुकाना भी उन्होंने मंजूर नहीं किया। उन्होंने लोगों को पदवियाँ छोड़ने हेतु प्रेरित किया। गाँवों-गाँवों में कर्म का संदेश पहुँचाना चाहा। सत्य और अहिंसा दो उनके हथियार थे। सविनय अवज्ञा आंदोलन व असहयोग आंदोलन उन्हीं की देख-रेख में भारत में चले जिन्होंने अंग्रेज़ी सरकार की जड़ें उखाड़कर रख दीं।

प्रश्न 4. **गांधी जी की सक्रियता को दोहरा आह्वान क्यों माना गया?**

उत्तर–गांधी जी की सक्रियता को दोहरा आह्वान माना गया क्योंकि एक ओर तो उनका लक्ष्य था विदेशी शासन को चुनौती देना और दूसरी ओर सामाजिक बुराइयों के विरुद्ध लड़कर देश की समस्याओं को हल करना व दलित जातियों को ऊपर उठाने के साथ छुआछूत के अभिशाप को समाप्त करना।

प्रश्न 5. **गांधी जी की धर्म संबंधी अवधारणा क्या थी?**

उत्तर–गांधी जी मूलतः हिंदू धर्म को मानने वाले थे। उनका किसी सिद्धांत, परंपरा या कर्मकांड से कोई संबंध नहीं था। वे नैतिक नियमों में विश्वास करते थे। वे सत्य और अहिंसा में विश्वास करते थे। वे नैतिक नियमों की सत्ता भी उसी रूप में मानते थे जिस रूप में उन्हें स्वीकार करते थे।

प्रश्न 6. *गांधी जी की कथनी और करनी में मेल था।* **कैसे?**

उत्तर–गांधी जी की कथनी और करनी में मेल था अर्थात् जो कहते थे वही करके भी दिखाते थे। ऐसा इसलिए सत्य है क्योंकि अपने विचारों की शुरुआत वे स्वयं अपने से करते थे।

प्रश्न 7. **गांधी जी के सपनों का भारत कैसा था?**

उत्तर–**गांधी जी के सपनों का भारत**–गांधी जी का मानना था कि "मैं एक ऐसे भारत के लिए काम करूँगा जिसमें गरीब-से-गरीब व्यक्ति भी यह महसूस करेगा कि यह उसका देश है जिसके निर्माण में उसकी आवाज़ प्रभावी है। एक ऐसा भारत जिसमें लोगों के ऊँच-नीच वर्ग नहीं होंगे। ऐसा भारत जिसमें सब जातियाँ पूरे समभाव से रहेंगी ··· ऐसे भारत में छुआछूत

या नशीली मदिरा और दवाइयों के अभिशाप के लिए कोई जगह नहीं होगी ··· स्त्रियों को पुरुषों के समान अधिकार होंगे ··· यही मेरे सपनों का भारत है।''

**प्रश्न 8. गांधी जी के प्रति लोग सम्मोहित क्यों होते थे?**

*अथवा*

**गांधी जी ने कैसे मनोवैज्ञानिक क्रांति आरंभ की?**

**उत्तर–**गांधी जी जैसे तेजस्वी व्यक्तित्व ने अपने विचारों से भारत की सामान्य जनता को चुंबक की भाँति सम्मोहित किया। वे उनके लिए अतीत के साथ भविष्य को जोड़ने वाली कड़ी बन गए।

उन्होंने अपने अनुयायियों को ही नहीं बल्कि विरोधियों व तटस्थ रहने वाले लोगों को भी अपनी विचारधारा से झकझोर डाला और देश के लिए सोचने पर मजबूर कर दिया। यही उनकी मनोवैज्ञानिक क्रांति थी।

## IV. बहुविकल्पी प्रश्नोत्तर

1. *कांग्रेस में प्रविष्ट होते ही गांधी जी का उद्देश्य क्या था?*
   (क) भारत के सभी लोगों को प्रेरित करके उनमें सक्रियता का भाव भरना
   (ख) अंग्रेज़ों की नीतियों को पूर्णतया गलत ठहराना
   (ग) अंग्रेज़ों से शासन सत्ता खींचने का प्रयास
   (घ) अंग्रेज़ों के साथ मिलकर कार्य करने हेतु लोगों को प्रेरित करना।
2. *गांधी जी की धर्म के संबंध में क्या मान्यता थी?*
   (क) मूर्ति पूजा (ख) धार्मिक कर्मकांड
   (ग) कर्म में विश्वास व नैतिक मूल्यों को मानना (घ) इनमें से कोई नहीं।

**उत्तर–** 1. (क) 2. (ग)

# 3. अल्पसंख्यकों की समस्या–मुस्लिम लीग–मोहम्मद अली जिन्ना

## I. पाठ का सार

**भारत की पृष्ठभूमि–**भारत में कभी भी किसी धर्म का विरोध नहीं किया गया। सभी धर्मों को समान मान्यता दी गई है। जातीय दृष्टि से भारत में एक विचित्र मिश्रण है; पर जातीय सवाल भारत में कभी नहीं उठे थे। धर्म को सदा जातीय विभिन्नताओं से ऊपर का स्थान मिला।

**धर्म का स्वरूप बदल जाना–**अब भारत में राजनीतिक मामलों में धर्म का स्थान सांप्रदायिकता ने ले लिया। इसका प्रमुख उद्देश्य राजनीतिक शक्ति और अपने समुदाय को बढ़ावा देना था। ऐसा मुस्लिम वर्ग ने किया। आज तक हिंदू और मुसलमान साथ-साथ स्वाधीनता की लड़ाई अंग्रेज़ों के खिलाफ लड़ते रहे लेकिन अब उन्होंने धर्म के आधार पर धार्मिक समुदाय ही अलग बना लिया।

**कांग्रेस का धार्मिक एकता बनाए रखने का प्रयास–**भारतीय कांग्रेस में हिंदू, मुस्लिम, सिक्ख व ईसाई सभी जातियों के लोग शामिल थे। भले ही उनमें मुख्य रूप से हिंदू व बड़ी संख्या में मुसलमान थे। सभी स्वराज्य पाना चाहते थे। कांग्रेस सदा से सभी में एका चाहती थी। भले ही कुछ हद तक प्रादेशिक स्वायत्तता स्वीकार की गई लेकिन जातीय भिन्नता की कोई दरार न थी।

**कांग्रेस का उद्देश्य–**राष्ट्रीय एकता और लोकतंत्र यही कांग्रेस का उद्देश्य था।

**ब्रिटिश सरकार की फूट डालो की नीति–**समय बीतते ब्रिटिश सरकार ने भी भारतीय एकता और लोकतंत्र का समर्थन किया। लेकिन उनकी नीतियाँ इन दोनों महान तत्त्वों के विरुद्ध थी। उन्हीं से प्रेरित हो 1940 में कांग्रेस ने घोषणा की कि भारत में ब्रिटिश सरकार की नीति ''जनजीवन में संघर्ष और फूट को प्रत्यक्ष रूप से उकसाती और भड़काती है।'' अर्थात् उन्होंने लोकतंत्र को मानने के साथ-साथ हिंदुओं और मुसलमानों के मध्य फूट के बीज भी डाल दिए। ब्रिटिश सरकार के जिम्मेदार लोगों ने स्पष्ट रूप से यह भी कहा कि शायद किसी नई व्यवस्था के पक्ष में भारत की एकता की बलि चढ़ानी पड़े और यह

भी कि भारत के लिए लोकतंत्र ठीक नहीं है। ऐसे में कांग्रेस ऐसा कोई हल न ढूँढ सकी जिससे सांप्रदायिक समस्या को सुलझाया जा सके।

**अंग्रेज़ों की नीति**–अब अंग्रेज हर हाल में हिंदू और मुसलमानों में दीवार खड़ी करना चाहते थे। उन्होंने मुस्लिम लीग और हिंदू महासभा के मतभेदों को प्रोत्साहित किया और सांप्रदायिक संगठनों को कांग्रेस के विरुद्ध महत्त्व देना चाहा।

**मुस्लिम लीग के नेता मिस्टर जिन्ना**–मिस्टर जिन्ना जो मुस्लिम लीग के कर्णधार थे, यह घोषणा की कि भारत के दो राष्ट्र हैं हिंदू और मुसलमान। उनकी इसी विचारधारा के आधार पर पाकिस्तान व भारत के विभाजन की अवधारणा का विकास हुआ लेकिन दो राष्ट्रों की समस्या का हल न हो सका क्योंकि हिंदू व मुसलमान तो पूरे देश में ही थे।

## II. शब्दार्थ

### *पृष्ठ 112*

**सांप्रदायिक समस्या**–धर्म के आधार पर उत्पन्न समस्याएँ। **पर्याप्त**–काफी। **संरक्षण**–सहारा। **स्थायी**–पक्की/सदा के लिए। **पृष्ठभूमि**–आधार। **विरासत**–पूर्वजों से प्राप्त। **संकीर्ण**–तंग/संकुचित।

### *पृष्ठ 113*

**तमाम**–बहुत से। **एका**–एकता। **स्वायत्तता**–स्वतंत्रता अपने कार्यों हेतु स्वतंत्र। **अडिग**–पक्की। **आधी शताब्दी**–पचास वर्ष। **गुज़रे**–बीते। **अस्वीकार**–अमान्य। **खुल्लमखुल्ला**–स्पष्ट रूप से सबके सामने। **एकता की बलि**–एकता को तोड़ना। **मंज़ूर**–मान्य।

### *पृष्ठ 114*

**प्रोत्साहित**–उत्साहित। **अतीत**–बीता समय। **बहुराष्ट्रीय**–बहुत से राष्ट्र।

## III. प्रश्न-उत्तर

**प्रश्न 1. भारत में कभी जातीय सवाल क्यों नहीं उठे थे?**

**उत्तर**–भारत में हिंदू, मुस्लिम, सिक्ख व ईसाई सभी जातियों के लोग समान रूप से रहते थे। इसलिए कभी जातीय सवाल नहीं उठे थे।

**प्रश्न 2. स्वाधीनता प्राप्ति के अंतिम पड़ाव में राजनीतिक मामलों का स्थान सांप्रदायिकता ने कैसे ले लिया?**

**उत्तर**–स्वाधीनता प्राप्ति के अंतिम पड़ाव में अंग्रेजों ने ऐसी चाल चली कि मुसलमानों ने अपने आप को कांग्रेस से ही अलग करना चाहा। अंग्रेज़ों के फूट डालने के कारण ही भारत दो राष्ट्रों भारत और पाकिस्तान में बँट गया।

**प्रश्न 3. कांग्रेस किन दो विचारों पर अडिग थी?**

**उत्तर**–कांग्रेस राष्ट्रीय एकता और लोकतंत्र की भावना पर अडिग थी।

**प्रश्न 4. मुसलमानों को अलग धार्मिक गुट निर्मित करने में किस नेता ने पूर्ण सहयोग दिया?**

**उत्तर**–मुसलमानों को अलग धार्मिक गुट निर्मित करने में मिस्टर जिन्ना ने पूरा सहयोग दिया। उन्होंने ही ब्रिटिश सरकार के समक्ष दो राष्ट्रों भारत और पाकिस्तान का प्रस्ताव रखा।

**प्रश्न 5. कांग्रेस किस प्रयास में असफल रही?**

**उत्तर**–कांग्रेस ने बहुत प्रयास किया कि सांप्रदायिक तत्त्वों को राजनीतिक में न लाया जाए लेकिन मुस्लिम लीग ने सहयोग न किया और कांग्रेस राष्ट्रीय एकता कायम रखने में असफल रही।

**प्रश्न 6. स्वतंत्रता प्राप्ति हेतु मिस्टर जिन्ना के क्या विचार थे?**

**उत्तर**–मिस्टर जिन्ना ने स्वतंत्रता की माँग को नया मोड़ दे दिया। उन्होंने अपना विचार दिया कि भारत में दो राष्ट्र हैं हिंदू और मुसलमान। इसी विचारधारा से पाकिस्तान व भारत के विभाजन की अवधारणा का विकास हुआ। जिसका परिणाम यह निकला कि स्वतंत्रता मिलते ही भारत दो टुकड़ों में बँट गया।

**प्रश्न 7. क्या जिन्ना के विचार सही थे?**

**उत्तर**–जिन्ना के विचार सही नहीं थे। उनके विचारों से केवल पाकिस्तान व भारत की अवधारणा का विकास हुआ। लेकिन उससे 'दो राष्ट्रों' की समस्या का हल नहीं हुआ, क्योंकि हिंदू व मुसलमान तो पूरे देश में थे।

## IV. बहुविकल्पी प्रश्नोत्तर

1. *भारत में कभी भी जातीय सवाल न उठने का कारण क्या था?*
   (क) भारतीयों में वर्ग भेद न था।
   (ख) भारत में हिंदू, मुसलिम, सिक्ख व ईसाई को समान महत्त्व दिया जाता था।
   (ग) लोगों की धार्मिक भावनाओं के कारण
   (घ) इनमें से कोई नहीं
2. *भारत किन दो विचारों पर अडिग था?*
   (क) धर्म निरपेक्षता व अपने संविधान हेतु
   (ख) राष्ट्रीय एकता और लोकतंत्र की भावना पर
   (ग) जातिवादिता व वर्ग संघर्ष पर
   (घ) सांप्रदायिकता व जातिवादिता पर
3. *क्या मिस्टर जिन्ना अपने विचार में सफल रहे?*
   (क) हाँ, उन्होंने भारत के दो टुकड़े करवा दिए।
   (ख) हाँ, हिंदू-मुसलमानों को अलग-अलग स्वतंत्रता प्राप्त हुई।
   (ग) मिस्टर जिन्ना ने धरती के दो टुकड़े तो करवा दिए लेकिन हिंदू-मुसलमानों को अलग-अलग करने में असफल रहे।
   (घ) इनमें से कोई नहीं।

**उत्तर–** 1. (ख) 2. (ख) 3. (ग)

# 8. तनाव

## 1. भारत में तनाव का बढ़ना

### I. पाठ का सार

सन् 1942 की शुरुआत में भारत पर तनाव बढ़ने लगा। युद्ध का समय लगातार पास आ रहा था। भारत के शहरों पर भी हवाई हमलों की संभावना थी। क्योंकि इस समय दूसरा विश्वयुद्ध चल रहा था। पूर्वी देशों में युद्ध जोरों पर था, उसका क्या परिणाम होगा? भारत और इंग्लैंड के संबंधों में क्या अंतर आएगा।

### II. शब्दार्थ

*पृष्ठ 115*

**तनाव**–दिमाग पर किसी बात का कोई बोझ होना। **हमलों**–आक्रमणों।

### III. प्रश्न-उत्तर

**प्रश्न 1. भारत पर अत्यधिक तनाव का समय कौन-सा था?**

**उत्तर**–भारत पर अत्यधिक तनाव का समय 1942 की शुरुआत का समय था।

**प्रश्न 2. यह तनाव क्यों था?**

**उत्तर**–वास्तव में यह समय द्वितीय विश्व युद्ध का था और भारत को भी डर था कि कहीं यहाँ भी हवाई हमले न हों और दूसरा तनाव इस बात का था कि अब भारत व इंग्लैंड के आपसी संबंध कैसे होंगे।

### IV. बहुविकल्पी प्रश्नोत्तर

1. *सन् 1942 का समय किस दौर का था?*
   (क) प्रथम विश्व-युद्ध का
   (ख) द्वितीय विश्व-युद्ध का
   (ग) राष्ट्रीयकरण का
   (घ) भारत-पाकिस्तान के विभाजन का
2. *भारत को किस बात का डर था?*
   (क) भारत और इंग्लैंड के आपसी संबंधों का
   (ख) द्वितीय विश्व-युद्ध के हवाई हमलों का
   (ग) विश्व-युद्ध के दौरान अंग्रेज़ों द्वारा भारतीयों पर अधिक बोझ का
   (घ) दिए गए सभी।

**उत्तर**– 1. (ख) 2. (घ)

## 2. चुनौती–'भारत छोड़ो' प्रस्ताव

### I. पाठ का सार

**भारत छोड़ो आंदोलन की शुरुआत**–सन् 1942 में सात और आठ अगस्त को 'अखिल भारतीय कांग्रेस' कमेटी ने खुली सभा में सरकार से उस प्रस्ताव पर बहस की व विचार किया जिसे 'भारत छोड़ो प्रस्ताव' के नाम से जाना गया।

**भारत छोड़ो प्रस्ताव की कार्यविधि**–'भारत छोड़ो प्रस्ताव' के तहत स्पष्ट रूप से सरकार को चुनौती दी गई थी और अंतरिम सरकार निर्मित करने का प्रस्ताव रखा गया। वे ऐसी सरकार बनाना चाहते थे जिसमें सभी महत्त्वपूर्ण वर्गों के विशिष्ट

लोगों द्वारा प्रतिनिधित्व हो। इसमें यह भी कहा गया कि मित्र शक्तियों के सहयोग से भारत की सुरक्षा हो और हथियारबंद और अहिंसक शक्तियों के साथ बाहरी हमले को रोका जाए।

**कांग्रेस कमेटी की ब्रिटेन और संयुक्त राष्ट्र से अपील**–कांग्रेस कमेटी ने संसार के सभी गुलाम देशों की आज़ादी के लिए ब्रिटेन व संयुक्त राष्ट्र से अपील की और गांधी जी के नेतृत्व में अहिंसात्मक ढंग से एक जन-आंदोलन शुरू करने की स्वीकृति की माँग की। अंत में यह भी कहा गया कि कमेटी कांग्रेस के लिए शक्ति नहीं प्राप्त करना चाहती, लेकिन अब जो ताकत आएगी, वह भारत की सारी जनता की होगी।

**कमेटी का अगला कदम**–कांग्रेस-सभापति मौलाना अबुल कलाम आज़ाद और गांधी जी ने यह निर्णय लिया कि उनका अगला कदम है ब्रिटिश सरकार के प्रतिनिधि, वायसराय से मुलाकात करना और खास संयुक्त राष्ट्रों के मुख्याधिकारियों से एक सम्मानपूर्ण समझौते की अपील करना कि अब जन-आंदोलन होकर रहेगा।

**प्रस्ताव का पास होना**–कमेटी के अथक प्रयास व अपीलों के उपरांत 8 अगस्त सन् 1942 को यह प्रस्ताव पास हो गया। जन-आंदोलन के प्रारंभ होते ही अगस्त की सुबह-सुबह गिरफ्तारियाँ प्रारंभ हो गईं। इसी गिरफ्तारी में जवाहरलाल नेहरू व अन्य नेता अहमदनगर किले में बंदी बनाए गए।

## II. शब्दार्थ

### *पृष्ठ 115*

**अखिल**–पूरा। **प्रस्ताव**–आवेदन।

### *पृष्ठ 116*

**विशद**–बड़ा। **अंतरिम**–आंतरिक। **अहिंसक**–बिना किसी मारकाट के। **स्वीकृति**–अनुमति। **अपरिहार्य**–जिसे रोका न जा सके। **समापन**–अंतिम।

## III. प्रश्न-उत्तर

प्रश्न 1. **'भारत छोड़ो' प्रस्ताव रखने का क्या कारण था?**

उत्तर–'भारत छोड़ो' प्रस्ताव ब्रिटिश सरकार के विरुद्ध था जिसमें आम जनता ने भी यह अपील की कि अब अंग्रेज़ों को भारत छोड़ देना चाहिए। इसमें स्त्रियों ने भी बढ़-चढ़कर भाग लिया।

प्रश्न 2. **'भारत छोड़ो' प्रस्ताव कब और किसके द्वारा रखा गया?**

उत्तर–'भारत छोड़ो' प्रस्ताव 7 और 8 अगस्त सन् 1942 को 'अखिल भारतीय कांग्रेस कमेटी' द्वारा रखा गया।

प्रश्न 3. **इस आंदोलन में क्या अपील की गई?**

उत्तर–यह एक लंबा और बड़ा प्रस्ताव था। इसमें अंतरिम सरकार बनाने का आवेदन था जिसमें भारत के सभी वर्गों का प्रतिनिधित्व हो सके। इसमें मित्र शक्तियों के सहयोग से भारत की सुरक्षा और अपनी सारी हथियारबंद और अहिंसक शक्तियों के साथ बाहरी हमले को रोकने का प्रस्ताव भी था।

प्रश्न 4. **कांग्रेस कमेटी ने अपनी अपील किसके समक्ष की?**

उत्तर–कांग्रेस कमेटी ने अपनी अपील ब्रिटेन और संयुक्त राष्ट्र के समक्ष की।

प्रश्न 5. **प्रस्ताव पारित कब हुआ व इसका परिणाम क्या निकला?**

उत्तर–'भारत छोड़ो' प्रस्ताव 8 अगस्त सन् 1942 को पारित हुआ। जैसे ही जनता ने प्रदर्शन किया वैसे ही सरकार ने गिरफ्तारियाँ भी प्रारंभ कर दी। इन्हीं गिरफ्तारियों में जवाहरलाल नेहरू व उनके साथियों को अहमदनगर किले में बंद किया गया।

## IV. बहुविकल्पी प्रश्नोत्तर

1. *'भारत छोड़ो' आंदोलन कब प्रारंभ हुआ?*

   (क) सन् 1942 में (ख) सन् 1940 में (ग) सन् 1950 में (घ) सन् 1939 में

2. *यह आंदोलन किसके द्वारा शुरू हुआ?*
   (क) युवा वर्ग द्वारा
   (ख) स्त्री समाज द्वारा
   (ग) संपूर्ण भारत द्वारा
   (घ) अखिल भारतीय कांग्रेस कमेटी द्वारा
3. *इसमें कांग्रेस कमेटी ने अपनी अपील किसके समक्ष की?*
   (क) ब्रिटिश सरकार के समक्ष
   (ख) संयुक्त राष्ट्र के समक्ष
   (ग) पूरे एशिया के समक्ष
   (घ) बिट्रेन और संयुक्त राष्ट्र के समक्ष
4. *इस आंदोलन में मुख्य भूमिका किसने निभाई?*
   (क) युवाओं ने
   (ख) नेताओं ने
   (ग) आम जनता व स्त्रियों ने
   (घ) केवल शासकीय लोगों ने
5. *इस आंदोलन का मुख्य उद्देश्य क्या था?*
   (क) भारतीयों के हित में अंतरिम सरकार बनाने का
   (ख) अंग्रेज़ों द्वारा भारत छोड़कर जाने का
   (ग) भारतीयों को उनके अधिकार दिलाने का
   (घ) परिवार के हिसाब से भारतीयों को आर्थिक खर्च देने का
6. *इस प्रस्ताव का परिणाम क्या हुआ?*
   (क) सरकार ने लोगों की गिरफ़्तारियाँ प्रारंभ की जिसमें नेहरू जी को अहमद नगर किले में बंद किया।
   (ख) सरकार ने भारतीयों की बात मान ली।
   (ग) सरकार भारत छोड़कर चली गई।
   (घ) इनमें से कोई नहीं।

**उत्तर–** 1. (क) 2. (घ) 3. (घ) 4. (ग) 5. (क) 6. (क)

# 9. दो पृष्ठभूमियाँ—भारतीय और अंग्रेज़ी

## 1. सन् 1942 का विद्रोह

### I. पाठ का सार

सन् 1942 के विद्रोह में जो भी हुआ वह अचानक नहीं था। पहले से ही लोगों का मन इस विचार के लिए पक्का था कि अब अंग्रेज़ों को भारत से उखाड़ फेंकेंगे और अब उनका राज बर्दाश्त नहीं करेंगे।

### II. शब्दार्थ

*पृष्ठ 117*

**आकस्मिक**—अचानक। **चरम परिणति**—अंतिम रूप। **आक्षेप**—जिससे उम्मीद हो। **तीव्र**—तेज। **बर्दाश्त**—सहन।

### III. प्रश्न-उत्तर

**प्रश्न 1. सन् 1942 में लोगों के प्रदर्शन का क्या उद्देश्य था?**

**उत्तर**—सन् 1942 में लोगों के प्रदर्शन का उद्देश्य अंग्रेज़ी शासन सत्ता समाप्त करना था।

## 2. व्यापक उथल-पुथल और उसका दमन

### I. पाठ का सार

**जनता का स्पष्ट विरोध**—यह वह काल था जिस समय नेताओं के साथ-साथ आम जनता भी अंग्रेज़ों के जुल्मों से तंग आ चुकी थी। भले ही कुछ लोग सरकार के समक्ष प्रार्थना प्रस्ताव रखकर आज़ादी पाना चाहते थे लेकिन इन्हीं में उग्र विचारधाराओं वाले लोग भी थे जो हिंसक घटनाएँ करके सरकार को सचेत करना चाहते थे।

1942 के आंदोलन में जब नेताओं की गिरफ्तारियाँ हुईं तो जनता और भी भड़क उठी। विशेष रूप से युवा पीढ़ी ने, विश्वविद्यालयों के विद्यार्थियों ने हिंसक और शांतिपूर्वक दोनों तरह की कार्यवाहियों में महत्त्वपूर्ण काम किया।

**सन् 1857 के गदर के बाद ब्रिटिश सरकार को पहली चुनौती**—सन् 1857 की क्रांति के बाद ब्रिटिश राज के विरुद्ध यह पहली चुनौती थी। यह सुसंगठित व सोचा समझा विरोध न था जबकि दूसरी ओर हथियारबंद सैनिक शक्ति थी। इस विद्रोह ने लोगों के राष्ट्रप्रेम और विदेशी शासन के विरुद्ध अपनी घृणा को प्रकट किया।

**अनगिनत लोगों की मृत्यु**—सन् 1942 के दंगों में पुलिस और सेना की गोलाबारी से मारे गए और घायल हुए लोगों की अनगिनत संख्या थी। सरकारी आँकड़ों के अनुसार अनुमानतः कहा गया कि 1028 लोग मरे और 3200 घायल हुए। जबकि लोगों का कहना था कि 25,000 लोग मरे। इस संख्या को भी झुठलाया गया और फिर कहा गया कि मरने वाले 10,000 तो अवश्य होंगे अर्थात् असंख्य लोग मारे गए जिनका कोई निश्चित ब्यौरा न था।

**आंदोलन से ब्रिटिश शासन प्रभावित**—कई स्थानों पर शहरी और ग्रामीण क्षेत्रों में ब्रिटिश शासन खत्म हो गया। मुख्य रूप से यह बिहार, बंगाल के मिदनापुर ज़िले में और संयुक्त-प्रांत के दक्षिण-पूर्वी जिलों में हुआ। केवल संयुक्त-प्रांत के बलिया जिले में हिंसक घटनाओं की कोई शिकायत नहीं की गई। सरकार से फिर से दुबारा विजय पाने के प्रयास भी किए लेकिन इसमें बहुत हफ्ते लगे।

## II. शब्दार्थ

*पृष्ठ 117*

**अकस्मात**–अचानक। **हिंसात्मक**–हिंसक रूप। **हथियारबंद**–हथियारों से लैस। **क्रुद्ध**–गुस्से में। **अनुसरण**–मानना। **जनांदोलन**–जनता का आंदोलन/आम जनता द्वारा किसी विचार को उठाना।

*पृष्ठ 118*

**गदर**–विद्रोह। **निहत्था**–बिना हथियारों के। **द्वंद्व**–युद्ध। **तात्कालिक**–उसी समय। **अतिरंजित**–अत्यधिक रंगा हुआ। **खिलाफ़**–विरुद्ध।

## III. प्रश्न-उत्तर

**प्रश्न 1. जनता ने सरकार के विरुद्ध कैसा प्रदर्शन किया?**

उत्तर–जनता ने सरकार के विरुद्ध प्रदर्शन हिंसात्मक व शांतिपूर्ण दोनों ढंग से किया। एक ओर प्रार्थना व प्रस्ताव पारित करवाने का तरीका था तो दूसरी ओर तोड़-फोड़ व हिंसात्मक संघर्ष था।

**प्रश्न 2. सन् 1942 में हुए जन-आंदोलन की क्या विशेषता थी?**

उत्तर–सन् 1942 में हुए जन-आंदोलन की यह विशेषता थी कि इसमें युवा पीढ़ी ने बढ़-चढ़कर भाग लिया। भारत का प्रत्येक नागरिक अंग्रेज़ी शासन के प्रति अपना रोष प्रकट करना चाहता था। इसीलिए हिंसात्मक व शांतिपूर्ण दोनों ढंग इसके आधार बने।

**प्रश्न 3. इस प्रदर्शन को मूर्खतापूर्ण प्रदर्शन क्यों कहा गया?**

उत्तर–सन् 1857 के गदर के बाद सन् 1942 में यह पहला बड़ा विद्रोह हुआ। इसे मूर्खतापूर्ण इसलिए कहा गया क्योंकि यह योजनाबद्ध नहीं था। एक ओर असंख्य जनता का विरोध था दूसरी ओर हथियारबंद सैनिक शक्ति थी। यदि यह विरोध सोच समझकर किया जाता तो शायद इसका परिणाम भी श्रेष्ठतर होता।

**प्रश्न 4. इस विद्रोह में किन-किन स्थानों में ब्रिटिश सत्ता समाप्त हो गई?**

उत्तर–इस विद्रोह से बिहार, बंगाल के मिदनापुर ज़िले में, संयुक्त-प्रांत के दक्षिण-पूर्वी ज़िलों में ब्रिटिश शासन सत्ता समाप्त हो गई।

## IV. बहुविकल्पी प्रश्नोत्तर

1. *जनता अब सरकार के विरुद्ध कैसा प्रदर्शन कर रही थी?*
   (क) शांतिपूर्ण (ख) हिंसात्मक
   (ग) शांतिपूर्ण व हिंसात्मक दोनों (घ) इनमें से कोई नहीं।
2. *1942 का सरकार के प्रति विद्रोह असफल क्यों रहा?*
   (क) इसे योजनाबद्ध तरीके से अंजाम नहीं दिया गया।
   (ख) ब्रिटिश सरकार ने सर उठाने वालों को कुचल डाला।
   (ग) लोगों में आपसी फूट इसे सफल बनाने में कारगर सिद्ध हुई।
   (घ) विद्रोह के दौरान द्वितीय विश्व-युद्ध आरंभ हो गया। भारतीय युवा शक्ति का प्रयोग अंग्रेज़ों ने अपने लिए किया।

उत्तर– 1. (ग) 2. (क)

# 3. भारत की बीमारी–अकाल

## I. पाठ का सार

**भारत में भयंकर अकाल और महामारी**–भारत की स्थिति वैसे ही डाँवाडोल थी-ऊपर से भयंकर अकाल ने उसकी कमर ही तोड़कर रख दी। इस अकाल का प्रभाव बंगाल और पूर्वी तथा दक्षिणी भारत पर पड़ा। ब्रिटिश शासन के पिछले 170 वर्षों में यह सबसे विनाशकारी समय था। इसकी तुलना सन् 1766 ई. से 1770 ई. के दौरान बंगाल और बिहार के उन भयंकर अकालों से की जा सकती है। इसके पश्चात् भयानक महामारी फैली विशेषकर हैजा और मलेरिया। हजारों लोग इसके शिकार हुए। इस अकाल ने भारत की बदसूरत व दर्दभरी सूरत को उभार कर रख दिया।

**अभिजात्य वर्ग का कम प्रभावित होना**–अकाल के कारण भारत में चारों ओर तबाही मची थी लेकिन अभिजात्य वर्ग अपनी विलासताओं में ही मस्त था। जैसे कलकत्ता में सड़कों पर लाशें बिछी थीं लेकिन कलकत्ते के ऊपरी वर्ग के दस हजार लोगों के जीवन में कोई परिवर्तन न आया। वह नाच-गाने व दावतों में ही मस्त रहा।

**आम जीवन पर अकाल का प्रभाव**–आम जनता पर अकाल का गहरा प्रभाव पड़ा। लाखों लोग दिनोंदिन गरीब होते गए जिसके कारण भुखमरी बढ़ती जा रही थी।

**विचारकों की सोच**–भारत के कर्णधारों का यह सोचना था कि अंग्रेज जब भारत से जाएँगे तो पीछे क्या छोड़ेंगे? कितनी नग्न दुर्गति? अंत में उनके सदियों पुराने प्रशासन की धारा सूख जाएगी तो वे अपने पीछे कितनी कीचड़ और कचरा छोड़ेंगे? टैगोर जो तीन वर्ष से मृत्यु शैय्या पर थे यही विचार करते थे कि अंग्रेज़ों के जाने के पश्चात् भारत की तस्वीर कैसी होगी? यही सभी नेताओं व भारतीय जनता के लिए सोचने का प्रश्न था क्योंकि भारत की हालत दिन-प्रति-दिन बिगड़ती ही जा रही थी।

## II. शब्दार्थ

*पृष्ठ 118*

**फूले-फले**–जिन्हें लाभ प्राप्त हुआ। **भयानक**–डरावनी। **स्मृति**–याद। **विस्तृत**–बड़ा।

*पृष्ठ 119*

**विनाशकारी**–नष्ट होने वाला। **झीने**–पतले/पारदर्शी। **आवरण**–ढकना। **उघाड़**–उभारना। **बदहाली**–बुरे हाल की। **बदसूरत**–जो सुंदर न हो। **तबके**–पद। **विलासिता**–आरामप्रस्त। **उल्लास**–खुशी। **दुर्गति**–बुरी दशा। **कचरा**–कूड़ा।

## III. प्रश्न-उत्तर

**प्रश्न 1. ब्रिटिश शासन-काल के अंतिम दौर में भारत में कहाँ-कहाँ अकाल पड़ा?**

**उत्तर**–ब्रिटिश शासन-काल के अंतिम दौर में भारत में बंगाल और पूर्वी तथा दक्षिणी भारत पर अकाल का प्रभाव रहा

**प्रश्न 2. अकाल ने भारत की कैसी तस्वीर को प्रस्तुत किया?**

**उत्तर**–अकाल ने भारत की बदहाली और बदसूरती की तस्वीर प्रस्तुत की।

**प्रश्न 3. कलकत्ता में अकाल के समय कैसी स्थिति थी?**

**उत्तर**–अकाल ने कलकत्ता की आम जनता को अधिक प्रभावित किया, सड़कों पर लोगों की लाशें बिछी थीं और दूसरी ओर अभिजात्य वर्ग था जिस पर अकाल या लोगों के दुख-दर्द का कोई असर ही न था। वह अपनी ही विलासिता में मस्त था।

**प्रश्न 4. भारतीय कर्णधार इस अकाल व सरकार की नीतियों को देखकर क्या सोचते थे?**

**उत्तर**–भारतीय कर्णधार अकाल और विशेषकर सरकार की नीतियों को देखकर यह सोचते थे कि ब्रिटिश सरकार जब भारत को छोड़ेगी तो अपने पीछे कैसा भारत छोड़कर जाएगी? उसका स्वरूप कैसा होगा? उनका ऐसा सोचना सही था क्योंकि भारत दिन-प्रतिदिन विघटन की ओर बढ़ रहा था।

## IV. बहुविकल्पी प्रश्नोत्तर

1. *ब्रिटिश शासन-काल के अंतिम दौर में भारत में कहाँ-कहाँ अकाल पड़ा?*
   (क) बंगाल, पूर्वी व उत्तरी भारत पर (ख) बंगाल, पूर्वी व दक्षिणी भारत पर
   (ग) बंगाल, पूर्वी तथा उत्तर-दक्षिण भारत पर (घ) बंगाल, उत्तर तथा पश्चिमी भारत पर
2. *किस वर्ग पर अकाल का प्रभाव न पड़ा?*
   (क) निम्न वर्ग (ख) अभिजात्य वर्ग (ग) आंदोलनकारी वर्ग (घ) शासकीय वर्ग

**उत्तर**– 1. (ख) 2. (ख)

# 4. भारत की सजीव सामर्थ्य

## I. पाठ का सार

**भारत की जिजीविषा**–नेहरू जी ने अपने विचारों को बहुत सुंदर शब्द देते हुए कहा है कि अकाल और युद्ध के बावजूद प्रकृति अपना कायाकल्प करती है अर्थात् समय परिवर्तनशील होता है। लड़ाई के मैदान को 'आज' फूलों और हरी घास से ढक देता है यानी दुख के बाद सुख भी आता है। मनुष्य की यादें सदा उसके साथ रहती हैं। हमारा वर्तमान धीरे-धीरे अतीत में समाता जाता है। वर्तमान अतीत बनता है और अपना अस्तित्व भविष्य को सौंपता चला जाता है, जो वर्तमान बनकर उसे बढ़ावा देता है। जो लोग कमजोर होते हैं वे अपना अस्तित्व खो देते हैं और हिम्मतवाले मशाल लेकर आगे बढ़कर चलते हैं और आने वाली पीढ़ियों का भी मार्गदर्शन कर उनमें हिम्मत बँधाते हैं।

## II. शब्दार्थ

*पृष्ठ 120*

**अकाल**–भुखभरी। **कायाकल्प**–रूप बदलना। **स्मृति**–याद। **विलक्षण**–अद्भुत। **वर्तमान**–जो चल रहा हो। **समर्पण**–अपने-आप को सौंप देना। **मार्ग-दर्शक**–रास्ता दिखाने वाले।

## III. प्रश्न-उत्तर

**प्रश्न 1. भारत की सजीव तसवीर नेहरू जी ने किस प्रकार प्रस्तुत की है?**

**उत्तर**–भारत की सजीव तसवीर प्रस्तुत करते हुए नेहरू जी ने कहा है कि जिस प्रकार अकाल और युद्ध के बावजूद प्रकृति अपना रूप अवश्य बदलती है, लड़ाई के मैदान को भी फूल और हरी घास ढक लेती है, उसी प्रकार भारत ने भी कितनी ही मुश्किलों का सामना भले ही किया लेकिन फिर भी उसकी आने वाली सशक्त पीढ़ियों ने उसके स्वरूप को डूबने न दिया, उसने अपना अस्तित्व कभी न खोया। हिम्मत वाले लोग सदा मशाल लेकर विजय की चाह में आगे बढ़ते रहे और आने वाले कल के मार्गदर्शकों की हिम्मत बँधाते रहे।

# उपसंहार

## I. पाठ का सार

**भारत की खोज**—मैंने क्या खोजा, क्या पाया है? यह कल्पना करना कि मैं उसका परदा हटाकर यह देख सकूँगा कि वह अपने वर्तमान रूप में क्या है और उसका लंबा अतीत क्या रहा होगा, मेरी अनधिकार चेष्टा थी। भारत एक भौगोलिक और आर्थिक सत्ता है, उसकी विभिन्नता में सांस्कृतिक एकता है। यह विरुद्धों का एक ऐसा पुंज है जो मज़बूत और अदृश्य सूत्रों से बँधा है।

बार-बार आक्रमणों के बावजूद उसकी आत्मा कभी जीती नहीं जा सकी और आज भी जब वह एक अहंकारी विजेता का खिलौना मालूम होता है, वह अपराजेय है। एक युग के बाद दूसरे युग में उसने महान स्त्री-पुरुषों को जन्म दिया है जो पुरानी परंपरा को लेकर चले हैं और उसे बदलते हुए समय के अनुरूप ढालते भी रहे हैं। उस महान परंपरा में रवींद्रनाथ टैगोर हुए जो आधुनिक युग की प्रकृति और प्रवृत्तियों से सराबोर थे लेकिन उनकी नींव भारत के अतीत में थी।

ऐसा लगता है जैसे पुराना जादू अब टूट रहा है और वह चारों ओर देखता हुआ वर्तमान के प्रति जागरूक हो रहा है। उसमें परिवर्तन होगा और यह परिवर्तन ज़रूरी है। फिर भी वह पुराना सम्मोहन बना रहेगा और उसकी जनता के हृदयों को बाँधे रखेगा।

हमें भारत में अतीत और सुदूर की खोज में देश के बाहर नहीं जाना है। हमारे अपने पास उसकी बहुतायत है। अगर हम विदेशों में जाते हैं तो केवल वर्तमान की तलाश में। यह तलाश ज़रूरी है, क्योंकि उससे अलग रहने का अर्थ है पिछड़ापन और क्षय। जीवन अधिक अंतरराष्ट्रीय होता जा रहा है। इस आने वाले अंतरराष्ट्रीयतावाद में हमें अपनी भूमिका निभानी है। इस उद्देश्य की पूर्ति के लिए हमें यात्राएँ करनी हैं, औरों से मिलना है, उनसे सीखना है और उन्हें समझना है लेकिन सच्ची अंतरराष्ट्रीयता कोई ऐसी हवाई चीज़ नहीं है जिसकी न कोई बुनियाद हो और न लंगरगाह। उसे राष्ट्रीय संस्कृतियों से बाहर निकलना है और आज वह स्वतंत्रता, समानता और सच्ची अंतरराष्ट्रीयता के आधार पर ही उन्नति कर सकती है।

हम किसी मामूली देश के नागरिक नहीं हैं और हमें जन्मभूमि पर, अपने देशवासियों पर, अपनी संस्कृति और परंपराओं पर गर्व है। यह गर्व किसी ऐसे रोमांचक अतीत के लिए नहीं होना चाहिए जिससे हम चिपटे रहना चाहते हैं, न ही अपने ढंग से भिन्न औरों के ढंग को समझने में इससे कोई कठिनाई होनी चाहिए। इसके कारण हमें अपनी कमज़ोरियों और असफलताओं को भी कभी नहीं भूलना चाहिए और न ही उनसे छुटकारा पाने की हमारी इच्छा कुंठित होनी चाहिए। इससे पहले कि हम मानवीय सभ्यता और प्रगति की गाड़ी में औरों के साथ अपनी सही जगह ले सकें, हमें अभी बहुत लंबा सफ़र तय करना है और बहुत-सी कमी को पूरा करना है। और हमें जल्दी करनी है, क्योंकि हमारे पास समय सीमित है और दुनिया की रफ़्तार लगातार तेज़ी से बढ़ती जा रही है। अतीत में भारत दूसरी संस्कृतियों का स्वागत करके उन्हें आत्मसात कर लेता था। आज इस बात की कहीं अधिक आवश्यकता है, क्योंकि हम भविष्य की उस "एक दुनिया" की तरफ बढ़ रहे हैं जहाँ राष्ट्रीय संस्कृतियाँ मानव जाति की अंतरराष्ट्रीय संस्कृति में घुलमिल जाएँगी। हमें जहाँ भी समझदारी, ज्ञान, मित्रता और सहयोग मिलेगा हम वहाँ उसकी तलाश करेंगे और हम सामूहिक कामों में सबके साथ सहयोग करेंगे, लेकिन हम दूसरों की कृपा और सहारे के प्रार्थी नहीं हैं। इस तरह हम सच्चे भारतीय और एशियाई होंगे और साथ ही अच्छे अंतरराष्ट्रीयतावादी और विश्व नागरिक होंगे।

## II. शब्दार्थ

*पृष्ठ 121*

**कल्पना**—सोचना। **चेष्टा**—कोशिश। **पुंज**—गुच्छा। **अदृश्य**—जो दिखाई न दे। **अपराजेय**—जिसे जीता न जा सके। **अनुरूप**—अनुसार। **सराबोर**—भरा हुआ। **जागरूक**—सचेत।

*पृष्ठ 122*

**सम्मोहन**—आकर्षित करना। **क्षय**—हानि। **बुनियाद**—नींव। **लंगरगाह**—जहाँ समुद्री जहाज़ खड़े होते हों। **कुंठित**—कम। **प्रगति**—उन्नति। **आत्मसात**—अपनाना। **सामूहिक**—मिलकर।

## III. प्रश्न-उत्तर

**प्रश्न 1. नेहरू जी ने अपने लेखन '*भारत की खोज*' में किन-किन विचारों को स्थान देकर, भारतीयों को कैसे प्रेरित किया है?**

**उत्तर**–नेहरू जी ने 'भारत की खोज' लेखन में निम्न विचारों को स्थान देकर भारतीयों को प्रेरित करने का प्रयास किया है।

1. भारत एक भौगोलिक व आर्थिक सत्ता है, उसकी विभिन्नता में सांस्कृतिक एकता है। यह विरुद्धों का एक ऐसा पुंज है जो मज़बूत और अदृश्य सूत्रों से बँधा है।
2. भारत पर विदेशी जातियों के कितने ही आक्रमण हुए लेकिन उसकी आत्मा अर्थात् अस्तित्व को कोई जीत न सका, भले ही शासन सत्ता बदलती रही।
3. भारत का अतीत सदा भारतीयों के साथ जुड़ा रहेगा।
4. यदि हम विदेशों के साथ मिलकर नहीं चलेंगे तो पिछड़ापन हमें घेर लेगा।
5. अंतरराष्ट्रीयतावाद की ओर कदम बढ़ाने होंगे।
6. वर्तमान में सच्ची स्वतंत्रता, समानता और सच्ची अंतरराष्ट्रीयता ही उन्नति का आधार है।
7. हमें अपने देश, देशवासियों, संस्कृति और परंपराओं पर गर्व करना चाहिए।
8. अपनी कमजोरियों व असफलताओं को न भुलाकर उनमें सुधार लाने का प्रयत्न करना चाहिए।
9. दुनिया की रफ़्तार के साथ चलते हुए दूसरी संस्कृतियों के साथ मेलजोल करके आगे बढ़ना चाहिए।
10. सामूहिक कार्यों में सबका सहयोग देना भारतीयों का धर्म हो।
11. दूसरों की कृपा और सहारे का प्रार्थी भारतीयों को नहीं बनना।
12. भारतीयों को सच्चे भारतीय और एशियाई बन अंतरराष्ट्रीयता को अपनाते हुए विश्व नागरिक बनना है अर्थात् विश्व में सर्वश्रेष्ठ स्थान प्राप्त करना है।

**प्रश्न 2.** *हम भविष्य की उस 'एक दुनिया' की ओर बढ़ रहे हैं।* **ऐसा कहने में नेहरू जी का क्या तात्पर्य था?**

**उत्तर**–नेहरू जी का यह कहना है कि हम भविष्य की उस 'एक दुनिया' की ओर बढ़ रहे हैं यह दर्शाता है कि आने वाले समय में सभी देश मिलकर एक-दूसरे की सहायता से प्रगति की ओर बढ़ेंगे। उस दौड़ में कोई भी देश अकेला उन्नति करने में असमर्थ होगा। ऐसा होने पर राष्ट्रों की भिन्न-भिन्न संस्कृतियाँ आपस में मिलकर अंतरराष्ट्रीय संस्कृति में घुलमिल जाएँगी।

## IV. बहुविकल्पी प्रश्नोत्तर

**1.** *नेहरू जी का भारत के प्रति मुख्य नज़रिया क्या था?*

(क) भारत की अखंडता
(ख) भारत की विभिन्नता में सांस्कृतिक एकता
(ग) भारत की विदेशों में साख
(घ) भारत के बिखराव को एकसूत्रता देना

**2.** *नेहरू के शब्दों में 'एक दुनिया' की ओर बढ़ना क्या है?*

(क) भारत के ज्ञान को दूसरे देशों तक पहुँचाना
(ख) सभी देशों की भिन्न-भिन्न संस्कृतियाँ आपस में मिलकर अंतर्राष्ट्रीय संस्कृति में घुल-मिल जाए।
(ग) सभी देश प्रगति की ओर बढ़ें
(घ) भारत में अखंडता कायम हो।

**उत्तर**– 1. (ख) 2. (ख)

# पाठ्यपुस्तक के प्रश्न-अभ्यास

प्रश्न 1. 'आखिर यह भारत है क्या? अतीत में यह किस विशेषता का प्रतिनिधित्व करता था? उसने अपनी प्राचीन शक्ति को कैसे खो दिया? क्या उसने इस शक्ति को पूरी तरह खो दिया है? विशाल जनसंख्या का बसेरा होने के अलावा क्या आज उसके पास ऐसा कुछ बचा है जिसे जानदार कहा जा सके?'

**ये प्रश्न अध्याय दो के शुरुआती हिस्से से लिए गए हैं। अब तक आप पूरी पुस्तक पढ़ चुके होंगे। आपके विचार से इन प्रश्नों के क्या उत्तर हो सकते हैं? जो कुछ आपने पढ़ा है उसके आधार पर और अपने अनुभवों के आधार पर बताइए।**

उत्तर–भारत एक प्राचीनतम देश है। भारत की सभ्यता और संस्कृति की महानता शुरू से वर्तमान तक विश्व प्रसिद्ध रही है। यही कारण है कि हूण, शक, कुषाण, मंगोल, तुर्क, यूनानी, मुसलिम, अंग्रेज जातियों के आक्रमणों व शासन करने के बावजूद भी इसकी सत्ता को कोई मिटा न सका। इसी से प्रेरित होकर कवि इकबाल ने ये शब्द कहे–

*''यूनान मिस्र रोमां सब मिट गए जहाँ से।*
*अब तक मगर है बाकी नामों निशां हमारा।।''*

प्रश्न 2. **आपके अनुसार भारत यूरोप की तुलना में तकनीकी-विकास की दौड़ में क्यों पिछड़ गया था?**

उत्तर–सत्रहवीं शताब्दी के आरंभ में इंग्लैंड में औद्योगिक क्रांति आरंभ हई जबकि विश्व पुनर्जागरण पंद्रहवीं शताब्दी में शुरू हो चुका था। भारत में इस समय निरंतर उत्तरी भारत से आक्रमण हो रहे थे जिनके कारण सभी संसाधनों के होते हुए भी भारत वैज्ञानिक खोजों और आविष्कारों की ओर ध्यान क्रेंद्रित न कर सका और यूरोप की तुलना में तकनीकी विकास की दौड़ में पिछड़ गया।

प्रश्न 3. नेहरू जी ने कहा कि–''मेरे खयाल से, हम सब के मन में अपनी मातृभूमि की अलग-अलग तसवीरें हैं और कोई दो आदमी बिलकुल एक जैसा नहीं सोच सकते।'' अब आप बताइए कि–

(क) **आपके मन में अपनी मातृभूमि की कैसी तसवीर है?**

(ख) **अपने साथियों से चर्चा करके पता करो कि उनकी मातृभूमि की तसवीर कैसी है और आपकी और उनकी तसवीर (मातृभूमि की छवि) में क्या समानताएँ और भिन्नताएँ हैं?**

उत्तर–(क) हमारे हृदय में मातृभूमि के प्रति सम्मानजनक और ममतामयी अस्तित्व कायम है।

(ख) मैंने अपने साथियों से मातृभूमि की तसवीर की चर्चा की तो पाया कि कुछ के मन में मातृभूमि का सकारात्मक रूप है लेकिन कुछ के मन में अपने ही देश के प्रति शंकाएँ भी हैं। ऐसा इस कारण से है क्योंकि उनके मन पर पश्चिमी सभ्यता का आवरण है।

प्रश्न 4. जवाहरलाल नेहरू ने कहा, "यह बात दिलचस्प है कि भारत अपनी कहानी की इस भोर-बेला में ही हमें एक नन्हें बच्चे की तरह नहीं, बल्कि अनेक रूपों में विकसित सयाने रूप में दिखाई पड़ता है।" **उन्होंने भारत के विषय में ऐसा क्यों और किस संदर्भ में कहा है?**

उत्तर–जवाहरलाल नेहरू का यह कहना–"यह बात दिलचस्प है कि भारत अपनी कहानी की इस भोर-बेला में ही हमें नए नन्हें बच्चे की तरह नहीं, बल्कि अनेक रूपों में विकसित सयाने रूप में दिखाई पड़ता है।" यह वक्तव्य सही है क्योंकि भारत की सभ्यता व संस्कृति विश्व-विख्यात, प्राचीनतम सभ्यता है। यह विश्व में विश्व गुरु के नाम से भी प्रसिद्ध रहा। इसका उत्तरोत्तर विकास सिद्ध करता है कि इसने अतीत के विभिन्न आयाम देखे हैं। गणित, विज्ञान, खगोलशास्त्र, ज्योतिष, औषध विज्ञान व ललित कलाओं के रूप में अत्यंत विकसित देश था।

प्रश्न 5. सिंधु घाटी सभ्यता के अंत के बारे में अनेक विद्वानों के कई मत हैं। **आपके अनुसार इस सभ्यता का अंत कैसे हुआ होगा, तर्क सहित लिखिए।**

**उत्तर**–सिंधु घाटी का अंत कैसे हुआ इसके बारे में कोई स्पष्ट विचार नहीं है। अनुमानतः कहा जाता है कि भूकंप, बाढ़ व मौसम के प्रभाव के कारण इसका अंत हो गया।

हम अपने विचार के अनुसार कह सकते हैं कि सिंधु नदी अपने प्रकोप व बाढ़ के लिए प्रसिद्ध थी। जब भी उसमें बाढ़ आती तो गाँव के गाँव अपने साथ बहा ले जाती। सिंधु घाटी भी इसी नदी की चपेट में आई होगी और उसका अस्तित्व समाप्त हो गया होगा।

**प्रश्न 6.** उपनिषदों में बार-बार कहा गया है कि–''शरीर स्वस्थ हो, मन स्वच्छ हो और तन-मन दोनों अनुशासन में रहें।'' **आप अपने दैनिक क्रिया-कलापों में इसे कितना लागू कर पाते हैं? लिखिए।**

**उत्तर**–उपनिषदों का यह कहना कि 'शरीर स्वस्थ हो, मन स्वच्छ हो और तन-मन दोनों अनुशासन में रहें।' यह शत्-प्रतिशत् सत्य है क्योंकि शरीर स्वस्थ होगा तो हम कार्य सही रूप से कर पाएँगे, मन स्वच्छ होगा तो कार्य करने में दिलचस्पी लेंगे। विद्वानों का भी कहना है–'शरीर माध्यम खलु धर्म साधनम्' अर्थात् स्वस्थ शरीर के माध्यम से सब प्रकार के कर्म व धर्म सिद्ध हो जाते हैं।

हम भी अपने दैनिक क्रिया-कलापों में ऐसे कार्य करने का प्रयास करते हैं जिससे शरीर व मन को स्वस्थ बना सकें। इस हेतु योग, व्यायाम व ध्यान केंद्रित जैसे कार्य नित्य करते हैं।

**प्रश्न 7.** नेहरू जी ने कहा कि–''इतिहास की उपेक्षा के परिणाम अच्छे नहीं हुए।'' **आपके अनुसार इतिहास लेखन में क्या-क्या शामिल किया जाना चाहिए है? एक सूची बनाइए और उस पर कक्षा में अपने साथियों और अध्यापकों से चर्चा कीजिए।**

**उत्तर**–इतिहास अतीत का दर्पण होता है जिससे हम अच्छे और बुरे का ज्ञान प्राप्त कर वर्तमान और भविष्य को सुधारते हैं। इसके साथ ही ऐतिहासिक गलतियों की पुनरावृत्ति रोककर नए आयामों की ओर बढ़ते हैं। लेकिन आज की पीढ़ी ऐतिहासिक तथ्यों से आँख मूँद कर अपने वर्तमान व भविष्य को बिगाड़ बैठती है। इसीलिए कहा गया कि इतिहास की उपेक्षा घातक होती है।

हमारी दृष्टि में इतिहास में सामयिक घटनाओं के साथ-साथ तथ्य, उस समय की विशेषताओं, सामाजिक, धार्मिक व आर्थिक स्वरूप और उसके गुण-दोष, इसके अतिरिक्त सांस्कृतिक मूल्यों को भी शामिल किया जाना चाहिए। ताकि आने वाली पीढ़ियाँ इतिहास से अनुभव प्राप्त कर अपने वर्तमान व भविष्य को सही मोड़ दे सकें।

**प्रश्न 8.** ''हमें आरंभ में ही एक ऐसी सभ्यता और संस्कृति की शुरुआत दिखाई पड़ती है जो तमाम परिवर्तनों के बावजूद आज भी बनी हुई है।''

**आज की भारतीय संस्कृति की ऐसी कौन-कौन सी बातें/चीज़ें हैं जो हज़ारों साल पहले से चली आ रही हैं? आपस में चर्चा करके पता लगाइए।**

**उत्तर**–नेहरू जी का यह कहना– "हमें आरंभ में भी एक ऐसी सभ्यता और संस्कृति की शुरुआत दिखाई पड़ती है जो तमाम परिवर्तनों के बावजूद आज भी बनी हुई है," गलत नहीं है।

यदि आज भी हम देखें तो पाएँगे कि सत्य, अहिंसा, अपरिग्रह, आस्तिक भाव, गुरुजनों का सम्मान, मातृभूमि की रक्षा, अतिथि-सत्कार की भावना आदि हमारे पौराणिक युग से लेकर ऐतिहासिक वातावरण व समकालीन युग तक उनकी परंपरा ज्यों की त्यों बनी है।

**प्रश्न 9.** आपने पिछले साल (सातवीं कक्षा में) बाल महाभारत कथा पढ़ी। भारत की खोज में भी महाभारत के सार को सूत्रबद्ध करने का प्रयास किया गया है–''दूसरों के साथ ऐसा आचरण नहीं करो जो तुम्हें खुद अपने लिए स्वीकार्य न हो।'' **आप अपने साथियों से कैसे व्यवहार की अपेक्षा करते हैं और स्वयं उनके प्रति कैसा व्यवहार करते हैं? चर्चा कीजिए।**

**उत्तर**–महाभारत व भारत की खोज दोनों पुस्तकें ही इस बात के धरातल पर सत्य हैं– "दूसरों के साथ ऐसा आचरण न करो जो तुम्हें खुद अपने लिए स्वीकार्य न हो।" मैं अपने साथियों से अच्छे व्यवहार की अपेक्षा रखता हूँ। मैं चाहता हूँ कि वे मेरे सुख-दुख में मेरा साथ दें। मैं अपनी ओर से अपने मित्रों को सदा खुश रखना चाहता हूँ। *अपने मित्रों के साथ भी इस विषय पर विचारों का आदान-प्रदान भी करें।

**प्रश्न 10.** प्राचीन काल से लेकर आज तक राजा या सरकार द्वारा ज़मीन और उत्पादन पर 'कर' (tax) लगाया जाता रहा है। **आजकल हम किन-किन वस्तुओं और सेवाओं पर कर देते हैं, सूची बनाइए।**

**उत्तर**–हम निम्न 'कर' सरकार को देते हैं–

| | | | |
|---|---|---|---|
| आय कर | भूमि कर | संपत्ति कर | चुंगी कर |
| आयात-निर्यात कर | बिक्री कर, स्वच्छता कर आदि। | | |

**प्रश्न 11. (क) प्राचीन समय में विदेशों में भारतीय संस्कृति के प्रभाव के दो उदाहरण बताइए।**

**(ख) वर्तमान समय में विदेशों में भारतीय संस्कृति के कौन-कौन से प्रभाव देखे जा सकते हैं? अपने साथियों के साथ मिलकर एक सूची बनाइए।**

(**संकेत :** खान-पान, पहनावा, फिल्में, हिंदी कंप्यूटर, टेलीमार्केटिंग आदि।)

**उत्तर**–(क) प्राचीन समय में विदेशों में भारतीय संस्कृति का प्रभाव हिंदू धर्म के प्रसार, बौद्ध धर्म के प्रचार, आर्य सभ्यता, ज्ञान, विज्ञान व ज्योतिष अध्ययन के क्षेत्र में रहा।

(ख) वर्तमान समय में वेदांत, योग, अहिंसा, अतिथि सत्कार, उदारता, धार्मिक सहनशीलता, सर्व-धर्म-सम्भाव, मैत्री व ललित कलाओं के साथ-साथ खान-पान, पहनावा, फिल्में, हिंदी, कंप्यूटर, टेलीमार्केटिंग आदि विदेशों में भारतीय संस्कृति की गहरी छाप छोड़ते हैं।

**प्रश्न 12.** पृष्ठ संख्या 34 पर कहा गया है कि जातकों में सौदागरों की समुद्री यात्राओं/यातायात के हवाले भरे हुए हैं। **विश्व/भारत के मानचित्र में उन स्थानों/रास्तों को खोजिए जिनकी चर्चा इस पृष्ठ पर की गई है।**

**उत्तर**–विश्व मानचित्र पर भारत से आने-जाने वाले व्यापारियों के मार्ग दिखाए जा सकते हैं। दक्षिण पूर्वी एशिया अर्थात् इंडोनेशिया, जावा, बाली, सुमात्रा, चीन व पश्चिम में मिस्र से रोम और यूनान तक हमारे व्यापारी जाते थे। उत्तर में अफगानिस्तान व ईरान आदि देशों से भी आर्थिक व सामाजिक संबंध भारतीयों के थे।

(**नोट**–इन सब स्थानों को एटलस की सहायता से देखें।)

**प्रश्न 13.** कौटिल्य के अर्थशास्त्र में अनेक विषयों की चर्चा है, जैसे, ''व्यापार और वाणिज्य, कानून और न्यायालय, नगर-व्यवस्था, सामाजिक रीति-रिवाज, विवाह और तलाक, स्त्रियों के अधिकार, कर और लगान, कृषि, खानों और कारखानों को चलाना, दस्तकारी, मंडियाँ, बागवानी, उद्योग-धंधे, सिंचाई और जलमार्ग, जहाज़ और जहाज़रानी, निगमें, जन-गणना, मत्स्य-उद्योग, कसाई खाने, पासपोर्ट और जेल–सब शामिल हैं। इसमें विधवा विवाह को मान्यता दी गई है और विशेष परिस्थितियों में तलाक को भी।'' **वर्तमान में इन विषयों की क्या स्थिति है? अपनी पसंद के किन्हीं दो-तीन विषयों पर लिखिए।**

**उत्तर**–वर्तमान परिवेश में भी कौटिल्य द्वारा चर्चित उक्त सभी परंपराएँ ज्यों की त्यों चली आ रही हैं। आजकल निम्न विषयों का स्वरूप इस प्रकार है–

**कृषि**–भारत शुरू से कृषि प्रधान देश रहा है। आज भी इतने उद्योग-धंधों का विकास होने के बावजूद भी भारत की 70% जनता गाँवों में निवास करती है और हमारी सरकार कृषि को बढ़ावा देने हेतु निरंतर कार्यरत रहती है। किसानों के विकास हेतु अनेक सरकारी योजनाएँ क्रियान्वित की गई हैं। आज भारत में एक ओर तो कृषि ने इतनी प्रगति की है कि मशीनों से खेत जोते जाते हैं और हेलीकॉप्टर से बीज बिछाए जाते हैं लेकिन दूसरी ओर गरीबी का जीवन जीने वाले किसान भी हैं जो स्वयं अनाज उगाकर भी जीवन की सुविधाएँ प्राप्त करने में असमर्थ हैं।

**नारी स्वतंत्रता**–स्वतंत्रता पश्चात् नारी उत्थान हेतु अनेक कदम उठाए गए। आज की नारी स्वतंत्र विचारों वाली व पुरुष के साथ कंधे से कंधा मिलाकर चलती है। वह सामाजिक व आर्थिक स्वरूप में पूर्णतया स्वतंत्र है। इसके भी दो पहलू हैं एक ओर नारी जागृति से समाज में उन्नति हो रही है अब नारी तो दूसरी ओर नारी स्वच्छंदता से भारतीय पारिवारिक माहौल बिगड़ रहा है। तलाक, पुनर्विवाह आदि आम बातें हो गई हैं।

**जनगणना**–सरकार का विशेष कार्य है 'जनगणना' क्योंकि इसी के आधार पर देश की उन्नति व विकास हेतु पंचवर्षीय योजनाएँ व आवास हेतु सुविधाएँ जुटाई जाती हैं।

**प्रश्न 14.** आज़ादी से पहले किसानों की समस्याएँ निम्नलिखित थीं–''गरीबी, कर्ज़, निहित स्वार्थ, ज़मींदार, महाजन, भारी लगान और कर, पुलिस के अत्याचार...'' **आपके विचार से आजकल किसानों की समस्याएँ कौन-कौन सी हैं?**

**उत्तर**–आज वर्तमान में किसानों में जागृति आ गई है। प्राकृतिक व अन्य आपदाओं हेतु फसलों का बीमा भी होने लगा है। मूल्य निर्धारण, सरकार द्वारा खरीद-बेच, महाजनी व सामंती सभ्यता का अंत, सरकार की ओर से कम दर पर ऋण, जमींदारी प्रथा का अंत, सिंचाई के साधनों का विकास आदि ऐसी अनेक सुविधाएँ किसानों को दी जाती हैं लेकिन फिर भी किसानों का एक बड़ा भाग गरीबी, कर्ज़ और दरिद्रता का जीवन बिता रहा है। इसका कारण यह है कि कई किसान इन सुविधाओं के प्रति सचेत नहीं हैं, दूसरा दूर-दराज के कई गाँवों में ये सुविधाएँ उपलब्ध नहीं हैं।

**प्रश्न 15.** "सार्वजनिक काम राजा की मर्ज़ी के मोहताज नहीं होते, उसे खुद हमेशा इनके लिए तैयार रहना चाहिए।" **ऐसे कौन-कौन से सार्वजनिक कार्य हैं जिन्हें आप बिना किसी हिचकिचाहट के करने को तैयार हो जाते हैं?**

**उत्तर–**"सार्वजनिक काम राजा की मर्जी के मोहताज नहीं होते; उसे खुद हमेशा इनके लिए तैयार रहना चाहिए।" इस बात को झुठलाया नहीं जा सकता क्योंकि राजा का या सरकार का कर्तव्य है कि वे अपनी प्रजा या जनता को सभी सुविधाएँ प्रदान करें।

हम निम्न सार्वजनिक कार्यों को बिना किसी हिचकिचाहट के करने को सदैव तैयार रहते हैं–

1. अपने आसपास के क्षेत्रों की सफ़ाई रखना।
2. वृद्धाश्रमों में जाकर लोगों की सेवा करना।
3. अस्पताल में मरीज़ों की देखभाल।
4. गरीब बच्चों व परिवारों हेतु सुविधाएँ जुटाना।
5. लोगों को सड़क के नियमों का पालन करने के लिए प्रेरित करना।
6. वृक्षारोपण व वन बचाओ अभियान चलाना आदि।

इससे अतिरिक्त बड़े लोगों द्वारा नेत्रदान, रक्तदान, चिकित्सा, शिक्षा व्यवस्था, नारी उत्थान, बालाश्रम, वृद्धाश्रम, अनाथालय आश्रम आदि हेतु किए गए कार्य भी सार्वजनिक कार्य हैं।

**प्रश्न 16.** महान सम्राट अशोक ने घोषणा की कि वह प्रजा के कार्य और हित के लिए 'हर स्थान पर और हर समय' हमेशा उपलब्ध हैं। **हमारे समय के शासक/लोक-सेवक इस कसौटी पर कितना खरा उतरते हैं? तर्क सहित लिखिए।**

**उत्तर–**महान सम्राट अशोक ने घोषणा की कि वह प्रजा के कार्य और हित के लिए 'हर स्थान पर और हर समय' हमेशा उपलब्ध हैं। ऐसा कहने पर उन्होंने इस हेतु प्रयास भी किया लेकिन आज के नेताओं की 'कथनी और करनी' में बहुत अंतर होता है। आज के शासक धन लोलुप, भ्रष्टाचारी व पश्चिमी सभ्यता का अंधानुकरण करने वाले व देशद्रोही हैं। अपवाद स्वरूप ही ऐसे नेता मिलते हैं जो जनता के संरक्षक व हितचिंतक हों।

**प्रश्न 17.** 'औरतों के परदे में अलग-थलग रहने से सामाजिक जीवन के विकास में रुकावट आई।' **कैसे?**

**उत्तर–**'औरतों के परदे में अलग-अलग रहने से सामाजिक जीवन के विकास में रुकावट आई' यह सत्य है क्योंकि इससे पूर्व औरतें भी पुरुष के समान हर क्षेत्र की परामर्शदाता थीं। अब समाज में उनकी भागीदारी कम हो गई, उनकी शिक्षा व स्वास्थ्य में गिरावट आई, नारी उत्पीड़न बढ़ गया, पुरुष का प्रभाव समाज में बढ़ जाना आदि बदलाव समाज में आए।

**प्रश्न 18.** मध्यकाल के इन संत रचनाकारों की अनेक रचनाएँ अब तक आप पढ़ चुके होंगे। इन रचनाकारों की एक-एक रचना अपनी पसंद से लिखिए–

**(क) अमीर खुसरो (ख) कबीर (ग) गुरु नानक (घ) रहीम**

**उत्तर–(क) अमीर खुसरो–**मुकरियों के लिए विशेष प्रसिद्ध रहे–

*वह आवै तो शादी होए,*
*उस बिन दूजा ओर न कोए,*
*मीठे लागे उसके बोल,*
*क्यों सखी साजन–*
*न सखी ढोल।*

(ख) **कबीर–** *ऐसी बाँणी बोलिये, मन का आपा खोइ।*
*अपना तन सीतल करै, औरन कौ सुख होइ।।*

(ग) **गुरु नानक–** *तेरा भाणां मीठा लागे।*

(घ) **रहीम–**

*रहिमन धागा प्रेम का, मत तोड़ो चटकाए।*
*टूटे ते फिर न जुरै, जुरै गाँठ परि जाए।।*

**प्रश्न 19.** बात को कहने के तीन प्रमुख तरीके अब तक आप जान चुके होंगे–

**(क) अभिधा (ख) लक्षणा (ग) व्यंजना**

**बताइए, नेहरू जी का निम्नलिखित वाक्य इन तीनों में से किसका उदाहरण है? यह भी बताइए कि आपको ऐसा क्यों लगता है?**

''यदि ब्रिटेन ने भारत में यह बहुत भारी बोझ नहीं उठाया होता (जैसा कि उन्होंने हमें बताया है) और लंबे समय तक हमें स्वराज्य करने की वह कठिन कला नहीं सिखाई होती, जिससे हम इतने अनजान थे, तो भारत न केवल अधिक स्वतंत्र और अधिक समृद्ध होता··· बल्कि उसने कहीं अधिक प्रगति की होती।''

**उत्तर**–उपर्युक्त वाक्य में 'लक्षणा' का प्रयोग है क्योंकि ये शब्द नेहरू जी ने लक्ष्य बनाकर कहे हैं।

**प्रश्न 20.** ''नयी ताकतों ने सिर उठाया और वे हमें ग्रामीण जनता की ओर ले गईं। पहली बार एक नया और दूसरे ढंग का भारत उन युवा बुद्धिजीवियों के सामने आया···''

**आपके विचार से आज़ादी की लड़ाई के बारे में कही गई ये बातें किस 'नयी ताकत' की ओर इशारा कर रही हैं? वह कौन व्यक्ति था और उसने ऐसा क्या किया जिसने ग्रामीण जनता को भी आज़ादी की लड़ाई का सिपाही बना दिया?**

**उत्तर**–उपर्युक्त वाक्य इस ओर इंगित करता है कि भारत के मध्यम वर्ग में 'नयी ताकत' की खोज की गई। जिसमें हर विपत्ति का सामना करने की शक्ति थी। ग्रामीण व नागरिक सभी मध्य वर्गीय लोगों ने भारत की आज़ादी हेतु कमर कस ली। इस समय उच्च वर्ग अंग्रेजों की चाटुकारिता में लीन था और निम्न वर्ग अपनी दुर्दशा में आँसू बहा रहा था। इसी कारण मध्यम वर्ग शक्तिशाली सिद्ध हुआ।

इसी में से मोहनदास करमचंद गांधी उभर कर सामने आए जिन्होंने संपूर्ण भारतीय जन-मानस को झकझोर कर रख दिया और समाज के सभी वर्गों को एकसूत्र में बाँधकर आज़ादी के लिए प्रेरित किया। इन्हीं के कर कमलों द्वारा ग्रामीण जनता भी आज़ादी की लड़ाई का सिपाही बन गई।

**प्रश्न 21.** 'भारत माता की जय'**–आपके विचार से इस नारे में किसकी जय की बात कही जाती है? अपने उत्तर का कारण भी बताइए।**

**उत्तर**–इसमें संपूर्ण भारत व भारत की नदियाँ, पर्वत, वन, सागर, मरुस्थल, पशु-पक्षी तथा समस्त प्राणी जगत, इतिहास, भूगोल की जय की बात कही गई है क्योंकि इन सबको मिलाकर ही भारत माता की तसवीर बनती है। इन्हें किसी भी तरह से अलग-अलग नहीं किया जा सकता।

**प्रश्न 22. (क)** भारत पर प्राचीन काल से ही अनेक विदेशी आक्रमण होते रहे। **उनकी सूची बनाइए। समय क्रम में बनाएँ तो और भी अच्छा रहेगा।**

**(ख) आपके विचार से भारत में अंग्रेज़ी राज्य की स्थापना इससे पहले के आक्रमणों से किस तरह अलग है?**

**उत्तर**–(क) भारत पर समयानुसार हूण, शक, मंगोल, कुषाण, तुर्क, यूनानी, मुगल, पुर्तगाल, फ्रांसीसी, डेनमार्क, डच एवं अंग्रेज जातियों के आक्रमण हुए।

(ख) अंग्रेज़ी शासन से पूर्व जितनी भी जातियों ने भारत पर आक्रमण किया, वे या तो भारतीय धन-संपत्ति लूटकर चले गए या इसी मिट्टी की सभ्यता व संस्कृति को उन्होंने आत्मसात कर लिया। भारत पर शासन भी किया तो भारतीयों को अपनत्व भाव से देखा। लेकिन अंग्रेज़ों की शासन सत्ता पूर्णतया भिन्न थी। इन्होंने भारत को लूटा भी और शासन की बागडोर अपने हाथ में इस प्रकार से ली कि अपने ही देश में भारतीय गुलाम बन गए। भारत का प्रशासनिक ढाँचा इंग्लैंड में तैयार होने लगा।

**प्रश्न 23. (क)** अंग्रेज़ी सरकार शिक्षा के प्रसार को नापसंद करती थी। **क्यों?**

**(ख)** शिक्षा के प्रसार को नापसंद करने के बावजूद अंग्रेज़ी सरकार को शिक्षा के बारे में थोड़ा-बहुत काम करना पड़ा। **क्यों?**

**उत्तर**–(क) अंग्रेज़ी सरकार शिक्षा के प्रसार को नापसंद करती थी क्योंकि वह चाहती थी कि भारतीय अशिक्षित व असभ्य रहें ताकि उनका शासन निर्बाध गति से चलता रहे।

(ख) शिक्षा को नापसंद करने के बावजूद भी अंग्रेज़ी सरकार ने थोड़ा कार्य इस क्षेत्र में किया जिसके निम्न कारण थे–

*(i)* वे भारतीयों को पश्चिमी सभ्यता के रंग में रंगना चाहते थे।

*(ii)* सस्ते क्लर्क पाने की चाह में भी उन्होंने शिक्षा का प्रसार भारत में किया।

अंग्रेजों के शिक्षा प्रचार का परिणाम कुछ और ही निकला। अपने देश के प्रति सुप्त लोगों में जागृति का संचार हुआ और वे स्वाधीनता हेतु प्रयास करने लगे।

**प्रश्न 24.** ब्रिटिश शासन के दौर के लिए कहा गया कि–''नया पूँजीवाद सारे विश्व में जो बाज़ार तैयार कर रहा था उससे हर सूरत में भारत के आर्थिक ढाँचे पर प्रभाव पड़ना ही था।'' **क्या आपको लगता है कि अब भी नया पूँजीवाद पूरे विश्व में जो बाज़ार तैयार कर रहा है, उससे भारत के आर्थिक ढाँचे पर प्रभाव पड़ रहा है? कैसे?**

**उत्तर**–निश्चय ही वर्तमान पूँजीवादी व्यवस्था भारत की वर्तमान पीढ़ी को प्रभावित कर रही है क्योंकि लोग जैसे-तैसे धन कमाना चाहते हैं जिससे सामाजिक ढाँचा चरमरा रहा है। इस पूँजीवाद के गुण होने के बावजूद दोष अधिक हैं। इससे धनवान अधिक धनवान और निर्धन अधिक निर्धन बनते जा रहे हैं। दूसरी ओर विदेशी वस्तुओं के आकर्षण में अपने देश की वस्तुओं का महत्त्व कम होता जा रहा है जिस कारण आर्थिक व्यवस्था प्रभावित हो रही है।

**प्रश्न 25. गांधी जी के दक्षिण अफ्रीका से लौटने पर निम्नलिखित में किस तरह का बदलाव आया, पता कीजिए–**

**(क)** कांग्रेस संगठन में।

**(ख)** लोगों में–विद्यार्थियों, स्त्रियों, उद्योगपतियों आदि में।

**(ग)** आज़ादी की लड़ाई के तरीकों में।

**(घ)** साहित्य, संस्कृति, अखबार आदि में।

**उत्तर**–गांधी जी के दक्षिण अफ्रीका से लौटने पर निम्नलिखित में निम्न रूप से बदलाव आया।

(क) **कांग्रेस संगठन में**–आम जनता को कांग्रेस का हिस्सा बनाया गया। किसान व मज़दूर वर्ग ने भी इसमें बढ़-चढ़ कर भाग लिया।

(ख) **लोगों में–विद्यार्थियों, स्त्रियों, उद्योगपतियों आदि में**–गांधी जी ने सभी को इस प्रकार प्रेरित किया कि सबके मन में स्वाधीनता की ललक जाग उठी। विद्यार्थी वर्ग, स्त्रियाँ व उद्योगपति सभी मिलकर सरकार के विरुद्ध आंदोलन करने लगे।

(ग) **आज़ादी की लड़ाई के तरीकों में**–सत्य, अहिंसा, सत्याग्रह, असहयोग प्रमुख हथियार हो गए। स्वतंत्रता पाने में जबकि क्रांतिकारी भावना का नारा भी बुलंदियों पर था।

(घ) **साहित्य, संस्कृति, अखबार आदि में**–यूरोप व पश्चिमी देशों से प्रभावित होकर भारत में भी समाचार पत्रों की बाढ़ आ गई जिन्होंने लोगों के मानस पटल को झकझोर कर रख दिया। सरकार की वास्तविकता का चित्र आम जनता के सामने आ गया। अपनी संस्कृति से लगाव की भावना उमड़ी। साहित्य रचना भी राष्ट्रीयता के आधार पर होने लगी।

**प्रश्न 26.** ''अक्सर कहा जाता है कि भारत अंतर्विरोधों का देश है।'' **आपके विचार से भारत में किस-किस तरह के अंतर्विरोध हैं? कक्षा में समूह बनाकर चर्चा कीजिए।**

(**संकेत**–अमीरी-गरीबी, आधुनिकता-मध्ययुगीनता, सुविधा-संपन्न-सुविधा विहीन आदि)

**उत्तर**–यह सत्य है कि भारत अंतर्विरोधों का देश है। यहाँ सकारात्मक व नकारात्मक दोनों विचार साथ-साथ चलते हैं। उदाहरणार्थ–स्वाधीनता आंदोलन में भी एक ओर सत्य, अहिंसा का सहारा लिया गया और दूसरी ओर क्रांतिकारी व सशक्त होकर अंग्रेज़ों का दमन करना चाहा। उसी प्रकार अब भी समाज में अमीर, गरीब, पूँजीवाद, समाजवाद, आधुनिक, प्राचीन, सुविधासंपन्न, सुविधाविहीन, पूर्वी व पश्चिमी आचार, व्यवहार, पहनावा आदि में निरंतर विरोधाभास चलता रहता है।

**प्रश्न 27.** पृष्ठ संख्या 122 पर नेहरू जी ने कहा है कि–''हम भविष्य की उस 'एक दुनिया' की तरफ़ बढ़ रहे हैं जहाँ राष्ट्रीय संस्कृतियाँ मानव जाति की अंतरराष्ट्रीय संस्कृति में घुलमिल जाएँगी।'' **आपके अनुसार उस 'एक दुनिया' में क्या-क्या अच्छा है और कैसे-कैसे खतरे हो सकते हैं?**

**उत्तर**–नेहरू जी अत्यंत दूर-दृष्टा व कुशल भविष्यवक्ता थे। उन्होंने भारत के भविष्य का जो चित्र खींचा है उसके अनुसार भारत विश्व का महत्त्वपूर्ण अंग बनाने योग्य है। वर्तमान परिस्थितियाँ इस बात की साक्षी हैं कि विश्व बड़ी तेज़ी के साथ सिकुड़ता जा रहा है। संचार व परिवहन के साधनों के कारण व्यक्ति की पहुँच सर्वत्र है। इसका परिणाम यह है कि कोई देश अलग-थलग नहीं रह सकता। सभी देशों की संस्कृतियाँ एक-दूसरे से घुलमिल जाएँगी अर्थात् सभी देश मिलकर ही उन्नति की ओर अग्रसर हो पाएँगे। इसके अच्छे और बुरे दोनों प्रकार के परिणाम हमारे समक्ष आएँगे।

इसके द्वारा आर्थिक, सामाजिक, शैक्षणिक साधनों में अभिवृद्धि, ज्ञान का संचय व वैश्विक भावना में बढ़ोतरी हो रही है। दूसरी ओर पश्चिमी सभ्यता का अंधानुकरण, खुलापन, धन लोलुपता के कारण भारतीय सभ्यता व संस्कृति प्रभावित हो रही है।

# व्याकरण-भाग

1. भाषा
2. वर्ण-विचार
3. शब्द-विचार
4. संज्ञा
5. संज्ञाओं का रूप परिवर्तन
6. सर्वनाम
7. विशेषण
8. क्रिया
9. काल
10. वाच्य
11. क्रियाविशेषण
12. संबंधबोधक अव्यय
13. समुच्चयबोधक अव्यय
14. विस्मयादिबोधक अव्यय
15. समास
16. संधि
17. **शब्द संपदा**–एकार्थी, अनेकार्थी शब्द, वाक्यांश के लिए एक शब्द, समरूपी भिन्नार्थक शब्द, पर्यायवाची शब्द, विपरीतार्थक शब्द
18. पद भेद एवं पद-परिचय
19. उपसर्ग और प्रत्यय
20. पदबंध
21. वाक्य
22. वर्तनी की सामान्य अशुद्धियाँ और उनका शुद्ध रूप
23. वाक्य संबंधी अशुद्धियाँ और उनका शुद्ध रूप
24. विराम चिह्न
25. मुहावरे
26. लोकोक्तियाँ
27. अलंकार

# व्याकरण

## 1. भाषा

**प्रश्न 1. भाषा किसे कहते हैं?**

**उत्तर–भाषा** वह साधन है जिसके द्वारा हम अपने मन के भावों या विचारों को लिखकर या बोलकर दूसरों के समक्ष प्रकट करते हैं।

**प्रश्न 2. भाषा के कितने रूप हैं? प्रत्येक को उदाहरण देकर स्पष्ट कीजिए।**

**उत्तर–**भाषा के प्रमुख दो रूप हैं–**मौखिक** और **लिखित**।

**मौखिक रूप–** जब हम अपने मन के विचारों या भावों को बोलकर प्रकट करते हैं तो यह भाषा का मौखिक रूप कहलाता है। जैसे–अध्यापिका का कक्षा में पाठ समझाना, माँ का बच्चों से बातचीत करना आदि।

**लिखित रूप–**जब हम अपने मन के विचारों और भावों को लिखकर प्रकट करते हैं तो वह भाषा का लिखित रूप कहलाता है। जैसे–पुस्तक लिखना, विद्यालय से मिला गृहकार्य लिखित रूप में करना।

**नोट–**इसके अतिरिक्त भाषा का एक सांकेतिक रूप भी होता है जिसे मान्यता प्राप्त नहीं है क्योंकि संकेत कई बार गलत भी हो जाते हैं।

**प्रश्न 3. लिपि किसे कहते हैं?**

**उत्तर–**भाषा ऐसी ध्वनियों का समूह होती है जिसका कुछ अर्थ होता है। प्रत्येक सार्थक ध्वनि का एक-एक चिह्न निश्चित किया गया है। प्रत्येक ध्वनि के लिए निश्चित किए गए चिह्नों को ही **'लिपि'** कहते हैं।

**प्रश्न 4. हिंदी भाषा की लिपि का क्या नाम है?**

**उत्तर–**हिंदी भाषा की लिपि 'देवनागरी' है।

**प्रश्न 5. निम्न भाषाओं की लिपियाँ लिखिए–**

*संस्कृत, अंग्रेज़ी, उर्दू, पंजाबी, हिंदी, फ्रेंच, पोलिश, जर्मन, नेपाली, मराठी, अरबी, फ़ारसी।*

**उत्तर–**

| भाषा | लिपि |
|---|---|
| संस्कृत, हिंदी, मराठी, नेपाली | देवनागरी |
| अंग्रेज़ी, फ्रेंच, पोलिश, जर्मन | रोमन |
| उर्दू, अरबी, फ़ारसी | फ़ारसी |
| पंजाबी | गुरमुखी |

**प्रश्न 6. व्याकरण किसे कहते हैं?**

**उत्तर–**जिस शास्त्र में भाषा के शुद्ध बोलने और लिखने के नियमों का वर्णन होता है, उसे **व्याकरण** कहते हैं।

**प्रश्न 7. व्याकरण के कितने विभाग हैं? स्पष्ट कीजिए।**

**उत्तर–**व्याकरण के चार विभाग हैं–

1. **वाक्य विचार–**व्याकरण के इस विभाग में वाक्यों के भेद, उनके संबंध, वाक्य विश्लेषण, संश्लेषण, विराम चिह्नों आदि के बारे में विचार किया जाता है।

2. **पद विचार–**इसके अंतर्गत संज्ञा, सर्वनाम, क्रिया, विशेषण, अव्यय आदि पदों के स्वरूप तथा प्रयोग पर विचार किया जाता है।

3. **शब्द विचार–**इसके अंतर्गत शब्दों के भेद, व्युत्पत्ति और रचना आदि से संबंधित नियमों की जानकारी होती है।

4. **वर्ण विचार**–इसके अंतर्गत वर्णों के आकार, उच्चारण, वर्गीकरण, उनके संयोग और संधि आदि के नियमों पर विचार किया जाता है।

**प्रश्न 8. भाषा के मानक रूप से आप क्या समझते हैं?**

**उत्तर**–भाषा के मानक रूप का अर्थ है भाषा का शुद्ध रूप। जब हम व्याकरण के नियमों के अनुसार भाषा को बोलते या लिखते हैं तो वह भाषा का मानक रूप कहलाता है।

**प्रश्न 9. बोली से आप क्या समझते हैं?**

**उत्तर**–किसी एक विशेष क्षेत्र में बोली जाने वाली भाषा बोली कहलाती है। इसका क्षेत्र सीमित होता है। हर थोड़ी दूरी पर इसका रूप बदल जाता है।

**प्रश्न 10. उपभाषा से आप क्या समझते हैं? हिंदी भाषा की प्रमुख उपभाषाओं और बोलियों का परिचय दीजिए।**

**उत्तर**–बोली के जिस रूप को पढ़े-लिखे लोग प्रयोग में लाते हैं, उसे उपभाषा कहते हैं। क्षेत्रीय दृष्टि से हिंदी की पाँच उपभाषाएँ मानी गई हैं, जिनके अंतर्गत 18 बोलियाँ आती हैं जो निम्नलिखित हैं–

| उपभाषा | बोली |
|---|---|
| पश्चिमी हिंदी | ब्रजभाषा, खड़ी बोली, हरियाणवी या बाँगरू, बुंदेली, कन्नौजी |
| पूर्वी हिंदी | अवधी, बघेली, छत्तीसगढ़ी |
| राजस्थानी | मेवाती, मेवाड़ी, मारवाड़ी |
| बिहारी | भोजपुरी, मगही, मैथिली |
| पहाड़ी | मंडियाली, कुमाऊँनी |

**प्रश्न 11. अवधी व ब्रजभाषा के प्रमुख कवि व रचनाओं के नाम बताओ।**

**उत्तर**–अवधी भाषा के प्रमुख कवि तुलसीदास व रचना 'रामचरितमानस' तथा ब्रजभाषा के प्रमुख कवि सूरदास व रचना 'सूरसागर' है।

**प्रश्न 12. हिंदी को राष्ट्रभाषा कब घोषित किया गया?**

**उत्तर**–14 सितंबर, 1949 को हिंदी को राष्ट्रभाषा घोषित किया गया।

**प्रश्न 13. संविधान में किन 22 भाषाओं को मान्यता प्रदान की गई हैं?**

**उत्तर**–संविधान में निम्न भाषाओं को मान्यता प्राप्त है–

| | | | | | |
|---|---|---|---|---|---|
| असमिया | उड़िया | उर्दू | कन्नड़ | कश्मीरी | गुजराती |
| तमिल | तेलुगू | पंजाबी | बांग्ला | मराठी | मलयालम |
| संस्कृत | सिंधी | मणिपुरी | नेपाली | कोंकणी | बोडो |
| मैथिली | डोगरी | संथाली | हिंदी | | |

**प्रश्न 14. भारतीय संविधान के रचयिता कौन थे?**

**उत्तर**–डॉ. भीमराव रामजी अंबेडकर।

**प्रश्न 15. नेत्रहीन लोगों के पढ़ने हेतु किस लिपि का प्रयोग किया जाता है?**

**उत्तर**–'ब्रेल लिपि'।

## I. प्रश्न-अभ्यास

1. भाषा किसे कहते हैं?
2. भाषा के मुख्य रूप से कितने रूप हैं? प्रत्येक को उदाहरण देकर स्पष्ट कीजिए।
3. लिपि से क्या अभिप्राय है? हिंदी किस लिपि में लिखी जाती है?
4. व्याकरण किसे कहते हैं? इससे क्या लाभ है?
5. किसी भाषा का व्याकरण पहले बनता है या लिपि?
6. अवधी व ब्रजभाषा की प्रमुख कवि रचना का नाम बताइए।

7. भाषा, बोली व उपभाषा में क्या अंतर है?
8. उपभाषा से आप क्या समझते हैं? हिंदी भाषा की प्रमुख उपभाषाओं और बोलियों का परिचय दीजिए।
9. भाषा के मानक रूप से आप क्या समझते हैं?
10. व्याकरण के कितने विभाग हैं? स्पष्ट कीजिए।
11. भारत के संविधान में किन बाइस भाषाओं को मान्यता दी गई है?
12. सोचो! यदि भाषा न होती तो हमारे समाज का क्या स्वरूप होता?
13. *रेखा खींचकर भाषा और लिपि का सही मिलान कीजिए–*

| | |
|---|---|
| अंग्रेजी | देवनागरी |
| उर्दू | गुरुमुखी |
| पंजाबी | फ़ारसी |
| हिंदी | रोमन |

14. *निम्न रिक्त स्थानों को पूरा कीजिए–*
   (क) ........................ अपने विचारों को प्रकट करने व दूसरों के विचारों को समझने का सशक्त साधन है।
   (ख) भाषा का शुद्ध रूप में बोलना, लिखना व समझना ........................ से आता है।
   (ग) भाषा को लिखित रूप देने के लिए ........................ का निर्माण हुआ।
   (घ) भारत की राष्ट्रभाषा ........................ है।
   (ङ) हिंदी को राष्ट्रभाषा ........................ को घोषित किया गया।
   (च) संविधान में ........................ भाषाओं को मान्यता दी गई है।

## II. बहुवैकल्पिक प्रश्नोत्तर

**निम्न प्रश्नों के उत्तर हेतु सही विकल्प को चिह्नित कीजिए–**

1. *यदि भाषा न होती तो–*
   (क) हम गूँगे होते
   (ख) इशारों से सब बातें करते
   (ग) विचारों का सही आदान-प्रदान न हो पाता
   (घ) मनुष्य उन्नति न कर पाता
2. *भाषा साधन है–*
   (क) विचार कहने का
   (ख) एक-दूसरे से कुछ कहने का
   (ग) विचार सुनने का
   (घ) विचारों का आदान-प्रदान करने का
3. *भाषा के रूप हैं–*
   (क) दो (ख) चार (ग) छः (घ) आठ
4. *लिपि कहा जाता है–*
   (क) समझने के चिह्नों को
   (ख) प्रत्येक ध्वनि हेतु निश्चित किए गए लिखित चिह्नों को
   (ग) भाषा के लिखित रूप को
   (घ) भाषा के मौखिक रूप को
5. *व्याकरण*
   (क) भाषा को लिपिबद्ध करता है।
   (ख) भाषा को मानक बनाता है।
   (ग) भाषा को लिखना सिखाता है।
   (घ) भाषा को शब्द देता है।
6. *सीमित क्षेत्र में बोली जाने वाली भाषा कहलाती है–*
   (क) बोली (ख) उपभाषा (ग) राष्ट्रभाषा (घ) इनमें से कोई नहीं
7. *उपभाषा कहलाती है–*
   (क) बोली का जो रूप साहित्य में प्रयुक्त हो
   (ख) जिसे पढ़ा-लिखा वर्ग बोलता हो
   (ग) जो भाषा के समान महत्त्व रखती हो
   (घ) दिए गए सभी।

8. *संविधान में कितनी भाषाओं को मान्यता प्राप्त है–*
(क) अठारह (ख) बाईस (ग) पच्चीस (घ) पंद्रह

9. *व्याकरण के अंग हैं–*
(क) वाक्य, पद, शब्द, वर्ण (ख) वाक्य, स्वर, शब्द, पद (ग) वाक्य, व्यंजन, शब्द, पद (घ) इनमें से कोई नहीं

10. *मूक व बधिर लोग प्रयोग में लाते हैं–*
(क) भाषा का मौखिक रूप (ख) भाषा का लिखित रूप
(ग) भाषा का सांकेतिक रूप (घ) इनमें से कोई नहीं

**उत्तर–** 1. (ग) 2. (घ) 3. (क) 4. (ख) 5. (ख)
6. (क) 7. (घ) 8. (ख) 9. (क) 10. (ग)

# 2. वर्ण-विचार

**प्रश्न 1. वर्ण किसे कहते हैं?**

**उत्तर–**भाषा की छोटी-से-छोटी ध्वनि जिसके टुकड़े न किए जा सकें उसे **वर्ण** कहते हैं; *जैसे–*
अ, क्, च्, ट्, त्, ब् आदि।

**प्रश्न 2. वर्णमाला किसे कहते हैं?**

**उत्तर–**वर्णों के क्रमबद्ध समूह को **वर्णमाला** कहते हैं। हिंदी वर्णमाला में कुल **46** वर्ण हैं। इनमें **11** स्वर और **35** व्यंजन हैं।

**स्वर–**अ, आ, इ, ई, उ, ऊ, ऋ, ए, ऐ, ओ, औ **(11)**

| | | | | | | | |
|---|---|---|---|---|---|---|---|
| **व्यंजन–** कवर्ग– | क् | ख् | ग् | घ् | ङ् | | |
| चवर्ग– | च् | छ् | ज् | झ् | ञ् | | |
| टवर्ग– | ट् | ठ् | ड् | ढ् | ण् | (ड़ और ढ़ मान्य स्वर) | |
| तवर्ग– | त् | थ् | द् | ध् | न् | | |
| पवर्ग– | प् | फ् | ब् | भ् | म् | | |
| अंत:स्थ– | य् | र् | ल् | व् | | | |
| ऊष्म– | श् | ष् | स् | ह् | **(33)** | | |

अनुस्वार (अं), अनुनासिक अँ तथा विसर्ग (अ:) अयोगवाह कहलाते हैं। जिनका प्रयोग क्रमश: ं, ँ तथा : रूप में किया जाता है।

अंग्रेज़ी और उर्दू भाषा को शुद्ध-शुद्ध लिखने के लिए नीचे लिखी ध्वनियों का प्रयोग किया जाता है–
अंग्रेज़ी भाषा की ध्वनि – ऑ – ॅ
उर्दू भाषा का नुक़्ता – ख़, ग़, ज़, फ़।

**प्रश्न 3. स्वर किसे कहते हैं? उसके कितने भेद हैं? सोदाहरण लिखिए।**

**उत्तर–स्वर** वे ध्वनियाँ हैं, जो बिना किसी अन्य ध्वनि की सहायता से बोली जा सकती हैं। *अ, आ, इ, उ* आदि स्वर हैं।
स्वरों के तीन भेद हैं–

**1. ह्रस्व–**ये मूल स्वर कहलाते हैं। इनके उच्चारण में बहुत कम समय लगता है। *अ, इ, उ* और *ऋ*–ये चार ह्रस्व स्वर हैं।

**2. दीर्घ स्वर–**जिनके उच्चारण में ह्रस्व स्वरों से दुगना समय लगता है, वे दीर्घ स्वर कहलाते हैं। *जैसे–*
*आ, ई, ऊ, ए, ऐ, ओ, औ*–ये सात दीर्घ स्वर हैं।

**3. प्लुत स्वर–**जब किसी स्वर का उच्चारण लंबा करके किया जाता है, तब वह प्लुत कहलाता है। यह उच्चारण प्राय: दूर से पुकारते समय होता है। *जैसे–*
ओ३म्, रा३म।

**प्रश्न 4. अयोगवाह वर्णों से आप क्या समझते हैं?**

**उत्तर**–स्वरों और व्यंजनों के अतिरिक्त तीन ऐसी ध्वनियाँ हैं जिनका प्रयोग स्वरों की भाँति किया जाता है। लेकिन ये न तो स्वर हैं और न व्यंजन। अं, अँ व अः ये तीन ध्वनियाँ **अयोगवाह** कहलाती हैं।

1. **अनुस्वार ( ं )**–इसका उच्चारण स्वर के बाद किया जाता है। इसकी ध्वनि नाक से निकलती है। इसे अनुस्वार का नाम दिया जाता है। *जैसे*–

रंग, अंग, गंगा, अंगूर आदि।

2. **अनुनासिक ( ँ )**–इसका उच्चारण मुख व नाक दोनों से होता है, इसे अनुनासिक कहते हैं। *जैसे*–

चाँद, आँगन, माँद, गाँव आदि।

3. **विसर्ग ( : )**–विसर्ग का प्रयोग स्वर के बाद किया जाता है। इसका उच्चारण 'ह' के रूप में होता है। *जैसे*–

अतः, प्रातः आदि।

**प्रश्न 5. मात्रा किसे कहते हैं? सोदाहरण स्पष्ट कीजिए।**

**उत्तर**–हिंदी में स्वरों का प्रयोग दो प्रकार से होता है–स्वतंत्र प्रयोग और व्यंजनों के साथ मिलाकर प्रयोग। जैसे–आई, आइए, आओ में स्वरों का स्वतंत्र रूप से प्रयोग किया गया है। पर जब स्वरों का व्यंजनों के साथ प्रयोग करते हैं तो स्वरों के रूप में परिवर्तन कर दिया जाता है। स्वरों के इसी बदले हुए रूप को **मात्रा** कहते हैं। प्रत्येक स्वर की मात्रा और उसका प्रयोग इस प्रकार है–

| स्वर | मात्रा | प्रयोग |
|---|---|---|
| अ | कोई मात्रा नहीं | क् + अ = क |
| आ | ा | चाचा, मामा |
| इ | ि | मिल, खिल |
| ई | ी | मीठी, ढीली |
| उ | ु | मुकुल, मुकुट |
| ऊ | ू | धूप, घूम |
| ऋ | ृ | गृह, मृग |
| ए | े | अनेक, घेर |
| ऐ | ै | पैसा, रैना |
| ओ | ो | छोटा, सोना |
| औ | ौ | पौधा, कौआ |

**प्रश्न 6. व्यंजन किसे कहते हैं?**

**उत्तर**–जिन वर्णों के उच्चारण में किसी स्वर की सहायता लेनी पड़ती है, वे व्यंजन कहलाते हैं।

क्, ख्, ग्, घ्, प्, फ्, ब् आदि व्यंजन हैं।

**प्रश्न 7. व्यंजनों के कितने भेद हैं?**

**उत्तर**–व्यंजनों के तीन भेद हैं–

1. स्पर्श, 2. अंतःस्थ, 3. ऊष्म।

क् से म् तक पच्चीस व्यंजन स्पर्श हैं।

य्, र्, ल्, व् अंतःस्थ हैं।

श्, ष्, स्, ह् ऊष्म हैं।

**प्रश्न 8. संयुक्त व्यंजन कौन-से होते हैं?**

**उत्तर**–दो या दो से अधिक व्यंजनों के संयोग से बनने वाले व्यंजन संयुक्त व्यंजन कहलाते हैं। ये चार हैं–

| | | | | |
|---|---|---|---|---|
| क्ष | – | क् + ष् + अ | = | कक्षा, क्षमा |
| त्र | – | त् + र् + अ | = | पत्र, छत्र |
| ज्ञ | – | ज् + ञ् + अ | = | ज्ञान, अज्ञान |
| श्र | – | श् + र् + अ | = | श्रुति, श्रम |

**प्रश्न 9. द्वित्व व्यंजन कैसे प्रयोग में लाए जाते हैं?**

**उत्तर**–जो व्यंजन दो समान व्यंजनों के संयोग से बनते हैं वे **द्वित्व** व्यंजन कहलाते हैं। *जैसे*–

क्क–पक्का, च्च–बच्चा, ल्ल–बल्ला, ड्ड–हड्डी, त्त–गत्ता।

**प्रश्न 10. उच्चारण के अनुसार व्यंजनों के कितने भेद हैं?**

**उत्तर**–उच्चारण के अनुसार व्यंजनों के दो भेद हैं–

**1. अल्पप्राण**–जिन व्यंजन वर्णों के उच्चारण में कम समय लगे और कम प्रयत्न करना पड़े उन्हें 'अल्पप्राण व्यंजन' कहते हैं। *उदाहरण*–

| | | |
|---|---|---|
| क वर्ग | – | क्, ग्, ङ् |
| च वर्ग | – | च्, ज्, ञ् |
| ट वर्ग | – | ट्, ड्, ण्, ड़् |
| त वर्ग | – | त्, द्, न् |
| प वर्ग | – | प्, ब्, म् |
| अंत:स्थ व्यंजन | – | य्, र्, ल्, व् |

**2. महाप्राण**–जिन व्यंजनों का उच्चारण करते समय अधिक समय लगता है, श्वास-वायु अधिक मात्रा में अधिक वेग से बाहर निकलती है, उन्हें महाप्राण व्यंजन कहते हैं। *उदाहरण*–

| | | |
|---|---|---|
| क वर्ग | – | ख्, घ् |
| च वर्ग | – | छ्, झ् |
| ट वर्ग | – | ठ्, ढ्, ढ़् |
| त वर्ग | – | थ्, ध् |
| प वर्ग | – | फ्, भ् |
| ऊष्म व्यंजन | – | श्, ष्, स्, ह् |

**प्रश्न 11. वर्णों के उच्चारण स्थान का वर्णन कीजिए।**

**उत्तर**–उच्चारण स्थानों के आधार पर व्यंजनों को नौ वर्गों में रखा गया है। जो निम्न रूप से हैं–

1. **कंठ्य**–जिनका उच्चारण कंठ से होता है–

   अ, आ, अः, क्, ख्, ग्, घ्, ह्

2. **तालव्य**–जिनका उच्चारण तालु के द्वारा होता है।

   इ, ई, च्, छ्, ज्, झ्, ञ्, य्, श्

3. **मूर्धन्य**–जिनका उच्चारण मूर्द्धा से होता है–

   ट्, ठ्, ड्, ढ्, ण्, ड़्, ढ़्, र्, ऋ, ष्

4. **दंत्य**–जिनका उच्चारण ऊपर के दाँतों पर जीभ के लगने से होता है–

   त्, थ्, द्, ध्, ल्, स्

5. **ओष्ठ्य**–जिनका उच्चारण दोनों होंठों की सहायता से किया जाता है–

   उ, ऊ, प्, फ्, ब्, भ्, म्

6. **नासिक्य**–जिनका उच्चारण मुख और नासिका से किया जाता है–

   अं, ङ्, ञ्, ण्, न्, म्

7. **दंतौष्ठ्य**–जिनका उच्चारण निचले होंठों के साथ दाँतों के मिलने से होता है–

   व्

8. **कंठोष्ठ्य**–जिनका उच्चारण कंठ और होंठों के द्वारा होता है–

   ओ, औ

9. **कंठ-तालव्य**–जिनका उच्चारण कंठ और तालु के द्वारा होता है–

   ए, ऐ

**प्रश्न 12. अघोष व सघोष ध्वनियों से आप क्या समझते हैं?**

**उत्तर**–उच्चारण के समय स्वर-तंत्रियों में कंपन के आधार पर हिंदी वर्णों को दो वर्गों में बाँटा गया है–

1. **अघोष**–जिन ध्वनियों के उच्चारण में स्वर तंत्रियों में कंपन नहीं होता उन्हें 'अघोष' कहते हैं। ये हैं–
   क्, ख्, च्, छ्, ट्, ठ्, त्, थ्, प्, फ्, श्, ष्, स्
2. **सघोष**–जिन ध्वनियों के उच्चारण में स्वर तंत्रियों में कंपन होता है, उन्हें 'सघोष' कहते हैं। ये हैं–
   **स्वर**–अ, आ, इ, ई, उ, ऊ, ऋ, ए, ऐ, ओ, औ
   **व्यंजन**–ग्, घ्, ङ्, ज्, झ्, ञ्, ड्, ढ्, ण्, द्, ध्, न्, ब्, भ्, म्, य्, र्, ल्, व्, ह्, ड़्, ढ़्

**प्रश्न 13. वर्ण संयोग किसे कहते हैं? उदाहरण देकर स्पष्ट कीजिए।**

**उत्तर**–वर्णों के परस्पर मेल को **वर्ण संयोग** कहते हैं। यह प्राय: दो प्रकार से होता है–

(*i*) व्यंजन और स्वर का संयोग

(*ii*) व्यंजन तथा व्यंजन का संयोग।

**व्यंजन और स्वर का संयोग**–व्यंजनों का उच्चारण स्वरों के मेल के बिना नहीं हो पाता। व्यंजनों के साथ जब स्वरों को मिलाकर लिखा जाता है तो वह व्यंजन और स्वर का संयोग कहलाता है। *जैसे*–

क् + ए = के, क् + आ = का।

जब व्यंजन स्वर के बिना होता है तो व्यंजन के नीचे हलंत (्) लगा देते हैं। *जैसे*–

क्, च्, प्, त् आदि।

**व्यंजन से व्यंजन का संयोग**–व्यंजन से व्यंजन मिलाने के अनेक नियम हैं–

(*i*) कई व्यंजनों के अंत में एक खड़ी रेखा होती है, इसे पाई कहते हैं। *ख, ग, घ, च, ज, झ* आदि व्यंजन पाई वाले हैं। जब ऐसे व्यंजनों को आगे वाले व्यंजन से मिलाते हैं तो इनकी पाई हटा ली जाती है। *जैसे*–

स्नान, स्तुति, सम्मान, सत्य।

(*ii*) बिना पाई वाले व्यंजनों को जब किसी अन्य व्यंजन से मिलाते हैं तो इनमें हलंत लगा देते हैं। *जैसे*–
विद्यालय (विद्यालय), बुद्ध (बुद्ध), चिह्न (चिह्न), भद्दा (भद्दा)।

(*iii*) '*क*' और '*फ*' को दूसरे व्यंजनों से मिलाने के लिए इन वर्णों की घुंडी के झुके भाग को हटा दिया जाता है। *जैसे*–
वक्त, रक्त, भक्त, रफ़्ता।

(*iv*) '*र्*' अगले वर्ण से मिलाए जाने पर उसके ऊपर लग जाता है। *जैसे*–
पर्वत, सौंदर्य, धर्म, कर्म, सूर्य।

(*v*) '*र*' से पहले यदि कोई स्वर रहित व्यंजन हो तो '*र*' उसके नीचे लगाया जाता है। *जैसे*–
प्राप्त, पत्र, चक्र, चंद्र।

(*vi*) '*ट्*' और '*ड्*' में '*र*' के मिलाने पर '*र*' क्रमश: इस प्रकार जुड़ जाता है–
ट् + र = ट्र (ट्रक) ड् + र = ड्र (ड्रम)

(*vii*) '*श्*' के साथ '*र*' के मिलाने पर *श्र* हो जाता है।

(*viii*) '*स्*' के साथ '*र*' के संयोग से *स्र* होता है।

**प्रश्न 14. वर्ण विच्छेद से आप क्या समझते हैं?**

**उत्तर**–किसी शब्द में स्वर और व्यंजनों को अलग-अलग करना ही वर्ण-विच्छेद कहलाता है। *जैसे*–

विद्यार्थी – व् + इ + द् + य् + आ + र् + थ् + ई

## I. प्रश्न-अभ्यास

1. वर्ण किसे कहते हैं? इसके कितने भेद होते हैं?
2. वर्णमाला से आप क्या समझते हैं?
3. स्वर किसे कहते हैं? इसके कितने भेद होते हैं? प्रत्येक के दो-दो उदाहरण दीजिए।
4. व्यंजन से क्या अभिप्राय है? उदाहरण देकर स्पष्ट कीजिए।

5. अनुस्वार व अनुनासिक में क्या अंतर है?
6. संयुक्त व द्वित्व व्यंजनों के दो-दो उदाहरण दीजिए।
7. 'र' के विभिन्न रूपों के प्रयोग करते हुए दो-दो शब्द लिखिए।
8. 'श्र' और 'शृ' से दो-दो शब्द बनाइए।
9. अघोष व सघोष ध्वनियों से आप क्या समझते हैं?
10. *निम्न शब्दों का वर्ण विच्छेद कीजिए–*
    मित्र, अमृत, विद्यालय, भारतीय, कक्षा।

## II. बहुवैकल्पिक प्रश्नोत्तर

**निम्न प्रश्नों के उत्तर हेतु सही विकल्प को चिह्नित कीजिए–**

1. *वर्णमाला में होते हैं–*
   (क) केवल व्यंजन (ख) केवल स्वर (ग) स्वर और व्यंजन दोनों (घ) सभी मात्राएँ
2. *वर्णमाला में स्वरों की संख्या होती है–*
   (क) 11 (ख) 22 (ग) 33 (घ) 25
3. *य् र् ल् व् हैं–*
   (क) ऊष्म व्यंजन (ख) अंत:स्थ व्यंजन (ग) स्पर्श व्यंजन (घ) अयोगवाह
4. *'ऑ' ध्वनि का आगमन हुआ–*
   (क) फारसी भाषा से (ख) अंग्रेजी भाषा से (ग) गुरुमुखी भाषा से (घ) हिंदी भाषा से
5. *स्वर के भेद हैं–*
   (क) ह्रस्व, दीर्घ, ऊष्म (ख) ह्रस्व, दीर्घ, स्पर्श (ग) ह्रस्व, दीर्घ, प्लुत (घ) इनमें से कोई नहीं
6. *अनुनासिका का चिह्न है–*
   (क) ः (ख) ँ (ग) ़ (घ) इनमें से कोई नहीं
7. *ड़ और ढ़ को मान्यता प्राप्त है–*
   (क) व्यंजनों में (ख) स्वरों में
   (ग) संयुक्त व्यंजन के रूप में (घ) द्वित्व व्यंजन के रूप में
8. *संयुक्त व्यंजन है–*
   (क) क्ष, त्र, ज्ञ (ख) क्ष, त, ज्ञ, (ग) श, त्र, ज्ञ (घ) इनमें से कोई नहीं
9. *'शृ' बनता है–*
   (क) श् + ऋ (ख) श् + र् + अ (ग) श् + र (घ) इनमें से कोई नहीं
10. *व्यंजन के भेद हैं–*
    (क) (*i*) स्पर्श (*ii*) अंत:स्थ (*iii*) ऊष्म (ख) (*i*) स्पर्श (*ii*) अंत:स्थ (*iii*) प्लुत
    (ग) (*i*) स्पर्श (*ii*) अंत:स्थ (*iii*) दीर्घ (घ) (*i*) स्पर्श (*ii*) अंत:स्थ (*iii*) ह्रस्व

**उत्तर–** 1. (ग) 2. (क) 3. (ख) 4. (ख) 5. (ग)
6. (ख) 7. (क) 8. (क) 9. (क) 10. (क)

# 3. शब्द-विचार

**प्रश्न 1. शब्द किसे कहते हैं?**

**उत्तर**–वर्णों का सार्थक समूह **शब्द** कहलाता है। *जैसे*–

भ् + आ + र् + अ + त् + ई + य् + अ = भारतीय।

**प्रश्न 2. शब्द कितने प्रकार के होते हैं?**

**उत्तर**–शब्द दो प्रकार के होते हैं–**1.** सार्थक, **2.** निरर्थक।

**सार्थक** वे शब्द हैं, जिनका कोई अर्थ होता है। *जैसे*–

विद्यालय, छात्र आदि।

**निरर्थक** वे शब्द हैं, जिनका कोई अर्थ न हो। *जैसे*–

खड़-खड़, धर-धर आदि।

व्याकरण में निरर्थक शब्दों का कोई महत्त्व नहीं होता।

**प्रश्न 3. व्युत्पत्ति की दृष्टि से शब्दों के कितने भेद हैं? उदाहरण-सहित लिखिए।**

**उत्तर**–व्युत्पत्ति की दृष्टि से शब्दों के तीन भेद हैं–

1. **रूढ़**–जिन शब्दों के खंडों का कोई अर्थ न हो, वे रूढ़ कहलाते हैं। *जैसे*–

   दाल, कुर्सी, कलम, मेज़, कुत्ता आदि।

यदि इनके खंड किए जाएँ तो इन खंडों का कोई अर्थ नहीं होगा।

2. **यौगिक**–दो या दो से अधिक शब्दों अथवा शब्दांशों के योग से बने शब्द यौगिक कहलाते हैं। *जैसे*–

   विश्रामालय = विश्राम + आलय

   सुपुत्र = सु + पुत्र

3. **योगरूढ़**–जो शब्द यौगिक होने पर भी किसी विशेष अर्थ को ही प्रकट करें। *जैसे*–

   हिमालय = हिम + आलय

'हिम' का अर्थ है 'बर्फ़' और 'आलय' का अर्थ है 'घर' अर्थात 'बर्फ़ का घर'। बर्फ़ से सदा ढकी रहने वाली विशेष पर्वत शृंखलाओं को ही 'हिमालय' का नाम दिया गया है। इस प्रकार यह शब्द 'रूढ़' है और दो शब्दों के मेल से बनने के कारण 'यौगिक' भी माना जाता है।

**प्रश्न 4. उत्पत्ति की दृष्टि से शब्द कितने प्रकार के होते हैं? उदाहरण-सहित लिखिए।**

**उत्तर**–उत्पत्ति की दृष्टि से शब्द चार प्रकार के होते हैं–

1. **तत्सम**–जो शब्द संस्कृत से ज्यों-के-त्यों हिंदी में आ गए हैं। *जैसे*–

   नेत्र, शरीर, विद्या, चंद्र, सूर्य आदि।

2. **तद्भव**–जो शब्द संस्कृत से रूप बदलकर हिंदी में आ गए हैं। *जैसे*–

   गृह (घर), कान (कर्ण), खेत (क्षेत्र), बहू (वधू), पूत (पुत्र) आदि।

## कुछ अन्य तत्सम-तद्भव शब्द

| **तत्सम** | **तद्भव** | **तत्सम** | **तद्भव** |
|---|---|---|---|
| अग्नि | आग | कर्ण | कान |
| अर्ध | आधा | कर्म | काम |
| अंध | अंधा | कुपुत्र | कपूत |
| अंधकार | अँधेरा | ग्राम | गाँव |
| उज्ज्वल | उजला | चंद्र | चाँद |
| उपरि | ऊपर | दंत | दाँत |

| तत्सम | तद्भव | तत्सम | तद्भव |
|---|---|---|---|
| उष्ट्र | ऊँट | दीपक | दीया |
| नव | नया | सर्प | साँप |
| नृत्य | नाच | शिक्षा | सीख |
| पत्र | पत्ता | हस्त | हाथ |
| मयूर | मोर | हास | हँसी |
| वधू | बहू | क्षेत्र | खेत |

**3. देशी या देशज**—वे शब्द, जो भारत की किसी भी भाषा से हिंदी में आ गए हैं। *जैसे*—

| | | | |
|---|---|---|---|
| गुलाब-जामुन | लड्डू | लोटा | खिचड़ी |
| इडली | डोसा | समोसा | चमचम। |

**4. विदेशी**—जो शब्द भारत से बाहर की किसी भाषा से हिंदी में आ गए हैं, विदेशी कहलाते हैं। ये विदेशी शब्द उर्दू, अरबी, फ़ारसी, अंग्रेज़ी, पुर्तगाली, तुर्की, फ्रांसीसी, ग्रीक आदि अनेक भाषाओं से आए हैं। *जैसे*—

| | | | | | |
|---|---|---|---|---|---|
| टिकट | बटन | डॉक्टर | कालीन | कूपन | सुरंग |
| जिस्म | शरीफ़ | मदरसा | अमीर | बाल्टी | ऑफिस |

**प्रश्न 5. प्रयोग के आधार पर शब्दों के कितने भेद हैं?**

**उत्तर**—प्रयोग के आधार पर शब्दों के दो भेद हैं—

**1. विकारी**—वे शब्द, जिनका रूप लिंग, वचन, कारक, काल आदि के आधार पर बदल जाता है। संज्ञा, सर्वनाम, विशेषण और क्रिया ये विकारी शब्द हैं।

**2. अविकारी**—वे शब्द, जिनके रूप में लिंग, वचन, कारक, काल आदि के आधार पर कोई परिवर्तन नहीं होता। इन्हें अव्यय भी कहते हैं। क्रिया-विशेषण, समुच्चय बोधक, संबंध बोधक और विस्मयादि बोधक अविकारी शब्द हैं।

## I. प्रश्न-अभ्यास

1. *निम्न वाक्यों को सही शब्दों से पूरा कीजिए—*
   (क) वर्णों का सार्थक समूह ................ कहलाता है।
   (ख) शब्द दो प्रकार के होते हैं ................ और ................।
   (ग) जिन शब्दों के खंड करने पर उनका कोई अर्थ न निकले वे ................ कहलाते हैं।
   (घ) ................ शब्द हिंदी भाषा में ज्यों के त्यों आए हैं।
   (ङ) प्रयोग के आधार पर शब्द है ................ और ................।
2. शब्द किसे कहते हैं? उदाहरण देकर स्पष्ट कीजिए।
3. व्युत्पत्ति की दृष्टि से शब्दों के कितने भेद हैं? उदाहरण देकर स्पष्ट कीजिए।
4. योगरूढ़ और यौगिक शब्दों का अंतर दो-दो उदाहरण देकर बताइए।
5. तत्सम और तद्भव में क्या अंतर है? उदाहरण देकर स्पष्ट कीजिए।
6. *नीचे लिखे शब्दों में से तद्भव और तत्सम शब्दों को अलग-अलग करके लिखिए—*
   हस्त, दीया, चंद्र, घी, आधा, अंध, गाँव, कपूत, मयूर, नव, क्षेत्र और कान।
7. विकारी व अविकारी शब्दों से आप क्या समझते हैं?
8. देशी और विदेशी भाषा के पाँच-पाँच शब्द लिखिए।

## II. बहुवैकल्पिक प्रश्नोत्तर

**निम्न प्रश्नों के उत्तर हेतु सही विकल्प को चिह्नित कीजिए—**

1. *शब्द कहते हैं—*
   (क) वर्णों के सार्थक समूह को  (ख) शब्दों की इकाई को
   (ग) वर्णों के मेल को  (घ) भाषा की सबसे छोटी इकाई को

2. *व्युत्पत्ति के आधार पर शब्द होते हैं–*
   (क) चार प्रकार के (ख) दो प्रकार के (ग) तीन प्रकार के (घ) पाँच प्रकार के
3. *'सार्थक शब्द' कहलाते हैं–*
   (क) जो सही अर्थ देते हैं (ख) वर्णों का सार्थक अर्थात सही अर्थ देने वाला समूह
   (ग) जो दूसरी भाषाओं के हों (घ) जिनका आधार हमारी मातृभाषा हो
4. *'योगरूढ़ शब्द' होते हैं–*
   (क) यौगिक रूप से बनते हैं।
   (ख) यौगिक होने पर किसी विशेष अर्थ का बोध करवाने वाले।
   (ग) तीन या चार शब्दों के योग से बनते हैं।
   (घ) इनमें से कोई नहीं।
5. *'तत्सम शब्द' होते हैं–*
   (क) जो संस्कृत के होते हैं। (ख) जो संस्कृत के ज्यों के त्यों हिंदी में आते हैं।
   (ग) जो संस्कृत से रूप बदलकर हिंदी भाषा में आते हैं। (घ) जो यौगिक होते हैं।
6. *'देशी शब्द' होते हैं–*
   (क) जो अपने देश के हों (ख) जो एक प्रांत से संबंध रखें
   (ग) जो दूसरी भाषा के हों (घ) जो बोलचाल के हों
7. *'अविकारी शब्द' होते हैं–*
   (क) जो संज्ञा व सर्वनाम के आधार पर बदल जाते हैं।
   (ख) जो लिंग, वचन व कारक के आधार पर बदल जाते हैं।
   (ग) जो कर्म के आधार पर बदल जाते हैं।
   (घ) जो लिंग, वचन व कारक के आधार पर कभी नहीं बदलते।
8. *'पुस्तकालय' का सही वर्ण-विच्छेद है–*
   (क) प् + उ + स् + त् + अ + क् + आ + ल् + अ + य् + अ
   (ख) प् + उ + स् + अ + त् + अ + क् + आ + ल् + य् + अ
   (ग) प् + उ + स् + अ + त् + क् + आ + ल् + अ + य् + अ
   (घ) प् + उ + स् + त् + अ + क् + आ + ल् + अ + य + अ
9. *'उज्ज्वल' का सही तद्भव शब्द है–*
   (क) उजियारा (ख) उजला (ग) उजागर (घ) उजवलता
10. *हिंदी भाषा में सबसे अधिक शब्द किस विदेशी भाषा के हैं?*
   (क) अंग्रेजी (ख) फारसी (ग) अरबी (घ) स्पेनिश

**उत्तर–** 1. (क) 2. (ग) 3. (ख) 4. (ख) 5. (ख)
6. (क) 7. (घ) 8. (क) 9. (ख) 10. (क)

# 4. संज्ञा

प्रश्न 1. **संज्ञा किसे कहते हैं? उसके कितने भेद हैं?**

उत्तर–जो शब्द किसी व्यक्ति, स्थान, वस्तु अथवा भाव का बोध करवाते हैं उन्हें **संज्ञा** कहते हैं।

*संज्ञा के मुख्य रूप से तीन भेद हैं–*

1. **व्यक्तिवाचक**–जिस संज्ञा शब्द से किसी एक विशेष व्यक्ति, स्थान या वस्तु का बोध हो, उसे व्यक्तिवाचक संज्ञा कहते हैं। जैसे–

कोलकाता, सरोजनी नायडू, ताजमहल, कुरान शरीफ़, रामायण आदि।

2. **जातिवाचक**–जिस संज्ञा शब्द से किसी जाति का बोध हो, उसे जातिवाचक संज्ञा कहते हैं। *जैसे*–

फूल, मछली, शहर, नदी आदि।

3. **भाववाचक**–जिस संज्ञा शब्द से किसी गुण, दोष, भाव या दशा का बोध हो, उसे भाववाचक संज्ञा कहते हैं। *जैसे*–

ईमानदारी, बनावट, भलाई, बुराई, सजावट, स्वास्थ्य, महत्ता, बुढ़ापा, सुंदरता आदि।

*संज्ञा के दो अन्य भेद भी माने जाते हैं*–

1. **समूहवाचक**–जिन संज्ञा शब्दों से किसी समूह का बोध हो। *जैसे*–

कक्षा, सभा, मंडली, गुच्छा, भीड़, सेना आदि।

2. **द्रव्यवाचक**–जिन शब्दों से किसी धातु, अनाज, ठोस या तरल पदार्थों का बोध हो। *जैसे*–

पानी, दूध, तेल, पेट्रोल, सोना, चाँदी, पत्थर आदि।

**प्रश्न 2. भाववाचक संज्ञाएँ कितने प्रकार के शब्दों से बनती हैं? उदाहरण सहित लिखो।**

उत्तर–भाववाचक संज्ञाएँ चार प्रकार के विकारी शब्दों से बनती हैं–

1. **जातिवाचक संज्ञा से**–*जैसे*–

पशु से पशुता, बच्चा से बचपन, मनुष्य से मनुष्यता।

2. **सर्वनाम से**–*जैसे*–

अपना से अपनापन, अहं से अहंकार।

3. **विशेषण से**–*जैसे*–

अच्छा से अच्छाई, ऊँचा से ऊँचाई, भूखा से भूख, सज्जन से सज्जनता आदि।

4. **क्रिया**–*जैसे*–

उड़ना से उड़ान, पढ़ना से पढ़ाई, बनाना से बनावट, दिखना से दिखावा।

## भाववाचक संज्ञाओं की रचना

**1. जातिवाचक संज्ञा से**

| | | | |
|---|---|---|---|
| गुरु | गुरुता, गुरुत्व | चोर | चोरी |
| जवान | जवानी | मनुष्य | मनुष्यता |
| लड़का | लड़कपन | बाल | बालपन |
| युवक | यौवन | सज्जन | सज्जनता |

**2. सर्वनाम से**

| | | | |
|---|---|---|---|
| निज | निजता, निजत्व | स्व | स्वत्व |
| सर्व | सर्वस्व | मम | ममत्व |

**3. विशेषण से**

| | | | |
|---|---|---|---|
| मोटा | मोटापा | ऊँचा | ऊँचाई |
| आलसी | आलस्य | कटु | कटुता |
| कम | कमी | काला | कालापन, कालिमा |
| कायर | कायरता | कुशल | कुशलता, कौशल |
| गरीब | गरीबी | गहरा | गहराई |
| दुष्ट | दुष्टता | नीच | नीचता |
| परतंत्र | परतंत्रता | ब्रह्मचारी | ब्रह्मचर्य |
| लोभ | लोभी | महान | महानता |
| लंबा | लंबाई | वीर | वीरता |
| चोर | चोरी | स्वस्थ | स्वास्थ्य |
| हरा | हरियाली | हिंसक | हिंसा |

**4. क्रिया से**

| | | | |
|---|---|---|---|
| उड़ना | उड़ान | उतरना | उतराई |

| | | | |
|---|---|---|---|
| कमाना | कमाई | खोजना | खोज |
| हरा | हरियाली | घबराना | घबराहट |
| काटना | कटाई | दौड़ना | दौड़ |
| झुकना | झुकाव | बचना | बचाव |
| हँसना | हँसी | हारना | हार |

**प्रश्न 3. व्यक्तिवाचक संज्ञा, जातिवाचक व जातिवाचक संज्ञा व्यक्तिवाचक रूप में कब प्रयोग की जाती है?**

**उत्तर–व्यक्तिवाचक संज्ञा का जातिवाचक रूप**–जब कोई व्यक्तिवाचक संज्ञा व्यक्ति विशेष का बोध न करवाकर उस व्यक्ति के गुण-दोषों से युक्त व्यक्तियों की पूरी जाति का बोध करवाए तो वह **व्यक्तिवाचक संज्ञा** का **जातिवाचक** रूप माना जाता है। *जैसे*–

आज **विभीषणों** का युग है।

आजकल की स्त्रियाँ **सती सावित्रियाँ** नहीं हैं।

**जातिवाचक संज्ञा का व्यक्तिवाचक रूप**–जब जातिवाचक संज्ञा शब्द को किसी एक व्यक्ति हेतु प्रयुक्त किया जाए तो वह **जातिवाचक संज्ञा** का **व्यक्तिवाचक** रूप कहलाता है। *जैसे*–

**महात्मा** ने लोगों को अहिंसा का मार्ग दिखाया।

सर्वप्रथम **पंडित जी** ने लालकिले पर झंडा फहराया।

(**नोट**–यहाँ महात्मा 'महात्मा गांधी' व पंडित जी 'पंडित जवाहर लाल नेहरू' की ओर संकेत करता है।)

## I. प्रश्न-अभ्यास

1. संज्ञा किसे कहते हैं? इसके भेदों को उदाहरण सहित स्पष्ट कीजिए।
2. *नीचे लिखे वाक्यों में से संज्ञा शब्द छाँटिए और उनके सामने संज्ञा का भेद लिखिए–*
   (क) पेट्रोल के दाम निरंतर बढ़ते जा रहे हैं। (..............................)
   (ख) सागर की गहराई मापना आसान नहीं। (..............................)
   (ग) चारों ओर हरियाली छाई थी। (..............................)
   (घ) 'काशी विश्वनाथ' बनारस का प्रसिद्ध मंदिर है। (..............................)
   (ङ) बकरियों का झुंड जंगल की ओर बढ़ गया। (..............................)
3. *निम्न वाक्यों को भाववाचक संज्ञाओं से पूरा कीजिए–*
   (क) बगीचे में चारों ओर .............................. छाई थी।
   (ख) किसी की .............................. भुलाई नहीं जा सकती।
   (ग) बच्चा .............................. से गिरा।
   (घ) .............................. की पहचान मनुष्य के व्यक्तित्व से होती है।
4. *निम्न गद्यांश में संज्ञा शब्दों पर गोला लगाइए–*
   महापुरुषों का कथन है कि परोपकार के लिए वृक्ष फलते हैं, नदियाँ बहती हैं, गऊ माता दूध देती हैं और सज्जन पुरुषों का ऐश्वर्य दूसरों के हित में रहता है। इसी प्रकार सूर्य-चंद्रमा भी दूसरों की भलाई के लिए बहुत से काम करते हैं। इसी हेतु धरा सभी प्राणियों के भार को सहन करती है। मेघ बरस-बरस कर सबके लिए अन्न पैदा करते हैं। स्पष्ट है कि संपूर्ण प्रकृति हमें परोपकार की शिक्षा देती है।
5. एक ऐसा वाक्य लिखिए जिसमें जातिवाचक संज्ञा व्यक्तिवाचक संज्ञा के रूप में आए।
6. एक ऐसा वाक्य लिखिए जिसमें व्यक्तिवाचक संज्ञा जातिवाचक रूप में प्रयुक्त हो।

## II. बहुवैकल्पिक प्रश्नोत्तर

**निम्न प्रश्नों के उत्तर हेतु सही विकल्प को चिह्नित कीजिए–**

1. *संज्ञा कहलाता है–*
   (क) व्यक्ति व स्थान का नाम
   (ख) प्राणीवाचक व अप्राणीवाचक शब्द
   (ग) विशेष व्यक्ति, स्थान या वस्तु का नाम
   (घ) किसी प्राणी, वस्तु, स्थान, भाव या गुण का नाम

2. *संज्ञा शब्द हैं–*
(क) सज्जनता (ख) सज्जन (ग) मापना (घ) जाना

3. *दिए गए संज्ञा शब्दों का सही भेद बताइए–*
(क) दूध– (*i*) जातिवाचक (*ii*) भाववाचक (*iii*) द्रव्यवाचक
(ख) अहिंसा– (*i*) जातिवाचक (*ii*) भाववाचक (*iii*) व्यक्तिवाचक
(ग) मदर टेरेसा– (*i*) जातिवाचक (*ii*) व्यक्तिवाचक (*iii*) भाववाचक
(घ) भीड़– (*i*) व्यक्तिवाचक (*ii*) जातिवाचक (*iii*) समूहवाचक

4. *द्रव्यवाचक संज्ञा बोध करवाती है–*
(क) अनाज, तरल पदार्थ एवं धातुएँ। (ख) अनाज, विशेष लोग एवं धातुएँ।
(ग) अनाज, धातुएँ एवं विशेष भाव (घ) इनमें से कोई नहीं।

5. *भाववाचक संज्ञाएँ कितने प्रकार के शब्दों से बनती हैं–*
(क) पाँच (ख) छः (ग) चार (घ) तीन

6. *जिन संज्ञाओं को केवल महसूस किया जाता है वे कहलाती हैं–*
(क) जातिवाचक (ख) द्रव्यवाचक (ग) भाववाचक (घ) व्यक्तिवाचक

7. *'गेहूँ' है–*
(क) द्रव्यवाचक संज्ञा (ख) भाववाचक संज्ञा (ग) व्यक्तिवाचक संज्ञा (घ) जातिवाचक संज्ञा

8. *'उतराई' है–*
(क) जातिवाचक (ख) भाववाचक (ग) व्यक्तिवाचक (घ) समुदायवाचक

9. *जातिवाचक संज्ञा व्यक्तिवाचक रूप में प्रयुक्त होती है–*
(क) जब शब्द पर जाति का प्रभाव हो।
(ख) जब पूरी जाति का संबोधन एक व्यक्ति के लिए किया जाए।
(ग) जब जाति व्यक्ति के स्वभाव को स्पष्ट करे।
(घ) जब व्यक्ति को जाति से संबंधित किया जाए।

10. *संज्ञा के विकारक रूप क्या हैं?*
(क) लिंग, वचन, कारक (ख) लिंग, वचन, काल (ग) लिंग, वचन, क्रिया (घ) लिंग, वचन, कर्म

**उत्तर–** 1. (घ) 2. (क) 3. (क) (*iii*) (ख) (*ii*) (ग) (*ii*) (घ) (*ii*)
4. (क) 5. (ग) 6. (ग) 7. (क) 8. (ख) 9. (ख)
10. (क)

# 5. संज्ञाओं का रूप परिवर्तन

**प्रश्न 1. संज्ञा शब्द के विकारक रूप कौन-से हैं?**
**उत्तर–**संज्ञा विकारी शब्द है। इसके विकारक रूप हैं–**1.** लिंग, **2.** वचन तथा **3.** कारक

## 1. लिंग

**प्रश्न 2. लिंग किसे कहते हैं? हिंदी में ये कितने प्रकार के हैं? उदाहरण-सहित लिखिए।**
**उत्तर–**शब्द के जिस रूप से उसके पुरुष या स्त्री जाति के होने का बोध हो, उसे **लिंग** कहते हैं। हिंदी में लिंग दो हैं–
**1.** स्त्रीलिंग **2.** पुल्लिंग।

**स्त्रीलिंग–**शब्द के जिस रूप से उसके स्त्री जाति के होने का बोध हो, उसे स्त्रीलिंग कहते हैं। *जैसे–*
शायनी, मोरनी, मछली आदि।

**पुल्लिंग**–शब्द के जिस रूप से उसके पुरुष जाति के होने का बोध हो, उसे पुल्लिंग कहते हैं। *जैसे*–
शोएब, कौआ, बैल आदि।

**प्रश्न 3. कुछ ऐसे संज्ञा शब्द बताइए जिनका प्रयोग नित्य पुल्लिंग या नित्य स्त्रीलिंग में होता है–**

**उत्तर**– कुछ नित्य पुल्लिंग संज्ञा शब्द निम्नलिखित हैं–
कौआ, उल्लू, मच्छर, खटमल आदि।
कुछ नित्य स्त्रीलिंग संज्ञा शब्द हैं–
मछली, कोयल, मक्खी, चील आदि।

**प्रश्न 4. हिंदी में लिंग परिवर्तन के नियम बताते हुए उनके उदाहरण लिखिए।**

**उत्तर**–1. पुल्लिंग संज्ञा शब्द के अंतिम *'अ'* अथवा *'आ'* को *'ई'* कर देने से स्त्रीलिंग रूप बन जाता है। *जैसे*–

| | | | |
|---|---|---|---|
| नाना | नानी | दास | दासी |
| दादा | दादी | पुत्र | पुत्री |
| गधा | गधी | बेटा | बेटी |

2. पुल्लिंग संज्ञा शब्द के अंतिम *'आ'* को *'इया'* कर देने तथा पहले दीर्घ स्वर को ह्रस्व कर देने से स्त्रीलिंग रूप बन जाता है। *जैसे*–

| | | | |
|---|---|---|---|
| लोटा | लुटिया | चिड़ा | चिड़िया |
| बेटा | बिटिया | कुत्ता | कुतिया |
| चूहा | चुहिया | बूढ़ा | बुढ़िया |

3. व्यवसाय-सूचक पुल्लिंग संज्ञा शब्दों के अंतिम स्वर में *'इन'* प्रत्यय जोड़ने से। *जैसे*–

| | | | |
|---|---|---|---|
| धोबी | धोबिन | सुनार | सुनारिन |
| माली | मालिन | लुहार | लुहारिन |
| ग्वाला | ग्वालिन | मालिक | मालकिन |

4. पदवी अथवा उपजाति-सूचक पुल्लिंग संज्ञा शब्दों के अंतिम स्वर को *'आइन'* करने से। *जैसे*–

| | | | |
|---|---|---|---|
| चौबे | चौबाइन | पंडित | पंडिताइन |
| चौधरी | चौधराइन | ठाकुर | ठकुराइन |
| बाबू | बबुआइन | गुरु | गुरुआइन |

5. पुल्लिंग संज्ञा शब्द के अंतिम *'अ'* स्वर को *'आनी'* में बदलने से। *जैसे*–

| | | | |
|---|---|---|---|
| नौकर | नौकरानी | सेठ | सेठानी |
| मंत्री | मंत्राणी | जेठ | जेठानी |
| इंद्र | इंद्राणी | देवर | देवरानी |

6. पुल्लिंग संज्ञा शब्द के अंतिम *'अ'* के साथ केवल *'नी'* जोड़कर। *जैसे*–

| | | | |
|---|---|---|---|
| सिंह | सिंहनी | ऊँट | ऊँटनी |
| शेर | शेरनी | मोर | मोरनी |

7. कुछ पुल्लिंग संज्ञा शब्दों के अंत में *'इन'* जोड़ने से स्त्रीलिंग रूप बन जाता है। *जैसे*–

| | | | |
|---|---|---|---|
| बाघ | बाघिन | साँप | साँपिन |

8. कुछ पुल्लिंग संज्ञा शब्दों के अंत में *'इनी'* जोड़ने और आदि दीर्घ स्वर को ह्रस्व में बदलने से स्त्रीलिंग रूप बन जाता है। *जैसे*–

| | | | |
|---|---|---|---|
| स्वामी | स्वामिनी | हाथी | हथिनी |
| अभिमानी | अभिमानिनी | हंस | हंसिनी |
| मानी | मानिनी | तपस्वी | तपस्विनी |

9. *'आन्'* अंत वाले शब्दों को *'अती'* में बदलने से। *जैसे*–

| | | | |
|---|---|---|---|
| भगवान | भगवती | महान | महती |
| श्रीमान | श्रीमती | बुद्धिमान | बुद्धिमती |

**10.** '*अक*' से अंत होने वाले पुल्लिंग संज्ञा शब्दों को '*इका*' में बदलकर। *जैसे*–

| | | | |
|---|---|---|---|
| लेखक | लेखिका | अध्यापक | अध्यापिका |
| बालक | बालिका | दर्शक | दर्शिका |
| पाठक | पाठिका | सेवक | सेविका |
| गायक | गायिका | धावक | धाविका |

**11.** अकारांत पुल्लिंग संज्ञा तत्सम शब्दों को आकारांत में बदलने से स्त्रीलिंग रूप। *जैसे*–

| | | | |
|---|---|---|---|
| वैश्य | वैश्या | सुत | सुता |
| शूद्र | शूद्रा | मूर्ख | मूर्खा |
| बाल | बाला | महोदय | महोदया |
| भवदीय | भवदीया | प्रिय | प्रिया |

**12.** कभी-कभी पुल्लिंग शब्दों का स्त्रीलिंग रूप बिलकुल बदल जाता है। *जैसे*–

| | | | |
|---|---|---|---|
| वर | वधू | बैल/सांड़ | गाय |
| पुरुष | स्त्री | पिता | माता |
| राजा | रानी | ससुर | सास |
| नेता | नेत्री | कर्ता | कर्त्री |
| कवि | कवयित्री | | |

**13.** कुछ शब्द सदा पुल्लिंग में ही प्रयोग में लाए जाते हैं। *जैसे*–

मच्छर, तोता, नीलकंठ, कछुआ, उल्लू, बिच्छू, खटमल आदि।

**14.** कुछ शब्द सदा स्त्रीलिंग में ही प्रयुक्त होते हैं। *जैसे*–

छिपकली, तितली, भेड़, मछली, मक्खी, चींटी, कोयल, दीमक आदि।

**15.** सदा पुल्लिंग व सदा स्त्रीलिंग शब्दों में संज्ञा शब्दों के पुल्लिंग रूप के साथ नर तथा स्त्रीलिंग रूप के साथ मादा का प्रयोग किया जाता है। *जैसे*–

| | |
|---|---|
| नर चील | नर कोयल |
| नर बुलबुल | नर मक्खी |
| मादा तोता | मादा उल्लू |
| मादा कछुआ | मादा कौवा आदि। |

**प्रश्न 5. पुल्लिंग शब्दों की पहचान कैसे की जाती है? उदाहरण देकर स्पष्ट कीजिए।**

**उत्तर**–(*i*) पर्वतों, मासों, ग्रहों, वारों, पेड़ों आदि के नाम पुल्लिंग होते हैं। *जैसे*–

| | | | |
|---|---|---|---|
| हिमालय | जुलाई | सावन | सूर्य |
| सोमवार | जामुन | आम | पीपल। |

(*ii*) देशों, सागरों और रत्नों के नाम पुल्लिंग होते हैं। *जैसे*–

भारत अमरीका प्रशांत महासागर हीरा पन्ना

(*iii*) द्रव पदार्थों और धातुओं के नाम पुल्लिंग होते हैं। *जैसे*–

पानी दूध तेल घी सोना लोहा

(*iv*) शरीर के कुछ अंगों के नाम भी पुल्लिंग होते हैं। *जैसे*–

मुख बाल कान सिर

(*v*) अनाजों के नाम पुल्लिंग होते हैं। *जैसे*–

गेहूँ चना चावल जौ

(*vi*) ऐसे तत्सम संज्ञा शब्द जिनका अंत '*अ*' से होता है, पुल्लिंग होते हैं। *जैसे*–

जीवन मरण जल अमृत नगर उपवन

**याद रखें**–इमली, मक्की, अरहर, ज्वार, चाँदी, पृथ्वी, लंका, चाय, आँख, जीभ आदि स्त्रीलिंग हैं।

**प्रश्न 6. स्त्रीलिंग शब्दों की पहचान कैसे की जाती है? उदाहरण देकर स्पष्ट कीजिए।**

**उत्तर**–(*i*) नदियों, तिथियों, भाषाओं और बोलियों के नाम स्त्रीलिंग होते हैं। *जैसे*–

गंगा यमुना अमावस्या चतुर्थी हिंदी
अंग्रेज़ी राजस्थानी पहाड़ी खड़ी बोली

(*ii*) ऐसे तत्सम संज्ञा शब्द जिनके अंत में 'इ' आता है, स्त्रीलिंग होते हैं। *जैसे*–

जाति भक्ति मति अग्नि

(*iii*) जिन तत्सम संज्ञा शब्दों के अंत में '*आ*' आता है, वे प्राय: स्त्रीलिंग होते हैं। *जैसे*–

दया महिमा कृपा परीक्षा

(*iv*) ऐसे तत्सम संज्ञा शब्द जिनका अंत 'उ' से होता है, प्राय: स्त्रीलिंग होते हैं। *जैसे*–

वायु आयु ऋतु

(*v*) शरीर के कुछ अंग भी स्त्रीलिंग होते हैं। *जैसे*–

आँख जीभ बाँह जाँघ

## I. प्रश्न-अभ्यास

1. *निम्नलिखित शब्दों को वाक्यों में इस प्रकार प्रयुक्त कीजिए कि उनका लिंग स्पष्ट हो जाए*–
सफलता, आलस, बाज़ार, वर्षा।

2. *निम्नलिखित वाक्यों में लिखे मोटे शब्दों के लिंग बताइए*–
(*i*) **वटवृक्ष** कट गया। (*ii*) बाज़ार में **सजावट** हो रही है।
(*iii*) मुझे नई **घड़ी** मिली। (*iv*) **आकाश** तारों से चमक रहा था।

3. *निम्न वाक्यों में लिंग परिवर्तित कर फिर से लिखिए*–
(क) गुरु ने शिष्य को संपूर्ण विद्या दी। (ख) महोदय! आप आगे बढ़िए।
(ग) कवि ने अपने गीतों से सबका मन मोह लिया। (घ) अभिमानी का अभिमान चूर हो गया।

4. दो नित्य पुल्लिंग व पाँच नित्य स्त्रीलिंग रहने वाले शब्द लिखिए।

5. *लिंग के आधार पर निम्न वाक्यों को शुद्ध कीजिए*–
(क) जयश्री पढ़ रहा है। (ख) डेविड ने फुटबॉल का मैच जीत ली।
(ग) राम के वियोग में दशरथ मर गई। (घ) अनुज खाना खाती है।
(ङ) चंद्रोदय होते ही चाँदनी छिटक गया।

6. *निम्न वाक्यों में मोटे लिखे शब्दों को इस प्रकार परिवर्तित कीजिए कि वाक्य का लिंग बदल जाए*–
(क) उपवन फूलों से महक रहा था।
(ख) परीलोक की सुंदरता देख मेरे नयन खुले के खुले रह गए।
(ग) अच्छे स्वास्थ्य हेतु व्यायाम करना चाहिए।
(घ) हमें कभी किसी का अपमान नहीं करना चाहिए।

## II. बहुवैकल्पिक प्रश्नोत्तर

**निम्न प्रश्नों के उत्तर हेतु सही विकल्प को चिह्नित कीजिए**–

1. *सदैव पुल्लिंग नहीं होते हैं*–
(क) वृक्षों के नाम (ख) पर्वतों के नाम (ग) भाषा के नाम (घ) रत्नों के नाम

2. *'मछली' शब्द है*–
(क) पुल्लिंग (ख) स्त्रीलिंग (ग) नित्य पुल्लिंग (घ) नित्य स्त्रीलिंग

3. *'तपस्वी' शब्द का सही स्त्रीलिंग है–*
(क) तपस्विनी (ख) तपस्वीनी (ग) तपस्वनी (घ) इनमें से कोई नहीं।

4. *'कोयल' शब्द है–*
(क) नित्य पुल्लिग (ख) स्त्रीलिंग (ग) नित्य स्त्रीलिंग (घ) पुल्लिग

5. *जिन शब्दों के अंत में 'इका' होता है वे सदा होते हैं–*
(क) पुल्लिग (ख) स्त्रीलिंग (ग) नित्य पुल्लिग (घ) नित्य स्त्रीलिंग

6. *लिंग विकारक तत्व है–*
(क) संज्ञा का (ख) भाषा का (ग) विशेषण का (घ) क्रिया का

7. *हिंदी में लिंग होते हैं–*
(क) तीन प्रकार के (ख) दो प्रकार के (ग) चार प्रकार के (घ) इनमें से कोई नहीं

8. *सदैव पुल्लिंग शब्दों का स्त्रीलिंग रूप दर्शाया जाता है–*
(क) ई की मात्रा लगाकर (ख) आ की मात्रा लगाकर
(ग) शब्द के आगे मादा शब्द का प्रयोग करके (घ) शब्द के आगे नर शब्द का प्रयोग करके

9. *'कवि' का स्त्रीलिंग शब्द है–*
(क) कवयित्री (ख) गायिका (ग) कविता (घ) गीतिका

10. *'प्रधानमंत्री' शब्द है–*
(क) पुल्लिग (ख) स्त्रीलिंग
(ग) स्त्रीलिंग व पुल्लिग दोनों के साथ प्रयुक्त शब्द (घ) इनमें से कोई नहीं।

**उत्तर–** 1. (ग) 2. (घ) 3. (क) 4. (ग) 5. (ख)
6. (क) 7. (ख) 8. (ग) 9. (क) 10. (ग)

## 2. वचन

**प्रश्न 7. वचन किसे कहते हैं? वे कितने हैं? उदाहरण-सहित लिखो।**

**उत्तर–**शब्द के जिस रूप से यह पता लगे कि वह एक के लिए है या एक से अधिक के लिए, उसे **वचन** कहते हैं। हिंदी में वचन दो हैं–

**1.** एकवचन **2.** बहुवचन।

**1. एकवचन–**शब्द के जिस रूप से उसके एक होने का पता लगे, उसे एकवचन कहते हैं। *जैसे–*

लड़की रात डिब्बा सड़क

**2. बहुवचन–**शब्द के जिस रूप से उसके एक से अधिक होने का पता चले, उसे बहुवचन कहते हैं। *जैसे–*

लड़कियाँ रातें डिब्बे सड़कें

**वचन परिवर्तन के नियम–**

1. आकारांत पुल्लिग शब्दों के अंतिम '*आ*' को '*ए*' में बदलने से बहुवचन बनता है। *जैसे–*

| | | | |
|---|---|---|---|
| घोड़ा | घोड़े | तोता | तोते |
| लड़का | लड़के | छोटा | छोटे |
| लोटा | लोटे | हरा | हरे |
| बेटा | बेटे | काला | काले |
| पंखा | पंखे | नीला | नीले |
| चीता | चीते | पीला | पीले |

2. आकारांत स्त्रीलिंग शब्दों के अंत में 'एँ' जोड़ने से। *जैसे–*

| | | | |
|---|---|---|---|
| माता | माताएँ | कन्या | कन्याएँ |
| शाला | शालाएँ | लता | लताएँ |
| भाषा | भाषाएँ | कथा | कथाएँ |

| | | | |
|---|---|---|---|
| कला | कलाएँ | पुस्तिका | पुस्तिकाएँ |
| अध्यापिका | अध्यापिकाएँ | बालिका | बालिकाएँ |

**3.** उकारांत तथा ऊकारांत शब्दों के अंत में भी '*एँ*' जोड़ने तथा शब्द के अंत के दीर्घ स्वर 'ऊ' को 'उ' करने से। *जैसे*–

| | | | |
|---|---|---|---|
| वस्तु | वस्तुएँ | बहू | बहुएँ |
| धेनु | धेनुएँ | वधू | वधुएँ |

परंतु पुल्लिंग उकारांत तथा ऊकारांत शब्द एकवचन और बहुवचन में समान रहते हैं। *जैसे*–

डाकू साधु भालू आलू कचालू

**4.** इकारांत तथा ईकारांत स्त्रीलिंग शब्दों के अंत में '*याँ*' जोड़ने तथा अंत के दीर्घ स्वर को ह्रस्व करने से बहुवचन हो जाता है। *जैसे*–

| | | | |
|---|---|---|---|
| सखी | सखियाँ | साड़ी | साड़ियाँ |
| नदी | नदियाँ | बोली | बोलियाँ |
| थाली | थालियाँ | बाली | बालियाँ |
| विधि | विधियाँ | रीति | रीतियाँ |

परंतु कुछ इकारांत स्त्रीलिंग शब्दों का हिंदी में बहुवचन नहीं बनता। *जैसे*–

बुद्धि, मति।

इसी प्रकार अकारांत, तत्सम आकारांत, इकारांत/ईकारांत, उकारांत और ऊकारांत पुल्लिंग शब्द एकवचन और बहुवचन में समान रहते हैं। *जैसे*–

| | | | | |
|---|---|---|---|---|
| पर्वत | घर | कवि | मुनि | हाथी |
| साथी | भाई | साधु | चाँद | सूर्य |
| चंद्रमा | महात्मा | प्रभु | शेर | डाकू |

**5.** जिन स्त्रीलिंग शब्दों के अंत में '*या*' हो तो उसके ऊपर चंद्रबिंदु लगा देने से बहुवचन बन जाता है। *जैसे*–

| | | | |
|---|---|---|---|
| चिड़िया | चिड़ियाँ | खटिया | खटियाँ |
| डिबिया | डिबियाँ | चुहिया | चुहियाँ |
| गुड़िया | गुड़ियाँ | बुढ़िया | बुढ़ियाँ |

**6.** अकारांत स्त्रीलिंग शब्दों में '*अ*' को '*एँ*' करने से बहुवचन बन जाता है। *जैसे*–

| | | | |
|---|---|---|---|
| कतार | कतारें | दराज | दराज़ें |
| पलक | पलकें | फौज | फौजें |
| रात | रातें | पुस्तक | पुस्तकें |
| बात | बातें | मेज़ | मेज़ें |
| आँख | आँखें | दीवार | दीवारें |

**प्रश्न 8. आदरार्थक बहुवचन से आप क्या समझते हैं?**

**उत्तर**–जब एकवचन रूप को सम्मान देने हेतु बहुवचन रूप में प्रस्तुत किया जाता है तो उसे **आदरार्थक बहुवचन** कहते हैं। *जैसे*–

माताजी आ रही हैं।

**वचन के संबंध में कुछ आवश्यक बातें–**

**1.** कई बार बहुवचन बनाने के लिए शब्दों के आगे बहुवचन अथवा समूहसूचक शब्द–*वृंद, गण, जन, वर्ग, लोग, समुदाय* आदि जोड़ दिए जाते हैं। *जैसे*–

अध्यापकवृंद श्रोतागण भक्तजन छात्रवर्ग शिक्षित समुदाय हिंदू लोग

**2.** कुछ शब्दों का प्रयोग सदा बहुवचन में ही होता है। *जैसे*–

प्राण दर्शन बाल बादल केश मूँछें

**3.** कुछ शब्दों का प्रयोग सदैव एकवचन में ही होता है। *जैसे*–

वर्षा जनता पानी आग

## वचन के संबंध में ध्यान देने योग्य कुछ और बातें

जब किसी संज्ञा शब्द के साथ *'ने', 'में', 'को', 'से'* आदि परसर्ग लगाते हैं तो उनका बहुवचन बनाने के लिए उनमें *'ओं'* जोड़ा जाता है। नीचे लिखे उदाहरणों को ध्यान से देखने पर यह और स्पष्ट हो जाएगा।

| **एकवचन** | **बहुवचन** |
|---|---|
| लड़के ने गाना सुनाया। | लड़कों ने गाने सुनाए। |
| बगीचे में बच्चे खेल रहे हैं। | बगीचों में बच्चे खेल रहे हैं। |
| घर को साफ़ रखो। | घरों को साफ़ रखो। |
| उस आदमी को यहाँ बुलाओ। | उन आदमियों को यहाँ बुलाओ। |

## I. प्रश्न-अभ्यास

1. *नीचे लिखे वाक्यों में संज्ञा शब्द छाँटिए और यह बताइए कि वह एकवचन है या बहुवचन–*
   (क) मेरे घर आज अनेक अतिथि आए हैं।
   (ख) इस कार्यालय में आज कर्नचारी काम पर नहीं आए।
   (ग) बच्चे पाठशाला जा रहे हैं।
   (घ) अध्यापक वर्ग का सम्मान करना हमारा कर्तव्य है।
   (ङ) दाने-दाने पर खाने वाले का नाम लिखा है।
2. *वचन के आधार पर वाक्यों को शुद्ध करके पुनः लिखिए–*
   (क) गाए दूध देती है।
   (ख) चारों वेदों के नाम बताओ।
   (ग) अनेकों व्यक्तियों ने प्रदर्शनी देखी।
   (घ) खेतों में बकरी चर रही थीं।
   (ङ) मित्र की दशा देखकर उसकी आँखें से आँसू निकल आया।
3. *कोष्ठक में दिए शब्दों के सही रूप रिक्त स्थान में भरिए–*
   (क) प्रतियोगिता में सभी लड़के .............................. उड़ा रहे थे। (पतंग)
   (ख) बीमारी के कारण उसके .............................. झड़ गए। (बाल)
   (ग) .............................. की कतारें आसमान में उड़ती हुई बहुत अच्छी लगती हैं। (पक्षी)
   (घ) बिल्ली को देखते ही कबूतर ने .............................. मूँद लीं। (आँख)
   (ङ) पंडित जी ने एक के बाद एक कई .............................. सुनाईं। (कथा)
4. तीन नित्य एकवचन रहने वाले व तीन नित्य बहुवचन रहने वाले शब्द लिखिए।
5. आदरार्थक बहुवचन से आप क्या समझते हैं? दो उदाहरण दीजिए।

## II. बहुवैकल्पिक प्रश्नोत्तर

**निम्न प्रश्नों के उत्तर हेतु सही विकल्प को चिह्नित कीजिए–**

1. *वचन के भेद हैं–*
   (क) दो (ख) तीन (ग) चार (घ) पाँच
2. *बड़ों को सम्मान देने हेतु प्रयुक्त होते हैं–*
   (क) नित्य बहुवचन शब्द
   (ख) आदरार्थक बहुवचन
   (ग) बहुवचन शब्द
   (घ) अपने से छोटों के लिए
3. *सदा एकवचन–*
   (क) कला (ख) भाषा (ग) कथा (घ) वर्षा
4. *सदा बहुवचन–*
   (क) आँख (ख) बात (ग) आग (घ) हस्ताक्षर
5. *वचन की पहचान होती है–*
   (क) संज्ञा, विशेषण या क्रियाविशेषण शब्दों से
   (ख) संज्ञा, सर्वनाम या क्रिया-शब्दों से
   (ग) संज्ञा, सर्वनाम या अव्यय शब्दों से
   (घ) संज्ञा, सर्वनाम या विशेषण शब्दों से

6. *'पानी' शब्द है–*

(क) एकवचन (ख) द्विवचन (ग) बहुवचन (घ) इनमें से कोई नहीं

7. *इकारांत तथा ईकारांत स्त्रीलिंग शब्दों में बहुवचन बनाने हेतु जोड़ा जाता है–*

(क) या (ख) याँ (ग) ओ (घ) ऐ

8. *आकारांत स्त्रीलिंग शब्दों को बहुवचन रूप देने के लिए जोड़ा जाता है–*

(क) एँ (ख) ए (ग) याँ (घ) आ

9. *'श्रोता' शब्द का बहुवचन रूप है–*

(क) श्रोताओं (ख) श्रोताएँ (ग) श्रोतागण (घ) इनमें से कोई नहीं

10. *निम्न वाक्य का वचन के आधार पर शुद्ध रूप चुनिए–*

(क) तुम्हारे बाल झड़ रहे हैं। (ख) तुम्हारे बाल झड़ रहे है।

(ग) तुम्हारा बाल झड़ रहे हैं। (घ) तुम्हारा बाल झड़ रहा है।

**उत्तर–** 1. (क) 2. (ख) 3. (घ) 4. (घ) 5. (ख)
6. (क) 7. (ख) 8. (क) 9. (ग) 10. (क)

## 3. कारक

**प्रश्न 9. कारक किसे कहते हैं? वे कितने प्रकार के हैं? उदाहरण-सहित लिखिए।**

**उत्तर–**संज्ञा या सर्वनाम के जिस रूप से क्रिया का उससे संबंध जाना जाए, उसे **कारक** कहते हैं। इसके आठ भेद हैं–

**1. कर्ता–**क्रिया करने वाले को कर्ता कारक कहते हैं। *जैसे–*

**साहिल** ने चित्र बनाया। **बच्चों** ने खाना खाया।

**2. कर्म–**क्रिया का जिस पर प्रभाव पड़े, उसे कर्म कारक कहते हैं। *जैसे–*

देवयांशी ने **कविता** पढ़ी।

प्रभुत्व ने **सिनेमा** देखा।

इन वाक्यों में पढ़ने का प्रभाव कविता पर तथा देखने का प्रभाव सिनेमा पर पड़ा है। अत: यहाँ **कविता** और **सिनेमा** कर्म हैं।

**3. करण–**संज्ञा, सर्वनाम के जिस रूप से क्रिया करने के साधन का बोध हो उसे करण कारक कहते हैं। *जैसे–*

मैं **कलम से** लिखता हूँ।

तुम **कार द्वारा** आए हो।

हम **आँखों से** देखते हैं।

इन उदाहरणों में लिखने में **कलम,** आने में **कार** तथा देखने में **आँखें** सहायक हैं, अत: ये शब्द करण कारक हैं।

**4. संप्रदान–**कर्ता जिसके लिए क्रिया करता है, उसे संप्रदान कारक कहते हैं। *जैसे–*

बच्चे **खेलने के लिए** जाते हैं।

**रोगी के लिए** दवा लाओ।

**भिखारियों को** भिक्षा दो।

इन उदाहरणों में **खेलने के लिए, रोगी के लिए** और **भिखारियों को** संप्रदान कारक हैं।

**5. अपादान–**कर्ता अपनी क्रिया के द्वारा जिससे अलग होता है, उसे अपादान कारक कहते हैं। *जैसे–*

संयुक्ता **स्कूल से** आई।

नदियाँ **पहाड़ों से** निकलती हैं।

**पेड़ से** पत्ते गिरते हैं।

वह **कुएँ से** पानी लाया है।

इन उदाहरणों में **स्कूल से, पहाड़ों से, पेड़ से, कुएँ से** में अपादान कारक है।

इसके अतिरिक्त जहाँ डर, तुलना व घृणा का भाव हो वहाँ भी अपादान कारक होता है। *जैसे–*

मुझे बंदर **से** डर लगता है।
राम श्याम **से** लंबा है।
मुझे गंदी गलियों **से** घृणा है।

**6. संबंध**—शब्द के जिस रूप से संज्ञा, सर्वनाम शब्दों का संबंध वाक्य के दूसरे संज्ञा, सर्वनाम शब्दों से हो, उन्हें संबंध कारक कहते हैं। *जैसे*—

यह **सोनांश का** घर है।
**तेजस की बहन का** नाम सनिग्धा है।

ऊपर दिए गए उदाहरणों में **सोनांश का, तेजस की बहन का** संबंध कारक हैं।

**7. अधिकरण**—क्रिया के होने के स्थान को अधिकरण कारक कहते हैं। *जैसे*—

बच्चे **कमरे में** पढ़ते हैं।
**पेड़ों पर** पक्षी बैठे हैं।
**सिर पर** बाल उगते हैं।
**पतीली में** चावल पकते हैं।

इन उदाहरणों में **कमरे में, पेड़ों पर, सिर पर तथा पतीली में** अधिकरण कारक हैं।

**8. संबोधन**—जिन शब्दों का प्रयोग किसी को बुलाने या सचेत करने के लिए किया जाता है, उसे संबोधन कारक कहते हैं। *जैसे*—

**अरे सुखप्रीत**! इधर आओ।
**हे राम**! कितना सहन करूँ।

इन उदाहरणों में **अरे सुखप्रीत!** और **हे राम!** संबोधन कारक हैं।

## कारकों के संबंध में ध्यान देने योग्य कुछ विशेष बातें

(*i*) अप्राणिवाचक कर्म के साथ कर्म कारक का विभक्ति चिह्न '*को*' नहीं लगाया जाता। जैसे—कुणाल ने पत्र लिखा में पत्र अप्राणिवाचक कर्म है इसलिए पत्र के साथ कर्म कारक का विभक्ति चिह्न '*को*' नहीं लगाया गया।

(*ii*) करण कारक और अपादान कारक—दोनों का विभक्ति चिह्न '*से*' है, पर उन दोनों में अंतर है।

करण कारक में '*से*' किसी के साथ या द्वारा का सूचक है। *जैसे*—

सुमन ने पेंसिल से कागज पर लिखा।

अपादान कारक में विभक्ति चिह्न '*से*' से किसी से अलग होने का भाव प्रकट होता है। *जैसे*—

वृक्ष से पत्ते गिरते हैं।

(*iii*) कर्म कारक तथा संप्रदान कारक—दोनों के लिए '*को*' विभक्ति का प्रयोग होता है पर दोनों के प्रयोग में भी अंतर है।

कर्म कारक में प्राणिवाचक कर्म के साथ '*को*' का प्रयोग होता है। *जैसे*—

मैं अहमद को पढ़ाता हूँ।

संप्रदान कारक में '*को*' देने के लिए प्रयोग में आता है। *जैसे*—

मैंने फ्रांसिस को पुस्तक दी।

## I. प्रश्न-अभ्यास

**1.** *नीचे लिखे वाक्यों में कारक छाँटिए और उनका नाम लिखिए*—

(क) मैंने सुहेल को नौकरी दिलवाई।
(ख) गांगुली बंदर से डर गई।
(ग) नदियाँ पर्वतों से निकलती हैं।
(घ) रामचरितमानस तुलसीदास द्वारा लिखी गई।

**2.** *रिक्त स्थानों में उपयुक्त कारक चिह्न लगाइए*—

(क) पक्षी आकाश .......... उड़ रहे हैं।
(ख) माँ बेटी .......... उपहार लाई।
(ग) वृक्षों .......... पत्ते गिरते हैं।
(घ) राष्ट्रपति .......... अनेक कलाकारों .......... पुरस्कार दिए।

3. *निम्न वाक्यों में सही कारक चिह्न का प्रयोग करके वाक्य को शुद्ध कीजिए–*
(क) गाड़ी स्टेशन में छूट गई। (ख) बच्चा कार में घर आया।
(ग) कवि और कविता से नाम लिखिए। (घ) इंद्रजीत शाम ने जाएगा।

4. *निम्न वाक्यों में कर्म तथा संप्रदान कारक अलग-अलग कीजिए–*
(क) बच्चों को टाफियाँ बाँटो। (ख) दृश्य ने मोहिनी को पत्र लिखना है।
(ग) माँ शोभना के लिए फ्राक लाई। (घ) दिव्या ने गरीबों को उपहार बाँटें।

5. *निम्न वाक्यों में अपादान व करण कारक अलग-अलग कीजिए–*
(क) राजीव बस से घर आया। (ख) झरना पर्वत से गिर रहा है।
(ग) रचना तूलिका से चित्र बनाती है। (घ) गाड़ी स्टेशन से निकल गई।

## II. बहुवैकल्पिक प्रश्नोत्तर

**निम्न प्रश्नों के उत्तर हेतु सही विकल्प को चिह्नित कीजिए–**

1. *कारक के भेद होते हैं–*
(क) पाँच (ख) आठ (ग) सात (घ) छः

2. *किस कारक की विभक्ति 'से' होती है–*
(क) करण और कर्म की (ख) अधिकरण व अपादान की
(ग) करण व अपादान की (घ) कर्ता व करण की

3. *'को' कारक चिह्न का प्रयोग होता है–*
(क) कर्म व संप्रदान में (ख) कर्म व अधिकरण में
(ग) कर्म व कर्ता में (घ) कर्म व अपादान में

4. *का, के, की चिह्न है–*
(क) संबंध कारक का (ख) अपादान कारक का
(ग) अधिकरण कारक का (घ) संबोधन कारक का

5. *कारक चिह्न को कहा जाता है–*
(क) विभक्ति चिह्न (ख) रूप चिह्न
(ग) पद् चिह्न (घ) संसर्ग चिह्न

6. *'संप्रदान कारक' का विभक्ति चिह्न है–*
(क) का, के, की (ख) में, पर (ग) के लिए (घ) ने

7. *'अपादान कारक' का 'से' प्रयुक्त होता है–(गलत को काट दें)*
(क) जुदाई हेतु (ख) तुलना हेतु (ग) डर हेतु (घ) शोक हेतु

8. *'संबोधन कारक' के साथ किस चिह्न का प्रयोग किया जाता है?*
(क) । (ख) ! (ग) ; (घ) ?

9. *'में' तथा 'पर' विभक्ति चिह्न हैं–*
(क) कर्म कारक के (ख) संप्रदान कारक के (ग) अधिकरण कारक के (घ) कर्ता कारक के

10. *यदि कारक चिह्नों का प्रयोग न करें तो–*
(क) वाक्यों का अस्तित्व नहीं रहेगा। (ख) वाक्य की सुंदरता समाप्त हो जाएगी।
(ग) वाक्यों के हाव-भाव मालूम न होंगे। (घ) वाक्य सार्थक न बन पाएँगे।

**उत्तर–** 1. (ख) 2. (ग) 3. (क) 4. (क) 5. (क)
6. (ग) 7. (घ) 8. (ख) 9. (ग) 10. (घ)

# 6. सर्वनाम

**प्रश्न 1. सर्वनाम किसे कहते हैं? उसके कितने भेद हैं? उदाहरण-सहित लिखिए।**

उत्तर—संज्ञा के स्थान पर प्रयुक्त होने वाले **शब्दों** को सर्वनाम शब्द कहते हैं। सर्वनाम शब्द छः प्रकार के होते हैं—
**1.** पुरुषवाचक, **2.** निश्चयवाचक, **3.** अनिश्चयवाचक, **4.** संबंधवाचक, **5.** प्रश्नवाचक, **6.** निजवाचक।

**1. पुरुषवाचक सर्वनाम**—बोलने वाले, सुनने वाले अथवा अन्य, जिसके विषय में कुछ कहा जाए, के लिए प्रयुक्त सर्वनाम शब्द पुरुषवाचक सर्वनाम कहलाते हैं। इसके तीन भेद हैं—

**(क) उत्तम पुरुष**—बोलने वाला अपने लिए जिन शब्दों का प्रयोग करता है, उन्हें उत्तम पुरुष कहते हैं। *जैसे*—

मैं, हम।
मैं भारतवासी हूँ।

**(ख) मध्यम पुरुष**—सुनने वाले व्यक्ति के लिए जिन शब्दों का प्रयोग किया जाता है, उन्हें मध्यम पुरुष कहते हैं। *जैसे*—

तू, तुम, आप।
तुम कहाँ गए थे।

**(ग) अन्य पुरुष**—बोलने वाला जिसके विषय में बात करता है, उसे अन्य पुरुष कहते हैं। *जैसे*—

वह, वे, यह, ये आदि।
वह जल्दी-जल्दी चल रहा है।

**2. निश्चयवाचक सर्वनाम**—जिस सर्वनाम शब्द से किसी निश्चित व्यक्ति या वस्तु का बोध हो, उसे निश्चयवाचक सर्वनाम कहते हैं। *जैसे*—

यह, वह।
यह मोहन का घर है।

**3. अनिश्चयवाचक सर्वनाम**—जिस सर्वनाम शब्द से किसी अनिश्चित वस्तु या व्यक्ति का बोध हो, उसे अनिश्चयवाचक सर्वनाम कहते हैं। *जैसे*—

कोई, कुछ आदि।
दाल में कुछ गिर गया है।

**4. संबंधवाचक सर्वनाम**—जो सर्वनाम शब्द दो भिन्न-भिन्न बातों का संबंध जोड़ते हैं, उन्हें संबंधवाचक सर्वनाम कहते हैं। *जैसे*—

'जो', 'सो'।
जो बोएगा, सो काटेगा।

**5. प्रश्नवाचक सर्वनाम**—जिस सर्वनाम शब्द का प्रयोग प्रश्न पूछने के लिए किया जाता है, उसे प्रश्नवाचक सर्वनाम कहते हैं। *जैसे*—

कौन, क्या।
दरवाज़े पर **कौन** खड़ा है?
तुम्हें **क्या** चाहिए?

**6. निजवाचक सर्वनाम**—कर्ता अपने लिए जिन सर्वनाम शब्दों का प्रयोग करता है उन्हें निजवाचक सर्वनाम शब्द कहते हैं। *जैसे*—

अपने-आप, स्वयं, खुद, निज।
मैं अपना काम अपने-आप कर लूँगा।
आप स्वयं जाकर देखें।

## सर्वनाम शब्दों की रूप-रचना

### पुरुषवाचक सर्वनाम 'मैं' *(उत्तम पुरुष)*

| कारक | एकवचन | बहुवचन |
|---|---|---|
| कर्ता | मैं, मैंने | हम, हमने |
| कर्म | मुझे | हमें |
| करण | मुझ से, मेरे द्वारा | हमसे, हमारे द्वारा |
| संप्रदान | मेरे लिए, मुझको, मुझे | हमारे लिए, हमको, हमें |
| अपादान | मुझ से | हमसे |
| संबंध | मेरा, मेरे, मेरी | हमारा, हमारे, हमारी |
| अधिकरण | मुझमें, मुझ पर | हम में, हम पर |

**नोट**–सर्वनाम शब्दों में संबोधन कारक नहीं होता।

### पुरुषवाचक सर्वनाम 'तू' *(मध्यम पुरुष)*

| | | |
|---|---|---|
| कर्ता | तू, तूने | तुम, तुमने |
| कर्म | तुझे | तुम्हें |
| करण | तुझसे, तेरे द्वारा | तुम्हारे द्वारा, तुमसे |
| संप्रदान | तेरे लिए, तुझे | तुम्हारे लिए, तुम्हें |
| अपादान | तुझसे | तुमसे |
| संबंध | तेरा, तेरे, तेरी | तुम्हारा, तुम्हारे, तुम्हारी |
| अधिकरण | तुझमें, तुझ पर | तुम में, तुम पर |

### पुरुषवाचक सर्वनाम 'वह' *(अन्य पुरुष)*

| | | |
|---|---|---|
| कर्ता | वह, उसने | वे, उन्होंने |
| कर्म | उसे, उसको | उन्हें, उनको |
| करण | उससे, उसके द्वारा | उनसे, उनके द्वारा |
| संप्रदान | उसको, उसके लिए, उसे | उनको, उन्हें, उनके लिए |
| अपादान | उससे | उनसे |
| संबंध | उसका, उसकी, उसके | उनका, उनकी, उनके |
| अधिकरण | उसमें, उस पर | उनमें, उन पर |

### आदर सूचक सर्वनाम 'आप' *(मध्यम पुरुष)*

| कारक | बहुवचन |
|---|---|
| कर्ता | आप, आपने |
| कर्म | आपको |
| करण | आपसे, आपके द्वारा |
| संप्रदान | आपके लिए |
| अपादान | आपसे |
| संबंध | आपका, आपकी, आपके |

### निश्चयवाचक सर्वनाम 'यह', 'वह'

**यह**

| | | |
|---|---|---|
| कर्ता | यह, इसने | ये, इन्होंने |
| कर्म | इसे, इसको | इन्हें, इनको |

| | | |
|---|---|---|
| करण | इससे, इसके द्वारा | इनसे, इनके द्वारा |
| संप्रदान | इसके लिए, इसे, इसको | इनके लिए, इन्हें, इनको |
| अपादान | इससे | इनसे |
| संबंध | इसका, इसकी, इसके | इनका, इनकी, इनके |
| अधिकरण | इसमें, इस पर | इनमें, इन पर |

### वह

| | | |
|---|---|---|
| कर्ता | वह, उसने | वे, उन्होंने |
| कर्म | उसे, उसको | उन्हें, उनको |
| करण | उससे, उसके द्वारा | उनसे, उनके द्वारा |
| संप्रदान | उसे, उसके लिए, उसको | उन्हें, उनके लिए, उनको |
| अपादान | उससे | उनसे |
| संबंध | उसका, उसकी, उसके | उनका, उनकी, उनके |
| अधिकरण | उसमें, उस पर | उनमें, उन पर |

## अनिश्चयवाचक सर्वनाम 'कोई'

| कारक | एकवचन | बहुवचन |
|---|---|---|
| कर्ता | कोई, किसी ने | कोई, किन्हीं ने |
| कर्म | किसी को | किन्हीं को |
| करण | किसी से | किन्हीं से |
| संप्रदान | किसी के लिए, किसी को | किन्हीं के लिए, किन्हीं को |
| अपादान | किसी से | किन्हीं से |
| संबंध | किसी का, किसी की, किसी के | किन्हीं का, किन्हीं की, किन्हीं के |

## प्रश्नवाचक सर्वनाम 'कौन'

| | | |
|---|---|---|
| कर्ता | कौन, किसने | कौन, किन्हीं ने |
| कर्म | किसे, किसको | किन्हें, किनको, किनसे |
| करण | किससे | किनसे |
| संप्रदान | किसको, किसके लिए, किसे | किनको, किनके लिए, किन्हें, किनसे |
| अपादान | किससे | किनसे |
| संबंध | किसका, किसकी, किसके | किनका, किनकी, किनके |
| अधिकरण | किसमें, किस पर | किनमें, किन पर |

## संबंधवाचक सर्वनाम 'जो'

| | | |
|---|---|---|
| कर्ता | जो, जिसने | जो, जिन्होंने |
| कर्म | जिसे, जिसको | जिन्हें, जिनको |
| करण | जिससे, जिसके द्वारा | जिनसे, जिनके द्वारा |
| संप्रदान | जिसे, जिसको, जिसके लिए | जिन्हें, जिनको, जिनके लिए |
| अपादान | जिससे | जिनसे |
| संबंध | जिसका, जिसकी, जिसके | जिनका, जिनकी, जिनके |
| अधिकरण | जिस पर, जिसमें | जिन पर, जिनमें |

## I. प्रश्न-अभ्यास

1. सर्वनाम किसे कहते हैं? इसके कितने भेद होते हैं? उदाहरण सहित लिखिए।
2. *नीचे लिखे वाक्यों में सर्वनाम छाँटिए और उनका भेद लिखिए–*
   (क) हमारे घर आज मेहमान आएँगे।
   (ख) जो करेगा सो भरेगा।
   (ग) तुम जो कहोगे मैं वैसा ही करूँगा।
   (घ) तुम्हें किसने बुलाया है?
   (ङ) हमें अपना काम अपने-आप करना चाहिए।
3. *निम्नलिखित वाक्यों में रिक्त स्थानों में उचित सर्वनाम लिखिए–*
   (क) ……………… चाहो ……………… करो।
   (ख) ……………… नाटक में भाग लिया है वे घर नहीं जाएँगे।
   (ग) अपना काम ……………… कार्य करने वाले सफलता पाते हैं।
   (घ) हाँडी में ……………… पड़ गया है।
4. *निम्न वाक्यों को सही सर्वनाम शब्द लगाकर शुद्ध कीजिए–*
   (क) तेरे को बनारस जाना है।
   (ख) यह को क्यों लाए हो?
   (ग) हमारे को भी ले चलिए।
   (घ) अपन को जाना है।
   (ङ) वह को खाना खिलाओ।
5. *निम्न सर्वनाम शब्दों को वाक्य में प्रयोग कीजिए–*
   कोई कुछ
   जो आप
   इन्होंने तुम
6. 'आप' शब्द का प्रयोग पुरुषवाचक एवं निजवाचक सर्वनाम के रूप में करके दो-दो वाक्य बनाइए।
7. *निम्न अनुच्छेद में सही सर्वनाम शब्दों का प्रयोग कीजिए–*
   गाँव में एक विशाल भवन था। भवन में एक बुढ़िया रहती थी, बुढ़िया के चार बेटे थे। बुढ़िया ने जीवन-भर अत्यधिक परिश्रम करके अपने बेटों को पाला। बुढ़िया के सभी बेटे किसी-न-किसी कारोबार में जुट गए। बुढ़िया को अपने बेटों पर बहुत अभिमान था। बुढ़िया ने बारी-बारी सभी बेटों की शादियाँ कीं लेकिन बुढ़िया की बहुओं ने बुढ़िया का कभी ध्यान न रखा। बुढ़िया के घर में हरदम कलह-क्लेश होता रहता। एक दिन बुढ़िया के बेटों ने बुढ़िया को घर से निकाल दिया। अब बुढ़िया एक मंदिर में रहकर ईश्वर भजन करने लगी।

## II. बहुवैकल्पिक प्रश्नोत्तर

**निम्न प्रश्नों के उत्तर हेतु सही विकल्प को चिह्नित कीजिए–**

1. *सर्वनाम के भेद होते हैं–*
   (क) चार (ख) छः (ग) तीन (घ) पाँच
2. *जो सर्वनाम अपने लिए प्रयुक्त होता है–*
   (क) निश्चयवाचक सर्वनाम
   (ख) निजवाचक सर्वनाम
   (ग) संबंधवाचक सर्वनाम
   (घ) पुरुषवाचक सर्वनाम
3. *पुरुषवाचक सर्वनाम के भेद हैं–*
   (क) तीन (ख) दो (ग) चार (घ) पाँच

4. *सर्वनाम शब्द प्रयुक्त होते हैं–*
(क) संज्ञा के स्थान पर
(ख) विशेषण के स्थान पर
(ग) क्रिया के स्थान पर
(घ) अव्यय के स्थान पर

5. *'मैं', 'वह' और 'तुम' शब्द संबंध रखते हैं–*
(क) संबंधवाचक सर्वनाम से
(ख) पुरुषवाचक सर्वनाम से
(ग) निजवाचक सर्वनाम से
(घ) अनिश्चयवाचक सर्वनाम से

6. *संबंधवाचक सर्वनाम में संबंध रहता है–*
(क) दो शब्दों का
(ख) का, के, की का
(ग) 'ने' व 'से' का
(घ) 'के लिए' का

7. *वह कौन-सा सर्वनाम शब्द है जिसका प्रयोग पुरुषवाचक व निजवाचक दोनों सर्वनामों में किया जाता है–*
(क) तुम (ख) आप (ग) क्या (घ) कौन

8. *पुरुषवाचक सर्वनाम के भेद हैं–*
(क) प्रथम पुरुष, द्वितीय पुरुष, तृतीय पुरुष
(ख) उत्तम पुरुष, मध्यम पुरुष, सर्वोत्तम पुरुष
(ग) उत्तम पुरुष, मध्यम पुरुष, अन्य पुरुष
(घ) प्रथम पुरुष, मध्यम पुरुष, अन्य पुरुष

9. *निम्न वाक्यों के शुद्ध रूप को चिह्नित करें–*
*(i)* (क) तेरे को माँ बुला रही है।
(ख) तुम्हें माँ बुला रही है।
(ग) तुमको माँ बुला रही है।
(घ) तूने माँ बुला रही है।
*(ii)* (क) अपना कार्य स्वयं करना पड़ता है।
(ख) अपना कार्य अपन को करना पड़ता है।
(ग) अपना कार्य अपने करो।
(घ) अपना कार्य खुद अपने-आप करना पड़ता है।

**उत्तर–** 1. (ख) 2. (ख) 3. (क) 4. (क) 5. (ख)
6. (क) 7. (ख) 8. (ग) 9. *(i)* (ख) *(ii)* (क)

# 7. विशेषण

**प्रश्न 1. विशेषण किसे कहते हैं? उसके कितने भेद हैं?**

**उत्तर–**संज्ञा की विशेषता प्रकट करने वाले शब्द को **विशेषण** कहते हैं। *जैसे–*

बुद्धिमान काला गोल भारतीय बलवान।

विशेषण के चार भेद होते हैं–

**1.** गुणवाचक, **2.** परिमाणवाचक, **3.** संख्यावाचक, **4.** संकेतवाचक।

**1. गुणवाचक विशेषण–**गुण, दोष, रंग, आकार आदि का बोध करवाने वाले शब्दों को गुणवाचक विशेषण कहते हैं। इनसे निम्नलिखित का बोध होता है–

**(क) गुण** – भला, सुंदर, गोरा, स्वस्थ, परोपकारी, वीर आदि।
**(ख) दोष** – बुरा, भद्दा, गंदा, रोगी, अत्याचारी, कायर आदि।
**(ग) रंग** – काला, पीला, नीला, लाल, सफ़ेद, हरा आदि।
**(घ) काल** – नया, पुराना, प्राचीन, अर्वाचीन आदि।
**(ङ) देश** – भारतीय, अंग्रेज़ी, देशी, विदेशी, रूसी, पाकिस्तानी आदि।
**(च) दिशा** – पूर्वी, पश्चिमी, उत्तरी, दक्षिणी, ऊपरी, निचला, मध्यम आदि।
**(छ) आकार** – लंबा, चौड़ा, छोटा, बड़ा, गोल, चौकोर, तिकोना आदि।
**(ज) दशा** – स्वस्थ, नीरोग, हृष्ट-पुष्ट, निर्बल, बलवान आदि।
**(झ) स्थान** – बाहरी, भीतरी, भारतीय, अमरीकी, देशी आदि।
**(ञ) स्वाद** – खट्टा, मीठा, नमकीन आदि।

**2. परिमाणवाचक विशेषण**–नाप, तोल आदि का बोध करवाने वाले शब्दों को परिमाणवाचक विशेषण कहते हैं।

*जैसे*– **चार किलो** सेब, **तीन मीटर** रिबन, **थोड़ा-सा** दूध, **कुछ** लड्डू, **बहुत** सर्दी आदि।

परिमाणवाचक विशेषण के दो भेद हैं–

**(क) निश्चित परिमाणवाचक**–चार किलो, तीन मीटर।

इनसे निश्चित परिमाण–वज़न, माप का पता चलता है।

हमें चार किलो आलू दे दीजिए।

मुझे पाँच मीटर रस्सी चाहिए।

**(ख) अनिश्चित परिमाणवाचक**–थोड़ा-सा, कुछ, बहुत।

इनसे अनिश्चित परिमाण का बोध होता है।

बिल्ली ने थोड़ा दूध बिखेर दिया।

कुछ चावल दे दीजिए।

**3. संख्यावाचक विशेषण**–जिस विशेषण शब्द से किसी संज्ञा की संख्या का बोध हो। *जैसे*–

**चार** लड़के, **दूसरी** कक्षा, **दुगना** दूध, **पाँचों** पांडव, **बहुत-से** लोग, **प्रति** दिन।

संख्यावाचक विशेषण के दो भेद हैं–

**(*i*) निश्चित संख्यावाचक**– *जैसे*–

| | | | | | | | |
|---|---|---|---|---|---|---|---|
| तीन | चार | पाँच | छह | पहला | दूसरा | तीसरा | चौथा |
| पाँचवाँ | छठा | तिगुना | चौगुना | तीनों | चारों | पाँचों | |

आप चार कमरों वाला घर ले लीजिए।

**(*ii*) अनिश्चित संख्यावाचक**– *जैसे*–

थोड़ा, कुछ, प्रति, प्रत्येक। मुझे थोड़ा काम है।

कुछ पैन खो गए हैं।

**अनिश्चित संख्यावाचक तथा अनिश्चित परिमाणवाचक विशेषणों में अंतर**–

जब गणनीय वस्तुओं की निश्चित संख्या का बोध न हो तब **अनिश्चित संख्यावाचक विशेषण** होता है। *जैसे*–

सब (लोग), बहुत (रुपए) आदि।

परंतु किसी नापने या तोली जाने वाली वस्तु के निश्चित परिमाण का बोध न होने पर **अनिश्चित परिमाणवाचक विशेषण** होता है। *जैसे*–

**थोड़ा** दूध, **अधिक** गर्मी, **सारा** काम।

**4. संकेतवाचक विशेषण**–जो सर्वनाम शब्द संज्ञा शब्द की ओर संकेत का बोध करवाएँ, उन्हें संकेतवाचक विशेषण कहते हैं। *जैसे*–

**वह** पक्षी बहुत सुंदर है। **यह** छात्र प्रतिभाशाली है।

इन्हें **सार्वनामिक विशेषण** भी कहते हैं क्योंकि सर्वनाम होते हुए भी ये विशेषण का काम करते हैं। **यह** और **वह** वास्तव में सर्वनाम हैं। पर वह पक्षी, यह छात्र में ये क्रमश: पक्षी और छात्र के विशेषण के रूप में प्रयोग में लाए गए हैं। इसलिए ये सार्वनामिक विशेषण हैं।

प्रश्न 2. **किन-किन शब्दों से विशेषणों का निर्माण हो सकता है? उदाहरण सहित लिखिए।**

उत्तर–विशेषणों का निर्माण संज्ञा, सर्वनाम, क्रिया और अव्यय शब्दों से हो सकता है। *जैसे*–

**1. संज्ञा से**–

| | | | | |
|---|---|---|---|---|
| सप्ताह–साप्ताहिक | मास–मासिक | इलाहाबाद–इलाहाबादी | प्यास–प्यासा | दया–दयालु |
| झगड़ा–झगड़ालू | बनारस–बनारसी | उत्तर–उत्तरी | समुद्र–समुद्री | पेट–पेटू |
| दुख–दुखी | शहर–शहरी | गाँव–गँवार | गर्मी–गर्म | पृथ्वी–पार्थिव। |

**2. सर्वनाम से**–कौन–कौन-सा, कोई–कोई-सा।

**3. क्रिया से**–हँसना–हँसोड़, मरना–मरियल, खाना–खाऊ, लड़ना–लड़ाका, भागना–भगोड़ा

**4. अव्यय से**–वहाँ–वहाँवाला, यहाँ–यहाँवाला, कल–कलवाला, आज–आजवाला।

## कुछ प्रचलित विशेषण

| शब्द | विशेषण | शब्द | विशेषण |
|---|---|---|---|
| अधर्म | अधर्मी | किताब | किताबी |
| अर्थ | आर्थिक | कर्म | कर्मठ |
| आलस्य | आलसी | काला | कालिक |
| आश्रय | आश्रित | कुल | कुलीन |
| अनुकरण | अनुकरणीय | कृपा | कृपालु |
| आदर | आदरणीय | चलना | चालू |
| आविष्कार | आविष्कृत, आविष्कारक | यश | यशस्वी |
| इतिहास | ऐतिहासिक | नमक | नमकीन |
| ईश्वर | ईश्वरीय | चमक | चमकीला |
| ईर्ष्या | ईर्ष्यालु | बाहर | बाहरी |
| उपासना | उपासक | आगे | अगला |
| उत्साह | उत्साही | बल | बलवान |
| ऊपर | ऊपरी | नगर | नागरिक |
| ऋण | ऋणी | ग्राम | ग्रामीण |
| ओज | ओजस्वी | रंग | रंगीन |
| कल्पना | काल्पनिक | ज्ञान | ज्ञानवान |
| कंटक | कंटकित | पीछे | पिछला |

प्रश्न 3. **विशेषण की अवस्था किसे कहते हैं? वे कितनी हैं? उदाहरण-सहित लिखिए।**

**उत्तर**–किसी व्यक्ति या वस्तु के गुण-दोष की तुलना अन्य व्यक्तियों या वस्तुओं के गुण-दोष से की जाए तो उसे अवस्था कहते हैं। ये अवस्थाएँ तीन प्रकार की होती हैं–

1. **मूलावस्था**–इस अवस्था में विशेषण का सामान्य कथन होता है। *जैसे*–

**सुंदर** लड़की, **ऊँचा** भवन आदि।

2. **तुलनावस्था अथवा उत्तरावस्था**–इसमें किसी वस्तु के गुण-दोष की दूसरी वस्तु के उसी गुण-दोष से तुलना की जाती है। *जैसे*–

निरुपमा कल्याणी से सुंदरतर है।

हमारा मकान तुम्हारे मकान से **उच्चतर** है।

3. **उत्तमावस्था**–जब किसी वस्तु का कोई गुण-दोष अन्य वस्तुओं के उसी गुण-दोष से बढ़कर बताया जाए तो उसे उत्तमावस्था कहते हैं। *जैसे*–

निरुपमा सबसे सुंदरतम है।

मोहन का मकान **उच्चतम** है।

तत्सम विशेषण शब्दों की तुलना तथा उत्तमावस्था बताने के लिए क्रमशः 'तर' और 'तम' प्रत्ययों का प्रयोग होता है। तत्सम विशेषणों के कुछ उदाहरण–

| मूलावस्था | उत्तरावस्था | उत्तमावस्था |
|---|---|---|
| महान | महत्तर | महत्तम |
| लघु | लघुतर | लघुतम |
| बलवान | बलवत्तर | बलवत्तम |
| सुंदर | सुंदरतर | सुंदरतम |
| अधिक | अधिकतर | अधिकतम |
| तीव्र | तीव्रतर | तीव्रतम |

| | | |
|---|---|---|
| उच्च | उच्चतर | उच्चतम |
| न्यून | न्यूनतर | न्यूनतम |
| प्रिय | प्रियतर | प्रियतम |
| विशाल | विशालतर | विशालतम। |

## I. प्रश्न-अभ्यास

1. विशेषण किसे कहते हैं? उदाहरण देकर स्पष्ट कीजिए।
2. विशेषण के कितने भेद होते हैं? प्रत्येक को उदाहरण देकर स्पष्ट कीजिए।
3. सर्वनाम और सार्वनामिक विशेषण में क्या अंतर है? उदाहरण देकर स्पष्ट कीजिए।
4. *निम्नलिखित वाक्यों में से विशेषण चुनिए और उनके भेद लिखिए–*
   (क) यह मोटी और सजिल्द पुस्तक है।
   (ख) सज्जन की सभी प्रशंसा करते हैं।
   (ग) सात्त्विक सुशील व बुद्धिमान लड़का है।
   (घ) इस कॉलोनी में चालीस घर हैं।
   (ङ) मुझे दस किलो चीनी खरीदनी है।
   (च) भारतवर्ष में अनेक ऋतुएँ समय-समय पर आती हैं।
5. *निम्नलिखित वाक्यों में रिक्त स्थानों को विशेषणों द्वारा पूरा कीजिए–*
   (*i*) .................. फूलों से बाग खिल उठा।
   (*ii*) .................. व्यक्ति ही जीवन में सफल होता है।
   (*iii*) .................. भारत के .................. प्रधानमंत्री पं. नेहरू थे।
   (*iv*) .................. विश्व में वह प्रसिद्ध हो गया।
   (*v*) .................. व्यक्ति को देखो। (सार्वनामिक विशेषण से रिक्त स्थान को पूरा कीजिए।)
6. *निम्न शब्दों में सही विशेषण व विशेष्य का मिलान कीजिए।*

| *विशेषण* | *विशेष्य* | *विशेषण* | *विशेष्य* |
|---|---|---|---|
| (*i*) प्रतिभाशाली | फूल | (*iv*) सुगंधित | जल |
| (*ii*) आकर्षक | छात्र | (*v*) गहरा | चित्र |
| (*iii*) सुंदर | कुआँ | (*vi*) शीतल | लड़की |

7. *निम्न शब्दों के विशेषण शब्द बनाइए–*

| | | | |
|---|---|---|---|
| कुल | ओज | आगे | आलस्य |
| वीर | बल | ईर्ष्या | नमक |
| यश | चमक | | |

8. प्रविशेषण का प्रयोग करते हुए दो उदाहरण दीजिए।
9. *निम्न शब्दों में सही विशेषण की अवस्था लिखिए–*

| *मूलावस्था* | *उत्तरावस्था* | *उत्तमावस्था* |
|---|---|---|
| प्रिय | ............................ | प्रियतम |
| ............................ | महत्तर | ............................ |
| न्यून | ............................ | ............................ |
| ऊँचा | ............................ | ............................ |

## II. बहुवैकल्पिक प्रश्नोत्तर

**निम्न प्रश्नों के उत्तर हेतु सही विकल्प को चिह्नित कीजिए–**

1. *विशेषण के भेद हैं–*
   (क) तीन (ख) चार (ग) पाँच (घ) छः
2. *विशेषण की अवस्थाएँ होती हैं–*
   (क) दो (ख) तीन (ग) पाँच (घ) चार
3. *जिन शब्दों की विशेषता बताई जाती है–*
   (क) विशेष शब्द (ख) विशेष्य (ग) विशेषण शब्द (घ) विशेषण-विशेष्य
4. *जो शब्द विशेषण की विशेषता बताते हैं–*
   (क) विशेष शब्द (ख) प्रविशेषण (ग) विशेष्य (घ) उत्तम शब्द
5. *विशेषण की अवस्थाओं का क्रम है–*
   (क) उत्तरावस्था, मूलावस्था, उत्तमावस्था (ख) मूलावस्था, उत्तरावस्था, उत्तमावस्था
   (ग) उत्तमावस्था, मूलावस्था, उत्तरावस्था (घ) मूलावस्था, उत्तमावस्था, उत्तरावस्था
6. *कितने प्रकार के शब्दों से विशेषण शब्दों का निर्माण होता है?*
   (क) चार (ख) दो (ग) तीन (घ) पाँच
7. *गुणवाचक विशेषण के अंतर्गत आते हैं–*
   (क) गुणों से संबंधित शब्द (ख) अवगुणों से संबंधित शब्द
   (ग) गुणों व अवगुणों दोनों से संबंधित शब्द (घ) इनमें से कोई नहीं
8. *मूलावस्था में बताया जाता है–*
   (क) दो वस्तुओं के गुण-दोषों की तुलना (ख) अनेक में-से किसी एक के गुणों की तुलना
   (ग) विशेषण का सामान्य कथन (घ) किसी भी वाक्य को विशेषण में परिवर्तित करके
9. *'इतिहास' शब्द का विशेषण रूप है–*
   (क) इति हासिक (ख) ऐतिहासिक (ग) ऐतिहास (घ) इतिहासात्मक
10. *जो विशेषण शब्द किसी की संख्या हेतु प्रयुक्त होते हैं, कहलाते हैं–*
    (क) परिमाणवाचक (ख) संख्यावाचक (ग) सार्वनामिक विशेषण (घ) गुणवाचक

**उत्तर–** 1. (ख) 2. (ख) 3. (ख) 4. (ख) 5. (ख)
6. (क) 7. (ग) 8. (ग) 9. (ख) 10. (ख)

# 8. क्रिया

**प्रश्न 1. क्रिया किसे कहते हैं?**

**उत्तर–**जिस शब्द से किसी काम का करना या होना पाया जाए, उसे **क्रिया** कहते हैं। *जैसे–*

अखिलेश **खा रहा है।** देवयांगी **खेल रही है।**

**प्रश्न 2. धातु किसे कहते हैं?**

**उत्तर–**क्रिया के मूल रूप को **धातु** कहते हैं। *जैसे–*

लिख, दौड़, हँस, रह, चल, देख, खा, बैठ, बोल, जा आदि।

**प्रश्न 3. क्रिया के कितने भेद हैं? उदाहरण-सहित लिखो।**

**उत्तर**–क्रिया के मुख्य दो भेद हैं–

**1. अकर्मक क्रिया**–जिस क्रिया का कोई कर्म नहीं होता, अपितु उसका प्रभाव कर्ता पर ही पड़ता है, उसे अकर्मक क्रिया कहते हैं। *जैसे*–

दीपाली **रो रही है।** अर्श **तैर रहा है।**

**2. सकर्मक क्रिया**–जिस क्रिया का प्रभाव कर्म पर पड़ता है, उसे सकर्मक क्रिया कहते हैं। *जैसे*–

मेहताब **खेत जोतता है।** अधिराज **गृह कार्य करता है।**

**प्रश्न 4. सकर्मक तथा अकर्मक क्रिया की क्या पहचान है?**

**उत्तर**–जब क्रिया से पूर्व '*क्या*' प्रश्नवाचक शब्द लगाने पर कोई उत्तर हो तो उसे सकर्मक क्रिया कहते हैं। *जैसे*–

'रेयान पुस्तक पढ़ता है।'

वाक्य में '*पढ़ता है*' क्रिया के पूर्व '*क्या*' लगाकर प्रश्न बनाया–'रेयान क्या पढ़ता है?' उत्तर हुआ–*पुस्तक।* अत: '*पढ़ता है*' क्रिया सकर्मक क्रिया है।

जब क्रिया के पूर्व 'क्या' प्रश्नवाचक शब्द लगाने पर कोई उत्तर न बने, तो अकर्मक क्रिया होती है। *जैसे*–

जेविल हँस रहा है।

इस वाक्य में यदि प्रश्न बनाएँ–जेविल क्या हँस रहा है? तो इनका कोई उत्तर नहीं बनेगा। अत: यह अकर्मक क्रिया है?

**प्रश्न 5. सकर्मक क्रिया के कितने भेद हैं? उदाहरण सहित लिखिए।**

**उत्तर**–सकर्मक क्रिया के दो भेद हैं–**1. एककर्मक क्रिया, 2. द्विकर्मक क्रिया।**

**1. एककर्मक**–जिस वाक्य में एक ही कर्म हो, उसे एककर्मक क्रिया कहते हैं। *जैसे*–

सत्यजीत पतंग उड़ाता है।

इस वाक्य में 'पतंग' एक कर्म है इसलिए यह वाक्य एककर्मक है।

(**नोट**–जिस वाक्य में एक कर्म हो उसे हम एककर्मक न कहकर सकर्मक ही कहते हैं।)

**2. द्विकर्मक क्रिया**–जिस क्रिया के दो कर्म होते हैं, वह द्विकर्मक क्रिया कहलाती है। *जैसे*–

1. देवयांश दक्ष को फुटबॉल देता है।
2. माली बगीचों की सिंचाई करता है।

इन उदाहरणों में पहले वाक्य में '*देना*' क्रिया के '*दक्ष*' और '*फुटबॉल*' तथा दूसरे वाक्य में '*करना*' क्रिया के '*बगीचों*' और '*सिंचाई*' दो-दो कर्म हैं। अत: यहाँ '*देना*' तथा '*करना*' क्रियाएँ द्विकर्मक क्रियाएँ हैं।

## सकर्मक तथा अकर्मक क्रियाओं के अन्य भेद

**1. अपूर्ण क्रिया**– *जैसे*–

वह है। तू है।

यहाँ पहले और दूसरे वाक्यों में '*है*' क्रिया का पूर्ण अर्थ स्पष्ट नहीं हो पा रहा। अत: बताना होगा कि वह बुद्धिमान है। तू मूर्ख है। तभी क्रिया पूर्ण होगी।

**2. संयुक्त क्रिया**–जहाँ किसी क्रिया में दो या दो से अधिक धातुएँ पाई जाएँ। *जैसे*–

आदित्य **गा रहा है।**

दक्षिता माला **बना रही है।**

**3. प्रेरणार्थक क्रिया**–जब कर्ता किसी कार्य को स्वयं न करके, दूसरे के द्वारा करवाता है, तब वह क्रिया प्रेरणार्थक क्रिया कहलाती है। इसमें प्राय: दो कर्ता होते हैं। *जैसे*–

माँ नौकरानी से बच्चे को नहलवाती है।

**4. नामधातु क्रिया**–संज्ञा, सर्वनाम और विशेषण शब्दों से जो क्रियाएँ बनती हैं, उन्हें नामधातु क्रिया कहते हैं। *जैसे*–

वह दूसरों को देखकर **शर्माता है।**

गजेंद्र सदा **बतियाता** रहता है।

इन वाक्यों में–'शर्म' से शर्माना 'बात' से बतियाना क्रियाएँ बना ली गई हैं।

**5. पूर्वकालिक क्रिया**–जब मुख्य क्रिया से पूर्व कोई अन्य क्रिया होती है, उसे पूर्वकालिक क्रिया कहते हैं। इसमें प्राय: 'कर' या 'करके' प्रत्ययों का प्रयोग होता है। *जैसे*–

मालादीप खाना खाकर पढ़ने बैठ गई।

**6. तात्कालिक क्रिया**–जब एक क्रिया के साथ ही दूसरी क्रिया घटित है तो वह तात्कालिक क्रिया कहलाती है। *जैसे*–

सात्विक खेलकर आते ही सो गया।

इस वाक्य में एक क्रिया के साथ ही दूसरी क्रिया घटित हुई है–

आते ही सोना, यह तात्कालिक क्रिया है।

## I. प्रश्न-अभ्यास

1. *निम्नलिखित वाक्यों को उपयुक्त क्रिया रूप लगाकर पूरा कीजिए–*

(क) अहमद ने गीत ..................................।
(ख) सारांश खाना खाकर ..................................।
(ग) अहम विद्यालय ..................................।
(घ) राशि कभी समय पर नहीं ..................................।

2. *निम्नलिखित वाक्यों में क्रियाएँ छाँटिए और उनके भेद लिखिए–*

(क) सोनांश रस्सी कूदता है।
(ख) तेजस कुली से सामान उठवाकर गाड़ी में रखवाता है।
(ग) शाईस्ता विद्यालय से आते ही पढ़ने लगी।
(घ) बस में सभी बच्चे बतियाते जा रहे थे।
(ङ) कृतिका ने फ्रांसिस को सभी पुस्तकें दे दीं।

3. *निम्नलिखित क्रियाओं को अपने वाक्यों में प्रयुक्त कीजिए–*

सो, जा, आना, चल।

4. *निम्न वाक्यों में प्रयुक्त क्रियाओं के शुद्ध रूप लिखिए–*

(क) कौशल ने खाना खाई।
(ख) आज जोर से वर्षा होगा।
(ग) मुझे पुस्तकें पढ़ने में आनंद आती है।
(घ) गाड़ी स्टेशन पर आ गया होगा।

5. *निम्न शब्दों के प्रेरणार्थक रूप लिखिए–*

उठना बनना पूछना लड़ना

6. *निम्न शब्दों की नाम धातु क्रिया बनाइए–*

हाथ लालच बात गर्म

## II. बहुवैकल्पिक प्रश्नोत्तर

**निम्न प्रश्नों के उत्तर हेतु सही विकल्प को चिह्नित कीजिए–**

1. *क्रिया कहते हैं–*

(क) कार्य को करना
(ख) कार्य का करना या होना पाया जाए
(ग) कार्य को पूरा करना
(घ) कार्य के बारे में सोचना

2. *कर्म के आधार पर क्रिया भेद–*

(क) दो (ख) चार (ग) छः (घ) तीन

3. *'शर्माना' क्रिया है–*

(क) नाम धातु (ख) संयुक्त (ग) प्रेरणार्थक (घ) पूर्वकालिक

4. *वाक्य में जब क्रिया के साथ कर्म हो तो वह होती है–*

(क) कर्म की क्रिया (ख) सकर्मक क्रिया (ग) तात्कालिक क्रिया (घ) अकर्मक क्रिया

5. *जिस वाक्य में दो कर्म हो उसे कहा जाता है–*
(क) दो कर्म वाला (ख) द्विकर्मक (ग) द्विक्रियात्मक (घ) सकर्मक
6. *एकर्मक क्रिया को सदैव कहते हैं–*
(क) द्विकर्मक (ख) सकर्मक (ग) एककर्मक (घ) बहुकर्मक
7. *क्रिया के मूल रूप को कहते हैं–*
(क) धातु रूप (ख) शब्द रूप (ग) अकर्मक क्रिया (घ) सकर्मक क्रिया
8. *सकर्मक क्रिया के भेद हैं–*
(क) चार (ख) दो (ग) तीन (घ) कोई नहीं
9. *तात्कालिक क्रिया में घटती है–*
(क) मुख्य क्रिया से पूर्व एक क्रिया (ख) मुख्य क्रिया के पश्चात् एक क्रिया
(ग) क्रिया व कर्म का एक साथ प्रयोग (घ) इनमें से कोई नहीं।
10. *जब कर्ता स्वयं काम न करके किसी और से करवाता है तो कहलाती है–*
(क) अकर्मक क्रिया (ख) द्विकर्मक क्रिया (ग) प्रेरणार्थक क्रिया (घ) एकर्मक क्रिया

उत्तर– 1. (ख) 2. (क) 3. (क) 4. (ख) 5. (ख)
6. (ख) 7. (क) 8. (ख) 9. (क) 10. (ग)

# 9. काल

**प्रश्न 1. काल किसे कहते हैं? इसके कितने भेद हैं? उदाहरण-सहित लिखिए।**

उत्तर–क्रिया के जिस रूप से उसके करने या होने का समय जाना जाए, **काल** कहलाता है।
इसके तीन भेद हैं–

**1.** भूतकाल, **2.** वर्तमान काल, **3.** भविष्यत् काल।

**1. भूतकाल**–क्रिया के जिस रूप से उसके बीते हुए समय का पता चले, भूतकाल कहलाता है। *जैसे*–
मैंने कक्षा सातवीं में स्वर्ण पदक प्राप्त किया था?

**2. वर्तमान काल**–क्रिया के जिस रूप से उसके चालू समय का बोध हो, वर्तमान काल कहलाता है। *जैसे*–
मैं आठवीं कक्षा में पढ़ता हूँ।

**3. भविष्यत् काल**–क्रिया के जिस रूप से उसके आने वाले समय का पता चले, भविष्यत् काल कहलाता है। *जैसे*–
अगले वर्ष हम हैदराबाद जाएँगे।

## भूतकाल

**प्रश्न 2. भूतकाल के कितने भेद हैं? उदाहरण-सहित लिखिए।**

उत्तर–भूतकाल के छह भेद हैं–

**1. सामान्य भूत**–इसमें क्रिया के हो चुकने का ज्ञान होता है। इसमें यह ज्ञात नहीं होता कि क्रिया को हो चुके कितना समय बीत चुका है। *जैसे*–
हमने गाड़ी पकड़ ली।

**2. आसन्न भूत**–क्रिया के जिस रूप से उसके अभी-अभी पूरा होने का पता चले। *जैसे*–
पिताजी दफ़्तर चले गए।

**3. पूर्ण भूत**–क्रिया के जिस रूप से उसके भूतकाल समाप्त हो जाने का बोध हो। *जैसे*–
नेहा कक्षा में अव्वल आई।

**4. अपूर्ण भूत**–क्रिया के जिस रूप से भूतकाल में उसके समाप्त होने का पता न चले। *जैसे*–
प्रदर्शनी चल रही थी।

**5. संदिग्ध भूत**—क्रिया के जिस रूप से भूतकाल में उसके होने में संदेह हो। *जैसे*—

माताजी पहुँच गई होगी।

**6. हेतु-हेतुमद्‌भूत**—क्रिया के जिस रूप से भूतकाल की किसी एक क्रिया का होना या न होना किसी दूसरी क्रिया पर निर्भर हो। *जैसे*—

यदि समय पर डाक्टर आ जाता तो मरीज बच जाता।

## वर्तमान काल

**प्रश्न 3. वर्तमान काल के कितने भेद हैं? उदाहरण-सहित लिखिए।**

**उत्तर**—वर्तमान काल के तीन भेद हैं—

**1. सामान्य वर्तमान**—क्रिया के जिस रूप से उसका वर्तमान में केवल होना या न होना पाया जाए। *जैसे*—

हम बड़ों का आदर करते हैं।

**2. अपूर्ण वर्तमान**—क्रिया के जिस रूप से वर्तमान में उसके चलते रहने या चालू रहने का बोध हो। *जैसे*—

माँ खाना बना रही है।

**3. संदिग्ध वर्तमान**—क्रिया के जिस रूप से वर्तमान में उसके होने या न होने का निश्चय न हो। *जैसे*—

अलार्म बज रहा होगा।

## भविष्यत् काल

**प्रश्न 4. भविष्यत् काल के कितने भेद हैं? उदाहरण-सहित लिखो।**

**उत्तर**—भविष्यत् काल के दो भेद हैं—

**1. सामान्य भविष्यत्**—जहाँ साधारण रूप से क्रिया के भविष्यत् काल में होने या न होने का बोध हो। *जैसे*—

हम कल सुबह सैर करने जाएँगे।

**2. संभाव्य भविष्यत्**—क्रिया के जिस रूप से आने वाले समय में उसके होने में शंका, संभावना, इच्छा आदि का बोध हो। *जैसे*—

शायद, मेरी बड़ी बहन, शादी में मिलेगी।

**याद रखिए**—काल-भेद के कारण दोनों लिंगों, वचनों और तीनों पुरुषों में क्रिया के रूप में परिवर्तन होता है। *जैसे*—

| | |
|---|---|
| 1. बच्चा रोता है। | बच्चे रोते हैं। |
| 2. लड़की पढ़ती है। | लड़कियाँ पढ़ती हैं। |
| 3. तू खेलता है। | तुम खेलते हो। |
| 4. तू खेलती है। | तुम खेलती हो। |
| 5. मैं खेलता हूँ। | मैं खेलती हूँ। हम खेलते हैं। हम खेलतीं हैं। |

## I. प्रश्न-अभ्यास

1. काल से क्या अभिप्राय है? इसके कितने भेद हैं? उदाहरण देकर स्पष्ट कीजिए।
2. *नीचे लिखे वाक्यों में प्रयुक्त क्रिया के काल और उसके भेद को बताइए—*
   (क) पिताजी कल दिल्ली जाएँगे।
   (ख) प्रार्थना सभा हो रही थी।
   (ग) यदि मज़दूरों ने थोड़ा परिश्रम और किया होता तो इमारत समय पर बन जाती।
   (घ) हम कश्मीर घूमने जाएँगे।
   (ङ) दादी कहानी सुना रही हैं।
3. *निम्न वाक्यों को काल के तीनों रूपों में लिखिए—*

(क) भूतकाल – मैं वाद-विवाद प्रतियोगिता में प्रथम आया।
वर्तमानकाल – ..............................................................
भविष्यत्काल – ..............................................................

(ख) भूतकाल – ..........................................
वर्तमानकाल – दीप्ति लैबटॉब खरीद रही हैं।
भविष्यत्काल – ..........................................

(ग) भूतकाल – ..........................................
वर्तमानकाल – ..........................................
भविष्यत्काल – फूलों की सुगंध से बगीचा महकेगा।

## II. बहुवैकल्पिक प्रश्नोत्तर

**निम्न प्रश्नों के उत्तर हेतु सही विकल्प को चिह्नित कीजिए–**

1. *काल के भेद हैं–*
   (क) दो (ख) पाँच (ग) तीन (घ) चार
2. *क्रिया के जिस रूप से उसके अभी-अभी पूरा होने का पता चले, वह कहलाता है–*
   (क) अपूर्ण भूत (ख) आसन्न भूत (ग) संदिग्ध भूत (घ) सामान्य भूत
3. *जो काम हो रहा हो, उसका काल होता है–*
   (क) वर्तमान काल (ख) भविष्यत् काल (ग) भूतकाल (घ) इनमें से कोई भी नहीं
4. *क्रिया के जिस रूप से वर्तमान में उसके होने या न होने का निश्चय न हो वह होता है–*
   (क) अपूर्ण वर्तमान (ख) सामान्य वर्तमान (ग) संदिग्ध वर्तमान (घ) इनमें से कोई भी नहीं
5. *क्रिया के जिस रूप से आने वाले समय में उसके होने में शंका, संभावना, इच्छा आदि का बोध हो, वह होता है–*
   (क) भविष्यत् काल (ख) संभाव्य भविष्यत् (ग) सामान्य भविष्यत् (घ) इनमें से कोई नहीं
6. **निम्न वाक्यों के काल का सही भेद है–**
   (क) *वर्षा हो रही होगी।*
   (*i*) वर्तमान काल (*ii*) भविष्यत् काल (*iii*) भूतकाल
   (ख) *बच्चे मैदान से खेलकर चले गए।*
   (*i*) वर्तमान काल (*ii*) भविष्यत् काल (*iii*) भूतकाल
   (ग) *आपको दिल्ली जाना होगा।*
   (*i*) वर्तमान काल (*ii*) भूतकाल (*iii*) भविष्यत् काल
   (घ) *मैंने परीक्षाओं की तैयारी कर ली।*
   (*i*) भूतकाल (*ii*) भविष्यत् काल (*iii*) वर्तमान काल
   (ङ) *वैज्ञानिकों द्वारा चाँद पर जानकारियाँ एकत्रित की जा रही हैं।*
   (*i*) वर्तमान काल (*ii*) भूतकाल (*iii*) भविष्यत् काल

**उत्तर–** 1. (ग) 2. (ख) 3. (क) 4. (ग) 5. (ख)
6. (क) (*i*) (ख) (*iii*) (ग) (*iii*) (घ) (*iii*) (ङ) (*i*)

# 10. वाच्य

**प्रश्न 1. वाच्य किसे कहते हैं? इसके कितने भेद हैं? उदाहरण-सहित लिखिए।**

**उत्तर–**वाच्य का अर्थ है बोलने का विषय। क्रिया के जिस रूप से यह पता चले कि क्रिया का विषय कर्ता है, कर्म है या भाव, उसे **वाच्य** कहते हैं।

वाच्य के तीन भेद हैं–

1. **कर्तृवाच्य**—जिस वाक्य में कर्ता प्रधान होता है और क्रिया कर्ता के अनुसार आती है, वह कर्तृवाच्य होता है। *जैसे*—

श्रीकांत कविता पाठ करता है।

दादा जी उपदेश देते हैं।

कर्ता के साथ '*ने*' होने पर क्रिया कर्म के अनुसार आती है पर उसमें कर्ता की प्रधानता होती है। इसलिए ऐसे वाक्य भी कर्तृवाच्य होते हैं। *जैसे*—

वेदांत ने पुस्तक पढ़ी।

विक्रम ने गाना गाया।

2. **कर्मवाच्य**—जिस वाक्य में कर्म की प्रधानता होती है और क्रिया कर्म के अनुसार आती है, वह कर्मवाच्य होता है। *जैसे*—

अखिल से गीत गाया जाता है।

नानी द्वारा कहानी सुनाई जाती है।

3. **भाववाच्य**—जिस वाक्य में भाव की प्रधानता होती है और क्रिया एकवचन पुल्लिंग होती है, वह भाववाच्य होता है। *जैसे*—

मुझसे चला नहीं जाता।

माँ से सोया नहीं जाता।

### वाच्य-परिवर्तन

**कर्तृवाच्य से कर्मवाच्य**

| कर्तृवाच्य | कर्मवाच्य |
|---|---|
| अहमद सिनेमा देखता है | अहमद से सिनेमा देखा जाता है। |
| नज़मा नमाज़ पढ़ती है। | नज़मा से नमाज़ पढ़ी जाती है। |
| ज़ैनी चर्च जाती है। | ज़ैनी द्वारा चर्च जाया जाता है। |

**कर्तृवाच्य से भाववाच्य**

| कर्तृवाच्य | भाववाच्य |
|---|---|
| सुमन बोलती है। | सुमन से बोला जाता है। |
| दिव्या नहीं सोती। | दिव्या से सोया नहीं जाता। |
| लड़कियाँ नहीं चलतीं। | लड़कियों से नहीं चला जाता। |

## I. प्रश्न-अभ्यास

1. वाच्य किसे कहते हैं? इसके भेद उदाहरण देकर समझाइए।
2. *निम्न वाक्यों को कर्मवाच्य में बदलिए*—
   (क) नेहा हँसती है। (ख) माँ सभी को घुमाने ले जाती है।
   (ग) मैं गीता पाठ करती हूँ। (घ) बच्चे दौड़ेंगे।
3. *निम्न वाक्यों को कर्तृवाच्य में बदलिए*—
   (क) तुलसी द्वारा रामायण लिखी गई। (ख) नानी से चला नहीं जाता।
   (ग) शेर से दहाड़ा जाता है। (घ) उससे चला नहीं जाता।
4. *निम्न वाक्यों को भाववाच्य में बदलिए*—
   (क) श्रीकांत नहीं खेलता। (ख) रमन उठ नहीं सकता।
   (ग) हरप्रीत खाना नहीं खाता। (घ) मुझसे दौड़ा नहीं जाता।

## II. बहुवैकल्पिक प्रश्नोत्तर

**निम्न प्रश्नों के उत्तर हेतु सही विकल्प को चिह्नित कीजिए—**

1. *वाच्य के कितने भेद हैं*—
   (क) तीन (ख) दो (ग) चार (घ) पाँच

2. *जिस वाक्य में कर्ता प्रधान हो, क्रिया कर्ता के अनुसार आए वह होता है–*
(क) कर्तवाच्य (ख) कर्तृवाच्य (ग) कर्मवाच्य (घ) भाववाच्य

3. *जिस वाक्य में कर्म प्रधान हो, क्रिया कर्म के अनुसार आए वह होता है–*
(क) कर्मवाच्य (ख) कर्तृवाच्य (ग) भाववाच्य (घ) कोई अन्य

4. *जिस वाक्य में भाव प्रधान हो, क्रिया एकवचन पुल्लिंग हो वह कहलाता है–*
(क) भावनानुसार वाच्य (ख) भाववाच्य (ग) कर्मवाच्य (घ) कर्तृवाच्य

5. *निम्न वाक्यों में वाच्य का सही भेद चुनिए–*

| | | | |
|---|---|---|---|
| (1) मुझसे खेला नहीं जाता। | (*i*) कर्तृवाच्य | (*ii*) कर्मवाच्य | (*iii*) भाववाच्य |
| (2) मैं जा नहीं सकता। | (*i*) कर्तृवाच्य | (*ii*) कर्मवाच्य | (*iii*) भाववाच्य |
| (3) रविकांत ने फल खरीदे। | (*i*) कर्तृवाच्य | (*ii*) कर्मवाच्य | (*iii*) भाववाच्य |
| (4) दादी कहानी सुनाती है। | (*i*) कर्तृवाच्य | (*ii*) कर्मवाच्य | (*iii*) भाववाच्य |
| (5) माँ से कपड़े धोए जाते हैं। | (*i*) कर्तृवाच्य | (*ii*) कर्मवाच्य | (*iii*) भाववाच्य |
| (6) माँ से जागा नहीं जाता। | (*i*) कर्तृवाच्य | (*ii*) कर्मवाच्य | (*iii*) भाववाच्य |
| (7) माँ द्वारा घर को सजाया जाता है। | (*i*) कर्तृवाच्य | (*ii*) कर्मवाच्य | (*iii*) भाववाच्य |
| (8) हम विद्यालय जाते हैं। | (*i*) कर्तृवाच्य | (*ii*) कर्मवाच्य | (*iii*) भाववाच्य |

**उत्तर–** 1. (क) 2. (ख) 3. (क) 4. (ख) 5. 1. (*iii*)
2. (*i*) 3. (*i*) 4. (*i*) 5. (*ii*) 6. (*iii*) 7. (*ii*)
8. (*i*)

# 11. क्रियाविशेषण

**प्रश्न 1. क्रियाविशेषण किसे कहते हैं? इसके कितने भेद हैं? उदाहरण-सहित लिखिए।**

**उत्तर**–जो शब्द क्रिया की विशेषता बताए, **क्रियाविशेषण शब्द** कहलाता है। इसके चार भेद हैं–

**1. स्थानवाचक क्रियाविशेषण**–जो शब्द क्रिया के होने के स्थान का बोध करवाए। स्थानवाचक क्रियाविशेषण कहलाता है। *जैसे–*

**यहाँ** रखो। **वहाँ** से ले आओ।
**कहाँ** चलोगे? श्रीधरन **किधर** भागा?
उपेश **उधर** मत जाओ। **इधर-उधर** मत घूमो।

ऊपर लिखे वाक्यों में मोटे शब्द क्रिया का स्थान बता रहे हैं, अतएव ये स्थानवाचक क्रियाविशेषण हैं। कुछ अन्य स्थानवाचक क्रियाविशेषण हैं–

ऊपर, नीचे, बाहर, भीतर, कहाँ, जहाँ, सामने, आगे, पीछे आदि।

**2. कालवाचक क्रियाविशेषण**–वह शब्द, जिससे क्रिया के होने के समय का बोध हो, कालवाचक क्रियाविशेषण कहलाता है। *जैसे–*

तुम घर **कब** जाओगे? वहाँ **अभी** मत जाओ।
**सदा** सत्य बोलो। **पहले** तुम आओ।

कभी-कभी संज्ञाओं का भी कालवाचक क्रियाविशेषण के रूप में प्रयोग होता है। *जैसे–*

सोमवार से अगले महीने से सवेरे रात में शाम को
सप्ताह-भर में अंत में आरंभ में मध्य में

कुछ अन्य कालवाचक क्रियाविशेषण हैं–

सदैव, दिनभर, नित्य, प्रतिदिन, कल, आज, कब, जब, सदा आदि।

**3. रीतिवाचक क्रियाविशेषण**–क्रिया के जिस रूप से क्रिया के करने या होने की रीति का पता चले। *जैसे*–

अपना काम **धीरे-धीरे** करो।

अंशुल **निरंतर** पानी में खड़ा रहा।

सुबह **पाँच बजे तक** सब पहुँच जाएँगे।

तेज़, जल्दी, धीमे, फौरन, अचानक, सचमुच, क्यों, हाँ, नहीं, मत, प्रायः अवश्य, ध्यानपूर्वक, चुपचाप, धड़ाधड़, कैसे आदि शब्द भी क्रियाविशेषण के शब्द हैं।

**4. परिमाणवाचक क्रियाविशेषण**–जो विशेषण शब्द क्रिया की मात्रा या उसके परिमाण का बोध करवाते हैं, वे परिमाणवाचक क्रियाविशेषण कहलाते हैं। *जैसे*–

दीपांशी **बहुत** खुश थी।

धीरेन **कम** बोलता है।

**उतना** खाओ, **जितना** खा सकते हो।

ऊपर लिखे वाक्यों में *बहुत, कम, उतना, जितना* परिमाणवाचक क्रियाविशेषण हैं।

कुछ अन्य परिमाणवाचक क्रियाविशेषण हैं–

अधिक, ज़्यादा, थोड़ा, पर्याप्त, खूब, तनिक आदि।

## I. प्रश्न-अभ्यास

1. क्रियाविशेषण किसे कहते हैं? दो उदाहरण देते हुए स्पष्ट कीजिए।
2. *नीचे लिखे वाक्यों में से क्रियाविशेषण छाँटिए और उनके प्रकार बताइए–*
   (क) मैं तुम्हें कहाँ लेने आऊँ?
   (ख) जार्ज अभी तक नहीं आया?
   (ग) हमें कम खर्च करना चाहिए।
   (घ) यह भोजन पचास व्यक्तियों के लिए पर्याप्त है।
   (ङ) दिनभर व्यर्थ में घूमना नहीं चाहिए।
3. *निम्न वाक्यों को सही क्रियाविशेषण शब्दों से पूरा कीजिए–*
   (क) सेना के दल ........................... से आगे बढ़ो।
   (ख) अहमद ........................... घर आ गया।
   (ग) विद्यालय का वार्षिकोत्सव ........................... मनाया जाता है।
   (घ) भागो ........................... भाग सकते हो।
   (ङ) ........................... परिश्रम करो।

## II. बहुवैकल्पिक प्रश्नोत्तर

**निम्न प्रश्नों के उत्तर हेतु सही विकल्प को चिह्नित कीजिए–**

1. *क्रियाविशेषण कहते हैं–*
   (क) विशेषण की विशेषता बताने वाले शब्द (ख) क्रिया की विशेषता बताने वाले शब्द
   (ग) संज्ञा के स्थान पर प्रयुक्त शब्द (घ) सर्वनाम के स्थान पर प्रयुक्त शब्द
2. *क्रियाविशेषण के भेद हैं–*
   (क) दो (ख) चार (ग) तीन (घ) पाँच
3. *कालवाचक क्रियाविशेषण बोध करवाते हैं–*
   (क) क्रिया के होने के स्थान का (ख) क्रिया के होने की रीति का
   (ग) क्रिया की मात्रा या परिमाण का (घ)क्रिया के होने के समय का
4. *स्थानवाचक क्रियाविशेषण का शब्द है–*
   (क) इधर-उधर (ख) सदा (ग) धीरे-धीरे (घ) उतना

5. *रीतिवाचक क्रियाविशेषण का वाक्य कौन-सा नहीं है–*
(क) घर में अचानक चोर आ गए। (ख) नीता पूरा सप्ताह विद्यालय न जा सकी।
(ग) नेहा धीरे-धीरे सीढ़ियाँ चढ़ गई। (घ)अध्यापिका की बात ध्यानपूर्वक सुननी चाहिए।

6. *उतना ही दौड़ो जितना आसानी से दौड़ सकते हो। वाक्य में प्रयुक्त है–*
(क) रीतिवाचक क्रियाविशेषण (ख) स्थानवाचक क्रियाविशेषण
(ग) परिमाणवाचक क्रियाविशेषण (घ) कालवाचक क्रियाविशेषण

7. *'निरंतर' शब्द है–*
(क) रीतिवाचक क्रियाविशेषण (ख) स्थानवाचक क्रियाविशेषण
(ग) कालवाचक क्रियाविशेषण (घ) परिमाणवाचक क्रियाविशेषण

8. *इधर-उधर मत घूमो–रेखांकित शब्द है–*
(क) स्थानवाचक क्रियाविशेषण (ख) कालवाचक क्रियाविशेषण
(ग) परिमाणवाचक क्रियाविशेषण (घ) रीतिवाचक क्रियाविशेषण

**उत्तर–** 1. (ख) 2. (ख) 3. (घ) 4. (क) 5. (ख)
6. (ग) 7. (क) 8. (क)

# 12. संबंधबोधक अव्यय

**प्रश्न 1. संबंधबोधक अव्यय किसे कहते हैं? इसके कितने भेद हैं? उदाहरण-सहित लिखिए।**

**उत्तर–संबंधबोधक अव्यय** वे शब्द हैं, जो संज्ञा या सर्वनाम का वाक्य में आए अन्य शब्दों के साथ संबंध बताते हैं। जैसे–

(*i*) वह सड़क की लाइट **के नीचे** बैठकर पढ़ रहा है।
(*ii*) दीक्षा छत **के ऊपर** खेल रही है।

ऊपर लिखे वाक्यों में *'के नीचे', 'के ऊपर'* संज्ञा या सर्वनाम का वाक्य के अन्य शब्दों से संबंध बताते हैं। इसलिए ये संबंधबोधक अव्यय हैं।

कुछ अन्य संबंधबोधक अव्यय हैं–

के सामने, के आगे, के लिए, के कारण, के साथ, के विपरीत, के अनुसार आदि।

संबंधबोधक अव्यय अपने से पहले के पद से संबंध जोड़ते हैं, इसलिए इससे पहले कोई परसर्ग, *से, के* आदि जरूर लगता है।

**प्रश्न 2. क्रियाविशेषण और संबंधबोधक अव्यय का अंतर उदाहरण देकर स्पष्ट कीजिए।**

**उत्तर–**जब कोई अव्यय किसी अन्य संज्ञा या सर्वनाम के साथ संबंध बनाता है तो वह संबंधबोधक अव्यय कहलाता है, पर जब वह क्रिया की विशेषता बताता है तो उसे क्रियाविशेषण कहते हैं। *जैसे–*

जैविल घर के बाहर गया। ('के बाहर' संबंधबोधक)
जैविल बाहर गया। ('बाहर' क्रियाविशेषण)

## I. प्रश्न-अभ्यास

1. संबंधबोधक अव्यय से आप क्या समझते हैं? उदाहरण सहित स्पष्ट कीजिए।
2. *निम्न वाक्यों को सही संबंधबोधक शब्द से भरिए–*
(क) मैं दर्पण ........................... अपना स्वरूप निहार रहा था। (के समक्ष/के सामने)
(ख) बच्चे घर ........................... खेल रहे थे। (के बाहर/के ऊपर)

(ग) प्रियांशी पिता ............................ मंदिर गई। (के पीछे/के साथ)

(घ) दक्षिल विद्यालय ............................ ही रहता है। (के अंदर/के पास)

3. *नीचे लिखे वाक्यों के रिक्त स्थान संबंधबोधक अव्यय से भरिए–*

(क) पिताजी ने दीपक को डाँटते हुए कहा कि तुम मेरी नज़रों ............................ से हट जाओ।

(ख) कृष्णन छत ............................ चढ़ गया।

(ग) सोनाली माँ की इच्छा ............................ कार्य करती है।

(घ) माताजी बच्चों ............................ सारा सामान लाईं।

4. संबंधबोधक व क्रियाविशेषण अव्यय में अंतर बताइए।

## II. बहुवैकल्पिक प्रश्नोत्तर

**निम्न प्रश्नों के उत्तर हेतु सही विकल्प को चिह्नित कीजिए–**

1. *निम्न वाक्यों को सही संबंधबोधक शब्द से भरिए–*

(क) मेरी कार ............................ अचानक ट्रक आ गया। [(*i*) के सामने, (*ii*) के आगे, (*iii*) के पीछे, (*iv*) के पास]

(ख) बच्चे घर ............................ चले गए। [(*i*) के ऊपर, (*ii*) के भीतर, (*iii*) के नीचे, (*iv*) के पीछे]

(ग) प्रांछी माँ ............................ बाज़ार गई। [(*i*) के आगे, (*ii*) के साथ, (*iii*) के बाद, (*iv*) के लिए]

(घ) प्रधानाचार्य ............................ दूध का दूध पानी का पानी हो गया। [(*i*) के साथ, (*ii*) के सामने, (*iii*) के ऊपर, (*iv*) के नीचे]

2. *संबंधबोधक अव्यय कहते हैं–*

(क) जब कोई अव्यय शब्द संज्ञा या सर्वनाम शब्द का संबंध वाक्य के अन्य शब्दों से बताए।

(ख) क्रिया की विशेषता बताने वाला शब्द।

(ग) सर्वनाम 'संबंधबोधक' के शब्द।

(घ) कारक के 'संबंध कारक' के शब्द।

3. *संबंधबोधक अव्यय में प्रयोग होता है–*

(क) 'के' का (ख) 'ने' का (ग) 'के लिए' का (घ) 'में पर' का

4. *संबंधबोधक अव्यय का सही वाक्य है–*

(*i*) (क) अब्दुल नमाज़ पढ़ने गया। (ख) अब्दुल पिता के साथ नमाज़ पढ़ने गया।
(ग) अब्दुल पिता के लिए नमाज़ पढ़ने गया। (घ) अब्दुल पिता का नमाज़ पढ़ने गया।

(*ii*) (क) वह नियमों के विरुद्ध कार्य करता है।
(ख) वह कार्य करता है विरुद्ध नियमों के।
(ग) वह नियमों की अपेक्षा विरुद्ध कार्य करता है।
(घ) वह नियमों के सामने विरुद्ध कार्य करता है।

**उत्तर**–1. (क) (*ii*) (ख) (*ii*) (ग) (*ii*) (घ) (*ii*) 2. (क)
3. (क) 4. (*i*) (ख) (*ii*) (क)

# 13. समुच्चयबोधक अव्यय

**प्रश्न 1. समुच्चयबोधक अव्यय किसे कहते हैं? उदाहरण देकर स्पष्ट कीजिए।**

उत्तर–दो या अधिक शब्दों, वाक्यांशों या वाक्यों को मिलाने वाले शब्द को **योजक** या **समुच्चयबोधक अव्यय** कहते हैं। *जैसे*–

सनिग्धा और तन्मय अच्छी सहेलियाँ हैं।
प्रधानाचार्य ने कहा कि पंद्रह अगस्त को सभी की उपस्थिति अनिवार्य है।

ऊपर लिखे वाक्यों में '*और*' तथा '*कि*' समुच्चयबोधक हैं क्योंकि और दो शब्दों तथा '*कि*' दो वाक्यों को मिला रहे हैं।

**प्रश्न 2. समुच्चयबोधक के कितने भेद हैं। उदाहरण देकर स्पष्ट कीजिए।**

उत्तर–समुच्चयबोधक के मुख्य दो भेद हैं–

1. समानाधिकरण समुच्चयबोधक
2. व्यधिकरण समुच्चयबोधक।

**1. समानाधिकरण समुच्चयबोधक**–समान शब्दों, वाक्यांशों और वाक्यों को मिलाने वाले अव्यय समानाधिकरण समुच्चयबोधक कहलाते हैं। *और, या, किंतु, अथवा, एवं, परंतु, लेकिन* आदि समानाधिकरण समुच्चयबोधक अव्यय हैं। *जैसे*–

प्रात:काल हुआ और पक्षी चहचहाने लगे।
चाय लोगे या कॉफी।
मैं समारोह में आना चाहता था। लेकिन देर हो गई थी।
दीपाक्षी गा और नाच रही है।

**2. व्यधिकरण समुच्चयबोधक**–प्रधान वाक्य से आश्रित उपवाक्य को जोड़ने वाले अव्यय को व्यधिकरण समुच्चयबोधक कहते हैं। *क्योंकि, ताकि, इसलिए, फिर भी, तथापि, अर्थात्* आदि व्यधिकरण समुच्चयबोधक अव्यय हैं। *जैसे*–

मैं कल दिल्ली नहीं जा सका, क्योंकि मुझे घर में जरूरी काम था।
यद्यपि मैंने बहुत परिश्रम किया, फिर भी परीक्षा में सफल नहीं हो पाया।

ऊपर लिखे वाक्यों में *क्योंकि, यद्यपि, फिर भी* प्रधान वाक्यों और आश्रित वाक्यों को जोड़ रहे हैं। इसलिए व्यधिकरण समुच्चयबोधक हैं।

## I. प्रश्न-अभ्यास

1. *नीचे लिखे वाक्यों में समुच्चयबोधक अव्यय छाँटिए और यह बताइए कि वे समानाधिकरण हैं या व्यधिकरण–*

(क) मैंने आने की बहुत कोशिश की परंतु आ न सका।
(ख) चाय लोगे या कॉफी।
(ग) वह बहुत गरीब है इसलिए तुम्हारी भाँति ऐशोआराम का जीवन नहीं व्यतीत करता।
(घ) मैं भागता हुआ गया ताकि समय पर पहुँच जाऊँ।
(ङ) बादल गरजे और वर्षा होने लगी।

2. *निम्न वाक्यों को समुच्चयबोधक शब्दों से पूरा कीजिए–*

(क) तुम्हें क्या चाहिए घर .......................... गाड़ी।
(ख) जीवन में खुश रहना चाहते हो .......................... दूसरों की परवाह करना छोड़ दो।
(ग) परिश्रम ही सफलता का आधार माना जाता है .......................... खूब परिश्रम किया करो।
(घ) वह परिश्रमी तो है .......................... बुद्धिमान नहीं।
(ङ) प्रभात हुई .......................... पक्षी चहचहाने लगे।

3. *निम्न समुच्चयबोधक शब्दों से वाक्य बनाइए–*

| | | | |
|---|---|---|---|
| यदि-तो | और | इसलिए | परंतु |
| या | ताकि | क्योंकि | |

## II. बहुवैकल्पिक प्रश्नोत्तर

निम्न प्रश्नों के उत्तर हेतु सही विकल्प को चिह्नित कीजिए–

1. *समुच्चयबोधक शब्दों को कहा जाता है–*
(क) विकारी शब्द (ख) योजक शब्द
(ग) बोधक शब्द (घ) वाक्य के मध्य प्रयुक्त शब्द

निम्न वाक्यों में सही समुच्चयबोधक अव्यय प्रयुक्त वाक्य है–

2. (क) कृष्ण और सुदामा पक्के मित्र थे। (ख) कृष्ण या सुदामा पक्के मित्र थे।
(ग) कृष्ण अथवा सुदामा पक्के मित्र थे। (घ) कृष्ण परंतु सुदामा पक्के मित्र थे।
3. (क) मैं बाज़ार गया ताकि फल ले आऊँ। (ख) मैं बाज़ार गया इसलिए फल ले आऊँ।
(ग) मैं बाज़ार गया क्योंकि फल ले आऊँ। (घ) मैं बाज़ार गया जोकि फल ले आऊँ।
4. (क) वह बुद्धिमान तो है ताकि परिश्रमी नहीं। (ख) वह बुद्धिमान तो है इसलिए परिश्रमी नहीं।
(ग) वह बुद्धिमान तो है अथवा परिश्रमी नहीं। (घ) वह बुद्धिमान तो है लेकिन परिश्रमी नहीं।
5. (क) बादल घिरे ताकि वर्षा होने लगी। (ख) बादल घिरे और वर्षा होने लगी।
(ग) बादल घिरे अथवा वर्षा होने लगी। (घ) बादल घिरे क्योंकि वर्षा होने लगी।
6. (क) कक्षा में धीरे-धीरे जाओ क्योंकि अध्यापक आ चुके हैं।
(ख) कक्षा में धीरे-धीरे जाओ इसलिए अध्यापक आ चुके हैं।
(ग) कक्षा में धीरे-धीरे जाओ और अध्यापक आ चुके हैं।
(घ) कक्षा में धीरे-धीरे जाओ परन्तु अध्यापक आ चुके हैं।

उत्तर– 1. (ख) 2. (क) 3. (क) 4. (घ) 5. (ख) 6. (क)

# 14. विस्मयादिबोधक अव्यय

प्रश्न 1. **विस्मयादिबोधक अव्यय किसे कहते हैं?**

उत्तर–जो शब्द आश्चर्य, हर्ष, शोक, उल्लास, लज्जा, भय, तिरस्कार, धिक्कार आदि भावों को प्रकट करते हैं, **विस्मयादिबोधक अव्यय** कहलाते हैं। *जैसे–*

**आश्चर्य–** हैं! ओहो! आदि।
**हर्ष–** अहा, वाह, शाबाश, बहुत अच्छा, धन्य आदि।
**शोक–** हाय, अरे, आह, बाप रे! हाय दैया!
**उल्लास–** बहुत अच्छे!
**घृणा–** छि: छि:!
**संबोधन–** हे, अरे, ओ,
**तिरस्कार–** धिक्, धिक्कार, लानत है।

## I. प्रश्न-अभ्यास

1. विस्मयादिबोधक अव्यय किसे कहते हैं? उदाहरण देकर स्पष्ट कीजिए।
2. *नीचे लिखे वाक्यों के रिक्त स्थानों में विस्मयादिबोधक अव्यय लिखिए–*
(क) ………………! यह दुर्घटना कैसे हो गई।
(ख) ………………! ऐसी गंदी जगहों पर मुझे नहीं जाना।
(ग) ………………! आज तो कमाल का मैच था।

(घ) ………………! ऐसे ही जीवन में आगे बढ़ो।
(ङ) ………………! पिताजी कहाँ से आ गए?

3. *विस्मयादिबोधक शब्दों को रेखांकित कीजिए व उनके भाव बताइए।*
(क) शाबाश! मुझे तुमसे यही उम्मीद थी। (ख) अरे! अचानक वर्षा कैसे हो गई।
(ग) वाह! क्या पुस्तक मेला है। (घ) सावधान! आगे गति अवरोधक है।
(ङ) ऊफ! कितना कोहरा है।

4. *निम्न विस्मयादिबोधक शब्दों से वाक्य बनाइए।*
अरे! ओ हो! वाह! बाप-रे-बाप! शाबाश!

## II. बहुवैकल्पिक प्रश्नोत्तर

**निम्न प्रश्नों के उत्तर हेतु सही विकल्प को चिह्नित कीजिए–**

1. *विस्मयादिबोधक शब्द प्रकट करते हैं–*
(क) विचारों को (ख) भावों को (ग) मन:स्थिति को (घ) मानसिक स्वरूप को

2. *नीचे लिखे वाक्यों के रिक्त स्थानों में विस्मयादिबोधक अव्यय लिखिए–*
(क) ……………………! तुमने चलती बस से छलाँग कैसे लगाई। (*i*) हाय राम! (*ii*) अरे! (*iii*) हे राम! (*iv*) हाय!
(ख) ……………………! तुम्हारी बातों पर मुझे भरोसा नहीं होता। (*i*) छी:-छी:! (*ii*) धिक्! (*iii*) अरे! (*iv*) ओह
(ग) ……………………! आज तो मज़ा आ गया। (*i*) अरे! (*ii*) वाह! (*iii*) ओहो! (*iv*) अहा!
(घ) ……………………! बेचारा तड़प-तड़प कर मर गया। (*i*) अरे! (*ii*) ओ! (*iii*) हाय राम! (*iv*) हाय!

**निम्न वाक्यों में सही विस्मयादिबोधक अव्यय प्रयुक्त वाक्य है–**

3. (क) वाह? क्या नज़ारा है? (ख) वाह, क्या नज़ारा है।
(ग) वाह! क्या नज़ारा है। (घ) वाह क्या नज़ारा है।

4. (क) अरे! तुमने तो कमाल कर दिया। (ख) ओहो! तुमने तो कमाल कर दिया।
(ग) अहा! तुमने तो कमाल कर दिया। (घ) छी: छी:! तुमने तो कमाल कर दिया।

5. (क) अरे! गंदी गलियों से मुझे घृणा है। (ख) छी: छी:! गंदी गलियों से मुझे घृणा है।
(ग) वाह! गंदी गलियों से मुझे घृणा है। (घ) हाय राम! गंदी गलियों से मुझे घृणा है।

6. (क) वाह! तुम अचानक कैसे आ गए? (ख) हाय! तुम अचानक कैसे आ गए?
(ग) अरे! तुम अचानक कैसे आ गए? (घ) ओह! तुम अचानक कैसे आ गए?

उत्तर– 1. (ख) 2. (क) (*ii*) (ख) (*iv*) (ग) (*ii*) (घ) (*iii*)
3. (ग) 4. (क) 5. (ख) 6. (ग)

# 15. समास

**प्रश्न 1. समास से आप क्या समझते हैं? भेदों सहित वर्णन कीजिए।**

उत्तर–दो या दो से अधिक शब्दों के मेल से नए शब्द बनाने की क्रिया को **समास** कहते हैं। इस विधि से बने शब्दों को समस्त पद कहते हैं। जब इन समस्त पदों को अलग-अलग किया जाए तो उसे समास विग्रह कहते हैं। समस्त पद के पहले पद को पूर्व पद व दूसरे पद को उत्तर पद कहते हैं।

**उदाहरण–** शरण में आगत-शरणागत (समस्त पद)
शरणागत का विग्रह होगा–'शरण में आगत'

समास के प्रमुख प्रकार निम्न रूप से हैं–

**समास**

- अव्ययीभाव समास
- तत्पुरुष समास
- कर्मधारय समास
- द्विगु समास
- द्वंद्व समास
- बहुव्रीहि समास

**1. अव्ययीभाव समास**–जिस समास का पहला पद प्रधान हो व अव्यय भी हो अव्ययीभाव समास कहलाता है। अधिकतर इसके आरंभ में आ, बे, भर, यथा, प्रति, नि आदि शब्द आते हैं।

**उदाहरण**–

| *समस्त पद* | *विग्रह* | *समस्त पद* | *विग्रह* |
|---|---|---|---|
| आजीवन | जीवनपर्यंत | आजन्म | जन्मभर |
| बेकाम | बिना काम के | यथावसर | अवसर के अनुसार |
| भर पेट | पेट भरके | प्रतिक्षण | हर क्षण |
| यथा शक्ति | शक्ति के अनुसार | बेखटके | बिना खटके |
| प्रतिमास | प्रत्येक मास | यथासमय | समय के अनुसार |
| निडर | बिना डर के | प्रतिदिन | हर दिन |

**नोट**–एक समान शब्दों की आवृत्ति वाले शब्द भी अव्ययीभाव समास के अंतर्गत आते हैं।

| | | | |
|---|---|---|---|
| दिनोंदिन | दिन प्रतिदिन | घर–घर | प्रत्येक घर |

**2. तत्पुरुष समास**–जिस समास का दूसरा पद अर्थात् उत्तर पद प्रधान हो उसे तत्पुरुष समास कहते हैं।

> **नोट**–इस समास की मुख्य पहचान यह है कि समास का विग्रह करने पर मध्य में कारक विभक्ति का प्रयोग होता है और समस्त पद बनाने हेतु कारक विभक्ति का लोप किया जाता है।

**उदाहरण**–

| *समस्त पद* | *विग्रह* | *समस्त पद* | *विग्रह* |
|---|---|---|---|
| देशगत | देश **को** गत | आपबीती | आप **पर** बीती |
| हस्तलिखित | हाथ **से** लिखित | राजनीतिज्ञ | राजनीति **का** ज्ञाता |
| सत्याग्रह | सत्य **के लिए** आग्रह | जनप्रिय | जन **को** प्रिय |
| गुणहीन | गुणों **से** हीन | परलोकगमन | परलोक **को** गमन |
| सेनानायक | सेना **का** नायक | लोकसभा | लोक **की** सभा |
| घुड़सवार | घोड़े **पर** सवार | पथभ्रष्ट | पथ **से** भ्रष्ट |
| वनवास | वन **में** वास | मताधिकार | मत **का** अधिकार |
| राष्ट्रपति | राष्ट्र **का** पति | | |

**3. कर्मधारय समास**–जिस सामासिक शब्द में विशेषण और विशेष्य साथ-साथ हों उसे कर्मधारय समास कहते हैं।

**उदाहरण**–नीलगाय नीली है जो गाय

> **नोट**–गाय यहाँ विशेष्य है और नीली विशेषण।

| *समस्त पद* | *विग्रह* | *समस्त पद* | *विग्रह* |
|---|---|---|---|
| महात्मा | महान है जो आत्मा | चरणकमल | चरण रूपी कमल |
| मृगलोचन | मृग के समान लोचन | परमानंद | परम है जो आनंद |
| वचनामृत | वचन रूपी अमृत | भुजादंड | दंड के समान भुजा |
| चंद्रमुख | चंद्र के समान है जो मुख | महावीर | महान है जो वीर |
| श्वेतांबर | श्वेत है जो अंबर | नीलकंठ | नीला कंठ |
| घनश्याम | घन के समान श्याम | प्रधानमंत्री | प्रधान है जो मंत्री |

**4. द्विगु समास**–जिस समस्त पद का पहला पद संख्यावाचक (गणनीय) होता है उसे द्विगु समास कहते हैं।

**उदाहरण–**

| *समस्त पद* | *विग्रह* | *समस्त पद* | *विग्रह* |
|---|---|---|---|
| अष्टाध्यायी | आठ अध्यायों का समाहार | नवरत्न | नौ रत्नों का समूह |
| द्विगु | दो गौओं का समाहार | षट्कोण | छः कोणों का समूह |
| त्रिकोण | तीन कोणों का समाहार | पंचवटी | पाँच वटों का समाहार |
| षड्रस | छः रसों का समाहार | त्रिवेणी | तीन वेणियों का समूह |
| दुराहा | दो राहों का समाहार | नवग्रह | नौ ग्रहों का समूह |

**5. द्वंद्व समास**–जिस समस्त पद के दोनों पद प्रधान होते हैं। जिनका विग्रह करते समय बीच में योजक शब्द 'और' लगता है और समस्त पद बनाते समय योजक शब्द 'और' का लोप कर दिया जाता है।

**उदाहरण–**

| *समस्त पद* | *विग्रह* | *समस्त पद* | *विग्रह* |
|---|---|---|---|
| माता–पिता | माता और पिता | सुख-दुख | सुख और दुख |
| देवासुर | देव और असुर | लव-कुश | लव और कुश |
| हानि–लाभ | हानि और लाभ | अचलाचल | चल और अचल |
| पाप–पुण्य | पाप और पुण्य | धर्माधर्म | धर्म और अधर्म |
| धूपदीप | धूप और दीप | अच्छा-बुरा | अच्छा और बुरा |

**6. बहुव्रीहि समास**–जब समस्त पद में पहला पद और दूसरा पद मिलकर किसी तीसरे की ओर संकेत करते हैं, वहाँ बहुव्रीहि समास होता है।

| *समस्त पद* | *विग्रह* |
|---|---|
| मुरलीधर | मुरली को धारण किया है जिसने (कृष्ण) |
| श्वेतांबर | श्वेत है अंबर जिसके (सरस्वती) |
| त्रिलोचन | तीन आँखें हैं जिसकी (शिव) |
| निशाचर | निशा में विचरण करने वाला (राक्षस) |
| पीतांबर | पीला है अंबर जिसका (कृष्ण) |
| कमलनयनी | कमल के समान नयनों वाली (सुंदर स्त्री) |
| दशानन | दस है आनन जिसके (रावण) |
| चतुरानन | चार है मुख जिसके (ब्रह्मा) |

**नोट**–कई बार कर्मधारय और बहुव्रीहि समास के शब्द एक से प्रतीत होते हैं। हल करते समय मन में संशय रहता है। याद रखिए कि कर्मधारय में दोनों पद विशेषण व विशेष्य के रूप में होते हैं जबकि बहुव्रीहि में दोनों पद मिलकर किसी तीसरे की ओर संकेत करते हैं।

**उदाहरण–**

| | |
|---|---|
| नील कंठ | नीला है जो कंठ (कर्मधारय) |
| नीलकंठ | नीला है कंठ जिसका (शिव) (बहुव्रीहि) |

**प्रश्न 2. बहुव्रीहि समास तथा कर्मधारय समास में अंतर बताइए।**

**उत्तर**–बहुव्रीहि समास में कोई भी पद प्रधान नहीं होता, बल्कि कोई अन्य पद ही प्रधान होता है, पर कर्मधारय समास में पहला पद विशेषण और दूसरा पद विशेष्य होता है या एक पद उपमान और दूसरा पद उपमेय होता है। *जैसे*–

| | | | |
|---|---|---|---|
| पीतांबर | – | पीला अंबर | *कर्मधारय समास* |
| | – | पीला है अंबर जिसका (कृष्ण) | *बहुव्रीहि समास* |
| कमलनयन | – | कमल के समान नयन | *कर्मधारय* |
| | | कमल के समान नयनों वाला (कृष्ण) | *बहुव्रीहि* |

**याद रखें**–समस्त पद के विग्रह के अनुसार ही समास होगा।

**प्रश्न 3. कर्मधारय और द्विगु समास में अंतर स्पष्ट करें।**

उत्तर–कर्मधारय समास में पहला पद विशेषण और दूसरा विशेष्य या एक पद उपमान और दूसरा उपमेय होता है पर द्विगु समास में पहला पद संख्यावाचक विशेषण होता है। *जैसे–*

| | | | |
|---|---|---|---|
| महात्मा | – | महान आत्मा | *कर्मधारय समास* |
| नीलगगन | – | नीला गगन | *कर्मधारय समास* |
| त्रिवेणी | – | तीन वेणियाँ | *द्विगु समास* |
| सप्ताह | – | सात दिनों का समूह | *द्विगु समास* |

## I. प्रश्न-अभ्यास

1. समास किसे कहते हैं? उदाहरण देकर स्पष्ट कीजिए।
2. *निम्नलिखित समस्त पदों का विग्रह कीजिए और समास का नाम लिखिए–*
   आजन्म, यथामति, देश-विदेश, चक्रधर, चौराहा, महाविद्यालय, नवनिधि, नीलकंठ, श्वेतांबर, अमीर-गरीब।
3. *नीचे लिखे विग्रहों के समस्त पद बनाइए और समास का नाम लिखिए–*

| | | |
|---|---|---|
| हिम का आलय | चंद्र के समान मुख | जीवनभर |
| पति और पत्नी | पथ से भ्रष्ट | हानि और लाभ |
| चार मासों का समूह | तुलसी द्वारा कृत | सेना का पति |
| पेट भरके | सत्य के लिए आग्रह | देश का भक्त |
| परम है जो आनंद | सुख और दुख | दस आनन हैं जिसके |

4. द्विगु समास तथा द्वंद्व समास का अंतर उदाहरण देकर स्पष्ट कीजिए।
5. *निम्न खाली स्थानों को पूरा भरिए–*

| *समस्त पद* | *समस्त पद का विग्रह* | *समास का नाम* |
|---|---|---|
| (क) यथासमय | ........................... | अव्ययीभाव समास |
| (ख) नीलगगन | ........................... | ........................... |
| (ग) जलवायु | ........................... | द्वंद्व समास |
| (घ) ........................... | श्वेत है अंबर जिसका | ........................... |
| (ङ) चतुर्भुज | ........................... | ........................... |
| (च) ........................... | धूप और दीप | ........................... |
| (छ) पंचानन | ........................... | द्विगु समास |
| (ज) ........................... | पेट भरके | ........................... |
| (झ) प्रधानमंत्री | ........................... | ........................... |
| (ञ) कमलनयनी | ........................... | ........................... |

6. कर्मधारय व बहुव्रीहि समास में अंतर स्पष्ट कीजिए।

## II. बहुवैकल्पिक प्रश्नोत्तर

### (क) निम्न प्रश्नों के उत्तर हेतु सही विकल्प को चिह्नित कीजिए–

1. *पहला पद गिनती का होता है–*
   (क) द्विगु समास (ख) द्वंद्व समास (ग) तत्पुरुष समास (घ) कर्मधारय समास
2. *विशेषण और विशेष्य साथ-साथ होते हैं–*
   (क) अव्ययीभाव समास (ख) कर्मधारय समास (ग) द्वंद्व समास (घ) बहुव्रीहि समास
3. *दो पदों के मध्य योजक चिह्न आता है–*
   (क) द्वंद्व समास (ख) तत्पुरुष समास (ग) अव्ययीभाव समास (घ) कर्मधारय समास

4. *जिस समास में पहला पद दूसरे पद की सार्थकता स्पष्ट करे–*
(क) तत्पुरुष समास (ख) अव्ययीभाव समास (ग) कर्मधारय समास (घ) बहुव्रीहि समास

5. *जिस समास के विग्रह में कारक चिह्न आता है–*
(क) तत्पुरुष समास (ख) अव्ययीभाव समास (ग) कर्मधारय समास (घ) बहुव्रीहि समास

**(ख) निम्न में समास के सही भेद को चिह्नित कीजिए–**

6. *बेखटके*
(क) तत्पुरुष समास (ख) अव्ययीभाव समास (ग) कर्मधारय समास (घ) बहुव्रीहि समास

7. *राजभक्ति*
(क) तत्पुरुष समास (ख) अव्ययीभाव समास (ग) बहुव्रीहि समास (घ) द्वंद्व समास

8. *परमानंद*
(क) अव्ययीभाव समास (ख) कर्मधारय समास (ग) तत्पुरुष समास (घ) द्विगु समास

9. *मृगनयनी*
(क) द्विगु समास (ख) बहुव्रीहि समास (ग) तत्पुरुष समास (घ) अव्ययीभाव समास

10. *देहलता*
(क) अव्ययीभाव समास (ख) तत्पुरुष समास (ग) कर्मधारय समास (घ) बहुव्रीहि समास

**उत्तर–(क)** 1. (क) 2. (ख) 3. (क) 4. (ख) 5. (क)
**(ख)** 6. (ख) 7. (क) 8. (ख) 9. (ख) 10. (ग)

# 16. संधि

**प्रश्न 1. संधि से आप क्या समझते हैं?**

**उत्तर–'संधि'** शब्द का अर्थ है–जोड़ या मिलाना। जब दो वर्ण (ध्वनियाँ) आपस में मिलती हैं और मिलने के कारण उनमें जो परिवर्तन होता है उसे संधि होना माना जाता है। *जैसे–*

हिम + आलय = हिमालय
रवि + इंद्र = रवींद्र

**प्रश्न 2. संधि-विच्छेद से क्या तात्पर्य है?**

**उत्तर–**विच्छेद का अर्थ है अलग होना। संधियुक्त वर्णों को अलग-अलग करके फिर से पहली स्थिति में लाना **संधि-विच्छेद** कहलाता है। *जैसे–*

भावार्थ = भाव + अर्थ
वृक्षारोपण = वृक्ष + आरोपण

**प्रश्न 3. संधि के भेदों का विस्तार से वर्णन कीजिए।**

**उत्तर–संधि के भेद–** 1. स्वर संधि 2. व्यंजन संधि 3. विसर्ग संधि

## 1. स्वर संधि

दो स्वरों के मेल से शब्दों में जो परिवर्तन होता है उसे **स्वर संधि** कहते हैं। यह पाँच प्रकार की होती है। (क) दीर्घ संधि, (ख) गुण संधि, (ग) वृद्धि संधि, (घ) यण संधि, (ङ) अयादि संधि।

***(क) दीर्घ संधि–***

मत + अनुसार = मतानुसार
देह + अंत = देहांत
} अ + अ = आ

| | | |
|---|---|---|
| युग + आदि = युगादि | विश्राम + आलय = विश्रामालय | अ + आ = आ |
| महा + आत्मा = महात्मा | वार्ता + आलाप = वार्तालाप | आ + आ = आ |
| सीमा + अंत = सीमांत | विद्या + अर्थी = विद्यार्थी | आ + अ = आ |
| अभि + इष्ट = अभीष्ट | कवि + इंद्र = कवींद्र | इ + इ = ई |
| मुनि + ईश = मुनीश | प्रति + ईक्षा = प्रतीक्षा | इ + ई = ई |
| शचि + इंद्र = शचींद्र | मही + इंद्र = महींद्र | ई + इ = ई |
| रजनी + ईश = रजनीश | नदी + ईश = नदीश | ई + ई = ई |
| गुरु + उपदेश = गुरूपदेश | साधु + उत्सव = साधूत्सव | उ + उ = ऊ |
| अंबु + ऊर्जा = अंबूर्जा | लघु + ऊर्जा = लघूर्जा | उ + ऊ = ऊ |
| भू + ऊर्जा = भूर्जा | वधू + ऊर्मि = वधूर्मि | ऊ + ऊ = ऊ |
| वधू + उत्सव = वधूत्सव | भू + उत्सर्ग = भूत्सर्ग | ऊ + उ = ऊ |

*(ख) गुण संधि–*

| | | |
|---|---|---|
| स्व + इच्छा = स्वेच्छा | गज + इंद्र = गजेंद्र | अ + इ = ए |
| परम + ईश्वर = परमेश्वर | दिन + ईश = दिनेश | अ + ई = ए |
| वीर + उचित = वीरोचित | पुरुष + उत्तम = पुरुषोत्तम | अ + उ = ओ |
| जल + ऊर्मि = जलोर्मि | नव + ऊढ़ा = नवोढ़ा | अ + ऊ = ओ |
| यथा + इष्ट = यथेष्ट | महा + इंद्र = महेंद्र | आ + इ = ए |
| लंका + ईश = लंकेश | रमा + ईश = रमेश | आ + ई = ए |
| महा + उत्सव = महोत्सव | गंगा + उदक = गंगोदक | आ + उ = ओ |

| | |
|---|---|
| महा + ऊर्जा = महोर्जा<br>गंगा + ऊर्मि = गंगोर्मि | आ + ऊ = ओ |
| सप्त + ऋषि = सप्तर्षि<br>ब्रह्म + ऋषि = ब्रह्मर्षि | अ + ऋ = अर् |
| महा + ऋषि = महर्षि<br>वर्षा + ऋतु = वर्षर्तु | आ + ऋ = अर् |

***(ग) वृद्धि संधि–***

| | |
|---|---|
| लोक + एषणा = लोकैषणा<br>एक + एक = एकैक | अ + ए = ऐ |
| देव + ऐश्वर्य = देवैश्वर्य<br>परम + ऐश्वर्य = परमैश्वर्य | अ + ऐ = ऐ |
| तथा + एव   तथैव<br>यथा + एव = यथैव | आ + ए = ऐ |
| रमा + ऐश्वर्य = रमैश्वर्य<br>महा + ऐश्वर्य = महैश्वर्य | आ + ऐ = ऐ |
| दंत + ओष्ठ = दंतौष्ठ<br>परम + ओज = परमौज | अ + ओ = औ |
| परम + औदार्य = परमौदार्य<br>वन + औषध = वनौषध | अ + औ = औ |
| महा + ओज = महौज<br>महा + ओजस्वी = महौजस्वी | आ + ओ = औ |
| महा + औदार्य = महौदार्य<br>महा + औषध = महौषध | आ + औ = औ |

***(घ) यण संधि–***

| | |
|---|---|
| यदि + अपि = यद्यपि<br>अति + अंत = अत्यंत | इ + अ = य |
| अति + आचार = अत्याचार<br>वि + आप्त = व्याप्त | इ + आ = या |
| नदी + अर्पण = नद्यर्पण<br>देवी + अर्पण = देव्यर्पण | ई + अ = य |
| उपरि + उक्त = उपर्युक्त<br>प्रति + उत्तर = प्रत्युत्तर | इ + उ = यु |
| वि + ऊह = व्यूह<br>नि + ऊन = न्यून | इ + ऊ = यू |
| प्रति + एक = प्रत्येक<br>अधि + एषणा = अध्येषणा | इ + ए = ये |
| देवी + ऐश्वर्य = देव्यैश्वर्य<br>नदी + ऐश्वर्य = नद्यैश्वर्य | ई + ऐ = यै |

सु + अच्छ = स्वच्छ
अनु + अय = अन्वय
उ + अ = व

सु + आगत = स्वागत
गुरु + आदेश = गुर्वादेश
उ + आ = वा

अनु + इति = अन्विति
अनु + इत = अन्वित
उ + इ = वि

अनु + ईक्षण = अन्वीक्षण
अनु + ईक्षक = अन्वीक्षक
उ + ई = वी

अनु + एषण = अन्वेषण
प्रभु + एषणा = प्रभ्वेषणा
उ + ए = वे

पितृ + अर्पण = पित्रर्पण
मातृ + अर्पण = मात्रर्पण
ऋ + अ = र

मातृ + आज्ञा = मात्राज्ञा
पितृ + आनंद = पित्रानंद
ऋ + आ = ज्ञा

मातृ + इच्छा = मात्रिच्छा
पितृ + इच्छा = पित्रिच्छा
ऋ + इ = रि

## 2. व्यंजन संधि

दो शब्दों के मेल में व्यंजन के बाद यदि किसी व्यंजन या स्वर के आने से उस व्यंजन में जो परिवर्तन होता है वह **व्यंजन संधि** कहलाता है।

**नोट**—व्यंजन संधि के शब्दों को नियमों के प्रयोग द्वारा निम्न वर्णमाला तालिका के आधार पर करें।

**वर्णमाला तालिका**

| | *पहला वर्ग* | *दूसरा वर्ग* | *तीसरा वर्ग* | *चौथा वर्ग* | *पाँचवाँ वर्ग* |
|---|---|---|---|---|---|
| क वर्ग | क् | ख् | ग् | घ् | ङ् |
| च वर्ग | च् | छ् | ज् | झ् | ञ् |
| ट वर्ग | ट् | ठ् | ड् | ढ् | ण् |
| त वर्ग | त् | थ् | द् | ध् | न् |
| प वर्ग | प् | फ् | ब् | भ् | म् |
| अंत:स्थ व्यंजन | य् | र् | ल् | व् | |
| ऊष्म व्यंजन | श् | ष् | स् | ह् | |

**व्यंजन संधि के नियम—**

1. यदि वर्ग के पहले वर्ण (क्, च्, ट्, त्, प्) का मेल किसी स्वर से या किसी वर्ग के तीसरे या चौथे वर्ण से या य् र् ल् व् से हो तो प्रथम वर्ण के स्थान पर उसी वर्ग का तीसरा वर्ण (ग्, ज्, ड्, द्, ब्) हो जाता है। जैसे—क् का ग्, च् का ज्, ट् का ड्, त् का द्, प् का ब्।

**उदाहरण–**

| | | | | | | |
|---|---|---|---|---|---|---|
| क् | का | ग् | – | दिक् + अंबर | = | दिगंबर |
| च् | का | ज् | – | अच् + अंत | = | अजंत |
| ट् | का | ड् | – | षट् + ऋतु | = | षड्ऋतु |
| त् | का | द् | – | उत् + घाटन | = | उद्घाटन |
| प् | का | ब् | – | अप् + धि | = | अब्धि |

2. यदि किसी वर्ग के पहले वर्ण का मेल पंचम वर्ण से हो तो पहले वर्ण के स्थान पर उसी वर्ग का पंचम वर्ण हो जाता है। जैसे–क् का ङ्, च् का ञ्, ट् का ण्, त् का न् व प् का म्।

| | | | | | | |
|---|---|---|---|---|---|---|
| क् | का | ङ् | – | वाक् + मय | = | वाङ्मय |
| ट् | का | ण् | – | षट् + मुख | = | षण्मुख |
| त् | का | न् | – | सत् + मति | = | सन्मति |
| प् | का | म् | – | अम् + मय | = | अम्मय |

### त् संबंधी नियम

(क) 'त्' के पश्चात् 'ल' हो तो 'त्' का ल् हो जाता है। *जैसे*–

उत् + लेख = उल्लेख

शरत् + लास = शरल्लास

(ख) 'त्' के पश्चात् ज/झ हो तो 'त्' का ज् हो जाता है। *जैसे*–

सत् + जन = सज्जन

जगत् + जननी = जगज्जननी

(ग) 'त्' के पश्चात् ट/ड हो तो 'त्' ट्/ड् बन जाता है। *जैसे*–

तत् + टीका = तट्टीका

उत् + डयन = उड्डयन

(घ) 'त्' के बाद 'श्' हो तो 'त्' की जगह 'च्' तथा 'श्' की जगह 'छ्' हो जाता है। *जैसे*–

उत् + श्वास = उच्छ्वास

सत् + शास्त्र = सच्छास्त्र

(ङ) त् के बाद च/छ हो तो 'त्' का च/छ हो जाता है। *जैसे*–

उत् + चारण = उच्चारण

जगत् + छाया = जगच्छाया

(च) 'त्' के बाद 'ह' हो तो 'त्' के स्थान पर द्ध आ जाता है। *जैसे*–

उत् + हार = उद्धार

पत् + हति = पद्धति

### 'छ' संबंधी नियम

यदि किसी स्वर के बाद 'छ' आ जाए तो 'छ' से पहले 'च्' का आगम हो जाता है। *जैसे*–

स्व + छंद = स्वच्छंद

वृक्ष + छाया = वृक्षच्छाया

### 'म' संबंधी नियम

'म' के पश्चात् क् से म् तक कोई व्यंजन आए तो 'म्' उस व्यंजन के वर्ग के पंचम वर्ण में बदल जाता है अर्थात् क् का ङ्, च् का ञ्, ट् का ण्, त् का न्, फ् का म् हो जाता है। *जैसे*–

| | | | | | | |
|---|---|---|---|---|---|---|
| म् | का | ङ् | – | सम् + कल्प | = | संकल्प |
| म् | का | ञ् | – | सम् + चय | = | संचय |
| म् | का | न् | – | सम् + तोष | = | संतोष |

**नोट**–म् का मेल म् से होने पर म् ही रहता है।

| | | | | | | |
|---|---|---|---|---|---|---|
| म् | का | म् | – | सम् + मति | = | सम्मति |

म् का मेल यदि य, र, ल, व, ष, श, स, ह से हो तो म् सदैव अनुस्वार ही रहेगा।

| | |
|---|---|
| सम् + योग = संयोग | सम् + रक्षण = संरक्षण |
| सम् + लाप = संलाप | सम् + वाद = संवाद |
| सम् + सार = संसार | सम् + शय = संशय |
| सम् + हार = संहार | |

### स् का ष् का नियम

'स्' से पहले अ, आ से भिन्न स्वर हो तो स् का ष् हो जाता है। *जैसे*–

अभि + सेक = अभिषेक

वि + सम = विषम

### न् का ण् का नियम

यदि ऋ, र्, ष् के बाद अगले शब्द (पद) में न् हो तो वह 'ण' हो जाएगा।

पर् + मान = प्रणाम

भूष् + अन = भूषण

### र् के संबंध में नियम

ह्रस्व स्वर के आगे र् हो और उसका मेल र से हो तो स्वर दीर्घ हो जाता है।

निर् + रोग = नीरोग

निर् + रस = नीरस

### अयादि संधि

यदि ए, ऐ, ओ, औ से आगे कोई इनसे भिन्न स्वर आ जाए तो ए का **अय्,** ऐ का **आय्**, ओ का **अव्** तथा औ का **आव्** बन जाता है। *जैसे*–

| | |
|---|---|
| ए + अ = **अय्** = ने + अन = नयन | ए + अ = **अय्** = शे + अन = शयन |
| ऐ + अ = **आय्** = गै + अक = गायक | ऐ + अ = **आय्** = गै + अन = गायन |
| ओ + अ = **अव्** = भो + अन = भवन | ओ + अ = **अव्** = पो + अन = पवन |
| औ + अ = **आव्** = पौ + अन = पावन | औ + अ = **आव्** = पौ + अक = पावक |
| औ + इ = **आवि** = नौ + इक = नाविक | औ + उ = **आवु** = भौ + उक = भावुक |

## 3. विसर्ग संधि

विसर्ग के पश्चात् स्वर या व्यंजन आने पर विसर्ग में जो परिवर्तन आता है, उसे विसर्ग संधि कहते हैं।

**(क) विसर्ग का 'ओ' में बदलना**–विसर्ग से पूर्व यदि 'अ' हो और बाद में 'अ' या किसी वर्ग का तीसरा, चौथा, पाँचवाँ वर्ण या य, र, ल, व हो तो विसर्ग (:) को ओ में बदल देते हैं। *जैसे*–

| | |
|---|---|
| अधः + गति = अधोगति | पयाः + द = पयोद |
| मनः + हर = मनोहर | तमः + गुण = तमोगुण |

| | | | | | |
|---|---|---|---|---|---|
| रज: + गुण | = | रजोगुण | पय: + धर | = | पयोधर |
| वय: + वृद्ध | = | वयोवृद्ध | तेज: + राशि | = | तेजोराशि |
| तप: + वन | = | तपोवन | यश: + दा | = | यशोदा |

**(ख) विसर्ग का 'र्' में बदलना**–विसर्ग से पहले अ, आ से भिन्न कोई स्वर हो और बाद में कोई स्वर; किसी वर्ग का तीसरा, चौथा, पाँचवाँ अक्षर या य, ल, व में से कोई वर्ग हो तो विसर्ग का र् हो जाता है। *जैसे*–

| | | | | | |
|---|---|---|---|---|---|
| नि: + अर्थक | = | निरर्थक | नि: + आहार | = | निराहार |
| दु: + बल | = | दुर्बल | नि: + आमिष | = | निरामिष |
| पुन: + जन्म | = | पुनर्जन्म | नि: + विघ्न | = | निर्विघ्न |
| आशी: + वाद | = | आशीर्वाद | नि: + लोभ | = | निर्लोभ |
| बहि: + मुख | = | बहिर्मुख | दु: + उपयोग | = | दुरुपयोग |

**(ग) विसर्ग का 'श' में बदलना**–विसर्ग से पहले कोई स्वर हो या बाद में च् छ् या श् हो तो विसर्ग का श हो जाता है। *जैसे*–

| | | | | | |
|---|---|---|---|---|---|
| नि: + चित | = | निश्चिंत | दु: + शासन | = | दुशासन |
| नि: + छल | = | निश्छल | दु: + चरित्र | = | दुश्चरित्र |
| नि: + चल | = | निश्चल | दु: + चक्र | = | दुश्चक्र |
| नि: + चय | = | निश्चय | हरि: + चंद्र | = | हरिश्चंद्र |

**(घ) विसर्ग का 'स' होना**–विसर्ग के बाद यदि 'त' या 'स' हो तो विसर्ग मेल 'स' से 'स' होगा *जैसे*–

| | | | | | |
|---|---|---|---|---|---|
| दु: + साहस | = | दुस्साहस | नि: + संकोच | = | निसंकोच |
| नम: + ते | = | नमस्ते | नि: + संतान | = | निसंतान |
| मन: + ताप | = | मनस्ताप | दु: + सह | = | दुस्सह |
| नि: + संदेह | = | निस्संदेह | | | |

**(ङ) विसर्ग का 'ष'**–यदि विसर्ग से पहले इ या उ हो और विसर्ग से परे क्, ख्, ट्, ठ्, प्, फ् में से कोई वर्ण हो तो विसर्ग का ष् हो जाता है। *जैसे*–

| | | | | | |
|---|---|---|---|---|---|
| दु: + कर्म | = | दुष्कर्म | चतु: + पाद | = | चतुष्पाद |
| नि: + कलंक | = | निष्कलंक | नि: + पाद | = | निष्पाद |
| नि: + पक्ष | = | निष्पक्ष | नि: + ठुर | = | निष्ठुर |
| धनु: + टंकार | = | धनुष्टंकार | दु: + कर | = | दुष्कर |

**(च) विसर्ग का लोप और पूर्व स्वर का दीर्घ हो जाना–**

(*i*) यदि विसर्ग से पहले अ या आ हो और विसर्ग के बाद कोई भिन्न स्वर हो तो विसर्ग का लोप हो जाता है। *जैसे*–

अत: + एव = अतएव

(*ii*) पूर्व स्वर दीर्घ और विसर्ग का लोप यदि विसर्ग के आगे र् हो तो विसर्ग का लोप हो जाता है और उस विसर्ग का पूर्व स्वर दीर्घ हो जाता है। *जैसे*–

नि: + रोग = नीरोग

नि: + रज = नीरज

**(छ)** विसर्ग से पहले 'अ' हो और विसर्ग से परे क् या प् हो तो विसर्ग में परिवर्तन नहीं होता है। *जैसे*–

अत: + करण = अत:करण

प्रात: + काल = प्रात:काल

## I. प्रश्न-अभ्यास

1. संधि किसे कहते हैं? उदाहरण देकर स्पष्ट कीजिए।
2. संधि के कितने भेद हैं? प्रत्येक के दो-दो उदाहरण दीजिए।

### स्वर संधि

निम्न में संधि कीजिए-

1. परम + अणु – ........................
2. मत + अनुसार ........................
3. पर + अधीन ........................
4. वृक्ष + आरोपण ........................
5. विस्मय + आदि ........................
6. युग + आदि ........................
7. गज + आनन ........................
8. कुश + आसन ........................
9. रेखा + अंकित ........................
10. सेवा + अर्थ ........................
11. भाव + अर्थ ........................
12. देव + इंद्र ........................
13. स्व + इच्छा ........................
14. ज्ञान + इंद्रिय ........................
15. गण + ईश ........................
16. पूर्व + उक्त ........................
17. वीर + उचित ........................
18. सर्व + उत्तम ........................
19. पुरुष + उत्तम ........................
20. गंगा + उर्मि ........................
21. जल + उर्मि ........................
22. महा + उदधि ........................
23. धन + एषणा ........................
24. पुत्र + एषणा ........................
25. देव + ऐश्वर्य ........................
26. महा + ओजस्वी ........................
27. इति + आदि ........................
28. तथा + एव ........................
29. अति + आवश्यक ........................
30. प्रति + उपकार ........................

### व्यंजन संधि

1. दिक + गज ........................
2. भगवत् + गीता ........................
3. वाक् + दत्ता ........................
4. चित् + आनंद ........................
5. सद् + गति ........................
6. जगत् + नाथ ........................
7. वाक् + मय ........................
8. सत् + चित ........................
9. शरत् + चंद्र ........................
10. चित् + मय ........................
11. उत् + हत ........................
12. उत् + ज्वल ........................
13. सत् + मार्ग ........................
14. सम् + बंध ........................
15. परि + छेद ........................
16. सम् + मोहन ........................
17. अहम् + कार ........................
18. नि + सिद्ध ........................
19. सम् + लग्न ........................
20. हर + न ........................
21. ऋ + न ........................
22. सु + सुप्ति ........................
23. वि + स्मरण ........................
24. सत् + शास्त्र ........................
25. भूष् + अन ........................

**विसर्ग संधि**

| | | | |
|---|---|---|---|
| 1. तपः + बल | ........................ | 2. मनः + अनुकूल | ........................ |
| 3. मनः + रथ | ........................ | 4. मनः + भाव | ........................ |
| 5. निः + धन | ........................ | 6. निः + मल | ........................ |
| 7. दुः + गुण | ........................ | 8. दुः + आशा | ........................ |
| 9. निः + उत्साह | ........................ | 10. निः + जन | ........................ |
| 11. निः + भय | ........................ | 12. निः + चिंत | ........................ |
| 13. दुः + कर | ........................ | 14. निः + फल | ........................ |
| 15. निः + तार | ........................ | 16. निः + तेज | ........................ |
| 17. निः + काम | ........................ | 18. निः + कपट | ........................ |
| 19. दुः + परिणाम | ........................ | 20. दुः + प्रकृति | ........................ |
| 21. निः + रस | ........................ | 22. पयः + पान | ........................ |
| 23. अधः + पतन | ........................ | 24. तपः + स्वी | ........................ |
| 25. मनः + स्वी | ........................ | | |

## II. बहुवैकल्पिक प्रश्नोत्तर

**(क)** *निम्न संधि रूप के सही संधि-विच्छेद पर (✓) का चिह्न लगाइए–*

| | | (क) | (ख) | (ग) | (घ) |
|---|---|---|---|---|---|
| 1. | परोपकार | परा + उपकार | पर + उपकार | परो + पकार | परोप + कार |
| 2. | सज्जन | सत + जन | सत् + जन | सज + जन | सत् + ज्जन |
| 3. | नीरोग | नीः + रोग | नी + रोग | निर् + रोग | निर + रोग |
| 4. | उपर्युक्त | उपरि + उक्त | उपरी + उक्त | उपर् + उक्त | उपरि + ओक्त |
| 5. | स्वागत | सु + आगत | स्व + आगत | स्वा + गत | सु + अगत |
| 6. | तथैव | तथा + एव | तथा + ऐव | तथ + ऐव | तथै + एव |
| 7. | वीरेंद्र | वीर + ॠंद | वीर + इंद्र | वीर + ईंद्र | वीर + इंद् |
| 8. | गायक | गा + यक | गे + अक | गै + अक | गौ + अक |
| 9. | संसार | सं + सार | सम् + सार | सन् + सार | सं + ससार |
| 10. | निर्जन | निर् + जन | र्नि + जन | निः + जन | नि + रजन |
| 11. | कवींद्र | कवी + इंद्र | कवि + इंद्र | कवि + अंद्र | कवीन + इंद्र |
| 12. | सारांश | सार + अंश | सारा + अंश | सार + आंश | सारा + शं |
| 13. | वागीश | वाग + ईश | वाग + ईश | वाक् + ईश | वाग् + इश |
| 14. | समुद्रोर्मि | समुद्रो + उर्मि | समुद्र + ऊर्मि | समुद्र + उर्मी | समुद्र + उर्मि |
| 15. | महौदार्य | महा + औदार्य | महान + ओदार्य | महान + औदार्य | महान + दार्य |
| 16. | भवन | भे + अन | भा + अन | भो + अन | भै + अन |
| 17. | दिग्गज | दिग् + गज | दिक् + गज | दिग + गज | दिक् + ग्ज |
| 18. | तमोगुण | तमः + गुण | तमो + गुण | तम + गुण | तम् + गुण |

**(ख)** *निम्न संधि-विच्छेद के सही संधि रूप पर (✓) का चिह्न लगाएँ–*

| | | (क) | (ख) | (ग) | (घ) |
|---|---|---|---|---|---|
| 1. | अति + आचार | अतिचार | अतियाचार | अत्याचार | अत्यिाचार |
| 2. | ने + अन | नअन | नयन | नेयन | नैयन |
| 3. | मनः + विज्ञान | मनोविज्ञान | मनौविज्ञान | मन:विज्ञान | मनो:विज्ञान |
| 4. | सम् + कल्प | सम्कल्प | संकल्प | सम्कल्प | समकलप |

| | | | | |
|---|---|---|---|---|
| 5. इति + आदि | –(क) इतियादि | (ख) इत्यादि | (ग) इतिआदि | (घ) इत्यिादि |
| 6. स्व + छंद | –(क) स्वाछंद | (ख) सवछंद | (ग) स्वछंद | (घ) स्वच्छंद |
| 7. सखी + आगमन | –(क) सखीआगमन | (ख) सख्यागमन | (ग) सखयागमन | (घ) सखआगमन |
| 8. वन + औषधि | –(क) वनोषधि | (ख) वनौषधि | (ग) वनाषोधि | (घ) वनऔषध |
| 9. पितृ + अनुमति | –(क) पित्रानुमति | (ख) पित्र्ानुमति | (ग) पितृनुमति | (घ) पितरानुमति |
| 10. मातृ + आज्ञा | –(क) मात्रेज्ञा | (ख) मात्राज्ञा | (ग) मातृज्ञा | (घ) मातराज्ञा |
| 11. देव + ऋषि | –(क) देवर्षि | (ख) दवोर्षि | (ग) देवऋषि | (घ) देवरिषि |
| 12. सूर्य + उदय | –(क) सूर्यउदय | (ख) सूर्योदय | (ग) सूर्योदोय | (घ) सूयदय |
| 13. धर्म + आत्मा | –(क) धर्मआत्मा | (ख) धर्मातमा | (ग) धर्मात्मा | (घ) धर्मातमा |
| 14. सदा + आनंद | –(क) सदानंद | (ख) सदाआनंद | (ग) सदनंद | (घ) सदाननद |
| 15. विपद् + जाल | –(क) विपद्जाल | (ख) विपज्जाल | (ग) विपजाल | (घ) विपदजाल |
| 16. विद्या + अर्थी | –(क) विद्याअर्थी | (ख) विद्यारथी | (ग) विद्यार्थी | (घ) विद्यर्थी |
| 17. सम् + राट | –(क) सम्राट | (ख) सम्राट | (ग) समराट | (घ) स्त्रमाट |
| 18. निः + संदेह | –(क) निर्संदेह | (ख) निःसंदेह | (ग) निर्संदेह | (घ) निरोसंदेह |

**उत्तर–(क)** 1. (ख) 2. (ख) 3. (ग) 4. (क) 5. (क)
6. (क) 7. (ख) 8. (ग) 9. (ख) 10. (ग)
11. (ख) 12. (क) 13. (ग) 14. (घ) 15. (क)
16. (ग) 17. (ख) 18. (क)

(ख) 1. (ग) 2. (ख) 3. (क) 4. (ख) 5. (ख)
6. (घ) 7. (ख) 8. (ख) 9. (क) 10. (ख)
11. (क) 12. (ख) 13. (ग) 14. (क) 15. (ख)
16. (ग) 17. (क) 18. (ख)

# 17. शब्द संपदा

## एकार्थी शब्द

ऐसे शब्द जिनका केवल एक अर्थ होता है, **एकार्थी शब्द** कहलाते हैं।

**संज्ञाएँ–**व्यक्तिवाचक, जातिवाचक, भाववाचक सभी एकार्थी होती हैं। *जैसे–*

| | | | | |
|---|---|---|---|---|
| अहमद | दीपिका | सुयश | दिल्ली | अहमदाबाद |
| मुंबई | गंगा | यमुना | गोदावरी | स्त्री |
| सफलता | बच्चा | जन्म | राजा | अपयश |
| शस्त्र | शास्त्र | पुस्तक | छात्र | ईमानदारी |
| निंदा | | | | |

## 1. पर्यायवाची या समानार्थी शब्द

एक अर्थ को प्रकट करने वाले अनेक शब्दों को **पर्यायवाची शब्द** कहते हैं। ये शब्द ऐसे शब्द होते हैं जो अर्थ तो एक ही रखते हैं लेकिन प्रयोग करने पर अलग-अलग रूप में प्रयुक्त होकर भाषा की सुंदरता बढ़ाते हैं। जैसे–**आँख** शब्द के अनेक पर्यायवाची हैं–

**आँख**–नेत्र, नयन, चक्षु, दृग, लोचन।

**इन शब्दों का प्रयोग देखिए–**

1. उसकी **आँख** में कुछ पड़ गया है।
2. यहाँ **नेत्रदान** शिविर लगा है।
3. नर्तकी के **नयनों** की सुंदरता देखने योग्य थी।

इस प्रकार एक ही अर्थ होते हुए भी प्रयोग भिन्न होता है।

**निम्न शब्दों को ध्यानपूर्वक पढ़िए–**

**अमृत**–अमी, अमिय, सुधा, पीयूष, सोम।

**अरविंद**–कमल, नीरज, वारिज, जलज, पंकज।

**अरण्य**–वन, कानन, जंगल, विपिन।

**अश्व**–घोड़ा, तुरंग, घोटक, बाजि।

**अतिथि**–अभ्यागत, मेहमान, पाहुना, आगंतुक।

**अनुचर**–नौकर, सेवक, दास, परिचारक, भृत्य।

**असुर**–दैत्य, राक्षस, निशाचर, दानव, रजनीचर।

**अच्छा**–शोभन, शुभ, उपयुक्त, उचित।

**अंधकार**–अंधेरा, तम, तिमिर, अँधियारा।

**आकाश**–गगन, अंबर, नभ, व्योम, अनंत, आसमान।

**आग**–पावक, अग्नि, हुताशन, दहन, ज्वाला।

**आनंद**–हर्ष, उल्लास, खुशी, प्रसन्नता।

**आम**–आम्र, रसाल, पिकबंधु, अमृतफल।

**इच्छा**–आकांक्षा, कामना, मनोरथ, चाह, लालसा, अभिलाषा।

**इंद्र**–महेंद्र, देवराज, सुरेंद्र, देवेंद्र, सुरपति, सुरेश, पुरंदर।

**ईश्वर**–भगवान, परमात्मा, ईश, दीनबंधु, परमेश्वर, जगदीश।

**उन्नति**–उत्थान, अभ्युदय, उन्नयन, विकास, उत्कर्ष, प्रगति।

**कपड़ा**–वस्त्र, पट, वसन, चीर, अंबर।

**कमल**–शतदल, अंबुज, जलज, नीरज, राजीव, पंकज।

**कृषक**–किसान, खेतिहर, कृषिजीवी, हलवाहा।

**किरण**–कर, अंशु, रश्मि, मरीचि, मयूख, आभा।

**कोयल**–पिक, कोकिल, श्यामा, कलकंठी, कोकिला, वसंतदूत।

**किनारा**–तट, कूल, तीर।

**कोमल**–मृदु, मुलायम, सुकुमार, नरम, मसृण, नाजुक।

**गणेश**–गजानन, लंबोदर, एकदंत, गणपति।

**गाय**–गौ, धेनु, सुरभि, गऊ, दुधा।

**गंगा**–भागीरथी, सुरनदी, देवसरी, त्रिपथगा, सुरसरि, सुरसरिता।

**घर**–गृह, निकेतन, सदन, भवन, धाम, आलय, गेह, आवास।

**चतुर**–दक्ष, निपुण, कुशल, प्रवीण, पटु, निष्णात।

**चंद्रमा**–शशि, रजनीश, विधु, सोम, हिमांशु, मयंक, निशाकर।

**जल**–नीर, तोय, अंबु, उदक, सलिल, पानी।

**जंगल**–वन, अरण्य, विपिन, कानन।

**जन्म**–उदय, उद्भव, उत्पत्ति, आविर्भाव, अवतरण, अवतार।

**तालाब**–सर, सरोवर, ताल, तड़ाग, जलाशय, पुष्कर।

**तीर**–बाण, शर, इषु, नाराच, शिलिमुख।

**दिन**–दिवस, दिव, वार, वासर, अहन।

**दूध**–दुग्ध, पय, क्षीर, गोरस।

**देवता**–देव, सुर, निर्जर, अमर, विबुध।

**धन**–वित्त, अर्थ, संपत्ति, लक्ष्मी, श्री, द्रव्य।

**धनुष**–चाप, धनु, कोदंड, कार्मुक, पिनाक।

**ध्वज**–झंडा, केतु, पताका, ध्वजा, प्रतीक, निशान।

**नदी**–सरिता, सरि, तटिनी, तरंगिणी, सलिला।

**नारी**–महिला, स्त्री, वनिता, कामिनी, औरत, अबला।

**नाव**–तरी, तरिणी, डोंगी, जलवाहन, किश्ती, नौका।

**पवन**–वायु, अनिल, समीर, हवा, बयार, मारुत।

**पर्वत**–गिरि, शैल, भूधर, महीधर, नग, पहाड़।

**पुत्र**–आत्मज, सुत, तनय, बेटा, अंशज।

**पुष्प**–फूल, कुसुम, प्रसून, सुमन, कुड़मल, पुहुप।

**पक्षी**–खग, विहग, पंखी, द्विज, अंडज, नभचर।

**पत्ता**–पत्र, पर्ण, दल, पात।

**पृथ्वी**–धरा, भूमि, वसुंधरा, मही, भू, अचला, धरती।

**प्रकाश**–उजाला, ज्योति, चमक, द्युति, प्रभा, रोशनी।

**पेड़**–विटप, पादप, तरु, वृक्ष, भूजात।

**बाल**–केश, कच, कुंतल, चिकुर, अलक।

**बिजली**–विद्युत, तड़ित, चपला, चंचला, दामिनी, सौदामिनी।

**बुद्धि**–धी, मति, मेधा, प्रज्ञा, विवेक, मनीषा, अक्ल।

**बेटा**–सुत, तनय, पुत्र, आत्मज, बेटा, पूत, तनुज।

**ब्रह्मा**–विधि, विधाता, चतुर्मुख, स्रष्टा, प्रजापति, चतुरानन।
**भौंरा**–भँवरा, मधुप, अलि, मधुकर, द्विरेफ, भ्रमर, भृंग।
**मनुष्य**–मनुज, आदमी, इनसान, मानव, नर।
**मधु**–वसंत, कुसुमाकर, माधव, ऋतुराज।
**मछली**–मीन, मत्स्य, शफरी।
**महादेव**–शिव, आशुतोष, शंकर, महेश, त्रिलोचन।
**मित्र**–मीत, सखा, सहचर, दोस्त, सुहृद।
**मेघ**–पयोद, वारिद, जलद, बादल, नीरद, जलधर, पयोधर, घन।
**राजा**–नृप, महीप, नरेश, भूप, नरेंद्र, भूपति, नृपति।
**लक्ष्मी**–श्री, रमा, कमला, चंचला, इंदिरा, चपला, विष्णुप्रिया।
**शोभा**–कांति, छटा, प्रभा, द्युति, विभा, आभा, सुषमा।
**संसार**–विश्व, जग, जगत, दुनिया, भव।
**समुद्र**–सागर, सिंधु, रत्नाकर पयोधि, अंबुधि, पारावार।
**सरस्वती**–भारती, भाषा, शारदा, वाक्, गिरा, श्री, वागीश्वरी।
**साँप**–सर्प, नाग, फणि, व्याल, अहि, भुजंग, विषधर।
**सिंह**–मृगराज, मृगपति, हरि, शेर. पंचमुख, केसरी, वनराज।
**सूरज**–सूर्य, दिनकर, दिवाकर, प्रभाकर, भानु, आदित्य, रवि।
**सेना**–चमु, अनी, दल, कटक, फौज, वाहिनी।
**सोना**–स्वर्ण, कंचन, हिरण्य, हेम, सुवर्ण, कनक, हाटक
**स्त्री**–नारी, ललना, अंगना, कामिनी, सुंदरी, रमणी।
**स्वर्ग**–बैकुंठ, देवलोक, सुरलोक।
**हाथ**–हस्त, कर, पाणि।

## I. प्रश्न-अभ्यास

1. *निम्न शब्दों के दो-दो पर्यायवाची शब्द लिखिए–*

| | | | | | |
|---|---|---|---|---|---|
| (क) असुर | ............ | ............ | (च) दिन | ............ | ............ |
| (ख) आग | ............ | ............ | (छ) पेड़ | ............ | ............ |
| (ग) उन्नति | ............ | ............ | (ज) पवन | ............ | ............ |
| (घ) जन्म | ............ | ............ | (झ) मछली | ............ | ............ |
| (ङ) दूध | ............ | ............ | (ञ) ब्रह्मा | ............ | ............ |

2. *निम्न वाक्यों को सही पर्यायवाची शब्दों से पूरा कीजिए–*
   (क) ध्वज हमारी स्वतंत्रता का .......................... है।
   (ख) पक्षी को .......................... भी कहते हैं।
   (ग) बादलों की ऐसी रोशनी चमकी कि चारों ओर .......................... फैल गया।
   (घ) मेहमानों के आने पर दादीजी ने कहा–.......................... देवो भवः।
   (ङ) कभी भी अहंकार नहीं करना चाहिए क्योंकि .......................... तो रावण का भी नहीं रहा।

## II. बहुवैकल्पिक प्रश्नोत्तर

1. *निम्न शब्दों में जो शब्द सही पर्याय नहीं है उसे छाँटकर लिखिए–*

| | | | | | |
|---|---|---|---|---|---|
| 1. अमृत | – | (क) अमी | (ख) अमिय | (ग) सुधा | (घ) अनी |
| 2. असुर | – | (क) दैत्य | (ख) राक्षस | (ग) अदेव | (घ) निशाचर |
| 3. कोयल | – | (क) पिक | (ख) कालिमा | (ग) कोकिला | (घ) श्यामा |
| 4. घर | – | (क) गृह | (ख) पाठशाला | (ग) निकेतन | (घ) सदन |
| 5. चंद्रमा | – | (क) दिनकर | (ख) चाँद | (ग) शशि | (घ) विधु |
| 6. तालाब | – | (क) सर | (ख) सलिल | (ग) सरोवर | (घ) तड़ाग |
| 7. जन्म | – | (क) आगत | (ख) उत्पत्ति | (ग) अवतार | (घ) उदय |
| 8. गंगा | – | (क) भागीरथी | (ख) सुंदरी | (ग) सुरनदी | (घ) त्रिपझगा |
| 9. किरण | – | (क) कर | (ख) वेग | (ग) अंशु | (घ) रशिम |

| | | | | | |
|---|---|---|---|---|---|
| 10. आम | – | (क) आम्र | (ख) पीलाभ | (ग) रसाल | (घ) पिकबंधु |
| 11. इच्छा | – | (क) लालच | (ख) कामना | (ग) चाह | (घ) लालसा |
| 12. इंद्र | – | (क) देवराज | (ख) सुरेंद्र | (ग) नरेश | (घ) सुरेश |
| 13. पर्वत | – | (क) अचला | (ख) शैल | (ग) गिरि | (घ) नग |
| 14. पत्ता | – | (क) पर्ण | (ख) पत्र | (ग) दल | (घ) समूह |
| 15. मधु | – | (क) वसंत | (ख) कुसुमाकर | (ग) माधव | (घ) सुंदरतम |

**उत्तर–** 1.

| | | | | |
|---|---|---|---|---|
| 1. (घ) | 2. (ग) | 3. (ख) | 4. (ख) | 5. (क) |
| 6. (ख) | 7. (क) | 8. (ख) | 9. (ख) | 10. (ख) |
| 11. (क) | 12. (ग) | 13. (क) | 14. (घ) | 15. (घ) |

## 2. विलोम शब्द

'विलोम अर्थात् विपरीत' जिस शब्द का उल्टा अर्थ लिखा जाए वह **विलोम शब्द** कहलाता है। *जैसे–*

अंधकार–प्रकाश

निम्न शब्दों को ध्यानपूर्वक पढ़िए–

| शब्द | – | विलोम | शब्द | – | विलोम |
|---|---|---|---|---|---|
| अनुकूल | – | प्रतिकूल | अनुभवी | – | नौसिखिया |
| अँधेरा | – | उजाला | अनिवार्य | – | वैकल्पिक |
| अंतरंग | – | बहिरंग | इच्छा | – | अनिच्छा |
| अथ | – | इति | इहलोक | – | परलोक |
| अतिवृष्टि | – | अनावृष्टि | उचित | – | अनुचित |
| अनुराग | – | विराग | उत्कर्ष | – | पराभव/अपकर्ष |
| अपव्यय | – | मितव्यय | उदार | – | अनुदार |
| अमृत | – | विष | उत्तीर्ण | – | अनुत्तीर्ण |
| अल्पज्ञ | – | बहुल | उत्थान | – | पतन |
| अवनति | – | उन्नति | उदय | – | अस्त |
| आकाश | – | पाताल | उपकार | – | अपकार |
| आग | – | पानी | उपस्थित | – | अनुपस्थित |
| आगामी | – | विगत | उपयोगी | – | अनुपयोगी |
| आचार | – | अनाचार | उष्ण | – | शीत |
| आज्ञा | – | अवज्ञा | उत्तम | – | अधम |
| आदान | – | प्रदान | एक | – | अनेक |
| आदि | – | अनादि | ऐच्छिक | – | अनैच्छिक/वैकल्पिक |
| आवश्यक | – | अनावश्यक | औचित्य | – | अनौचित्य |
| आय | – | व्यय | औपचारिक | – | अनौपचारिक |
| आयात | – | निर्यात | कटु | – | मधुर |
| आरोह | – | अवरोह | कठोर | – | मृदु |
| आस्था | – | अनास्था | कायर | – | वीर |
| आस्तिक | – | नास्तिक | कुटिल | – | सरल |
| आकर्षण | – | विकर्षण | कीर्ति | – | अपकीर्ति |

| शब्द | – | विलोम |
|---|---|---|
| कोमल | – | कठोर |
| कृत्रिम | – | अकृत्रिम/प्राकृतिक |
| कृतज्ञ | – | अकृतज्ञ/कृतघ्न |
| कुबुद्धि | – | सुबुद्धि |
| कुयश/यश | – | सुयश/अपयश |
| खंडन | – | मंडन |
| ग्राह्य | – | अग्राह्य |
| घृणा | – | प्रेम |
| जीवन | – | मृत्यु |
| जन्म | – | मरण |
| चेतन | – | अचेतन |
| जय | – | पराजय |
| ठोस | – | तरल |
| तटस्थ | – | पक्षधर |
| दिवाकर | – | निशाकर |
| दुर्लभ | – | सुलभ |
| दुर्गंध | – | सुगंध |
| दुर्गुण | – | गुण/सद्गुण |
| धर्म | – | अधर्म/विधर्म |
| नीरस | – | सरस |
| नरक | – | स्वर्ग |
| निर्मल | – | मलिन |
| नवीन | – | प्राचीन |
| निर्दय | – | सदय |
| निरर्थक | – | सार्थक |
| न्याय | – | अन्याय |
| निरक्षर | – | साक्षर |
| निर्माण | – | नाश |
| निष्पक्ष | – | पक्षपात |
| नैतिक | – | अनैतिक |
| पक्ष | – | विपक्ष |
| पाप | – | पुण्य |
| प्रत्यक्ष | – | अप्रत्यक्ष/परोक्ष |
| पराधीन | – | स्वाधीन |
| प्राचीन | – | अर्वाचीन/नवीन |
| प्राकृतिक | – | अप्राकृतिक |
| बुद्धिमान | – | मूर्ख |
| भक्ष्य | – | अभक्ष्य |

| शब्द | – | विलोम |
|---|---|---|
| भाग्य | – | दुर्भाग्य |
| भोगी | – | योगी |
| मानव | – | दानव |
| मनुज | – | दनुज |
| मानवीय | – | अमानवीय |
| यथार्थ | – | कल्पित |
| यश | – | अपयश |
| राजा | – | रंक |
| लुप्त | – | प्रकट |
| लौकिक | – | अलौकिक |
| वरदान | – | अभिशाप |
| विकास | – | ह्रास |
| विष | – | अमृत |
| शांति | – | अशांति |
| शिष्ट | – | अशिष्ट |
| शोक | – | हर्ष |
| संकीर्ण | – | विस्तीर्ण |
| संक्षेप | – | विस्तार |
| संधि | – | विग्रह |
| संयोग | – | वियोग |
| सक्रिय | – | निष्क्रिय |
| सगुण | – | निर्गुण |
| सजीव | – | निर्जीव |
| सज्जन | – | दुर्जन |
| सदाचार | – | दुराचार |
| सबल | – | निर्बल |
| समीप | – | दूर |
| सम्मान | – | अपमान |
| सरल | – | कठिन |
| सर्वज्ञ | – | अल्पज्ञ/अज्ञानी |
| साकार | – | निराकार |
| सामान्य | – | असामान्य/विशेष |
| सामिष | – | निरामिष |
| सार्थक | – | निरर्थक |
| सुगंध | – | दुर्गंध |
| सुगम | – | दुर्गम |
| सुलभ | – | दुर्लभ |

| | | | | | |
|---|---|---|---|---|---|
| स्थाई/स्थायी | – | अस्थाई/अस्थायी | स्वाभाविक | – | अस्वाभाविक |
| स्थिर | – | अस्थिर | हर्ष | – | विषाद/शोक |
| स्वच्छ | – | मलिन | हित | – | अहित |

## I. प्रश्न-अभ्यास

1. *निम्न शब्दों के विलोम शब्द लिखिए–*

| | | | |
|---|---|---|---|
| 1. अनुकूल | ........................ | 11. निरक्षर | ........................ |
| 2. अल्पज्ञ | ........................ | 12. पराधीन | ........................ |
| 3. आज्ञा | ........................ | 13. प्राचीन | ........................ |
| 4. आवश्यक | ........................ | 14. प्राकृतिक | ........................ |
| 5. आस्था | ........................ | 15. बुद्धिमान | ........................ |
| 6. उदय | ........................ | 16. विकास | ........................ |
| 7. कायर | ........................ | 17. यश | ........................ |
| 8. नीरस | ........................ | 18. मनुज | ........................ |
| 9. निर्दय | ........................ | 19. शिष्ट | ........................ |
| 10. न्याय | ........................ | 20. स्वाभाविक | ........................ |

2. *निम्न वाक्यों को सही विलोम शब्द से भरिए–*

1. पिता की इच्छा को मैंने ........................ से निभाया।
2. सूर्य पूर्व दिशा से उदय व पश्चिम में ........................ होता है।
3. मनुष्य की कीर्ति या ........................ उसके द्वारा किए गए कार्यों पर निर्भर करती है।
4. नवीन भवनों का निर्माण करने हेतु ........................ इमारतों को तोड़ना पड़ा।
5. ........................ समाज को साक्षर बनाना सरकार का परम कर्तव्य होना चाहिए।

## II. बहुवैकल्पिक प्रश्नोत्तर

1. *निम्न शब्दों के सही विलोम शब्द को चिह्नित कीजिए–*

| | | | | |
|---|---|---|---|---|
| 1. हर्ष | – | (क) अहर्ष | (ख) विषाद | (ग) दुख |
| 2. सार्थक | – | (क) निरर्थक | (ख) असार्थक | (ग) अग्राह्य |
| 3. संधि | – | (क) तोड़ना | (ख) बिछुड़ना | (ग) विग्रह |
| 4. शिष्ट | – | (क) सभ्य | (ख) अशिष्ट | (ग) असभ्य |
| 5. पराधीन | – | (क) स्वाधीन | (ख) स्वतंत्र | (ग) आजाद |
| 6. भोगी | – | (क) ढोंगी | (ख) योगी | (ग) कुटिल |
| 7. प्रत्यक्ष | – | (क) अनौपचारिक | (ख) धूमिल | (ग) अप्रत्यक्ष |
| 8. भक्ष्य | – | (क) अभक्ष्य | (ख) सदय | (ग) अनौचित्य |
| 9. तटस्थ | – | (क) पक्षधर | (ख) भागीदार | (ग) सुसाध्य |
| 10. कुबुद्धि | – | (क) दुर्बुद्धि | (ख) सुबुद्धि | (ग) बुद्धिमान |
| 11. कटु | – | (क) मीठा | (ख) स्वादिष्ट | (ग) मधुर |
| 12. कुयश | – | (क) सुयश | (ख) अपमान | (ग) दुर्बोध |
| 13. खंडन | – | (क) अन्याय | (ख) मंडन | (ग) अचर |
| 14. घृणा | – | (क) कोमल | (ख) प्रेम | (ग) मधुर |
| 15. जीवन | – | (क) मरण | (ख) प्राणांत | (ग) घर |

उत्तर– 1.

| | | | | |
|---|---|---|---|---|
| 1. (ख) | 2. (क) | 3. (ग) | 4. (ख) | 5. (क) |
| 6. (ख) | 7. (ग) | 8. (क) | 9. (क) | 10. (ख) |
| 11. (ग) | 12. (क) | 13. (ख) | 14. (ख) | 15. (क) |

## 3. अनेकार्थी शब्द

जिन शब्दों के एक से अधिक अन्य अर्थ होते हैं वे **अनेकार्थी शब्द** कहलाते हैं। जैसे–घन–एक शब्द है जिसका अर्थ है 'बादल' लेकिन इसके अलावा भी इसके कई अर्थ होते हैं। जैसे–घटा, भारी, बड़ा, हथौड़ा आदि।

**निम्न शब्दों को ध्यान से पढ़िए–**

**अर्थ**–धन, मतलब, प्रयोजन, उद्देश्य।

**अंक**–गोद, संख्या, अध्याय, नाटक का एक भाग।

**अक्षर**–ईश्वर, वर्ण, नष्ट न होने वाला।

**अज**–शिव, बकरा, अजन्मा, ब्रह्मा।

**अंबर**–आकाश, वस्त्र, कपास।

**अंग**–देह, भाग, अवयव, शाखा।

**अनंत**–आकाश, असीम, अविनाशी, ईश्वर।

**अधर**–ओष्ठ, अंतरिक्ष, धरती और आसमान के मध्य।

**अरुण**–लाल, सिंदूर, सूर्य का सारथी, प्रातःकालीन सूर्य।

**अवकाश**–छुट्टी, अवसर बीच का समय।

**अवधि**–सीमा, निर्धारित समय।

**आम**–एक फल, सामान्य।

**उत्तर**–जवाब, उत्तर दिशा।

**कनक**–गेहूँ, सोना, धतूरा।

**कर**–हाथ, किरण, 'करना' क्रिया रूप, हाथी की सूँड़।

**कल**–आगामी दिन, पिछला दिन, मशीन, शोर।

**काल**–समय, मृत्यु।

**काम**–इच्छा, कामदेव, कार्य, वासना।

**कुल**–वंश, घर, गोत्र, सब।

**कोष**–खज़ाना, फूल का भीतरी भाग।

**खग**–पक्षी, आकाश।

**गुरु**–अध्यापक, श्रेष्ठ, भारी, बड़ा, दो मात्राओं वाला वर्ण।

**गौ**–गाय, पृथ्वी, इंद्रियाँ।

**घट**–घड़ा, हृदय, कम, शरीर।

**घर**–मकान, कुल, कार्यालय।

**चीर**–वस्त्र, रेखा, पट्टी, चीरना।

**जड़**–अचेतन, मूर्ख, वृक्ष का मूल।

**तात**–पिता, भाई, प्यासा व्यक्ति।

**तीर**–किनारा, बाण।

**दल**–समूह, सेना, पत्रा।

**नव**–नया, नौ, नवीन।

**पत्र**–पत्रा, चिट्ठी, समाचार पत्र, पत्ता।

**पंक**–पाप, कीचड़, लेप।

**पृष्ठ**–पन्ना, पीठ पीछे का भाग।

**पूर्व**–पहले, एक दिशा का नाम।

**पानी**–मान, चमक, जल।

**बाल**–बच्चा, केश, नवोदित।

**मधु**–मीठा, मदिरा, वसंत, शहद।

**मूल**–जड़, आरंभ, प्रधान।

**मित्र**–सूर्य, दोस्त।

**मुद्रा**–सिक्का, मुख का भाव, मोहर।

**रंग**–वर्ण, प्रेम, नृत्य, अभिनय का स्थान, दशा।

**रस**–आनंद, प्रेम, फलों का निचोड़, स्वाद, सार।

**लाल**–एक रंग, पुत्र।

**वर्ण**–जाति, रंग, अक्षर।

**वार**–आक्रमण, प्रहार, दिन।

**विधि**–तरीका, प्रणाली, भाँति।

**श्यामा**–स्त्री, काले रंग की गाय, यमुना, राधा।

**श्री**–शोभा, कांति, धन, लक्ष्मी, संपत्ति, सरस्वती।

**सारंग**–मृग, कोयल, कामदेव, साँप, बादल, पपीहा।

**सोना**–शयन, स्वर्ण।

**हरि**–विष्णु, सूर्य, इंद्र, सिर, सर्प।

**हल**–खेत जोतने का यंत्र, समाधान।

**हार**–माला, पराजय।

**हंस**–सूर्य, घोड़ा, पर्वत, एक पक्षी।

## I. प्रश्न-अभ्यास

1. *नीचे लिखे शब्दों के दो-दो अर्थ लिखिए–*
   अरुण, उत्तर, कानन, काल, पत्र, नव।
2. *निम्न शब्दों के भिन्न अर्थ देने वाले दो-दो वाक्य बनाइए–*
   अक्षर, कल, चीर, कृष्ण, पंक।
3. *नीचे अनेकार्थी शब्द दिए गए हैं, अर्थों में से कुछ शब्दार्थ उनसे मेल नहीं खाते उन्हें छाँटकर लिखिए–*

| | | | | |
|---|---|---|---|---|
| (क) **घट** | – | (क) घड़ा | (ख) हृदय | (ग) कम। |
| (ख) **नव** | – | (क) साँप | (ख) नया | (ग) नौ। |
| (ग) **हार** | – | (क) पराजय | (ख) हराना | (ग) माला। |
| (घ) **अंबर** | – | (क) दूर | (ख) अकाश | (ग) वस्त्र। |
| (ङ) **चीर** | – | (क) प्रकार | (ख) वस्त्र | (ग) चीरना। |
| (च) **पत्र** | – | (क) पत्ता | (ख) चिट्ठी | (ग) पंख। |
| (छ) **कृष्ण** | – | (क) श्रीकृष्ण | (ख) काला | (ग) सारथी। |
| (ज) **जड़** | – | (क) रहस्य | (ख) मूर्ख | (ग) वृक्ष का मूल। |
| (झ) **कनक** | – | (क) सोना | (ख) धतूरा | (ग) दान। |
| (ञ) **अनंत** | – | (क) आकाश | (ख) बादल | (ग) असीम। |
| (ट) **उत्तर** | – | (क) जवाब | (ख) दिशा | (ग) निरुत्तर। |
| (ठ) **कर** | – | (क) टैक्स | (ख) चंद्रमा | (ग) हाथ। |

**उत्तर–** (क) (ख) (ख) (क) (ग) (ख) (घ) (क) (ङ) (क)
(च) (ग) (छ) (ग) (ज) (क) (झ) (ग) (ञ) (ख)
(ट) (ग) (ठ) (ख)

## 4. अनेक शब्दों के लिए एक शब्द

1. जिसका आदि ने हो – अनादि
2. जिसका ईश्वर में विश्वास हो – आस्तिक
3. जिसका ईश्वर में विश्वास न हो – नास्तिक
4. जो अनुकरण करने योग्य हो – अनुकरणीय
5. जो कभी न मरे – अमर
6. जो कभी नष्ट न हो – अनश्वर
7. जिसके समान कोई दूसरा न हो – अनुपम, अद्वितीय
8. जानने की इच्छा रखने वाला – जिज्ञासु
9. जो दया से रहित हो – निर्दय
10. जो कहा न जा सके – अकथनीय
11. जो कम बोलता हो – मितभाषी
12. जो कम खर्च करता हो – मितव्ययी
13. जो अधिक खर्च करता हो – अपव्ययी
14. जो अधिक बोलता हो – वाचाल
15. जो कम बोलता हो – मितभाषी
16. जहाँ पहुँचना सरल न हो – दुर्गम
17. जहाँ पहुँचा न जा सके – अगम
18. जिसको प्राप्त करना सरल हो – सुलभ
19. जिसको प्राप्त करना कठिन हो – दुर्लभ
20. जो सब कुछ जानता हो – सर्वज्ञ
21. जो थोड़ा जानता हो – अल्पज्ञ
22. जो कुछ भी न जानता हो – अज्ञ
23. जिसका पति जीवित हो – सधवा, सौभाग्यवती
24. जिसका पति न हो – विधवा
25. जो दूर की सोचे – दूरदर्शी
26. शब्दों द्वारा जिसको व्यक्त न किया जा सके – अनिर्वचनीय
27. जिसकी पत्नी मर गई हो – विधुर
28. मांस खाने वाला – मांसाहारी
29. मांस न खाने वाला – निरामिष

30. अपनी हत्या स्वयं करने वाला – आत्मघाती
31. आकाश में विचरण करने वाला – नभचर
32. जल में विचरण करने वाला – जलचर
33. शक्ति के अनुसार – यथाशक्ति
34. जो लज्जाविहीन हो – निर्लज्ज
35. जो देखने योग्य हो – दर्शनीय
36. जो विश्वास करने योग्य हो – विश्वसनीय
37. जो सबको प्रिय हो – सर्वप्रिय
38. जिसकी कोई सन्तान न हो – नि:सन्तान
39. जो आँखों के सामने न हो – अप्रत्यक्ष, परोक्ष
40. जिसमें विष हो – विषाक्त
41. जो दिखाई न दे – अदृश्य
42. जो व्याकरण का ज्ञाता हो – वैयाकरण
43. जो गुप्त रखने के योग्य हो – गोपनीय
44. जिसे क्षमा न किया जा सके – अक्षम्य
45. जिसको भय न हो – निर्भय
46. जिसमें कोई विकार न हो – निर्विकार
47. जो आकारवीहीन हो – निराकार
48. जो मीठा बोलता हो – मृदुभाषी
49. दुष्ट बुद्धिवाला – दुर्बुद्धि
50. जिसमें संदेह न हो – नि:संदेह
51. काम से जी चुराने वाला – कामचोर
52. जिसकी आयु लंबी हो – चिरंजीवी
53. जो गिना न जा सके – नगण्य

## I. प्रश्न-अभ्यास

1. *निम्न वाक्यांशों हेतु एक शब्द दें–*
   1. जो कम बोलता हो ..........
   2. जो थोड़ा जानता हो ..........
   3. जो सबको प्रिय हो ..........
   4. जो दिखाई न दे ..........
   5. अपनी हत्या स्वयं करने वाला ..........
   6. जो कम खर्च करता हो ..........
   7. जिसमें कोई विकार न हो ..........
   8. दुष्ट बुद्धि वाला ..........
   9. जो गिना न जा सके ..........
   10. जिसमें संदेह न हो ..........

2. *निम्न शब्दों हेतु अनेक शब्द दें–*
   1. नभचर .......... 2. अप्रत्यक्ष ..........
   3. अपव्ययी .......... 4. आस्तिक ..........
   5. विधुर .......... 6. निरामिष ..........
   7. सर्वप्रिय .......... 8. अज्ञ ..........
   9. नगण्य .......... 10. मृदुभाषी ..........

## II. बहुवैकल्पिक प्रश्नोत्तर

1. *निम्न वाक्यांशों के लिए सामने दिए गए विकल्पों में से सही शब्द चुनकर लिखिए–*
   1. जल में विचरण करने वाला (क) जलचर (ख) नभचर (ग) पखेरू
   2. शक्ति के अनुसार (क) शक्तिनुसार (ख) शक्तिशाली (ग) यथाशक्ति
   3. जिसमें विष हो (क) विषाक्त (ख) विषैला (ग) विषयुक्त
   4. जिसे क्षमा न किया जा सके (क) अक्षमा (ख) अक्षम्य (ग) क्षमाविहीन
   5. जो दया रहित हो (क) निर्दय (ख) सदय (ग) कठोर
   6. जो कभी न मरे (क) अमर (ख) अजर (ग) सदैव

| | | | |
|---|---|---|---|
| 7. जो दिखाई न दे | (क) अप्रत्यक्ष | (ख) अदृश्य | (ग) अस्पष्ट |
| 8. दुष्ट बुद्धि वाला | (क) कुबुद्धि | (ख) सुबुद्धि | (ग) दुर्बुद्धि |
| 9. जिसे कोई भय न हो | (क) निर्भय | (ख) डरपोक | (ग) निडर |
| 10. जो दूर की सोचे | (क) दूरदर्शी | (ख) दूरगामी | (ग) दुर्दशा |
| 11. जो लज्जाविहीन हो | (क) लज्जाहीन | (ख) निर्लज्ज | (ग) बेशर्म |
| 12. जो कम बोलता हो | (क) अल्पभाषी | (ख) मृदुभाषी | (ग) मितभाषी |
| 13. जो कुछ भी न जानता हो | (क) विज्ञ | (ख) अज्ञ | (ग) सज्ञ |
| 14. जिसका पति मर गया हो | (क) सधवा | (ख) भाग्यविहीन | (ग) विधवा |
| 15. जो सबको प्रिय हो | (क) सर्वप्रिय | (ख) लोकप्रिय | (ग) जनप्रिय |

उत्तर– 1. (क) 2. (ग) 3. (क) 4. (ख) 5. (क)
6. (क) 7. (ख) 8. (ग) 9. (क) 10. (क)
11. (ख) 12. (ग) 13. (ख) 14. (ग) 15. (क)

## 5. समानार्थक प्रतीत होने वाले भिन्नार्थक शब्द

| | | |
|---|---|---|
| 1. अगम | – | जहाँ किसी की पहुँच न हो |
| दुर्गम | – | जहाँ कठिनाई से पहुँचा जा सके |
| 2. अनिवार्य | – | अटल, जिसे टाला नहीं जा सके |
| आवश्यक | – | जो जरूरी हो |
| 3. अस्त्र | – | हथियार जो फेंककर चलाया जाए – बाण |
| शस्त्र | – | हथियार जिसे हाथ में पकड़कर चलाया जाए, तलवार |
| 4. अनुरोध | – | बराबर वालों से किया जाता है |
| प्रार्थना | – | अपने से बड़ों व पूज्य लोगों से की जाती है |
| 5. अहंकार | – | गुण न होने पर अपने को अधिक महत्त्व देना |
| अभिमान | – | अपने को किसी दूसरे से बड़ा समझना |
| स्वाभिमान | – | अपने गौरव को समझना |
| 6. अविराम | – | निरंतर |
| अभिराम | – | सुंदर |
| 7. अन्न | – | अनाज |
| अन्य | – | दूसरा |
| 8. अवलंब | – | सहारा |
| अविलंब | – | बिना देर किए |
| 9. अवस्था | – | हालात का सूचक |
| आय | – | जीवन की अवधि |
| 10. आदरणीय | – | अपने बड़ों के प्रति सम्मान सूचक |
| पूजनीय | – | गुरु, माता, पिता के लिए सम्मान सूचक |
| 11. अपकार | – | अहित, हानि |
| उपकार | – | भलाई |
| 12. अनल | – | आग |
| अनिल | – | हवा |

| | | | |
|---|---|---|---|
| 13. | अपेक्षा | – | किन्हीं दो की तुलना में |
| | उपेक्षा | – | लापरवाही, ध्यान न देना |
| 14. | अभय | – | भय रहित |
| | उभय | – | दोनों |
| 15. | अली | – | सखी |
| | अलि | – | भौंरा |
| 16. | ईर्ष्या | – | दूसरे की सफलता पर जलना |
| | द्वेष | – | किसी से शत्रुतावश घृणा करना |
| 17. | उत्साह | – | काम करने की तीव्र उमंग |
| | साहस | – | साधन न होने पर काम करने की इच्छा |
| 18. | करुणा | – | दूसरों के दुख को दूर करने की आकुलता |
| | दया | – | दूसरों के दुख को देखकर द्रवित हो जाना |
| 19. | आवेदन | – | प्रार्थना पत्र |
| | निवेदन | – | नम्रतापूर्वक विचार प्रकट करना |
| 20. | उपहास | – | अपमान की भावना से किसी का मज़ाक उड़ाना |
| | परिहास | – | समान व्यक्तियों से हँसी-मज़ाक करना |
| 21. | ग्लानि | – | अपने कुकर्मों पर स्वयं ही पछताना |
| | लज्जा | – | अनुचित कार्य पर मुँह छुपाना |
| 22. | कुल | – | वंश, परिवार, योग |
| | कूल | – | किनारा |
| 23. | कर्म | – | काम |
| | क्रम | – | सिलसिला, बारी-बारी से |
| 24. | खेद | – | गलती करने पर दुख प्रकट करना |
| | शोक | – | किसी की मृत्यु पर दुख होना |
| 25. | ग्रह | – | पृथ्वी, सूर्य, चन्द्र आदि |
| | गृह | – | घर |
| 26. | चिर | – | काफी समय से, पुराना |
| | चीर | – | वस्त्र |
| 27. | ग्रंथ | – | बड़ी तथा धर्म व गंभीर विषय वाली पुस्तक |
| | पुस्तक | – | कोई भी सामान्य किताब |
| 28. | प्रलाप | – | मानसिक विकार से बोलना |
| | विलाप | – | शोक या वियोग में रोना |
| 29. | भ्रान्ति | – | उलझन जैसे अँधेरे में रस्सी को साँप समझना |
| | संदेह | – | वास्तविकता के बारे में अनिश्चय की स्थिति |
| 30. | श्रद्धा | – | ईश्वर तथा बड़े लोगों से पूज्य भाव |
| | भक्ति | – | ईश्वर के प्रति हार्दिक निष्ठा |
| 31. | सहानुभूति | – | दूसरे के दुख में दुखी, दूसरे के सुख में सुखी होना |
| | स्नेह | – | छोटे बच्चों से प्यार करना |
| 32. | अंक | – | गोद या संख्या |
| | अंग | – | शरीर का कोई भाग |

33. कटि – कमर का भाग
कटी – 'कटना' क्रिया का भूतकालिक रूप

34. कपट – धोखा, छल
कपाट – किवाड़ या दरवाजा

35. चपल – चंचल
चपला – बिजली

36. छत्र – छाता, केवल राजाओं के लिए प्रयुक्त
छात्र – विद्यार्थी

37. तुरंग – घोड़ा
तरंग – पानी की लहर

38. निधन – मृत्यु
निर्धन – गरीब

39. नग – पर्वत या नगीना
नाग – सर्प

40. पुरुष – कोई भी मनुष्य
परुष – कठोर

41. परिणाम – फल
प्रणाम – नमस्कार

42. प्रसाद – मंदिर में मिलने वाला प्रसाद
प्रासाद – महल

43. सर – तालाब
शर – बाण

44. समान – बराबरी का भाव
सामान – कोई भी वस्तु

45. अमूल्य – जिसका मूल्य ही न लगाया जा सके
बहुमूल्य – बहुत कीमती

46. पुरस्कार – किसी अच्छे काम के लिए दी जाने वाली राशि
पारितोषिक – किसी प्रतियोगिता में दी जाने वाली राशि

47. दीन – गरीब
दिन – रोज का समय

48. भवन – मकान आदि इमारत
भुवन – संसार के लिए प्रयुक्त

49. व्यजन – पंखा
व्यंजन – भोज्य पदार्थ, क ख ग वर्ण

50. सर्ग – सृष्टि, अध्याय
स्वर्ग – देवताओं के रहने का स्थान स्वर्गलोक

51. धरा – पृथ्वी
धारा – पानी की धारा

## I. प्रश्न-अभ्यास

**1.** *निम्न शब्दों से वाक्य बनाकर अर्थ स्पष्ट कीजिए–*

1. [ अस्त्र / शस्त्र
2. [ आवेदन / निवेदन
3. [ अनिल / अनल
4. [ ग्रह / गृह
5. [ तुरंग / तरंग

**2.** *निम्न वाक्यों को सही शब्द से पूरा कीजिए–*

1. यह ························ मार्ग है इस पर कभी नहीं जा सकते । (अगम/दुर्गम)
2. शैलेंद्र ने सारा कार्य ························ किया। (अभिराम/अविराम)
3. सैनिकों ने दुश्मनों को ························ से मारा। (उत्साह/साहस)
4. उसकी अँगूठी में सुंदर ························ जड़ा था। (नग/नाग)
5. आकाश में ························ चमकी। (चपला/चपल)

# 18. पद भेद एवं पद-परिचय

**शब्द**–वर्णों के सार्थक समूह को **शब्द** कहते हैं। *जैसे*–गीतांश

**पद**–शब्द जब व्याकरणिक नियमों में बँधकर वाक्य में प्रयुक्त होते हैं तो वे शब्द न कहलाकर **पद** कहलाते हैं। *जैसे*–गीतांश पुस्तक पढ़ता है।

### पदभेद

वाक्य में पदों का भेद बताना पदभेद कहलाता है। *जैसे*–सात्त्विक पतंग उड़ाता है।

**सात्त्विक**–संज्ञा पद (व्यक्तिवाचक)

**पतंग**–कर्म कारक

**उड़ाता है**–सकर्मक क्रिया

**निम्न वाक्यों में रेखांकित पदों के पदभेद ध्यानपूर्वक पढ़िए–**

1. नेहा खाना बनाती है।
   संज्ञा (व्यक्तिवाचक)
2. अमन फल लाया।
   कर्मकारक
3. सैनिकों ने धीरे-धीरे आक्रमण करना शुरू किया।
   क्रियाविशेषण (अव्यय)
4. वह पाँचवीं कक्षा में पढ़ता है।
   सर्वनाम (पुरुषवाचक)
5. हमें सबसे मीठा बोलना चाहिए।
   विशेषण (गुणवाचक)

6. गीता आई और राधा चली गई।
समुच्चयबोधक (अव्यय)

7. वाह! क्या नज़ारा है।
विस्मयादिबोधक (अव्यय)

8. गीतिका गीत गा रही है।
सकर्मक क्रिया

## पदभेद एवं उपभेद

**ध्यान देने योग्य–**

**संज्ञा**–संज्ञा के भेद (व्यक्तिवाचक, जातिवाचक, भाववाचक, द्रव्यवाचक व समूहवाचक), क्रिया के साथ संबंध बताना।

**सर्वनाम**–सर्वनाम के भेद (पुरुषवाचक, प्रश्नवाचक, निजवाचक, संबंधवाचक, निश्चयवाचक, अनिश्चयवाचक), पुरुष, लिंग, वचन, कारक, क्रिया के साथ संबंध बताना।

**विशेषण**–विशेषण के भेद (गुणवाचक, संख्यावाचक, परिमाणवाचक व सार्वनामिक विशेषण), विशेषण की अवस्थाएँ, विशेष्य एवं प्रविशेषण दर्शाना।

**क्रिया**–क्रिया के भेद (अकर्मक, सकर्मक), लिंग, वचन, पुरुष, धातु, काल की अवस्थाएँ। वाच्य एवं कर्ता और कर्म के बारे में बताना।

**अव्यय के भेद–**

**क्रिया विशेषण**–जिस क्रिया की विशेषता बताई गई हो उसके बारे में बताना।

**समुच्चयबोधक**–संयुक्त शब्दों, वाक्यांशों तथा वाक्यों का उल्लेख।

**संबंधबोधक**–पदों, पदबंधों एवं वाक्यांशों से संबंध बताना।

**विस्मयादिबोधक**–भावों का परिचय।

**पद परिचय**–वाक्य के सभी पदों का अलग-अलग परिचय देना पद परिचय कहलाता है। *जैसे*–

गीतांश पुस्तक पढ़ता है।

**गीतांश**–व्यक्तिवाचक संज्ञा; एकवचन, पुल्लिग, कर्ताकारक

**पुस्तक**–जातिवाचक संज्ञा; एकवचन, स्त्रीलिंग, कर्मकारक

**पढ़ता है**–सकर्मक क्रिया; कर्तृवाच्य

**निम्न वाक्यों के पदों के पद परिचय को ध्यानपूर्वक पढ़िए–**

1. *लता पुस्तक पढ़ती है।*

**लता**–व्यक्तिवाचक संज्ञा, स्त्रीलिंग, एकवचन, 'पढ़ती है' क्रिया का कर्ता।

**पुस्तक**–जातिवाचक संज्ञा, स्त्रीलिंग, एकवचन, कर्मकारक।

**पढ़ती है**–सकर्मक क्रिया, स्त्रीलिंग शब्द, वर्तमान काल।

2. *वह छात्र बुद्धिमान है।*

**वह**–सार्वनामिक विशेषण, पुल्लिग, एकवचन।

**छात्र**–जातिवाचक संज्ञा, एकवचन, पुल्लिग, कर्ताकारक, 'है' क्रिया का कर्ता।

**बुद्धिमान**–गुणवाचक विशेषण, पुल्लिग शब्द, एकवचन, छात्र का विशेषण।

**है**–अपूर्ण अकर्मक, कर्तृवाच्य, छात्र कर्ता की क्रिया।

3. *अरे वाह! बगीचे में सुंदर फूल खिले हैं।*

**अरे वाह!**–हर्षबोधक, विस्मयादिबोधक अव्यय।

**बगीचे में**–जातिवाचक संज्ञा, पुल्लिंग, एकवचन, अधिकरण कारक।

**सुंदर**–गुणवाचक विशेषण, पुल्लिंग, फूल का विशेषण।

**फूल**–जातिवाचक संज्ञा, बहुवचन, पुल्लिंग शब्द, सुंदर शब्द का विशेष्य।

**खिले हैं**–अकर्मक क्रिया, बहुवचन, पुल्लिंग, कर्तृवाच्य।

4. *वे बाज़ार गए लेकिन उन्हें कोई सामान नहीं मिला।*

**वे**–अन्य पुरुषवाचक सर्वनाम, पुल्लिंग, बहुवचन, कर्ताकारक, गए क्रिया का कर्ता।

**बाज़ार**–जातिवाचक संज्ञा, पुल्लिंग शब्द, एकवचन।

**गए**–अकर्मक क्रिया, 'जा' धातु, पुल्लिंग, बहुवचन, भूतकाल, निश्चयार्थ, कर्तृवाच्य, 'हम' सर्वनाम का इसका कर्ता।

**लेकिन**–व्याधिकरण समुच्चयबोधक शब्द।

**उन्हें**–अन्य पुरुषवाचक सर्वनाम, बहुवचन, पुल्लिंग शब्द।

**कोई सामान**–सार्वनामिक विशेषण, बहुवचन, कर्मकारक, मिला क्रिया का कर्म।

**न**–रीतिवाचक क्रियाविशेषण, निषेधात्मक, मिला क्रिया की विशेषता।

**मिला**–सकर्मक क्रिया, पुल्लिंग, एकवचन, 'मिल' धातु, भूतकाल, निश्चयार्थ, कर्तृवाच्य, कर्तरि प्रयोग।

5. *वह क्या खा रहा है?*

**वह**–अन्य पुरुषवाचक सर्वनाम, एकवचन, पुल्लिंग, कर्ताकारक, 'खा' क्रिया का कर्ता।

**क्या**–प्रश्नवाचक सर्वनाम, पुल्लिंग, एकवचन, कर्मकारक, 'खा' क्रिया का कर्म।

**'खा'**–'खा' धातु, एकवचन, पुल्लिंग शब्द, 'वह' कर्ता की क्रिया।

**रहा है**–अकर्मक क्रिया, कर्तृवाच्य, एकवचन, पुल्लिंग, वर्तमानकाल, 'वह' कर्ता की क्रिया।

6. *हम मुंबई जाएँगे।*

**हम**–उत्तम पुरुषवाचक सर्वनाम, पुल्लिंग, बहुवचन, कर्ताकारक, 'जाएँगे' क्रिया का कर्ता।

**मुंबई**–व्यक्तिवाचक संज्ञा, पुल्लिंग, एकवचन।

**जाएँगे**–'जा' धातु, भविष्यत्काल, अकर्मक क्रिया, कर्तृवाच्य, 'हम' सर्वनाम की क्रिया।

7. *सात्त्विक दूसरी मंजिल पर रहता है।*

**सात्त्विक**–व्यक्तिवाचक संज्ञा, एकवचन, पुल्लिंग, कर्ताकारक, 'रहता है' क्रिया का कर्ता।

**दूसरी**–संख्यावाचक विशेषण, स्त्रीलिंग, एकवचन, मंजिल का विशेष्य।

**मंजिल पर**–जातिवाचक संज्ञा, स्त्रीलिंग, एकवचन, अधिकरण कारक, 'रहता है' क्रिया से संबंध।

**रहता है**–'रह' क्रिया, अकर्मक क्रिया, पुल्लिंग, एकवचन, कर्तृवाच्य, वर्तमानकाल।

8. *बच्चे बगीचे में खेल रहे हैं।*

**बच्चे**–जातिवाचक संज्ञा, पुल्लिंग, बहुवचन, कर्ताकारक, 'खेल रहे हैं' क्रिया का कर्ता।

**बगीचे में**–संज्ञा, जातिवाचक, पुल्लिंग, एकवचन, अधिकरण कारक, खेल क्रिया से सबंध।

**खेल रहे हैं**–अकर्मक क्रिया, पुल्लिंग, बहुवचन, कर्तृवाच्य, वर्तमान काल, कर्ता की क्रिया।

## I. प्रश्न-अभ्यास

1. **निम्नलिखित वाक्यों में निर्देशानुसार पदभेद का चयन कीजिए–**
    1. यज्ञांश फुटबॉल खेलता है। (संज्ञा)
    2. मैं आठवीं कक्षा में पढ़ता हूँ। (सर्वनाम)
    3. मुझे तीन सौ रुपए मिले। (विशेषण)
    4. गरिमा ने बहुत सुंदर घड़ी खरीदी। (प्रविशेषण)

5. पिताजी बाजार से बहुत सामान लाए और सब में बाँट दिया। (समुच्चयबोधक अव्यय)
6. दीपाक्षी माताजी के साथ घूमने गई। (संबंधबोधक अव्यय)
7. जैसा करोगे वैसा भरोगे। (संबंधबोधक सर्वनाम)
8. मुझे नया घर लेना है। (संज्ञा)
9. पाँच किलो चीनी चाहिए। (विशेषण)
10. अभिनव धीरे-धीरे काम समाप्त कर लेगा। (क्रियाविशेषण अव्यय)

**2. निम्न वाक्यों में मोटे काले छपे शब्दों का पद परिचय दीजिए–**

1. **राधांत** बाजार जाता है।
2. **हमें** अपने **देश पर** गर्व करना चाहिए।
3. मोहिनी सफल **गायिका** है।
4. सरबजीत मकान की **छत के ऊपर** बैठा है।
5. मैं **दसवीं** कक्षा में पढ़ता हूँ।
6. मुझे **अचानक** एक शेर दिखाई दिया।
7. **यह** पत्र किसने लिखा है?
8. **वह** मोतियों की माला खरीद लाया।
9. **कबीर** ने उपदेशात्मक दोहे लिखे।
10. **जो** करेगा सो भरेगा।
11. जब **मैं** पहुँचा तो अहमद **सो रहा था।**
12. **कल** हमने ताजमहल देखा।
13. किसी भी प्रकार की **दुष्टता उसे** सत्य-मार्ग से विचलित नहीं कर सकी।

## II. बहुवैकल्पिक प्रश्नोत्तर

**1. पदभेद के सही रूप को चिह्नित कीजिए–**

1. **हम** हरिद्वार घूमने गए।
(क) व्यक्तिवाचक संज्ञा (ख) पुरुषवाचक सर्वनाम (ग) गुणवाचक विशेषण
2. **ईमानदारी** बड़ी दुर्लभ वस्तु है।
(क) भाववाचक संज्ञा (ख) सकर्मक क्रिया (ग) गुणवाचक विशेषण
3. **गीतिका** कल दिल्ली जाएगी।
(क) पुरुषवाचक सर्वनाम (ख) व्यक्तिवाचक संज्ञा (ग) जातिवाचक संज्ञा
4. सेनाएँ **धीरे-धीरे** चलती हैं।
(क) क्रिया शब्द (ख) क्रियाविशेषण (ग) परिमाणवाचक विशेषण
5. वह **रातभर** घर से बाहर रहा।
(क) गुणवाचक विशेषण (ख) क्रियाविशेषण (ग) निश्चयवाचक सर्वनाम
6. मैं बीमार था **इसलिए** विद्यालय नहीं आया।
(क) जातिवाचक संज्ञा (ख) निश्चित परिमाणवाचक विशेषण (ग) समुच्चयबोधक
7. बच्चे **मैदान में** खेल रहे हैं।
(क) कर्ता कारक (ख) अधिकरण कारक (ग) संबंध कारक
8. मैं **अपने-आप** छत पर चढ़ जाऊँगी।
(क) पुरुषवाचक सर्वनाम (ख) जातिवाचक संज्ञा (ग) निजवाचक सर्वनाम
9. **यह घर** बहुत सुंदर है।
(क) निश्चयवाचक सर्वनाम (ख) सार्वनामिक विशेषण (ग) जातिवाचक संज्ञा
10. मेरे विद्यालय **के सामने** डाकखाना है।
(क) क्रियाविशेषण (ख) संबंधबोधक (ग) समुच्चयबोधक

**उत्तर–** 1. (ख) 2. (क) 3. (ख) 4. (ख) 5. (ख)
6. (ग) 7. (ख) 8. (ग) 9. (ख) 10. (ख)

# 19. उपसर्ग और प्रत्यय

**प्रश्न 1. उपसर्ग से आप क्या समझते हैं? विस्तारपूर्वक बताइए–**

उत्तर–जो शब्दांश शब्द के आगे लगकर उसके अर्थ को परिवर्तित करते हैं वे **उपसर्ग** कहलाते हैं। *जैसे*–बल शब्द के आगे स लगाया जाए तो बनेगा–

स + बल = सबल

और बल शब्द के आगे दुर् लगा दिया जाए तो बनेगा–

दुर् + बल = दुर्बल

हिंदी भाषा में संस्कृत, हिंदी तथा उर्दू शब्दों की प्रधानता है इसलिए उनके उपसर्ग भी भाषानुसार तीन प्रकार के हैं–

1. संस्कृत अथवा तत्सम उपसर्ग (संस्कृत के ज्यों के त्यों)
2. हिंदी अथवा तद्‌भव उपसर्ग (संस्कृत के हिंदी में बदलकर)
3. अरबी-फ़ारसी/उर्दू आगत उपसर्ग (विदेशी भाषाओं से आए)

### संस्कृत के अथवा तत्सम उपसर्ग

| उपसर्ग | अर्थ | उदाहरणार्थ शब्द |
|---|---|---|
| आ | तक, समेत, पूर्ण | आदान, आक्रमण, आजीवन, आमरण। |
| अप | अनुचित, बुरा | अपमान, अपकीर्ति, अपयश, अपव्यय। |
| अति | बहुत अधिक | अतिरिक्त, अतिप्राचीन, अतिकोमल, अत्यंत, अत्याचार। |
| अधि | अधिक, श्रेष्ठ | अधिकार, अधिशुल्क, अधिपति, अधिकृत, अधिनायक। |
| अभि | सामने, पास, चारों ओर | अभिमान, अभिभावक, अभिषेक, अभिशाप, अभिनय। |
| अनु | पीछे, बाद में, गौण, समान, प्रत्येक | अनुज, अनुराग, अनुभव, अनुवाद, अनुदिन, अनुसरण, अनुकूल, अनुरूप। |
| अव | हीन, बुरा, नीचे, उप | अवशेष, अवगुण, अवनति, अवकाश। |
| उत् | ऊँचा, श्रेष्ठ, ऊपर | उत्कर्ष, उत्थान, उद्‌घाटन, उन्नति, उच्चारण। |
| उप | निकट, समान, गौण | उपकार, उपचार, उपकरण, उपकृत, उपग्रह, उपनाम। |
| दुः, दुख, दुर | बुरा, कठिन | |
| (दुः) | | दुश्चरित्र, दुष्कर्म। |
| (दुस्) | | दुसाध्य, दुस्साहस, दुश्शासन। |
| (दुर्) | | दुर्घटना, दुर्भाग्य, दुर्दिन, दुर्गुण, दुर्दशा। |
| निर् | रहित, निषेध बिना | निर्भय, निर्वाह, निरपराध, निरादर, निराशा, निर्जन। |
| (निस्) | | निस्तेज, निश्चय, निश्चल, निस्संदेह, निष्कपट। |
| नि | निषेध, निपुणता, अधिकता | नियोग, निवारण, निषेध, निबंध, निपात, नियम। |
| परा | विपरीत | पराक्रम, पराभव, पराजय, परामर्श। |
| परि | चारों ओर | परिवर्तन, परिक्रमा, परिणाम, परिधि। |
| प्र | अधिक, आगे | प्रयत्न, प्रस्थान, प्रबल, प्रख्यात, प्रगति। |
| प्रति | हर एक, सामने, विरुद्ध | प्रतिकार, प्रतिध्वनि, प्रतिकूल, प्रतिनिधि, प्रत्यक्ष। |
| वि | विशेषता, भिन्नता, अभाव | विपक्ष, विवाद, विरोध, विशिष्ट, वियोग, विकार। |
| सन् | अच्छा, संयोग, सहित | संशय, संपूर्ण, सम्मुख, संशोधन, संन्यासी, सम्मान। |
| सु | शुभ, सहज | सुयोग, सुपुत्र, स्वागत, सुशिक्षित, सुनयन। |

| उपसर्ग | अर्थ | उदाहरणार्थ शब्द |
|---|---|---|
| अंतः/अंतर | भीतर के अर्थ में | अंतर्मन, अंतर्देशीय, अंतर्राष्ट्रीय, अंतर्मुखी, अंतर्धान, अंतःकरण, अंतःपुर, अंतर्जातीय। |
| अ | अभाव | अबोध, असाध्य, अधर्म, अहिंसा, अचर। |
| अधः | नीचे के अर्थ में | अधोमुखी, अधोपतन, अधस्थल, अधःपतन। |
| अन् | अभाव | अनादि, अनेक, अनुचित, अनिच्छा, अनंत। |
| कु | बुरा | कुपात्र, कुकृत्य, कुख्यात, कुलक्षणा। |
| चिर | बहुत देर | चिरपरिचित, चिरकाल, चिरकुमार, चिरस्थायी। |
| पर | अन्य | पराधीन, परमुखापेक्षी, परदेश, परलोक। |
| पुनर् | फिर | पुनरुत्थान, पुनर्निर्माण, पुनरावृत्ति, पुनर्जन्म, पुनरुक्ति। |
| पुरा | पहले | पुराकाल, पुरातत्त्व, पुरातन, पुरावृत्त। |
| सत् | सच्चा | सत्कर्म, सज्जन, सत्संग, सद्भावना, सत्पुरुष, सद्गति। |
| सम | समान | समकोण, समकालीन, समकालिक। |
| सह | साथ | सहगान, सहोदर, सहकारिता, सहचर, सहपाठी, सहमति। |
| स्व | अपना | स्वतंत्र, स्वदेश, स्वभाव, स्वराज्य, स्वजन, स्वचालित। |
| अव | दीन | अवगुण, अवहेलना। |
| नि | रहित | निडर, निकम्मा, निहत्था, निधड़क। |
| पर | दूसरी पीढ़ी का/कोई दूसरा | परदादा, परनाना, परपोता, परदेसी। |
| स | सहित | सरस, सहित, सजीव, सपूत, सफल। |
| सु | अच्छा | सुकन्या, सुघड़, सुडौल, सुजान, सुफल। |
| अ | कमी/निषेध | अमर, अचल, अटल, अपढ़, अछूत। |
| अन | नहीं/अभाव | अनपढ़, अनजान, अनहोनी, अनमोल, अनकही, अनबन। |
| अध | आधा | अधपका, अधजला, अधमरा, अधखिला, अधकचरा। |
| क/कु | बुरा/बुरी | कपूत, कुचाल, कुढंग, कुसमय, कुरूप, कुपात्र। |
| भर | ठीक/पूरा | भरपेट, भरपाई, भरपूर, भरसक, भरमार। |
| बिन | बिना | बिनब्याहा, बिनमाँगा, बिनकहे, बिनखाए। |

**एकाधिक उपसर्गों का प्रयोग–**

कुछ शब्दों में एक से अधिक उपसर्गों का प्रयोग होता है। उदाहरणतया–

समालोचना = सम् + आ + लोचना　　पर्यावरण = परि + आ + वरण

व्याकरण = वि + आ + करण　　दुर्व्यवहार = दुर् + वि + अव + हार

## प्रत्यय

**प्रश्न 2. प्रत्यय से आप क्या समझते हैं? विस्तार से बताइए।**

उत्तर–जो शब्दांश शब्दों के अंत में लगकर नए शब्दों का निर्माण करते हैं या शब्द के अर्थ में परिवर्तन लाते हैं वे **प्रत्यय** कहलाते हैं। जैसे–सरल शब्द के अंत में ता जोड़ दिया जाए तो बनता है–

सरल + ता = सरलता

प्रत्यय कभी भी स्वतंत्र रूप में अपना महत्त्व नहीं रखते। किसी भी शब्द के साथ शब्दांश के रूप में लगकर ही अर्थ देते हैं।

## प्रत्यय के भेद

1. कृत प्रत्यय
2. तद्धित प्रत्यय

**1. कृत प्रत्यय**–जो प्रत्यय क्रिया के मूल रूप में लगकर संज्ञा या विशेषण शब्दों का निर्माण करते हैं वे कृत प्रत्यय कहलाते हैं। इनसे बनने वाले शब्द कृदंत कहलाते हैं।

### हिंदी के कृत प्रत्यय

| प्रत्यय | – | निर्मित शब्द |
|---|---|---|
| आ | – | पढ़ा, लिखा, सोचा, भूला, भटका। |
| अन | – | चिंतन, मनन, मरण, ढक्कन। |
| आक | – | चालाक, तैराक। |
| आका | – | लड़ाका, धमाका। |
| आकू | – | लड़ाकू, उड़ाकू, पढ़ाकू। |
| आन | – | मिलान, चालान, कटान, उड़ान, उठान। |
| आवट | – | सजावट, मिलावट, बनावट, थकावट। |
| आलू | – | झगड़ालू। |
| आलु | – | दयालु, लजालु। |
| आवना | – | लुभावना, सुहावना, डरावना। |
| आहट | – | चिल्लाहट, घबराहट, मुस्कराहट। |
| आई | – | कमाई, लड़ाई, चढ़ाई, पिटाई। |
| आऊ | – | टिकाऊ, बिकाऊ, कमाऊ, चलाऊ। |
| अक्कड़ | – | पियक्कड़, घुमक्कड़, रुअक्कड़। |
| अंत | – | रटंत, गढ़ंत। |
| आस | – | विकास, प्यास। |
| इयल | – | मरियल, अड़ियल, सड़ियल, दढ़ियल। |
| ई | – | बोली, हँसी, धनी, खिड़की, घुड़की, धमकी। |
| ऊ | – | उड़ाऊ, खाऊ, चालू, रट्टू, झाड़ू। |
| औना | – | खिलौना, बिछौना। |
| औती | – | फिरौती, मनौती। |
| ऐया | – | रखैया, गवैया, पढ़ैया, खिवैया। |
| क | – | पालक, लेखक। |
| कर | – | सोचकर, सोकर, खाकर, पढ़कर, गिनकर, लिखकर। |
| ना | – | बैठना, खाना, पाना, पढ़ना, टहलना, लिखना, मारना। |
| नी | – | ओढ़नी, भरनी, करनी, मथनी, जननी, चटनी। |
| त | – | खपत, बचत, लिखत। |
| या | – | खाया, सोया, बोया, पाया। |
| वाई | – | कटवाई, सुनवाई, तुलवाई, चिटवाई। |

### संस्कृत के कृत प्रत्यय

| | | |
|---|---|---|
| आ | – | भूखा, मैला, पूजा, इच्छा। |
| अन | – | जलन, करन, भवन, गमन। |

| | | |
|---|---|---|
| अना | – | घबराना, सालाना, रोज़ाना, घराना। |
| अनीय | – | गोपनीय, पठनीय, करणीय। |
| ई | – | सावधानी, मजदूरी, उपकारी, त्यागी। |
| उक | – | भावुक, इच्छुक। |
| ऐया | – | खवैया, गवैया, पढ़ैया, रखैया। |
| क | – | गायक, लेखक, पालक, सेवक। |
| ता | – | शिशुता, मनुष्यता, सरलता। |
| ति | – | नीति, शक्ति, मति, गति। |
| य | – | पेय, देय, गेय। |
| र | – | नम्र, हिंस्र। |
| व्य | – | गंतव्य, मंतव्य, कर्तव्य। |
| स्थ | – | स्वस्थ, दूरस्थ, गृहस्थ। |
| त्व | – | पुरुषत्व, व्यक्तित्व, कवित्व। |

**2. तद्धित प्रत्यय**–जो प्रत्यय क्रिया के धातु रूपों को छोड़कर संज्ञा, सर्वनाम तथा विशेषण सूचक शब्दों के साथ जुड़ते हैं, वे तद्धित प्रत्यय कहलाते हैं।

**हिंदी के तद्धित प्रत्यय**

| | | |
|---|---|---|
| आ | – | भूखा, मेला, ठंडा, घना। |
| आई | – | बुराई, भलाई, मिठाई, चतुराई, पंडिताई। |
| आऊ | – | उपजाऊ, कमाऊ। |
| आनी | – | मेहरबानी, मेहतरानी, जेठानी, देवरानी, पंडितानी। |
| आना | – | घराना, सालाना, जुर्माना, रोज़ाना। |
| आर | – | सुनार, चमार, लुहार। |
| आरी | – | भिखारी, पुजारी, जुआरी। |
| आस | – | खटास, भड़ास, मिठास। |
| आहट | – | चिकनाहट, कड़वाहट, गरमाहट। |
| इक | – | धार्मिक, नैतिक, दैनिक, सामाजिक। |
| इन | – | सुनारिन, लुहारिन, पुजारिन, कहारिन। |
| ई | – | धनी, लालची, ऊनी, बुद्धिमानी। |
| ईन | – | शौकीन, रंगीन, नमकीन। |
| ईला | – | चमकीला, रसीला, बर्फीला, रंगीला। |
| एरा | – | ममेरा, चचेरा, मौसेरा, चितेरा, सँपेरा। |
| एँ | – | बोतलें, सड़कें, पुस्तकें। |
| कार | – | कथाकार, स्वर्णकार, चित्रकार, नाटककार, कहानीकार। |
| खोर | – | सूदखोर, घूसखोर। |
| गर | – | सौदागर, कारीगर, जादूगर। |
| गुना | – | दुगुना, चौगुना, सौगुना, तिगुना। |
| ची | – | तोपची, खजांची, अफीमची। |
| ड़ा | – | मुखड़ा, बछड़ा, दुखड़ा। |
| तया | – | विशेषतया, सामान्यतया, मुख्यतया। |

| | | |
|---|---|---|
| दार | – | देनदार, दुकानदार, ईमानदार, जमींदार। |
| पन | – | लड़कपन, बचपन, कालापन। |
| वान | – | गाड़ीवान, देहवान, धनवान, कोचवान। |
| वाला | – | मिठाईवाला, बंदरवाला, चायवाला, दूधवाला। |
| पूर्वक | – | ध्यानपूर्वक, शांतिपूर्वक, धैर्यपूर्वक। |

**संस्कृत के तद्धित प्रत्यय**

| | | |
|---|---|---|
| अ | – | शैव, बौद्ध, शाक्त। |
| आलु | – | कृपालु, दयालु, लजालु। |
| इत | – | शोभित, अंकित, आनंदित, हर्षित, पल्लवित। |
| इमा | – | नीलिमा, महिमा, लालिमा, कालिमा। |
| इल | – | जटिल, धूमिल, पंकिल। |
| ईय | – | भारतीय, स्वर्गीय, शासकीय। |
| तम | – | महानतम, उच्चतम, श्रेष्ठतम, घोरतम। |
| त्व | – | गुरुत्व, स्त्रीत्व, कवित्व, अमरत्व, लघुत्व। |
| ता | – | सुंदरता, मानवता, एकता, लघुता, महानता। |
| नीय | – | दर्शनीय, गोपनीय, आदरणीय। |
| मान | – | अभिमान, गतिमान, श्रीमान, स्वाभिमान। |
| वान | – | दयावान, धनवान, बलवान, गुरुवान। |

**उर्दू के प्रत्यय**

| | | |
|---|---|---|
| अंदाज | – | नजरअंदाज, गोलंदाज़, तीरंदाज। |
| आना | – | सालाना, शुकराना, मेहनताना। |
| ई | – | आमदनी। |
| दान | – | पीकदान, कलमदान, इत्रदान, नेत्रदान। |
| मंद | – | दौलतमंद, अक्लमंद, जरूरतमंद। |
| बाज | – | धोखेबाज, पतंगबाज, चालबाज। |
| साज | – | जालसाज, घड़ीसाज। |
| गिरी | – | नेतागिरी, दादागिरी, चमचागिरी। |
| वार | – | इतवार, सलवार, क्रमवार, वीरवार। |
| खोर | – | रिश्वतखोर, घूसखोर। |

**उपसर्ग और प्रत्यय का एक साथ प्रयोग**

| उपसर्ग | मूलशब्द | प्रत्यय | नया शब्द |
|---|---|---|---|
| अ | धर्म | इक | अधार्मिक |
| अप | मान | इत | अपमानित |
| अति | अधुना | इक | अत्याधुनिक |
| अभि | मान | ई | अभिमानी |
| अनु | मान | इत | अनुमानित |
| अनु | उदार | ता | अनुदारता |
| दुः | बल | ता | दुर्बलता |

| | | | |
|---|---|---|---|
| सम | मान | इत | सम्मानित |
| निः | चिंत | ता | निश्चिंतता |

## I. प्रश्न-अभ्यास

1. उपसर्ग और प्रत्यय से आप क्या समझते हैं?
2. *निम्न शब्दों में उपसर्ग व मूल शब्द अलग कीजिए–*

उपवन बेईमान अधिकार आजन्म अभ्यास प्रतिध्वनि उपनाम प्रज्वलित बदौलत
दुर्बल गैरजिम्मेदार कपूत चिरकाल अनेक लापरवाह परामर्श अवनति उपहार
उद्गम अत्याधुनिक संवेदना अध्यादेश विराम अभीष्ट खुशनुमा सुकन्या अधपका
औगुण तिकोना लाइलाज हमराही बदतर बाकायदा।

3. *निम्न उपसर्ग लगाकर दो-दो शब्द बनाइए–*

दुर् निर् अभि अनु वि सु स्व उत् आ
अन् अ पर भर त्रि कम ला बद दु
अध परि नि।

4. *निम्न शब्दों से प्रत्यय अलग कीजिए–*

लिखाई लठैत जादूगर गतिमान रिक्शावाला सर्वहारा नौकरानी गायिका पुरुषत्व
गरमाहट सजावट खटास रटंत भुलक्कड़ मैला गाड़ीवान सूदखोर कमाऊ
चालाक लड़ाकू डरावना चमकीला नमकीन कथाकार शांतिपूर्वक मुख्यतया टहलना
सुनवाई लेन।

5. *निम्न प्रत्यय लगाकर शब्द बनाइए–*

त्व नी आहट दार नीय एरा आलू वाला ईला
शील आ आर ई पन इन या आई ई
इक आकू अक्कड़ आव इत आऊ आवट।

## II. बहुवैकल्पिक प्रश्नोत्तर

A. *दिए गए शब्दों के लिए प्रयुक्त उपसर्गों के सही विकल्प को चिह्नित कीजिए–*

1. दुर्गति – (क) दुर् (ख) दु (ग) दुर्ग (घ) ति
2. प्रतिकूल – (क) प्र (ख) प्रति (ग) प्रत (घ) कूल
3. बेसमझ – (क) बेस (ख) ब (ग) बे (घ) समझ
4. कमअक्ल – (क) अक्ल (ख) कम् (ग) क (घ) कम
5. दुर्दशा – (क) दु (ख) दुर् (ग) दुर्द (घ) दशा
6. दुष्कर्म – (क) दुष् (ख) दुश (ग) दुस् (घ) दुः
7. सपरिवार – (क) सप (ख) स (ग) परि (घ) वार
8. सुगंध – (क) सुग् (ख) गंध (ग) स (घ) सु
9. अवगुण – (क) अवग (ख) अवगु (ग) अव (घ) अ
10. आमरण – (क) मरण (ख) रण (ग) आ (घ) आम
11. अनमोल – (क) अनम (ख) मोल (ग) अ (घ) अन
12. निर्बल – (क) निः (ख) र्नि (ग) नि (घ) निर्
13. स्वतंत्र – (क) सव (ख) तंत्र (ग) स (घ) स्व

| | | | | | |
|---|---|---|---|---|---|
| 14. अत्युत्तम | – | (क) अत्यु | (ख) अत्य | (ग) अ | (घ) अति |
| 15. अनुचर | – | (क) चर | (ख) अन | (ग) अनु | (घ) अ |

**B.** *दिए गए शब्दों के लिए प्रयुक्त प्रत्ययों के सही विकल्प को चिह्नित कीजिए–*

| | | | | | |
|---|---|---|---|---|---|
| 1. चमकीला | – | (क) ला | (ख) ईला | (ग) कीला | (घ) इला |
| 2. चढ़ाई | – | (क) अई | (ख) चढ़ | (ग) आई | (घ) ई |
| 3. सजावट | – | (क) वट | (ख) आवट | (ग) अवट | (घ) सज |
| 4. मासिक | – | (क) ईक | (ख) मा | (ग) क | (घ) इक |
| 5. बाला | – | (क) आ | (ख) ला | (ग) आला | (घ) बा |
| 6. आदरणीय | – | (क) णीय | (ख) इय | (ग) नीय | (घ) ईय |
| 7. श्रीमान | – | (क) मान | (ख) आन | (ग) श्री | (घ) न |
| 8. सब्ज़ीवाला | – | (क) आला | (ख) आल | (ग) ला | (घ) वाला |
| 9. शोभित | – | (क) त | (ख) इत | (ग) भित | (घ) शो |
| 10. देवत्व | – | (क) व | (ख) अत्व | (ग) तव | (घ) त्व |
| 11. बचपन | – | (क) पन | (ख) अपन | (ग) बच | (घ) अपन |
| 12. घबराहट | – | (क) अहट | (ख) राहट | (ग) हट | (घ) आहट |
| 13. सुंदरता | – | (क) ता | (ख) आ | (ग) सु | (घ) रता |
| 14. पंजाबी | – | (क) आब | (ख) आबी | (ग) बी | (घ) ई |
| 15. ठंडा | – | (क) अ | (ख) आ | (ग) ठंड | (घ) ड़ा |

**उत्तर–**

| | | | | | |
|---|---|---|---|---|---|
| **A.** | 1. (क) | 2. (ख) | 3. (ग) | 4. (घ) | 5. (ख) |
| | 6. (घ) | 7. (ख) | 8. (घ) | 9. (ग) | 10. (ग) |
| | 11. (घ) | 12. (घ) | 13. (घ) | 14. (घ) | 15. (ग) |
| **B.** | 1. (ख) | 2. (ग) | 3. (ख) | 4. (घ) | 5. (क) |
| | 6. (ग) | 7. (क) | 8. (घ) | 9. (ख) | 10. (घ) |
| | 11. (क) | 12. (घ) | 13. (क) | 14. (घ) | 15. (ख) |

# 20. पदबंध

**परिभाषा–**जब एक से अधिक पद मिलकर एक व्याकरणिक इकाई का काम करते हैं, तब उस बँधी इकाई को पदबंध कहते हैं। *जैसे–*

**यशोदा नंदन कृष्ण** ने मथुरा नरेश कंस को मारा।

इस वाक्य में 'यशोदा नंदन कृष्ण' पद मिलकर कर्ता कारक की भूमिका निभा रहे हैं। यह पदबंध कहलाता है।

- **विशेष–**पदबंद में एक शीर्ष अर्थात मुख्य पद होता है अन्य पद उस पर आश्रित पद होते हैं। *जैसे–*उपर्युक्त उदाहरण में 'कृष्ण' शीर्ष पद है और 'यशोदा नंदन' आश्रित पद है।

## पद एवं पदबंध में अंतर

**पद–**शब्द जब वाक्य में प्रयुक्त होकर व्याकरण के नियमों में बँध जाते हैं तो वे पद कहलाते हैं।

*जैसे–*ताजमहल सुंदर इमारत है। (संज्ञा पद)

**पदबंध**–एक से अधिक पद मिलकर जब एक बँधी इकाई का कार्य करें तो वे पदबंध कहलाते हैं। *जैसे*–
आगरा स्थित ताजमहल सुंदर इमारत है। (संज्ञा पदबंध)

## पदबंध के भेद

पदबंध पाँच प्रकार के होते हैं–

1. **संज्ञा पदबंध**–वाक्य में जब संज्ञा शब्दों के पद मिलकर एक पहचान बनाते हैं तो वे 'संज्ञा पदबंध' कहलाते हैं। *जैसे*–
   (क) **दशरथ पुत्र राम** को चौदह वर्ष वनवास में रहना पड़ा।
   (ख) **बगीचे में आम का वृक्ष** फलों से लदा है।
   (ग) **जवाहर लाल नेहरू ने इंदिरा** को शिक्षाप्रद पत्र लिखे।
   (घ) **दिल्ली में स्थित लाल किला** प्रसिद्ध इमारत है।
   (ङ) **खाना बनाने वाले नौकर** ने स्वादिष्ट खाना बनाया।

2. **सर्वनाम पदबंध**–वाक्य में सर्वनाम पद का कार्य करने वाले पदबंध 'सर्वनाम पदबंध' कहलाते हैं। *जैसे*–
   (क) **जो लड़का समारोह में गीत गा रहा है वह** मेरा भाई है।
   (ख) **बकरी की तरह मिमियाने वाले तुम** आज चिल्ला क्यों रहे हो?
   (ग) **बाहर से आए शिक्षकों में कुछ** ग्रामीण शिक्षक भी हैं।
   (घ) **कर्म का ज्ञान देने वाले ये** सामने खड़े हैं।
   (ङ) **मेरे मित्रों में से कोई** समय पर काम नहीं आया।

3. **विशेषण पदबंध**–वाक्य में विशेषण पद का कार्य करने वाले पदबंध 'विशेषण पदबंध' कहलाते हैं। *जैसे*–
   (क) मेरी माँ **सुंदर-सुंदर** कपड़े लाई।
   (ख) **दस बजे आने वाली** गाड़ी समय से पाँच घंटे लेट है।
   (ग) पिताजी **मीठे, रसीले और बड़े-बड़े** आम लाए।
   (घ) **चाँदनी रात में चमकने वाला** ताजमहल संसार की सर्वश्रेष्ठ इमारत है।
   (ङ) **घर के सामने वाला वृक्ष** आँधी आते ही टूट कर गिर गया।

4. **क्रिया पदबंध**–वाक्य में क्रियापद का कार्य करने वाले पदबंध को 'क्रियापदबंध' कहते हैं। *जैसे*–
   (क) मैं खाना **खाकर पढ़ने बैठ गया।**
   (ख) तुम क्या **काम करना चाहते हो?**
   (ग) अब मुझसे **चला नहीं जाता।**
   (घ) शेर जंगल में **दहाड़ रहा है।**
   (ङ) पक्षी आकाश में **उड़ रहे थे।**

5. **क्रिया विशेषण पदबंध (अव्यय)**
   (क) लोग **धीरे-धीरे** एकत्रित होने लगे।
   (ख) वह **बहुत देर तक** सोता रहा।
   (ग) मेरे **जाने के बाद** वह चल दिया।
   (घ) **सूर्य उदित होते ही** चिड़ियाँ चहचहाने लगीं।
   (ङ) मृदुल **मेरे सामने से हँसता हुआ** चला गया।

## I. प्रश्न-अभ्यास

1. पदबंध से आप क्या समझते हैं? उदाहरण सहित स्पष्ट कीजिए।
2. पदबंध के भेद उदाहरण सहित लिखिए।
3. *निम्नलिखित में पदबंध छाँटिए–*
   कहानी, चिड़िया ने, काम करने वाला मज़दूर, सुरीला, छोटी बच्ची, खाना खाकर सो गए, देशभक्त, जल में
4. *निम्न वाक्यों में रेखांकित पदबंधों के नाम लिखिए–*
   (क) वह तेजी से दौड़ रहा है।
   (ख) नाव पानी में डूबती जा रही थी।
   (ग) अमेरिका से आए हुए लोग भारत भ्रमण को गए हैं।
   (घ) वासुदेव पुत्र कृष्ण ने मथुरा में जन्म लिया।
   (ङ) हम सबको शिक्षा देने वाले वे आज स्वयं ही सलाह माँग रहे हैं।
5. *निम्नलिखित वाक्यों में पदबंध छाँटिए व उसका भेद लिखिए–*
   (क) छात्र पढ़कर सो गया।
   (ख) कार्य धीरे-धीरे करो।
   (ग) फल बहुत मीठे और रसीले हैं।
   (घ) कायर की तरह पीठ दिखाने वाले तुम पछताओगे।
   (ङ) सानिया मिर्जा टेनिस खेलने वाली सबसे बढ़िया खिलाड़ी हैं।

## II. बहुवैकल्पिक प्रश्नोत्तर

1. *निम्नलिखित वाक्यों के सही पदबंध के विकल्प का चयन कीजिए–*
   1. भारत की रक्षा करने वाले सपूत आज कहाँ?
      (क) भारत की रक्षा
      (ख) भारत की रक्षा करने वाले सपूत
      (ग) रक्षा करने वाले
      (घ) भारत की
   2. दिल्ली में स्थित लालकिला प्रसिद्ध इमारत है।
      (क) दिल्ली में स्थित लालकिला इमारत है
      (ख) दिल्ली में स्थित लालकिला
      (ग) दिल्ली
      (घ) लालकिला
   3. अत्यधिक परिश्रम करने वाले तुम अवश्य प्रथम आओगे।
      (क) परिश्रम करने वाले
      (ख) प्रथम आओगे
      (ग) अत्यधिक परिश्रम करने वाले तुम
      (घ) करने वाले तुम
   4. लाल कपड़े पहनने वाला लड़का आज नहीं आया।
      (क) पहनने वाला
      (ख) आज नहीं आया
      (ग) लड़का
      (घ) लाल कपड़े पहनने वाला
   5. घोड़े सड़क पर दौड़े चले जा रहे थे।
      (क) दौड़े चले जा रहे थे
      (ख) सड़क पर
      (ग) चले जा रहे थे
      (घ) सड़क पर दौड़े चले जा रहे थे

6. बच्चा रो-रोकर चुप हो गया।
   (क) रो-रोकर चुप (ख) रो-रोकर
   (ग) रो-रोकर चुप हो गया (घ) बच्चा रो-रोकर
7. भारत के पूर्व राष्ट्रपति ए.पी.जे. अब्दुल कलाम बहुत अच्छे वक्ता थे।
   (क) राष्ट्रपति ए.पी.जे. अब्दुल कलाम (ख) भारत के पूर्व
   (ग) भारत के पूर्व राष्ट्रपति ए.पी.जे. अब्दुल कलाम (घ) अच्छे वक्ता
8. फुटबॉल की भाँति लुढ़ककर वह नीचे आ गया।
   (क) फुटबॉल की (ख) फुटबॉल की भाँति लुढ़ककर वह
   (ग) वह नीचे आ गया (घ) इनमें से कोई नहीं
9. गंगा के किनारे-किनारे वृक्षों की पंक्तियाँ थीं।
   (क) गंगा के किनारे-किनारे (ख) वृक्षों की पंक्तियाँ
   (ग) पंक्तियाँ थीं (घ) गंगा
10. माँ बच्चे को खाना खिला रही है।
   (क) खाना (ख) माँ बच्चे को
   (ग) खाना खिला रही है। (घ) खिला रही है।

उत्तर– 1. (ख) 2. (ख) 3. (ग) 4. (घ) 5. (क)
6. (ख) 7. (ग) 8. (ख) 9. (क) 10. (घ)

# 21. वाक्य

**प्रश्न 1. वाक्य किसे कहते हैं?**

**उत्तर**–वर्णों के सार्थक समूह को **वाक्य** कहते हैं। *जैसे*–भारतीय सभ्यता और संस्कृति विश्व प्रसिद्ध है।

**प्रश्न 2. वाक्य के कितने अंग होते हैं?**

**उत्तर**–वाक्य के दो अंग होते हैं–

1. उद्देश्य 2. विधेय।

**1. उद्देश्य**–वाक्य में जिसके बारे में जो कहा जाता है उसे उद्देश्य कहते हैं।

**2. विधेय**–उद्देश्य के बारे में जो कहा जाए उसे विधेय कहते हैं।

*जैसे*–**माधुरी** लेख **लिखती** है।

उद्देश्य विधेय

## वाक्य-भेद

**प्रश्न–वाक्य के भेदों का विस्तार से वर्णन कीजिए।**

**उत्तर**–वाक्य के दो भेद हैं–

(क) रचना की दृष्टि से

(ख) अर्थ की दृष्टि से।

**( क ) रचना के अनुसार वाक्य के तीन प्रकार होते हैं–**

(क) सरल वाक्य (ख) संयुक्त वाक्य और (ग) मिश्रित वाक्य।

**(क) सरल वाक्य**–जिस वाक्य में एक उद्देश्य और एक विधेय होता है, उसे सरल वाक्य कहते हैं। *जैसे*–

(*i*) नदियाँ पर्वतों से निकलती है।

(*ii*) मैं आठवीं कक्षा में पढ़ता हूँ।

**(ख) संयुक्त वाक्य**–जिस वाक्य में दो या दो से अधिक स्वतंत्र वाक्य समुच्चयबोधक से जुड़े रहते हैं, वह संयुक्त वाक्य कहलाता है। *जैसे*–

(*i*) प्रभात हुई और चिड़ियाँ चहचाहने लगीं।

(*ii*) मैं व्यस्त थी इसलिए समारोह में न आ पाई।

**(ग) मिश्रित वाक्य**–जिस वाक्य में एक प्रधान उपवाक्य और एक आश्रित उपवाक्य होता है, उसे मिश्रित वाक्य कहते हैं। *जैसे*–

(*i*) महात्मा गांधी ने कहा कि कभी झूठ नहीं बोलना चाहिए।

(*ii*) यह वही लड़का है जो कल दौड़ में प्रथम आया था।

ऊपर लिखे पहले वाक्य में *महात्मा गांधी ने कहा* प्रधान उपवाक्य है और *कभी झूठ नहीं बोलना चाहिए,* उस पर आश्रित होने से आश्रित उपवाक्य है। इसी प्रकार *यह वही लड़का है,* प्रधान उपवाक्य है और *कल दौड़ में प्रथम आया था,* प्रधान वाक्य पर आश्रित होने के कारण आश्रित उपवाक्य है।

**( ख ) अर्थ के अनुसार वाक्य आठ प्रकार के होते हैं–**

1. विधानवाचक 2. निषेधवाचक 3. इच्छावाचक 4. प्रश्नवाचक
5. आज्ञावाचक 6. संकेतवाचक 7. विस्मयसूचक 8. संदेहवाचक।

**1. विधानवाचक**–जिस वाक्य में किसी बात का होना या करना पाया जाए, वह विधानवाचक वाक्य कहलाता है। *जैसे*–

भारत एक लोकतंत्र देश है।

वर्षा ऋतु सबको भाती है।

**2. निषेधवाचक**–जिस वाक्य में किसी बात या काम के न होने का पता चले, वह निषेधवाचक वाक्य होता है। *जैसे*–

हमें झूठ नहीं बोलना चाहिए।

रोको मत, जाने दो।

**3. इच्छावाचक**–जिस वाक्य में *इच्छा, आशीर्वाद, शुभकामना* आदि को प्रकट किया जाए, वह इच्छावाचक वाक्य होता है। *जैसे*–

चिरंजीव रहो।

ईश्वर तुम्हें सद्‌बुद्धि दें।

**4. प्रश्नवाचक**–जिस वाक्य में प्रश्न हो, उसे प्रश्नवाचक वाक्य कहते हैं। *जैसे*–

क्या आपने खाना खा लिया?

आप कहाँ जा रहे हो?

**5. आज्ञावाचक**–जिस वाक्य से *आदेश* या *अनुरोध* का बोध हो, उसे आज्ञावाचक वाक्य कहते हैं। *जैसे*–

बैठकर पढ़ो।

खेलने मत जाओ।

**6. संकेतवाचक**–जिस वाक्य में संकेत या शर्त हो, उसे संकेतवाचक वाक्य कहते हैं। *जैसे*–

अगर तुम परिश्रम करोगे तो सफलता अवश्य पाओगे।

यदि तुम प्रथम आना चाहते हो तो अपनी पढ़ाई पर ध्यान दो।

7. **विस्मयसूचक**–जिस वाक्य में *हर्ष, आश्चर्य, शोक* आदि प्रकट किया जाता है, वह विस्मयसूचक वाक्य होता है। *जैसे*–

वाह! क्या सुंदर नज़ारा है।

अरे! तुम कैसे गिर गए।

8. **संदेहवाचक**–जिस वाक्य में किसी काम के होने में संदेह प्रकट किया जाए, वह वाक्य संदेहवाचक होता है। *जैसे*–

शायद आज वर्षा हो।

संभवतः गाड़ी आज देर से आएगी।

## I. प्रश्न-अभ्यास

1. वाक्य किसे कहते हैं? उदाहरण देकर स्पष्ट कीजिए।
2. रचना की दृष्टि से वाक्य के प्रकार उदाहरण सहित स्पष्ट कीजिए।
3. अर्थ के आधार पर वाक्य के कितने प्रकार हैं? सोदाहरण लिखिए।
4. *रचना की दृष्टि से वाक्य भेद बताइए–*
   1. जो लोग मेहनत करते हैं उन्हें अधिक समय तक निराश नहीं होना पड़ता।
   2. गायत्री गा रही है और नाच रही है।
   3. उसने अपने हाथ इस तरह ऊपर उठाए जैसे–ईश्वर से कुछ माँग रहा हो।
   4. मैं बाज़ार जाऊँगी और खिलौने खरीदूँगी।
   5. दीपाली आज सिनेमा देखने गई है।
   6. जो गुणी होता है, उसे सभी चाहते हैं।
   7. मैंने एक दुबले-पतले आदमी को भीख माँगते देखा।
   8. अध्यापक के कक्षा में आते ही विद्यार्थी पढ़ने लगे।
   9. बच्चे मैदान में खेल रहे हैं।
   10. वह आलसी था, इसलिए जीवन में असफल रहा।
   11. जो लोग स्वावलंबी होते हैं, सदा सुखी रहते हैं।
   12. वह तेजी से आया परंतु उसने कुछ नहीं कहा।
5. *अर्थ की दृष्टि से वाक्य का भेद बताइए–*
   1. कृपया आप बाहर बैठिए।
   2. नववर्ष मंगलमय हो।
   3. अगर मोहित आ जाता तो मेरा काम हो जाता।
   4. प्रियम गीत गा रही है।
   5. शायद आज आँधी आए।
   6. गंगा नदी हिमालय से निकलती है।
   7. तुम बाज़ार जाओ।
   8. अब्दुल कलाम उच्चकोटि के वैज्ञानिक हैं।
   9. आप कार्यालय कब जाओगे?
   10. अगर छुट्टियाँ हुईं तो हम घूमने जरूर जाएँगे।
   11. अच्छा! तुम भी गाना गाओगे।
   12. आज तो कहीं से न्योता आ जाए।
6. *निर्देशानुसार रचना के आधार पर वाक्य परिवर्तित कीजिए–*

   (क) वह विद्यालय से आकर खेलने चला गया। (संयुक्त वाक्य)

   (ख) अहमद बाज़ार से आते ही खाना खाने बैठ गया। (मिश्र)

   (ग) उसने जूते खरीदने थे, इसलिए वह बाज़ार गया। (सरल)

   (घ) प्रातःकाल होते ही लोग व्यायाम करने लगे। (संयुक्त वाक्य)

   (ङ) अध्यापिका ने कहा और सब परीक्षा देने के लिए तैयार हो गए। (सरल वाक्य)

   (च) दादाजी के आते ही, सभी चुप हो गए। (मिश्र वाक्य)

7. *निर्देशानुसार अर्थ के आधार पर वाक्य परिवर्तन कीजिए–*

(क) वाह! क्या महल है। (विधानवाचक)

(ख) मैंने मुंबई जाना है। (निषेधवाचक)

(ग) तुम खेल रहे हो। (आज्ञावाचक)

(घ) देवांश को मॉल जाना है। (प्रश्नवाचक)

(ङ) आज वर्षा होगी। (संदेहवाचक)

(च) कल पिताजी आएँगे। (इच्छावाचक)

(छ) मौसम सुहावना है। (विस्मयवाचक)

(ज) वर्षा आने से अच्छी फसल होगी। (संकेतवाचक)

## II. बहुवैकल्पिक प्रश्नोत्तर

### I. निम्न वाक्यों में रचना के आधार पर वाक्य का सही प्रकार चिह्नित कीजिए–

1. अब्दुल कलाम ने कहा कि पढ़ाई सभी के लिए अनिवार्य है।
   (क) सरल (ख) संयुक्त (ग) मिश्र
2. वर्षा होते ही सारे वृक्ष धुल गए।
   (क) सरल (ख) संयुक्त (ग) मिश्र
3. जिसने लाल कमीज़ पहनी है, मेरा मित्र है।
   (क) सरल (ख) संयुक्त (ग) मिश्र
4. मैं मेले में न गया क्योंकि मेरी परीक्षा थी।
   (क) सरल (ख) संयुक्त (ग) मिश्र
5. चूँकि मैं परेशान था इसलिए तुम्हारे बुलाने पर भी न आया।
   (क) सरल (ख) संयुक्त (ग) मिश्र

### II. निम्न वाक्यों में अर्थ के आधार पर वाक्य का सही प्रकार चिह्नित कीजिए–

1. आकाश में पक्षी विचरण कर रहे हैं।
   (क) संकेतवाचक (ख) विधानवाचक (ग) निषेधवाचक (घ) संदेहवाचक
2. इस रास्ते से मत जाओ।
   (क) निषेधवाचक (ख) विधानवाचक (ग) संदेहवाचक (घ) प्रश्नवाचक
3. यदि लोग सोच-समझकर नेता चुनते तो सही सरकार बनती।
   (क) संकेतवाचक (ख) संदेहवाचक (ग) विधानवाचक (घ) प्रश्नवाचक
4. शायद् आज मेरा परिणाम आ जाएगा।
   (क) विधानवाचक (ख) संदेहवाचक (ग) संकेतवाचक (घ) विस्मयसूचक
5. जल्दी अपने घर चले जाओ।
   (क) आज्ञावाचक (ख) विधानवाचक (ग) विस्मयसूचक (घ) संकेतवाचक
6. शाबाश! ऐसे ही परिश्रम करते रहो।
   (क) विधानवाचक (ख) विस्मयसूचक (ग) संकेतवाचक (घ) आज्ञावाचक
7. क्या तुम्हारी नौकरी लग गई?
   (क) प्रश्नवाचक (ख) संकेतवाचक (ग) निषेधवाचक (घ) संदेहवाचक
8. बाज़ार जाओ और सामान लाओ।
   (क) आज्ञावाचक (ख) प्रश्नवाचक (ग) संकेतवाचक (घ) विधानवाचक
9. जनसभा शुरू होगी तो मैं आ जाऊँगा।
   (क) प्रश्नवाचक (ख) संकेतवाचक (ग) संदेहवाचक (घ) विधानवाचक
10. अरे वाह! क्या पतंग उड़ाते हो?
    (क) विधानवाचक (ख) विस्मयसूचक (ग) प्रश्नवाचक (घ) संकेतवाचक

**III.** *निम्न वाक्यों में सरल वाक्य को चिह्नित कीजिए–*

(क) फ्रासिन चालाक है इसलिए उसने इनाम जीत लिया।

(ख) फ्रासिन चालाक होने के कारण इनाम जीत गया।

(ग) चूँकि फ्रासिन चालाक है इसलिए इनाम जीत गया।

(घ) फ्रासिन चालाक जो है इसलिए इनाम जीत गया।

**IV.** *निम्न वाक्यों में संयुक्त वाक्य को चिह्नित कीजिए–*

(क) वह समझदार होने के कारण सभी काम सोच-समझकर करता है।

(ख) चूँकि वह समझदार है इसलिए सभी काम सोच-समझकर करता है।

(ग) वह समझदार है इसलिए सभी कार्य सोच-समझकर करता है।

(घ) वह समझदार जो है इसलिए सभी कार्य सोच-समझकर करता है।

**V.** *निम्न वाक्यों में मिश्र वाक्य को चिह्नित कीजिए–*

(क) पतझड़ आते ही वृक्षों के पत्ते झड़ गए। (ख) पतझड़ आई और पत्ते झड़ गए।

(ग) जैसे ही पतझड़ हुई, पत्ते झड़ गए। (घ) पतझड़ आई इसलिए पत्ते झड़ गए।

**उत्तर–** **I.** (1) (ग) (2) (क) (3) (ग) (4) (ख) (5) (ग)

**II.** (1) (ख) (2) (क) (3) (क) (4) (ख) (5) (क)

(6) (ख) (7) (क) (8) (क) (9) (ख) (10) (ख), (ग)

**III.** (ख) **IV.** (ग) **V.** (ग)

**निम्न वाक्यों में अर्थ के आधार पर सही विकल्प को चिह्नित कीजिए–**

**1.** *आज्ञावाचक*

(क) जल्दी उठना चाहिए वरना स्वास्थ्य बिगड़ जाएगा। (ख) जल्दी उठो।

(ग) अच्छे स्वास्थ्य के लिए जल्दी उठना पड़ेगा। (घ) जल्दी उठना चाहिए।

**2.** *विधानवाचक*

(क) सूर्य आग का गोला है।

(ख) सूर्य आग का गोला नहीं है।

(ग) यदि सूर्य आग का गोला है तो जलकर समाप्त क्यों नहीं होता।

(घ) सूर्य का ताप धरती पर नहीं पहुँचता जब बादल होते हैं।

**3.** *निषेधवाचक*

(क) बस में आराम से चढ़ना चाहिए।

(ख) बस में आराम से बैठो।

(ग) चलती बस पर मत चढ़ो।

(घ) बस जब स्टॉप पर रूके तो उसमें चढ़ना चाहिए।

**4.** *संदेहवाचक*

(क) आज वर्षा हो रही है इसलिए बाज़ार बंद हो जाएँगे।

(ख) वर्षा होने के कारण बाज़ार बंद हो जाएँगे।

(ग) शायद आज बाज़ार बंद हो जाएँगे।

(घ) वर्षा होने के कारण बाज़ार बंद हो जाएँगे।

**5.** *प्रश्नवाचक*

(क) तुमने गृह कार्य बीमार होने के कारण पूरा नहीं किया। (ख) तुमने गृह कार्य पूरा नहीं किया।

(ग) तुमने कौन-सा गृह कार्य पूरा नहीं किया? (घ) तुमने गृह कार्य पूरा कर लिया।

**उत्तर–** 1. (ख) 2. (क) 3. (ग) 4. (ग) 5. (ग)

# 22. वर्तनी की सामान्य अशुद्धियाँ और उनका शुद्ध रूप

हिंदी भाषा में उच्चारण का बहुत महत्त्व है क्योंकि उच्चारण में थोड़ा-सा परिवर्तन हो जाने से शब्द के रूप और उसके अर्थ में भी परिवर्तन आ जाता है। अज और आज, मल और माल, तल और ताल तथा थल और थाल शब्दों को ध्यानपूर्वक पढ़ने से यह स्पष्ट है। अज, मल, तल और थल में ह्रस्व स्वर (अ) तथा आज, माल, ताल और थाल में दीर्घ स्वर (आ) का प्रयोग हुआ है। ह्रस्व स्वर के स्थान पर दीर्घ स्वर लगा देने से अर्थ भी बदल गया है। इसी प्रकार दिन-दीन, चिर-चोर और मिल-मील में स्वर भेद के कारण अर्थ-भेद हो गया है। अतएव स्पष्ट है कि उच्चारण में सावधानी बरतने से बहुत-सी अशुद्धियों से बचा जा सकता है।

नीचे कुछ सामान्य अशुद्धियाँ तथा उनके शुद्ध रूप दिए जा रहे हैं। इनका ध्यानपूर्वक अध्ययन बहुत लाभकारी होगा।

### 1. *अ, आ* की अशुद्धियाँ

| *अशुद्ध* | | *शुद्ध* | *अशुद्ध* | | *शुद्ध* |
|---|---|---|---|---|---|
| अगामी | – | आगामी | संसारिक | – | सांसारिक |
| सप्ताहिक | – | साप्ताहिक | परिवारिक | – | पारिवारिक |
| बरात | – | बारात | हस्ताक्षेप | – | हस्तक्षेप |
| अधीन | – | आधीन | लागान | – | लगान |

### 2. *इ, ई* के गलत प्रयोग से होने वाली अशुद्धियाँ

| | | | | | |
|---|---|---|---|---|---|
| परिक्षा | – | परीक्षा | बिमार | – | बीमार |
| दिवार | – | दीवार | श्रीमति | – | श्रीमती |
| शक्ती | – | शक्ति | हानी | – | हानि |
| तिथी | – | तिथि | कवी | – | कवि |
| ऋषी | – | ऋषि | दवाईयाँ | – | दवाइयाँ |

### 3. *उ, ऊ* की अशुद्धियाँ

| | | | | | |
|---|---|---|---|---|---|
| सुर्य | – | सूर्य | पुज्य | – | पूज्य |
| पुर्व | – | पूर्व | रुप | – | रूप |
| दूकान | – | दुकान | परंतू | – | परंतु |
| साधू | – | साधु | मृत्यू | – | मृत्यु |
| आयू | – | आयु | गुरू | – | गुरु |

### 4. *ऋ* के स्थान पर *'र'* का गलत प्रयोग

| | | | | | |
|---|---|---|---|---|---|
| रितु | – | ऋतु | क्रिपा | – | कृपा |
| द्रिष्टि | – | दृष्टि | श्रंगार | – | शृंगार |
| रिषि | – | ऋषि | मात्रभूमि | – | मातृभूमि |
| रिण | – | ऋण | स्रष्टि | – | सृष्टि |

### 5. *ए* और *ऐ* के गलत प्रयोग से होने वाली अशुद्धियाँ

| | | | | | |
|---|---|---|---|---|---|
| देहिक | – | दैहिक | देनिक | – | दैनिक |
| एसा | – | ऐसा | वेसा | – | वैसा |
| एक्य | – | ऐक्य | एनक | – | ऐनक |
| ऐकता | – | एकता | एश्वर्य | – | ऐश्वर्य |

### 6. *ओ और औ* की अशुद्धियाँ

| अशुद्ध | | शुद्ध | अशुद्ध | | शुद्ध |
|---|---|---|---|---|---|
| नोकरी | – | नौकरी | ओरत | – | औरत |
| मोखिक | – | मौखिक | कोशल | – | कौशल |
| त्यौहार | – | त्योहार | पड़ौस | – | पड़ोस |

### 7. *अनुस्वार (ं) और अनुनासिक (ँ)* की अशुद्धियाँ

| | | | | | |
|---|---|---|---|---|---|
| दांत | – | दाँत | चांदी | – | चाँदी |
| वहां | – | वहाँ | आंख | – | आँख |
| हंसना | – | हँसना | गूंगा | – | गूँगा |
| सँगम | – | संगम | जँग | – | जंग |
| कँचन | – | कंचन | रँग | – | रंग |

### 8. विसर्ग की अशुद्धियाँ

| | | | | | |
|---|---|---|---|---|---|
| प्राय | – | प्राय: | प्रातकाल | – | प्रात:काल |
| निसंतान | – | नि:संतान | अत:एव | – | अतएव |

### 9. *ड़–ण* की अशुद्धियाँ

| | | | | | |
|---|---|---|---|---|---|
| शरड़ | – | शरण | मरड़ | – | मरण |
| रड़भूमि | – | रणभूमि | गड़ना | – | गणना |
| किरड़ | – | किरण | रामायड़ | – | रामायण |

### 10. *न–ण* की अशुद्धियाँ

| | | | | | |
|---|---|---|---|---|---|
| कारन | – | कारण | चरन | – | चरण |
| करन | – | करण | पुन्य | – | पुण्य |
| प्रान | – | प्राण | शरन | – | शरण |
| स्मरन | – | स्मरण | तृन | – | तृण |

### 11. पाँचवें अक्षर *(ङ्, ञ्, ण्, न्, म्)* की अशुद्धियाँ

| | | | | | |
|---|---|---|---|---|---|
| सन्कट | – | संकट | कन्गन | – | कंगन |
| चन्चल | – | चंचल | पान्डव | – | पांडव |
| घन्टा | – | घंटा | पन्डित | – | पंडित |
| हिन्सा | – | हिंसा | मयन्क | – | मयंक |
| भन्डार | – | भंडार | कन्ठ | – | कंठ |

### 12. *र, ड़, ढ़* की अशुद्धियाँ

| | | | | | |
|---|---|---|---|---|---|
| उजारना | – | उजाड़ना | लराई | – | लड़ाई |
| पड़ाई | – | पढ़ाई | बूड़ा | – | बूढ़ा |
| टेड़ा | – | टेढ़ा | चड़ना | – | चढ़ना |
| फाढ़ना | – | फाड़ना | चिड़ना | – | चिढ़ना |

### 13. *व, ब* की अशुद्धियाँ

| | | | | | |
|---|---|---|---|---|---|
| बस्तु | – | वस्तु | बिलंब | – | विलंब |
| बन | – | वन | बिष | – | विष |
| ब्रत | – | व्रत | बर्षा | – | वर्षा |
| विक्री | – | बिक्री | वाह्य | – | बाह्य |
| वाण | – | बाण | बनस्पति | – | वनस्पति |

### 14. *श, ष, स* संबंधी अशुद्धियाँ

| *अशुद्ध* | | *शुद्ध* | *अशुद्ध* | | *शुद्ध* |
|---|---|---|---|---|---|
| भासा | – | भाषा | देस | – | देश |
| नास | – | नाश | नमश्कार | – | नमस्कार |
| विकाश | – | विकास | प्रशंशा | – | प्रशंसा |
| विस्वास | – | विश्वास | सासन | – | शासन |
| विशेश | – | विशेष | दिनेष | – | दिनेश |

### 15. *ट, ठ* संबंधी अशुद्धियाँ

| | | | | | |
|---|---|---|---|---|---|
| संतुष्ठ | – | संतुष्ट | घनिष्ट | – | घनिष्ठ |
| झूट | – | झूठ | श्रेष्ट | – | श्रेष्ठ |
| मिष्टान्न | – | मिष्ठान्न | अभीष्ठ | – | अभीष्ट |

### 16. *क्ष* के स्थान पर *'छ'* की अशुद्धियाँ

| | | | | | |
|---|---|---|---|---|---|
| छमा | – | क्षमा | छत्रिय | – | क्षत्रिय |
| छुद्र | – | क्षुद्र | नछत्र | – | नक्षत्र |
| लक्षमी | – | लक्ष्मी | छेत्र | – | क्षेत्र |

### 17. *'र'* के प्रयोग की अशुद्धियाँ

| | | | | | |
|---|---|---|---|---|---|
| धरम | – | धर्म | हिंस्त्र | – | हिंस्र |
| परसिद्ध | – | प्रसिद्ध | पवित्तर | – | पवित्र |
| प्रीक्षा | – | परीक्षा | राष्टर | – | राष्ट्र |
| चंदर | – | चंद्र | मूरख | – | मूर्ख |
| परापत | – | प्राप्त | समुंदर | – | समुद्र |

### 18. *ज्ञ, ग्य* की अशुद्धियाँ

| | | | | | |
|---|---|---|---|---|---|
| ग्यान | – | ज्ञान | कृतग्य | – | कृतज्ञ |
| यग्य | – | यज्ञ | प्रतिग्या | – | प्रतिज्ञा |
| आग्या | – | आज्ञा | योज्ञ | – | योग्य |

### 19. अन्य सामान्य अशुद्धियाँ

| | | | | | |
|---|---|---|---|---|---|
| कृप्या | – | कृपया | सटेशन | – | स्टेशन |
| चिन्ह | – | चिह्न | सन्यास | – | संन्यास |
| उज्जवल | – | उज्ज्वल | अध्यन | – | अध्ययन |
| स्वास्थ | – | स्वास्थ्य | आर्दश | – | आदर्श |
| कवियित्री | – | कवयित्री | सकूल | – | स्कूल |

## I. प्रश्न-अभ्यास

1. *निम्नलिखित शब्दों को शुद्ध कीजिए–*

| | | | | |
|---|---|---|---|---|
| प्रंतु | गुरू | कृप्या | विदवान | प्रस्पर |
| अग्यान | छत्री | चिन्ह | बन | प्रात काल |
| नमश्कार | चिन्ह | दांत | प्रथक | संसारिक |
| परहार | परमोद | गुड़ी | चड़ना | प्रशंशा |
| मूरख | प्रान | प्रतिग्या | हिंस्त्र | त्यौहार |

## II. बहुवैकल्पिक प्रश्नोत्तर

*निम्नलिखित शब्दों में से शुद्ध शब्दों को छाँटकर उनके आगे सही (√) का चिह्न लगाइए और उन्हें दिए गए रिक्त स्थान में लिखिए–*

| | (क) | (ख) | (ग) | (घ) | |
|---|---|---|---|---|---|
| 1. | स्वास्थ | स्वास्थ्य | सवास्थ्य | स्वासथ्य | ________ |
| 2. | कवयित्री | कवियित्री | कवीयित्री | कवीयित्रि | ________ |
| 3. | उज्जवल | उज्वल | उज्ज्वल | उजजवल | ________ |
| 4. | विदयालय | विध्यालय | विद्यालय | विधयालय | ________ |
| 5. | प्रतिभाशाली | परतिभा | पर्तिभाशाली | प्रतिभाशली | ________ |
| 6. | ग्यान | ज्ञान | गयान | गैयान | ________ |
| 7. | प्रीक्षा | परीक्षा | परीकक्षा | परीकशा | ________ |
| 8. | राष्ट्र | राष्टर | राष्ट्रर | राष्ट्‌र | ________ |
| 9. | सनयास | सन्यास | संन्यास | संनयास | ________ |
| 10. | दुकान | दोकान | दूकान | दुकोन | ________ |
| 11. | रङभूमि | रगङभूमि | रंगभूमि | रन्गभूमि | ________ |
| 12. | चंचल | चन्चल | चञचल | चञ्चल | ________ |
| 13. | पंडित | पन्डित | पनडित | पनडित | ________ |
| 14. | त्यौहार | त्योहार | तियोहार | तयोहार | ________ |
| 15. | दवाईया | दवाईयाँ | दवाइयाँ | दवाइआँ | ________ |
| 16. | परापत | पराप्त | प्राप्त | प्रराप्त | ________ |
| 17. | रितु | रिृतु | ऋतु | रीतु | ________ |
| 18. | मरित्यु | मृत्यु | मृत्यू | मरत्यु | ________ |
| 19. | प्रातकाल | प्रात:काल | प्रा:तकाल | परात:काल | ________ |
| 20. | पारिवारिक | परिवारिक | पारिवरिक | परीवारिक | ________ |
| 21. | कृतज्ञ | कृतगय | कृत्ज्ञ | कृतग | ________ |
| 22. | नछत्र | नक्षत्र | नकशत्र | नक्शत्र | ________ |
| 23. | मात्रभूमि | मातृभूमि | मातरभूमि | मातरिभूमि | ________ |
| 24. | शक्ती | शकति | शक्ति | शक्ति | ________ |
| 25. | स्मरन | सिमरन | स्मरण | समरण | ________ |
| 26. | प्रशंशा | प्रशंसा | परशंसा | परशंशा | ________ |
| 27. | मिष्टान | मिष्ठान | मिष्ठान्न | मिशठान | ________ |
| 28. | नमस्कार | नम्सकार | नमश्कार | नमशकार | ________ |
| 29. | अहिन्सा | अंहिसा | अहिंसा | अंहिंसा | ________ |
| 30. | प्रज्ज्वलित | प्रज्ज्वलीत | प्रज्वलीत | प्रज्वलित | ________ |

**उत्तर–**

| | | | | |
|---|---|---|---|---|
| 1. (ख) | 2. (क) | 3. (ग) | 4. (ग) | 5. (क) |
| 6. (ख) | 7. (ख) | 8. (क) | 9. (ग) | 10. (क) |
| 11. (ग) | 12. (क) | 13. (क) | 14. (ख) | 15. (ग) |
| 16. (ग) | 17. (ग) | 18. (ख) | 19. (ख) | 20. (क) |
| 21. (क) | 22. (ख) | 23. (ख) | 24. (ग) | 25. (ग) |
| 26. (ख) | 27. (ख) | 28. (क) | 29. (ग) | 30. (घ) |

# 23. वाक्य संबंधी अशुद्धियाँ और उनका शुद्ध रूप

व्याकरण के नियमों का ठीक ज्ञान न होने के कारण वाक्य में अनेक प्रकार की अशुद्धियाँ हो जाती हैं, जिनका ध्यान रखना आवश्यक है। नीचे कुछ सामान्य अशुद्धियाँ तथा उनके शुद्ध रूप दिए जा रहे हैं–

## लिंग और वचन संबंधी अशुद्धियाँ

| अशुद्ध | शुद्ध |
|---|---|
| 1. जूही रैना और डेविड चिड़ियाघर घूमने गईं। | जूही, रैना और डेविड चिड़ियाघर घूमने गए। |
| 2. यह सामान मेरे हैं। | यह सामान मेरा है। |
| 3. हवा बहुत ठंडा है। | हवा बहुत ठंडी है। |
| 4. हमारे दादा-दादी बहुत अच्छी है। | हमारे दादा-दादी बहुत अच्छे हैं। |
| 5. दो नई फिल्में लग रहा है। | दो नई फिल्में लग रही हैं। |
| 6. राम, लक्ष्मण और सीता अयोध्या में रहती थी। | राम, लक्ष्मण और सीता अयोध्या में रहते थे। |
| 7. मौसम बहुत सुहावनी है। | मौसम बहुत सुहावना है। |
| 8. लोकसभा की चुनाव इस वर्ष होगा। | लोकसभा का चुनाव इस वर्ष होगा। |
| 9. हमारे सभी अध्यापकों अच्छे हैं। | हमारे सभी अध्यापक अच्छे हैं। |
| 10. आप अपने चारों बेटों का नाम बताइए। | आप अपने चारों बेटों के नाम बताइए। |

## कारक संबंधी अशुद्धियाँ

| अशुद्ध | शुद्ध |
|---|---|
| 1. मछली पानी पर तैर रही है। | मछली पानी में तैर रही है। |
| 2. बंदर पेड़ में बैठा है। | बंदर पेड़ पर बैठा है। |
| 3. मोहिनी को पूछो। | मोहिनी से पूछो। |
| 4. वह ने सारा काम कर लिया। | उसने सारा काम कर लिया। |
| 5. बगीचे पर सब पहुँच गए होंगे। | बगीचे में सब पहुँच गए होंगे। |
| 6. मैं पत्र को लिखता हूँ। | मैं पत्र लिखता हूँ। |
| 7. हम आप से कहा था। | हमने आपसे कहा था। |
| 8. वह छत पर से गिर पड़ा। | वह छत से गिर पड़ा। |
| 9. कौआ डाली में बैठा है। | कौआ डाली पर बैठा है। |
| 10. तुम्हारे को राम ने क्या कहा था? | तुम्हें राम ने क्या कहा था? |

## सर्वनाम संबंधी अशुद्धियाँ

| अशुद्ध | शुद्ध |
|---|---|
| 1. अपन को जाना है। | मुझे जाना है। |
| 2. मैंने तेरे को सामान दिया था। | मैंने तुझे सामान दिया था। |
| 3. मेरे को जल्दी जाना है। | मुझे जल्दी जाना है। |
| 4. उन्हों को खाना खिला दो। | उन्हें खाना खिला दो। |
| 5. वह बहुत जल्दी चले गए। | वे बहुत जल्दी चले गए। |
| 6. मैंने तेरे को बहुत समझाया। | मैंने तुझे बहुत समझाया। |
| 7. तुम तुम्हारा काम करो। | तुम अपना काम करो। |
| 8. बाहर क्या खड़ा है? | बाहर कौन खड़ा है? |
| 9. यह मेरे को मालूम नहीं। | यह मुझे मालूम नहीं। |
| 10. वह बहुत दूर बैठे हैं। | वे बहुत दूर बैठे हैं। |

## विशेषण संबंधी अशुद्धियाँ

| *अशुद्ध* | *शुद्ध* |
|---|---|
| 1. दीपांश बड़ा बोलता है। | दीपांश बहुत बोलता है। |
| 2. उसके बच्चे छोटा है। | उसके बच्चे छोटे हैं। |
| 3. मेरे पास अनेकों पुस्तकें हैं। | मेरे पास अनेक पुस्तकें हैं। |
| 4. वह लड़के काम समाप्त करके चले गए। | वे लड़के काम समाप्त करके चले गए। |
| 5. मेरी माँ गुणवान है। | मेरी माँ गुणवती है। |
| 6. राम बड़ा चालाक है। | राम बहुत चालाक है। |
| 7. हमारा पुराना कार ठीक हो गया। | हमारी पुरानी कार ठीक हो गई। |
| 8. वह लोग आ गए। | वे लोग आ गए। |
| 9. मुझे भारी दुख हुआ। | मुझे बहुत दुख हुआ। |
| 10. हमारे देश में अनेकों नदियाँ बहती हैं। | हमारे देश में अनेक नदियाँ बहती हैं। |
| 11. मैंने बाज़ार से ताज़ा सब्जी खरीदी। | मैंने बाज़ार से ताज़ी सब्ज़ी खरीदी। |

## क्रिया संबंधी अशुद्धियाँ

| *अशुद्ध* | *शुद्ध* |
|---|---|
| 1. मैंने जल्दी खाना बना दी। | मैंने जल्दी खाना बना दिया। |
| 2. प्रणव मुखर्जी राष्ट्रपति समझदार हैं। | प्रणव मुखर्जी समझदार राष्ट्रपति हैं। |
| 3. आकाश में पतंग कट गया। | आकाश में पतंग कट गई। |
| 4. रोहिणी ने गीत गाई। | रोहिणी ने गीत गाया। |
| 5. गलत बातों पर विचार नहीं करनी चाहिए। | गलत बातों पर विश्वास नहीं करना चाहिए। |
| 6. मैंने गुरुजी का दर्शन किया। | मैंने गुरुजी के दर्शन किए। |
| 7. कृपया भोजन कर लो। | कृपया भोजन कर लीजिए। |
| 8. यह काम किसने करा है। | यह काम किसने किया है? |
| 9. बीती बातों को भुला देनी चाहिए। | बीती बातों को भुला देना चाहिए। |
| 10. रवींद्रनाथ ठाकुर विश्वप्रसिद्ध था। | रवींद्रनाथ ठाकुर विश्वप्रसिद्ध थे। |

## क्रियाविशेषण तथा अन्य अव्ययों संबंधी अशुद्धियाँ

| *अशुद्ध* | *शुद्ध* |
|---|---|
| 1. बच्चा बस पर से गिर गया। | बच्चा बस से गिर गया। |
| 2. मैंने यह कार्य पुनः फिर से कर लिया। | मैंने यह कार्य पुनः किया। |
| 3. अगर तुम बुलाने जाओंगे तभी वह आएँगे। | अगर तुम बुलाने जाओगे तो वे आएँगे। |
| 4. वह पानी में निरंतर लगातार खड़ा रहा। | वह पानी में निरंतर खड़ा रहा। |
| 5. देश में सर्वस लोकतंत्र का बोलबाला है। | देश में सर्वत्र लोकतंत्र का बोलबाला है। |
| 6. देश में सर्वस्व शांति है। | देश में सर्वत्र शांति है। |
| 7. वह सारी रात भर पढ़ता रहा। | वह सारी रात पढ़ता रहा। |
| 8. बालक मिठाई खाकर खुशी होते हैं। | बालक मिठाई खाकर खुश होते हैं। |
| 9. कृपया मेरे पत्र पर ध्यान देने की कृपा करें। | कृपया मेरे पत्र पर ध्यान दें। *अथवा* मेरे पत्र पर ध्यान देने की कृपा करें। |
| 10. यदि वर्षा होगी तब हमें पानी मिलेगा। | यदि वर्षा होगी तो हमें पानी मिलेगा। |

## पदक्रम संबंधी अशुद्धियाँ

| *अशुद्ध* | *शुद्ध* |
|---|---|
| 1. साहिल को काटकर सेब दो। | साहिल को सेब काटकर दो। |
| 2. ताज़ा फलों का जूस पीना चाहिए। | फलों का ताज़ा जूस पीना चाहिए। |
| 3. नेताजी के गले में एक फूल की माला डाली गई। | नेताजी के गले में फूलों की एक माला डाली गई। |
| 4. बच्चे को प्लेट में रखकर खाना खिलाइए। | बच्चे को खाना प्लेट में रखकर खिलाए। |
| 5. फूल बगीचे में सुंदर खिले हैं। | बगीचे में सुंदर फूल खिले हैं। |
| 6. एक कविताओं की पुस्तक मुझे दीजिए। | मुझे कविताओं की एक पुस्तक दीजिए। |
| 7. मैंने कर लिया है भोजन। | मैंने भोजन कर लिया है। |
| 8. अभिनय बहुत अच्छा किया अभिनेता ने। | अभिनेता ने बहुत अच्छा अभिनय किया। |
| 9. मैंने डुबकी लगाई नदी गंगा में। | मैंने गंगा नदी में डुबकी लगाई। |
| 10. इज़्ज़त करनी चाहिए बड़ों की। | बड़ों की इज़्ज़त करनी चाहिए। |

## अन्य सामान्य अशुद्धियाँ

| *अशुद्ध* | *शुद्ध* |
|---|---|
| 1. सारे देशभर में समाचार फैल गया। | सारे देश में समाचार फैल गया। |
| 2. मेरे पास केवल मात्र दो टी-शर्ट हैं। | मेरे पास केवल दो टी-शर्ट हैं। |
| 3. वह बनारस से वापस लौट आया। | वह बनारस से लौट आया। |
| 4. मैंने बहुत-सी ढेर खरीदारी की। | मैंने ढेर खरीदारी की। |
| 5. हमें आपस में परस्पर प्रेम से रहना चाहिए। | हमें परस्पर प्रेम से रहना चाहिए। |
| 6. हम घर सकुशलता से पहुँच गए। | हम घर सकुशल पहुँच गए। |
| 7. उसे मृत्यु दंड की सज़ा मिली। | उसे मृत्यु दंड मिला। |
| 8. सारे देश भर में बात फैल गई। | देश भर में बात फैल गई। |

## I. प्रश्न-अभ्यास

**1.** *निम्न वाक्यों को शुद्ध कीजिए–*

1. वे को दिल्ली जाना है।
2. भारत में प्रसिद्ध चारों वेदों के नाम बताइए।
3. हमको खाना नहीं मिला।
4. लड़कियाँ आँगन में खेल रहा है।
5. मेरे पास अनेकों पेंसिलें हैं।
6. प्रदर्शनी चल रही होगी अभी।
7. वह घर लौटकर वापस आ गया।
8. मेरे से दूध नहीं पिया जाता।
9. बच्चे को काटकर अनानास खिलाओ।
10. रहमान बाँधकर बस्ता चल दिया चल।
11. मैंने घर जाना है।
12. दो लड़का इधर आ रहा है।
13. मोहिनी दिव्या को पुस्तक दिया।
14. अच्छा लड़की पढ़ती है।
15. मेरे से दूध नहीं पिया जाता।
16. मैं उनको मिलकर प्रसन्न हुआ।
17. आप खाना खाओगे?
18. तेरे को अध्यापक ने बुलाया है।
19. ध्रुव पक्का ईश्वर का भक्ति था।
20. तोते को काटकर अमरूद दो।

**2.** *निम्न वाक्यों में सही शब्द भरिए–*

(क) ........................... भाषा में साहित्य रचना की जाती है। (अवधि/अवधी)

(ख) मुझे पूर्व ........................... की ओर जाना है। (दीक्षा/दिशा)

(ग) मनुष्य सदा ........................... बंधनों में जकड़ा रहता है। (सांसारिक/संसारिक)

(घ) हमें अपनी ........................... पर गर्व होना चाहिए। (संस्कृत/संस्कृति)

(ङ) मेरी ........................... रास्ते में खराब हो गई। (गाढ़ी/गाड़ी)

(च) काव्यगोष्ठी में कई ……………… को आमंत्रित किया। (कवयित्रियों/कवियित्रीयों)
(छ) मैंने एक ……………… की सहायता की। (दिन/दीन)
(ज) मैंने ……………… की एक गुड़िया ली। (काट/काठ)
(झ) बच्चों से ……………… से पेश आना चाहिए। (कढ़ाई/कड़ाई)
(ञ) बड़ों के ……………… से सभी कार्य पूरे हो जाते हैं। (आशीर्वाद/आर्शीवाद)

## II. बहुवैकल्पिक प्रश्नोत्तर

1. *निम्न वाक्यों में से शुद्ध वाक्य का विकल्प चिह्नित कीजिए–*

1. (क) माताजी घर का काम कर लिया। (ख) माताजी ने कर लिया घर का काम।
(ग) माताजी ने घर का काम कर लिया। (घ) घर का काम कर लिया माताजी ने।
2. (क) मैं दो रुपए का पैन खरीदा। (ख) मैं खरीदा पैन दो रुपए का।
(ग) मैंने दो रुपए का पैन खरीदा। (घ) मैं खरीदा पैन दो रुपए का।
3. (क) उन सबों ने जीत हासिल की। (ख) सब ने हासिल कर ली जीत।
(ग) उन सबने जीत हासिल की। (घ) जीत हासिल की उन सब ने।
4. (क) पुत्र ने कपड़े के पिता का काम संभाला। (ख) पुत्र ने संभाला पिता के कपड़े का काम।
(ग) पुत्र ने पिता के कपड़े का काम संभाला। (घ) पिता के कपड़े का काम संभाल लिया पुत्र ने।
5. (क) तार धोकर कपड़े पर फैला दो। (ख) कपड़े धोकर तार पर फैला दो।
(ग) कपड़े धोकर फैला दो तार पर। (घ) तार पर कपड़े धोकर फैला दो।
6. (क) पुस्तकों में अलमारी को रख दो। (ख) पुस्तकों को रख दो अलमारी में।
(ग) अलमारी में पुस्तकों को दो रख। (घ) पुस्तकों को अलमारी में रख दो।
7. (क) यहाँ ताज़ा भैंस का दूध मिलता है। (ख) यहाँ भैंस का ताज़ा दूध मिलता है।
(ग) यहाँ मिलता है भैंस का दूध ताज़ा। (घ) यहाँ ताज़ा दूध भैंस का मिलता है।
8. (क) पिताजी ने बहुत से फल भेजेंगे। (ख) पिताजी भेजेंगे बहुत से फल।
(ग) पिताजी बहुत से फल भेजेंगे। (घ) फल पिताजी बहुत से भेजेंगे।
9. (क) लक्ष्य दफ़्तर को प्रस्थान किया। (ख) लक्ष्य ने दफ़्तर को प्रस्थान किया।
(ग) प्रस्थान किया लक्ष्य ने दफ़्तर की ओर। (घ) दफ़्तर की ओर प्रस्थान किया लक्ष्य ने।
10. (क) किनने कहा था? (ख) किसने कहा था?
(ग) कहा था किसने? (घ) किसने था कहा?
11. (क) यह ने मेरी किताब फाड़ दी। (ख) इसने मेरी किताब फाड़ दी।
(ग) किताब फाड़ दी इसने मेरी। (घ) इसने मेरी फाड़ दी किताब।
12. (क) मैं जाने के लिए अटैची उठा लिया। (ख) मैंने उठा लिया अटैची जाने के लिए।
(ग) मैंने जाने के लिए अटैची उठा लिया। (घ) मैंने अटैची उठा लिया जाने के लिए।
13. (क) उसने विद्यालय जाना है। (ख) वह ने विद्यालय जाना है।
(ग) उसे विद्यालय जाना है। (घ) विद्यालय जाना है उसने।
14. (क) यातनाएँ दामिनी सहती है। (ख) सहती है यातनाएँ दामिनी।
(ग) यातनाएँ सहती है दामिनी। (घ) दामिनी यातनाएँ सहती है।
15. (क) मात्र उसके पास एक हजार रुपए रह गए। (ख) उसके पास मात्र एक हजार रुपए रह गए।
(ग) उसके पास रह गए मात्र एक हजार रुपए। (घ) एक हजार रुपए मात्र रह गए उसके पास।

**उत्तर–** 1. (ग) 2. (ग) 3. (ग) 4. (ग) 5. (ख)
6. (घ) 7. (ख) 8. (ग) 9. (ख) 10. (ख)
11. (ख) 12. (ग) 13. (ग) 14. (घ) 15. (ख)

# 24. विराम चिह्न

विराम का अर्थ है–विश्राम या रुकना। अपने विचारों और भावों को ठीक-ठीक प्रकट करने के लिए हम बीच-बीच में थोड़ा-सा रुकते हैं। विराम को प्रकट करने के लिए जिन चिह्नों का प्रयोग किया जाता है, उन्हें **विराम चिह्न** कहते हैं। विराम चिह्नों के प्रयोग से विचारों और भावों को ठीक-ठीक प्रकट करने में सहायता मिलती है। हिंदी में प्रयोग में लाए जाने वाले प्रमुख विराम चिह्न निम्नलिखित हैं–

| | चिह्न | नाम | उदाहरण |
|---|---|---|---|
| 1. | (।) | पूर्ण विराम | मोहिनी प्रसिद्ध लेखिका है। |
| 2. | (,) | अल्प विराम | सुरेश, राजेश और संदीप भाई हैं। |
| 3. | (;) | अर्द्ध-विराम | हम भारतीय हैं; देश की सेवा करना हमारा परम कर्तव्य है। |
| 4. | (?) | प्रश्नसूचक | शाईस्ता कहाँ रहती है? |
| 5. | (!) | विस्मयादिबोधक चिह्न | वाह! कितना अच्छा दृश्य है। |
| 6. | (-) | योजक या समुच्चयबोधक चिह्न | जीवन में सही-गलत का निर्णय सोच-समझकर करना चाहिए। |
| 7. | (“ ”) | उद्धरण चिह्न | अर्श ने कहा–“मैं कल चला जाऊँगा।” |
| 8. | ( ) | कोष्ठक | भारत में छः ऋतुओं का सुंदर ऋतु (मौसम) चक्र सबका मन मोह लेता है। |
| 9. | (:–) | विवरण | निम्न वाक्य पढ़िए:– |
| 10. | (–) | निर्देशक | डॉक्टर ने कहा–पौष्टिक भोजन खाना चाहिए। |
| 11. | (‸) | त्रुटिपरक (हंसपद) | मेरा नाम ‸ है। (अलंकार) |
| 12. | (०) | लाघव चिह्न | कृ० प० उ० (कृपया पृष्ठ उलटिए) |

**1. पूर्ण विराम (।)**–इसका प्रयोग वाक्य के समाप्त होने पर कुछ देर रुकने के लिए किया जाता है। *जैसे*–

आज रविवार है।

**2. अल्प विराम (,)**–अल्प विराम का प्रयोग वाक्य के बीच में थोड़ा-सा रुकने के लिए किया जाता है। *जैसे*–

(*i*) एक प्रकार के अनेक शब्दों को अलग-अलग करने के लिए–

मैंने बाज़ार से पैन, पेंसिलें, फाइलें व कापियाँ खरीदीं।

(*ii*) एक ही प्रकार के वाक्यांशों के बीच में–

उसने कहानी सुनाई, खाना खाया और सो गया।

(*iii*) दो वाक्यों के बीच में योजक शब्द से पहले–

सात्त्विक बहुत तेज़ी से भागा, पर वह प्रथम नहीं आ पाया।

(*iv*) संबोधन शब्द के बाद–

अहमद, इधर आओ।

(*v*) किसी वाक्य को उद्धृत करते समय, उससे पहले–

असलम ने कहा, “कल अवकाश है।”

**3. अर्द्ध-विराम चिह्न (;)**–जहाँ अल्प-विराम की जगह कुछ अधिक देर रुकना पड़े, वहाँ अर्द्ध-विराम चिह्न लगाया जाता है। *जैसे*–

मैंने पूरे देश का भ्रमण किया; घर जैसा सुख कहीं और नहीं।

**4. प्रश्नसूचक चिह्न (?)**–इसका प्रयोग प्रश्नसूचक वाक्य के अंत में किया जाता है। *जैसे*–

आपने कहाँ जाना है?

**5. विस्मयादिबोधक चिह्न (!)**–विस्मय, आश्चर्य, शोक, हर्ष आदि को प्रकट करने वाले शब्दों या वाक्यों के आगे विस्मयादिबोधक चिह्न का प्रयोग किया जाता है। *जैसे*–

काश! आज नई फिल्म देखने चलें।

**6. योजक या समुच्चयबोधक चिह्न (-)**–दो शब्दों को जोड़ने के लिए इसका प्रयोग किया जाता है। *जैसे*–

माता-पिता, धीरे-धीरे।

**7. उद्धरण चिह्न (" ")**–किसी के कथन को मूल रूप में लिखने के लिए इसका प्रयोग किया जाता है। *जैसे*–

प्रधानाचार्य ने कहा, "कक्षा में प्रथम आने वाले को पुरस्कृत किया जाएगा।"

**8. कोष्ठक ( )**–वाक्य में आए किसी शब्द के अर्थ को प्रकट करने के लिए या किसी बात अथवा नाम को स्पष्ट करने के लिए कोष्ठक का प्रयोग किया जाता है। *जैसे*–

महात्मा गांधी ने बैरिस्ट्री (वकालत) की शिक्षा हासिल की।

**9. विवरण चिह्न (:–)**–जब किसी बात का उत्तर या उदाहरण अगली पंक्ति में देना हो तो विवरण चिह्न का प्रयोग किया जाता है। *जैसे*–

प्रदूषण के निम्न चार प्रकार हैं:–

**10. निर्देशक (–)**–यह चिह्न योजक चिह्न से थोड़ा बड़ा होता है। इसका प्रयोग किसी भी बात को स्पष्टता देने हेतु किया जाता है। *जैसे*–

विद्यालय अनुशासन के नियम–

**11. त्रुटिपरक (हंसपद) (⁁)**–यदि लिखते समय वाक्य का कोई अंश छूट जाए तो उस वाक्य को पूरा करने हेतु इस चिह्न का प्रयोग किया जाता है। *जैसे*–

घर
→ मुझे आज ⁁ जल्दी जाना है।

**12. लाघव चिह्न (०)**–किसी शब्द का संक्षिप्त रूप लिखने के लिए लाघव चिह्न का प्रयोग किया जाता है। *जैसे*–

डॉ० राजेंद्र प्रसाद भारत के प्रथम राष्ट्रपति थे।

## I. प्रश्न-अभ्यास

1. *नीचे लिखे वाक्यों में उचित स्थानों पर विराम चिह्न लगाइए–*
   (*i*) देवयांगी आठवीं कक्षा में पढ़ती है
   (*ii*) कृष्णण ने कहाँ जाना है
   (*iii*) हमें समय पर पढ़ना लिखना चाहिए
   (*iv*) अरे वाह तुम तो सुंदर कलाकृतियाँ बनाते हो
   (*v*) विद्वानों का मत है एकता में बल है
   (*vi*) यह प्राचीन काल समय की बात है
   (*vii*) सैनिकों दुश्मन का मुकाबला करना ही हमारा उद्देश्य होना चाहिए
   (*viii*) बाज़ार से क्या क्या लाना है
   (*ix*) भारतीय सभ्यता की पहचान है अतिथि को देवता समान मानना
   (*x*) डॉ साहब जल्दी घर चले गए

2. *निम्न विराम चिह्नों का प्रयोग करते हुए एक-एक वाक्य बनाइए–*
   (।) ..............................
   (?) ..............................
   (!) ..............................
   (" ") ..............................
   (०) ..............................
   (-) ..............................
   (,) ..............................

## II. बहुवैकल्पिक प्रश्नोत्तर

**निम्न प्रश्नों के उत्तर हेतु सही विकल्प को चिह्नित कीजिए–**

1. *निम्न चिह्नों में विस्मयादि चिह्न है–*
   (क) ,  (ख) ।  (ग) ?  (घ) !
2. *कोष्ठक का चिह्न है–*
   (क) ‘ ’  (ख) “ ”  (ग) ( )  (घ) [ ]
3. *लाघव चिह्न (०) का प्रयोग किया जाता है–*
   (क) हैरानी का भाव होने पर  (ख) शब्द को संक्षिप्त रूप में लिखने पर
   (ग) प्रश्नात्मक वाक्य होने पर  (घ) वाक्य को कोष्ठक में रखने हेतु
4. *विस्मयादिबोधक (!) चिह्न लगता है–*
   (क) हैरानी का भाव व्यक्त करने हेतु  (ख) प्रश्नात्मक रूप में
   (ग) पूर्णविराम देने के लिए  (घ) अल्पविराम हेतु
5. *योजक चिह्न का प्रयोग होता है–*
   (क) दो वाक्यों को मिलाने पर  (ख) दो शब्दों को मिलाने पर
   (ग) दो वर्णों को मिलाने पर  (घ) दो स्वरों को मिलाने पर

**निम्न वाक्यों में शुद्ध वाक्य के विकल्प को चिह्नित कीजिए–**

6. (क) पिताजी बाज़ार से आम, अमरूद व केले लाए।  (ख) पिताजी बाज़ार से आम; अमरूद व केले लाए।
   (ग) पिताजी बाज़ार से (आम) अमरूद व केले लाए।  (घ) पिताजी बाज़ार से आम अमरूद व केले लाए।
7. (क) वाह, क्या दृश्य है।  (ख) वाह? क्या दृश्य है।
   (ग) वाह! क्या दृश्य है।  (घ) वाह; क्या दृश्य है।
8. (क) सुभाषचंद्र बोस ने कहा–तुम मुझे खून दो मैं तुम्हें आज़ादी दूँगा।
   (ख) सुभाषचंद्र बोस ने कहा “तुम मुझे खून दो मैं तुम्हें आज़ादी दूँगा।”
   (ग) सुभाषचंद्र बोस ने कहा–“तुम मुझे खून दो मैं तुम्हें आज़ादी दूँगा।”
   (घ) सुभाषचंद्र बोस ने कहा–‘तुम मुझे खून दो मैं तुम्हें आज़ादी दूँगा।’
9. (क) काश! आज वर्षा आ जाए?  (ख) काश! आज वर्षा आ जाए।
   (ग) काश, आज वर्षा आ जाए।  (घ) काश; आज वर्षा आ जाए।
10. (क) आपका घर कहाँ है।  (ख) आपका घर कहाँ है?
    (ग) “आपका घर कहाँ है।”  (घ) ‘आपका घर कहाँ है?’

**उत्तर–** 1. (घ) 2. (ग) 3. (ख) 4. (क) 5. (ख)
6. (क) 7. (ग) 8. (ग) 9. (ख) 10. (ख)

# 25. मुहावरे

**प्रश्न–मुहावरा किसे कहते हैं? इसकी क्या विशेषता है? उदाहरण-सहित समझाइए।**

**उत्तर–**वह वाक्यांश, जिसका कोई विशेष अर्थ होता है और जो वाक्य में क्रिया के स्थान पर प्रयोग में आता है, **मुहावरा** कहलाता है। जैसे–‘कागज़ी घोड़े दौड़ाना’ का अर्थ है काम न करना, न कि कागज़ के घोड़े बनाकर खेलना या खिलाना। मुहावरे के किसी शब्द को बदला नहीं जा सकता, हम यह नहीं कह सकते कि कागज़ के अश्व या सैंधव दौड़ाना।

मुहावरों का प्रयोग करते समय ध्यान रखना चाहिए कि जहाँ तक संभव हो, इसका प्रयोग एक ही वाक्य में किया जाए। साथ ही वाक्य का अर्थ इतना स्पष्ट हो कि परीक्षक को विश्वास हो जाए कि विद्यार्थी को दिए हुए मुहावरे का अर्थ पूरी तरह आता है।

यहाँ कुछ पाठ्यपुस्तक के मुहावरे और उनके अर्थ तथा उनका वाक्यों में प्रयोग दिए जा रहे हैं–

# पाठ्यपुस्तक पर आधारित मुहावरे

## लाख की चूड़ियाँ

1. **मन मोह लेना**–*आकर्षित करना*
–लाख की सुंदर चूड़ियाँ सबका मन मोह लेती हैं।
2. **कसर निकालना**–*कमी पूरी करना*
–छोटे-छोटे दुकानदार मेले-त्योहारों पर वस्तुओं को अधिक दामों में बेचकर कसर निकाल लेते हैं।
3. **मनाने में लोहा लगना**–*बहुत मुश्किल से मानना*
–सात्त्विक यदि नाराज़ हो जाए तो उसे मनाने में लोहा लगता है।
4. **इधर-उधर दृष्टि दौड़ाना**–*सब ओर देखना*
–जब श्यामभवी देर से घर पहुँची तो माँ के डर से इधर-उधर दृष्टि दौड़ाने लगी।
5. **शरीर ढलना**–*बुढ़ापा आना*
–उम्र के साथ-साथ मनुष्य का शरीर ढल जाता है।
6. **शंका भाँपना**–*किसी के मन के संशय/भ्रम को पहचानना*
–मेरे पिताजी मेरी बातों से ही मेरे मन की शंका भाँप लेते हैं।
7. **हाथ कटना**–*बेरोज़गार होना*
–मशीनी युग के बढ़ने से कई श्रमिकों के हाथ कट गए हैं।
8. **लहककर उत्तर देना**–*प्रसन्नता से कहना*
–खेती के बारे में पूछने पर किसान ने लहककर उत्तर दिया कि हम नई तकनीक से फसल बोते हैं।
9. **निगाह ठिठकना**–*देखकर हैरान होना*
–अपनी खोई हुई पुस्तक अपने मित्र के हाथ में देखकर मेरी निगाह ठिठक गई।

## बस की यात्रा

10. **आगा-पीछा करना**–*इधर-उधर होना*
–प्रधानाचार्य के मैदान में आते ही बच्चे आगा-पीछा करने लगे।
11. **कूच करना**–*आगे बढ़ना*
–सेनाओं ने सीमा की ओर कूच किया।
12. **प्राणांत होना**–*मृत्यु होना*
–मोहन ने प्राणांत तक परिवार के लिए खूब परिश्रम किया।
13. **जान हथेली पर लेकर चलना**–*मृत्यु से न डरना*
–वीर सैनिक जान हथेली पर लेकर आगे बढ़ते हैं।
14. **बाँहें पसारना**–*दिल से स्वागत करना*
–भारतीय मेहमानों का स्वागत बाँहें पसारे करते हैं।

## क्या निराश हुआ जाए

15. **बढ़ा-चढ़ाकर दिखाना**–*दिखावा करना*
–आजकल विवाह-शादियों में हैसियत न होने पर भी लोग बढ़ा-चढ़ाकर सब कुछ दिखाते हैं।
16. **फलना-फूलना**–*उन्नति करना*
–राम का व्यापार दिनोंदिन फलता-फूलता जा रहा है।

17. **आस्था हिलना**–*विश्वास उठना*
–वर्तमान में सच्चाई और ईमानदारी के प्रति लोगों की आस्था हिलने लगी है।
18. **पर्दाफाश करना**–*सच्चाई सामने लाना*
–सेना के जवानों ने आतंकवादियों का पर्दाफाश कर दिया।
19. **रस लेना**–*आनंद लेना*
–बच्चों ने कार्टून फिल्म का बहुत रस लिया।
20. **चेहरे की हवाइयाँ उड़ना**–*घबरा जाना*
–जब समीर चोरी करते हुए पकड़ा गया तो उसके चेहरे की हवाइयाँ उड़ गईं।
21. **कातर ढंग से देखना**–*डर के भाव से नजर बचाकर देखना*
–बिना वजह पिटने पर ड्राइवर मुझे कातर ढंग से देखने लगा।
22. **मन को ढाढ़स देना**–*हिम्मत बँधाना*
–जब मेरे परीक्षा में कम अंक आए तो माँ ने मेरे मन को ढाढ़स बँधाते हुए कहा कि मैं परिश्रम करके अगली बार की परीक्षा में अच्छे अंक ले सकता हूँ।

## जहाँ पहिया है

23. **जंजीरों को तोड़ना**–*पुराने रीति-रिवाज़ तोड़ना*
–समयानुसार हमें जंजीरों को तोड़ देना चाहिए।
24. **फब्तियाँ कसना**–*व्यंग्य करना*
–जब महिलाओं ने साइकिल चलाना सीखा तो पुरुष उन पर फब्तियाँ कसने लगे।
25. **चाव लगना**–*शौक लगना*
–तमिलनाडु की सभी महिलाओं को साइकिल चलाने का चाव लग गया।

## अकबरी लोटा

26. **जी सनसनाना**–*घबराना*
–पत्नी द्वारा ढाई सौ रुपए की माँग सुनते ही लालाजी का जी सनसना गया।
27. **जी बैठ जाना**–*धक्का लगना*
–परीक्षा में पुत्र के अनुत्तीर्ण होने पर शर्मा जी का जी बैठ गया।
28. **तिलमिला उठना**–*क्रोधित होना*
–पुत्र का गलत व्यवहार देखकर आलोकनाथ जी तिलमिला उठे।
29. **साख होना**–*इज़्ज़त होना*
–लाला झाऊलाल सदा अपनी साख बनाए रखना चाहते थे।
30. **मुँह खोलना**–*माँग करना*
–कर्मचारियों ने अपना वेतन बढ़ाने के लिए मुँह खोला ही था कि फैक्ट्री मालिक ने उन पर डंडे बरसवा दिए।
31. **दुम दबाकर भागना**–*डरकर भागना*
–पुलिस को देखते ही चोर दुम दबाकर भाग गया।
32. **उधेड़ बुन में पड़ना**–*कुछ समझ न आना*
–लता ने पूरा दिन इस उधेड़-बुन में लगा दिया कि छोटे भाई की शराब पीने की आदत माँ को कैसे बताए।
33. **अदब मानना**–*इज़्ज़त देना*
–हमें बड़ों का अदब मानना चाहिए।
34. **आँखों से ओझल होना**–*गायब होना*
–जादूगर के छड़ी घुमाते ही कबूतर आँखों से ओझल हो गया।

35. **काटो तो खून न होना**–*डरकर घबरा जाना*
–लाला के हाथों जब तिमंजले से लोटा नीचे गिरा तो उनकी हालत काटो तो खून नहीं वाली हो गई।

36. **दो और दो जोड़ना**–*स्थिति परख लेना*
–मेरे पिताजी जल्दी ही दो और दो को जोड़ लेते हैं।

37. **आशाओं की लाश उठाना**–*उम्मीदें समाप्त होना*
–सरकार बदलते ही कई नेताओं की आशाओं की लाशें उठ गईं।

38. **ताव में आना**–*गुस्से में आना*
–बच्चों द्वारा घर में गंद डालने पर माँ ताव में आ गई।

39. **चेहरे पर प्रसन्नता की कूँची गिरना**–*खुश होना*
–कक्षा में प्रथम आने पर नेहा के चेहरे पर प्रसन्नता की कूँची गिर गई।

40. **कान पकना**–*सुनते-सुनते थक जाना/एक बात का किसी द्वारा बार-बार कहना*
–किसी की एक ही बात बार-बार सुनने पर कान पक जाते हैं।

41. **होड़ होना**–*प्रतिस्पर्धा होना*
–आजकल सबके मन में एक दूसरे से आगे निकलने की होड़ लगी रहती है।

42. **पीठ ठोकना**–*शाबाशी देना*
–मेरे प्रथम आने पर मेरे प्रधानाचार्य ने मेरी पीठ ठोकी।

43. **दबे पाँव लौटना**–*चुपचाप वापिस जाना*
–माँ की डाँट खाने पर मैं दबे पाँव अपने कमरे में लौट गया।

## पानी की कहानी

44. **आश्चर्य का ठिकाना न रहना**–*बहुत खुश होना*
–कक्षा में प्रथम आने पर मेरे आश्चर्य का ठिकाना न रहा।

45. **साँसत भोगना**–*दुख सहना*
–गरीब लोगों को जीवन जीने के लिए बहुत साँसत भोगने पड़ते हैं।

46. **कमर कसना**–*तैयार होना*
–मैंने पढ़ाई में कठिन परिश्रम करने के लिए कमर कस ली।

47. **हवाइयाँ उड़ना**–*घबरा जाना*
–चोरी पकड़े जाने पर सोमेश के चेहरे की हवाइयाँ उड़ गईं।

48. **दबकर पानी होना**–*अस्तित्व नष्ट होना*
–बर्फ धीरे-धीरे दबकर पानी हो गई।

49. **कान खड़े होना**–*सतर्क होना*
–आतंकवादियों की खबर पाते ही पुलिस के कान खड़े हो गए।

50. **आँखों से ओझल होना**–*गायब होना*
–सूर्य के उदित होते ही बूँद लेखक की आँखों से ओझल हो गई।

## बाज और साँप

51. **हिम्मत बँधना**–*तैयार होना*
–कम अंक आने पर जब पिताजी ने मुझे समझाया तो मेरी फिर से तैयारी करने की हिम्मत बँध गई।

52. **आखिरी घड़ी आना**–*मृत्यु पास होना*
–श्यामा ने अपनी आखिरी घड़ी में अपने पुत्रों को अपने पास बुलाकर मिलजुलकर रहने की सलाह दी।

53. **जी भरकर भोगना**–*पूरा आनंद लेना*
–बाज़ ने अपना जीवन जी भरकर भोगा था।

54. **आँखें चमक उठना**–*हैरानी से प्रसन्न होना*
–समुद्र की असीम सीमा को देखकर मेरी आँखें चमक उठीं।

55. **सिर धुनना**–*पछताना*
–साँप अपने गुफा में बंद जीवन पर सिर धुनने लगा।

56. **आकाश की ऊँचाइयों को नापना**–*बहुत ऊँचाई तक उड़ना*
–पक्षी आकाश की ऊँचाइयों को नापना अपना सौभाग्य समझते हैं।

57. **डींगें हाँकना**–*शेखियाँ मारना*
–मोहन काम तो कुछ करता नहीं बस डींगें ही हाँकता रहता है।

58. **सिर चकराना**–*घबरा जाना*
–टिकट लेने की लंबी कतार देखकर मेरा सिर चकरा गया।

59. **आश्चर्य का ठिकाना न रहना**–*बहुत प्रसन्न होना*
–कक्षा में अधिकतम अंक पाकर मेरे आश्चर्य का ठिकाना न रहा।

60. **प्राणों की बाजी लगाना**–*बलिदान देना*
–युद्ध में वीरों ने प्राणों की बाजी लगा दी।

61. **प्राणों को हथेली पर रखना**–*मरने के लिए तैयार रहना*
–सेना के सिपाही प्राणों को हथेली पर रखकर आगे बढ़ते हैं।

## अन्य महत्त्वपूर्ण मुहावरे

1. **अंग-अंग ढीला होना**–*बहुत थक जाना*
–दिन भर काम करने के कारण मेरा अंग-अंग ढीला हो गया।

2. **अँगूठा दिखाना**–*मना करना*
–सोमेश से पुस्तक माँगने पर उसने अँगूठा दिखा दिया।

3. **अक्ल का दुश्मन**–*मूर्ख*
–उसको समझाने पर भी कुछ समझ में नहीं आता, क्योंकि वह अक्ल का दुश्मन है।

4. **अँधेरे घर का उजाला**–*इकलौता पुत्र*
–रविशंकर अपने माता-पिता का अँधेरे घर का उजाला है।

5. **अंधे को दीपक दिखाना**–*नासमझ को उपदेश देना*
–दीक्षा को समझाना तो अंधे को दीपक दिखाना है।

6. **अपनी खिचड़ी अलग पकाना**–*सबसे अलग होकर काम करना*
–कक्षा में कई छात्र अपनी खिचड़ी अलग पकाते हैं।

7. **अपने मुँह मियाँ मिट्ठू बनना**–*अपनी बड़ाई खुद करना*
–बातूनी लोग अपने मुँह मियाँ मिट्ठू बनते हैं।

8. **अपने पाँव पर खुद कुल्हाड़ी मारना**–*अपनी हानि स्वयं करना*
–रमेश ने स्कूल छोड़कर अपने पाँव पर खुद कुल्हाड़ी मारी।

9. **आकाश-पाताल एक करना**–*बहुत परिश्रम करना*
–तेजस ने प्रथम श्रेणी में पास होने के लिए आकाश पाताल एक कर दिया।

10. **आग-बबूला होना**–*बहुत क्रोध करना*
–विद्यार्थियों के अनुचित व्यवहार पर प्राय: अध्यापक आग बबूला हो जाते हैं।

11. **अक्ल के घोड़े दौड़ाना**–*किसी बात का हल ढूँढ़ना*
–देश की समस्याओं के बारे में नेता अक्ल के घोड़े दौड़ाते हैं।

12. **आँखों में धूल झोंकना**–*धोखा देना*
–डाकू, पुलिस की आँखों में धूल झोंककर भाग गए।

13. **आँखें चुराना**–*नज़र बचाना*
–चोर आँखें चुराकर भाग गए।

14. **आँखें बिछाना**–*प्रेम से स्वागत करना*
–जनता ने प्रधानमंत्री के आने पर आँखें बिछा दी।

15. **आस्तीन का साँप**–*कपटी मित्र*
–कक्षा की शिकायत करने वाला लड़का सभी छात्रों के लिए आस्तीन का साँप है।

16. **आटे दाल का भाव मालूम होना**–*कष्ट का अनुभव होना*
–अपने पर जिम्मेदारी आने पर ही आदमी को आटे-दाल का भाव मालूम होता है।

17. **आकाश के तारे तोड़ना**–*बहुत कठिन काम करना*
–परीक्षा में प्रथम आना आकाश के तारे तोड़ना है।

18. **आसमान सिर पर टूटना**–*विपत्ति पड़ना*
–पिता की मृत्यु के बाद रमेश पर आसमान टूट पड़ा।

19. **ईंट से ईंट बजाना**–*किसी को ध्वस्त करना*
–भारतीय सैनिकों ने पाकिस्तान की ईंट से ईंट बजा दी।

20. **ईद का चाँद होना**–*बहुत दिनों के बाद मिलना*
–ग्रीष्मावकाश पड़ने पर रमेश ईद का चाँद हो गया।

21. **ईंट का जवाब पत्थर से देना**–*शत्रु का मुकाबला दृढ़ता से करना*
–भारतीय सेना ने पाकिस्तान को ईंट का जवाब पत्थर से दिया।

22. **उल्टी गंगा बहाना**–*प्रतिकूल बातें करना*
–हमारे नेता अपने स्वार्थ के लिए उल्टी गंगा भी बहा देते हैं।

23. **ओखली में सिर देना**–*जान बूझकर आपत्ति मोल लेना*
–जब ओखली में सिर दे दिया तो घबराते क्यों हो?

24. **कफ़न सिर पर बाँधना**–*मरने की परवाह न करना*
–क्रांतिकारी लोग सिर पर कफ़न बाँधकर काम करते हैं।

25. **कटे पर नमक छिड़कना**–*दुखी को और दुखी करना*
–उसके फेल होने के बाद उसके साथ कटु व्यवहार करके कटे पर नमक मत छिड़को।

26. **कागजी घोड़े दौड़ाना**–*केवल बहुत लिखा पढ़ी करना*
–आजकल सरकारी काम करने के लिए कागजी घोड़े दौड़ाने पड़ते हैं।

27. **कान पर जूँ न रेंगना**–*तनिक भी असर न होना*
–आजकल जनता के काम के लिए नेताओं के कान पर जूँ नहीं रेंगती।

28. **कान भरना**–*चुगली करना*
–कई छात्रों को अध्यापक के कान भरने की आदत होती है।

29. **काँटे बिछाना**–*बाधा डालना*
–दुष्ट लोग सदा दूसरों के रास्ते में काँटे बिछाते हैं।

30. **किताबी कीड़ा**–*सदा पढ़ने में लगा रहने वाला*
–हमारी कक्षा में महेश किताबी कीड़ा है।

31. **कोल्हू का बैल**—*बहुत अधिक मेहनती*
—मज़दूर लोग कोल्हू के बैल की तरह काम करते हैं।

32. **गागर में सागर भरना**—*थोड़े शब्दों में अधिक बात कहना*
—विद्वान पुरुष गागर में सागर भर देते हैं।

33. **गड़े मुर्दे उखाड़ना**—*पुरानी बातें फिर से दोहराना*
—गड़े मुर्दे उखाड़ने से आपसी प्यार कम हो जाता है।

34. **गुदड़ी के लाल**—*छिपा हुआ गुणी व्यक्ति*
—भारतवर्ष में बहुत लोग गुदड़ी के लाल हैं।

35. **घड़ों पानी पड़ना**—*लज्जित होना*
—गुरुजी से झूठ बोलने पर रमेश पर घड़ों पानी पड़ गया।

36. **घी के दिए जलाना**—*खुश होना*
—नेताओं के घरों में आजकल घी के दिए जलते हैं।

37. **घोड़े बेचकर सोना**—*गहरी नींद में सोना*
—परीक्षा समाप्त होने पर छात्र घोड़े बेचकर सो जाते हैं।

38. **घाट-घाट का पानी पीना**—*अत्यन्त अनुभवी*
—आफ़ताब के पिता ने घाट-घाट का पानी पी रखा है।

39. **चिराग तले अँधेरा**—*गुण के साथ दोष*
—थाने के पास चोरी होना चिराग तले अँधेरा है।

40. **चुल्लू भर पानी में डूब मरना**—*अत्यन्त लज्जित होना*
—अध्यापक से झूठ बोलकर तुम्हें चुल्लू भर पानी में डूब मरना चाहिए।

41. **छठी का दूध याद आना**—*भारी संकट में पड़ना*
—थोड़ी-सी गलती छठी का दूध याद करा सकती है।

42. **छाती पर साँप लोटना**—*ईर्ष्या से जलना*
—भारत की उन्नति देखकर पाकिस्तान की छाती पर साँप लोटते हैं।

43. **डंके की चोट कहना**—*खुलेआम कहना*
—निर्भीक लोग अपनी बात डंके की चोट पर कहते हैं।

44. **तारे गिनना**—*कष्टपूर्वक रात बिताना*
—रोगी ने सारी रात तारे गिनकर काटी।

45. **दाँत खट्टे करना**—*हराना*
—युद्ध में भारत ने पाकिस्तान के दाँत खट्टे कर दिए।

46. **दाँतों तले अँगुली दबाना**—*आश्चर्यचकित रहना*
—ताजमहल देखकर लोग दाँतों तले अँगुली दबाते हैं।

47. **दाल में काला होना**—*संदेह की बात होना*
—साफ़-साफ़ क्यों नहीं बताते, दाल में कुछ काला लगता है।

48. **पेट में चूहे कूदना**—*बहुत भूख लगना*
—स्कूल से आकर बच्चों के पेट में चूहे कूदने लगते हैं।

49. **भीगी बिल्ली बनना**—*डरकर दब जाना*
—कक्षा में अध्यापक के आते ही सभी छात्र भीगी बिल्ली बन जाते हैं।

50. **लोहे के चने चबाना**–*कठिन काम करना*
–कक्षा में प्रथम आना लोहे के चने चबाना है।

## I. प्रश्न-अभ्यास

1. *नीचे लिखे मुहावरों को वाक्यों में प्रयुक्त कीजिए–*
अपनी खिचड़ी अलग पकाना, कोल्हू का बैल, गुड़ गोबर करना, भीगी बिल्ली बनना, हवाई किले बनाना।

2. *निम्न अर्थों हेतु मुहावरा दीजिए–*
नासमझ को उपदेश देना, नज़र बचाना, बाधा डालना, बहुत भूख लगना, धोखा देना।

3. *निम्न वाक्यों को सही मुहावरे से पूरा कीजिए–*
(क) बच्चे कमाकर माता-पिता का सहारा बनते हैं, तुम बूढ़े माता-पिता से सदा पैसे ऐंठते रहते हो क्यों उल्टी ..... ........... रहे हो?
(ख) कई फैक्ट्रियों में मज़दूरों से ................ की भाँति काम लिया जाता है।
(ग) बिहारी के दोहों को ............................... कहा जाता है क्योंकि छोटे-छोटे दोहे महत्त्वपूर्ण अर्थ रखते हैं।
(घ) रामबाबू के बेटे की मृत्यु हो जाने पर एक तो वे पहले ही दुखी थे दूसरा मकानमालिक मकान खाली करवाने के लिए बार-बार परेशान करके उनके ............................... रहा है, वह यह नहीं जानता कि इस घर से उनके बेटे की यादें जुड़ी हैं।
(ङ) फुटबॉल के मैच में हमारे विद्यालय के बच्चों ने केंद्रीय विद्यालय के बच्चों के ...............................।

## II. बहुवैकल्पिक प्रश्नोत्तर

**निम्न वाक्यों में सही मुहावरों का विकल्प दीजिए–**

(1) *तरणदीप की तो सबसे लड़ने की आदत है तभी तो ............... है।*
(क) अपनी खिचड़ी अलग पकाना (ख) मुँह की खाना
(ग) हाथ उठाना (घ) रंगा सियार होना

(2) *शिक्षक के कक्षा से जाते ही बच्चों ने ............... लिया।*
(क) बात का बतंगड़ बनाना (ख) बाट जोहना
(ग) आसमान सिर पर उठाना (घ) मिट्टी का माधो

(3) *विवाह होते ही राम को ............... हो गया।*
(क) आटे दाल का भाव मालूम होना (ख) मन के लड्डू फोड़ना
(ग) लहू का घूँट पीकर रह जाना (घ) माथा ठनकना

(4) *चोर पुलिस की ............... कर भाग गया।*
(क) नौ-दो ग्यारह होना (ख) धाक जमाना
(ग) दौड़ धूप करना (घ) आँखों में धूल झोंकना

(5) *जब रजत के पास धन दौलत न रहा तो मित्र भी ............... लगे।*
(क) नाम पर धब्बा लगाना (ख) दाँतों तले उँगली दबाना
(ग) पानी-पानी होना (घ) आँखें चुराना

(6) *मैं रूपा से बड़ी आशा से रुपए माँगने गई पर उसने मुझे ............... दिया।*
(क) पगड़ी उछालना (ख) अँगूठा दिखाना
(ग) पानी-पानी होना (घ) बात का धनी होना

(7) *कम अंक आने पर पिताजी ने मुझे ............... लिया।*

(क) त्योरियाँ चढ़ाना (ख) बीड़ा उठाना

(ग) आड़े हाथों (घ) नजरों से गिरना

(8) *भारतीय सेना ने शत्रुओं की ............... दी।*

(क) दाँतों तले उँगली दबाना (ख) तिल का ताड़ बनाना

(ग) ज़हर का घूँट पीना (घ) ईंट से ईंट बजाना

(9) *अपराधी को सामने पाकर इंस्पेक्टर का ............... गया।*

(क) दाँतों तले उँगली दबाना (ख) खून खौलना

(ग) पैरों तले ज़मीन खिसकना (घ) प्राणों की बाजी लगाना

(10) *नेहा ने दीपक को समझाया कि गलत लोगों से दोस्ती करके ............... मारो।*

(*i*) अक्ल पर पत्थर पड़ना (*ii*) अपने पाँव पर स्वयं कुल्हाड़ी मारना

(*iii*) अड़ियल टट्टू (*iv*) इशारे पर नाचना

उत्तर– (1) (क) (2) (ग) (3) (क) (4) (घ) (5) (घ)
(6) (ख) (7) (ग) (8) (घ) (9) (ख) (10) (ख)

# 26. लोकोक्तियाँ

**लोकोक्ति** का अर्थ है 'लोक में कही जाने वाली उक्ति' अर्थात् जो शब्द एक कहावत के रूप में बोले जाते हैं लेकिन विशेष अर्थ देते हैं। इनमें कभी भी वाक्य के आधार पर कोई बदलाव नहीं आता। इन्हें **'कहावत'** भी कहा जाता है।

## पाठ्यपुस्तक पर आधारित लोकोक्तियाँ

1. **अक्ल बड़ी या भैंस**–*शरीर की अपेक्षा बुद्धि बड़ी होती है*
–लक्ष्य मोटा तगड़ा लड़का है लेकिन पढ़ने में कमज़ोर इसलिए गुरु जी प्राय: कहते हैं अक्ल बड़ी या भैंस।
2. **अधजल गगरी छलकत जाय**–*ओछा मनुष्य अधिक इतराता है*
–दीपक दसवीं फेल है लेकिन डींग मारता है बी.ए. पास की तरह क्योंकि अधजल गगरी छलकत जाय।
3. **आम के आम गुठली के दाम**–*दोहरा लाभ*
–समाचार पत्र पढ़ कर बाद में रद्दी में बेच दो। इसे कहते हैं–आम के आम गुठली के दाम।
4. **अकेला चना भाड़ नहीं फोड़ सकता**–*एक व्यक्ति कुछ नहीं कर सकता*
–विशेष लक्ष्य को प्राप्त करने के लिए दूसरों का सहयोग लेना पड़ता है क्योंकि अकेला चना भाड़ नहीं फोड़ सकता।
5. **आँख का अंधा नाम नयन सुख**–*गुणों के विरुद्ध नाम होना*
–हमारी कक्षा का होशियार सिंह पढ़ने में बिलकुल बुद्धू है। ठीक ही कहा है आँख का अंधा नाम नयन सुख।
6. **ऊँट के मुँह में जीरा**–*आवश्यकता के अनुसार वस्तु न होना*
–एक पहलवान को जब नाश्ते में केवल दूध और फल दिए गए तो वह बोल उठा–ऊँट के मुँह में जीरा।
7. **ऊँची दुकान फीका पकवान**–*दिखावे के अनुरूप वस्तु न होना*
–आजकल के दुकानदार वस्तु घटिया होने पर भी सजावट व दिखावा जोरदार करते हैं। इसी को कहते हैं-ऊँची दुकान फीका पकवान।

8. **एक मछली सारे तालाब को गंदा करती है**–*एक बुरे के कारण सब बुरे बन जाते हैं*
–हमारी कक्षा में एक लड़का चोरी करता है उसके कारण सारी कक्षा बदनाम हो रही है क्योंकि एक मछली सारे तालाब को गंदा करती है।
9. **कंगाली में आटा गीला**–*मुसीबतों में और मुसीबत आना*
–एक तो देवराज के पिताजी की नौकरी चली गई दूसरा उसकी माताजी बीमार हो गई तो सभी ने कहा कंगाली में आटा गीला।
10. **कहाँ राजा भोज कहाँ गंगू तेली**–*दो व्यक्तियों की स्थिति में बहुत अंतर*
–एक बच्चे की तुलना अध्यापक से नहीं की जा सकती है। कहाँ राजा भोज, कहाँ गंगू तेली।
11. **काला अक्षर भैंस बराबर**–*अनपढ़*
–बलराज एक मज़दूर है। उसके लिए तो काला अक्षर भैंस बराबर है।
12. **खोदा पहाड़ निकली चुहिया**–*अधिक मेहनत, कम लाभ*
–रवित ने सारा दिन मेहनत की और शाम को हिसाब लगाने पर मालूम हुआ कि सिर्फ पचास रुपए का ही मुनाफा हुआ। इसे कहते हैं खोदा पहाड़ निकली चुहिया।
13. **घर की मुर्गी दाल बराबर** –*आसानी से प्राप्त वस्तु का कम महत्त्व*
–इशिता के पिता का बुक स्टोर है इसलिए उसके पास बहुत पैन रहते हैं। वह कभी उनके खो जाने की चिंता नहीं करती क्योंकि घर की मुर्गी दाल बराबर।
14. **चोर की दाढ़ी में तिनका**–*अपने पाप से डरना*
–मोहित ने एक लड़के की कापी चुराई। अध्यापक के कक्षा में आते ही वह कहने लगा मैंने कॉपी नहीं चुराई। सबको उसी पर शक हो गया क्योंकि चोर की दाढ़ी में तिनका।
15. **चमड़ी जाए पर दमड़ी न जाए**–*कंजूस व्यक्ति कष्ट सहन कर लेता है पर रुपया खर्च नहीं करता*
–सेठ जी रोजाना रिक्शे में न जाकर पैदल दुकान पर जाते हैं इसलिए सही कहा है–चमड़ी जाए पर दमड़ी न जाए।
16. **जल में रहकर मगर से बैर**–*आश्रय दाता से बैर*
–विद्यालय में प्रधानाचार्य से झगड़ना जल में रहकर मगर से बैर की तरह है।
17. **जो गरजते हैं वे बरसते नहीं हैं**–*डींगें मारने वाले काम नहीं करते*
–साहिब बाहर दोस्तों में प्रथम श्रेणी में उत्तीर्ण होने का दावा कर रहा था लेकिन बेचारा फेल हो गया। सत्य कहा है–जो गरजते हैं, वे बरसते नहीं।
18. **जिसकी लाठी उसकी भैंस**–*बलवान की जीत होती हैं*
–राशन की दुकान पर गुंडे लोग बिना लाइन के राशन लेते हैं। यह सत्य कहा है–जिसकी लाठी उसकी भैंस।
19. **दूर के ढोल सुहावने**–दूर *की चीज़ें अच्छी लगती है*
–गाँवों की प्रशंसा सुनकर मैं एक माह के लिए गाँव गया, लेकिन वहाँ के बुरे वातावरण के कारण जल्दी लौट आया। मैंने यही सोचा-दूर के ढोल सुहावने।
20. **नाच न जाने आँगन टेढ़ा**–*गुण न होने पर बहाना बनाना*
–दर्जी ने कोट की सिलाई बिगाड़ दी लेकिन दोष देता है कपड़े पर। इसी को कहते हैं–नाच न जाने आँगन टेढ़ा।
21. **पाँचों अँगुली घी में होना**–*आराम से समय गुजारना*
–वैभव के पिताजी की पाँचों अँगुली घी में हैं क्योंकि उनके सभी लड़के नौकरी करते हैं और वह स्वयं भी कमाते हैं।
22. **बहती गंगा में हाथ धोना**–*अवसर का लाभ उठाना*
–कल गुरु जी परीक्षोपयोगी प्रश्नों को समझाएँगे इसलिए तुम भी बहती गंगा में हाथ धो लेना।
23. **मुँह में राम-राम बगल में छुरी**–*बाहर से सज्जन अंदर से कपटी*
–आजकल के नेता चिकनी-चुपड़ी बातें करते हैं। उनकी तो मुँह में राम-राम बगल में छुरी वाली बात होती है।

**24. लातों के भूत बातों से नहीं मानते**–*कई लोग दंड देने पर ही वश में आते हैं*
–अध्यापक ने कहा कि बिना पिटाई किए कई लड़के गृह कार्य करके नहीं लाते क्योंकि लातों के भूत बातों से नहीं मानते।

**25. सिर मुँड़ाते ही ओले पड़े**–*काम शुरू करते ही बाधा*
–रामबाबू ने अपनी दुकान का जैसे ही श्रीगणेश किया, त्यों ही शहर में हड़ताल हो गई। इसी को कहते हैं–सिर मुँड़ाते ही ओले पड़े।

**26. साँप मरे न लाठी टूटे**–*बिना नुकसान के काम बन जाना*
–छात्रों की हड़ताल पर प्रधानाचार्य ने अध्यक्ष महोदय से कहा कि ऐसा कदम उठाया जाए जिससे साँप मरे पर लाठी न टूटे।

**27. सावन हरे न भादों सूखे**–*सदा एक जैसा रहना*
–बड़े लोगों की सदा एक जैसी हालत रहती है, उनके लिए तो सावन हरे न भादों सूखे।

**28. हाथ कंगन को आरसी क्या**–*प्रत्यक्ष को प्रमाण की आवश्यकता नहीं*
–आप मेरी सारी पुस्तकें देख सकते हैं। मैं सब यहाँ लाया हूँ तो हाथ कंगन को आरसी क्या।

**29. जैसी करनी वैसी भरनी**–*जो जैसा करता है, वैसा ही उसको फल भी मिलता है*
–दीप्ति दिन-रात मेहनत करके प्रथम श्रेणी में पास हुई तो सभी ने कहा-जैसी करनी वैसी भरनी।

## I. प्रश्न-अभ्यास

1. *निम्न लोकोक्तियों का अर्थ लिखिए–*
   (क) अंधों में काना राजा
   (ख) ऊँट के मुँह में जीरा
   (ग) कंगाली में आटा गीला
   (घ) कहाँ राजा भोज कहाँ गंगू तेली

2. *निम्न लोकोक्तियों का वाक्य में प्रयोग कीजिए–*
   (क) पाँचों उँगलियाँ घी में होना
   (ख) थोथा चना बाजे घना
   (ग) चोर की दाढ़ी में तिनका
   (घ) सिर मुँड़ाते ही ओले पड़े

## II. बहुवैकल्पिक प्रश्नोत्तर

**नीचे लिखी लोकोक्तियों के सही अर्थ छाँटकर उन पर सही ( ✓ ) का चिह्न लगाइए–**

1. *रुपए और सामान चोरी होने पर पुलिस को कुछ सामान मिल गया तो सबने यही कहा कि ..............*
   (क) थोथा चना बाजे घना
   (ख) जाको राखे साइयाँ मार सके न कोय
   (ग) भागते चोर की लँगोटी सही
   (घ) चिराग तले अँधेरा
2. *जो कार्य तैयारी के साथ धीरे-धीरे किया जाए वह कार्य अच्छा होता है क्योंकि ..............*
   (क) बेकार से बेगार भली
   (ख) नौ नगद न तेरह उधार
   (ग) साँच को आँच नहीं
   (घ) सहज पके सो मीठा होय
3. *मजदूर का जीवन भी क्या जीवन है जितनी भी मेहनत कर ले पर उसके जीवन में ..............*
   (क) चार दिन की चाँदनी फिर अँधेरी रात
   (ख) दुविधा में दोनों गए माया मिली न राम
   (ग) सावन हरे न भादों सूखे
   (घ) दुधारू गाय की लात भली
4. *जब डाकुओं की खोज में पुलिस गाँव की तलाशी लेने आई तो सरपंच ने अनुमति देकर कहा ..............*
   (क) जाको राखे साइयाँ मार सके न कोय
   (ख) समरथ को नहीं दोष गोसाईं
   (ग) चोर की दाढ़ी में तिनका
   (घ) दुविधा में दोनों गए न माया मिली न राम
5. *संसद अधिकारी ने हमसे लड़कों की संख्या गिनने को कहा तो हमने तुरंत कहा ..............*
   (क) आम के आम गुठलियों के दाम

(ख) खिसियानी बिल्ली खम्भा नोचे
(ग) हाथ कंगन को आरसी क्या
(घ) कहीं की ईंट कहीं का रोड़ा भानुमती के कुनबा जोड़ा

6. *आजकल के कई धर्म प्रचारक वास्तव में घर भरने के उद्देश्य से इस व्यवसाय में लगे हैं; उनका तो वही हाल है कि ...............*

(क) छछूँदर के सिर पर चमेली का तेल
(ख) हाथी के दाँत खाने के और दिखाने के और
(ग) चार दिन की चाँदनी फिर अँधेरी रात
(घ) दादा बड़ा न भैया सबसे बड़ा रुपया

7. *रमन ने जब पिताजी से पाँच हजार रुपए माँगे तो पिताजी ने उसे पाँच सौ रुपए ही दिए तब माँ ने कहा ...............*

(क) अशर्फियाँ लूटे कोयले पर मोहर
(ख) कहाँ राजा भोज कहाँ गंगू तेली
(ग) ऊँट के मुँह में जीरा
(घ) अपनी-अपनी ढफली अपना-अपना राग

8. *इतने अच्छे नृत्य को देखकर जब दर्शकों ने तालियाँ न बजाईं तो मुझे लगा ...............*

(क) बंदर क्या जाने अदरक का स्वाद
(ख) अधजल गगरी छलकत जाय
(ग) मान न मान मैं तेरा मेहमान
(घ) हाथ कंगन को आरसी क्या

**उत्तर–** (1) (ग) (2) (घ) (3) (ग) (4) (ख) (5) (ग)
(6) (ख) (7) (ग) (8) (क)

# 27. अलंकार

अलंकार शब्द का अर्थ है–गहना या आभूषण। जिस प्रकार एक स्त्री का सौंदर्य आभूषण धारण करते ही उभर जाता है, ठीक उसी प्रकार काव्य में यदि अलंकारों का प्रयोग किया जाए तो काव्य भी सौंदर्य की दृष्टि से उच्चकोटि का हो जाता है।

अलंकार के मुख्य रूप से दो भेद माने जाते हैं–

(क) शब्दालंकार
(ख) अर्थालंकार

**(क) शब्दालंकार–**जब काव्य में शब्द प्रयोग के कारण सौंदर्य उत्पन्न हो तो उसे शब्दालंकार कहते हैं। *जैसे–*

**त**ट **त**माल **त**रुवर बहु छाए।

यदि इस वाक्य को सरल शब्दों में लिखें तो केवल यही लिखेंगे–

सूर्य पुत्री यमुना के तट पर तमाल के बहुत वृक्ष हैं।

**(ख) अर्थालंकार–**काव्य में जहाँ शब्दों के अर्थ से चमत्कार उत्पन्न होता है, उसे अर्थालंकार कहते हैं। *जैसे–*

**फूल-सी कोमल** बच्ची हुई राख की ढेरी।

इस पंक्ति में बच्ची की कोमलता की तुलना फूल से की गई है। यदि हम यहाँ इसका कोई पर्याय शब्द दें तो काव्य में इतना निखार नहीं आएगा।

## प्रमुख शब्दालंकार

**1. अनुप्रास अलंकार–**जिस काव्य में वर्ण की आवृत्ति बार-बार हो और चमत्कार उत्पन्न हो तो वहाँ अनुप्रास अलंकार होता है। *जैसे–*

**का**लिंदी **कू**ल **क**दंब की डार
वि**म**ल **वा**णी ने **वी**णा ली
**क**ल **का**नन **कुं**डल मोरपंखा उरपै बनमाल बिराजति है
मु**दि**त **म**हीपति **मं**दिर आए

**2. यमक अलंकार**–जब काव्य में एक ही शब्द दो या दो से अधिक बार आए और हर बार उसका अर्थ भिन्न हो; वहाँ यमक अलंकार होता है। *जैसे*–

**तीन बेर** खाती थी वह **तीन बेर** खाती थी।

(तीन बेर–तीन बार, तीन बेर–तीन बेर के फल)

काली **घटा** का घमंड **घटा।**

(घटा–काले बादल, घटा–कम होना)

कहे कवि **बेनी बेनी** ब्याल की चुराई लीनी।

(बेनी–कवि का नाम, बेनी–चोटी)

**3. श्लेष अलंकार**–श्लेष का अर्थ 'चिपकना' भी माना जाता है। जब काव्य में शब्द तो एक ही प्रयुक्त हो लेकिन उसके अर्थ एक से अधिक हों तो वहाँ श्लेष अलंकार होता है। *जैसे*–

मंगन को देखि **पट** देत बार-बार है।

(पट–वस्त्र, पट–किवाड़)

मधुवन की छाती को देखो सूखी इसकी कितनी **कलियाँ।**

(कली के दो अर्थ हैं–खिलने से पूर्व फूल की दशा, बच्चियाँ)

मेरी भवबाधा हरौ; राधा नागरि सोय।
जा तन की झाँई परै, स्याम-**हरित** दुति होय।।

(हरित शब्द के तीन अर्थ–हरे रंग का होना, हर लेना, हर्षित होना)

## प्रमुख अर्थालंकार

**4. उपमा अलंकार**–जब काव्य में एक वस्तु या प्राणी की तुलना, समानता के कारण किसी प्रसिद्ध वस्तु या प्राणी से की जाती है वहाँ उपमा अलंकार माना जाता है। *जैसे*–

ये देखिए **अरविंद-से शिशुवृंद** कैसे सो रहे।

(कमल के फूल के समान बच्चे)

समय **शिला-सा** जम जाएगा।

(पत्थर के समान)

मुख **बाल रवि-सम** लाल होकर **ज्वाल-सा** बोधित।

(रवि-सम–सूर्य के समान, ज्वाल-सा–ज्वाला की भाँति)

(**नोट**–उपमा अलंकार में सा, से, सी, सम, सरिस आदि शब्दों का प्रयोग होता है।)

**5. रूपक अलंकार**–जहाँ गुण की अत्यंत समानता के कारण उपमेय में उपमान का अभेद आरोप कर दिया जाए, वहाँ रूपक अलंकार होता है।

(**नोट**–इसमें एक वस्तु या प्राणी को दूसरे रूप में ही प्रस्तुत किया जाता है।) *जैसे*–

**चरण-कमल** बंदौ हरि राई।

(यहाँ चरणों (उपमेय) में कमल (उपमान) का आरोप है)

मैया मैं तो **चंद्र खिलौना** लैहों।

(यहाँ चंद्रमा (उपमेय) में खिलौना (उपमान) का आरोप है)

अर्थात् चरणों को कमल के रूप में व चाँद को खिलौने के रूप में प्रस्तुत किया गया है।

**6. उत्प्रेक्षा अलंकार**–जहाँ उपमेय में उपमान की संभावना या कल्पना की जाए, वहाँ उत्प्रेक्षा अलंकार होता है। मनो, मनु, मानो, जानो, जनु, जनहु आदि शब्दों का प्रयोग काव्य में रहता है। *जैसे*–

कहती हुई यों उत्तरा के नेत्र जल से भर गए।
हिम के कणों से पूर्ण **मानो** हो गए पंकज नए।।

इन पंक्तियों में उत्तरा के अश्रुपूर्ण नेत्रों (उपमेय) में जल कण युक्त पंकज (उपमान) की संभावना की गई है।

ले चला मैं तुझे कनक।
**ज्यों** भिक्षुक लेकर स्वर्ण झनक।।
सोहत ओढ़ैं पीतु पटु, स्याम सलौनैं गात।
**मनौ** नीलमनि-सैल पर आतपु पर्‍यौ प्रभात।।

**7. अतिशयोक्ति अलंकार**–जहाँ किसी वस्तु, पदार्थ या प्राणी का वर्णन बढ़ा-चढ़ाकर प्रस्तुत किया जाए वहाँ अतिशयोक्ति अलंकार होता है। *जैसे*–

हनुमान की पूँछ में लगन न पाई आग।
लंका सगरी जल गई, गए निशाचर भाग।।

(यहाँ बात को कितना बढ़ा-चढ़ाकर किया गया है कि हनुमान की पूँछ में अभी आग भी नहीं लगी थी कि सारी लंका जलकर भस्म हो गई।)

बालों को खोलकर मत चला करो
दिन में रास्ता भूल जाएगा सूरज।

(नायिका के घने काले केशों का अतिशयोक्तिपूर्ण वर्णन है कि नायिका के बाल खुले होने के कारण उनकी कालिमा से सूरज रास्ता भूल जाएगा, इसलिए कवि नायिका से कहता है कि बालों को खोलकर मत चलो।)

**8. मानवीकरण अलंकार**–जब जड़ अथवा अचेतन पदार्थों पर मानवीय भावनाओं, संबंधों या क्रियाकलापों को आरोपित किया जाए तो वहाँ मानवीकरण अलंकार होता है। *जैसे*–

बीती विभावरी जागरी,
**अंबर पनघट** में डुबो रही,
तारा-घट ऊषा नगरी।

(इन काव्य पंक्तियों में ऊषा को अंबर रूपी पनघट पर गागर भरती हुई स्त्री के रूप में चित्रित किया गया है। यहाँ प्रकृति को मानवीय क्रियाएँ करते हुए दिखाया गया है।)

**खड़-खड़** करताल बजा रही बिसुध हवा।
(हवा को तालियाँ बजाते हुए दर्शाया गया है।)
इस सोते संसार बीच, जगकर सजकर **रजनी बाला।**
(रात को नायिका के रूप में दर्शाया है।)

**9. पुनरुक्ति प्रकाश अलंकार**–काव्य में जहाँ एक शब्द की बार-बार आवृत्ति हो, उसे पुनरुक्ति प्रकाश अलंकार कहते हैं। इन शब्दों में अर्थ भिन्नता नहीं होती। ये काव्य पंक्तियों को प्रभावी बनाते हैं। *जैसे*–

लेकिन कोई किसी से नहीं बोलती
सभी अकेले-अकेले
अपनी मंजिल पर पहुँचने का इंतजार करती हैं। (अकेले-अकेले शब्द केवल अकेलेपन को ही दर्शाता है।)
खड़-खड़ करताल बजा (खड़-खड़ आवाज़ का प्रतीक है।)
डाल-डाल अलि-पिक के गायन का समां बँधा (डाल-डाल डालियों अर्थात् टहनियों का प्रतीक है।)

# शब्द शक्ति

शब्द से अर्थग्रहण करने की शक्ति को शब्द-शक्ति कहते हैं। इसके तीन भेद हैं–

1. अभिधा 2. लक्षणा 3. व्यंजना

**1. अभिधा–**शब्द का प्रचलित अर्थ अभिधा कहलाता है। *जैसे–*

यह आम का वृक्ष है।

नदियाँ पर्वतों से निकलती हैं।

**2. लक्षणा–**जब शब्द के मुख्य अर्थ से भिन्न अर्थ व्यक्त हो, शब्द की शक्ति से किसी दूसरे अर्थ की कल्पना की जा सके, उसे लक्षणा कहते हैं। *जैसे–*

वह तो शब्दों में मिश्री घोलता है।

सेठजी का बेटा तो हीरा है।

**3. व्यंजना–**शब्द की जिस शक्ति से लक्ष्यार्थ से भिन्न अर्थ का बोध हो, उसे व्यंजना कहते हैं। *जैसे–*

हनुमान की पूँछ में लगन न पाई आग।
लंका सगरी जल गई, गए निशाचर भाग।।

(वास्तव में इन पंक्तियों में यह दर्शाया गया है कि हनुमान ने अपने बल-पौरुष से लंका को तहस-नहस कर डाला।)

## I. प्रश्न-अभ्यास

1. *निम्न अलंकारों का एक-एक उदाहरण दीजिए–*

अनुप्रास, यमक, श्लेष, रूपक, उत्प्रेक्षा, अतिशयोक्ति, मानवीकरण।

2. *निम्नलिखित पंक्तियों में प्रयुक्त अलंकारों के नाम बताइए–*

1. चारु चंद्र की चंचल किरणें।
2. नभमंडल छाया मरुस्थल-सा।
3. पानी परात को हाथ छुयो नहीं, नैनन के जल सों पग धोए।
4. मृदु मंद-मंद मंथर-मंथर।
5. रघुपति राघव राजा राम।
6. वह इष्ट देव के मंदिर की पूजा-सी।
7. चरण-कमल बंदौ हरिराई।
8. मैया मैं तो चंद्र खिलौना लैहूँ।

3. श्लेष और यमक अलंकार का अंतर स्पष्ट कीजिए।

4. उपमा और रूपक अलंकार से आप क्या समझते हैं?

## II. बहुवैकल्पिक प्रश्नोत्तर

**(क) निम्न काव्य पंक्तियों में प्रयुक्त अलंकार के सही विकल्प को चिह्नित कीजिए–**

1. चारु चंद्र की चंचल किरणें।

(क) यमक (ख) अनुप्रास (ग) श्लेष (घ) रूपक

2. पानी परात को हाथ छुयो नहीं, नैनन के जल सों पग धोए।

(क) अतिशयोक्ति (ख) यमक (ग) अनुप्रास (घ) श्लेष

3. नभमंडल छाया मरुस्थल-सा।

(क) श्लेष (ख) उपमा (ग) पुनरुक्ति प्रकाश (घ) अनुप्रास

4. मृदु मंद-मंद मंथर-मंथर।

(क) पुनरुक्ति प्रकाश (ख) अनुप्रास (ग) श्लेष (घ) रूपक

5. मैया मैं तो चंद्र खिलौना लैहूँ।

(क) अनुप्रास (ख) उपमा (ग) रूपक (घ) अतिशयोक्ति

6. वह इष्ट देव के मंदिर की पूजा-सी।

(क) रूपक (ख) अनुप्रास (ग) उपमा (घ) मानवीकरण

7. रघुपति राघव राजा राम।

(क) श्लेष (ख) अनुप्रास (ग) पुनरुक्ति प्रकाश (घ) रूपक

8. अंबर पनघट में डुबो रही।

(क) अतिशयोक्ति (ख) मानवीकरण (ग) उपमा (घ) अनुप्रास

**(ख) निम्न काव्य पंक्तियों में प्रयुक्त अलंकार के सही विकल्प को चिह्नित कीजिए–**

1. *सोहत औढ़ै पीतु पटु स्याम सलौनें गात।*
*मनो नीलमणि सैल पर आतपु परयौ प्रभात।।*

(क) अनुप्रास (ख) उत्प्रेक्षा (ग) अतिशयोक्ति (घ) उपमा

2. *तारा-घट ऊषा नगरी।*

(क) मानवीकरण (ख) अनुप्रास (ग) उपमा (घ) रूपक

3. *समय शिला-सा जम जाएगा।*

(क) अनुप्रास (ख) उपमा (ग) रूपक (घ) उत्प्रेक्षा

4. *मधुवन की छाती को देखो सूखी इसकी कितनी कलियाँ*

(क) उपमा (ख) रूपक (ग) श्लेष (घ) मानवीकरण

5. *चरण-कमल बंदौ हरि राई*

(क) रूपक (ख) अनुप्रास (ग) मानवीकरण (घ) उपमा

**उत्तर–(क)** 1. (ख) 2. (क) 3. (ख) 4. (क) 5. (ग)
6. (ग) 7. (ख) 8. (ख)

**(ख)** 1. (ख) 2. (क) 3. (ख) 4. (ग) 5. (क)

# रचना भाग

1. अपठित बोध
2. पत्र-लेखन
3. अनुच्छेद-लेखन
4. निबंध-लेखन
5. संवाद-लेखन
6. सूचना-लेखन
7. प्रतिवेदन
8. विज्ञापन लेखन
9. चित्र-वर्णन

# 1. अपठित बोध

पहले न पढ़े हुए अनुच्छेद को पढ़कर उसके अर्थ को समझना अर्थग्रहण कहलाता है। अपठित अनुच्छेद पर कई प्रश्न पूछे जाते हैं। उन प्रश्नों का उत्तर देने के लिए अनुच्छेद को ध्यानपूर्वक दो-तीन बार पढ़ना चाहिए। उसके बाद अनुच्छेद के नीचे दिए प्रश्नों के उत्तर अपने शब्दों में लिखने चाहिए। भाषा सरल, स्पष्ट और सटीक होनी चाहिए।

## 1. गद्यांश

**निम्नलिखित गद्यांशों को ध्यानपूर्वक पढ़िए और दिए गए प्रश्नों के उत्तर दीजिए–**

**1** नेहरूजी ने न केवल भारत, वरन् किन्हीं अर्थों में विश्व के राष्ट्रों को भी नेतृत्व प्रदान किया और युद्ध के भय से आतंकित विश्व को शांति का संदेश दिया। विश्व के बड़े से बड़े राष्ट्र उनके असाधारण व्यक्तित्व से प्रभावित थे। उन्होंने भारत के प्रधानमंत्री की हैसियत से अनेक राष्ट्रों की यात्राएँ कीं। विदेशों में उनका अभूतपूर्व स्वागत हुआ। विश्व के राजनीतिक दलदल से जिस कौशल के साथ भारत को बचाया उसे देखकर उनकी गणना विश्व के महान् राजनीतिज्ञों में होने लगी। अनेक कमज़ोर राष्ट्रों के लिए वे मसीहा बन गए। विश्वशांति के गंभीर प्रयासों के कारण उन्हें शांतिदूत कहा जाने लगा। बांडुंग सम्मेलन में पंचशील के माध्यम से शांति और मानवता का जो आदर्श नेहरूजी ने प्रतिष्ठित किया वह आज भी विश्व का मार्गदर्शन कर रहा है। समस्त विकासशील देशों के लिए वह संजीवनी शक्ति बन गया। भारत-सोवियत मैत्री जवाहरलाल जी की ही देन है जो भारत के नव-निर्माण और विश्वशांति की आधारशिला बनी।

नेहरू के जीवनकाल में भारत को कश्मीर समस्या तथा चीनी आक्रमण के संकट झेलने पड़े, जिनका समाधान आज भी पूर्णत: नहीं हो पाया है। लोकतांत्रिक भारत में नेहरू के बाद अनेक सरकारें आईं और गईं, पर नेहरू के द्वारा अपनाई गई विदेश नीति ही सामान्यत: हमारी मार्गदर्शक रही।

1. *नेहरूजी की गणना विश्व के महान राजनीतिज्ञों में क्यों होने लगी?*
2. *नेहरूजी को शांतिदूत क्यों कहा जाता था?*
3. *नेहरूजी किस समस्या का समाधान नहीं ढूँढ़ पाए?*
4. *'लोकतांत्रिक भारत' का अर्थ क्या है?*
5. *नेहरू द्वारा शांति का संदेश किसे दिया गया?*

**उत्तर**–1. नेहरूजी की गणना विश्व के महान राजनीतिज्ञों में होने लगी क्योंकि उन्होंने भारत को राजनीतिक दलदल में नहीं पड़ने दिया।

2. नेहरूजी को शांतिदूत माना जाता है क्योंकि विश्व शांति के गंभीर प्रयास किए।
3. नेहरूजी कश्मीर समस्या का समाधान नहीं कर पाए।
4. लोकतांत्रिक भारत का अर्थ है भारतीय अपने प्रतिनिधि स्वयं चुनकर सरकार का निर्माण करें।
5. नेहरूजी द्वारा शांति का संदेश संपूर्ण विश्व को दिया गया।

**2** प्रकृति निरंतर परिवर्तनशील है। रात्रि के घोर अंधकार के पश्चात् मनोहारिणी उषा का आगमन, बादलों की काली घटा के पीछे से सूर्य का उज्ज्वल प्रकाश, ग्रीष्म में सूखे वृक्षों में वर्षा ऋतु से नई कोंपलों का जन्म–यह सभी बदलते परिदृश्य जीवन की परिवर्तनशील गति की ओर संकेत करते हैं। जीवन का यह चक्र सतत चलायमान है। मानव जीवन का इतिहास उसके निरंतर परिवर्तित होते विचारों, मान्यताओं और आस्थाओं का शाश्वत साक्षी है। आदिम युग के मानव ने आज बीसवीं सदी तक के समय में परिवर्तनों की कैसी लंबी यात्रा पूरी की है वह सबका चिरपरिचित सत्य है। मनुष्य जीवन की जन्म, शैशव, यौवन और बुढ़ापा नामक चारों अवस्थाएँ परिवर्तन की पुष्टि करती हैं। जहाँ परिवर्तन की गति रुक जाती है वही पड़ाव मृत्यु कहलाता है।

1. *नई कोंपलों का जन्म कब होता है?*

(क) ग्रीष्म ऋतु में (ख) बादलों के घिरने पर
(ग) पावस ऋतु में (घ) ऋतु बदलने पर

2. *परिवर्तित होते विचारों, मान्यताओं का साक्षी कौन है?*
   (क) बादलों की काली घटा (ख) निरंतर परिवर्तनशील प्रकृति
   (ग) रात्रि का घोर अंधकार (घ) मानव जीवन का इतिहास
3. *चिरपरिचित सत्य है* ..................।
   (क) बीसवीं सदी तक की कालावधि (ख) आस्थाओं का इतिहास
   (ग) मानव के परिवर्तनों की लंबी यात्रा (घ) आदिम युग का मानत्र
4. *उपर्युक्त गद्यांश का उचित शीर्षक हो सकता है* ..................।
   (क) परिवर्तन की सदी (ख) परिवर्तन ही जीवन है
   (ग) प्रकृति का प्रभाव (घ) आदिम युग का मानत्र
5. *उज्ज्वल और परिवर्तित शब्दों में क्रमशः उपसर्ग और प्रत्यय है* ..................।
   (क) उज्, त (ख) उत्, इत
   (ग) उज्ज्व, तित (घ) ज्व, इत

**उत्तर**—1. (ग) 2. (घ) 3. (ग) 4. (ख) 5. (ख)।

**3** स्वतंत्रता मनुष्य का जन्मसिद्ध अधिकार है। यही कारण है कि मनुष्य को किसी भी हालत में परतंत्रता स्वीकार नहीं होती। स्वतंत्रता की अनुमति उसकी जन्मजात प्रकृति या प्रवृत्ति है। वह शारीरिक और मानसिक दोनों रूपों में स्वतंत्रता का अभिलाषी है। उसे भावनाओं विचारों के क्षेत्र में किसी भी प्रकार के बंधन अपनी इच्छा से स्वीकार नहीं होते। मनुष्य अपने जीवन में सोचने-समझने, जानने, निर्णय लेने और कार्य करने में पूर्ण स्वतंत्रता चाहता है। उसके निजी जीवन में किसी भी अन्य व्यक्ति का हस्तक्षेप उसे सहन नहीं होता। स्वतंत्रता मानव जीवन को मिला एक वरदान है, लेकिन इस स्वतंत्रता का दुरुपयोग कदापि अभीष्ट नहीं है। मनुष्य स्वतंत्र होकर कार्य करने से ही सुखी रह सकता है लेकिन उसे अपने कर्तव्य के प्रति इतना ही निष्ठावान होना चाहिए। जिस समय कर्तव्य भावना का सूत्र ढीला हो जाता है, उसी समय जीवन में स्वेच्छाचारिता प्रवेश पा जाती है और वह अपनी मरजी से अनुचित कार्य करने से भी चूकता नहीं है।

1. *उपर्युक्त गद्यांश का उचित शीर्षक दीजिए।*
2. *मनुष्य का जन्मसिद्ध अधिकार क्या है?*
3. *मनुष्य अपने निजी जीवन में किसी का हस्तक्षेप क्यों नहीं चाहता?*
4. *अपने कर्तव्य के प्रति निष्ठावान क्यों होना चाहिए?*
5. *'स्वेच्छाचारिता' से आप क्या समझते हैं?*

**उत्तर**—1. स्वतंत्रता
2. स्वतंत्रता मनुष्य का जन्मसिद्ध अधिकार है।
3. मनुष्य अपने जीवन में सोचने-समझने, जानने, निर्णय लेने और कार्य करने की पूर्ण स्वतंत्रता चाहता है इसलिए अपने निजी जीवन में किसी का हस्तक्षेप पसंद नहीं करता।
4. अपने कार्य के प्रति निष्ठावान होना चाहिए अर्थात् स्वतंत्रता की आड़ में कभी कोई गलत काम नहीं करना चाहिए।
5. 'स्वेच्छाचारिता' से अभिप्राय है अपनी मरजी से किसी भी प्रकार के बंधन के बिना कार्य करना।

**4** भारत एक धर्मनिरपेक्ष अर्थात् किसी धर्म विशेष में विश्वास न रखने वाला देश है। प्रत्येक संप्रदाय के लोग अपने-अपने धर्म और अपनी-अपनी संस्कृति के अनुकूल जीवनयापन करने में स्वतंत्र हैं। राष्ट्र किसी धर्म और संस्कृति में बाधक नहीं है तथा न एक संप्रदाय को दूसरे संप्रदाय के धर्म और संस्कृति में बाधक होना चाहिए क्योंकि धर्म एकता का द्योतक है। उसे पार्थक्य का साधन नहीं बनाना चाहिए। जो संप्रदाय अपने धर्म का आदर चाहता है उसको दूसरे धर्म का आदर करना चाहिए। सब धर्म मूल में एक ही हैं, सभी धर्म मनुष्य को सद्व्यवहार सिखाते हैं, ईश्वर किसी विशेष धर्म या जाति का नहीं। सर्वव्यापक किसी एक संप्रदाय में सीमित नहीं हो सकता। हमारे देश में अनेक धर्मों को मानने वाले लोग रहते हैं। सभी लोग अपनी-अपनी जाति, धर्म और संप्रदाय के अनुसार अपने त्योहार मिल-जुल कर मनाते हैं। यहाँ लोग जाति-रंग का भेदभाव भुलाकर एक-साथ त्योहार मनाने में विश्वास करते हैं।

1. *भारत कैसा देश है?*
   (क) आत्मनिर्भर (ख) धर्मनिरपेक्ष
   (ग) परोपकारी (घ) इनमें से कोई नहीं
2. *धर्म किसका द्योतक है?*
   (क) एकता का (ख) संस्कृति का (ग) सभ्यता का (घ) पार्थक्य का
3. *अपने धर्म का आदर चाहने वाले का क्या कर्तव्य बनता है?*
   (क) दूसरे धर्म का भी आदर करना चाहिए।
   (ख) दूसरे धर्म भी मानने चाहिए।
   (ग) दूसरों को अपने धर्म से अवगत करवाना चाहिए।
   (घ) अपने धर्म की अच्छाइयों को उभारना चाहिए।
4. *सब धर्मों का मूल क्या है?*
   (क) सभी धर्म भिन्न-भिन्न हैं।
   (ख) लोगों को एक ही दिशा में प्रेरित करना।
   (ग) सभी धर्म मनुष्य को सद्व्यवहार सिखाते हैं, ईश्वर किसी विशेष धर्म या जाति से संबंध नहीं रखता।
   (घ) ईश्वर सबमें समान रूप से विद्यमान है।
5. *गद्यांश का उचित शीर्षक दीजिए।*
   (क) धर्मनिरपेक्ष भारत (ख) सर्व-धर्म-सम्भाव
   (ग) धर्म एकता का प्रतीक (घ) धर्म और संस्कृति

**उत्तर**–1. (ख) 2. (क) 3. (क) 4. (ग) 5. (ख)

**5** विद्यार्थी जीवन हमारे जीवन का वह भाग है जिसमें हम सिर्फ सीखते हैं। यह सीखना कई क्षेत्रों में होता है। जैसे–पुस्तकीय ज्ञान, खेलकूद, अनुशासन, व्यावहारिक ज्ञान आदि। इस अवस्था में सीखने की इच्छा प्रबल होती है। बुद्धि इतनी कोमल एवं चिंतामुक्त होती है कि कठिन-से-कठिन कार्य भी विद्यार्थी झटपट सीख जाता है। इस अवस्था में सीखने वाले जीवन की डगर पर सफलता से बढ़ते हैं। जो नया सीखने में अपना मन और बुद्धि नहीं लगाते वे पिछड़ जाते हैं। जीवन की चुनौतियों को सहने की ताकत उनमें नहीं आ पाती। वे जीवन की राह पर विश्वास के साथ आगे बढ़ने में असफल रहते हैं। समय निकल जाने पर उनका पछताना भी व्यर्थ रहता है। लक्ष्य प्राप्ति नहीं कर पाते। उन्हें समाज में अपना स्थान बनाने के लिए कठिन परिश्रम करना पड़ता है। कदम-कदम पर चुनौतियों का सामना करना पड़ता है। जब उन्हें अंतर्मन से यह अहसास होता है कि आगे बढ़ने के लिए समयानुसार कार्य करने से ही सफलता मिलती है तो वे अपने कदम सही राहों पर अग्रसर करते हैं।

1. *सीखने की अवस्था कौन-सी होती है?*
2. *मनुष्य किस-किस क्षेत्र में मुख्य रूप से सीखता है?*
3. *हर क्षेत्र में सीखने का क्या लाभ होता है?*
4. *जो लोग समय पर नहीं सीखते उन्हें पछताना क्यों पड़ता है?*
5. *गद्यांश का उचित शीर्षक दीजिए।*

**उत्तर**–1. विद्यार्थी अवस्था।
2. मनुष्य पुस्तकीय ज्ञान, खेलकूद, अनुशासन, व्यावहारिक ज्ञान आदि सीखता है।
3. हर क्षेत्र में सीखने से मनुष्य सफलता की डगर पर आगे बढ़ता है और जीवन की चुनौतियों को सहन कर पाता है।
4. जो लोग समय पर नहीं सीखते वे लक्ष्य की प्राप्ति नहीं कर पाते। उन्हें समाज में अपना स्थान बनाने के लिए कठिन परिश्रम करना पड़ता है।
5. विद्यार्थी जीवन।

**6** परिश्रम उन्नति का द्वार है। मनुष्य परिश्रम के सहारे ही जंगली अवस्था से वर्तमान विकसित अवस्था तक पहुँचा है। उसी के सहारे उसने अन्न, वस्त्र, घर, मकान, भवन, बाँध, पुल, सड़कें बनाईं। तकनीक का विकास किया, जिसके सहारे आज यह जगमगाती सभ्यता चल रही है। परिश्रम केवल शरीर की क्रियाओं का ही नाम नहीं है। मन तथा बुद्धि से किया गया कार्य भी परिश्रम कहलाता है। हर श्रम में बुद्धि तथा विवेक का पूरा योग रहता है। परिश्रम करने वाला मनुष्य सदा सुखी रहता है। परिश्रमी व्यक्ति का जीवन स्वाभिमान से पूर्ण होता है, वह स्वयं अपने भाग्य का निर्माता होता है। उसमें आत्म-विश्वास होता है। परिश्रमी किसी भी संकट को बहादुरी से झेलता है तथा उससे संघर्ष करता है। परिश्रम कामधेनु है जिससे मनुष्य की सब इच्छाएँ पूरी हो सकती हैं। मनुष्य को मरते दम तक परिश्रम का साथ नहीं छोड़ना चाहिए। जो परिश्रम के वक्त इंकार करता है, वह जीवन में पिछड़ जाता है।

1. *वर्तमान विकसित अवस्था तक मनुष्य कैसे पहुँचा?*
   (क) अन्न उपजाकर (ख) धन व बुद्धि के बल पर
   (ग) परिश्रम कर के (घ) सुखों को भोगकर।
2. *मन और बुद्धि द्वारा किया जाने वाला कार्य कहलाता है?*
   (क) चतुरता (ख) विश्राम (ग) विवेक (घ) परिश्रम।
3. *परिश्रमी व्यक्ति के गुण हैं–*
   (क) आत्मविश्वासी, स्वाभिमानी, संघर्षी एवं स्वयं का भाग्य-निर्माता
   (ख) स्वाभिमानी, संघर्षी, दयालु एवं चरित्रवान
   (ग) स्वयं का भाग्य-निर्माता, आत्मविश्वासी एवं दयालु
   (घ) चरित्रवान, आत्मविश्वासी, भाग्यवादी, सत्यवादी।
4. *परिश्रम को 'कामधेनु' कहने का क्या आशय है?*
   (क) सारी बाधाओं को दूर करना (ख) सारी परिस्थितियों को बदलना
   (ग) सारी इच्छाओं को दबाना (घ) सारी मनोकामनाओं को पूरा करना।
5. *कौन जीवन में पीछे रह जाता है?*
   (क) जो धीरे चलता है (ख) जो बिना सोचे तेज चलता है
   (ग) जो परिश्रम के समय इंकार करता है (घ) जो आत्मविश्वास का सहारा नहीं लेता।

**उत्तर**–1. (ग) 2. (ग) 3. (क) 4. (क) 5. (ग)

**7** मेरा देश भारत संसार के देशों का सिरमौर है। यह प्रकृति की पुण्य लीलास्थली है। माँ भारत के सिर पर हिमालय मुकुट के समान शोभायमान है। गंगा तथा यमुना इसके गले के हार हैं। दक्षिण में हिंदमहासागर भारत माता के चरणों को निरंतर धोता रहता है। इस देश की उर्वरा धरती अन्न के रूप में सोना उगलती है। संसार में केवल यही एक देश है जहाँ षड्ऋतुओं का आगमन होता है, गंगा, यमुना, सतलुज, व्यास, गोमती, गोदावरी, कृष्णा, कावेरी अनेक ऐसी नदियाँ हैं जो अपने अमृत-जल से इस देश की धरती की प्यास शांत करती हैं। हमारा प्यारा देश 'विश्व गुरु' रहा है। यहाँ की कला, ज्ञान-विज्ञान, ज्योतिष, आयुर्वेद संसार के प्रकाशदाता रहे हैं। यह देश ऋषि-मुनियों, धर्म-प्रवर्तकों तथा महान कवियों ने बनाया है। त्याग हमारे देश का सदैव से मूल मंत्र रहा है। जिसने त्याग किया, वही महान कहलाया। बुद्ध, महावीर, दधीचि, रंतिदेव, राजा शिवि, रामकृष्ण परमहंस, गांधी इत्यादि महान विभूतियाँ इसका जीता-जागता प्रमाण हैं। भारत पर प्रकृति की विशेष कृपा है। यहाँ पर खनिज पदार्थों का पर्याप्त भंडार है। अपनी अपार संपदा के कारण ही इसे 'सोने की चिड़िया' की संज्ञा दी गई है। धन-संपदा के कारण ही हमारा देश विदेशी आक्रमणकारियों के लिए विशेष आकर्षण का केंद्र रहा है।

1. *उपर्युक्त गद्यांश का उचित शीर्षक दीजिए।*
2. *भारत को संसार के देशों का सिरमौर क्यों कहा जा सकता है?*
3. *भारत देश का मूल मंत्र क्या है?*
4. *भारत को 'सोने की चिड़िया' की संज्ञा क्यों दी गई?*

5. *गद्यांश से कोई दो योजक शब्द प्रयुक्त शब्दों का चयन कीजिए।*

**उत्तर**–1. मेरा प्यारा भारत देश।

2. भारत को संसार का सिरमौर कहा गया है क्योंकि भारत देश में विश्व के सभी देशों से अधिक विशेषताएँ हैं।
3. भारत देश का मूल मंत्र 'त्याग' अर्थात् दूसरों के लिए जीना है।
4. भारत की अपार संपदा के कारण भारत को 'सोने की चिड़िया' की संज्ञा दी जाती है।
5. (*i*) ऋषि-मुनियों (*ii*) धन-संपदा

**8** सांप्रदायिक सद्भाव और सौहार्द बनाए रखने के लिए हमें यह हमेशा याद रखना चाहिए कि प्रेम से प्रेम और विश्वास से विश्वास उत्पन्न होता है और यह भी नहीं भूलना चाहिए कि घृणा से घृणा का जन्म होता है, जो दावाग्नि की तरह सबको जलाने का काम करती है। महात्मा गांधी घृणा को प्रेम से जीतने में विश्वास करते थे। उन्होंने सर्व-धर्म-समभाव द्वारा सांप्रदायिक घृणा को मिटाने का आजीवन प्रयत्न किया। हिंदू और मुसलमान दोनों की धार्मिक भावनाओं को समान आदर की दृष्टि से देखा। सभी धर्म आत्मा की शांति के लिए भिन्न-भिन्न उपाय और साधन बताते हैं। धर्मों में छोटे-बड़े का कोई भेद नहीं है। सभी धर्म सत्य, प्रेम, समता, सदाचार और नैतिकता पर बल देते हैं। इसलिए धर्म के मूल में पार्थक्य या भेद नहीं है।

1. *इस गद्यांश का उपयुक्त शीर्षक लिखिए।*

(क) संप्रदाय (ख) धार्मिक झगड़े (ग) मेलजोल (घ) सांप्रदायिक सद्भावना

2. *गांधीजी ने साम्प्रदायिक सद्भावना हेतु क्या किया?*

(क) हिंदू-मुसलमान दोनों की धार्मिक भावनाओं को समान रूप से देखा।
(ख) धर्म का प्रचार किया।
(ग) निर्गुण परमात्मा को मानने हेतु प्रेरित किया।
(घ) वेद-ग्रंथों को श्रेष्ठ मानने की प्रेरणा दी।

3. *सांप्रदायिक सद्भावना की हमारे जीवन में क्या आवश्यकता है?*

(क) इससे लोग आपसी घृणा समाप्त कर सकते हैं। (ख) इससे आपसी प्रेम और एकता बढ़ती है।
(ग) सभी का एक-दूसरे पर विश्वास बढ़ता है। (घ) उपर्युक्त सभी।

4. *सभी धर्मों की समान विशेषता क्या है?*

(क) सभी धर्म अपने धर्म का प्रचार करते हैं।
(ख) सभी धर्म सत्य, समता, प्रेम, सदाचार और नैतिकता पर बल देते हैं।
(ग) सभी धर्म अमीर-गरीब व छोटे-बड़े का भेद नहीं मानते।
(घ) सभी धर्म आत्मा की शांति प्रदान करना चाहते हैं।

5. *महात्मा गांधी के अनुसार आपसी घृणा को कैसे समाप्त करना चाहिए?*

(क) सहयोग से (ख) आपसी विचार विनिमय से
(ग) प्रेम से (घ) इनमें से कोई नहीं।

**उत्तर**–1. (घ) 2. (क) 3. (घ) 4. (ख) 5. (ग)

## प्रश्न-अभ्यास

**9** यह संसार कर्मभूमि है। उत्तम कर्म करने वाले को उत्तम फल मिलता है। बुरे कर्म करने वाले को कष्ट झेलने पड़ते हैं। संसार में कभी ऐसा भी देखा जाता है कि अच्छे कार्य करने वाला दंड भुगतता है और बुरे काम करने वाले खुशहाल होते हैं। यह स्थिति अधिक दिनों तक नहीं रहती। देर-सवेर अच्छे को अच्छा और बुरे को बुरा फल अवश्य मिलता है। आदमी को चाहिए कि वह ऐसे कर्म करे जिससे दूसरों का भी भला हो और स्वयं को सुख-शांति मिले।

1. *गद्यांश का उपयुक्त शीर्षक दीजिए।*
   (क) कर्मभूमि (ख) संसार
   (ग) संसार एक कर्मभूमि (घ) इनमें से कोई नहीं।
2. *संसार को कर्मभूमि क्यों कहा गया है?*
   (क) क्योंकि मनुष्य अच्छे-बुरे सभी कार्य इसी संसार में रहकर करता है।
   (ख) क्योंकि संसार उसके कर्मों का फल देता है।
   (ग) क्योंकि निरंतर कर्म में लीन रहता है।
   (घ) इनमें से कोई एक।
3. *व्यक्ति को अच्छे कार्य क्यों करने चाहिए?*
   (क) अच्छे कर्म करने वाले की आयु लंबी होती है।
   (ख) अच्छे कर्म करने से अच्छे फल की प्राप्ति होती है।
   (ग) अच्छे कर्म करने वाला संसार में ऊँचा स्थान पाता है।
   (घ) अच्छे कर्म से व्यक्ति का मन शांत रहता है।
4. *व्यक्ति को बुरे कार्य क्यों नहीं करने चाहिए?*
   (क) बुरे कर्म करने वाले का हृदय अशांत रहता है।
   (ख) बुरे कर्म करने वाले को कष्ट भोगने पड़ते हैं।
   (ग) बुरा व्यक्ति अपने कर्मों द्वारा समाज को हानि पहुँचाता है।
   (घ) उपर्युक्त सभी।
5. *'कर्म' शब्द के प्रयोग से निर्मित शुद्ध शब्द कौन-सा है?*
   (क) क्रमांक (ख) कर्मशील (ग) क्रमसंख्या (घ) इनमें से कोई नहीं

**10** मानवता का उद्देश्य और मानव जीवन की सार्थकता, केवल इसी में है कि वह अपने कल्याण के साथ दूसरों के कल्याण की भी सोचे। उसका कर्तव्य है कि स्वयं उठे और दूसरों को भी उठाए। आर्त और दीन की करुणा भरी पुकार से, बड़ी-बड़ी आँखों में छलकते हुए आँसुओं से, अशक्त और असहाय की याचनापूर्ण करुणा दृष्टि से जिसका हृदय द्रवीभूत न हुआ, तृप्ति और भूखों को अपने भूखे पेट पर हाथ फिराते हुए देखकर जिसने अपने सामने रखा हुआ भोजन नहीं दे दिया, अपने पड़ोसी के घर में लगी हुई आग को देखकर जो उसकी रक्षा के लिए एकदम कूद न पड़ा, कल की दमकती हुई चुनरी और सुहाग भरी चूड़ियों को उतरते और फूटते देखकर जिसका हृदय विदीर्ण नहीं हुआ, नदी की निष्ठुरता के कारण बहते हुए शिशुओं और रोती हुई माताओं को देखकर उनकी प्राण रक्षा के लिए जो सहसा जल राशि में कूद न पड़ा, वह मनुष्य नहीं पशु है। तुम्हारे पास यदि धन है तो निर्धनों की सहायता करो, यदि शक्ति है तो अशक्तों को सहारा दो, यदि विद्या है तो वाद-विवाद मत करो, अपितु उसको अशिक्षितों में वितरित करो, तभी सच्चे मनुष्य कहलाने के अधिकारी हो सकोगे। मानव जीवन का उद्देश्य केवल इतना ही नहीं कि खाओ-पीओ और मस्त रहो। त्याग और बलिदान ही हमारी संस्कृति के मूल भाव हैं क्योंकि–

**"परहित सरिस धरम नहि भाई।"**

1. *मानव जीवन की सार्थकता किसमें निहित है?*
2. *किन-किन परिस्थितियों में मानव का हृदय द्रवित होता है?*
3. *मनुष्य सच्चा मनुष्य कहलाने का अधिकारी कब बनता है?*
4. *मानव जीवन का उद्देश्य क्या होना चाहिए?*
5. *गद्यांश में से 'ता' प्रत्यय वाले दो शब्दों का चयन कीजिए।*

**11** यह संसार कर्मभूमि है। उत्तम कर्म करने वाले को उत्तम फल मिलता है। बुरे कर्म करने वाले को कष्ट झेलने पड़ते हैं। संसार में कभी ऐसा भी देखा जाता है कि अच्छे कार्य करने वाला दंड भुगतता है और बुरे काम करने वाले खुशहाल होते हैं। यह स्थिति अधिक दिनों तक नहीं रहती। देर-सवेर अच्छे को अच्छा और बुरे को बुरा फल अवश्य मिलता है। आदमी को चाहिए कि वह ऐसे कर्म करे जिससे दूसरों का भी भला हो और स्वयं को सुख-शांति मिले।

1. *गद्यांश का उपयुक्त शीर्षक दीजिए।*
   (क) कर्मभूमि (क) संसार (क) संसार एक कर्मभूमि (क) इनमें से कोई नहीं।
2. *संसार को कर्मभूमि क्यों कहा गया है?*
   (क) क्योंकि मनुष्य अच्छे-बुरे सभी कार्य इसी संसार में रहकर करता है।
   (ख) क्योंकि संसार उसके कर्मों का फल देता है।
   (ग) क्योंकि निरंतर कर्म में लीन रहता है।
   (घ) इनमें से कोई एक।
3. *व्यक्ति को अच्छे कार्य क्यों करने चाहिए?*
   (क) अच्छे कर्म करने वाले की आयु लंबी होती है।
   (ख) अच्छे कर्म करने से अच्छे फल की प्राप्ति होती है।
   (ग) अच्छे कर्म करने वाला संसार में ऊँचा स्थान पाता है।
   (घ) अच्छे कर्म से व्यक्ति का मन शांत रहता है।
4. *व्यक्ति को बुरे कार्य क्यों नहीं करने चाहिए?*
   (क) बुरे कर्म करने वाले का हृदय अशांत रहता है।
   (ख) बुरे कर्म करने वाले को कष्ट भोगने पड़ते हैं।
   (ग) बुरा व्यक्ति अपने कर्मों द्वारा समाज को हानि पहुँचाता है।
   (घ) उपर्युक्त सभी।
5. *इस संसार में कौन-सी स्थिति अधिक समय तक नहीं टिकी रह सकती?*
   (क) सदा अच्छे कर्म ही करना।
   (ख) सदा बुरे कर्म ही करना।
   (ग) अच्छे कार्य करने वाले को दंड व बुरे कर्म करने वाला खुशहाल।
   (घ) अच्छे कर्म को फल प्राप्ति न होना।

**12** मानव जीवन में आत्मसम्मान का अत्यधिक महत्त्व है। आत्मसम्मान में अपने व्यक्तित्त्व को अधिकाधिक सशक्त एवं प्रतिष्ठित बनाने की भावना निहित होती है। इससे शक्ति, साहस, उत्साह आदि गुणों का जन्म होता है जो जीवन की उन्नति का मार्ग प्रशस्त करते हैं। आत्मसम्मान की भावना से पूर्ण व्यक्ति संघर्षों की परवाह नहीं करता है और हर विषम परिस्थिति से टक्कर लेता है। ऐसे व्यक्ति जीवन में पराजय का मुँह नहीं देखते तथा निरंतर यश की प्राप्ति करते हैं। आत्मसम्मानी व्यक्ति धर्म, सत्य, न्याय और नीति के पथ का अनुगमन करता है। उसके जीवन में ही सच्चे सुख और शांति का निवास होता है। परोपकार, जनसेवा जैसे कार्यों में उसकी रुचि होती है। लोकप्रियता और सामाजिक प्रतिष्ठा उसे सहज ही प्राप्त होती है। ऐसे व्यक्ति में अपने राष्ट्र के प्रति सच्ची निष्ठा होती है तथा मातृभूमि की उन्नति के लिए वह अपने प्राणों को उत्सर्ग करने में भी सुख की अनुभूति करता है। चूँकि आत्मसम्मानी व्यक्ति अपनी अथवा दूसरों की आत्मा का हनन करना पसंद नहीं करता है, इसलिए वह ईर्ष्या-द्वेष जैसी भावनाओं से मुक्त होकर मानव मात्र को अपने परिवार का अंग मानता है। उसके हृदय में स्वार्थ, लोभ और अहंकार का भाव नहीं होता। निश्छल हृदय होने के कारण वह आसुरी प्रवृत्तियों से सर्वथा मुक्त होता है। उसमें ईश्वर के प्रति सच्ची भक्ति एवं विश्वास होता है, जिससे उसकी आध्यात्मिक शक्ति का विकास होता है। जीवन को सरस और मधुर बनाने के लिए आत्मसम्मान रसायन-तुल्य है।

1. गद्यांश का उपयुक्त शीर्षक दीजिए।
2. आत्मसम्मान से किन गुणों का जन्म होता है?
3. आत्मसम्मानी व्यक्ति मानव मात्र को अपने परिवार का अंग क्यों मानता है?
4. निश्छल हृदय होने से स्वाभिमानी व्यक्ति को क्या लाभ होता है?
5. 'ईश्वर' शब्द के दो पर्यायवाची शब्द लिखिए।

## 2. काव्यांश

**निम्नलिखित काव्यांशों को ध्यानपूर्वक पढ़िए और दिए गए प्रश्नों के उत्तर दीजिए–**

**1**

इस समाधि में छिपी हुई है
एक राख की ढेरी।
जलकर जिसने स्वतंत्रता की
दिव्य आरती फेरी।।
यह समाधि, यह लघु समाधि, है
झाँसी की रानी की।

अंतिम लीला-स्थली यही है
लक्ष्मी मर्दानी की।।
यहीं कहीं पर बिखर गई वह
भग्न विजय-माला-सी।
उसके फूल यहाँ संचित हैं
है वह स्मृति-शाला-सी।।
सहे वार पर वार अंत तक
लड़ी वीर बाला-सी।
आहुति-सी गिर चढ़ी चिता पर
चमक उठी ज्वाला-सी।।

बढ़ जाता है मान वीर का
रण में बलि होने से
मूल्यवती होती सोने की
भस्म यथा सोने से।।

1. *कविता में किसकी समाधि का जिक्र हो रहा है? इसकी क्या विशेषता है?*
2. *यहाँ रानी किस रूप में बिखर गई थी?*
3. *बलिदान देने से पूर्व रानी ने किस प्रकार युद्ध किया था?*
4. *वीर का मान कब बढ़ जाता है?*
5. *'ज्वाला-सी' में कौन-सा अलंकार है?*

उत्तर–1. इस कविता में झाँसी की रानी लक्ष्मीबाई का जिक्र हो रहा है। यहाँ प्रत्यक्ष रूप से राख की ढेरी दिखाई देती है, पर इसमें स्वतंत्रता की चिंगारी छिपी है।
2. यहाँ रानी टूटी विजय माला के समान बिखर गई। उसके फूल यहाँ अभी तक संचित हैं।
3. बलिदान देने के पूर्व तक रानी ने युद्ध किया। उसने शत्रु के वार-पर-वार सहे। वह आहुति-सी चिता पर गिरी।
4. वीर का मान तब बढ़ जाता है जब वह युद्धस्थली में बलिदान देता है।
5. उपमा अलंकार।

**2**

पहले से कुछ लिखा भाग्य में
मनुज नहीं लाया है,
अपना सुख उसने अपने
भुजबल से ही पाया है।
प्रकृति नहीं डर कर झुकती है
कभी भाग्य के बल से,
सदा हारती वह मनुष्य के
उद्यम से, श्रमजल से।
ब्रह्मा का अभिलेख–
पढ़ा करते निरुद्यमी प्राणी
धोते वीर कु-अंक भाल का
बहा भ्रुवों से पानी।
भाग्यवाद आवरण पाप का
और शस्त्र शोषण का
जिससे रखता दबा एक जन
भाग दूसरे जन का।
पूछो किसी भाग्यवादी से
यदि विधि-अंक प्रबल है
पद पर क्यों देती न स्वयं
वसुधा निज रतन उगल है?

1. *मनुष्य सुख कैसे प्राप्त करता है?*
   (क) भाग्य से
   (ख) भुजबल से
   (ग) सहायता से
   (घ) माता-पिता द्वारा

2. *प्रकृति किसके समक्ष नहीं झुकती?*
(क) मनुष्य के (ख) भाग्य के (ग) ऋतुओं के (घ) इनमें से कोई नहीं

3. *ब्रह्मा का अभिलेख कौन पढ़ा करते हैं?*
(क) उद्यमी (ख) आस्तिक (ग) निरुद्यमी (घ) वीर

4. *शस्त्र किसका प्रतीक है?*
(क) शक्ति का (ख) दबाव का
(ग) बुद्धि का (घ) शोषण का

5. *धरती से भी अनाज कैसे प्राप्त किया जाता है?*
(क) अपने आप उग जाता है। (ख) किसान को परिश्रम करना ही नहीं पड़ता
(ग) किसान को परिश्रम करना पड़ता है। (घ) धरती को खोदकर

उत्तर–1. (ख) 2. (ख) 3. (ग) 4. (घ) 5. (ग)

☞ **3** बाधाएँ आती हैं आएँ
घिरे प्रलय की घोर घटाएँ
पाँवों के नीचे अँगारे
सिर पर बरसे यदि ज्वालाएँ
निज हाथों से हँसते-हँसते
आग लगाकर जलना होगा
कदम मिलाकर चलना होगा
उजियारे में अंधकार में।
कल कछार में, बीच धार में
घोर घृणा में, पूत प्यार में
क्षणिक जीत में, दीर्घ हार में
जीवन के शत् शत् आकर्षक
अरमानों को ढलना होगा
कदम मिलाकर चलना होगा

1. *काव्यांश का उपयुक्त शीर्षक बताइए।*
2. *कदम मिलाकर चलने हेतु क्या आवश्यक है?*
3. *अरमानों को किसमें ढलना पड़ता है?*
4. *कदम मिलाकर चलने से क्या तात्पर्य है?*
5. *इस काव्यांश से क्या संदेश मिलता है?*

उत्तर–1. कदम मिलाकर चलना होगा।
2. कदम मिलाकर चलने हेतु आवश्यक है कि मार्ग में आगे बढ़ने पर कितनी भी बाधाएँ क्यों न आए हमें कभी विचलित नहीं होना बल्कि मिलकर रास्ते तय करने हैं।
3. अरमानों अर्थात् इच्छाओं को अँधकार हो, उजाला हो, किनारा हो या समुद्र के बीच की धारा हो, घृणा हो या प्रेम हो, जीत हो या हार हो सभी परिस्थितियों का सामना करना पड़ता है।
4. कदम मिलाकर चलने से तात्पर्य है कि मिलकर मंजिलों की ओर बढ़ना।
5. इस काव्यांश से संदेश मिलता है कि सम या विषम सभी परिस्थितियों में लक्ष्य प्राप्ति हेतु बढ़ना चाहिए। अकेले ही आगे बढ़ने की बजाय सभी के साथ मिलकर बढ़ना चाहिए।

**4** कल-कल करते आज हाथ से निकले
सारे भूत भविष्य की चिंता में वर्तमान की बाजी हारे

हानि-लाभ के पलड़ों में तुलता जीवन का व्यापार
मोल लगा बिकने वाले का बिना बिका बेकार हो गया
भरी दुपहरी में अंधियारा सूरज परछाईं से हारा।
हर पड़ाव को समझने में फिर लक्ष्य हुआ आँखों से ओझल
वर्तमान के मोहजाल में, आने वाला कल न भूलाएँ।
आओ फिर से दीया जलाएँ।

1. *काव्यांश का उपयुक्त शीर्षक बताइए।*
(क) आओ फिर से दीया जलाएँ (ख) नई रोशनी
(ग) नई सोच (घ) वर्तमान
2. *भूत एवं भविष्य की चिंता में हम किसे गँवा देते हैं?*
(क) अपनी इच्छाओं को (ख) भविष्य को (ग) वर्तमान को (घ) भूत को
3. *जीवन किसमें तुलने लगा है?*
(क) भूत और भविष्य में (ख) वर्तमान के मोहजाल में
(ग) हानि-लाभ के पलड़ों में (घ) आने वाले कल में
4. *लोग 'लक्ष्य' को प्राप्त क्यों नहीं कर पाते?*
(क) दृढ़ निश्चयी नहीं होते (ख) पड़ाव पर रुक जाते हैं।
(ग) कष्ट सहने की शक्ति नहीं रखते (घ) दिए गए सभी।
5. *'फिर से दीया जलाएँ' का क्या तात्पर्य है?*
(क) हार न माने (ख) जीत का जश्न मनाएँ
(ग) फिर से लक्ष्य प्राप्ति का प्रयास करें (घ) वर्तमान में जिएँ

उत्तर–1. (क) 2. (ग) 3. (ग) 4. (घ) 5. (ग)

**5** देखकर बाधा विविध, बहु विघ्न घबराते नहीं।
रह भरोसे भाग के दुख भोग पछताते नहीं।
काम कितना ही कठिन हो किंतु उकताते नहीं।
भीड़ में चंचल बने जो वीर दिखलाते नहीं।।
हो गए एक आन में उनके बुरे दिन भी भले।
सब जगह सब काल में वे ही मिले फूले-फले।।

आज करना है जिसे करते उसे हैं आज ही।
सोचते-कहते हैं जो कुछ, कर दिखाते हैं वही।।
मानते जी की हैं, सुनते हैं सदा सबकी कही।
जो मदद करते हैं अपनी इस जगत में आप ही।।
भूलकर वे दूसरों का मुँह कभी तकते नहीं।
कौन ऐसा काम है वे कर जिसे सकते नहीं।।2।।

1. *कवि ने इस पद्यांश में किनकी प्रशंसा की है?*
2. *भाग्य के भरोसे रहने वालों को पछताना क्यों पड़ता है?*
3. *कैसे लोग सब जगह और सभी कालों में फलते-फूलते हैं?*
4. *कर्मवीर सबकी सुनकर भी केवल अपने जी की क्यों मानते हैं?*
5. *पद्यांश हेतु उचित शीर्षक दीजिए।*

उत्तर–1. इस पद्यांश में कवि ने कर्मवीरों की प्रशंसा की है।

2. भाग्य के भरोसे रहने वाले को पछताना पड़ता है क्योंकि वह कभी अपने लक्ष्य को प्राप्त नहीं कर पाता।
3. जो लोग अपने लक्ष्य प्राप्ति हेतु केवल कर्म करते हैं। कभी किसी कार्य का दिखावा नहीं करते।
4. कर्मवीर सबकी सुनकर भी केवल अपने जी की मानते हैं क्योंकि वे किसी को नाराज़ भी नहीं करते और अपने बल-पौरुष से अपना लक्ष्य प्राप्त करते हैं।
5. कर्मवीर।

**6**

मत काटो ये पेड़
सचमुच तुम बहुत पछताओगे
बोलो फिर किसकी गोद में
सिर छिपाओगे?
शीतल छाया
फिर कहाँ से पाओगे?
कहाँ से पाओगे फिर फल?
कहाँ से मिलेगा
शस्य-श्यामला को
सींचने वाला जल?
रेगिस्तानों में
तब्दील हो जाएँगे खेत
बरसेंगे कहाँ से
उमड़-घुमड़कर बादल?
थके हुए मुसाफ़िर
पाएँगे कहाँ से
श्रमहारी छाया?

1. *कवि ने छाया को श्रमहारी कहा क्योंकि–*
(क) वह मज़दूरों की छाया है। (ख) छाया थकान मिटाती है।
(ग) पेड़ छाया देते हैं। (घ) मुसाफ़िर रास्ते में रुकते हैं।
2. *पेड़ न रहने पर खेतों का क्या होगा?*
(क) खेत भी नहीं रहेंगे। (ख) खेत रेगिस्तान बन जाएँगे।
(ग) खेतों की फसलें मिट जाएँगी। (घ) खेतों को बादल जल नहीं देंगे।
3. *पेड़ों को काटकर मनुष्य को क्यों पछताना पड़ेगा?*
(क) क्योंकि समस्त पेड़ कट जाएँगे।
(ख) क्योंकि सारी धरती रेगिस्तान बन जाएगी।
(ग) क्योंकि पेड़ों के लाभ से हमेशा के लिए वंचित हो जाएँगे।
(घ) इनमें से कोई नहीं।
4. *'तब्दील' का अर्थ होगा–*
(क) रुकना (ख) खो देना (ग) बदलना (घ) पछताना
5. *पेड़ों के न रहने का परिणाम क्या होगा?*
(क) छाया, फल और जल पृथ्वी पर नहीं रहेंगे। (ख) खेत, रेगिस्तान और छाया खत्म हो जाएँगे।
(ग) बादल और वर्षा नहीं रहेगी। (घ) छाया, वस्त्र और अशोक नहीं रहेंगे।

**उत्तर**–1. (ख) 2. (ख) 3. (ग) 4. (ग) 5. (क)

**7**

हम पंछी उन्मुक्त गगन के
पिंजरबद्ध न गा पाएँगे,
कनक-तीलियों से टकराकर
पुलकित पंख टूट जाएँगे।

हम बहता जल पीनेवाले
मर जाएँगे भूखे-प्यासे,
कहीं भली है कटुक निबौरी
कनक-कटोरी की मैदा से।

स्वर्ण-शृंखला के बंधन में
अपनी गति, उड़ान सब भूले,
बस सपनों में देख रहे हैं
तरु की फुनगी पर के झूले।

ऐसे थे अरमान कि उड़ते
नीले नभ की सीमा पाने,
लाल किरण-सी चोंच खोल
चुगते तारक-अनार के दाने।

1. *इस काव्यांश द्वारा कवि पक्षियों के किस मनोभाव को प्रकट कर रहा है?*
2. *पक्षियों के पंख कैसे टूट जाएँगे?*
3. *पक्षी क्या स्वप्न देखते हैं?*
4. *पक्षियों के क्या अरमान थे?*
5. *'कनक कटोरी की मैदा' से क्या तात्पर्य है?*

**उत्तर**—1. इस काव्यांश के माध्यम से कवि ने पक्षियों के इस मनोभाव को प्रकट किया है कि वे सदा स्वतंत्र रहना चाहते हैं।
2. पक्षियों के पंख सोने की सलाखों से टकरा-टकरा कर टूट जाएँगे।
3. पक्षी स्वप्न में देखते हैं कि वे पेड़ की सबसे ऊँची चोटी पर झूल रहे हैं।
4. पक्षियों के मन का अरमान था कि वे इतनी ऊँची उड़ान भरे कि तारों रूपी अनार के दानों को अपनी लाल चोंच से चुन ले।
5. सोने की कटोरी में परोसे गए मैदे से बने पदार्थ।

**8** जन्म जन्मांतरों के पुण्य का परिणाम है जिंदगी,
तर्पण व समर्पण का परिणाम है जिंदगी।
स्वर्ग के देवों का पैगाम है जिंदगी,
सेवा और बलिदान का अंजाम है जिंदगी।
जिंदगी एक विलक्षण अभियान है,
जिंदगी तपोनिष्ठ मनीषियों का तत्व ज्ञान है।
जिंदगी अनायास लब्ध चंदन का उद्यान है,
ऐसे जियो कि मरकर भी मुस्कराए जिंदगी,
मौत को भी हँसकर गले लगाए जिंदगी।

1. *जिंदगी किसका परिणाम है?*
   (क) हमारे जीवन का परिणाम है।
   (ख) हमारी सुख-दुख की भावनाओं का परिणाम है।
   (ग) जिंदगी कई जन्मों के पुण्य कर्मों का परिणाम है।
   (घ) हमारी धार्मिक भावनाओं का परिणाम है।
2. *तर्पण और समर्पण शब्दों का क्या तात्पर्य है?*
   (क) तप और कर्तव्यनिष्ठा
   (ख) तप और कर्तव्य
   (ग) तप और तपस्या
   (घ) तप और कर्तव्य साधना।
3. *जिंदगी कैसे जीनी चाहिए?*
   (क) अपने कर्तव्यों को पूरा करते हुए।
   (ख) विश्वबंधुत्व की भावना से।

(ग) अपने जीवन में ऐसे कार्य करने चाहिए कि मरने के बाद भी सब याद करे।
(घ) आपसी मेलजोल से।

4. *जिंदगी का उद्देश्य क्या होना चाहिए?*
(क) अपने कार्यों को पूरा करना।
(ख) अपने कर्तव्यों का पालन करते हुए सर्व कल्याण हेतु जीना।
(ग) दूसरों के कार्यों में दखलंदाजी न करना।
(घ) इनमें से कोई नहीं।

5. *जिंदगी को चंदन का उद्‌यान क्यों कहा गया है?*
(क) जिस प्रकार चंदन की खुशबू दूर तक अपने आप चली जाती है वैसे ही मनुष्य की यशकीर्ति भी दूर-दूर तक फैले।
(ख) चंदन की भाँति महकती है?
(ग) दूसरों को सदैव चंदन की भाँति ठंडकता पहुँचानी चाहिए।
(घ) जिंदगी में सदा खुशियों का समावेश होना चाहिए।

उत्तर–1. (ग) 2. (क) 3. (ग) 4. (ख) 5. (क)

## प्रश्न-अभ्यास

**निम्न काव्यांशों को ध्यानपूर्वक पढ़कर दिए गए प्रश्नों के उत्तर दीजिए–**

**9**

जिसने मरना सीख लिया है, जीने का अधिकार उसी को।
जो काँटों के पथ पर आया, फूलों का उपहार उसी को।
हँस-हँस कर इक मस्ती लेकर, जिसने सीखा है बलि होना।
अपनी पीड़ा पर मुस्काना, औरों के कष्टों पर रोना।
जिसने सहना सीख लिया है, संकट है त्योहार उसी को।

1. *उपर्युक्त पद्यांश का शीर्षक दीजिए।*
2. *जीने का अधिकार किसे है–स्पष्ट कीजिए।*
3. *इस कविता में काँटे और फूल किसके प्रतीक हैं?*
4. *संकट त्योहार कब मनाया जाता है?*
5. *इस कविता से आपको क्या प्रेरणा मिलती है?*

**10**

किस भाँति जीना चाहिए किस भाँति मरना चाहिए,
सो सब हमें निज पूर्वजों से याद करना चाहिए।
पद-चिह्न उनके यत्नपूर्वक खोज लेना चाहिए,
निज पूर्व-गौरव-दीप को बुझने न देना चाहिए,
आओ मिलें सब देश-बांधव हार बनकर देश के,
साधक बने सब प्रेम से सुख-शांतिमय उद्देश्य के।

क्या सांप्रदायिक भेद से है, ऐक्य मिट सकता अहो,
बनती नहीं क्या एक माला विविध सुमनों की कहो।।
प्राचीन हो कि नवीन, छोड़ो रूढ़ियाँ जो हों बुरी,
बनकर विवेकी तुम दिखाओ हंस जैसी चातुरी,
प्राचीन बातें ही भली हैं, यह विचार अलीक है

जैसी अवस्था हो जहाँ वैसी व्यवस्था ठीक है,
मुख से न होकर चित्त से देशानुरागी हो सदा।
देकर उन्हें साहाय्य भरसक सब विपत्ति व्यथा हरो,
निज दु:ख से ही दूसरों के दु:ख का अनुभव करो।।

1. *हमें अपने पूर्वजों से क्या-क्या सीखना चाहिए?*
   (क) अपनी मस्ती में रहना।
   (ख) अपने कार्यों को भली-भाँति करना।
   (ग) पूर्वजों के पदचिह्नों पर चलना, अपना गौरव बनाए रखना एवं मिल-जुलकर रहना।
   (घ) परोपकारी होना।
2. *विविध सुमनों की एक माला से कवि क्या समझाना चाहता है?*
   (क) सांप्रदायिक भेदभाव अर्थात जातीयता के बंधनों को तोड़ कर एक होना चाहिए।
   (ख) फूलों से एक माला बनाना।
   (ग) अपने संप्रदाय के लिए जीवन जीना चाहिए।
   (घ) प्रत्येक नागरिक में राष्ट्रीयता की भावना होनी चाहिए।
3. *कविता में हंस के उदाहरण से कवि क्या प्रतिपादित करना चाहता है?*
   (क) जिस प्रकार हंस दाने और मोती में भेद समझ कर केवल मोती चुगता है ऐसे ही प्रत्येक मनुष्य को समाज की अच्छाइयों का अनुसरण करना चाहिए, बुराइयों को त्यागना चाहिए।
   (ख) हंस की भाँति सफ़ेद होना चाहिए।
   (ग) कभी अपने ऊपर दोष नहीं लगने देना चाहिए।
   (घ) इनमें से कोई नहीं।
4. *विपत्ति के समय हमारा क्या कर्तव्य होना चाहिए?*
   (क) अपने बारे में सोचना कि कैसे विपत्ति पर विजय पाएँ।
   (ख) विपत्ति में निस्वार्थ भाव से दूसरों की सहायता करना।
   (ग) विपत्ति के समय लोगों से अपना स्वार्थ सिद्ध करना।
   (घ) मिल-जुलकर एक-दूसरे की व्यथा समझना।
5. *'देशानुरागी' शब्द का संधि विच्छेद कीजिए–*
   (क) देशानु + रागी (ख) देश + अनुरागी
   (ग) देशा + अनुरागी (घ) देशनु + रागी

☞ **11** पूर्व चलने के बटोही, बाट की पहचान करले
पुस्तकों में है नहीं छापी गई इसकी कहानी
हाल इसका ज्ञात होता है न औरों की जबानी
अनगिनत राही गए इस राह से, उनका पता क्या
पर गए कुछ लोग इस पर छोड़ पैरों की निशानी
यह निशानी मूक होकर भी बहुत कुछ बोलती है
खोल इसका अर्थ, पंथी, पंथ का अनुमान करले
पूर्व चलने के बटोही, बाट की पहचान करले

1. *काव्यांश का उपयुक्त शीर्षक दीजिए।*
2. *कवि राही को क्या कहना चाहता है?*

3. *मूक होकर भी बोलने से क्या तात्पर्य है?*
4. *पंथ का अनुमान कैसे लगाया जा सकता है?*
5. *इस काव्यांश से कवि क्या संदेश देना चाहता है?*

**12** जय-जय प्यारा, जग से न्यारा
शोभित सारा, देश हमारा,
जगत-मुकुट, जगदीश दुलारा–
जग सौभाग्य सुदेश! जय-जय प्यारा भारत देश!
स्वर्गिक शीश-फूल पृथ्वी का,
प्रेम-मूल, प्रिय सकल विश्व का,
सुललित प्रकृति नटी का टीका–
ज्यों निशि का राकेश! जय-जय प्यारा भारत देश!
कलरव-निरत कलोलिनि गंगा,
विविध वेश, भाषा हैं संगा,
इंद्रधनुष-सा रंग-बिरंगा–
तेज-पुंज तपवेश! जय-जय प्यारा भारत देश!
जागृत कोटि-कोटि जुग जीवे,
जीवन सुलभ अमी रस पीवे,
सुखद वितान सुकृत का सीवे–
रहे स्वतंत्र हमेश! जय-जय प्यारा भारत देश!

1. *काव्यांश में 'जगदीश दुलारा' का क्या भाव है?*
   (क) ईश्वर की रचना (ख) ईश्वर के रहने का स्थान
   (ग) ईश्वर का बेटा (घ) ईश्वर को प्रिय
2. *भारत को इंद्रधनुष-सा रंग-बिरंगा कहा है, क्योंकि–*
   (क) यहाँ की धरती हरी-भरी रहती है। (ख) यहाँ इंद्रधनुष दिखाई पड़ते हैं।
   (ग) यहाँ अनेक रंगों के रत्न और खनिज मिलते हैं। (घ) यहाँ अनेक प्रकार की वेश-भूषाएँ और भाषाएँ हैं।
3. *किस पंक्ति में भारत को पृथ्वी का चंद्रमा कहा गया है?*
   (क) स्वर्गिक शीश फूल पृथ्वी का (ख) सुललित प्रकृति-नटी का टीका
   (ग) ज्यों निशि का राकेश (घ) प्रेम-मूल प्रिय सकल विश्व का
4. *कवि ने 'कलरव निरत' विशेषण का प्रयोग किसके लिए किया है?*
   (क) गंगा के लिए (ख) पक्षियों के लिए
   (ग) नदियों के लिए (घ) हिमालय की चोटियों के लिए
5. *कवि ने भारत के लिए कामना की है कि वह सदा–*
   (क) सुखी रहे (ख) स्वतंत्र रहे
   (ग) धनी रहे (घ) बना रहे

# 2. पत्र-लेखन

पत्र मुख्य रूप से दो प्रकार के होते हैं–

1. औपचारिक पत्र
2. अनौपचारिक पत्र

**1. औपचारिक पत्र**–इन पत्रों के अंतर्गत व्यवसायिक व कार्यालय संबंधी पत्र आते हैं। इन्हें आवेदन पत्र भी कहा जाता है।

**2. अनौपचारिक पत्र**–इन पत्रों के अंतर्गत व्यक्तिगत व सामाजिक पत्र आते हैं।

## 1. औपचारिक पत्र

**1. प्रधानाचार्य को पत्र लिखकर सूचित करें कि विद्यालय की विज्ञान प्रयोगशाला का नवीनीकरण किया जाए।**

प्रतिष्ठा में

प्रधानाचार्य
डी.ए.वी. पब्लिक स्कूल
अहमदाबाद।

**विषय**–विज्ञान प्रयोगशाला के नवीनीकरण हेतु

महोदय

सविनय निवेदन यह है कि हमारे विद्यालय की विज्ञान प्रयोगशाला में कई उपकरणों के बदलाव की आवश्यकता है। कुछ बीकर एवं प्रयोग हेतु वस्तुएँ टूट गई हैं, बहुत से रसायन पदार्थ भी समाप्त हो गए हैं। अलमारियों एवं दीवारों की मरम्मत होने वाली है। पानी की व्यवस्था सही नहीं है। इस वर्ष हमें प्रयोगशाला का नवीनीकरण अवश्य करवाना चाहिए ताकि विद्यार्थियों को असुविधा का सामना न करना पड़े। मैं आशा करता हूँ कि आप इस ओर ध्यान देंगे।

यदि आप यह कार्य जल्द से जल्द करवा दें तो हम आपके आभारी रहेंगे क्योंकि दो माह बाद हमारी वार्षिक परीक्षाएँ आरंभ होने वाली हैं।

धन्यवाद।

आपका आज्ञाकारी शिष्य

नाम–*आदित्य शर्मा*

कक्षा–आठवीं 'ब'

दिनांक–10 जनवरी, 2024

**2. अपने क्षेत्र के जिलाध्यक्ष को पत्र लिखकर सूचित कीजिए कि आपको क्षेत्र की किन-किन समस्याओं का सामना करना पड़ता है?**

प्रतिष्ठा में

जिलाध्यक्ष
जिला कार्यालय
अंबाला।

**विषय**–क्षेत्रीय समस्याओं से अवगत करवाना

महोदय

निवेदन यह है कि हम जीवन नगर अंबाला के निवासी आपसे यह अनुरोध करना चाहते हैं कि आप हमारे क्षेत्र की ओर ध्यान दें क्योंकि दिन-प्रतिदिन हमारी समस्याएँ बढ़ती ही जा रही हैं। सड़कें बुरी तरह से टूटी-फूटी हैं। सड़कों की बत्तियाँ कभी जलती ही नहीं। पानी की पूर्ण व्यवस्था नहीं है। कभी भी समय पर जल नहीं आता। यदि आ भी जाता है तो पीने योग्य

नहीं होता। आम जनता को सरकारी अस्पतालों में अत्यधिक असुविधाओं का सामना करना पड़ता है। स्कूलों का प्रबंध भी सही नहीं है। आपसे अनुरोध है कि इस हेतु ठोस कदम उठाएँ।

हम आपके आभारी रहेंगे।

धन्यवाद।

प्रार्थी

जीवन नगर, अंबाला

दिनांक–25 अक्टूबर, 2023

**3. प्रधानाचार्य को पत्र लिखकर अनुरोध कीजिए कि विद्यालय में अधिकाधिक पेड़-पौधे लगाए जाएँ।**

प्रतिष्ठा में

प्रधानाचार्य

सेंट कोलम्बस स्कूल

जयपुर।

**विषय–**अधिकाधिक पेड़-पौधे लगाने हेतु।

महोदय

मैं कक्षा आठवीं की छात्रा दीपांशी आपसे यह अनुरोध करना चाहती हूँ कि हमारे विद्यालय एवं विद्यालय की चारदीवारी के आसपास बहुत-सा स्थान खाली पड़ा है। मैं चाहती हूँ कि हमें खूब पेड़-पौधे लगाने चाहिए ताकि वातावरण में हरियाली रहे और हम प्रदूषण रहित वायु में साँस लें। मैं आशा करती हूँ कि आप मेरे विचार पर ध्यान देंगे और जल्दी ही इस ओर कोई कदम उठाएँगे।

धन्यवाद!

आपकी आज्ञाकारी शिष्या

नाम–*दीपांशी*

कक्षा–आठवीं 'ब'

दिनांक–23 अक्टूबर, 2023

**4. वन विभाग के अध्यक्ष को पत्र लिखकर सलाह दीजिए कि निरंतर कटते वृक्षों पर रोक लगाई जानी चाहिए।**

प्रतिष्ठा में

अध्यक्ष

वन विभाग

जूनागढ़

गुजरात।

**विषय–**निरंतर कटते वृक्षों की रोक हेतु सलाह देने के लिए।

महोदय

आपसे करबद्ध निवेदन यह है कि निरंतर कटते वृक्षों पर रोक लगाने का कोई उपाय करें। लोग अपने स्वार्थ और लालच के लिए निरंतर वृक्षों को काटते जा रहे हैं। इससे होने वाली समस्याओं का सामना सभी को करना पड़ता है। वातावरण में ऑक्सीजन की मात्रा कम होने से साँस के रोग बढ़ते जा रहे हैं। कई जीव-जंतु घर से बेघर होकर शहरों में आतंक फैला रहे हैं। जैसे आजकल जगह-जगह बंदरों के झुंड दिखाई देते हैं जो कि खतरनाक हैं। कृषि हेतु ज़मीन की समस्या निरंतर पैदा हो रही है। किसान वर्ग बेरोजगार हो रहा है। अगर इस समस्या का समाधान न किया गया तो आने वाले समय में अत्यधिक मुश्किलों का सामना करना पड़ेगा।

इस हेतु आम जनता को 'एक व्यक्ति एक वृक्ष' का अर्थ समझाना होगा। साथ ही वनों को प्रोत्साहन देने वाले कार्यक्रम करने होंगे जिससे लोग सचेत हों। आशा करता हूँ कि आप इसके लिए उचित कदम उठाएँगे।

धन्यवाद!

प्रार्थी
*सत्यपाल मिश्रा*
दिनांक–23 अप्रैल, 2023

**5. स्वास्थ्य विभाग के मुख्याधिकारी को पत्र लिखकर सूचित कीजिए कि दिन-प्रतिदिन खाद्य पदार्थों में मिलावट बढ़ती जा रही है।**

प्रतिष्ठा में

मुख्याधिकारी
स्वास्थ्य विभाग
बनारस।

**विषय–**खाद्य पदार्थों में मिलावट पर चिंता व्यक्त।

महोदय

मैं मालविया नगर क्षेत्र का रहने वाला एक नागरिक आपको सूचित करना चाहता हूँ कि दिन-प्रतिदिन खाद्य पदार्थों में मिलावट बढ़ती जा रही है। इसका प्रभाव लोगों पर बहुत बुरा पड़ता है। यही कारण है कि लगातार बीमारियाँ भी बढ़ती जा रही हैं। व्यापारी वर्ग लाभ कमाने के लिए खाद्य पदार्थों में गलत पदार्थ मिलाते समय तनिक भी संकोच नहीं करते। हल्दी एवं अन्य मसालों में मिट्टी, दूध में यूरिया एवं शैम्पू, सब्ज़ियों पर कई प्रकार के रसायन एवं रंग, काली मिर्च में पपीते के बीज आदि मिला देते हैं। आपसे अनुरोध है कि इस ओर कुछ ठोस कदम उठाएँ ताकि लोगों को शुद्ध खाद्य पदार्थ प्राप्त हो सके। आशा है आप इस हेतु शीघ्रातिशीघ्र कार्य करेंगे।

धन्यवाद!

प्रार्थी
*सत्यार्थ प्रकाश*
दिनांक–10 अप्रैल, 2024

**6. संपादक को पत्र, समाज में बढ़ती असुरक्षा हेतु।**

प्रतिष्ठा में

संपादक महोदय
दैनिक जागरण
जालंधर।

**विषय–**समाज में बढ़ती असुरक्षा पर चिंतन व्यक्त करने हेतु।

महोदय

मैं आपके लोकप्रिय समाचार पत्र के द्वारा सरकार व संबंधित अधिकारियों का ध्यान समाज में बढ़ रही असुरक्षा की ओर दिलाना चाहता हूँ।

आजकल समाज में चारों ओर असामाजिक तत्त्वों का बोलबाला है। दिन-दहाड़े चोरी, आगजनी, लूटपाट की घटनाएँ होना आम बात हो गई हैं। किसी भी स्थान पर लोगों की जान-माल की कोई सुरक्षा नहीं है। बाज़ार में, बस में, जेबें कट जाती हैं, दिन-दहाड़े घरों में चोरियाँ हो जाती हैं, बच्चों का अपहरण हो जाता है। महिलाओं के पर्स छीनना, आभूषण लूटना, रात्रि के सुनसान में लोगों को लूट लेना सामान्य बात है।

पुलिस विभाग को समाज के सहयोग से इस समस्या का शीघ्र निदान करना चाहिए।

आशा करता हूँ कि मेरे इस विचार को आप अपने समाचार पत्र में अवश्य स्थान देंगे जिससे संबंधित अधिकारी इस ओर ठोस कदम उठाने का प्रयास करेंगे।

धन्यवाद!

प्रार्थी
क.ख.ग.
दिनांक–25 जून, 2023

**7. प्रधानाचार्य को पत्र (सहपाठी को साहसिक कार्य के लिए सम्मानित करने हेतु)।**

प्रतिष्ठा में

प्रधानाचार्य

दिल्ली पब्लिक स्कूल

नई दिल्ली।

**विषय–**सहपाठी के साहसिक कार्य के लिए सम्मानित करने हेतु।

महोदय

सविनय निवेदन यह है कि मैं कक्षा आठवीं 'अ' का विद्यार्थी हूँ। मैं आपसे अनुरोध करना चाहता हूँ कि मेरी कक्षा के विद्यार्थी दीपक को इस बार 26 जनवरी के समारोह में उसके साहसिक कार्य हेतु सम्मानित किया जाए।

कल की बात है कि कक्षा पाँचवीं के दो विद्यार्थी अर्द्ध-अवकाश के समय न जाने कैसे, तरणताल में गिर गए। उन्हें तैरना नहीं आता था। दीपक ने अचानक यह दृश्य अपनी कक्षा की खिड़की से देखा। वह एक मिनट की भी देरी किए बगैर तरणताल की ओर भागा और झट से पानी में कूद गया। तीन-चार मिनट के समय में ही वह दोनों बच्चों को बाहर निकाल लाया। कुछ प्राथमिक चिकित्सा के पश्चात् वे बच्चे ठीक हो गए। आप समझ गए होंगे कि यह दीपक की समझ-बूझ व साहस का ही परिणाम था कि दोनों बच्चे बच गए।

मैं और मेरी कक्षा के सभी विद्यार्थी चाहते हैं कि दीपक को सम्मानित किया जाए। आशा है कि आप इस ओर अवश्य ध्यान देंगे।

धन्यवाद!

आपका आज्ञाकारी शिष्य

नाम–*सात्त्विक*

कक्षा–आठवीं 'अ'

दिनांक–जनवरी 23, 2024

**8. प्रधानाचार्य को छात्रवृत्ति लेने हेतु पत्र लिखिए।**

प्रतिष्ठा में

प्रधानाचार्य जी

केन्द्रीय विद्यालय

फरीदाबाद।

**विषय–**छात्रवृत्ति प्राप्त करने हेतु।

महोदय

सविनय निवेदन यह है कि मैं आपके विद्यालय की कक्षा आठवीं का छात्र हूँ। मैं पिछले पाँच वर्षों से कक्षा में प्रथम स्थान प्राप्त कर उत्तीर्ण हो रहा हूँ। विद्यालय की विभिन्न गतिविधियों में भी अनेक पुरस्कार प्राप्त कर चुका हूँ। मैं सदा से अपना पूरा शुल्क जमा करवाता रहा हूँ। लेकिन इस वर्ष यह मेरे लिए मुश्किल हो गया है क्योंकि मेरे पिताजी अचानक दुर्घटनाग्रस्त हो गए हैं। वे पिछले तीन महीने से नौकरी पर नहीं जा पा रहे हैं। इस कारण उनका वेतन भी नहीं मिल रहा। माँ बड़ी मुश्किल से घर खर्च ही चला पा रही हैं। मेरा शुल्क देना उनके लिए कठिन ही नहीं नामुमकिन भी है। मेरी आपसे विनती है कि जब तक मेरे पिताजी ठीक न हो जाएँ तब तक मुझे छात्रवृत्ति प्रदान की जाए। यदि आप ऐसा करेंगे तो मुझे पढ़ाई छोड़नी नहीं पड़ेगी। इस हेतु मैं सदा आपका कृतज्ञ रहूँगा।

धन्यवाद!

आपका आज्ञाकारी शिष्य

नाम–*गोविंद*

कक्षा–आठवीं

अनुक्रमांक–27

दिनांक–04 जुलाई, 2023

**9. प्रधानाचार्य को वृद्धाश्रम जाने की अनुमति हेतु पत्र लिखिए।**

सेवा में

प्रधानाचार्य जी

निरंकारी पब्लिक स्कूल

कानपुर।

**विषय**–वृद्धाश्रम जाने की अनुमति हेतु।

महोदय

निवेदन यह है कि हम कक्षा आठवीं के विद्यार्थी दीपावली के अवसर पर वृद्धाश्रम जाना चाहते हैं। हमारी इच्छा है कि इस त्योहार के अवसर पर हम वृद्ध व मजबूर लोगों को फल, मिठाइयाँ, कपड़े व शुभकामनाएँ देकर उन्हें थोड़ी खुशी प्रदान कर सकें। यदि आप हमारे इस विचार को सही समझें तो कृपया हमें जाने की अनुमति दीजिए। हम सदा आपके आभारी रहेंगे।

धन्यवाद!

प्रार्थी

*कक्षा आठवीं के विद्यार्थी*

दिनांक–1 मार्च, 2024

**10. डाकिए की डाक बाँटने हेतु अनियमितता की शिकायत करते हुए डाकपाल को पत्र लिखिए।**

प्रतिष्ठा में

डाकपाल महोदय

टी.टी.नगर डाकखाना

भोपाल

**विषय**–डाकिए की डाक बाँटने हेतु अनियमितता की शिकायत।

महोदय

निवेदन यह है कि मैं टी. टी. नगर का निवासी हूँ। हमारे क्षेत्र का डाकिया सही समय पर डाक वितरित नहीं करता। कई बार तो महत्त्वपूर्ण पत्र भी दो–दो दिन के बाद प्राप्त होते हैं, जिनका उपयोग भी समाप्त हो चुका होता है। कई बार पत्र गलत पते पर भी डाल देता है जिससे और भी अधिक परेशानी उठानी पड़ती है। कृपया आपसे अनुरोध है कि इस ओर ध्यान दें और डाकिए को सही रूप से कार्य करने के निर्देश दें।

धन्यवाद!

प्रार्थी

*उमेश कुमार*

(टी. टी. नगर निवासी)

दिनांक–जनवरी 05, 2024

**11. थानाध्यक्ष को अपनी साइकिल चोरी होने की सूचना देने हेतु पत्र लिखिए।**

प्रतिष्ठा में

थानाध्यक्ष महोदय

रघुवीर नगर थाना

वाराणसी।

**विषय**–साइकिल चोरी होने की सूचना देने हेतु।

महोदय

निवेदन यह है कि मैं रघुवीर नगर का निवासी हूँ। कल शाम को 6 बजे मैं अपने कार्यालय से आया तो मैंने ताला लगाकर अपनी साइकिल घर के बाहर खड़ी की। सात बजे के करीब मैं अचानक बाहर निकला तो अवाक् रह गया कि साइकिल वहाँ

खड़ी ही नहीं थी। मैंने आसपास बहुत ढूँढ़ने की कोशिश की लेकिन मुझे नहीं मिली। आपसे अनुरोध है कि आप इसे खोजने का प्रयास करें ताकि मेरी साइकिल मिल जाए। इसका रंग नीला है और कैरियर के पास मेरा नाम 'ललित' भी लिखा है। आशा करता हूँ कि आप इसे ढूँढ़ निकालेंगे।

धन्यवाद!

प्रार्थी

*ललित चौधरी*

मकान नं 465 रघुवीर नगर, वाराणसी

दिनांक–27 फरवरी, 2024

**12. बिजली बोर्ड के मुख्याधिकारी को बार-बार बिजली चले जाने पर होने वाली मुश्किलों से अवगत करवाते हुए पत्र लिखिए।**

प्रतिष्ठा में

मुख्याधिकारी महोदय

बिजली बोर्ड कार्यालय,

धारवाड़।

**विषय–**बार-बार बिजली चले जाने पर समस्याएँ बताने हेतु।

महोदय

निवेदन यह है कि हम आदर्श नगर क्षेत्र के निवासी हैं। यहाँ पिछले पंद्रह दिनों से दिन में 16 घंटे बिजली गुल रहती है। बच्चों की परीक्षाएँ सर पर हैं वे पढ़ नहीं पाते। कार्यालयों में काम ठप्प पड़ा रहता है। घरों के भी अधिकतर काम आजकल बिजली चालक यंत्रों पर आधारित हैं, वे भी पूरे नहीं हो पाते। रात को सड़कों पर अँधेरा छाने से दुर्घटनाएँ होने की संभावना बनी रहती है। आपसे अनुरोध है कि कृपया आप इस कार्य हेतु कोई ठोस कदम उठाएँ। हम आपके आभारी रहेंगे।

धन्यवाद!

प्रार्थी

*निवासी*

86, आदर्श नगर धारवाड़।

दिनांक–17.08.2023

**13. पुस्तक मँगाने हेतु पुस्तक विक्रेता को पत्र लिखो।**

सेवा में

व्यवस्थापक

न्यू एज इंटरनेशनल पब्लिशर्स प्रा. लि.

काचीगुडा

हैदराबाद।

**विषय–**पुस्तकें मँगाने हेतु।

महोदय

मैं सिकंदराबाद का निवासी समृद्ध राव आपसे निवेदन करता हूँ कि मुझे कुछ पुस्तकें जल्द-से-जल्द चाहिए। इस हेतु मैं पाँच सौ रुपए की अग्रिम धन-राशि भी भेज रहा हूँ। आप वी.पी.पी. द्वारा पुस्तकें भेज दीजिए। मैं वायदा करता हूँ कि वी. पी.पी. आते ही छुड़ा लूँगा। पुस्तकों की सूची निम्न प्रकार से है–

1. नवजीवन हिंदी व्याकरण भाग–III–एक प्रति
2. सामाजिक ज्ञान भाग–III–एक प्रति
3. (ड्राइंग) कला ज्ञान भाग–III–एक प्रति
4. अंग्रेजी ग्रामर भाग–III–एक प्रति

आशा करता हूँ कि आप ये पुस्तकें जल्द-से-जल्द भेजने की कोशिश करेंगे।

धन्यवाद सहित!

भवदीय
*समृद्ध राव*
ए-11, कपिल नगर
सिकन्दराबाद
दिनांक-20 अक्टूबर, 2023

## 2. अनौपचारिक पत्र

**1. मित्र को पत्र लिखकर बताएँ कि आपके क्षेत्र में स्वच्छता अभियान किस प्रकार चल रहा है?**

मकान नं. 365
गांधी कॉलोनी
उदयपुर।
दिनांक—06 अप्रैल, 2023

प्रिय मित्र अनुभव
सप्रेम!

आशा करता हूँ कि तुम कुशलतापूर्वक होंगे। मैं आज यह पत्र आपको यह बताने के लिए लिख रहा हूँ कि हमारे क्षेत्र में 'स्वच्छता अभियान' सफलतापूर्वक चल रहा है। सभी लोग इस हेतु सतर्क हैं। सभी ने कूड़ा अब कूड़े के ट्रक में डालना शुरू कर दिया है, कोई भी गलियों के किनारों या सड़कों के आसपास कूड़ा नहीं डालता। नालियाँ बंद न हों इसका सब मिलकर ध्यान रखते हैं। बाग-बगीचों की सफ़ाई बच्चे एवं वृद्ध लोग शाम के समय करने लगे हैं। हरियाली चारों ओर रहे इस हेतु भी प्रयासरत हैं। पानी के गड्ढों को तुरंत भर दिया जाता है।

हमारी स्वच्छता अभियान टीम ने यह प्रयत्न किया है कि प्रत्येक छोटे-छोटे कार्य के लिए सरकारी कर्मचारियों पर निर्भर नहीं रहना चाहिए। गांधी जी के सिद्धांत 'अपना कार्य स्वयं करो' को अपनाना चाहिए। मैं आशा करता हूँ कि तुम्हारे क्षेत्रवासी भी ऐसे ही स्वच्छता के प्रति सजग होंगे। तुम भी इस हेतु कदम बढ़ाओ। मेरा सहयोग चाहिए हो तो बताना। शेष मिलने पर। अपने माता-पिता को मेरा प्रणाम कहना।

तुम्हारा अभिन्न मित्र
*सचिन*

**2. अपनी अग्रजा (बड़ी बहन) को पत्र लिखकर बताइए कि आपने अपने क्षेत्र के लोगों को भारतीय सामान खरीदने के लिए कैसे प्रेरित किया?**

फ्लैट नं. 440
एकता अपार्टमेंट
न्यू अमरवती कॉलोनी
राँची

आदरणीय अग्रजा
सप्रणाम।

मैं यहाँ कुशल हूँ, आशा करता हूँ कि आप भी कुशल होंगी। मैं यह पत्र आपको यह बताने के लिए लिख रहा हूँ कि हम सब बच्चों ने यह बीड़ा उठाया है कि लोगों को प्रेरित करेंगे कि वे अपने देश में बने सामान को ही खरीदें। क्योंकि दूसरे देशों का सामान हम कम दामों में खरीद तो लेते हैं पर यह नहीं सोचते कि इससे हमारे देश की आर्थिक व्यवस्था पर प्रभाव पड़ता है। यदि हम भारत देश को उन्नत बनाना चाहते हैं तो हमें भारतीय सामान को बढ़ावा देना होगा। छोटी-छोटी चीज़ें जैसे

खाने–पीने की वस्तुओं में चॉकलेट, टॉफियाँ, बिस्कुट, कई प्रकार के जंक फूड, पेय पदार्थ आदि अपने देश की नहीं होतीं। खेल–कूद में साइकिलें एवं कई प्रकार के खिलौने सस्ते दामों पर दूसरे देशों के धड़ल्ले से बाज़ारों में बिकते हैं। कई ब्रांड के कपड़े भी विदेशी होते हैं जो हमें अधिक आकर्षित करते हैं। इसके अतिरिक्त कई बिजली से चलने वाली मशीनें या आकर्षक उपकरण आदि।

इस प्रयास हेतु हमने कई कार्यशालाओं, नुक्कड़, नाटकों, डांस–ड्रामों एवं भाषणों द्वारा लोगों को सचेत करने का प्रयास किया कि अपने देश का सामान खरीदने पर भारत का धन भारत में ही रहेगा। मैं चाहता हूँ कि आप भी इस हेतु अपने विचार एवं सुझाव दें। आशा करता हूँ कि आपको मेरा यह कार्य पसंद आएगा। जीजा जी को मेरी ओर से प्रणाम।

आपका अनुज

*दिवाकर*

**3. अपने भाई की शादी का निमंत्रण देने हेतु मित्र को पत्र लिखिए।**

मकान नं. 998

सैक्टर–83, सूर्यनगर

सोनीपत।

दिनांक–20 अक्टूबर, 2023

प्रिय मित्र अंशुल

सप्रेम।

मैं आशा करता हूँ कि तुम और तुम्हारा परिवार सकुशल होंगे। मैं इस पत्र में तुम्हें यह बताना चाहता हूँ कि मेरे अग्रज की शादी 2 नवम्बर, 2022 की तय हुई है। सभी कार्यक्रम 31 अक्टूबर, 2022 से आरंभ हो जाएँगे। निमंत्रण पत्र तुम्हें दो–चार दिन में डाक द्वारा मिल जाएगा। मैं और मेरे माता–पिता चाहते हैं कि तुम और तुम्हारा पूरा परिवार इस सुअवसर पर हमारे घर पधारे। मैं आशा करता हूँ कि तुम लोग 30 अक्टूबर, 2022 तक अवश्य पहुँच जाओगे। तुम्हारे आने पर मेरी खुशी दुगुनी हो जाएगी और हम मिलकर खूब मस्ती भी करेंगे। अपने माता–पिता को मेरी ओर से प्रणाम कहना और दीपिका को प्यार देना।

तुम्हारा अभिन्न मित्र

*रोहतांग*

**4. अपनी माताजी को पत्र लिखकर बताइए कि आपने काव्य प्रतियोगिता में प्रथम स्थान प्राप्त किया है।**

मकान नं. 1150, सैक्टर 26

नोएडा।

दिनांक–26 अगस्त, 2023

आदरणीय माता जी

सादर प्रणाम।

मैं यहाँ पर कुशल हूँ। आशा करता हूँ कि आप भी सकुशल होंगे। मैं आपको यह खुशखबरी देना चाहता हूँ कि अंतर्विद्यालय काव्य प्रतियोगिता में मैंने प्रथम स्थान प्राप्त किया है। मुझे एक प्रोत्साहन पत्र एवं पाँच सौ रुपए की राशि पुरस्कार स्वरूप मिली है। यह सब आपके आशीर्वाद का ही परिणाम है। मेरे प्रधानाचार्य ने प्रार्थना सभा में मेरी खूब प्रशंसा की। मुझे आशा है कि आपको भी अत्यधिक खुशी अनुभव हो रही होगी। अगले सप्ताह मेरी परीक्षाएँ प्रारंभ हो रही हैं। पिताजी से कहना कि मुझे परीक्षाओं के बाद 14 सितंबर, 2022 को घर ले जाएँ क्योंकि चाचाजी व चाचीजी एक सप्ताह के लिए बनारस जा रहे हैं। घर में सभी को यथायोग्य मेरा प्रणाम।

आपका पुत्र

*अर्जुन*

### 5. प्रातःकालीन सैर के लाभ बताते हुए मित्र को पत्र लिखिए।

मकान नं. 115
आवडी
चैन्नई।

दिनांक-4 मार्च, 2024

प्रिय मित्र,

सस्नेह।

तुम्हारा पत्र मिला, पढ़कर मालूम हुआ कि आजकल तुम्हारी तबीयत ठीक नहीं रहती। तुम्हें साँस का रोग हो गया है। मैं तुम्हें यह कहना चाहता हूँ कि तुम प्रातःकाल सैर के लिए जाया करो। प्रातःकाल का समय बड़ा सुहावना होता है। सुबह-सुबह वातावरण एकदम शांत होता है, गाड़ियों से उठने वाले धुएँ का नामोनिशान तक नहीं होता। ऐसे में किसी बगीचे में जाकर तुम्हें लंबी-लंबी साँसें लेनी चाहिए। नंगे पाँव घास पर चलने से हमारी आँखों की रोशनी तेज होती है। दौड़ लगने से रक्तसंचार तेज होता है जो हमें ऊर्जा देता है और चुस्त और फुर्तीला बनाता है।

आशा है तुम मेरी सलाह मानोगे और प्रतिदिन सुबह सैर किया करोगे। घर में सबको मेरी ओर से यथायोग्य नमस्ते।

तुम्हारा अभिन्न मित्र
*देवराज*

### 6. योगा सीखने की अनुमति हेतु पिताजी को पत्र लिखिए।

दून छात्रावास
देहरादून।
उत्तर प्रदेश।

दिनांक-4 अप्रैल, 2023

आदरणीय पिताजी

सादर प्रणाम।

आशा करता हूँ कि आप सकुशल होंगे। मुझे आपको बताने में बहुत खुशी हो रही है कि मेरी वार्षिक परीक्षाएँ बहुत अच्छी हुई हैं। इस बार भी मैं कक्षा में अवश्य प्रथम आऊँगा। आजकल मैं सारा दिन खाली होता हूँ क्योंकि विद्यालय में पंद्रह दिन की छुट्टियाँ हो गई हैं। मेरी इच्छा है कि मैं इस समय का लाभ उठाऊँ और योग सीखना प्रारंभ करूँ। हमारे छात्रावास में ही 'योगा' की शिक्षा दी जाती है। इसके लिए केवल आपका अनुमति पत्र चाहिए। कृपया आप जल्द-से-जल्द अनुमति पत्र भेज दीजिए ताकि मैं 'योगा' शिक्षा ग्रहण कर सकूँ।

माताजी को प्रणाम व सात्त्विक को प्यार।

आपका पुत्र
*शैलेंद्र*

### 7. अर्द्धवार्षिक परीक्षा की तैयारी के सुझाव हेतु चाचाजी को पत्र लिखिए।

मकान नं. 415
सरिता विहार
नई दिल्ली।

दिनांक-21 अगस्त, 2023

आदरणीय चाचाजी

सादर प्रणाम।

आशा करता हूँ कि आप कुशलता से होंगे। मैं आपसे अर्द्धवार्षिक परीक्षा की तैयारी के बारे में कुछ जानना चाहता हूँ कि किस प्रकार से तैयारी करूँ। घर में सभी पढ़ाई के लिए आपकी बहुत प्रशंसा करते हैं। माँ और दादी का कहना है कि आप अपनी परीक्षाओं की तैयारी इस प्रकार करते थे कि परीक्षा के दिन आपको किसी प्रकार की कोई मुश्किल नहीं होती थी। कृपया मुझे भी मेरी अर्द्धवार्षिक परीक्षाओं के लिए कुछ ऐसे ही उपाय बताएँ। मैं आपसे वायदा करता हूँ कि जैसा आप

बताएँगे, मैं वैसा ही करूँगा। आशा है आपका पत्र शीघ्र आएगा। चाचीजी को मेरा प्रणाम व मिन्टी को बहुत-बहुत प्यार।

आपका भतीजा

*सौमित्र*

**8. जन्मदिन के अवसर पर सुंदर उपहार प्राप्त करने पर चाचाजी को धन्यवाद पत्र लिखिए।**

फ्लैट नं.-15

सैक्टर-49

बोकारो स्टील सिटी।

30 नवंबर, 2023

आदरणीय चाचाजी

सादर प्रणाम!

आशा करता हूँ कि आप सकुशल होंगे। कल ही आपका भेजा पार्सल/कोरियर मिला। जैसे ही उसे खोला तो सुंदर हाथ की घड़ी देखकर मैं उछल पड़ा। मुझे इस बात की इतनी खुशी हुई कि एक तो आप मेरा जन्मदिन कभी नहीं भूलते, दूसरे आपने कैसे जान लिया कि मैं इन दिनों घड़ी लेने की सोच ही रहा था। अब मैं सभी कार्य आसानी से समयानुसार कर सकूँगा। आपके आशीर्वाद की यह भेंट मैं सदा सँभालकर रखूँगा। इसके लिए मैं आपका धन्यवाद करता हूँ।

चाचीजी को मेरा प्रणाम कहिएगा व मोहिनी को प्यार।

आपका भतीजा

*ऋषभ*

**9. छोटे भाई को सदाचार के बारे में बताते हुए पत्र लिखिए।**

मकान नं. 1650

बी.एच.ई.एल.

हरिद्वार।

26 जनवरी, 2024

प्रिय अनुज

सप्रेम।

आज ही मुझे माताजी का पत्र मिला। पढ़कर मुझे बहुत चिंता होने लगी कि तुम पढ़ाई में बिल्कुल भी ध्यान न देकर अपने मित्रों के साथ सारा दिन घूमते रहते हो। घर आते ही खाना खाकर सो जाते हो।

मेरे भाई! ऐसे कैसे चलेगा? यदि तुम अभी से कुसंगति में पड़ गए तो तुम्हारा जीवन बर्बाद हो जाएगा। पिताजी का यह सपना कि तुम बड़े होकर डॉक्टर बनो शायद कभी भी पूरा न हो पाएगा। यह जीवन में सदा याद रखना कि बीता समय कभी लौटकर नहीं आता और यदि हम जीवन में गलतियाँ करते गए तो जल्दी ही उनका सुधार भी नहीं कर सकते। शिष्ट व अनुशासित व्यवहार करने से ही हमारा अच्छा चरित्र निर्माण होता है। तुम अपने दिन भर की समय-तालिका बनाओ, माता-पिता को परेशान न करके उनके कामों में हाथ बँटाओ तथा अच्छे व्यवहार वाले बनो। ऐसा करने से सफलता सदा तुम्हें प्राप्त होती रहेगी। आशा करती हूँ कि तुम मेरे कहे अनुसार चलने का प्रयत्न करोगे।

घर में माँ-पिताजी को मेरा प्रणाम कहना।

तुम्हारी अग्रजा

*पूनम*

**10. बड़ी बहन को विद्यालय के वार्षिकोत्सव का वर्णन करते हुए पत्र लिखिए।**

छात्रावास

दून स्कूल

देहरादून।

03 दिसंबर, 2023

आदरणीय अग्रजा

आशा करता हूँ कि घर में सब सकुशल होंगे। यह पत्र मैं आपको अपने विद्यालय में हुए वार्षिकोत्सव के बारे में लिख रहा हूँ। कल हमारे विद्यालय का वार्षिकोत्सव बड़ी धूमधाम से मनाया गया। इस अवसर पर राज्य के राज्यपाल को आमंत्रित किया गया। बच्चों ने सांस्कृतिक कार्यक्रम, नाटक व देशभक्ति के गीतों से सबका मन मोह लिया। प्रधानाचार्य ने सभी को विद्यालय की नई-पुरानी गतिविधियों से अवगत करवाया। राज्यपाल जी ने भी विद्यालय को खूब सराहा। प्रतिभाशाली विद्यार्थियों को पुरस्कार भी दिए गए। मुझे भी गणित में 100% अंक प्राप्त करने पर पुरस्कार मिला। यदि आप भी इस अवसर पर आतीं तो मुझे बहुत अच्छा लगता।

अब मैं पत्र बंद करता हूँ। माता-पिता को मेरी ओर से प्रणाम।

आपका अनुज

*विक्रम*

**11. मित्र के कक्षा में प्रथम आने पर बधाई पत्र लिखिए।**

म.नं. 1540
प्रीत विहार,
अंबाला कैंट।

दिनांक-7 अगस्त, 2023

प्रिय दीपक
सप्रेम।

आज सुबह समाचार-पत्र पढ़ा तो मेरी खुशी का ठिकाना न रहा। तुम्हारी तसवीर देखकर मुझे समझते देर न लगी कि तुमने इस बार भी प्रत्येक वर्ष की भाँति अच्छे अंक प्राप्त किए हैं। दसवीं कक्षा में राज्य स्तर पर श्रेष्ठतम अंक प्राप्त करके तुमने अपने माता-पिता व विद्यालय का नाम रोशन किया है। इसके लिए तुम्हें मेरी व मेरे परिवार वालों की ओर से बहुत-वहुत बधाई। छुट्टियाँ होते ही मैं तुमसे मिलने अवश्य आऊँगा।

मेरी ओर से अपने माता-पिता को प्रणाम कहना व दृष्टि को प्यार।

तुम्हारा मित्र
*संदीप*

**12. पिताजी से रुपए मँगवाने हेतु पत्र लिखिए।**

छात्रावास
हिंदू इकाई स्कूल
आसनसोल।

3 मई, 2023

आदरणीय पिताजी

सादर प्रणाम।

आशा करता हूँ कि आप सकुशल होंगे। बहुत दिन से आपकी ओर से कोई पत्र नहीं आया। मैं भी अपनी परीक्षाओं में व्यस्त था इसलिए आपकी कुशलक्षेम न पूछ सका। मेरी इस बार की परीक्षाएँ बहुत अच्छी हुई हैं। मैंने यह पत्र आपको यह बताने के लिए लिखा है कि हमारे विद्यालय ने विद्यार्थियों को राजस्थान भ्रमण के लिए ले जाने का कार्यक्रम बनाया है। जो विद्यार्थी जाना चाहते हैं उनसे एक हज़ार रुपए व अभिभावकों की ओर से अनुमति पत्र मँगवाया है। मेरी भी जाने की अत्यधिक इच्छा है। मैं आपसे अनुरोध करता हूँ कि यदि आप मेरा जाना सही समझें तो जल्द ही एक हज़ार रुपए व अनुमति पत्र भेज दीजिए।

घर में माताजी को मेरा प्रणाम व सृष्टि को प्यार।

आपका पुत्र
*लक्ष्य*

## I. प्रश्न–अभ्यास

### औपचारिक पत्र

1. प्रधानाचार्य को आवेदन पत्र लिखिए जिसमें पुस्तकालय में दो हिंदी पत्रिकाएँ मँगवाने के लिए निवेदन किया गया हो।
2. नगर निगम अधिकारी को अपने क्षेत्र की समुचित सफ़ाई करवाने हेतु पत्र लिखिए।
3. बस यात्रा में जेब कट जाने की सूचना पुलिस अधीक्षक को पत्र लिखकर दीजिए।
4. अपने बंद पड़े टेलीफोन को चालू करवाने के लिए महानगर टेलीफ़ोन निगम को शिकायती पत्र लिखिए।
5. प्रधानाचार्य को पत्र लिखकर अपने विद्यालय में 'योगा शिक्षा' शुरू करवाने का अनुरोध कीजिए।
6. कक्षा अध्यापिका को दंड मुक्ति हेतु पत्र लिखिए।
7. दैनिक समाचार पत्र के संपादक को पत्र लिखकर अपने क्षेत्र की टूटी सड़कों के बारे में बताइए।

### अनौपचारिक पत्र

8. अपनी माताजी को पत्र लिखकर बताइए कि आपने 'पोलियो उन्मूलन अभियान' में कैसे भाग लिया।
9. अपने अग्रज को पत्र लिखकर बताइए कि आपका चयन 'जूनियर भारतीय क्रिकेट टीम' में हो गया है।
10. खानपान संबंधी अच्छी आदतों हेतु छोटे भाई को पत्र लिखिए।
11. भाई के विवाह पर सखी के उपस्थित होने के लिए पत्र लिखिए।
12. छोटी बहन को पत्र लिखकर मोबाइल फोन की माँग न करने के लिए प्रेरित करें।
13. परीक्षा में असफल हुए मित्र को सांत्वना पत्र लिखिए।
14. आप विद्यालय की ओर से नैनीताल जाना चाहते हैं। पिताजी से तीन हजार रुपये व अनुमति पत्र मँगवाने हेतु पत्र लिखिए।
15. आपकी माँ बहुत बीमार है अपने पिताजी को पत्र लिखकर सूचित करें।
16. अनुशासन का महत्त्व बताते हुए छोटे भाई को पत्र लिखिए।

# 3. अनुच्छेद-लेखन

अनुच्छेद लेखन भी एक कला है। अपने विचारों को उदाहरणों के साथ स्पष्ट करते हुए एक ही अनुबंध में लिखे गए विचार अनुच्छेद-लेखन कहलाते हैं।

### 1. सर्वशिक्षा अभियान

सर्वशिक्षा अर्थात सभी के लिए शिक्षा अभियान अर्थात एक ऐसा कार्य जिसमें पूर्ण रूप से रत हो जाना। इस तथ्य को झुठलाया नहीं जा सकता कि शिक्षा ही मनुष्य को शिष्ट एवं सक्षम बनाती है। शिक्षा प्राप्ति के लिए कोई आयु सीमा नहीं होती। इसी हेतु सरकार द्वारा 'सर्वशिक्षा अभियान' के तहत स्कूलों के साथ-साथ प्रौढ़-शिक्षा केंद्रों को भी पूरी तरह से उन्नत बनाया जा रहा है। शहरी वातावरण में तो शिक्षा को पूर्ण रूप से महत्ता दी जाने लगी है लेकिन भारतीय समाज का एक बड़ा वर्ग गाँवों में निवास करता है और ग्रामीण समाज शिक्षा के प्रति अभी भी पूर्ण रूप से जागृत नहीं है। सरकार कितनी भी योजनाएँ बनाए लेकिन यदि वे क्रियान्वित नहीं होंगी तो उनका लाभ कोई नहीं उठा सकता। सरकार का उद्देश्य है 'सब पढ़ो, सब बढ़ो' इसे सफल बनाने हेतु हम सबको मिलकर प्रयास करना चाहिए। लोगों में जागरूकता लानी होगी, बच्चों को पढ़ाने के साथ-साथ

निरक्षर युवाओं को भी प्रेरित करना होगा कि वे भी प्रौढ़-शिक्षा केंद्रों में पढ़ सकते हैं। वर्तमान समय में एक पढ़ा-लिखा व्यक्ति ही सुलभ जीवन जी सकता है क्योंकि छोटे-छोटे वैज्ञानिक उपकरण जो रोज़मर्रा के जीवन हेतु अनिवार्य बनते जा रहे हैं। शिक्षा के बिना उन्हें प्रयोग में लाना भी संभव नहीं है। सरकार को चाहिए कि 'सब पढ़ो, सब बढ़ो' अभियान को सफल बनाने हेतु भरसक प्रयास करें। हमें यह नहीं भूलना चाहिए कि हमारा समाज जितना शिक्षित होगा उतना ही उन्नति की ओर अग्रसर होगा।

## 2. बेटी बचाओ, बेटी पढ़ाओ

भारतीय समाज में लड़कियों को वर्तमान में भी लड़कों से कम आँका जाता है जबकि आज के समय में उन्नति का कोई भी क्षेत्र ऐसा नहीं जहाँ लड़कियों ने लड़कों से कम स्थान दर्शाया हो। राजनीति, शिक्षा, विज्ञान, खेलकूद आदि सभी क्षेत्रों में लड़कियाँ लड़कों से आगे कदम रखती हैं। समाज में एक बड़ा वर्ग ऐसा है जो लड़कियों को प्रोत्साहित करने लगा है लेकिन अभी भी ग्रामीण क्षेत्र एवं कई पिछड़े क्षेत्र ऐसे हैं जो लड़कियों की शिक्षा को नज़रअंदाज करते हैं। सरकार ने इस बात का बीड़ा उठाया है कि बेटी बचाओ अर्थात 'भ्रूण हत्या' पर रोक लगाई जाए और बेटी को पढ़ाकर सक्षम बनाया जाए। इस हेतु मुफ़्त शिक्षा की व्यवस्था की गई है। आवश्यकता है लोगों में जारूकता लाने की। लड़कियों को उनका अधिकार दिलाने की। हमें यह नहीं भूलना चाहिए कि एक पढ़ी-लिखी लड़की पूरे परिवार को पढ़ाने में सक्षम हो सकती है। यह कार्य सरकार के साथ-साथ समाज सेवी संस्थाएँ एवं युवा वर्ग भी करें तो हम गाँवों के लोगों को सचेत करके न जाने कितनी ही लड़कियों का भविष्य सुधार सकते हैं। आज भी ऐसे ग्रामीण क्षेत्र हैं जहाँ के लोग सरकारी सुविधाओं से ही अपरिचित हैं। यदि भारतीय समाज पूर्ण रूप से शिक्षित हो जाए तो वह दिन दूर नहीं कि विश्व में हमारा परचम लहराए।

## 3. मेरा अंतरिक्ष में जाने का सपना

मेरे मन में चाँद-सितारों की दुनिया को देखने और अंतरिक्ष की सैर करने की अपार इच्छा है। मेरी चाह है कि तारों की झिलमिलाहट में मेरा आशियाना हो। मैं चाँद पर घूम सकूँ। यदि मेरी यह इच्छा पूरी हो जाए तो मैं स्वयं को सौभाग्यशाली समझूँगी और अंतरिक्ष के छिपे रहस्यों को जान पाऊँगी। तारे पास से कैसे लगते हैं, उनका प्रकाश कैसा होता है, छोटे-बड़े आकार में कैसे बदलते हैं, आकाश गंगा का रहस्य क्या है, तारे कैसे टूटते हैं, कैसे नए तारे निर्मित होते हैं, तारों को रोशनी कहाँ से मिलती है, चाँद पर क्या-क्या है, ग्रहों नक्षत्रों की दुनिया कैसी है आदि। ऐसे कई सवाल हैं जो मेरे मन में उठते हैं। मैं अपने जीवन में इस चाह को पूरा करने की पूरी कोशिश करूँगी। इस हेतु संबंधित विषयों का अध्ययन कर भरसक प्रयत्न करूँगी कि इस क्षेत्र में आगे बढ़ सकूँ। विज्ञान विषय में विशेष रुचि रखूँगी। विभिन्न खगोल-शास्त्रियों से मिलकर इससे संबंधित ज्ञान प्राप्त करूँगी। जो लोग चाँद की सैर कर आए हैं उनसे संपर्क स्थापित करूँगी। मुझे यह भी मालूम है कि यदि कोई विद्यार्थी इस ओर कदम बढ़ाता है तो हमारी सरकार भी उसे प्रोत्साहित कर प्रत्येक सुविधा उपलब्ध करवाती हैं। मैं अपनी इस चाह को लक्ष्य में बदलकर मन की इच्छा ज़रूर पूरी करूँगी। वह दिन भी अवश्य आएगा जब अंतरिक्ष में जाऊँगी और अपने माता-पिता, समाज, प्रांत व देश का नाम विश्व में रोशन कर दूँगी।

## 4. नैतिकता

नैतिकता क्या है? नैतिक मूल्य वे नियम हैं जिन्हें तोड़ने पर कोई दंडित तो नहीं करता लेकिन व्यक्ति के अंतर्मन की ध्वनि ही उसे कचोटती है कि उसने जो किया है वह गलत है अर्थात् नैतिकता का भाव किसी पर थोपा नहीं जाता यह स्वयं ही व्यक्ति के मनोभावों से जागृत होता है। लाल बत्ती पर चलते वाहन को रोकना कानूनी नियम है जिसे तोड़ने पर दंड भुगतना पड़ेगा लेकिन किसी अंधे को सड़क पार करवाना मन से उठने वाला नैतिक भाव है क्योंकि यदि उसे सड़क न भी पार करवाई जाए तो वह किसी से कुछ कहेगा नहीं बल्कि स्वयं ही रास्ता टटोलता रहेगा। आज के सामाजिक वातावरण में नैतिकता का स्तर गिरता जा रहा है। लोग मानवीय भावनाओं को भूलते जा रहे हैं। इसी का परिणाम है कि भ्रष्टाचार, रिश्वत, बेईमानी बढ़ती जा रही है। भाई-भाई को मारने से कतराता नहीं। माता-पिता की सेवा का भाव समाप्त हो रहा है। माता-पिता के पास बच्चों के लिए समय ही नहीं कि अपनी सभ्यता व संस्कृति से उन्हें सिखा सके। इसी कारण आपसी प्रेम, दया, करुणा, परोपकार का भाव समाज से समाप्त होता जा रहा है। मनुष्य अत्यधिक स्वार्थी होता जा रहा है। सड़क पर दुर्घटना हो जाए तो लोग अनदेखा कर आगे निकल जाते हैं। आज यदि हमें अपने देश की संस्कृति का झंडा देश में सबसे ऊँचा फहराना है तो लोगों को महात्मा गांधी, मदर टेरेसा, विनोबा भावे के चारित्रिक गुणों को अपनाना होगा व आपसी प्रेम व भाईचारे को बढ़ावा देना होगा ताकि गिरते हुए नैतिक स्तर को ऊँचा उठाया जा सके।

## 5. जीवन में खेलों का महत्त्व

"महाकवि कालिदास ने कहा–कि देहरक्षा ही धर्म का पहला साधन है और इसके लिए व्यायाम या खेल अति अनिवार्य है।" आज यह कहावत 'खेलोगे कूदोगे होगे खराब, पढ़ोगे लिखोगे बनोगे नवाब' गलत सिद्ध होती जा रही है। खेलों से हम अनुशासन, संगठन, आज्ञा-पालन, साहस, आत्म-विश्वास तथा एकाग्रचित्तता जैसे गुणों को भी प्राप्त करते हैं। अच्छे स्वास्थ्य की प्राप्ति के लिए व्यायाम, खेल-कूद, जिमनास्टिक आदि का सहारा लिया जाता है। दंड-बैठक, प्राणायाम, योगासन, जिमनास्टिक आदि से शरीर की पुष्टि तो हो सकती है किंतु इनसे भरपूर मनोरंजन नहीं होता है। यह ठीक है इनसे शरीर स्वस्थ, चुस्त तथा फुर्तीला रहता है किंतु ये सभी साधन नीरस हैं, जबकि दौड़, कूद, कबड्डी, खो-खो, हॉकी, फुटबॉल, क्रिकेट आदि खेलों में व्यायाम के साथ-साथ हमारा पूरा मनोरंजन भी होता है। खेल दो प्रकार के हो सकते हैं–आउटडोर तथा इनडोर। आउटडोर वे खेल हैं जो घर के बाहर किसी मैदान आदि में ही खेले जा सकते हैं जैसे–पोलो, गोल्फ, टेनिस, हॉकी, क्रिकेट, फुटबॉल आदि तथा इनडोर वे खेल-कूद हैं जिन्हें हम घर में भी खेल सकते हैं। जैसे–शतरंज, कैरम, टेबिल-टेनिस आदि। खेल-कूद से शरीर में स्फूर्ति आती है, बुद्धि का विकास होता है तथा शरीर में रक्त-संचार तीव्र होता है। देश-विदेश में अनेक स्तरों पर खेलों का आयोजन होता है। प्रांतीय, राष्ट्रीय, राष्ट्रमंडलीय, एशियाई तथा ओलंपिक आदि खेलों का नियमित रूप से आयोजन होता रहता है। खेलों से मनुष्य का चरित्र ऊँचा उठता है। स्वस्थ शरीर में स्वस्थ मन और स्वस्थ आत्मा निवास करती है। आज भारत के युवाओं को अपनी रुचि के खेलों में भाग लेना चाहिए। इससे वे स्वास्थ्य प्राप्ति के साथ-साथ अपने देश का नाम भी उज्ज्वल कर सकते हैं।

## 6. इंटरनेट एक संचार क्रांति

इंटरनेट एक ऐसा संचार साधन है जो पलों में विश्व के लोगों का संपर्क आपस में कर देता है। यह तकनीकी संचार साधन जैसे–टेलीफोन, दूरदर्शन, कंप्यूटर आदि से अधिक प्रभावशाली साधन है। विश्व-भर का कोई ऐसा ज्ञान नहीं जो इंटरनेट के माध्यम से जाना न जा सके। भाषा, विज्ञान, गणित, तकनीक, व्यापार-उद्योग, वाणिज्य, खेलकूद, फिल्मी दुनिया की जानकारी के अलावा आप किसी से भी चाहे वह संबंधी हो या मित्र या किसी रोजगार से जुड़ा सभी से आप छायांक (फोटो) सहित बात कर सकते हैं। विद्यार्थी तो घर बैठे-बैठे प्रत्येक विषय के बारे में जानकारी प्राप्त करके सक्षम हो सकते हैं। आजकल शादियाँ भी इंटरनेट के माध्यम से होने लगी हैं। महिलाएँ तरह-तरह की घरेलू जानकारियाँ इससे आसानी से प्राप्त कर सकती हैं। यह एक ऐसा माध्यम है जिसका कोई निश्चित समय नहीं 24 घंटे यह अपनी सुविधा प्रदान करता है। इसके द्वारा आप घर बैठकर ही खरीदारी कर सकते हैं, किसी भी तरह का बिल भर सकते हैं, रेलगाड़ी या वायु सेवा की टिकटें, आरक्षित करवा सकते हैं। बैंक के सभी प्रकार के कार्य करने में सक्षम हो सकते हैं। इतना उपयोगी होने के साथ-साथ दोष भी इंटरनेट के साथ हैं अश्लील सामग्री से भरपूर है इंटरनेट। बिना वजह इसकी गलत दिशाओं का प्रयोग कर बच्चे अपने मार्ग से भटक जाते हैं। अभिभावक यह जानने में भी असमर्थ रहते हैं कि उनके बच्चे कब, किनसे, किस तरह की बातें कर रहे हैं। यह कहना भी गलत नहीं कि सिक्के के दो पहलू होते हैं यदि इसमें इतनी अच्छाइयाँ हैं तो नाममात्र बुराइयाँ भी। हमें चाहिए कि यदि हम अपने लाभ हेतु इसका प्रयोग करते रहे तो यह बहुत लाभदायक है।

## 7. गुरु की महिमा

*गुरु गोविंद दोऊ खड़े काके लागू पाय।*
*बलिहारी गुरु आपने जिन गोविंद दियो मिलाय।।*

हमारे वेद ग्रंथों में गुरु को ईश्वर से भी बड़ा स्थान दिया गया है। माना जाता है कि गुरु ही ईश्वर को पाने का मार्ग दिखाने वाला है। गुरु केवल पुस्तकीय ज्ञान देने वाला ही नहीं होता बल्कि किसी भी क्षेत्र में ज्ञान देने वाला हर कोई गुरु की श्रेणी में आता है। प्राचीन समय में गुरुओं को अत्यधिक महत्त्व दिया जाता था। शिष्य गुरुओं के आश्रम में रहकर शिक्षा पाते थे। वेद-ग्रंथों के अलावा जीविका कमाने व युद्ध नीतियों में उन्हें निपुण बनाना गुरु अपना कर्तव्य समझते थे। शिक्षा पूरी होने के बाद गुरु दक्षिणा देने की भी पद्धति थी। एकलव्य ने तो अपने गुरु द्रोणाचार्य से धनुर्विद्या सीख जाने पर अपने हाथ का अँगूठा ही गुरु दक्षिणा में दे डाला। पहले गुरु द्वारा शिक्षा देना धार्मिक अनुष्ठान माना जाता था। लेकिन आज शिक्षक-शिष्य संबंध व्यवसायिक हो गए हैं। शिष्य धन देकर शिक्षा पाता है और गुरु वेतन पाकर शिक्षा देता है। शिक्षकों द्वारा डाँटने या मारने

पर शिष्य व उनके माता-पिता उन्हें न्यायालय के द्वार तक खींच ले जाने में संकोच नहीं करते। आज के विद्यार्थियों में शिक्षकों के प्रति उतना सम्मान नहीं। लेकिन यदि हम संगीत, पहलवानी एवं खेलों के क्षेत्र में देखें तो आज भी गुरु-शिष्य संबंध प्रगाढ़ता लिए हैं। हमें चाहिए कि हम गुरु को सदा ऊँचा स्थान दें व उनके पद-चिह्नों पर चलकर अपने लक्ष्य को प्राप्त करें।

## 8. करत-करत अभ्यास के जड़मति होत सुजान

*'करत-करत अभ्यास के जड़मति होत सुजान।*
*रसरी आवत जात तै सिल पर होत निशान।।'*

बार-बार अभ्यास करने से मूर्ख भी बुद्धिमान बन जाते हैं जैसे एक पत्थर पर बार-बार रस्सी घिसाई जाए तो पत्थर पर भी निशान पड़ जाते हैं। ऐसे ही यदि मनुष्य भी किसी चीज़ का बार-बार अभ्यास करे तो उस कार्य को करने में सफल हो जाता है। चींटी कितनी बार दीवार पर चढ़ने का प्रयास करती है लेकिन गिरने पर भी रुकती नहीं चढ़कर ही दम लेती है। जीवन का कोई भी कार्य चाहे वह पढ़ाई हो, व्यापार हो, कारीगरी का काम हो सभी अभ्यास पर ही निर्भर करते हैं। वरदराज बालक जो आश्रम में पढ़ता नहीं था तो गुरु ने उसे घर भेज दिया लेकिन जब रास्ते में कुएँ की मुंडेर पर रस्सी से बने निशान देखे तो सोचने लगा कि यदि कोमल रस्सी पत्थर पर निशान डाल सकती है तो क्या मैं बार-बार अभ्यास करके पढ़ नहीं सकता। यह सोचकर वह आश्रम वापिस चला गया। उसने इतना अभ्यास किया कि बड़ा होकर प्रकांड पंडित बना और कई व्याकरणों की रचना की। बार-बार अभ्यास से व्यक्ति किसी भी कार्य में सक्षम के साथ-साथ निपुण भी हो जाता है। गायक, खिलाड़ी, पहलवान सब अभ्यास से ही सफलता हासिल करते हैं। इसलिए हमें निरंतर अभ्यासरत रहना चाहिए।

## 9. मेरे जीवन का लक्ष्य

लक्ष्य विहीन व्यक्ति पशु के समान होता है। मनुष्य ही ऐसा बुद्धिमान प्राणी है जो अपने भविष्य का चिंतन करने की शक्ति रखता है। यदि मनुष्य अपना लक्ष्य निर्धारण करके जीवन की डगर पर आगे बढ़ता है तो अवश्य सफलता प्राप्त करता है। मैंने भी अपने जीवन में एक समाजसेवक बनने का लक्ष्य साधा है क्योंकि समाजसेवा करने से आत्मसंतुष्टि मिलती है। मैं जानता हूँ कि इस लक्ष्य से मुझे आजीविका नहीं मिलेगी लेकिन मैं यह पूरी कोशिश करूँगा कि जीवनयापन हेतु धन कमाने के साथ-साथ मैं समाज के लोगों का सेवक अर्थात् किसी के भी मुश्किल समय में उसका सहायक अवश्य बनूँ। कहा जाता है कि दूसरों की सहायता करने से ईश्वर भी प्रसन्न होते हैं। समाज में अनाथाश्रम, वृद्धाश्रम, महिला सदन चैरीटेबल अस्पताल आदि सभी समाज सेवकों के द्वारा ही तो संचालित होते हैं। समाजसेवी संस्थाओं द्वारा ही रक्त-दान शिविर आयोजित होते हैं जिससे लाखों लोगों को जीवनदान मिलता है। गरीब बच्चों की शिक्षा हेतु भी समाजसेवक महत्त्वपूर्ण भूमिका निभाते हैं। ईश्वर करे कि मेरी यह अभिलाषा पूरी हो जाए और मैं समाज में अपना विशेष व्यक्तित्व कायम कर सकूँ।

## 10. कंप्यूटर का महत्त्व

आज का युग कंप्यूटर का युग है। कंप्यूटर एक ऐसा मशीनी मस्तिष्क है जो ऐसे-ऐसे कार्य करने में सक्षम है जो मनुष्य की पहुँच से भी बाहर हैं। लाखों, करोड़ों व इससे भी अधिक संख्याओं की गणनाएँ यह पलक झपकते ही करने की क्षमता रखता है। सबसे बड़ी विशेषता इसकी यह है कि भले ही मनुष्य इसके उपयोग में किसी प्रकार की कोई गलती कर दे लेकिन यह सही सूचना देने में पूर्णतया सफल होता है। आज कंप्यूटर सभी कार्यालयों, विभागों, विद्यालयों, बैंक, रेलवे स्टेशन, बस स्टैंड, हवाई अड्डों, यहाँ तक कि सभी दुकानों के कामकाज करने में पूर्ण सहयोगी है। मनोरंजन के साधनों में भी इसका जवाब नहीं। बच्चे तो बच्चे बड़े से बड़े भी इसके मनोरंजन से प्रसन्न रहते हैं। किसी भी व्यक्ति को यदि बंद कमरे में कंप्यूटर देकर बिठा दिया जाए तो शायद वह स्वतंत्र घूमने वाले प्राणी से अधिक प्रसन्न होगा। वैज्ञानिक क्षेत्र में देश-विदेश व अंतरिक्ष के कार्य कंप्यूटर के सहारे ही होते हैं। अंतरिक्ष से संबंध भी यही स्थापित करता है। इंटरनेट इसकी विशेष देन है। कुछ ही क्षणों में हम अपने प्रत्येक कार्य हेतु पूरे विश्व से सूचनाएँ प्राप्त कर सकते हैं। चिकित्सा के क्षेत्र में हर प्रयोग व हर बीमारी की जाँच यहाँ तक कि हृदय गति मापने तक का कार्य यह बखूबी करता है। लेकिन कई बार बच्चे व कुछ लोग इसका गलत प्रयोग कर स्वयं ही गुमराह होते हैं जोकि गलत है। हमें इस उपयोगी साधन का सकारात्मक रूप में ही प्रयोग करना चाहिए।

## I. प्रश्न-अभ्यास

1. **स्वच्छ जीवन-सुख का आधार**
   **संकेत बिंदु–•** स्वच्छता का महत्त्व • कहाँ-कहाँ अनिवार्य • इस हेतु प्रयास • स्वच्छता का प्रभाव • सुखी जीवन हेतु अनिवार्य
2. **एक मनुष्य, एक पेड़**
   **संकेत बिंदु–•** वृक्षों का महत्त्व • प्रदूषित वातावरण • प्रदूषण के कारण • निवारण के उपाय • एक मनुष्य एक पेड़ का संदेश • हरियाली फैलाओ • बीमारियों से छुटकारा • स्वच्छ पर्यावरण • शुद्धवायु
3. **आदर्श विद्यार्थी**
   **संकेत बिंदु–•** सादा जीवन उच्च विचार • जिज्ञासा व आवश्यक गुण • अनुशासन प्रिय • बहुमुखी जीवन
4. **राष्ट्रीय एकता**
   **संकेत बिंदु–•** उन्नति के लिए आवश्यक • जनता की जागरूकता • देश का प्रांतों में बँटना • जातीय भेदभाव होना • भारतीय सभ्यता का योगदान।
5. **पुस्तकों का महत्त्व**
   **संकेत बिंदु–•** पुस्तकें • मनुष्य की मित्र • प्रकार • मार्ग दर्शक • साहित्य के प्रेरणास्त्रोत • सामाजिक झलक • सदा उपयोगी
6. **मधुर वाणी**
   **संकेत बिंदु–•** आनंददायी वाणी • शब्दों में शक्ति • लोगों में चर्चित • मनको शीतलता व आत्मसंतुष्टि
7. **काल्ह करै सो आज कर**
   **संकेत बिंदु–•** सूक्ति का अर्थ • सफलता का मंत्र • समय नियोजन • उदाहरण • निष्कर्ष
8. **आत्मनिर्भरता**
   **संकेत बिंदु–•** अर्थ • दुख में आत्मविश्वास की कमी • स्वयं पर भरोसा • परिश्रम • लगन • उद्देश्य • सफलता

# 4. निबंध-लेखन

## 1. 2 अक्टूबर : अहिंसा दिवस

**संकेत बिंदु–•** अहिंसा का अर्थ • प्राचीन आधार अहिंसा • गांधीजी का योगदान • विश्व का समर्थन • अहिंसा अनिवार्य

अहिंसा अर्थात बिना मार-काट के प्रेमपूर्वक किसी भी मसले को सुलझाना। जिसमें किसी को किसी भी प्रकार से प्रताड़ित न किया जाए।

हमारा देश वर्तमान में नहीं बल्कि युगों-युगों से अहिंसावादी रहा है। कई शासकों ने मार-काट करके हिंसा फैलाई लेकिन वे कभी भी लोगों के दिलों पर राज न कर सके। महाभारत के समय पांडवों ने कौरवों से युद्ध किया, युद्ध में जीत के पश्चात् जब अपनी शासन सत्ता की सीमा देखने युधिष्ठिर महल की छत पर चढ़े तो बिखरी लाशों के ढेर ने उन्हें पश्चाताप करने पर मजबूर कर दिया। वे राजपाट छोड़कर जंगलों की ओर तपस्या हेतु निकल गए। प्रतापी राजा अशोक ने कितनी ही लड़ाइयाँ लड़ने के पश्चात् अंत में अहिंसा के समक्ष अपना समर्पण कर दिया। महात्मा बुद्ध, महावीर आदि ने भी लोगों को अहिंसा का संदेश दिया। महात्मा गांधी जिन्होंने देश को अंग्रेजों के चंगुल से स्वतंत्र करवाने हेतु अहिंसा का सहारा लिया और स्वतंत्रता दिलाई।

महात्मा गांधी ने अंग्रेज़ों के बर्बर इरादों को अपने आंदोलनों, निवेदनों आदि से इस प्रकार मजबूर कर दिया कि वे अंत में भारत छोड़कर चले ही गए।

वर्तमान समय में भारत एक धर्मनिरपेक्ष देश है। विभिन्न जातियों, धर्मों के लोग यहाँ निवास करते हैं लेकिन सांप्रदायिक सद्भावना से सभी प्रेरित हैं। भारत कभी भी किसी देश पर सर्वप्रथम आक्रमण करने के पक्ष में नहीं है। विश्व भर में भारतीय अहिंसा की गूँज है। यही कारण है कि महात्मा गांधी का जन्मदिन 2 अक्टूबर **'अहिंसा दिवस'** के रूप में मनाया जाता है। पूरा विश्व अहिंसा नीति के कारण भारत के समक्ष झुकता है। सभी देश अहिंसा का समर्थन करते हैं।

कई जातियाँ, गुट व बाहरी आतंकी शक्तियाँ यदि अपने स्वार्थ हेतु हिंसा फैलाती हैं तो यह पूर्णतया गलत है क्योंकि हिंसा का परिणाम कभी भी अच्छा नहीं होता। मार-काट मचाना, बम विस्फोट करना, दहशत फैलाना, इससे समाज में अशांति का वातावरण कायम होता है। निर्दोष बेचारे मृत्यु को प्राप्त होते हैं। आपसी भेदभाव जन्म लेते हैं।

साधारण जनता का यह कर्त्तव्य बनता है कि वे जब भी विरोधी तत्त्वों का हिंसात्मक रूप देखें तो नज़रअंदाज करें या जल्द से जल्द पुलिस विभाग का सहारा लें। सरकार एवं समाज सेवी संस्थाओं को भी चाहिए कि वे ऐसी शक्तियों को सर ही न उठाने दें जो हिंसा फैलाती हों।

यदि हम विश्व बंधुत्व की भावना से प्रेरित हैं तो हमें गांधीजी के सिद्धांत 'अहिंसा का मार्ग अपनाओ' को अपनाना होगा और समाज से हिंसात्मक तत्त्वों का नाश करना होगा।

## 2. स्वच्छ भारत-हमारा भारत

**संकेत बिंदु–** • अर्थ • सफाई अभियान • मोदीजी का सपना • उपाय • शारीरिक-मानसिक स्वच्छता, देश की स्वच्छता

'स्वच्छ भारत' का अर्थ है साफ़-सुथरा भारत अर्थात् गंदगी एवं प्रदूषण रहित।

एक समय था कि गांधी जी ने स्वच्छ भारत का अभियान चलाया था। वे जहाँ कहीं भी गंदगी देखते थे स्वयं सफ़ाई करनी शुरू कर देते थे। वर्तमान में इस सफाई अभियान का भार हमारे प्रधानमंत्री श्री नरेंद्र मोदी जी ने अपने कंधों पर लिया है। उनका भी यही उद्देश्य है कि जन-जन तक यह संदेश पहुँचे कि 'स्वच्छता अपनाओ भारत को महान बनाओ।' उन्होंने 2 अक्टूबर, 2014 को स्वच्छता अभियान का प्रारंभ किया जिसकी अवधि पाँच वर्ष यानी 2 अक्टूबर, 2019 तक की है। इस दौरान वे चाहते हैं कि भारत प्रदूषण मुक्त हो जाए। चारों ओर हरियाली व स्वच्छता दिखाई दे।

स्वच्छ वातावरण एक ओर हमें प्रसन्नचित्त रखता है और दूसरी ओर बीमारियों से भी रोकथाम करता है। स्वच्छता अपनाने के नियम बच्चों को बाल्यकाल से ही सिखाने चाहिए ताकि उन्हें इसका अभ्यास रहे। हमें अपना घर, आँगन, समाज, राष्ट्र को साफ़ रखने का प्रयत्न करना चाहिए। कूड़े-करकट को सही स्थान पर फेंकना चाहिए। धरती की उर्वराशक्ति कम न हो इस हेतु काँच, प्लास्टिक एवं धातुओं के टुकड़े ज़मीन पर न फेंकें। नदियों के जल में कचरा, गंदा जल, रासायनिक पदार्थों को न बहाएँ। वातावरण में गंदी गैसों को न मिलने दें। धुआँ-चिमनियाँ ऊँचाई पर लगवाएँ। अधिक से अधिक वृक्ष लगाएँ ताकि वातावरण में स्वच्छ वायु का संचार हो।

ग्रामीण स्थानों पर विशेष ध्यान दें। पक्की सड़कें, पक्के घरों को बनाने पर बल दें। शौचालयों का अधिकाधिक निर्माण करवाएँ। कुएँ एवं नदियों के किनारे पक्के बनवाएँ। कुँओं की सफ़ाई पर विशेष ध्यान दें। पालतू पशुओं को सफ़ाई से पालने की सुविधाएँ दें।

दूसरी ओर बाहरी स्वच्छता के साथ-साथ हमें अपनी शारीरिक और मानसिक स्वच्छता का भी ध्यान रखना चाहिए। शरीर को स्वच्छ रखना चाहिए। शुद्ध भोजन ग्रहण करना चाहिए। साफ़-सुथरे कपड़े पहनने चाहिए। हाथो-पैरों की सफ़ाई का विशेष ध्यान रखना चाहिए। साथ ही हमें अपने विचार भी शुद्ध रखने चाहिए।

हम सबको प्रण करना चाहिए कि हम स्वच्छता अपनाएँगे और देश को स्वच्छ बनाएँगे।

## 3. महिलाओं के बढ़ते कदम

भारतीय नारी को श्रद्धामयी रूप में देखा जाता रहा है। एक समय था जब नारी को घर की चारदीवारी में ही रखा जाता था लेकिन देश की स्वतंत्रता के पश्चात इस तथ्य को नज़रअंदाज नहीं किया गया कि यदि हमें अपने देश का चहुँमुखी विकास करना है तो नारी को भी पुरुष के समान सभी अधिकार देने होंगे। यही कारण था कि संविधान में पुरुष के समान नारी को सभी अधिकार दिए गए और इस बात पर विशेष बल दिया गया कि नारी की शिक्षा भी अनिवार्य है।

नारी शिक्षा का परिणाम यह हुआ कि धीरे-धीरे वह पुरुष के साथ कंधे-से-कंधा मिलाकर कार्य करने लगी। वर्तमान समय में भले ही हमारा देश पुरुष प्रधान हो लेकिन इस बात को झुठलाया नहीं जा सकता कि नारी पुरुष के समान प्रत्येक क्षेत्र में सक्षमता से कार्य कर सकती है। आज राजनीति, शिक्षा, खेलकूद, विज्ञान, सौंदर्य, संगीत, सेना आदि कोई भी क्षेत्र ऐसा नहीं जहाँ नारी की पहुँच न हो।

देश का सर्वोच्च पद प्रधानमंत्री एवं राष्ट्रपति, वहाँ इंदिरा गाँधी व प्रतिभा पाटिल सुशोभित रह चुकी हैं। संगीत की दुनिया में लता मंगेशकर सरस्वती माँ का दर्जा पा चुकी हैं। सौंदर्य के क्षेत्र में ऐश्वर्या राय व सुष्मिता सेन विश्व विख्यात हैं। कल्पना चावला अंतरिक्ष की परी कहलाईं। दौड़ में पी.टी. ऊषा व न्याय में किरण बेदी को कौन नहीं जानता।

वर्तमान समय में सेना में महिलाएँ निडरता से भागीदारी दे रही हैं। अवनि चतुर्वेदी, मोहना सिंह एवं भावना कांथा ने लड़ाकू पायलट बनकर विश्व को हैरत में डाल दिया। रियो ओलंपिक में साक्षी मलिक, दीपा कर्माकर एवं पी.वी. सिंधु ने विश्व में भारत का सर ऊँचा किया। शिक्षा एवं चिकित्सा के क्षेत्र में भी नारी ने अपार उन्नति की है। कृषि क्षेत्र को भी नारी पूर्ण रूप से सँभाल सकती है।

आज की नारी पुरुष के समान घर-बाहर सँभालने में पूरी तरह सक्षम है। ऐसी कोई भी चुनौती नहीं जिसे वह स्वीकार न करती हो। परिवार की देखरेख व समाज में अपना ऊँचा स्थान दोनों को बखूबी निभा सकती है। वर्तमान नारी पुरुष के पाँव की जूती नहीं बल्कि माथे का ताज है। वह दिन दूर नहीं जब 'पुरुष' प्रधान समाज 'नारी' प्रधान समाज में परिवर्तित हो जाएगा।

बड़े अफ़सोस से कहना पड़ता है कि इतनी उन्नति होने पर भी भारत के कई ग्रामीण क्षेत्र ऐसे हैं जहाँ की नारी का दायरा आज भी चारदीवारी है। सरकार को चाहिए कि ऐसे स्थानों पर नारी उत्थान हेतु अधिकाधिक कार्य किए जाएँ।

## 4. सत्संगति किं न करोति पुंसाम्

*अथवा*

## सत्संगति

**संकेत बिंदु–** • अर्थ • संगति का प्रभाव • लाभ • कुसंगति के दुष्परिणाम • उदाहरण।

सत्संगति किं न करोति पुंसाम् यानी सत्संगति क्या नहीं कर सकती! सत्संगति का शाब्दिक अर्थ है–'अच्छी संगति।'

मनुष्य एक सामाजिक प्राणी है। वह समाज में अकेला नहीं रह सकता। उसे अपने दुख-सुख को बाँटने हेतु कोई सहारा चाहिए। वह सहारा पाता है दूसरों का साथ पाकर। इसे ही संगति कहा जाता है। यदि मनुष्य अच्छे लोगों के साथ संगति रखता है तो वह सत्संगति कहलाती है यदि बुरे लोगों के साथ तो वह कुसंगति। संगति का मनुष्य के जीवन पर गहरा प्रभाव पड़ता है। वह जिस प्रकार की संगति करता है उससे अवश्य प्रभावित होता है। रहीम का भी कहना है–

*''कदली सीप, भुजंग मुख, स्वाति गुण तीन*
*जैसी संगति बैठिए, तैसोई फल दीन''*

सत्संगति का सबसे बड़ा लाभ यह है कि इससे व्यक्ति का जीवन श्रेष्ठ बनता है। सच्चे मित्र अपने साथी को कभी भी राह से भटकने नहीं देते। अच्छे मित्र ही दुख-सुख के सच्चे साथी होते हैं। कहा जाता है ''संगति बुरी असाधु की आठों पहर उपाधि।'' दुर्जन लोगों की संगति में हर समय उपद्रव ही होते हैं। चोर, डाकू, बदमाश, बेईमान लोगों की संगति करने से उसी प्रकार के अवगुण आते हैं। कभी-कभी तो अच्छे लोग भी बुरे के साथ बैठने से ही फँस जाते हैं या कलंकित होने लगते हैं। कुसंगति के बड़े-बुरे परिणाम होते हैं। जैसे–केले के वृक्ष के साथ बेर का वृक्ष उग जाए तो वह अपने काँटों से केले के कोमल पत्तों को भेद देता है। डाकू अंगुलीमाल का महात्मा बुद्ध के संपर्क में आना और श्रेष्ठ महात्मा बनना, सुभाष चंद्र बोस अंग्रेज़ी

सरकार का पिट्ठू बनने गए थे, क्रांतिकारियों के संपर्क में आकर अमर नेता बन गए। सत्संगति तो पारस है जो पत्थर को भी सोना बना दे। सत्संगति से हमारा चरित्र अच्छा और पवित्र होता है। हमारे बुरे कर्म हमसे हमेशा के लिए छूट जाते हैं क्योंकि गुण और दोष स्वभाव से कम संगति से अधिक आते हैं। सत्संग से बुरा आदमी भी अच्छा बन जाता है। तुलसीदास ने भी कहा है–

*'सठ सुधरहिं सतसंगति पाई।'*

कुसंगति, काम, क्रोध, लोभ, मोह और बुद्धि भ्रष्ट करने वालों की जननी है। महाबली भीष्म, धनुर्धर द्रोण और महारथी शकुनि जैसे महापुरुष भी इसके मोह जाल में फँस कर गलत राह पर चले। इस प्रकार हर एक को चाहिए कि बुरी संगत न करे। जिस प्रकार चंदन पर विषधर सर्प लिपटे रहते हैं लेकिन चंदन की सुगंध को कभी कम नहीं कर सकते। ठीक ऐसे ही यदि हमें कभी बुरे का साथ मिल भी जाए तो उसकी बुराई को दूर करने का प्रयास करना चाहिए न कि उसमें स्वयं लिप्त हो जाएँ।

सत्संगति कुंदन है। इसकी प्राप्ति के बाद काँच के समान मानव हीरे के समान चमक उठता है। मानव को सज्जन पुरुषों की संगति में रहकर अपनी जीविका रूपी नौका को समाज रूपी सागर से पार लगानी चाहिए तभी वह आदर प्राप्त कर सकता है।

## 5. अभ्यास का महत्त्व

*अथवा*

## करत-करत अभ्यास के जड़मति होत सुजान

**संकेत बिंदु–** • अर्थ • अभ्यास का महत्त्व • विभिन्न उदाहरण • सफलता हेतु अनिवार्य • मनुष्य की उन्नति • अभ्यास न करने पर पछताना • निरंतर प्रयास।

*'करत-करत अभ्यास के जड़मति होत सुजान*
*रसरी आवत जात तैं सिल पर होत निशान।'*

जो बार-बार अभ्यास करते हैं वे जड़बुद्धि भी बुद्धिमान बन जाते हैं जैसे–एक पत्थर पर एक रस्सी को बार-बार घिसा जाए तो वह पत्थर पर भी निशान डाल देती है। अभ्यास में इतनी शक्ति है कि वह मनुष्य को सदा सफलता की ओर लेकर जाता है। कोई भी व्यक्ति जन्म से ही किसी भी कार्य में निपुण नहीं होता। अभ्यास ही उसे प्रत्येक कार्य में दक्षता हासिल करवाता है। एक चींटी सौ बार दीवार पर चढ़ते-चढ़ते गिरती है लेकिन ऊपर चढ़कर ही दम लेती है, हॉकी के खिलाड़ी ध्यानचंद हॉकी के जादूगर कहलाए। निरंतर अभ्यास ने ही उन्हें इस मुकाम पर पहुँचाया। कालिदास मूर्ख कहलाते थे, अभ्यास ने ही उन्हें पंडित बनाया, तानसेन ने अभ्यास से ही संगीत सीखा, टेनिस खिलाड़ी सानिया मिर्ज़ा ने भी तो अभ्यास से ही सफलता प्राप्त की। कई बार किसी कार्य हेतु अभ्यास में मनुष्य को अपार कठिनाइयों व असफलता तक का मुँह देखना पड़ता है लेकिन मनुष्य का विश्वास व लगन उसे निरंतर अभ्यास करने की ओर प्रेरित करते हैं और सफलता की ओर ले जाते हैं। समाज सुधार व राष्ट्र उत्थान में अभ्यास ही काम आता है। अभ्यास मनुष्य की प्रतिभा को निखारता है, उसे उन्नति की ओर ले जाता है। निरंतर अभ्यास मनुष्य की कमियों को दूर कर निपुणता प्रदान करता है। अतः हमें कभी भी अभ्यास से घबराना नहीं चाहिए। असफल होने पर विचलित नहीं होना चाहिए। जो लोग असफल होने पर अभ्यास नहीं करते उन्हें पछताना पड़ता है। वे ही समाज में मूर्ख और निकम्मे कहलाते हैं। वरदराज जैसे बालक को याद रखना चाहिए जिसे गुरु ने शिक्षा न आने के कारण आश्रम से घर वापिस भेज दिया था लेकिन जब रास्ते में उसने कुएँ की मेड़ पर रस्सी से निशान पड़ते देखे तो उसने सोचा कि यदि रस्सी से पत्थर पर निशान पड़ सकते हैं तो बार-बार अभ्यास कर मैं शिक्षा में निपुण क्यों नहीं हो सकता और वह वापिस आश्रम की ओर गया और बड़ा होकर प्रकांड पंडित बना।

## 6. पराधीन को सुख कहाँ

**संकेत बिंदु–** • पराधीनता का अर्थ • पराधीनता का दुख, पराधीनता का संकेत • उदाहरण भारत, पक्षी • कुंठित जीवन • सोचने की शक्ति • स्वतंत्रता बचाए रखना अनिवार्य।

*''नत हुए बिना जो शनि घात सहती है।*
*स्वाधीन जगत में वही जाति रहती है।''*

पराधीनता अर्थात् पर के आधीन। दूसरे के आधीन रहकर पराधीन व्यक्ति की कोई इच्छा ही नहीं रह जाती। वह सदैव अपने आप को जकड़ा हुआ महसूस करता है। उसके कार्यों, विचारों व सोच तक भी बंधन में प्रतीत होते हैं। तभी तो यह उक्ति सही है कि पराधीन व्यक्ति को सपने में भी सुख नहीं मिल सकता। ये पंक्तियाँ इस ओर संकेत करती हैं कि स्वतंत्रता अत्यावश्यक है, इसका उदाहरण हम अपने भारत से ही ले सकते हैं। अंग्रेजों की गुलामी सहते-सहते भारतीय अपने ही देश में पराए हो गए, दासों की भाँति जीवन व्यतीत करने हेतु मजबूर हो गए। पक्षी जिन्हें स्वच्छंदता ही पसंद है यदि उन्हें पिंजरे में बंद कर दिया जाए तो वे सलाखों से टकरा-टकराकर अपने प्राण दे देते हैं। नदियों का बहता जल पीना, पेड़ों के मीठे फल खाना ही उन्हें भाता है। पिंजरे में पड़े विभिन्न पदार्थ उन्हें कभी आकर्षित नहीं करते। पराधीन व्यक्ति तो हाथ जोड़े सिर झुकाए दूसरों की आज्ञा का पालन करने हेतु मजबूर हो जाता है। संसार के सभी वैभव, ऐश्वर्य स्वतंत्रता की तुलना में तुच्छ हैं। पराधीन को अपना जीवन उपेक्षित, अपमानित तथा दुखी प्रतीत होता है। पराधीन व्यक्ति की सोचने की शक्ति भी समाप्त हो जाती है, उसका मन हार जाता है, उसकी महत्त्वकांक्षाएँ मर जाती हैं, पराधीनता केवल वैयक्तिक बंधन में ही नहीं बल्कि कई प्रकार की होती है जैसे किसी के विचारों को दबाकर मानसिक रूप से पराधीन रखना, आर्थिक रूप से किसी के अधीन रहना आदि। पराधीनता व्यक्ति, समाज या देश को सम्मानपूर्वक जीने नहीं देती। स्वाधीन व्यक्ति ही अपना पूर्ण विकास करने में सक्षम हो सकता है। हमें अपने प्राणों की बाजी लगाकर भी स्वतंत्रता को बचाना चाहिए। लोकमान्य गंगाधर की पंक्तियाँ 'स्वतंत्रता हमारा जन्म सिद्ध अधिकार है' को याद रखते हुए स्वतंत्रता कायम रखने हेतु सतत प्रयास करना चाहिए।

## 7. स्वतंत्रता दिवस

**संकेत बिंदु–** • राष्ट्रीय त्योहार • मनाने का स्थान • प्रधानमंत्री के विचार • सार्वजनिक अवकाश • हमारा कर्तव्य।

स्वतंत्रता दिवस भारत का प्रमुख राष्ट्रीय त्योहार है। यह प्रतिवर्ष 15 अगस्त को मनाया जाता है, इस दिन हमारा देश अंग्रेज़ों के चंगुल से निकलकर स्वतंत्र हुआ था। मौसम की दृष्टि से यह वर्षा ऋतु के ठीक बीचों-बीच आता है। उस दिन ऐसा लगता है, मानो भारत की स्वतंत्रता की वर्षगाँठ मनाने के लिए देवराज इंद्र काले-काले बादलों तथा रिमझिम-रिमझिम फुहारों से अपनी उपस्थिति का परिचय दे रहे हों।

यह दिवस 1947 से आज तक बहुत ही हर्ष और उल्लास के साथ मनाया जाता है। देश में इसका प्रमुख आकर्षण दिल्ली का लाल किला है, जहाँ देश के प्रधानमंत्री राष्ट्रीय ध्वज फहराकर इस राष्ट्रीय पर्व का उद्घाटन करते हैं। वहाँ वे राष्ट्र के नाम संदेश देते हैं, जिसमें राष्ट्रीय, अंतर्राष्ट्रीय समस्याओं, उनके समाधान में भारत के योगदान, राष्ट्र की उन्नति तथा लक्ष्यों पर प्रकाश डाला जाता है। यह सब तभी संभव है, जब हमारा राष्ट्र एकता और अखंडता के सूत्र में बँधा रहे। प्रधानमंत्री देश-भर के नागरिकों का इस उन्नति में योगदान करने के लिए आह्वान करते हैं। प्रांतों की राजधानियों में भी यह दिवस उसी हर्ष-उल्लास के साथ मनाया जाता है। उस दिन सार्वजनिक छुट्टी होती है। सभी सरकारी और निजी कार्यालय, संस्थान, स्कूल-कॉलेज, उद्योग, दुकानें, बाज़ार आदि बंद रहते हैं। इस दिन हमें अपने उन देशभक्त शहीदों का पावन स्मरण करना चाहिए जिनके महान बलिदानों के परिणामस्वरूप हमारा देश स्वतंत्र हुआ। हमें भी उनके पद-चिह्नों का अनुसरण करते हुए स्वतंत्रता की प्राण-पण से रक्षा करनी चाहिए।

## 8. दीपावली

**संकेत बिंदु–** • अर्थ • क्यों मनाया जाता है • सफाई और साज-सज्जा • दीपावली-पूजन • प्रकाश-आतिशबाजी और मिठाई • बुराइयाँ • उपसंहार।

'दीपावली' शब्द का अर्थ 'दीपों की अवली' अथवा पंक्ति। कार्तिक मास की अमावस्या को पंक्ति बद्ध रूप में जलाए गए दीपक भव्य प्रतीत होते हैं।

कहा जाता है कि इस दिन अयोध्या के राजा श्रीराम 14 वर्षों के बाद वनवास काटकर अयोध्या लौटे तो उनके आने की खुशी में लोगों ने घी के दीये जलाकर उनका स्वागत किया। आज भी इसी स्मृति में दीपावली मनाई जाती है। अनेक और भी घटनाएँ इस पर्व के साथ जुड़ी हैं–सिक्खों के छठे गुरु हरगोबिंद साहब को इस दिन बंधनमुक्त कर दिया गया था। आर्य समाज के प्रवर्तक महर्षि दयानंद सरस्वती, जैन धर्म के चौबीसवें तीर्थंकर महावीर स्वामी तथा आधुनिक युग के प्रमुख

अध्यात्मवादी स्वामी रामतीर्थ का स्वर्गवास भी दीवाली वाले दिन ही हुआ था। इस प्रकार इस त्योहार का सांस्कृतिक पौराणिक एवं वैज्ञानिक दृष्टि से अत्यधिक महत्त्व है। भिन्न-भिन्न समुदाय इसे भिन्न रूपों में मनाते हैं। आर्य समाजियों के लिए यदि दीवाली महर्षि निर्वाण दिवस है तो जैनियों के लिए यह महावीर निर्वाण दिवस है। सिक्ख इसे गुरु हरगोबिंद जी की कारावास मुक्ति की प्रसन्नता के रूप में मनाते हैं। व्यापारियों के लिए यह दिन 'शुभ-लाभ' का दिन है। वे इस दिन धन देवी लक्ष्मी की पूजा करते हैं तथा नए खाते खोलते हैं।

दीपावली से एक मास पहले सभी अपने-अपने घरों की पूरी सफ़ाई करते हैं। व्यापारी भी अपनी दुकानों, कार्यालयों को झाड़-पोंछकर सजाते हैं। इस अवसर पर अनेक लोग सफ़ेदी और रंग-रोगन भी करवाते हैं। बरसातों के बाद जो सीलन, कीट-पतंग या गंदगी जम जाती है, उसे पूरी तरह विदा कर दिया जाता है। दुकानदार अपनी दुकानों को रंगीन लटकनों से अथवा रोशनी से सजाते हैं। बाज़ार मानो दुल्हन बन जाते हैं। चारों ओर एक स्वस्थता का वातावरण बन जाता है।

दीपावली की रात सभी हिंदू लक्ष्मी-पूजन करते हैं। ऐसी मान्यता है कि इस रात लक्ष्मी जी सभी के घर आती है। इसलिए कई भक्त तो अपने घर के द्वार रात को खुले रखते हैं। व्यापारी-वर्ग इस दिन अपने व्यापार-स्थल पर लक्ष्मी पूजन करके 'शुभ-लाभ' के चिह्न अंकित करते हैं।

दीपावली की असली रौनक इस रात को जलाए जाने वाले दीपकों और आतिशबाजी से होती है। अँधेरी रात में करोड़ों-करोड़ों दीपक जलते हैं तो अनुपम दृश्य उपस्थित हो जाता है। बच्चे बम, पटाखे, फुलझड़ियाँ, अनार, आतिशबाजी जलाकर खुशी प्रकट करते हैं। सभी लोग अपने संबंधियों व जानकारों को मिठाइयाँ व उपहार बाँटकर आपसी सौहार्द व खुशी प्रकट करते हैं।

इतने पावन और पवित्र त्योहार में कुछ लोग बुराइयों का भी समावेश कर देते हैं जुआ खेलना, शराब पीना, अधिक से अधिक आतिशबाजी पर पैसा बरबाद करना इस त्योहार की बुराइयाँ हैं। अनेक लोग पटाखों से दुर्घटनाओं के भी शिकार हो जाते हैं।

किसी भी त्योहार के कल्याणकारी स्वरूप को मानकर उसे मनाना चाहिए। दीपावली का दीपक हमें प्रेरणा देता है कि–

*''जलते दीपक के प्रकाश में, अपना जीवन तिमिर हटाएँ।*
*उसकी ज्योतिर्मय किरणों से अपने मन की ज्योति जगाएँ।''*

## 9. मेरा देश

*अथवा*

## मेरा प्यारा भारतवर्ष

**संकेत बिंदु–**• भारत देश का महत्त्व • भौगोलिक स्थिति • रीति-रिवाज • उन्नति के क्षेत्र • समस्याएँ • प्रिय देश।

मेरे देश का नाम भारत या भारतवर्ष है। यह एक बहुत ही प्राचीन देश है। पहले इसका नाम आर्यावर्त था। मुग़लों ने इसका नाम हिंदुस्तान और अंग्रेज़ों ने 'इंडिया' रखा। किसी समय यह बहुत ही विशाल था, परंतु अनेक बार इसे छोटा कर दिया गया। इसके उत्तर में हिमालय, दक्षिण में हिंद महासागर, पूर्व में बंगला देश तथा बर्मा हैं। पश्चिम में पाकिस्तान तथा अरब सागर हैं। इसके पड़ोसी देशों में नेपाल, बंगला देश, चीन, बर्मा, श्रीलंका आदि हैं। जनसंख्या की दृष्टि से भारत विश्व का दूसरे नंबर का देश है। इसकी जनसंख्या **एक अरब इक्कीस करोड़ है**, जो चिंता की बात है। यहाँ छह ऋतुएँ क्रम से आती हैं। भारत का धरातल पहाड़ी, समतल, रेतीला सभी प्रकार का है। यहाँ बारह मास बहने वाली नदियाँ भी हैं। गंगा इसकी सबसे प्रसिद्ध नदी है, जिसे बहुत पवित्र माना जाता है।

भारतीय समाज के रीति-रिवाज़ों, खान-पान, पहनावे, भाषा, धर्म, दर्शन आदि में विविधता पाई जाती है। फिर भी यह देश एक है। यहाँ के सभी नागरिक इसकी उन्नति में जुटे हुए हैं। सन् 1947 में स्वतंत्रता-प्राप्ति के बाद इस देश ने शिक्षा, उद्योग, कला-कौशल, निर्माण कार्य, प्रशासन आदि सभी में उन्नति की है। हमारे देश के नागरिकों का जीवन स्तर ऊँचा उठा है। इसे विश्व में बहुत आदर की दृष्टि से देखा जाता है।

यहाँ अनुशासन, भ्रष्टाचार, रूढ़िवादिता, अंध-विश्वास आदि की समस्याएँ भी हैं जो कुशल प्रशासन तथा शिक्षा के प्रसार से धीरे-धीरे समाप्त हो जाएँगी। मुझे अपना देश स्वर्ग से भी अधिक प्यारा लगता है।

## 10. स्त्री शिक्षा

**संकेत बिंदु–** • शिक्षा का महत्त्व • स्त्रियों की दशा • स्त्री शिक्षा अनिवार्य • प्रभाव।

शिक्षा मनुष्य को मानवता का सच्चा स्वरूप प्रदान करती है। शिक्षा के बिना मनुष्य पशुवत है। शास्त्रों में भी कहा गया है ''विद्या विहीन: पशु:'' अर्थात् विद्या या शिक्षा से विहीन मनुष्य पशु है। इसलिए प्रत्येक मनुष्य के लिए शिक्षा प्राप्त करना अनिवार्य है। नर और नारी दोनों मिलकर ही सुदृढ़ समाज की नींव रखते हैं। नारी के बिना नर समाज अपूर्ण है।

हमारे शास्त्रों में भी कहा गया है कि जहाँ नारियों की पूजा होती है वहाँ देवताओं व समृद्धि का निवास होता है। इसलिए प्राचीन समय में नारियों को शिक्षा देने का चलन था।

भारत कई वर्षों तक पराधीन रहा। विदेशी शासकों ने यहाँ की शिक्षा व संस्कृति दोनों को झकझोर दिया। विदेशी शासकों द्वारा नारियों का शोषण किया गया। इसी के फलस्वरूप बाल-विवाह का चलन शुरू हो गया। भारतीय नारी को उसकी इज़्ज़त हेतु चारदीवारी में बंद होना पड़ा। समाज पुरुष प्रधान बन गया।

सन् 1947 में स्वतंत्रता प्राप्ति के पश्चात् भारतीय नारी को पुरुष के समान पूरे अधिकार दिए गए। नारी समाज के उत्थान हेतु हरसंभव प्रयास किया गया। आज वर्तमान में काफी हद तक लड़कियों को लड़कों के समान समझा जाता है। माता-पिता लड़के-लड़कियों दोनों को समान रूप से शिक्षित करना अपना कर्तव्य समझने लगे हैं।

शिक्षा का ही प्रभाव है कि आज कोई क्षेत्र ऐसा नहीं जहाँ पुरुष ने कदम रखा हो और नारी ने न रखा हो। आर्थिक, सामाजिक, धार्मिक, राजनीतिक यहाँ तक वैज्ञानिक क्षेत्र में भी नारी ने पुरुष से आगे ही कदम रखा है। श्रीमती इंदिरा गाँधी, मदर टेरेसा, पी.टी. ऊषा, कल्पना चावला, प्रतिभा पाटिल, किरण बेदी ऐसी ही महिलाएँ हैं जिन्होंने पुरुष वर्ग को पीछे पछाड़ा है।

ऐसा नहीं है कि पूर्ण नारी वर्ग आधुनिकता की ओर अग्रसर है। आज भी भारत में ऐसे पिछड़े हुए प्रांत व गाँव हैं जहाँ लड़की को बोझ या मुसीबत समझा जाता है। आज भी कई स्थानों पर लड़कियों का जन्म होते ही उन्हें मार दिया जाता है। ऐसे में हमारा व सरकार का कर्तव्य बनता है कि लोगों के मानस पटल को बदले। लड़का लड़की एकसमान है, यह भावना लोगों को समझानी चाहिए। तभी नारी की शिक्षा की ओर वे लोग अग्रसर होंगे।

आज समाज में आर्थिक परेशानियों से जूझने के लिए भी पति-पत्नी दोनों को कमाना पड़ता है। यंह सही रूप से तभी संभव है जब नारी शिक्षित होगी। शिक्षित नारी ही अपनी संतान को भी शिक्षित कर सकेगी। शिक्षित नारी एक सभ्य समाज की द्योतक है। आज की नारी हर क्षेत्र में पुरुष से आगे कदम रखने की क्षमता रखती है। उसके इस साहस को हतोत्साहित करके बढ़ावा देने का प्रयास करना चाहिए।

## ☞ 11. विज्ञान वरदान है या अभिशाप [Imp.]

**संकेत बिंदु–** • अर्थ • क्षेत्र–यातायात, कृषि, शक्ति, चिकित्सा, दूर-संचार, मनोरंजन, दैनिक जीवन • अभिशाप के रूप में।

*''पूर्व युग-सा आज जीवन नहीं लाचार,*
*आ चुका दूर द्वापर से बहुत संसार,*
*यह समय विज्ञान का सब भाँति पूर्ण समर्थ,*
*खुल गए हैं गूढ़ संसृत के अमित गुरु अर्थ।''*

आधुनिक युग में विज्ञान के क्षेत्र में होने वाली उन्नति ने क्रांति ला दी है। आज विज्ञान ने प्रकृति को भी काफी हद तक अपने वश में करके उसे मानव की दासी बना दिया है। विज्ञान शब्द का अर्थ है विशेष ज्ञान, जैसे-जैसे मानव बुद्धि का विकास होता गया वैसे-वैसे मानव ने अपनी आवश्यकतानुसार नई-नई वस्तुओं का आविष्कार किया और अपनी बुद्धि से आज तक उन्हें परिष्कृत करता रहता है। विज्ञान ने विभिन्न क्षेत्रों में अपार उन्नति कर मनुष्य को विभिन्न उपलब्धियाँ प्रदान की हैं–आज मोटर कार, रेलगाड़ी, बस, हवाई जहाज़, पानी के जहाज़ आदि यातायात के प्रमुख साधन हैं। इन साधनों ने सारे विश्व को सीमित कर एक सूत्र में बाँध दिया है। अब संपूर्ण विश्व एक राष्ट्र-सा लगने लगा है। विज्ञान ने नए-नए उपकरणों, भवनों,

यंत्रों का निर्माण करके कृषि को सुगम बना दिया है, अब जुताई, बुवाई व कटाई सब यंत्रों से होती है। आज भाप, खनिज तेल, कोयला व बिजली ने मानव को असीमित शक्ति प्रदान की है। बिजली के आविष्कार ने एक ओर हमें शक्ति प्रदान की है तथा दूसरी ओर प्रकाश देकर रात्रि को दिन के समान जाज्वल्यमान कर दिया है। चिकित्सा के क्षेत्र में भी विज्ञान ने मानव को एक नूतन जीवन प्रदान किया है। जिन असाध्य रोगों व महामारियों को मानव प्रकृति का प्रकोप व अभिशाप मानकर चुपचाप सहन करता था, उनको विज्ञान ने मानो चुटकी में भगा दिया है। संचार के क्षेत्र में भी विज्ञान द्वारा अद्‌भुत प्रगति हुई है। विश्व के किसी भी क्षेत्र में घटित घटना सारे विश्व में बिजली की तरह मिनटों में फैल जाती है। इस दिशा में रेडियो व टेलीविजन ने आशातीत सफलता प्राप्त की है। विज्ञान की प्रगति के साथ मनोरंजन के साधनों में भी प्रगति हुई है। चलचित्र, वीडियो, दूरदर्शन, नवीन खेल आदि मनोरंजन के आधुनिक वैज्ञानिक साधन हैं। दैनिक कार्य भी पूर्णतया विज्ञान की देन छोटी-छोटी घरेलू मशीनों पर ही संपन्न होते हैं। किसी चीज की अति भी नाश का कारण बनती है। विज्ञान द्वारा आविष्कृत जिन नूतन साधनों का यदि अनुचित ढंग से उपयोग किया जाए तो वे हमारे लिए घातक सिद्ध होते हैं। वैज्ञानिक प्रगति का सबसे बड़ा अभिशाप अत्याधुनिक अस्त्र-शस्त्रों का आविष्कार है। अब ऐसे शस्त्रों का निर्माण हो गया है जिनसे अबोध जनता, पशु-पक्षी, सारा प्राणी जगत मृत्यु के मुँह में पहुँच जाता है। विज्ञान हमारे लिए वरदान भी है एवं अभिशाप भी है। मनुष्य को चाहिए कि वह विज्ञान को वरदान के रूप में उपयोग करे।

## प्रश्न-अभ्यास

निम्न संकेत बिंदुओं पर निबंध लिखिए-

1. **प्रदूषण निवारण**
   **संकेत बिंदु**-• प्रदूषण का अर्थ • कारण • वातावरण पर प्रभाव • निवारण के उपाय • निखरा स्वरूप
2. **आतंकवाद**
   **संकेत बिंदु**-• अर्थ • आतंकवाद के कारण • प्रभाव • समाप्त करने के प्रयास • सहयोग • स्वच्छ समाज
3. **श्रम का महत्त्व**
   **संकेत बिंदु**-• श्रम का अर्थ • सफलता • उदाहरण • देश के विकास में महत्त्व।
4. **विज्ञापन कला**
   **संकेत बिंदु**-• अर्थ • विज्ञान के युग में आए परिवर्तन • महत्त्व • गलत उपयोग व प्रदर्शन।
5. **आत्मविश्वास**
   **संकेत बिंदु**-• आत्मविश्वास क्या है? • दृढ़निश्चयी • लाभ • जीवन में महत्त्व।
6. **साहित्य और समाज**
   **संकेत बिंदु**-• साहित्य का निर्माण • मानव व साहित्य का संबंध • साहित्य में समाज की झलक • समाज का दर्पण।
7. **जीवन में त्योहारों का महत्त्व**
   **संकेत बिंदु**-• त्योहार की श्रेणियाँ • धरोहर के प्रतीक • सामूहिक आनंद की अनुभूति • परंपराओं का संदेश • देशप्रेम व आपसी सहयोग की भावना।
8. **मीठी वाणी**
   **संकेत बिंदु**-• मीठी वाणी बोलने के लाभ • व्यक्तित्व का निखार • सुख का आधार • लोगों का आकर्षित होना • विशेष महत्ता।

# 5. संवाद-लेखन

हम अपने विचारों का आदान-प्रदान करने हेतु आपस में बातचीत करते हैं। वास्तव में यही हमारे संवाद हैं। आपसी बातचीत को लिखना संवाद लेखन कहलाता है। संवाद लेखन का नमूना निम्न रूप से है–

## 1. दो महिलाओं का नैतिकता से संबंधित संवाद

[पहली महिला – शोभना
दूसरी महिला – प्रियंका]

शोभना – प्रियंका कैसी हो?

प्रियंका – ठीक हूँ।

शोभना – बड़ी उदास हो?

प्रियंका – उदास तो हूँ, यह सोचकर कि हमारे समाज में नैतिक मूल्य क्यों समाप्त होते जा रहे हैं।

शोभना – यह तो तुम सही कह रही हो क्योंकि आज के ज़माने में न तो लोगों में परोपकार की भावना रही है न ही किसी के प्रति सहानुभूति।

प्रियंका – ऐसा क्यों?

शोभना – वास्तव में घर-परिवार अपने-आप में सिमटते जा रहे हैं, लोगों का आपसी प्रेम-प्यार, मेल-जोल कम होता जा रहा है। यही कारण है।

प्रियंका – ऐसे में माता-पिता को चाहिए कि बच्चों को ऐसे संस्कार दें कि वे अपनी सभ्यता और संस्कृति को न भूलें।

शोभना – ऐसा सिर्फ माता-पिता ही नहीं कर सकते। इसके लिए घर-परिवार, स्कूल-कॉलेज, समाज सेवी संस्थाओं एवं मीडिया सभी को विशेष भूमिका निभानी पड़ेगी। तभी बच्चों में नैतिक मूल्यों की नींव पड़ेगी।

प्रियंका – तुम ठीक कहती हो। हम भी इसके लिए कुछ कदम उठाते हैं।

## 2. दो सैनिकों का संवाद

[पहला सैनिक – रामप्रताप
दूसरा सैनिक – अनिल]

रामप्रताप – आज बहुत सतर्क रहने की आवश्यकता है।

अनिल – ऐसा क्या हो गया?

रामप्रताप – तुमने समाचार नहीं सुने सीमापर सांप्रदायिक दंगे हो रहे हैं।

अनिल – यह तो है, कभी भी दुश्मन हम पर भी वार कर सकता है?

रामप्रताप – मुझे समझ नहीं आता कि धर्म को लेकर लोग क्यों लड़ते-झगड़ते रहते हैं।

अनिल – रामप्रताप! वास्तव में झगड़े धर्म के कारण नहीं होते बल्कि बड़े-बड़े पदों पर आसीन लोग अपने स्वार्थ के लिए धर्म की आड़ में दंगे-फसाद करवाते हैं।

रामप्रताप – ऐसा गलत है। इसमें बेचारे निर्दोष मारे जाते हैं।

अनिल – इसमें हम कुछ नहीं कर सकते। यह तो लोगों की सोच पर निर्भर है उन्हें भी दूसरों के बहकावे में आकर लड़ना नहीं चाहिए।

### 3. आम का चाकू से संवाद

आम – चाकू! मैं तुम्हारे ही इंतजार में था।

चाकू – क्यों भैया आम, मेरे इंतजार में क्यों थे?

आम – अरे भई! पक जो गया हूँ।

चाकू – आम! मैं तुम्हें काट देता हूँ, क्या तुम्हें दर्द नहीं होता?

आम – दर्द, दर्द कैसा? मुझे तो खुशी होती है कि तुम्हारे काटते ही मुझे सब खाते हैं। मेरे मीठे रसीले स्वाद के मज़े लेते हैं। इसी दिन का तो मुझे इंतजार होता है क्योंकि यदि मुझे समय पर न काटा जाए तो मैं पिलपिला होकर खराब हो जाता हूँ।

### प्रश्न-अभ्यास

1. बच्चे का माँ से संवाद (बस देर से आने पर)
2. अध्यापिका का विद्यार्थी से संवाद (काम न करने पर)
3. कुर्सी का मेज़ से संवाद
4. बल्ले का गेंद से संवाद
5. (पेन) कलम का कागज़ से संवाद

## 6. सूचना लेखन

किसी भी विषय पर किसी विशेष व्यक्ति, समूह, संस्था, कार्यालय, शिक्षण संस्थान या समाज विशेष को सूचित करना **'सूचना लेखन'** कहलाता है। सूचना सदैव सूचना पट्ट पर लिखी जाती है।

### सूचनाओं के प्रकार

- विद्या संस्थानों में परीक्षा, प्रतियोगिता, अवकाश (छुट्टी), विशेष दिवस मनाने, सांस्कृतिक कार्यक्रमों, सामाजिक कार्यों में योगदान आदि विषयों पर सूचनाएँ लिखी जाती हैं।
- किसी वस्तु के खो जाने पर उसकी खोज हेतु सूचना।
- किसी कार्यक्रम के आमंत्रण की सूचना।
- किसी विशेष कार्य हेतु नियुक्त किए गए व्यक्ति की सूचना।
- किसी नए परिवर्तन की सूचना।
- मेले, त्योहारों, प्रदर्शनियों, खेलों आदि से संबंधित सूचना।

### सूचना लेखन की विधि

1. सूचना लेखन में सर्वप्रथम विभाग का नाम लिखा जाता है।
2. सूचना समान्त होने पर नीचे बाईं ओर दिनाँक का अंकन किया जाता है।
3. कार्यालय के नाम के नीचे 'सूचना' शब्द लिखा जाता है।
4. 'सूचना' शब्द के नीचे सूचना का शीर्षक लिखा जाता है।
5. अनुच्छेद रूप में सूचना लिखी जाती है।
6. सूचना में किसी प्रकार का संबोधन नहीं होता।

7. सूचना सीमित शब्दों में लिखी जाती है।

8. सूचना विशेष व्यक्ति की ओर से लिखी जाती है।

9. सूचना के पश्चात् धन्यवाद नहीं लिखा जाता है।

10. सूचना के अंत में सूचना लिखने या लिखवाने वाले का नाम व पद दाईं ओर लिखा जाता है।

**उदाहरण–**

1. *आप विद्यालय के क्रियाकलाप अध्यक्ष, साहिल मुंजाल हैं। आपके विद्यालय में 'काव्य-गोष्ठी' का आयोजन किया जा रहा है।* **इस हेतु सूचना पट्ट पर सूचना लिखिए।**

उत्तर–

**डी.पी.एस. विद्यालय**

**गुजरात**

**अंतर-विद्यालय काव्य-गोष्ठी**

**सूचना**

आप सबको सूचित किया जाता है कि दिनांक 30 अप्रैल, 2023 को हमारे विद्यालय में अंतर-विद्यालय काव्य-गोष्ठी का आयोजन किया गया है। आप सभी से अनुरोध है कि अधिक से अधिक विद्यार्थी इसमें भाग लेकर इस कार्यक्रम को सफल एवं रोचक बनाएँ।

दिनांक: 24 अप्रैल, 2023

*साहिल मुंजाल*
क्रियाकलाप अध्यक्ष

2. *आप पी.डब्ल्यू.डी. विभाग के सचिव अमित मिश्रा हैं। आपके कार्यालय में 'हिंदी दिवस' मनाया जा रहा है।* **इस हेतु एक सूचना लिखिए।**

उत्तर–

**पी.डब्ल्यू.डी. विभाग**

**सोनीपत।**

**हिंदी दिवस**

**सूचना**

आप सबको सूचित किया जाता है कि दिनांक 14 सितंबर, 2023 को हमारे कार्यालय में 'हिंदी दिवस' मनाने का आयोजन किया जा रहा है। इस उपलक्ष्य में 'हास्य कवि सम्मेलन' होगा। आपसे अनुरोध है कि अधिक से अधिक कर्मचारी इस कार्यक्रम का आनंद लें।

दिनांक: 12-12-2023

**समय**–सायं 3:00 बजे से 5:00 बजे तक।
**स्थान–**मीटिंग हॉल
सचिव–*अमित मिश्रा*

3. *आप अरविंदो अपार्टमेंट, सैक्टर-37 चंडीगढ़ के अध्यक्ष ओ.पी. भल्ला हैं। आपके क्षेत्र में 'दीवाली मेले' का आयोजन किया जा रहा है।* **इस हेतु एक सूचना लिखिए।**

उत्तर–

**अरविंदो अपार्टमेंट**

**चंडीगढ़।**

**दीवाली मेला**

### सूचना

आप सबको सूचित किया जाता है कि दिनांक 22 अक्टूबर, 2023 एवं 23 अक्टूबर, 2023 को अरविंदो अपार्टमेंट में दीवाली मेले का आयोजन किया जा रहा है। इसमें विभिन्न कार्यक्रमों का प्रबंध किया गया है। आपसे अनुरोध है कि अधिक से अधिक संख्या में आकर इस मेले के आनंद का लाभ उठाएँ।

दिनांक: अक्टूबर 21, 2023

*ओ.पी. भल्ला*
अध्यक्ष

## प्रश्न-अभ्यास

1. आपका कोट विद्यालय के खेल के मैदान में खो गया है। उसकी एक सूचना सूचना-पट्ट पर लिखिए।
2. आपकी सोसाइटी में नए अध्यक्ष की नियुक्ति हुई है। इसकी एक सूचना सूचना-पट्ट पर लिखिए।
3. दिनांक 19 दिसंबर, 2024 को पूरा दिन जल विभाग की ओर से पानी नहीं आएगा। इसकी एक सूचना सूचना-पट्ट पर लिखिए।
4. अंतर-विद्यालय फुटबॉल मैच प्रतियोगिता की एक सूचना सूचना-पट्ट पर लिखिए।
5. दिल्ली से राजस्थान जाने वाली गाड़ी अपने निर्धारित समय से पाँच घंटे देरी से जाएगी। इसकी सूचना सूचना-पट्ट पर लिखिए।

# 7. प्रतिवेदन

प्रतिवेदन अर्थात रिपोर्ट (अंग्रेजी शब्द) में भूत या वर्तमान की घटनाओं का क्रमबद्ध रूप में दिनांक सहित विवरण दिया जाता है। इसमें विचारों को सरल शब्दों में व्यक्त किया जाता है। क्लिष्ट एवं साहित्यिक भाषा का प्रयोग अनिवार्य नहीं होता। प्रतिवेदन वर्तमान को भविष्य से जोड़ने का काम करता है। प्रतिवेदन में घटना का वर्णन इस प्रकार किया जाता है कि पढ़ने वाला उसमें पूरी तरह डूब जाता है और उसे ऐसा लगता है जैसे वह घटना उसके समक्ष घट रही हो।

मुख्यत: प्रतिवेदन तीन प्रकार से लिखे जाते हैं–

- व्यक्तिगत प्रतिवेदन
- संगठनात्मक प्रतिवेदन
- विवरणात्मक प्रतिवेदन

### श्रेष्ठ प्रतिवेदन की विशेषताएँ

– प्रतिवेदन में विचार स्पष्ट होने चाहिए।
– भाषा सरल, सुबोध एवं सटीक होनी चाहिए।
– प्रतिवेदन सदैव अन्य पुरुष में लिखा जाता है।
– प्रतिवेदन में संक्षिप्तता एवं क्रमबद्धता का होना अनिवार्य होता है।
– अंत में प्रतिवेदक के हस्ताक्षर होने चाहिए।

### व्यक्तिगत प्रतिवेदन

1. *व्यक्तिगत प्रतिवेदन मुख्य रूप से किसी व्यक्ति विशेष की प्रमुख घटना या विचार का ब्यौरा देते हैं। इसमें प्रसंग या घटना को व्यक्तिगत रूप में लिया जाता है।*

## राज्य स्तर पर फुटबॉल प्रतियोगिता में प्रथम आने पर

26 अप्रैल, 2023

श्रीमान राजीव कुमार ने आज राज्य स्तर पर आयोजित फुटबॉल प्रतियोगिता में प्रथम स्थान प्राप्त किया। यह प्रतियोगिता 'वर्लपूल कंपनी' की ओर से आयोजित की गई थी।

इसमें लगभग 8 राज्यों ने भाग लिया। प्रतियोगिता का आयोजन, करनाल रोड पर स्थित स्टेडियम में किया गया था। पुरस्कार वितरण के समय खेल मंत्री, राज्य मंत्री, राज्य के सचिव व अन्य जाने-माने लोग उपस्थित थे। श्रीमान राजीव कुमार को एक लाख रुपए पुरस्कार राशि में प्राप्त हुए। इस अवसर पर खेल मंत्री ने अपने संदेश में कहा कि हमें खेलों को अधिक से अधिक बढ़ावा देना चाहिए।

### संगठनात्मक प्रतिवेदन

2\. *संगठनात्मक प्रतिवेदन किसी व्यक्ति विशेष के न होकर पूरे संगठन अर्थात् किसी संस्था, सभा, बैठक आदि की घटना का विवरण देते हैं। ये प्रतिवेदन साप्ताहिक, पाक्षिक, मासिक, त्रैमासिक, अर्द्धवार्षिक एवं वार्षिक होते हैं।*

## बनारस की कलाकृति मिल में आगज़नी

28 अगस्त, 2023

आज दिनांक 28 अगस्त, 2023 को बनारस की सिल्क की साड़ियों का निर्माण करने वाली कंपनी 'कलाकृति' में अचानक भयानक आग लग गई। लगभग पाँच सौ बुनकर इस मिल में कार्यरत थे। 50 कारीगरों की मौत हो गई और लगभग 100 कारीगर बुरी तरह से घायल हो गए। मृतकों के परिवारों को सरकार ने पाँच-पाँच लाख रुपए मुआवज़ा देने का निर्णय किया है। घायलों को अस्पताल में भर्ती किया गया है।

*दिव्या*

### विवरणात्मक प्रतिवेदन

3\. *विवरणात्मक प्रतिवेदन किसी विशेष घटना या कार्यक्रम का विवरण देते हैं। ये प्रतिवेदन समयानुसार विशेष घटनाओं या कार्यक्रमों के आधार पर लिखे जाते हैं।*

## सूरजकुंड मेला (हरियाणा)

2 दिसंबर, 2023

प्रत्येक वर्ष की भाँति इस वर्ष भी एक फरवरी से पंद्रह फरवरी तक सूरजकुंड हथकरघा मेले का आयोजन धूमधाम से किया गया। इसका उद्देश्य हथकरघा उद्योग को बढ़ावा देना है। इस वर्ष इसका उद्घाटन हरियाणा के मुख्यमंत्री जी ने किया। इस वर्ष इस मेले का आधार गोवा की सभ्यता को दर्शाना भी था।

विदेशी लोग भारतीय हथकरघा का सामान ऊँचे दाम देकर खरीदते हैं। विभिन्न प्रांतों के खाद्य पदार्थ व संगीत, नृत्य सबका मन मोह लेते हैं। इस मेले में घंटों घूम कर भी मन नहीं भरता। एक के बाद एक नई-नई वस्तुएँ देखने को मिलती हैं। बच्चे, बूढ़े और जवान सभी इस मेले का भरपूर आनंद उठाते हैं।

## प्रश्न-अभ्यास

1. पुस्तक मेले का प्रतिवेदन लिखिए।
2. राज्य स्तर पर परीक्षा में प्रथम आने पर प्रतिवेदन लिखिए।
3. 'भारतीयों पर चुनावी प्रभाव' विषय पर प्रतिवेदन लिखिए।
4. मारुति उद्योग का एक नया प्लांट लगने के उपलक्ष्य में आयोजित किए गए समारोह का विज्ञापन लिखिए।

# 8. विज्ञापन लेखन

विज्ञापन लेखन भी एक कला है। वर्तमान में विज्ञापनों का महत्त्व बढ़ता जा रहा है। लोगों को नई-नई वस्तुओं की जानकारी विज्ञापनों से ही मिलती है। विज्ञापनों में किसी भी वस्तु के गुणों एवं उपयोग की पूरी जानकारी होती है।

**एक अच्छे विज्ञापन में निम्न विशेषताएँ होनी चाहिए–**

1. विज्ञापन आकर्षक होना चाहिए।
2. विज्ञापन कम से कम शब्दों में होना चाहिए।
3. भाषा सरल और सुगठित होनी चाहिए।
4. वस्तु के गुणों का पूरा ब्यौरा होना चाहिए।
5. पता एवं दूरभाष नंबर स्पष्ट होने चाहिए।

**विज्ञापन के प्रकार**

1. किसी वस्तु की खरीद या विक्रय पर आधारित
2. किसी प्रदर्शनी हेतु
3. दाखिले एवं भर्तियों हेतु
4. मेले एवं त्योहारों के कार्यक्रमों हेतु

**उदाहरण–1**

**वनवासी हथकरघा प्रदर्शनी विशेष कलाकृतियों पर आधारित**

**विशेष**
"अपने कारोबार को
बढ़ाइए, हथकरघा उद्योग
अपनाइए"

**विशेषताएँ–**

- हाथ से निर्मित कपड़ा
- कई प्रकार की सिलाई-बुनाई के वस्त्र
- चमड़े की वस्तुओं का प्रदर्शन
- लकड़ी एवं काँच पर नक्काशी का कान
- विभिन्न प्रांतों की विशेष वस्तुओं का प्रदर्शन
- कारोबार बढ़ाने की सुविधाएँ उपलब्ध

**स्थान–**रामलीला ग्राउंड दिल्ली।

**संपर्क–**श्री मनमोहन तिवारी
दूरभाष–011–2436978

**विशेष–**यदि कोई सज्जन खाने-पीने की वस्तुओं का स्टाल लगाना चाहता हो तो संपर्क कर सकता है।

**उदाहरण–2**

**ए.सी. (एयर कंडीशनर)**

**बढ़िया, टिकाऊ, आधुनिक तकनीक से निर्मित**

**विशेष**
पहले पाँच हजार रुपए
जमा करवाइए बाकी
आसान किश्तों पर

- सभी आकारों में उपलब्ध (छोटे, बड़े)
- पॉवर सेवर, बिजली बचाने की तकनीक से युक्त
- दस वर्ष की गारंटी का कम्प्रेसर

पता–नीलकंठ एंटरप्राइज़िज रिलाइंस मार्ट (कोलकाता) दूरभाष–2425906

उदाहरण–3

## पुस्तकमेला

**दिनांक 16.4.2017 से 28.4.2017 तक**

**आइए! आइए!
पूरा लाभ
उठाइए**

विशेषताएँ–

- हर प्रकार की पुस्तकें
- पुस्तकों पर विशेष 25% की छूट
- विभिन्न कहानियों एवं नाटकों का मंचन
- अनुवादित पुस्तकें
- ऐतिहासिक पुस्तकों के साथ विशेष सी.डी. उपलब्ध

स्थान–प्रदर्शनी हॉल, प्रगति मैदान, नई दिल्ली।

संपर्क–श्रीमान आलोक सिंह
दूरभाष–011–4046225

## प्रश्न-अभ्यास

1. विद्यालय में दाखिले का विज्ञापन
2. आकर्षक कार का विज्ञापन
3. दीवाली मेले का विज्ञापन
4. बहुमंजिला इमारत का विज्ञापन
5. खिलौनों की दुकान का विज्ञापन

# 9. चित्र-वर्णन

'चित्र वर्णन' से तात्पर्य है कि किसी भी चित्र को देखकर आपके मन में जो भी विचार उठते हैं उन्हें शब्दबद्ध करना। चित्र लेखन के समय निम्न बातों का ध्यान रखना चाहिए :

1. चित्र का वर्णन सीमित (30 से 50) शब्दों में करना चाहिए।
2. भाषा सरल, सुबोध एवं सटीक होनी चाहिए।

3. विषय पूर्णतया स्पष्ट होना चाहिए।
4. मूलभाव से हटना नहीं चाहिए।

**उदाहरण–**

**निम्न चित्रों को देखकर अपने विचारों को प्रस्तुति दीजिए।**

1.

यह एक नदी के किनारे का चित्र है। नदी शांत भाव से बह रही है। गर्मियों का मौसम प्रतीत हो रहा है। लोग शाम के समय नदी किनारे सुहावने वातावरण का आनंद ले रहे हैं। लोग नदी किनारे बने रेस्टोरेंट में खाने पीने का मजा ले रहे हैं। ऐसा लगता है कि लोग गर्मियों की शाम को रंगीन बनाने नदी किनारे आए हैं।

2.

इस चित्र में दर्शाया गया है कि अर्द्धावकाश के समय विद्यालय के छात्र-छात्राएँ मैदान में खेल रहे हैं। विद्यालय बहुत बड़ा है। यह विद्यालय पूरी तरह से वातानुकूलित है। सभी छात्र-छात्राएँ प्रसन्न दिखाई दे रहे हैं। मैदान के किनारों पर लगे अशोक के बड़े-बड़े वृक्ष मैदान की शोभा बढ़ा रहे हैं।

3.

यह चित्र एक हथकरघा मेले का है। हाथ से बनी वस्तुओं से सभी दुकानें सजी हैं। बच्चे, बूढ़े एवं जवान सब खुशी से घूम रहे हैं। खाने-पीने के सामान की भी काफी दुकानें हैं। बच्चों के लिए छोटे-छोटे खिलौने भी मिल रहे हैं। यहाँ बहुत से झूलों का भी प्रबंध है। सभी लोग बहुत प्रसन्न हैं।

## प्रश्न-अभ्यास

निम्न चित्रों को ध्यानपूर्वक देखकर चित्र वर्णन कीजिए।

1.

2.

3.

4.

5.

# सैंपल पेपर्स

## गोल्डन सैंपल पेपर्स-1

## हिंदी-VIII

निर्धारित समय : 3 घंटे | अधिकतम अंक : 80

निर्देश : (*i*) इस प्रश्न-पत्र के **चार** खंड हैं-क, ख, ग और घ।
(*ii*) चारों खंडों के प्रश्नों के उत्तर देना **अनिवार्य** है।
(*iii*) यथासंभव प्रत्येक खंड के उत्तर क्रमशः दीजिए।

### खंड 'क'

1. ***निम्नलिखित गद्यांश को ध्यानपूर्वक पढ़िए और पूछे गए प्रश्नों के सही उत्तर वाले विकल्प चुनकर लिखिए-***

समय-चक्र की गति बड़ी अद्‌भुत है। इसकी गति में अबाधता है। समय का चक्र निरंतर गतिशील रहता है, रुकना इसका धर्म नहीं है। इस संसार की कोई भी वस्तु रुक सकती है, किसी में किसी भी प्रकार का अवरोध उत्पन्न हो सकता है, किंतु समय की गति अबाध रूप से चलती रहती है, इसमें निरंतरता है। यदि मनुष्य की संपत्ति एक बार नष्ट हो जाए, तो संभव है परिश्रम, प्रयत्न एवं संघर्ष से वह उसे पुनः प्राप्त कर ले, किंतु बीता हुआ समय पुनः वापस नहीं आ सकता।

समय कभी किसी की प्रतीक्षा नहीं करता। वह तो बस आगे बढ़ता जाता है। आप चाहें तो समय को व्यर्थ की बातों में नष्ट कर सकते हैं और चाहें तो उसका सदुपयोग कर सकते हैं, जिससे वह आपकी उन्नति में चार चाँद लगा सकता है। सफलता आपके कदम चूम सकती है। समय के सदुपयोग में ही जीवन की सफलता का रहस्य निहित है। समय का सदुपयोग करने का अधिकार सभी को समान रूप से मिला हौ। किसी का इस पर एकाधिकार नहीं है। संसार में जितने महापुरुष हुए हैं, वे सभी समय का सदुपयोग करने के कारण ही इस पद पर पहुँच सके हैं। काम को समय पर संपन्न करना ही सफलता का रहस्य है। समय बीत जाने पर मनुष्य के हाथ सिवाय पश्चात्ताप के कुछ नहीं आता?

प्रश्न-(*i*) **समय की गति को *'अबाध'* कहा है क्योंकि-** 1

(क) समय रुकावट पैदा करता है। (ख) निरंतर चलता रहता है।
(ग) दूसरों की गति को रोक सकता है। (घ) चक्र के समान घूमता ही रहता है।

(*ii*) **लेखक ने समय और धन में क्या अंतर बताया है?** 1

(क) धन जोड़ा जा सकता है, समय जुड़ता है।
(ख) धन हमें धनी बनाता है, समय धन उड़ा देता है।
(ग) धन समय के साथ-साथ बढ़ता है।
(घ) गया धन लौट सकता है, समय नहीं।

(*iii*) **मानव की उन्नति में चार चाँद कैसे लग सकते हैं?** 1

(क) समय को व्यर्थ न बिताकर (ख) अपनी पूँजी कमाकर
(ग) समय को वश में करके (घ) प्रचार-प्रसार में समय बिताकर

(*iv*) **महापुरुषों ने समय का उपयोग कैसे किया?** 1

(क) काम को आराम-आराम से करके (ख) काम को समय पर संपन्न करके
(ग) दूसरों से काम कराकर (घ) टाईम टेबल बनाकर

**(v) उपर्युक्त गद्यांश का उपयुक्त शीर्षक होगा–** 1

(क) समय और धन
(ख) पश्चात्ताप का समय
(ग) महापुरुषों का जीवन
(घ) समय का महत्त्व

2. ***निम्नलिखित काव्यांश को ध्यानपूर्वक पढ़िए और पूछे गए प्रश्नों के सही उत्तर वाले विकल्प चुनकर दीजिए–***

वीर जवानो, सुनो, तुम्हारे सम्मुख एक सवाल है।
जिस धरती को तुमने सींचा
अपने खून-पसीनों से
हार गई दुश्मन की गोली
वज्र सरीखे सीनों से।
जब-जब उठीं तुम्हारी बाँहें, होता वश में काल है।
जिस धरती के लिए सदा
तुमने सब कुछ कुर्बान किया
शूली पर चढ़-चढ़ हँस-हँस कर
कालकूट का पान किया।
जब-जब तुमने कदम बढ़ाया, हुई दिशाएँ लाल हैं।

उस धरती को टुकड़े-टुकड़े
करना चाह रहे दुश्मन,
बड़े गौर से अजब तुम्हारी
चुप्पी थाह हरे दुश्मन,
जाति-पाँति, वर्गों-फिरकों के, वह फैलाता जाल है।
कुछ देशों की लोलुप नज़रें
लगी तुम्हारी ओर हैं
कुछ अपने ही जयचंदों के
मन में बैठा चोर है।
सावधान कर दो उसको जो पहने कपटी खाल है।

**प्रश्न– (i) दुश्मन की गोली किस कारण हार गई?** 1

(क) भारतीयों की वीरता के कारण
(ख) भारतीयों की संघर्षशीलता के कारण
(ग) भारतीयों की प्रतिहिंसा के कारण
(घ) भारतीयों की शक्ति के कारण

**(ii) धरती को खून पसीने से सींचने का क्या आशय है?** 1

(क) परिश्रम और बलिदान
(ख) मारकाट मचाना
(ग) बलिदान देना
(घ) खून देना

**(iii)** *'जब-जब उठीं तुम्हारी बाहें'* **का आशय स्पष्ट कीजिए–** 1

(क) संघर्ष का उत्साह दिखाना
(ख) पराजय स्वीकार करना
(ग) आनंद प्रकट करना
(घ) नृत्य करना

**(iv) दुश्मन देश में कौन-सा जाल फैला रहा है?** 1

(क) देशभक्ति का
(ख) अलगाव का
(ग) विविधता का
(घ) आतंक का

**(v)** *'जयचंद'* **किसका प्रतीक है?** 1

(क) स्वदेशी राजा का
(ख) देशद्रोहियों का
(ग) स्वजनों का
(घ) राजाओं का

## खंड 'ख'

3. ***निम्नलिखित प्रश्नों के उत्तर निर्देशानुसार दीजिए–***

**(क) निम्नलिखित वाक्यों का लिंग परिवर्तन कीजिए–** 2

(i) संन्यासी समाधि लगाकर बैठा है।
(ii) लुहार निरंतर कार्यरत है।

**(ख) निम्नलिखित वाक्यों का वचन परिवर्तन कीजिए–** 2

(*i*) बच्चे ने गीत गाया।

(*ii*) दीपशिखा ने नई पोशाक खरीदी।

**(ग) निम्नलिखित वाक्य में सही कारक चिह्न भरिए–** 2

हवा ............. बहते ही वातावरण ............. ठंडक छा गई।

**(घ) निम्नलिखित वाक्यों में सही सर्वनाम शब्द का प्रयोग कीजिए–** 2

(*i*) ............. सारी खरीदारी कर ली।

(*ii*) ............. जल्दी आ जाएँगे।

**(ङ) निम्नलिखित वाक्यों में विशेषण शब्दों को रेखांकित करके उसका भेद लिखिए–** 2

(*i*) मेरे पास बीस पतंगें हैं।

(*ii*) लड्डू स्वादिष्ट हैं।

**(च) निम्न वाक्यों को निर्देशानुसार परिवर्तित कीजिए–** 2

(*i*) सूर्य पूर्व दिशा से निकलता है। (निषेधवाक्य)

(*ii*) धूप निकलेगी तो फूल खिल जाएँगे। (विधानवाचक)

**(छ) निम्नलिखित वाक्यों को शुद्ध कीजिए–** 2

(*i*) तेरे को प्रधानाचार्य ने बुलाया है।

(*ii*) मेरे पास अनेकों पुस्तकें हैं।

**(ज) निम्नलिखित वाक्यों में विराम-चिह्न लगाइए–** 2

(*i*) पिताजी बाज़ार से फल सब्ज़ियाँ दवाइयाँ और घर का अन्य सामान लाएँ।

(*ii*) वाह क्या बगीचा है।

**(झ) निम्नलिखित शब्दों का समास विग्रह कीजिए–** 2

घुड़सवार, आमरण

**(ञ) निम्नलिखित शब्दों में संधि कीजिए–** 2

छात्र + आवास, नीद + अर्पण

## खंड 'ग'

4. ***निम्नलिखित गद्यांश को पढ़कर दिए गए प्रश्नों के उत्तर लिखिए–*** 5

बदलू मनिहार था। चूड़ियाँ बनाना उसका पैतृक पेशा था और वास्तव में वह बहुत ही सुंदर चूड़ियाँ बनाता था। उसकी बनाई हुई चूड़ियों की खपत भी बहुत थी। उस गाँव में तो सभी स्त्रियाँ उसकी बनाई हुई चूड़ियाँ पहनती ही थीं आस-पास के गाँवों के लोग भी उससे चूड़ियाँ ले जाते थे। परंतु वह कभी भी चूड़ियों को पैसों से बेचता न था। उसका अभी तक वस्तु-विनिमय का तरीका था और लोग अनाज के बदले उससे चूड़ियाँ ले जाते थे। बदलू स्वभाव से बहुत सीधा था। मैंने कभी भी उसे किसी से झगड़ते नहीं देखा। हाँ, शादी-विवाह के अवसरों पर अवश्य ज़िद पकड़ जाता था। जीवन भर चाहे कोई उससे मुफ़्त चूड़ियाँ ले जाए परंतु विवाह के अवसर पर वह सारी कसर निकाल लेता था। आखिर सुहाग के जोड़े का महत्त्व ही और होता है। मुझे याद है, मेरे मामा के यहाँ किसी लड़की के विवाह पर जरा-सी किसी बात पर बिगड़ गया था और फिर उसको मनाने में लोहे लग गए थे। विवाह में इसी जोड़े का मूल्य इतना बढ़ जाता था कि उसके लिए उसकी घरवाली को सारे वस्त्र मिलते, ढेरों अनाज मिलता, उसको अपने लिए पगड़ी मिलती और रुपये जो मिलते सो अलग।

**प्रश्न–** (क) पाठ और लेखक का नाम बताइए। 1

(ख) मनिहार शब्द से आप क्या समझते हैं? 1

(ग) बदलू की बनाई चूड़ियों की खपत अधिक क्यों थी? 1

(घ) वस्तु विनिमय से आप क्या समझते हैं? 1

(ङ) विवाह के जोड़े का मूल्य क्या था? 1

5. ***निम्नलिखित काव्यांश को पढ़कर प्रश्नों के उत्तर दीजिए–*** 5

हम भिखमंगों की दुनिया में,
स्वच्छंद लुटाकर प्यार चले,
हम एक निसानी-सी उर पर,
ले असफलता का भार चले।
अब अपना और पराया क्या?
आबाद रहें रुकनेवाले!
हम स्वयं बँधे थे और स्वयं
हम अपने बंधन तोड़ चले।

**बहुविकल्पी प्रश्न–**

1. *दुनिया को भिखमंगा क्यों कहा गया है?*
   (क) क्योंकि वे कुछ देने में असमर्थ हैं।
   (ख) क्योंकि वे केवल लेना जानते हैं?
   (ग) क्योंकि वे बलिदानी वीरों का यशगान करके उनका हौंसला बढ़ाने में असमर्थ हैं।
   (घ) इनमें से कोई नहीं।
2. *वीरों के हृदय पर कैसी असफलता के निशान हैं?*
   (क) स्वतंत्रता न प्राप्त कर सकने की।
   (ख) अंग्रेज़ी सरकार का मुकाबला न कर पाने की।
   (ग) अपने रिश्तेदारों से न मिल पाने की।
   (घ) इनमें से कोई नहीं।
3. *बलिदानी वीर किसी के साथ भेदभाव क्यों नहीं रखते?*
   (क) क्योंकि उनका लक्ष्य स्वार्थ रहित है वे तो पूरे देश की स्वतंत्रता चाहते हैं।
   (ख) क्योंकि उन्होंने धर्मनिरपेक्ष धर्म को अपनाया है।
   (ग) क्योंकि वे जातीयता में विश्वास नहीं करते।
   (घ) उपर्युक्त सभी।
4. *पद्यांश में कैसे बंधन तोड़ने की बात कही गई है?*
   (क) देश के लोगों से जातीयता के बंधन
   (ख) बंद जेलों के बंधन
   (ग) सगे-संबंधियों से प्रेमभाव के क्योंकि वे स्वतंत्रता की राह पर बढ़ना चाहते हैं।
5. *इस कविता का लेखक कौन है?*
   (क) भगवतीचरण वर्मा
   (ख) महादेवी वर्मा
   (ग) रामधारी सिंह 'दिनकर'
   (घ) कबीर

6. ***निम्नलिखित प्रश्नों के उत्तर दीजिए–*** $2 \times 5 = 10$

(क) "मैंने उस कंपनी के हिस्सेदार की तरफ पहली बार श्रद्धाभाव से देखा।"– लेखक के मन में हिस्सेदार साहब के प्रति श्रद्धा क्यों जग गई?

(ख) कवि ने अपने आने को 'उल्लास' और जाने को आँसू बनकर जाना क्यों कहा है? 'दीवानों की हस्ती' कविता के आधार पर बताइए।

(ग) कबीर घास की निंदा करने से क्यों मना करते हैं? पढ़े हुए दोहे के आधार पर स्पष्ट कीजिए।

(घ) दोषों का पर्दाफाश करना कब बुरा रूप लेता है? 'क्या निराश हुआ जाए'–पाठ के आधार पर बताइए।

(ङ) अगर दुनिया के सभी पहिए हड़ताल कर दे तो क्या होगा?

7. ***'भारत की खोज'–पूरक-पुस्तक पर आधारित प्रश्न–*** 10

(क) भारत की अमरता को देखकर नेहरू जी के मन में क्या विचार उठते थे?

(ख) 'भारत माता की जय' गूँज के माध्यम से नेहरू जी ने क्या संदेश देना चाहा?

(ग) भारतीय गाँवों की क्या विशेषता रही हैं?

## खंड 'घ'

8. स्वास्थ्य अधिकारी को पत्र लिखकर सूचित कीजिए कि आपके क्षेत्र में पिछले पंद्रह दिन से सफ़ाई कर्मचारी नहीं आ रहे हैं। 5

9. 'आधुनिक फैशन का बच्चों पर प्रभाव' विषय पर दो महिलाओं की बातचीत को संवाद रूप में लिखिए। 5

10. कोहरे के कारण दो बसों की टक्कर पर आधारित प्रतिवेदन तैयार कीजिए। 5

11. ***निम्नलिखित विषयों में से किसी एक विषय पर लगभग 100 शब्दों में अनुच्छेद लिखिए–*** 5

**(क) मधुर वाणी**

**संकेत बिंदु–**
- आनंददायी वाणी
- लोगों में चर्चित
- शब्दों में शक्ति
- मन को शीतलता व आत्मसंतुष्टि

**(ख) रेलवे स्टेशन का दृश्य**

**संकेत बिंदु–**
- सुबह का दृश्य
- कुलियों का दिखाई देना
- लोगों का इंतजार में बैठना
- लोगों की भीड़
- गाड़ियों का आना जाना
- चहल पहल

**(ग) कम्प्यूटर का महत्त्व**

**संकेत बिन्दु–**
- मशीनी यंत्र
- लोगों की निर्भरता
- उपयुक्त प्रयोग
- प्रत्येक कार्य को करने में सक्षम
- गलत निर्देश

# गोल्डन सैम्पल पेपर–2
## हिंदी–VIII

निर्धारित समय : 3 घंटे | अधिकतम अंक : 80

### खंड 'क'

1. ***निम्नलिखित गद्यांश को ध्यानपूर्वक पढ़िए और पूछे गये प्रश्नों के सही उत्तर वाले विकल्प चुनकर लिखिए–*** 5

खेलों का सबसे बड़ा लाभ, तो यह है कि वे हमारी मांसपेशियों को दृढ़ करते हैं, शरीर के विषैले पदार्थों को पसीने के रूप में बाहर निकालते हैं, रक्त को शुद्ध करते हैं तथा शरीर में रक्त-संचार को बढ़ाते हैं। इनसे शरीर को ऑक्सीजन अधिक मात्रा में प्राप्त होती है। वक्ष दृढ़ होता है, पैर मज़बूत होते हैं और शरीर में स्फूर्ति आती है। शरीर बलवान बनता है, अनावश्यक मोटापा कम हो जाता है और मोटापे से होने वाली बीमारियों से शरीर की रक्षा होती है। खेलने से जठराग्नि प्रज्वलित होती है, खुलकर भूख लगती है तथा पाचन-क्रिया ठीक रहती है। मनुष्य के समस्त क्रियाकलापों का माध्यम शरीर ही है।

खेलों से मुनष्य में कई चारित्रिक गुणों का विकास होता है। टीम बनाकर खेले जाने वाले खेलों: जैसे-हॉकी, फुटबॉल आदि में कुशल खेल साथी खिलाड़ियों को छोटे-छोटे पास देकर खेलना माना जाता है। इससे खिलाड़ियों में एक-दूसरे के प्रति सहयोग की भावना बढ़ती है। इसी प्रकार खेल में व्यक्ति का प्राथमिक लक्ष्य जीत प्राप्त करना होता है। एक-एक रन, गोल, अंक के लिए खिलाड़ी अपनी पूरी शक्ति लगा देता है। इस भावना का जीवन के अन्य क्षेत्रों में भी लाभ मिलता है। व्यक्ति प्रत्येक कार्य में सफलता प्राप्त करना ही जीवन का लक्ष्य मान लेता है और उसके लिए तन-मन-धन से प्रयास करता है।

प्रश्न– (क) खेलों से क्या-क्या लाभ होते हैं? 1

(ख) खेल चारित्रिक गुणों का विकास करने में कैसे सहायक होते हैं? 1

(ग) खिलाड़ी का प्राथमिक लक्ष्य क्या होना चाहिए? 1

(घ) लक्ष्य प्राप्ति हेतु क्या करना चाहिए? 1

(ङ) उपर्युक्त गद्यांश का उचित शीर्षक बताइए। 1

2. ***निम्नलिखित काव्यांश के आधार पर दिए गए प्रश्नों के उत्तर लिखिए–*** 5

पर्वतों को काटकर सड़कें बना देते हैं वे,
सैकड़ों मरुभूमि में नदियाँ बहा देते हैं वे।
गर्भ में जलराशि के बेड़ा चला देते हैं वे,
जंगलों में भी महा-मंगल रचा देते हैं वे।
भेद नभ-तल का उन्होंने बहुत बतला दिया,
है उन्होंने ही निकाली तार की सारी क्रिया।।
सब तरह से आज जितने देश हैं फूले-फले,
बुद्धि, विद्या, धन, विभव के हैं जहाँ डेरे डले।
वे बनाने से उन्हीं के बन गए इतने भले,
वे सभी हैं हाथ से ऐसे सपूतों के पले।
लोग जब ऐसे, समय पाकर जनम लेंगे कभी,
देश की औ' जाति की होगी भलाई भी तभी।।

**प्रश्न–** (क) काव्यांश में किनका वर्णन किया गया है? 1

(ख) 'पर्वतों को काटकर सड़कें' बनाना किसका प्रतीक है? 1

(ग) कवि के मन में संपन्न देशों की सफलता का क्या कारण है? 1

(घ) देश और जाति का हित कब होगा? 1

(ङ) काव्यांश का उपयुक्त शीर्षक दीजिए। 1

## खंड 'ख'

3. *निम्नलिखित प्रश्नों के उत्तर निर्देशानुसार दीजिए–*

**(क) निम्नलिखित शब्दों के दो-दो पर्यायवाची शब्द लिखिए–** 2

(*i*) कोमल (*ii*) पृथ्वी

**(ख) निम्नलिखित शब्दों के विलोम शब्द लिखिए–** 2

(*i*) निर्मल (*iii*) सामान्य

**(ग) निम्नलिखित शब्दों के दो-दो अनेकार्थी शब्द लिखिए–** 2

(*i*) पूर्व (*ii*) श्यामा

**(घ) निम्नलिखित वाक्यांशों हेतु एक शब्द लिखिए–** 2

(*i*) जो ईश्वर में विश्वास न करे (*ii*) जो सब कुछ जानता हो

**(ङ) निम्नलिखित समरूपी भिन्नार्थक शब्दों के वाक्य बनाकर अर्थ स्पष्ट कीजिए–** 2

अवलंब/अविलंब

**(च) निम्नलिखित शब्दों का उपसर्ग व मूलशब्द अलग-अलग कीजिए।** 2

अवगुण, पराजय

**(छ) निम्नलिखित प्रत्यय लगाकर एक-एक शब्द बनाइए–** 2

ता, इक

**(ज) निम्नलिखित वाक्यों को शुद्ध कीजिए–** 2

मुझको पढ़ना है।

मेरे को जल्दी जाना है।

**(झ) निम्नलिखित वाक्यों में विराम चिह्न लगाइए–** 2

प्रधानाचार्य ने कहा स्वतंत्रता दिवस धूमधाम से मनाया जाएगा।

**(ञ) निम्नलिखित शब्दों का संधि विच्छेद कीजिए–** 2

स्वागत, उत्कर्ष

## खंड 'ग'

4. *निम्नलिखित गद्यांश को पढ़कर दिए गए प्रश्नों के उत्तर दीजिए–* $1 \times 5 = \mathbf{5}$

बस की रफ़्तार अब पंद्रह–बीस मील हो गई थी। मुझे उसके किसी हिस्से पर भरोसा नहीं था। ब्रेक फेल हो सकता है, स्टीयरिंग टूट सकता है। प्रकृति के दृश्य बहुत लुभावने थे। दोनों तरफ़ हरे–भरे पेड़ थे जिन पर पक्षी बैठे थे। मैं हर पेड़ को अपना दुश्मन समझ रहा था। जो भी पेड़ आता, डर लगता कि इससे बस टकराएगी। वह निकल जाता तो दूसरे पेड़ का इंतज़ार करता। झील दिखती तो सोचता कि इसमें बस गोता लगा जाएगी।

प्रश्न–

1. *बस किस रफ़्तार से चल रही थी?*
   (क) पंद्रह से बीस मील प्रति घंटा (ख) पाँच से दस मील प्रति घंटा
   (ग) दो से चार मील प्रति घंटा (घ) आठ से दस मील प्रति घंटा
2. *लेखक को बस पर भरोसा क्यों नहीं रहा?*
   (क) क्योंकि बस बीच-बीच में रुक रही थी?
   (ख) क्योंकि उसने सोच लिया था कि कभी भी बस का ब्रेक फेल हो सकता है या स्टीरिंग टूट सकता है।
   (ग) क्योंकि बस तेजी नहीं पकड़ रही थी।
   (घ) क्योंकि ड्राइवर परेशान था।
3. *गद्यांश में सड़क के दोनों ओर के दृश्य को कैसे प्रस्तुत किया है?*
   (क) हरे-भरे पेड़ थे जिस पर पक्षी बैठे थे। (ख) नदी बह रही थी।
   (ग) झीलें ही झीलें थीं। (घ) चारों ओर बादल छाए थे।
4. *झील को देखते ही लेखक के मन में क्या ख्याल आता था?*
   (क) कि बस झील में डुबकी लगाएगी।
   (ख) झील के पास बस खड़ी हो जाएगी।
   (ग) झील का जल सड़क पर फैल जाएगा।
   (घ) गर्मी अधिक होने के कारण लेखक झील में नहाना चाहता था।
5. *गद्यांश का लेखक कौन है?*
   (क) हरिशंकर परसाई (ख) प्रेमचंद (ग) महादेवी वर्मा (घ) हजारी प्रसाद

5. ***निम्नलिखित काव्यांश को पढ़कर दिए गए प्रश्नों के उत्तर दीजिए–*** $1 \times 5 = \mathbf{5}$

पक्षी और बादल,
ये भगवान के डाकिए हैं,
जो एक महादेश से
दूसरे महादेश को जाते हैं।
हम तो समझ नहीं पाते हैं
मगर उनकी लाई चिट्ठियाँ
पेड़, पौधे, पानी और पहाड़
बाँचते हैं।

प्रश्न–

1. *'बादल व पक्षी' क्यों डाकिए कहलाते हैं?*
   (क) क्योंकि वे ईश्वर का संदेश लाते हैं। (ख) क्योंकि वे चिट्ठियाँ बाँटते हैं।
   (ग) क्योंकि वे लोगों के सुख-दुख जान लेते हैं। (घ) इनमें से कोई नहीं।
2. *इनके संदेश कौन पढ़ने में सक्षम होते हैं?*
   (क) प्रकृति अर्थात् पेड़-पौधे, सरोवर, सरिताएँ, समुद्र व पर्वत (ख) सभी जीव-जंतु
   (ग) संसार में रहने वाले सभी लोग (घ) संसार के कुछ विशेष लोग
3. *'महादेश' शब्द से क्या तात्पर्य है?*
   (क) महान देश (ख) विशेष देश (ग) विशाल देश (घ) दूर-दराज का देश
4. *भगवान के डाकिए इस संसार को क्या संदेश देना चाहते हैं?*
   (क) आपसी प्रेम का (ख) विश्वबंधुत्व का (ग) जातिभेद न करने का (घ) निरंतर आगे बढ़ने का
5. *यह काव्यांश किस पाठ मे लिया गया है?*
   (क) सुदामा चरित (ख) बस की यात्रा (ग) भगवान के डाकिए (घ) कबीर की साखियाँ

6. ***निम्नलिखित प्रश्नों के उत्तर दीजिए–*** $2 \times 5 = 10$

(क) भगवान के डाकिए किन्हे कहा गया है?

(ख) मशीनी युग से बदलू के जीवन में क्या बदलाव आया?

(ग) 'यह सबसे कठिन समय नहीं' कविता हमें क्या संदेश देती है?

(घ) 'कविता-दीवानों की हस्ती' में ऐसी कौन-सी बात है जो आपको सबसे अच्छी लगी और क्यों?

(ङ) अंतरराष्ट्रीय महिला दिवस पहली बार कब मनाया गया?

7. ***निम्नलिखित प्रश्नों के उत्तर 'भारत की खोज' पूरक पुस्तक के आधार पर लिखिए–*** $2 \times 5 = 10$

(क) भारत का नाम किस नाम पर पड़ा?

(ख) नेहरू जी ने कुदाल छोड़कर कलम क्यों उठाई?

(ग) सिंधु घाटी सभ्यता की क्या विशेषताएँ थी?

(घ) सार्वभौमिकता से आप क्या समझते हैं?

(ङ) प्राचीन काल से लेकर आज तक राजा या सरकार द्वारा ज़मीन और उत्पादन पर 'कर' लगाया जाता रहा है। आजकल हम किन-किन वस्तुओं पर कर देते हैं?

## खंड 'घ'

8. आपने अन्तर्विद्यालय खेल प्रतियोगिताओं में अनेक पदक जीते। इसके लिए धन्यवाद देते हुए खेल अध्यापक को पत्र लिखिए। 5

9. सड़क पर चलते समय हमें किन-किन बातों का ध्यान रखना चाहिए। चित्र के आधार पर विचाराभिव्यक्ति कीजिए। 5

10. साँप और सपेरे के मध्य हुई बातचीत को संवाद रूप में लिखिए। 5

11. ***निम्नलिखित विषयों में से किसी एक पर संकेत बिंदुओं के आधार पर अनुच्छेद लिखिए–*** 5

**(क) महँगाई एक समस्या**

- महँगाई का अर्थ
- जीवन स्तर में गिरावट
- समाज में वर्ग भेद समाप्त करना
- कारण
- महँगाई रोकने के उपाय

**(ख) समय की उपयोगिता**

- जीवन की अमूल्य निधि
- सफलता की कुंजी
- दुरुपयोग करने पर पछतावा
- इसका सदुपयोग
- विद्यार्थी जीवन में विशेष महत्त्व

**(ग) यदि मैं नदी होता**

- नाम
- पहाड़ों से आगमन
- सभी के लिए उपयोगी
- लक्ष्य-सागर से मिलन
- स्वच्छंदता
- टेड़े मेढ़े रास्तों पर बढ़ना
- गंदगी समेटना

# गोल्डन सैम्पल पेपर–3

## हिंदी–VIII

निर्धारित समय : 3 घंटे | अधिकतम अंक : 80

### खंड 'क'

1. *निम्नलिखित गद्यांश को पढ़कर दिए गए प्रश्नों के सही विकल्प का चयन किजिए–* **5**

विद्यार्थी जीवन ही वह समय है, जिसमें बच्चों के चरित्र, व्यवहार तथा आचरण को जैसा चाहे वैसा रूप दिया जा सकता है। यह अवस्था भावी वृक्ष की उस कोमल शाखा की भाँति है, जिसे जिधर चाहे मोड़ा जा सकता है। पूर्णत: विकसित वृक्ष की शाखाओं को मोड़ना संभव नहीं। उन्हें मोड़ने का प्रयास करने पर वे टूट तो सकती हैं, पर मुड़ नहीं सकतीं। छात्रावस्था उस श्वेत चादर की तरह होती है, जिसमें जैसा प्रभाव डालना हो, डाला जा सकता है। सफ़ेद चादर पर एक बार जो रंग चढ़ गया, सो चढ़ गया; फिर से वह पूर्वावस्था को प्राप्त नहीं हो सकती। इसीलिए प्राचीन काल से ही विद्यार्थी जीवन के महत्त्व को स्वीकार किया गया है। इसी अवस्था में सुसंस्कार और सद्‌वृत्तियाँ पोषित की जा सकती हैं। इसीलिए प्राचीन समय में बालक को घर से दूर गुरुकुल में रहकर कठोर अनुशासन का पालन करना होता था।

प्रश्न–**(*i*) व्यवहार को सुधारने का सर्वोत्तम समय कौन-सा है?** 1

(क) प्राचीन काल (ख) पूर्वावस्था

(ग) छात्रावस्था (घ) विकसित अवस्था

**(*ii*) छात्रावस्था की तुलना विकसित पेड़ से करना क्यों ठीक नहीं है?** 1

(क) पेड़ की शाखा टूट जाती है

(ख) शाखा तक आसानी से पहुँचा नहीं जा सकता

(ग) शाखाएँ बहुत भारी होती हैं

(घ) विकसित पेड़ की शाखा मुड़ नहीं पाती

**(*iii*) छात्रों को गुरुकुल में क्यों छोड़ा जाता था?** 1

(क) उनमें सुसंस्कार और सद्‌वृत्तियाँ पोषित हों (ख) कठोर अनुशास्न का पालन करना सीखें

(ग) विद्यार्थी जीवन का महत्त्व स्वीकार हो (घ) घर में संस्कार देना संभव नहीं

**(*iv*) छात्रावस्था सफ़ेद चादर के समान है, क्योंकि–** 1

(क) जैसा प्रभाव डालना हो, डाला जा सकता है

(ख) एक बार प्रभाव पड़ने पर बदला नहीं जा सकता

(ग) जितना प्रभाव डालना हो डाला जा सकता है

(घ) छात्रों में विरोध की भावना नहीं पनपती

**(*v*) 'विकसित' विशेषण बना है–** 1

(क) सर्वनाम से (ख) संज्ञा से

(ग) क्रिया से (घ) अव्यय से

2. *निम्नलिखित काव्यांश को पढ़कर दिए गए प्रश्नों के सही विकल्प चुनकर लिखिए–* **5**

आज जीत की रात पहरुए सावधान रहना
खुले देश के द्‌वार अचल दीपक समान रहना।

प्रथम चरण है नए स्वर्ग का है मंज़िल का छोर
इस जन-मंथन से उठ आई पहली रतन हिलोर
अभी शेष है पूरी होना जीवन मुक्ता डोर
क्योंकि नहीं मिट पाई दुख की विगत साँवली कोर
ले युग की पतवार बने अंबुधि महान रहना, पहरुए सावधान रहना।
ऊँची हुई मशाल हमारी आगे कठिन डगर है।
शत्रु हट गया लेकिन उसकी छायाओं का डर है।
शोषण से मृत है समाज कमजोर हमारा घर है
किंतु आ रही नई ज़िंदगी, यह विश्वास अमर है।

**प्रश्न– (*i*) *'पहरुए'* शब्द का प्रयोग किसके लिए किया गया है?** 1

(क) नेताओं के लिए (ख) किसानों के लिए

(ग) सैनिकों के लिए (घ) देशवासियों के लिए

**(*ii*) हमारे जीवन से अभी क्या नहीं मिटा है?** 1

(क) बलिदान के कष्ट (ख) शहीदों की कुर्बानी

(ग) जीवन के दुख (घ) कष्टपूर्ण बीते समय की याद

**(*iii*) *'शत्रु हट गया लेकिन उसकी छायाओं का डर है'* कथन का क्या अभिप्राय है?** 1

(क) देश के स्वतंत्र होने पर भी अनेक समस्याएँ बाकी हैं

(ख) अंग्रेज़ों के जाने के बाद भी समाज का शोषण हो रहा है

(ग) अंग्रेज़ों के शोषण का दुष्प्रभाव अभी तक दिखाई देता है

(घ) देश के निर्माण से जुड़ी अनेक कठिनाइयाँ बाकी हैं

**(*iv*) *'कमज़ोर हमारा घर है'* पंक्ति द्वारा कवि किस ओर संकेत कर रहा है?** 1

(क) देश भ्रष्टाचार से कमज़ोर है(ख)हमारे घर की दीवारें कमज़ोर हैं

(ग) आपस में एकता की कमी है (घ) हमारी सामाजिक आर्थिक व्यवस्था कमज़ोर

**(*v*) *'ले युग की पतवार बने अंबुधि महान रहना'* में निहित अलंकार है।** 1

(क) रूपक अलंकार (ख) उत्प्रेक्षा अलंकार

(ग) अनुप्रास अलंकार (घ) उपमा अलंकार

## खंड 'ख'

3. ***निम्नलिखित व्याकरणिक प्रश्नों के उत्तर लिखिए–***

**(क) निम्नलिखित शब्दों के दो-दो अनेकार्थी शब्द लिखिए–** 2

मूल, हरि

**(ख) निम्नलिखित समरूपी भिन्नार्थक शब्दों के अर्थ वाक्य बना कर स्पष्ट कीजिए–** 2

ग्रह/गृह

**(ग) निम्नलिखित वाक्यांशों हेतु एक-एक शब्द लिखिए–** 2

जहाँ पहुँचना सरल न हो

जो कम बोलता हो

**(घ) निम्नलिखित शब्दों में प्रत्यय लगाकर नया शब्द बनाइए–** 2

परिवार, धन

**(ङ) निम्नलिखित समस्तपदों का विग्रह करके समास का नाम बताइए–** 2

घुड़सवार, कमलनयन

**(च) निम्नलिखित वाक्यों का रचना की दृष्टि से वाक्य भेद बताइए–** 2

(*i*) अगर वर्षा होगी तो मौसम सुहावना हो जाएगा।

(*ii*) सूर्य पूर्व दिशा से उदित होता है।

**(छ) निम्नलिखित वाक्यों का निर्देशानुसार वाक्य परिवर्तन कीजिए–** 2

(*i*) मैं दौड़ नहीं सकता। (भाववाच्य)

(*ii*) नेहा पुस्तक पढ़ती है। (कर्मवाच्य)

**(ज) निम्नलिखित काव्य पंक्तियों में प्रयुक्त अलंकार बताइए–** 2

(*i*) रघुपति राघव राजा राम

(*ii*) नभमंडल छाया मरुस्थल-सा

**(झ) निम्नलिखित मुहावरों का वाक्य प्रयोग कीजिए–** 2

(*i*) लोहे के चने चबाना

(*ii*) आँखें बिछाना

**(ञ) निम्नलिखित लोकोक्तियों का अर्थ बताइए–** 2

(*i*) ऊँची दुकान फीका पकवान

(*ii*) अंधेर नगरी चौपट राजा

## खंड 'ग'

**4.** ***निम्नलिखित गद्यांश को पढ़कर दिए गए प्रश्नों के उत्तर दीजिए–*** **5**

जब चार दिन ज्यों-त्यों में यों ही बीत गए और रुपयों का कोई प्रबंध न हो सका तब उन्हें चिंता होने लगी। प्रश्न अपनी प्रतिष्ठा का था, अपने ही घर में अपनी साख का था। देने का पक्का वादा करके अगर अब दे न सके तो अपने मन में वह क्या सोचेगी? उसकी नज़रों में उसका क्या मूल्य रह जाएगा? अपनी वाहवाही की सैकड़ों गाथाएँ सुना चुके थे। अब जो एक काम पड़ा तो चारों खाने चित हो रहे। यह पहली बार उसने मुँह खोलकर कुछ रुपयों का सवाल किया था। इस समय अगर दुम दबाकर निकल भागते हैं तो फिर उसे क्या मुँह दिखलाएँगे?

**प्रश्न–**

1. *झाऊलाल को किस बात की चिंता थी?*

   (क) पत्नी से हरदम झगड़ा करना।
   (ख) पैसों का इंतजाम न हो पाना।
   (ग) पत्नी के समक्ष सर झुकना।
   (घ) पत्नी का भाई से रुपए माँगना।

2. *उन्होंने मन-ही-मन क्या सोचा?*

   (क) पैसों का इंतजाम न होने पर वे पत्नी की नज़रों में गिर जाएँगे।
   (ख) वे पत्नी को क्या जवाब देंगे।
   (ग) अपनी पत्नी के भाई से नज़रें कैसे मिलाएँगे।
   (घ) पत्नी पर रोब कैसे जतलाएँगे।

3. *लाला जी को किस बात का डर लग रहा था?*

   (क) उनकी पत्नी अपने भाई से रुपए माँग लेगी।
   (ख) रुपए न दे पाने पर पत्नी का सामना कैसे करेंगे?
   (ग) पत्नी द्वारा ताने सुनाए जाने का।
   (घ) दिए गए सभी।

4. *लाला के समक्ष कैसा प्रश्न था?*
   (क) उनकी प्रतिष्ठा व घर में साख का। (ख) पत्नी पर रोब डालने का।
   (ग) पत्नी को रुपए देने का। (घ) पत्नी के समक्ष न झुकने का।
5. *इस पाठ का लेखक कौन है?*
   (क) महावीर प्रसाद (ख) प्रेमचंद (ग) अन्नपूर्णानंद वर्मा (घ) पी. साईनाथ

5. ***निम्नलिखित काव्यांश को पढ़कर दिए गए प्रश्नों के उत्तर दीजिए–***

सीस पगा न झँगा तन में, प्रभु! जाने को आहि बसे केहि ग्रामा।
धोती फटी-सी लटी दुपटी, अरु पाँय उपानह को नहिं सामा।।
द्वार खड़ो द्विज दुर्बल एक, रह्यो चकिसों बसुधा अभिरामा।
पूछत दीनदयाल को धाम, बतावत आपनो नाम सुदामा।

**प्रश्न–**

1. *सुदामा कहाँ जा रहा है?*
   (क) जंगल में ईश्वर पूजन हेतु (ख) अपने मित्र कृष्ण के पास
   (ग) अपनी पत्नी के गाँव (घ) गुरुमाता से मिलने।
2. *सुदामा की दीन-दशा का वर्णन कीजिए।*
   (क) न सिर पर पगड़ी, न शरीर पर कुरता, फटी हुई धोती व अंग वस्त्र, न पैरों में जूते।
   (ख) न मुकुट, न अंगरखा, न बाजे गाजे
   (ग) न धन-दौलत, न घोड़े-हाथी, न साज-सेना
   (घ) इनमें से कोई नहीं।
3. *कृष्ण द्वार पहुँचकर सुदामा चकित क्यों था?*
   (क) वह कृष्ण के महल व ठाठ-बाट देखकर चकित था। (ख) वह कृष्ण के द्वारपाल देखकर चकित था।
   (ग) वह कृष्ण की नगरी देखकर चकित था। (घ) दिए गए सभी।
4. *सुदामा ने द्वारपाल से क्या कहा?*
   (क) सुदामा ने सबसे बड़े महल के बारे में पूछा।
   (ख) सुदामा ने द्वारपाल को कृष्ण से मिलने को कहा और अपना नाम सुदामा बताया।
   (ग) सुदामा ने सबको पकड़-पकड़ कर अपना नाम बताना चाहा।
   (घ) दिए गए सभी।
5. *किसके शरीर पर अच्छे कपड़े नहीं थे?*
   (क) द्वारपाल के (ख) सुदामा के (ग) कृष्ण के (घ) भिखारी के

6. ***निम्नलिखित प्रश्नों के उत्तर लिखिए–*** **$2 \times 5 = 10$**
   (क) जैसे कृष्ण और सुदामा अच्छे मित्र थे, उसी प्रकार की मित्रता के चार उदाहरण दीजिए।
   (ख) बिलवासी जी ने रुपयों का प्रबंध कहाँ से किया?
   (ग) साधु की जाति क्यों नहीं पूछनी चाहिए?
   (घ) घायल होने के बाद भी बाज ने यह क्यों कहा, "मुझे कोई शिकायत नहीं है।" विचार प्रकट कीजिए।
   (ङ) ओस की बूँद क्रोध और घृणा से क्यों काँप रही थी?
7. ***निम्नलिखित प्रश्नों के उत्तर 'भारत की खोज' पुस्तक के आधार पर दीजिए–*** **$2 \times 5 = 10$**
   (क) भारतीय गाँवों की क्या विशेषता रही है?
   (ख) संस्कृत भाषा को जीवंत भाषा क्यों कहा जाता है?
   (ग) इंडिगो क्या था? इस शब्द की उत्पत्ति कैसे हुई?

(घ) औरंगजेब अपने पूर्वजों से कैसे भिन्न था?

(ङ) हम भविष्य में उस 'एक दुनिया' की ओर बढ़ रहे हैं। ऐसा कहने में नेहरू जी का क्या तात्पर्य था?

## खंड 'घ'

8. छोटे भाई को सदाचार के बारे में बताते हुए पत्र लिखिए। 5

9. अचानक आए भूकंप में लाखों लोगों की मृत्यु हो गई। इसका एक प्रतिवेदन तैयार कीजिए। 5

10. आप विद्यालय की नृत्य संस्था परिषद के अध्यक्ष हैं। विद्यालय में बालदिवस के उपलक्ष्य में नृत्य प्रतियोगिता का आयोजन होना है। इस हेतु सूचना लिखिए। 5

11. ***निम्नलिखित विषयों में से किसी एक पर निबंध लिखिए–*** 5

**(क) सच्चा मित्र**

- मित्र पर उक्ति
- मित्र का महत्त्व
- आवश्यकता
- दुख-सुख का साथी
- मार्गदर्शक एवं प्रेरक
- शुभचिंतक

**(ख) विज्ञान वरदान है या अभिशाप**

- अर्थ
- क्षेत्र–यातायात, कृषि, शक्ति, चिकित्सा, दूरसंचार, मनोरंजन
- दैनिक जीवन का सुलभ होना
- अभिशाप के रूप
- सही उपयोग
- आवश्यक

**(ग) स्त्री शिक्षा**

- भारत में स्त्रियों की दशा
- शिक्षा का महत्त्व
- स्त्री शिक्षा अनिवार्य
- समाज का सुंदर स्वरूप
- प्रभाव